Herrn Mestmäcker

mit freundlichen Grüßen

Ihr Jan Kropholler

Schriftenreihe
Recht der Internationalen Wirtschaft
Band 22

Europäisches Zivilprozeßrecht

Kommentar
zu EuGVÜ und Lugano-Übereinkommen

von

Professor Dr. Jan Kropholler

Max-Planck-Institut, Hamburg

4., neubearbeitete Auflage 1993

Verlag Recht und Wirtschaft GmbH
Heidelberg

1. Auflage 1983 · ISBN 3-8005-6987-6
2. Auflage 1987 · ISBN 3-8005-6785-7
3. Auflage 1991 · ISBN 3-8005-1076-6
4. Auflage 1993 · ISBN 3-8005-1115-0

Die Deutsche Bibliothek – CIP-Einheitsaufnahme

Kropholler, Jan:

Europäisches Zivilprozeßrecht : Kommentar zu EuGVÜ und Lugano-Übereinkommen / von Jan Kropholler. – 4., neubearb. Aufl. – Heidelberg : Verl. Recht und Wirtschaft, 1993

(Schriftenreihe Recht der Internationalen Wirtschaft; Bd. 22)
ISBN 3-8005-1115-0

NE: GT

ISBN 3-8005-1115-0

Satz: Lichtsatz Michael Glaese GmbH, 6944 Hemsbach

Offsetdruck: Druckerei Schmich KG, 6915 Dossenheim b. Heidelberg

Buchbinderische Verarbeitung: W. Osswald + Co. GmbH, 6730 Neustadt/Weinstraße

Umschlaggestaltung: Atelier Warminski, 6470 Büdingen 8

∞ Gedruckt auf säurefreiem, alterungsbeständigem Papier, hergestellt aus chlorfrei gebleichtem Zellstoff

Printed in Germany

Vorwort

Die Bedeutung des europäischen Zivilprozeßrechts ist in den beiden Jahren seit Erscheinen der Vorauflage weiter stark gewachsen. Davon zeugt zum einen die Flut neuer Entscheidungen und Literatur, zum anderen die Erweiterung des Kreises der Vertragsstaaten. Das EuGVÜ gilt nach dem Beitritt Spaniens und Portugals jetzt in allen zwölf EG-Staaten, und zwar in den beiden genannten und einigen weiteren Staaten in der Fassung des Beitrittsübereinkommens von San Sebastian aus dem Jahre 1989 (Anhang VI); in einer anderen Gruppe von EG-Staaten, zu der auch Deutschland gehört, ist noch die Fassung von 1982 maßgebend. Auch das Parallelübereinkommen von Lugano (Anhang VII), durch das die EFTA-Staaten am europäischen Zivilprozeßrecht beteiligt werden, ist inzwischen in Kraft getreten, nämlich für Frankreich, Großbritannien, Italien, Luxemburg, die Niederlande, Norwegen, Portugal, Schweden und die Schweiz (aber noch nicht für Deutschland).

Da der Kommentar überwiegend in Deutschland benutzt wird, basiert die Neuauflage auf der in Deutschland noch maßgebenden Fassung des Beitrittsübereinkommens von 1982. Die Übereinkommen von San Sebastian und Lugano, deren Ratifikation in Deutschland vorbereitet wird, sind aber bereits berücksichtigt, indem über die in der Einleitung (Rz. 8 und 44 ff.) gegebene Einführung hinaus die wichtigsten Abweichungen, die diese Übereinkommen enthalten, in den Erläuterungen der betreffenden Artikel des EuGVÜ hervorgehoben werden. Der Kommentar bleibt damit auch für die ausländischen Benutzer aktuell.

Die 4. Auflage bringt das Werk auf den Stand von Januar 1993. Die Urteile des Europäischen Gerichtshofes aus den Jahren 1991 und 1992, zahlreiche wichtige Entscheidungen der staatlichen Gerichte aus dem In- und Ausland sowie die Stellungnahmen aus dem jüngsten Schrifttum sind eingearbeitet. Einem Wunsch aus dem Benutzerkreis entsprechend wurden in dem am Schluß des Bandes zu findenden Register sämtlicher Urteile des EuGH jetzt auch die Kommentarstellen vermerkt, die auf diese Urteile Bezug nehmen.

Geholfen haben mir – wie bei der Vorauflage – meine Assistenten Anna Maria Karl und Hanno Sperlich, namentlich bei der Sammlung und Einarbeitung des ausländischen Materials. Herr Dr. Christian Kohler – Abteilungsleiter am EuGH – hat mir die neuesten Entscheidungen des Gerichtshofes zugänglich gemacht. Ihnen allen sei für die gewährte Unterstützung herzlich gedankt.

Hamburg, im Januar 1993 *J. K.*

Inhalt

Verzeichnis des abgekürzt zitierten Schrifttums*

Almeida Cruz/Desantes Real/Jenard	Bericht zum EuGVÜ vom 26. 5. 1989: ABl. 28. 7. 1990 Nr. C 189, 35–56
Bülow/Böckstiegel/Bearbeiter	Der Internationale Rechtsverkehr in Zivil- und Handelssachen[3] (1985 ff.)
Collins	The Civil Jurisdiction and Judgments Act 1982 (1983)
Droz	Compétence judiciaire et effets des jugements dans le Marché commun (1972)
Geimer/Schütze	Internationale Urteilsanerkennung I/1 (1983)
Gothot/Holleaux	La Convention de Bruxelles du 27 Septembre 1968 (1985)
Hartley	Civil Jurisdiction and Judgments (1984)
Hdb.IZVR	Handbuch des Internationalen Zivilverfahrensrechts I (1982), III/1 und III/2 (1984)
Jenard	Bericht zum EuGVÜ vom 27. 9. 1968 und zum AuslProt. vom 3. 6. 1971: ABl. 5. 3. 1979 Nr. C 59, 1–70 = BT-Drucks. VI/1973, 52–104 und VI/3294
Jenard/Möller	Bericht zum Lugano-Übereinkommen vom 16. 9. 1988: ABl. 28. 7. 1990 Nr. C 189, 57–121
Kaye	Civil Jurisdiction and Enforcement of Foreign Judgments (1987)
MüKoZPO-Gottwald	Münchener Kommentar zur Zivilprozeßordnung III (1992)
Nachschlagewerk	Gerichtshof der Europäischen Gemeinschaften, Nachschlagewerk der Rechtsprechung zum Gemeinschaftsrecht, Serie D, Rechtsprechung des Gerichtshofes der Europäischen Gemeinschaften sowie ausgewählte Rechtsprechung der Gerichte der Mitgliedstaaten zum EuGVÜ vom 27. 9. 1968 (1990ff.)
Nagel	Internationales Zivilprozeßrecht[3] (1991)
O'Malley/Layton	European Civil Practice (1989)
Schlosser	Bericht zum EuGVÜ vom 9. 10. 1978: ABl. 5. 3. 1979 Nr. C 59, 71–151
Stein/Jonas/Bearbeiter	Kommentar zur Zivilprozeßordnung[20] (1977 ff.)
Weser	Convention communautaire sur la compétence judiciaire et l'exécution des décisions (1975)
Zöller/Bearbeiter	Zivilprozeßordnung[17] (1991)

* *Entscheidungen* werden gemäß dem Landesbrauch zitiert, z. B. *Paris* für *Cour d'appel de Paris*. Zur Entlastung der Fußnoten wurden die Fundstellen der Urteile des *EuGH* in ein eigenes Entscheidungsregister aufgenommen.

Abkürzungsverzeichnis

a. A.	anderer Ansicht
ABl.	Amtsblatt (der Europäischen Gemeinschaften)
AbzG	Abzahlungsgesetz
A. C.	The Law Reports. House of Lords and Judicial Committee of the Privy Council and Peerage Cases (genannt: Appeal Cases)
ADSp	Allgemeine Deutsche Spediteurbedingungen
Afr. J. Int. Comp. L.	African Journal of International and Comparative Law
AG	Amtsgericht; Aktiengesellschaft
AGB	Allgemeine Geschäftsbedingungen
AGBG	Gesetz zur Regelung des Rechts der Allgemeinen Geschäftsbedingungen
AGGVÜ	Gesetz zur Ausführung des EuGVÜ
AktG	Aktiengesetz
All E.R.	All England Law Reports
Am. J. Comp. L.	The American Journal of Comparative Law
Anglo-American L. Rev.	Anglo-American Law Review
AP	Arbeitsrechtliche Praxis
App.	Corte d'appello
Arb. Int.	Arbitration International
AuslProt.	Protokoll betr. die Auslegung des EuGVÜ
AVAG	Anerkennungs- und Vollstreckungsausführungsgesetz
AWD	Außenwirtschaftsdienst des Betriebs-Beraters
BAG	Bundesarbeitsgericht
BAGE	Entscheidungen des Bundesarbeitsgerichts
BB	Betriebs-Berater
BBl.	Bundesblatt der Schweizerischen Eidgenossenschaft
BGB	Bürgerliches Gesetzbuch
BGBl.	Bundesgesetzblatt
BGH	Bundesgerichtshof
BGHZ	Entscheidungen des Bundesgerichtshofes in Zivilsachen
BImSchG	Bundesimmissionsschutzgesetz
BörsG	Börsengesetz
BRAGO	Bundesgebührenordnung für Rechtsanwälte
BR-Drucks.	Drucksache des Bundesrates
BSG	Bundessozialgericht
BSGE	Entscheidungen des Bundessozialgerichts
BT-Drucks.	Drucksache des Deutschen Bundestages
BVerfG	Bundesverfassungsgericht
c.	chapter
C.A.	Court of Appeal
Cahiers dr. europ.	Cahiers de droit européen
Cass.	Cour de Cassation; Corte di Cassazione

Ch.D.	Chancery Division, High Court of Justice
Civ. Just. Q.	Civil Justice Quarterly
Clunet	Journal du droit international
C.M.L.R.	Common Market Law Reports
C.M.L. Rev.	Common Market Law Review
CMR	Übereinkommen über den Beförderungsvertrag im internationalen Straßengüterverkehr (19. 5. 1956)
Colum. L. Rev.	Columbia Law Review
Comm.	Tribunal de Commerce
Cornell L. Rev.	Cornell Law Review
Cour sup.	Cour supérieure de justice (Luxemburg)
C. proc. civ.	Code de procédure civile; Codice di procedura civile
DAVorm.	Der Amtsvormund
DB	Der Betrieb
DGVZ	Deutsche Gerichtsvollzieher-Zeitung
Dir. com. int.	Diritto del commercio internazionale
Dir. com. scambi int.	Il diritto comunitario negli scambi internazionali
Diss.	Dissertation
DNotZ	Deutsche Notar-Zeitschrift
Dr. mar. fr.	Le Droit maritime français
D.S.	Recueil Dalloz Sirey
E.C.C.	European Commercial Cases
EFTA	European Free Trade Association (Europäische Freihandelsassoziation)
EG	Europäische Gemeinschaft(en)
EGBGB	Einführungsgesetz zum Bürgerlichen Gesetzbuch
EGVVG	Einführungsgesetz zum Versicherungsvertragsgesetz
Einl	Einleitung
EKG	Einheitliches Gesetz über den internationalen Kauf beweglicher Sachen
EMRK	(Europäische) Konvention zum Schutze der Menschenrechte und Grundfreiheiten (4. 11. 1950)
EuGH	Gerichtshof der Europäischen Gemeinschaften
EuGVÜ	(Europäisches) Übereinkommen über die gerichtliche Zuständigkeit und die Vollstreckung gerichtlicher Entscheidungen in Zivil- und Handelssachen (27. 9. 1968)
EuropaR	Europarecht
Europ. L. Rev.	European Law Review
Europ. Transp. L.	European Transport Law – Europäisches Transportrecht
EuZW	Europäische Zeitschrift für Wirtschaftsrecht
EWG	Europäische Wirtschaftsgemeinschaft
EWGV	Vertrag zur Gründung der Europäischen Wirtschaftsgemeinschaft (25. 3. 1957)
FamRÄndG	Familienrechtsänderungsgesetz
FamRZ	Zeitschrift für das gesamte Familienrecht

FGG	Gesetz über die Angelegenheiten der freiwilligen Gerichtsbarkeit
Foro it.	Il Foro italiano
Foro pad.	Il Foro padano
FS	Festschrift
FuR	Familie und Recht
Gaz. Pal.	La Gazette du Palais
GebrMG	Gebrauchsmustergesetz
GenG	Gesetz betr. die Erwerbs- und Wirtschaftsgenossenschaften
GG	Grundgesetz für die Bundesrepublik Deutschland
Giur. it.	Giurisprudenza italiana
GmbHG	Gesetz betr. die Gesellschaft mit beschränkter Haftung
GRUR	Gewerblicher Rechtsschutz und Urheberrecht
GRUR Int.	–(Auslands- und) Internationaler Teil
GVBl.	Gesetz- und Verordnungsblatt
GVG	Gerichtsverfassungsgesetz
GWB	Gesetz gegen Wettbewerbsbeschränkungen
H.C.	High Court
HGB	Handelsgesetzbuch
H.L.	House of Lords
H.R.	Hoge Raad (Niederlande)
HRR	Höchstrichterliche Rechtsprechung
Hrsg.	Herausgeber
i.d.F.	in der Fassung
i.d.R.	in der Regel
I.L.R.M.	Irish Law Reports Monthly
I.L.T.	Irish Law Times
Int. Comp. L. Q.	The International and Comparative Law Quarterly
IPG	Gutachten zum internationalen und ausländischen Privatrecht
IPR	Internationales Privatrecht
IPRax	Praxis des Internationalen Privat- und Verfahrensrechts
IPRspr.	Die deutsche Rechtsprechung auf dem Gebiete des Internationalen Privatrechts
i.V.m.	in Verbindung mit
IZPR	Internationales Zivilprozeßrecht
IZVR	Internationales Zivilverfahrensrecht
Jb. Int. R.	Jahrbuch für internationales Recht
JBl.	Juristische Blätter
J. Bus. L.	The Journal of Business Law
J.C.P.	Juris Classeur périodique. La Semaine juridique
JFG	Jahrbuch für Entscheidungen in Angelegenheiten der Freiwilligen Gerichtsbarkeit und des Grundbuchrechts

J. Int. Arb.	Journal of International Arbitration
JN	Jurisdiktionsnorm
J.O.	Journal officiel
JR	Juristische Rundschau
J. trib.	Journal des tribunaux
Jur. Class. dr. int.	Juris-Classeur de droit international
Jur. comm. Belg.	Jurisprudence commerciale de Belgique
Jur. Rev.	The Juridical Review
JZ	Juristenzeitung
Kh.	Rechtbank van Koophandel
KJHG	Kinder- und Jugendhilfegesetz
KostO	Kostenordnung
KTS	Konkurs-, Treuhand- und Schiedsgerichtswesen
L	Leitsatz
LAG	Landesarbeitsgericht
LG	Landgericht
LIEI	Legal Issues of European Integration
Lloyd's Rep.	Lloyd's Law Reports
LMCLQ	Lloyd's Maritime and Commercial Law Quarterly
L. Q. Rev.	The Law Quarterly Review
Mass. Foro it.	Il Massimario del Foro italiano
m.a.W.	mit anderen Worten
MDR	Monatsschrift für Deutsches Recht
Mich. L. Rev.	Michigan Law Review
N.	Fußnote
N.C.J. Int. L. Com. Reg.	North Carolina Journal of International Law and Commercial Regulation
N.C. proc. civ.	Nouveau Code de procédure civile
Neth. Int. L. Rev.	Netherlands International Law Review
n.F.	neue Fassung
NIPR	Nederlands Internationaal Privaatrecht
N.J.	Nederlandse Jurisprudentie
N.J.B.	Nederlands Juristenblad
NJW	Neue Juristische Wochenschrift
NJW-RR	NJW-Rechtsprechungs-Report
Nord. T. Int. R.	Nordisk Tidsskrift for International Ret
Nuova giur. civ. comm.	La Nuova giurisprudenza civile commentata
N.V.	De Naamlooze Vennootschap
NW. J. Int. L. Bus.	Northwestern Journal of International Law & Business
OHG	Offene Handelsgesellschaft
OLG	Oberlandesgericht
OLGZ	Entscheidungen der Oberlandesgerichte in Zivilsachen

Pas. lux.	Pasicrisie luxembourgeoise
PatG	Patentgesetz
PflVersG	Gesetz über die Pflichtversicherung für Kraftfahrzeughalter
Q.B.	Queen's Bench Division, High Court of Justice
r.	rule
RabelsZ	Rabels Zeitschrift für ausländisches und internationales Privatrecht
Rb.	Rechtbank; Arrondissementsrechtbank
RdA	Recht der Arbeit
Rec. des Cours	Recueil des Cours (Académie de Droit international)
Resp. civ.	Responsabilità civile e previdenza
Rev. belge dr. int.	Revue belge de droit international
Rev. crit.	Revue critique de droit international privé
Rev. crit. jur. belge	Revue critique de jurisprudence belge
Rev. dr. com. belge	Revue de droit commercial belge
Rev. dr. int. dr. comp.	Revue de droit international et de droit comparé
Rev. Esp. Der. Int.	Revista Española de Derecho Internacional
Rev. gén. dr. civ. belge	Revue générale de droit civil belge
Rev. Instituc. Eur.	Revista de Instituciones Europeas
Rev. int. dr. comp.	Revue internationale de droit comparé
Rev. Marché Commun	Revue du Marché Commun
Rev. trim. dr. europ.	Revue trimestrielle de droit européen
RG	Reichsgericht
RGBl.	Reichsgesetzblatt
RGZ	Entscheidungen des Reichsgerichts in Zivilsachen
Riv. comm.	Rivista del diritto commerciale e del diritto generale delle obbligazioni
Riv. dir. civ.	Rivista di diritto civile
Riv. dir. europeo	Rivista di diritto europeo
Riv. dir. int.	Rivista di diritto internazionale
Riv. dir. int. priv. proc.	Rivista di diritto internazionale privato e processuale
Riv. dir. proc.	Rivista di diritto processuale
Riv. giur. lav.	Rivista giuridica del lavoro e della previdenza sociale
Riv. trim. dir. proc. civ.	Rivista trimestrale di diritto e procedura civile
RIW	Recht der Internationalen Wirtschaft
R. M. Themis	Rechtsgeleerd Magazijn Themis
Rpfleger	Der Deutsche Rechtspfleger
RpflegerG	Rechtspflegergesetz
Rs	Rechtssache
Rv.	Wetboek van Burgerlijke Rechtsvordering
R. W.	Rechtskundig Weekblad
Rz.	Randzahl
RzW	Rechtsprechung zum Wiedergutmachungsrecht

SAE	Sammlung arbeitsrechtlicher Entscheidungen
S.C.	Supreme Court
Schw. Jb. Int. R.	Schweizerisches Jahrbuch für internationales Recht
sec.	section
S. E. W.	Sociaal-Economische Wetgeving. Tijdschrift voor Europees en economisch recht
Slg.	Sammlung der Rechtsprechung des [Europäischen] Gerichtshofes
S.L.T.	Scots Law Times
StPO	Strafprozeßordnung
TranspR	Transport- und Speditionsrecht
Trib.	Tribunal (d'instance; de première instance); Tribunale
Trib. gr. inst.	Tribunal de grande instance
Trib. trav.	Tribunal du travail
T. P. R.	Tijdschrift voor privaatrecht
UWG	Gesetz gegen den unlauteren Wettbewerb
Vand. J. Transn. L.	Vanderbilt Journal of Transnational Law
VersR	Versicherungsrecht
VG	Verwaltungsgericht
VOBl.	Verordnungsblatt
VVG	Gesetz über den Versicherungsvertrag
WM	Wertpapier-Mitteilungen
WPNR	Weekblad voor privaatrecht, notariaat en registratie
WZG	Warenzeichengesetz
Yb. Europ. L.	Yearbook of European Law
ZBernJV	Zeitschrift des Bernischen Juristenvereins
ZfRV	Zeitschrift für Rechtsvergleichung
ZIP	Zeitschrift für Wirtschaftsrecht und Insolvenzpraxis
ZMR	Zeitschrift für Miet- und Raumrecht
ZPO	Zivilprozeßordnung
ZRP	Zeitschrift für Rechtspolitik
ZVglRWiss.	Zeitschrift für Vergleichende Rechtswissenschaft
ZZP	Zeitschrift für Zivilprozeß

Einleitung

Übersicht

Schrifttum (übergreifende Darstellungen): *Angeli* (Hrsg.), La Convenzione giudiziaria di Bruxelles del 1968 e la riforma del processo civile italiano (1985); *Anton*, Civil Jurisdiction in Scotland (1984), Supplement (1987); *Bariatti*, La giurisdizione e l'esecuzione delle sentenze in materia di brevetti di invenzione nell'ambito della C. E. E., Riv. dir. int. priv. proc. 1982, 484; *dies.*, L'entrata in vigore per l'Italia della convenzione di Donostia-San Sebastiano sulla giurisdizione e l'esecuzione delle sentenze, Riv. dir. int. priv. proc. 1992, 471; *Basedow*, Europäisches Zivilprozeßrecht, in: Hdb. IZVR I Kap. II; *Bellet*, L'élaboration d'une Convention sur la reconnaissance des jugements dans le cadre du Marché commun, Clunet 1965, 833; *Birk*, Die internationale Zuständigkeit in arbeitsrechtlichen Streitigkeiten nach dem Europäischen Gerichtsstands- und Vollstreckungsübereinkommen, RdA 1983, 143; *Bonell*, Harmonization of Law Between Civil and Common Law Jurisdictions: The 1968 Brussels Jurisdiction and Judgments Convention – an Example to Follow, Italian National Reports to the XIIIth International Congress of Comparative Law Montreal 1990 (Milano 1990) 69 = (ital.) Riv. comm. 1990, 737; *Born/Fallon*, Chronique de Jurisprudence: Droit judiciaire international (1986–1990), J. trib. 1992, 401, 425; *Bülow*, Vereinheitlichtes internationales Zivilprozeßrecht in der EWG, RabelsZ 1965, 473; *Busl*, Deutsches „internationales" Mahnverfahren – §§ 688 ff. ZPO und EuGVÜ, IPRax 1986, 270; *Byrne*, The EEC Convention on Jurisdiction and the Enforcement of Judgments (1990); *College of Law Lectures*, Jurisdiction and Enforcement of Judgments in Europe (1985); *Collins*, The Civil Jurisdiction and Judgments Act 1982 (1983); *ders.*, Practical Problems of the 1982 Accession Convention to the 1968 Brussels Convention, Riv. dir. int. priv. proc. 1990, 17; *Dalhuisen*, Creditors' Remedies and the Conflicts of Law in the European Community, in: Ius inter nationes, Festschrift Riesenfeld (1983) 1; *Dashwood/ Hacon/White*, A Guide to the Civil Jurisdiction and Judgments Convention (1987); *Droz*, Compétence judiciaire et effets des jugements dans le Marché commun (1972); *ders.*, Pratique de la Convention de Bruxelles du 27 septembre 1968 (1973); *ders.*, Les règles du traité C. E. E. sur la compétence judiciaire et l'exécution des décisions en matière civile et commerciale, in: L'influence des Communautés européennes sur le droit international privé des Etats membres (1981) 49; *ders.*, Entrée en vigueur de la Convention de Bruxelles révisée sur la compétence judiciaire et l'exécution des jugements, Rev. crit. 1987, 251; *ders.*, La Convention de San Sebastian alignant la Convention de Bruxelles sur la Convention de Lugano, Rev. crit. 1990, 1; *Estrada de Miguel*, Competencia judicial internacional y reconocimiento y ejecución de decisiones judiciales extranjeras en la Comunidad Europea. Incidencia de su régimen en el Derecho español, Liber amicorum Pérez Montero I (Oviedo 1988) 401; *Europäischer Anwaltsverein* (Hrsg.), Leitfaden zum Europäischen Gerichtsstands- und Vollstreckungsübereinkommen (1990); *Fletcher*, Conflict of Laws and European Community Law – With Special Reference to the Community Conventions on Private International Law (1982) 103; *Focsaneanu*, Compétence judiciaire, reconnaissance et exécution des décisions civiles et commerciales dans la Communauté économique européenne, Rev. Marché Commun 1979, 516, 569; 1980, 31, 91, 201, 258, 326, 481, 541; 1981, 30, 81 (zusammengefaßt als Buch in den „Editions Techniques et Economiques" 1982); ferner Rev. Marché

Commun 1984, 487, 550; 1985, 109; 1987, 101, 207; *Franchi*, Sulla riforma della Convenzione di Bruxelles 27 settembre 1968 per una disciplina più completa, penetrante e autonoma, Riv. dir. proc. 1984, 224; *Freeman*, The EEC Convention on Jurisdiction and Enforcement of Civil and Commercial Judgments, NW. J. Int. L. Bus. 1981, 496; *Geimer*, Das Nebeneinander und Miteinander von europäischem und nationalem Zivilprozeßrecht, NJW 1986, 2991; *Geimer/Schütze*, Internationale Urteilsanerkennung I/1, Das EWG-Übereinkommen über die gerichtliche Zuständigkeit und die Vollstreckung gerichtlicher Entscheidungen in Zivil- und Handelssachen (1983); *Giardina*, Il contributo dei paesi membri del Nord-Europa alla revisione della disciplina comunitaria della giurisdizione, in: *Jayme/Picchio Forlati* (Hrsg.), Giurisdizione e legge applicabile ai contratti nella CEE (1990) 1; *Goldman*, Un traité fédérateur: La Convention entre les Etats membres de la C. E. E. sur la reconnaissance et l'exécution des décisions en matière civile et commerciale, Rev. trim. dr. europ. 1971, 1; *Gothot/Holleaux*, La Convention entre les Etats membres de la Communauté économique européenne sur la compétence judiciaire et l'exécution des décisions en matière civile et commerciale, Clunet 1971, 747; *dies.*, La convention de Bruxelles du 27. 9. 1968 (1985); *Grunsky*, Probleme des EWG-Übereinkommens über die gerichtliche Zuständigkeit und die Vollstreckung gerichtlicher Entscheidungen in Zivil- und Handelssachen, JZ 1973, 641; *ders.*, EWG-Übereinkommen über die gerichtliche Zuständigkeit und die Vollstreckung gerichtlicher Entscheidungen in Zivil- und Handelssachen im deutsch-italienischen Rechtsverkehr, RIW 1977, 1 = Riv. dir. int. priv. proc. 1976, 685 (italienisch); *Hartley*, Civil Jurisdiction and Judgments (1984); *ders.*, The Effect of the 1968 Brussels Judgments Convention on Admiralty Actions in Rem, L. Q. Rev. 1989, 640; *Hauschild*, Das EG-Gerichtsstands- und Vollstreckungsübereinkommen – Anwendung von Amts wegen?, Vorträge, Reden und Berichte aus dem Europa-Institut der Universität des Saarlandes Nr. 45 (1985); *von Hoffmann*, Das EWG-Übereinkommen über die gerichtliche Zuständigkeit und die Vollstreckung gerichtlicher Entscheidungen in Zivil- und Handelssachen, AWD 1973, 57; *Iglesias Buigues*, Competencia judicial, reconocimiento y ejecución de decisiones judiciales en la C. E. E. y en derecho español (1977); *Jayme*, Das Europäische Gerichtsstands- und Vollstreckungsübereinkommen und die Drittländer – Das Beispiel Österreich, in: *Schwind* (Hrsg.), Europarecht, IPR, Rechtsvergleichung (Österreichische Akademie der Wissenschaften, Phil.-hist.Kl.Sitzungsberichte Bd. 500, 1988) 97; *Jayme* (Hrsg.), Ein internationales Zivilverfahrensrecht für Gesamteuropa (1992); *Jayme/Kohler*, Zum Stand des internationalen Privat- und Verfahrensrechts der EG, IPRax 1985, 65; ferner IPRax 1988, 133; 1989, 337; 1990, 353; 1991, 361; 1992, 346; *Jeantet*, Un droit européen des conflits de compétence judiciaire et de l'exécution des décisions en matière civile et commerciale, Cahiers dr. europ. 1972, 375; *Jenard*, La Convention de Bruxelles sur la compétence judiciaire et l'exécution des décisions en matière civile et commerciale, Schw. Jb. Int. R. 1987, 83; *Juenger*, La Convention de Bruxelles du 27 septembre 1968 et la courtoisie internationale, Rev. crit. 1983, 37; *Kaye*, Civil Jurisdiction and Enforcement of Foreign Judgments (1987); *ders.*, Der Beitritt des Vereinigten Königreichs zum Brüsseler Übereinkommen ..., IPRax 1989, 403; *Kohler*, La jurisprudence de la Cour de justice des Communautés européennes sur la Convention (CEE) du 27 septembre 1968 concernant la compétence judiciaire et l'exécution des décisions en matière civile et commerciale, Annales de Droit de Louvain 43 (1983) 177; *ders.*, Unterlassungs- und Schadensersatzklagen wegen grenzüberschreitender Umweltbeeinträchtigungen im internationalen Privat- und Verfahrensrecht, in: Grenzüberschreitender Umweltschutz in Europa (1984) 69 = *Bothe/Prieur/Ress* (Hrsg.), Rechtsfragen grenzüberschreitender Umweltbelastungen (1984) 159; *ders.*, Practical Experience of the Brussels Jurisdiction and Judgments Convention in the Six Original Contracting States, Int. Comp. L. Q. 1985, 563; *ders.*, Zur Revision des Europäischen Gerichtsstands- und Vollstreckungsübereinkommens, IPRax 1987, 201; *ders.*, Die zweite Revision des Europäischen Gerichtsstands- und Vollstreckungsübereinkommens, EuZW 1991, 303; *Kropholler*, Neues europäisches Zivilprozeßrecht, RIW 1986, 929; *Mathers*, The Brussels Convention of 1968: Its Implementation in the United Kingdom, Yb. Europ. L. 1983, 49; *Mendes*, The Troublesome Workings of the Judgments Convention of the European Economic Community, Vand. J. Transn. L. 1980, 74; *Mercier/Dutoit*, L'Europe judiciaire: les Conventions de Bruxelles et de Lugano (1991); *Mezger*, Les grandes lignes de la Convention du 9 octobre 1978 ..., Travaux du Comité français de droit international privé 1980–81 (1981) 15; *ders.*, Über einige Lücken des EuGVÜ (Brüssel 1968) und des deutschen Ausführungsgesetzes, in: Rechtsvergleichung, Europarecht und Staatenintegration, Gedächtnisschrift Constantinesco (1983) 503; *Migliazza*, La funzione del diritto internazionale privato nella convenzione di Bruxelles del 27 settembre 1968, Studi in onore di E. T. Liebman II (1979) 1005; *Moloney/Kremlis,* The Brussels Convention on Jurisdiction and the Enforcement of Judgments, Gazette (Ireland) 1985, 329; 1986, 5; *Moloney/Robinson* (Hrsg.), The Brussels Convention on Jurisdiction and the Enforcement of Foreign Judgments (1989); *O'Malley/Layton*, European Civil Practice (1989); *Pocar,* Jurisdiction and the Enforcement of Judgments Under the EC Convention of 1968 – A Review of Court Decisions, RabelsZ 1978, 405; *ders.*, Codice delle convenzioni sulla giurisdizione e l'esecuzione delle sentenze straniere nella C. E. E. (1980), Appendice (1983); *ders.*, La convenzione di Bruxelles sulla giurisdizione e l'esecuzione delle sentenze[2] (1989); *ders.*, Linee di tendenza della convenzione di Bruxelles sulla giurisdizione e l'esecuzione delle sentenze dopo l'adesione di nuovi Stati, Riv. dir. int. priv. proc. 1990, 5; *Ras,* De betekenis van het EEG-Executieverdrag voor de rechter van het land waar een onder het verdrag vallende zaak wordt aangebracht, T. P. R. 1975, 851; *Schlosser,* Vertragsautonome Auslegung, nationales Recht, Rechtsvergleichung und das EuGVÜ, Gedächtnisschrift Bruns (1980) 45; *ders.,* Das internationale Zivilprozeßrecht der Europäischen Wirtschaftsgemeinschaft und Österreich, Festschrift Kralik (Wien 1986) 287; *Schultsz,* Zwischenbilanz des europäischen Gerichtsstands- und Vollstreckungsübereinkommens, IPRax 1983, 97; *Spellenberg,* Das Europäische Gerichtsstands- und Vollstreckungsübereinkommen als Kern eines europäischen Zivilprozeßrechts, EuropaR 1980, 329; *Stone,* The Civil Jurisdiction and Judgments Act 1982 – Some Comments, Int. Comp. L. Q. 1983, 477; *Tosi*, EuGVÜ und Drittstaaten (1988); *Trunk*, Die Erweiterung des EuGVÜ-Systems am Vorabend des Europäischen Binnenmarktes (1991); *J. P. Verheul,* Rechtsmacht in het Nederlandse Internationaal Privaatrecht, Deel 1, Het EEG Bevoegdheids- en Executieverdrag (1982); *Vivant*, Das Europäische Gerichtsstands- und Vollstreckungsübereinkommen und die gewerblichen Schutzrechte, RIW 1991, 26; *Weigand*, Der Beitritt Spaniens und Portugals zum EuGVÜ, RIW 1991, 717; *Weser,* Convention communautaire sur la compétence judiciaire et l'exécution des décisions (1975).

Siehe auch das zu einzelnen Abschnitten und Artikeln angeführte Schrifttum.

I. Entstehung, Rechtsnatur und Bedeutung des EuGVÜ

1. Entstehung

1 Das EuGVÜ vom 27. September 1968 gilt seit dem 1. Februar 1973 für die sechs ursprünglichen Mitgliedstaaten der EG, also für Belgien, die Bundesrepublik Deutschland, Frankreich, Italien, Luxemburg und die Niederlande[1]. Es erfüllt – wie die (im Textanhang mit abgedruckte) Präambel sagt – einen Auftrag des Art. 220 EWGV, in dem sich die Mitgliedstaaten der EG verpflichtet haben, „die Vereinfachung der Förmlichkeiten für die gegenseitige Anerkennung und Vollstreckung richterlicher Entscheidungen und Schiedssprüche sicherzustellen". Die Präambel nennt als Ziel des Übereinkommens das „Bestreben, innerhalb der Gemeinschaft den Rechtsschutz der dort ansässigen Personen zu verstärken".

2 Den Anstoß zur Erarbeitung des Übereinkommens gab die *Kommission der Europäischen Wirtschaftsgemeinschaft.* Sie lud die Mitgliedstaaten mit einer Note vom 22. Oktober 1959 zu Verhandlungen ein. In der Note heißt es: „Ein echter Binnenmarkt zwischen den sechs Staaten wird erst dann verwirklicht sein,

1 BGBl. 1972 II 773, 1973 II 60.

wenn ein ausreichender Rechtsschutz gewährleistet ist. Es wären Störungen und Schwierigkeiten im Wirtschaftsleben der Gemeinschaft zu befürchten, wenn die sich aus den vielfältigen Rechtsbeziehungen ergebenden Ansprüche nicht erforderlichenfalls auf dem Rechtswege festgestellt und durchgesetzt werden könnten. Da die Gerichtshoheit in Zivil- und Handelssachen bei den Mitgliedstaaten liegt und die Wirkungen eines gerichtlichen Aktes jeweils auf ein bestimmtes Staatsgebiet beschränkt bleiben, hängt der Rechtsschutz und damit die Rechtssicherheit im Gemeinsamen Markt wesentlich von der Annahme einer befriedigenden Regelung der Anerkennung und Vollstreckung gerichtlicher Entscheidungen durch die Mitgliedstaaten ab."

3 Auf diese Note hin wurde vom Ausschuß der Ständigen Vertreter der Mitgliedstaaten im Jahre 1960 ein *Sachverständigenausschuß* eingesetzt, der das Übereinkommen erarbeitete. Ihm gehörten Delegierte aller sechs Länder an, ferner zwei Vertreter der EG-Kommission, ein Beobachter der Benelux-Kommission für die Rechtsvereinheitlichung *(Weser)* sowie zwei der Haager Konferenz für IPR (*van Hoogstraten* und *Droz*)[2]. Zum Vorsitzenden des Ausschusses wurde *Bülow* gewählt[3]. Zum Berichterstatter wurde *Jenard* ernannt. Sein mit den übrigen Sachverständigen abgestimmter Bericht zu dem Übereinkommen bildet eine wesentliche Auslegungshilfe[4].

4 Das Übereinkommen wurde am 27. September 1968 auf einer Sitzung des Ministerrates der Europäischen Gemeinschaften in Brüssel *unterzeichnet*, nachdem der Text von den Sachverständigen bereits im Jahre 1966 verabschiedet und im Jahre 1967 im Rat der Europäischen Gemeinschaften nochmals erörtert worden war.

5 Nach der *Ratifizierung* durch alle Unterzeichnerstaaten trat das Übereinkommen gemäß Art. 62 am 1. Februar 1973 in Kraft. Die Möglichkeit eines *Beitritts von Drittstaaten*, die nicht Mitglied der EG sind, sieht das Übereinkommen nicht vor. Es ist aber denkbar, daß mit interessierten Drittstaaten ein paralleles Übereinkommen geschlossen wird, das sich an die Regelung des EuGVÜ (mit einigen Modifikationen) anlehnt. So wurde am 16. September 1988 in Lugano ein Parallelübereinkommen mit den Staaten der Europäischen Freihandelsassoziation (EFTA) unterzeichnet (dazu näher unten Rz. 44ff.). Diesem Übereinkommen können unter den engen Voraussetzungen seines Art. 62 auch Drittstaaten beitreten[5]. In der Wissenschaft bereits diskutiert wurden die Möglichkeiten einer Beteiligung der osteuropäischen Länder[6].

---

2 *Droz* und *Weser* sind später als Verfasser umfangreicher Monographien zu dem Übereinkommen hervorgetreten.

3 Vgl. seinen Bericht zum Vorentwurf des Übereinkommens aus dem Jahre 1964 in RabelsZ 1965, 473. Text des Vorentwurfs RabelsZ 1965, 594.

4 Der Bericht ist abgedruckt im ABl. vom 5. 3. 1979 Nr. C 59, 1–65 und in BT-Drucks. VI/1973, 52–104. Er findet sich auch bei *Bülow/Böckstiegel*.

5 Weitergehende Vorschläge unterbreitet *Tosi*, EuGVÜ und Drittstaaten (1988).

6 Siehe *Jayme* (Hrsg.), Ein internationales Zivilverfahrensrecht für Gesamteuropa (1992); dazu Tagungsbericht *Trunk*, EuGVÜ und Osteuropa, IPRax 1991, 278.

Die *erste Neufassung* des Übereinkommens, die nach dem EG-Beitritt Dänemarks, Großbritanniens und Irlands gemäß Art. 63 erarbeitet und am 9. Oktober 1978 in Luxemburg unterzeichnet wurde (EuGVÜ 1978)[7], ist am 1. November 1986 zunächst für die sechs ursprünglichen Mitgliedstaaten der EG und Dänemark in Kraft getreten. Für das Vereinigte Königreich gilt sie seit dem 1. Januar 1987, für Irland seit dem 1. Juni 1988[8]. Der Text des Beitrittsübereinkommens von 1978 ist im Textanhang IV auszugsweise abgedruckt. Er bringt nicht nur die durch den Beitritt der neuen Staaten erforderlichen technischen Anpassungen, sondern auch verschiedene weiterreichende inhaltliche Änderungen des EuGVÜ, die bei den neugefaßten Artikeln im einzelnen dargestellt sind. Die Regeln über den zeitlichen Anwendungsbereich der Neufassung sind in Art. 34ff. des Beitrittsübereinkommens enthalten und im Rahmen des Art. 54 EuGVÜ kommentiert. Zu den durch das Beitrittsübereinkommen von 1978 bewirkten Änderungen des EuGVÜ gibt es einen erläuternden Bericht von *Schlosser*[9]. **6**

Die *zweite Neufassung* des EuGVÜ brachte das Beitrittsübereinkommen mit *Griechenland*, das am 25. Oktober 1982 in Luxemburg unterzeichnet wurde (EuGVÜ 1982)[10]. Es enthält nur wenige, durch den Beitritt bedingte technische Änderungen des EuGVÜ. Es ist im Jahre 1989 in Kraft getreten (näher Art. 62 Rz. 3) und bildet die derzeit in Deutschland geltende, dieser Kommentierung zugrunde liegende Fassung. Seit dem 3. 10. 1990 gilt das EuGVÜ in dieser Fassung auch im Gebiet der vormaligen DDR und in ganz Berlin[11]; die intertemporalen Fragen sind analog Art. 54 zu beantworten[12]. **7**

Die *dritte Neufassung* des EuGVÜ wurde durch das Beitrittsübereinkommen mit *Spanien* und *Portugal* veranlaßt, das am 26. Mai 1989 in Donostia-San Sebastian unterzeichnet wurde (EuGVÜ 1989)[13]. Diese Neufassung gilt bereits für Spanien und Portugal sowie verschiedene andere EG-Staaten (näher Art. 63 Rz. 3). In Deutschland gilt die Neufassung noch nicht, so daß die Anerkennung und Vollstreckung spanischer und portugiesischer Entscheidungen einstweilen noch außerhalb des Anwendungsbereichs des EuGVÜ liegt (siehe Art. 29 des Beitrittsübereinkommens von 1989). Das Beitrittsübereinkommen bringt neben den **8**

---

7 BGBl. 1983 II 802, 1986 II 1020.

8 BGBl. 1986 II 1146; für Irland siehe BGBl. 1988 II 610.

9 ABl. Nr. C 59, 71 ff. vom 5. 3. 1979; auch abgedruckt bei *Bülow/Böckstiegel*.

10 Siehe Textanhang V. Erläuternder Bericht *Evrigenis/Kerameus*, ABl. Nr. C 298, 1 ff. vom 24. 11. 1986, sowie bei *Bülow/Böckstiegel;* der Bericht setzt das Übereinkommen in Bezug zum bisherigen griechischen System der internationalen Zuständigkeit und der Vollstreckung ausländischer Entscheidungen.

11 Siehe im einzelnen *Trunk* 9ff.; *Arnold*, BB 1991, 2240.

12 Näher *Trunk* 13ff.; *H. Roth*, in: *Jayme/Furtak* (Hrsg.), Der Weg zur deutschen Rechtseinheit (1991) 179ff.

13 Zum Text des Beitrittsübereinkommens siehe Textanhang VI (ABl. 1989 Nr. L 285, 1). Ein Text des EuGVÜ in der Fassung des Beitrittsübereinkommens von 1989 findet sich im ABl. Nr. C 189, 2ff. vom 28. 7. 1990.

durch den Beitritt hervorgerufenen technischen Anpassungen und einigen redaktionellen Verbesserungen auch verschiedene inhaltliche Änderungen, die meist aus dem Lugano-Übereinkommen (unten Rz. 44ff.) übernommen wurden. Hervorzuheben sind: die Einführung eines besonderen Gerichtsstandes für Klagen aus individuellen Arbeitsverträgen in Art. 5 Nr. 1; die Schaffung eines neuen Gerichtsstandes des Sachzusammenhangs in Art. 6 Nr. 4 für schuldrechtliche Klagen, die mit einer Klage wegen dinglicher Rechte an unbeweglichen Sachen verbunden werden können; die Ergänzung des Art. 16 Nr. 1 um einen Buchstaben b) mit einer besonderen Bestimmung für befristete Miet- und Pachtverträge; die Erweiterung der Formvorschriften für Gerichtsstandsvereinbarungen in Art. 17 I und die Einschränkung der Wirkungen von Gerichtsstandsvereinbarungen in Arbeitsverträgen durch Art. 17 V; die Änderung des Art. 21 über die Rechtshängigkeit in dem Sinne, daß das später angerufene Gericht sich nicht sogleich zugunsten des zuerst angerufenen für unzuständig erklären, sondern das Verfahren zunächst nur aussetzen soll, bis die Zuständigkeit des zuerst angerufenen Gerichts feststeht; schließlich die Streichung des Art. 52 III über den abhängigen Wohnsitz. Im einzelnen unterrichtet über die Neufassung der erläuternde Bericht von *Almeida Cruz/Desantes Real/Jenard*, der als autorisierter Kommentar des Beitrittsübereinkommens angelegt ist[14].

9 In mehreren Staaten wurden *ergänzende nationale Gesetze* zum EuGVÜ erlassen. Gerade auch in *Deutschland* besteht ein detailliertes Ausführungsgesetz[15]. Da das EuGVÜ in seinem Titel II eine unmittelbar anwendbare abschließende Regelung für die Zuständigkeit enthält, bezieht sich das Ausführungsgesetz ganz überwiegend auf die Anerkennung und Vollstreckung. Insbesondere enthält es eine ausführliche Regelung der Zulassung der Zwangsvollstreckung, welche die Verfahrensregeln der Art. 31ff. EuGVÜ ergänzt[16]. In den *Niederlanden* ist ebenfalls ein Ausführungsgesetz ergangen[17]. Im *Vereinigten Königreich* wurde mit dem *Civil Jurisdiction and Judgments Act 1982* (CJJA 1982) ein Mantelgesetz geschaffen, das nicht nur dem in einem Anhang unverändert wiedergegebenen Übereinkommen Gesetzeskraft verleiht[18], sondern auch besonders zahlreiche Ausführungsbestimmungen enthält. Zu diesem Act findet sich eine umfäng-

---

14 ABl. Nr. C 189, 35ff. vom 28. 7. 1990. Siehe auch den Überblick durch *Droz*, Rev. crit. 1990, 1; *Trunk* 95ff.; *Kohler*, EuZW 1991, 303; *Weigand*, RIW 1991, 717.

15 Anerkennungs- und Vollstreckungsausführungsgesetz (AVAG) vom 30. 5. 1988, BGBl. 1988 I 662; abgedruckt im Textanhang IX. Es ersetzt das sehr ähnliche AGGVÜ vom 29. 7. 1972, BGBl. 1972 I 1328.

16 Näher zum AVAG BT-Drucks. 11/351 (Begründung des Regierungsentwurfs) und 11/1885 (Bericht des Rechtsausschusses); ferner *Geimer*, NJW 1988, 2157. Zu seinem Vorläufer, dem AGGVÜ, siehe *Wolf*, NJW 1973, 397; *Pirrung*, DGVZ 1973, 178.

17 Ausführungsgesetz vom 4. 5. 1972, Staatsblad 1972, 240, geändert durch Gesetz vom 14. 9. 1978, Staatsblad 1978, 468; abgedruckt auch bei *Bülow/Böckstiegel* unter B I 1 d.

18 Siehe zu dieser vereinheitlichungsfreundlichen neueren britischen Praxis der Inkraftsetzung von völkervertraglichem Einheitsrecht *Kohler*, EuropaR 1984, 161f.

liche Literatur[19]. Wesentlich knapper ist der irische Act[20]. Das *dänische* Gesetz zur Einführung des EuGVÜ bringt ebenfalls einige Ausführungsbestimmungen, insbesondere zur Vollstreckung[21].

2. Rechtsnatur

Die *Rechtsnatur des Übereinkommens* ist umstritten. Nach richtiger Ansicht ist 10
es weder primäres noch sekundäres Gemeinschaftsrecht, sondern ein völkerrechtlicher Vertrag, der freilich – namentlich durch seine Entstehung und die dem EuGH eingeräumte Auslegungskompetenz – in besonderer Weise mit den Europäischen Gemeinschaften verbunden ist[22]. Der Gemeinschaftsbezug des Übereinkommens rechtfertigt seine integrationsfreundliche Auslegung.

Ein *Vorrang des Übereinkommens* vor früheren oder späteren nationalen Vor- 11
schriften ist anzuerkennen, auch wenn man das EuGVÜ nicht als Gemeinschaftsrecht betrachtet. Der Vorrang läßt sich wie bei anderen rechtsvereinheitlichenden völkerrechtlichen Verträgen entweder aus der Regel „lex posterior derogat legi priori" oder – bei später erlassenem nationalen Recht – aus dem speziellen Charakter des Übereinkommens (lex specialis) herleiten[23]. Durch die Auslegungsregel, daß bei keinem späteren Gesetz die Absicht vorauszusetzen ist, die Normen völkerrechtlichen Ursprungs zu beeinträchtigen, lassen sich unerwünschte Konflikte in der Regel vermeiden. Auch der EuGH hat darauf hingewiesen, daß das Übereinkommen den innerstaatlichen Bestimmungen, die mit ihm unvereinbar sind, vorgehen muß. Der Grundsatz der Rechtssicherheit innerhalb der Gemeinschaftsrechtsordnung und die mit dem Übereinkommen aufgrund von Art. 220 EWGV – auf den sich das Übereinkommen stützt – verfolgten Ziele verlangten nämlich, daß die Gleichheit und Einheitlichkeit der sich aus dem Übereinkommen für die Vertragsstaaten und die betroffenen Personen ergebenden Rechte und Pflichten sichergestellt werden, wie die einschlägigen Vor-

---

19 Siehe die speziellen Werke von *Collins, Hartley, Dashwood/Hacon/White, Kaye* und *O'Malley/Layton*, von denen die beiden zuletzt genannten besonders ausführlich sind; aus schottischer Sicht siehe die Schrift von *Anton*. Eine knappe Einführung nebst Übersicht zur bisherigen englischen Rechtsprechung zum CJJA 1982 gibt *Mennie*, in: *Jayme* (Hrsg.), Ein internationales Zivilverfahrensrecht für Gesamteuropa (1992) 395. Aus der allgemeinen kollisionsrechtlichen Literatur siehe vor allem *Cheshire/North*, Private International Law [12] (1992) 279 ff. und 411 ff.

20 Siehe Jurisdiction of Courts and Enforcement of Jugdments (European Communities) Act, 1988 (1988, no. 3). Zu diesem Act und zum Übereinkommen aus irischer Sicht *Byrne*, The EEC Convention on Jurisdiction and the Enforcement of Judgments (1990); *Moloney/Robinson* (Hrsg.), The Brussels Convention on Jurisdiction and the Enforcement of Foreign Judgments (1989).

21 Siehe Lov om EF-domskonventionen m. v. vom 4. 6. 1986, Lovtidende A 1986 Nr. 325.

22 Grundlegend *Ivo E. Schwartz*, Übereinkommen zwischen den EG-Staaten: Völkerrecht oder Gemeinschaftsrecht?, in: Im Dienste Deutschlands und des Rechtes, FS Grewe (1981) 551.

23 Diese Erwägungen liegen auch der Vorschrift des Art. 3 II EGBGB zugrunde, der für das IPR auf den Vorrang derjenigen völkerrechtlichen Vereinbarungen hinweist, die unmittelbar anwendbares innerstaatliches Recht geworden sind.

schriften in der Rechtsordnung dieser Staaten auch immer beschaffen seien[24]. Indes gilt der Vorrang des EuGVÜ nur für die vom Übereinkommen geregelten Fragen, während es im übrigen bei der Anwendbarkeit der nationalen Verfahrensvorschriften bleibt; so betrifft Art. 6 Nr. 2 EuGVÜ nur die internationale Zuständigkeit für eine Gewährleistungsklage, nicht aber deren sonstige Zulässigkeitsvoraussetzungen, für die demgemäß weiterhin die lex fori maßgeblich ist[25].

12 Der *Vorrang* des EuGVÜ *bedeutet* insbesondere, daß die Vorschriften seines Titels II über die internationale Zuständigkeit die Zuständigskeitsregeln des autonomen deutschen Rechts verdrängen[26]. Auch die Vorschriften des Titels III über die Anerkennung und Vollstreckung schließen eine Anwendung der Anerkennungs- und Vollstreckungsregeln des nationalen Rechts im allgemeinen aus (näher Art. 25 Rz. 6).

13 Das Übereinkommen ist *von Amts wegen* anzuwenden. Es ist also zugrunde zu legen, auch ohne daß die Parteien sich darauf berufen[27].

3. Bedeutung

14 Bedeutsam ist das Übereinkommen vor allem in zwei Bereichen. Zum einen ist – erstmals in einem Staatsvertrag – eine umfassende Regelung der *direkten internationalen Zuständigkeit* in (vermögensrechtlichen) Zivil- und Handelssachen (Art. 1) gelungen, deren Anwendbarkeit grundsätzlich nur vom Wohnsitz des Beklagten in einem Vertragsstaat abhängt (Art. 2). Damit ist das Übereinkommen – zu seinem Vorteil – über den in Art. 220 EWGV enthaltenen Auftrag hinausgegangen[28]. Zum anderen wird die *Anerkennung und Vollstreckung* aller in den Vertragsstaaten erlassenen gerichtlichen Entscheidungen nach Art. 25ff. erheblich erleichtert und beschleunigt (vgl. Art. 34), unabhängig davon, ob sie aufgrund der Zuständigkeitsvorschriften des Übereinkommens oder des autonomen staatlichen Rechts ergangen sind. Insbesondere ist hervorzuheben, daß die internationale Zuständigkeit des Erstrichters im Anerkennungsstaat grundsätzlich nicht mehr nachgeprüft werden darf (Art. 28 III) und

---

24 So *EuGH* 15. 11. 1983 – 288/82, Duijnstee/Goderbauer, Slg. 1983, 3674f.; siehe im einzelnen Art. 19 Rz. 1. Vgl. ferner 13. 11. 1979 – 25/79, Sanicentral/Collin, Slg. 1979, 3429.

25 Vgl. zur Abgrenzung im einzelnen *EuGH* 15. 5. 1990 – 365/88, Kongreß Agentur Hagen/Zeehaghe.

26 Näher vor Art. 2 Rz. 15 ff. Speziell im Bereich der Zuständigkeitsvereinbarungen Art. 17 Rz. 15.

27 Näher *Hauschild* 15 ff. Siehe auch die Erläuterungen zu Art. 19.

28 Siehe zu dieser und anderen Abweichungen von Art. 220 EWGV (das Abkommen bezieht öffentliche Urkunden und Prozeßvergleiche ein, dagegen nicht die in Art. 220 EWGV genannten Schiedssprüche, und es knüpft an den Wohnsitz und nicht an die Staatsangehörigkeit an) *Bülow*, RabelsZ 1965, 475f.; *Droz* Nr. 11f.; *Focsaneanu*, Rev. Marché Commun 1979, 517ff.; *Bülow/Böckstiegel* Vorbem. 1; *Basedow* in Hdb. IZVR I Kap. II Rz. 7–11. – Zur Wünschbarkeit einer künftigen europäischen Zuständigkeitsordnung auch für den Fall maßgeblicher Verknüpfungen zu Drittstaaten siehe vor Art. 2 Rz. 9; Art. 4 Rz. 1.

daß ein rasches und einseitiges Vollstreckungsverfahren (Art. 31 ff.) an die Stelle des schwerfälligen kontradiktorischen Exequaturverfahrens gesetzt wurde.

Von *„europäischem Zivilprozeßrecht“* kann man schon deshalb sprechen, weil das Übereinkommen die wesentlichen Fragen der internationalen Zuständigkeit sowie der Anerkennung und Vollstreckung für die beteiligten EG-Staaten einheitlich regelt. Durch das Lugano-Übereinkommen (unten Rz. 44 ff.) wird diese Rechtseinheit auch auf die EFTA-Staaten erstreckt. Ergänzend treten die Europaratsübereinkommen über die Staatenimmunität von 1972[29] und betreffend Auskünfte über ausländisches Recht von 1968[30] hinzu[31]. Darüber hinaus stellen die Übereinkommen den Beginn eines einheitlichen oder angeglichenen europäischen Verfahrensrechts auch insofern dar, als sie – über ihren eigentlichen Anwendungsbereich hinaus – einen europäischen Impuls zu einer Reform von Teilen des nationalen Verfahrensrechts geben[32]. So bejahte der niederländische Hoge Raad unter Berufung auf die internationale Rechtsentwicklung, wie sie sich inbesondere in Art. 17, 18 EuGVÜ spiegelt, die grundsätzliche Zulässigkeit internationaler Gerichtsstandsvereinbarungen auch außerhalb des Anwendungsbereichs des EuGVÜ und vollzog mit dieser Grundsatzentscheidung eine bedeutsame Wende im niederländischen Internationalen Zivilprozeßrecht[33]. Die nationalen Zuständigkeitsregelungen, und zwar nicht nur der internationalen, sondern auch der örtlichen Zuständigkeit, finden in dem Übereinkommen ein insgesamt brauchbares Vorbild, von dem nur aus besonderen Gründen abgewichen werden sollte. Auch die liberale Anerkennungsregelung des Art. 27 und die Ausgestaltung des Verfahrens der Vollstreckbarerklärung mit ihrem gelungenen Ausgleich zwischen Gläubiger- und Schuldnerinteressen können Vorbild für den nationalen Gesetzgeber wie für weitere Konventionen der europäischen Staaten sein. Beispielsweise wurde in Deutschland die Neufassung des § 38 ZPO über Gerichtsstandsvereinbarungen an Art. 17 EuGVÜ ausgerichtet, und die Neufassung des § 328 ZPO durch das IPR-Gesetz vom 25. 7. 1986 lehnt sich namentlich in Abs. 1 Nr. 2 offen an Art. 27 EuGVÜ an[34]. Auch die geplante Reform des italienischen Codice di procedura civile und des italienischen IPR soll eine Annäherung an das Übereinkommen bringen[35]. Der britische Civil Jurisdiction and Judgments Act 1982 schafft über die Umsetzung des Übereinkommens hinaus eine Angleichung des interlokalrechtlichen Prozeßrechts an 15

29 BGBl. 1990 II 34.

30 BGBl. 1974 II 938.

31 Siehe zu diesen Übereinkommen etwa *Kropholler*, IPR (1990) § 57 I 3 d und § 59 III 2 b.

32 Wohl in diesem Sinne sprach *Habscheid*, ZfRV 1973, 262, vom „Beginn eines Europäischen Zivilprozeßrechts“.

33 *H. R.* 1. 2. 1985, N. J. 1985 Nr. 698 Anm. *Schultsz*; Bericht *Sauveplanne*, IPRax 1986, 48 ff.

34 Siehe dazu BT-Drucks. 10/504, 87 f.

35 Siehe *Starace*, Riv. dir. proc. 1985, 315 ff.; *Luzzatto*, Riv.dir.int. 1990, 832 ff.; ferner die Beiträge in *Angeli* (Hrsg.), La Convenzione giudiziaria di Bruxelles del 1968 e la riforma del processo civile italiano (1985). Zu den verfahrensrechtlichen Regeln des italienischen IPR-Entwurfs siehe dessen Text nebst Erläuterungen, Riv. dir. int. priv. proc. 1989, 932 ff.

die europäische Regelung[36]. Das spanische Gerichtsverfassungsgesetz vom 1. 7. 1985 (Nr. 6/1985) lehnt sich in seiner Regelung der internationalen Zuständigkeit weitgehend an das EuGVÜ an[37]. Auch in Dänemark wurden die Zuständigkeitsvorschriften des „Rechtspflegegesetzes" denen des EuGVÜ teilweise angeglichen[38]. Freilich wird die rechtsvereinheitlichende Wirkung des Brüsseler und des Lugano-Übereinkommens immer nur auf einen Ausschnitt aus dem gesamten Bereich des Zivilprozeßrechts beschränkt bleiben, selbst wenn der Anwendungsbereich der Übereinkommen (z. B. in Art. 1 oder durch eine Zuständigkeitsregelung gegenüber Drittstaaten) in späteren Jahren noch eine Ausdehnung erfahren sollte[39]. Deshalb gibt es Bestrebungen innerhalb der EG, neben den Übereinkommen ein umfassendes Modellgesetz für eine Europäische Zivilprozeßordnung zu schaffen[40].

II. Auslegung

Schrifttum: *Arnold*, Das Protokoll über die Auslegung des EWG-Gerichtsstands- und Vollstreckungsübereinkommens durch den Gerichtshof in Luxemburg, AWD 1972, 977; *Basedow* in Hdb. IZVR I Kap. II Rz. 18–54; *Cathala*, L'interprétation uniforme des conventions conclues entre Etats membres de la C.E.E. en matière de droit privé, D.S. 1972, Chron. 31; *Duintjer Tebbens*, L'interprétation dynamique, par la Cour de Justice Européenne, de la compétence en matière contractuelle (l'art. 5, 1° de la Convention de Bruxelles de 1968), in: Unification, Contributions in Honour of Sauveplanne (1984) 65; *Dumon*, De rechterlijke uitlegging van de EEG-verdragen betreffende de onderlinge erkenning van vennootschappen en rechtspersonen en betreffende de rechterlijke bevoegdheid en de tenuitvoerlegging van beslissingen, S.E.W. 1972, 203; *Geimer*, Zur Auslegung des Brüsseler Zuständigkeits- und Vollstreckungsübereinkommens in Zivil- und Handelssachen vom 27. September 1968, EuropaR 1977, 341; *Giardina*, The European Court and the Brussels Convention on Jurisdiction and Judgments, Int. Comp. L. Q. 1978, 263; *Haardt*, De rechtspraak van het Hof van Justitie van de E.G. over de uitleg van het EEG-Bevoegdheids- en Executieverdrag, in: Non sine causa, Festschrift Scholten (1979) 103; *Hay*, The Case for Federalizing Rules of Civil Jurisdiction in the European Community, Mich. L. Rev. 82 (1983–84) 1323; *Kohler*, The Case Law of the European Court on the Judgments Convention, Europ. L. Rev. 1982, 3, 103; *ders.*, Fortbildung des Brüsseler Gerichtsstands- und Vollstreckungsübereinkommens durch den EuGH: Freizügigkeit oder effektiver Rechtsschutz?, in: *Schwind* (Hrsg.), Europarecht, IPR, Rechtsvergleichung (Österreichische Akademie der Wissenschaften, Phil.-hist. Kl. Sitzungsberichte Bd. 500, 1988) 125; *ders.*, Integration und Auslegung – Zur Doppelfunktion des EuGH, in: *Jayme* (Hrsg.), Ein internationales Zivilverfahrensrecht für Gesamteuropa (1992) 11; *Krings*, L'application de la Convention de Bruxelles de 1968 par la Cour de Justice des Communautés européennes, Cahiers dr. europ. 1981, 151;

---

36 Siehe insbesondere Part II über die Zuständigkeit sowie die Anerkennung und Vollstreckung innerhalb des Vereinigten Königreichs; dazu *Mathers*, Yb. Europ. L. 1983, 66 ff.; *Collins* 127 ff.; *O'Malley/Layton* 978 ff.

37 Siehe dazu *Amores Conradi*, Rev. Esp. Der. Int. 1989, 113 ff.

38 Siehe das Gesetz zur Änderung des Rechtspflegegesetzes vom 4. 6. 1986, Lovtidende A 1986 Nr. 324; dazu *Kohler/Winterhoff*, IPRax 1988, 53 ff.

39 Vgl. auch *Spellenberg*, EuropaR 1980, 347 ff., der das EuGVÜ dennoch mit Recht als „Kern eines europäischen Zivilprozeßrechts" bezeichnet.

40 Siehe dazu etwa *Prütting*, Auf dem Weg zu einer Europäischen Zivilprozeßordnung, FS Baumgärtel (1990) 457.

Laenens, Protocol betreffende de uitlegging door het Hof van Justitie van het Verdrag van 27 september 1968 betreffende de rechterlijke bevoegdheid en de tenuitvoerlegging van beslissingen in burgerlijke en handelszaken en de gemeenschappelijke verklaring, R.W. 1975–76, 1323; *Lenaerts/Verbruggen*, Jurisprudentie van het Hof van Justitie van de Europese Gemeenschappen over het Verdrag van Brussel ..., Rev. dr. com. belge 1991, 760; *Linke*, EG-Gerichtsstands- und Vollstreckungsübereinkommen, RIW 1985, 1; 1991, Beilage 5; *Mari*, La convenzione di Bruxelles sulla competenza giurisdizionale e l'esecuzione delle sentenze straniere nell'interpretazione della Corte di Giustizia delle Comunità europee, Dir. com. scambi int. 1980, 511; *Martiny*, Autonome und einheitliche Auslegung im Europäischen Internationalen Zivilprozeßrecht, RabelsZ 1981, 427; *Mok*, The Interpretation by the European Court of Justice of Special Conventions Concluded between the Member States, C. M. L. Rev. 1971, 485; *Parisi*, La rivelazione dei „principi comuni" nella interpretazione della convenzione di Bruxelles ad opera della Corte di Giustizia, Dir.com.scambi int. 1977, 257; *Pescatore*, Le recours, dans la jurisprudence de la Cour de Justice des Communautés européennes, à des normes déduites de la comparaison des droits des Etats membres, Rev. int. dr. comp. 1980, 337; *Pfeiffer*, Grundlagen und Grenzen der autonomen Auslegung des EuGVÜ, Jahrbuch Junger Zivilrechtswissenschaftler 1991 (1992) 71; *Pieri*, The 1968 Brussels Convention ...: Four Years' Case Law of the European Court of Justice, C. M. L. Rev. 1987, 635; *Pocar*, Il Protocollo sull'interpretazione uniforme della convenzione di Bruxelles sulla competenza giurisdizionale e l'esecuzione delle sentenze, Riv.dir.int.priv.proc. 1978, 281 = Studi in onore di E.T. Liebman II (1979) 1055; *Ras*, Een nieuwe taak voor het Hof van Justitie E.G., N.J.B. 1976, 1177; *Rasmussen*, A New Generation of Community Law? Reflections on the Handling by the Court of Justice of the Protocol of 1971 Relating to the Interpretation of the Brussels Convention on Jurisdiction and Enforcement of Judgment, C. M. L. Rev. 1978, 249; *Schlosser*, Neue Zuständigkeiten des Gerichtshofs der Europäischen Gemeinschaften, RIW 1975, 534; *ders.*, Der EuGH und das Europäische Gerichtsstands- und Vollstreckungsübereinkommen, NJW 1976, 457; *ders.*, Vertragsautonome Auslegung, nationales Recht, Rechtsvergleichung und das EuGVÜ, Gedächtnisschrift Bruns (1980) 45; *Spellenberg*, Das Europäische Gerichtsstands- und Vollstreckungsübereinkommen als Kern eines europäischen Zivilprozeßrechts, EuropaR 1980, 329; *Tagaras*, Chronique de jurisprudence de la Cour de Justice relative à la Convention de Bruxelles: années judiciaires 1988/89 et 1989/90, Cahiers dr. europ. 1990, 658; *Vassali di Dachenhausen*, La Corte comunitaria e la convenzione di Bruxelles del 27 settembre 1968 in materia giudiziaria, Foro it. 1977, 306; *Vlas*, The Protocol on Interpretation of the EEC Convention on Jurisdiction and Enforcement of Judgments: Over Ten Years in Legal Practice, Neth. Int. L. Rev. 1986, 84.

1. Das Auslegungsprotokoll vom 3. Juni 1971

Um eine einheitliche Auslegung des EuGVÜ zu sichern, vereinbarten die Ver- 16
tragsstaaten in einem Protokoll vom 3. Juni 1971 (Textanhang III) eine Auslegungsbefugnis des EuGH. Das Protokoll trat gemäß seinem Art. 8 am 1. September 1975 für Belgien, die Bundesrepublik Deutschland, Frankreich, Italien, Luxemburg und die Niederlande in Kraft[41]. Es ist durch das Beitrittsübereinkommen von 1978 (oben Rz. 6) geringfügig modifiziert worden und gilt nach dessen Inkrafttreten gemäß Art. 6 AuslProt. n. F. grundsätzlich für das europäische Hoheitsgebiet der Vertragsstaaten, für die französischen überseeischen Departements und Gebiete sowie für Mayotte[42]. Zum Auslegungsprotokoll gibt es – wie zum EuGVÜ – einen erläuternden Bericht von *Jenard*[43]. Die Einigung der Ver-

41 BGBl. 1975 II 1138.

42 Vgl. im einzelnen die Erläuterungen zu dem weitgehend gleichlautenden Art. 60 EuGVÜ.

43 ABl. vom 5. 3. 1979 Nr. C 59, 66–70 = BT-Drucks. VI/3294, 18 ff.; abgedruckt auch bei *Bülow/Böckstiegel* unter B I 1 b.

tragsstaaten auf eine Auslegungskompetenz des EuGH ist nachdrücklich zu begrüßen, da durch einen solchen begrenzten Souveränitätsverzicht zugunsten eines supranationalen Gerichts die für jedes Einheitsrecht wesentliche einheitliche Rechtsprechung in den Vertragsstaaten am besten gewährleistet wird.

17 Die Auslegungsbefugnis des EuGH erstreckt sich gemäß Art. 1 I AuslProt. auf das EuGVÜ vom 27. September 1968, das ihm beigefügte Protokoll gleichen Datums und auf das Auslegungsprotokoll selbst. Die Auslegungsbefugnis erfaßt gemäß Art. 1 II AuslProt. auch das Beitrittsübereinkommen von 1978; ferner gemäß Art. 1 III AuslProt. das Beitrittsübereinkommen von 1982 mit Griechenland. Das Auslegungsprotokoll sieht zwei verschiedene Verfahren vor, um dem EuGH eine Auslegungsfrage vorzulegen. Zum einen wurde in Art. 2 und 3 AuslProt. ein dem Art. 177 EWGV nachgebildetes Vorabentscheidungsverfahren vereinbart[44]. Aufgrund dieses Verfahrens hat der EuGH bis zum 31. 12. 1992 mehr als 70 Entscheidungen erlassen. Zum anderen führt Art. 4 AuslProt. ein neues Verfahren ein, das sich an die den romanischen Rechten bekannte sog. Klage im Interesse des Gesetzes („pourvoi dans l'intérêt de la loi") anlehnt. Nach dieser Vorschrift können die Generalstaatsanwälte bei den Kassationsgerichtshöfen oder jede andere von einem Vertragsstaat benannte Stelle eine Stellungnahme des EuGH beantragen, wenn rechtskräftige Entscheidungen der Gerichte ihres Staates der Auslegung widersprechen, die entweder der EuGH selbst oder höhere Gerichte eines anderen Vertragsstaates bereits gegeben haben. Die vom EuGH auf einen derartigen Antrag gegebene Auslegung hat keine Wirkung auf die rechtskräftigen Entscheidungen, die den Anlaß für den Antrag bildeten (Art. 4 II AuslProt.). Sie können auch nicht Anlaß für eine Wiederaufnahme des Verfahrens sein[45]. Das Verfahren nach Art. 4 AuslProt. hat also nur den Sinn, für künftige Fälle eine einheitliche Auslegung zu gewährleisten, insbesondere wenn die zuständigen Gerichte es versäumt haben, um Vorabentscheidung beim EuGH nachzusuchen[46]. Praktische Bedeutung hat das Sonderverfahren nach Art. 4 AuslProt., das dem Interesse der Regierungen an Einheitlichkeit der Rechtsanwendung dient, bislang nicht gewonnen, obwohl hin und wieder Auslegungsdivergenzen aufgetreten sind, die eine Anrufung des EuGH gerechtfertigt hätten[47]. Für eine Belebung könnte ein Antragsrecht des Generalanwalts beim EuGH sorgen, das vom Schrifttum wiederholt gefordert wurde[48].

18 Das zu dem Auslegungsprotokoll ergangene deutsche *Zustimmungsgesetz* vom 7. August 1972 enthält in seinen Art. 2 und 3 wesentliche Ergänzungen zum Protokoll[49]. Gemäß Art. 2 ist in dem Beschluß, mit dem die Auslegungsfrage

---

44 Zum Vorabentscheidungsverfahren nach Art. 177 EWGV ausführlich *Herrmann* in Hdb. IZVR I Kap. I Rz. 35ff.; *Everling*, Das Vorabentscheidungsverfahren vor dem EuGH (1986).

45 Bericht *Jenard* Nr. 14.

46 Näher zu Art. 4 Bericht *Jenard* Nr. 14; *Schlosser*, RIW 1975, 541.

47 Näher *Pocar*, Riv. dir. int. priv. proc. 1978, 294f. = Studi Liebman 1070ff.

48 Vgl. z.B. *Laenens*, R.W. 1975-76, 1330; *Ras*, N.J.B. 1976, 1186.

49 BGBl. 1972 II 845.

dem EuGH zur Vorabentscheidung vorgelegt wird, die auszulegende Vorschrift zu bezeichnen sowie die zu klärende Auslegungsfrage darzulegen. Ferner ist der Sach- und Streitstand, soweit dies zur Beurteilung der Auslegungsfrage erforderlich ist, in gedrängter Form darzustellen. Als zuständige Stelle für das Sonderverfahren des Art. 4 AuslProt. benennt Art. 3 des Zustimmungsgesetzes den Generalbundesanwalt beim BGH.

In Art. 2 AuslProt. sind die *vorlageberechtigten Gerichte* für die Anrufung des **19**
EuGH im Vorabentscheidungsverfahren genannt. Gemäß Art. 2 Nr. 1 i.V.m. Art. 3 I sind die jeweils höchsten Gerichte in einem Staat zur Vorlage verpflichtet. In Deutschland ist dies vor allem der BGH, nicht dagegen das BVerfG, das nicht zu den „obersten Gerichtshöfen des Bundes" gezählt wird. Die in Art. 2 Nr. 2 und 3 genannten Gerichte sind gemäß Art. 3 II nach ihrem Ermessen zur Vorlage an den EuGH berechtigt, aber nicht verpflichtet. Es sind nach Art. 2 Nr. 2 die Gerichte, die als „Rechtsmittelinstanz" entscheiden. Darunter fallen vor allem die Oberlandesgerichte, aber auch andere Gerichte, z.B. die Landgerichte, wenn sie als Rechtsmittelinstanz entscheiden. In der Bundesrepublik Deutschland umfaßt der Begriff des Rechtsmittels auch die Beschwerde[50]. Der Begriff soll nach dem Willen der Verfasser nicht technisch, sondern im Sinne der Anrufung einer höheren Instanz verstanden werden, so daß auch etwa der französische „contre-dit" darunter fällt[51]. Dagegen ist ein italienisches Gericht erster Instanz, das über den Widerspruch des Schuldners gegen einen Mahnbescheid zu befinden hat (Art. 633ff. Codice di procedura civile), nicht „Rechtsmittelinstanz" im Sinne des Art. 2 Nr. 2 und daher zur Vorlage nicht befugt; sein Ersuchen um Vorabentscheidung muß vom EuGH als unzulässig zurückgewiesen werden[52]. Das gleiche gilt für ein Ersuchen um Vorabentscheidung durch das französische Tribunal de grande instance, das im Verfahren zur Erteilung einer Vollstreckungsklausel gemäß Art. 34 in erster Instanz und nicht als Rechtsmittelgericht entscheidet[53]. Nach Art. 2 Nr. 3 sind vorlageberechtigt in den in Art. 37 EuGVÜ vorgesehenen Fällen (Rechtsmittel gegen die Entscheidung über die Zulassung der Vollstreckung einer im Ausland ergangenen Entscheidung) die dort angeführten Gerichte, in Deutschland also die Oberlandesgerichte[54].

Nicht vorlageberechtigt sind die *Gerichte erster Instanz*[55]. Diese Einschrän- **20**
kung wurde folgendermaßen begründet[56]: „Damit soll in erster Linie vermieden werden, daß der Gerichtshof zu häufig und insbesondere in weniger wichtigen Fällen um Auslegung angerufen wird. Ferner wurde die Ansicht geäußert,

---

50 Bericht *Jenard* Nr. 11(3). Für weitere Einzelheiten siehe *Schlosser*, RIW 1975, 536.

51 Bericht *Schlosser* Nr. 255.

52 *EuGH* 9. 11. 1983 – 80/83, Habourdin/Italocremona.

53 *EuGH* 28. 3. 1984 – 56/84, von Gallera/Maître.

54 Sie wären auch nach Nr. 2 vorlageberechtigt. Eigenständige Bedeutung hat die Nr. 3 in den Ländern, in denen die erste Instanz über Rechtsmittel gegen die Zulassung der Zwangsvollstreckung entscheidet, wie in Belgien oder den Niederlanden; *Arnold*, AWD 1972, 979 N. 13.

55 Siehe z.B. *LG Köln* 23. 3. 1979, RIW 1980, 215 = IPRspr. 1979 Nr. 158.

56 Bericht *Jenard* Nr. 11(1).

daß bei der Anwendung des Übereinkommens auftretende Auslegungsunterschiede zwischen Entscheidungen erstinstanzlicher Gerichte (z. B. eines ‚justice de paix' oder eines Amtsgerichts) nicht stärker beachtet werden sollten, wenn die Entscheidungen rechtskräftig werden, als die Auslegungsunterschiede, die in ein und demselben Land zwischen Entscheidungen unterer Instanzen vorkommen können. In diesem Sinne wurde geltend gemacht, daß der Gerichtshof nur angerufen werden sollte, wenn er in voller Sachkenntnis entscheiden kann. Dazu sollten die Auslegungsfragen vorher von den einzelstaatlichen Gerichten überdacht werden, zumal der Gerichtshof seine Rechtsprechung im Interesse der Rechtssicherheit nicht häufig ändern kann." Die in der Begrenzung der Vorlageberechtigung liegende rechtspolitische Entscheidung erscheint vertretbar, auch wenn man die Häufigkeit der Fälle, in denen entscheidungserhebliche Auslegungsfragen entstehen, zur Zeit der Abfassung des Protokolls wohl überschätzt hat. Die Lösung des Auslegungsprotokolls hat freilich den Nachteil, daß sie zu einer Verlängerung und Verteuerung des Verfahrens führt, wenn die Notwendigkeit einer Auslegung durch den EuGH schon in der ersten Instanz offenkundig wird, ohne daß eine Möglichkeit zur Vorlage besteht[57].

21 Erste *Vorlagevoraussetzung* ist, daß es sich um *„eine Frage zur Auslegung des Übereinkommens"* (oder des Zusatzprotokolls oder des Auslegungsprotokolls) handelt. Nur um Auslegung des Übereinkommens, nicht aber um Auslegung des *nationalen Rechts*, auf das im Übereinkommen verwiesen wird, kann der EuGH ersucht werden. Eindeutig auf nationales Recht verweist das EuGVÜ etwa in Art. 4 I, 24, 27 Nr. 4 und 52. Auch in Art. 27 Nr. 1 wird auf das staatliche Recht verwiesen, nämlich auf die öffentliche Ordnung des Anerkennungsstaates[58]. Der EuGH kann etwaige Zweifel über den Umfang solcher im EuGVÜ ausgesprochenen Verweisungen klären, aber nicht die in Bezug genommenen nationalen Regeln auslegen oder den nationalen ordre public bestimmen. Die häufig auftretende Frage, ob ein Ausdruck des Übereinkommens vertragsautonom zu verstehen ist oder unter Heranziehung eines nationalen Rechts, ist vorlagefähig. Beispielsweise war dem EuGH die Frage vorzulegen, ob für die Auslegung des in Art. 1 EuGVÜ verwendeten Begriffs der „Zivil- und Handelssachen" das Recht irgendeines beteiligten Staates oder das Übereinkommen selbst maßgebend ist[59]. Wenn der EuGH entschieden hätte, daß dieser Begriff nach nationa-

---

57 Vgl. *Schlosser*, RIW 1975, 536, der aus diesem Grund statt einer Einschränkung der Vorlageberechtigung eine Befugnis des EuGH vorgezogen hätte, aus den Vorlagen nach seinem Ermessen die Fälle auszuwählen, über die er sachlich befinden will. Ebenso *Rasmussen*, C. M. L. Rev. 1978, 253 f. Vgl. auch *Herrmann* (oben N. 44) Rz. 67 und *Basedow* (oben N. 28) Rz. 160.

58 *BGH* 26. 9. 1979, BGHZ 75, 167 = NJW 1980, 527 = RIW 1979, 861 = IPRspr. 1979 Nr. 204. *Rasmussen*, C. M. L. Rev. 1978, 264 ff., weist darauf hin, daß der EuGH einer zu weiten Ausdehnung des ordre public gewisse Grenzen setzen könnte; siehe Art. 27 Rz. 4.

59 Dazu *EuGH* 14. 10. 1976 – 29/76, LTU/Eurocontrol, auf Vorlage des *OLG Düsseldorf*. Unzutreffend *BGH* 26. 11. 1975, BGHZ 65, 291, 299 = NJW 1976, 478, 480 = IPRspr. 1975 Nr. 170 S. 419: es handele sich um eine Frage der Anwendbarkeit des Übereinkommens, die nach nationalem Recht zu entscheiden sei, und nicht um eine Frage der Auslegung.

lem Recht auszulegen sei, wären Fragen der Auslegung des jeweils maßgebenden nationalen Rechts wiederum nicht zur Vorlage geeignet. Die Frage des Vorrangs bestimmter Vorschriften des Übereinkommens vor einer Norm des autonomen Rechts kann im allgemeinen ohne Auslegung des Übereinkommens und damit ohne Vorlage an den EuGH entschieden werden[60]. Auch die Tragweite anderer *Abkommen*, die nach Art. 56ff. EuGVÜ anwendbar bleiben, ist allein von den staatlichen Gerichten zu bestimmen. Das kann beispielsweise dazu führen, daß der Ausdruck „Zivil- und Handelssachen" im EuGVÜ und in einem anderen Abkommen verschieden auszulegen ist[61].

Zweite *Vorlagevoraussetzung* ist, daß die Auslegungsfrage *„in einem schwebenden Verfahren gestellt"* wird. Auf die Art des Verfahrens kommt es nicht an (vgl. Art. 1 I EuGVÜ). Es kann sich um ein streitiges oder ein nichtstreitiges staatliches Verfahren handeln. Auch in Verfahren des *einstweiligen Rechtsschutzes* ist eine Vorlage grundsätzlich möglich[62]; denn sonst könnten einige Auslegungsfragen, wie die nach dem Verhältnis von Art. 21 zu Art. 24, vom EuGH nicht geklärt werden. Eine Vorlage im einstweiligen Rechtsschutzverfahren wird aber selten in Betracht kommen, zum einen weil Art. 24 EuGVÜ weitgehend auf das nicht vorlagefähige nationale Recht verweist, zum anderen weil die nach Art. 3 II AuslProt. vorlageberechtigten Gerichte bei ihrer Ermessensausübung den Gesichtspunkt raschen und effizienten Rechtsschutzes gegen den der Wahrung der Rechtseinheit abwägen und aufgrund dessen häufig auf eine Vorlage verzichten müssen[63]. Die Auslegungsfrage muß nicht durch eine der Parteien *gestellt* worden sein, sondern das Gericht kann sie sich auch selbst gestellt haben[64]. 22

Als dritte *Vorlagevoraussetzung* ist dem Art. 3 I AuslProt. zu entnehmen, daß *das Gericht eine Entscheidung über die Auslegungsfrage zum Erlaß seines Urteils für erforderlich hält.* Die Auslegungsfrage muß entscheidungserheblich sein, m. a. W. die Entscheidung muß von der Auslegungsfrage abhängen. Über das Vorliegen dieser Voraussetzung entscheidet das nationale Gericht selbständig. Beispielsweise ist die Frage, ob eine Zuständigkeitsvereinbarung den Formerfordernissen des Art. 17 EuGVÜ genügt, dann nicht entscheidungserheblich, wenn feststeht, daß sie aus anderen Gründen nicht Vertragsinhalt geworden ist[65]. Entscheidungserheblich ist eine Frage ferner dann nicht, wenn alle Auslegungsmöglichkeiten zu demselben Ergebnis führen. An der Erheblichkeit kann es auch fehlen, wenn die Rechtsfrage aus prozessualen Gründen nicht mehr in 23

---

60 Siehe z. B. *BGH* 26. 10. 1981, BGHZ 82, 110 = NJW 1982, 1226 = RIW 1982, 361 = IPRspr. 1981 Nr. 169.

61 *EuGH* 14. 7. 1977 – 9 u. 10/77, Bavaria Fluggesellschaft und Germanair/Eurocontrol.

62 Siehe zur allgemeinen Problematik *Lübbert*, Vorläufiger Rechtsschutz und einheitliche Auslegung des Gemeinschaftsrechts, FS von Caemmerer (1978) 933. Speziell zum EuGVÜ etwa *Ras*, N. J. B. 1976, 1180f.

63 *Schlosser*, RIW 1975, 539.

64 *Arnold*, NJW 1972, 979; *Schlosser*, RIW 1975, 538; *Ras*, N. J. B. 1976, 1181.

65 *OLG Bamberg* 5. 11. 1976, IPRspr. 1976 Nr. 144 (in NJW 1977, 505 insoweit nicht abgedruckt).

der vorlageberechtigten Kassations- oder Revisionsinstanz nachzuprüfen ist, etwa weil der Rechtsbehelf nicht auf diese Rechtsverletzung gestützt wird und die Frage nicht von Amts wegen zu prüfen ist oder weil das Gericht eine Rüge der Partei, die sich auf die zweifelhafte Rechtsfrage bezieht, als verspätet oder als in Verschleppungsabsicht gestellt zurückzuweisen hat[66]. Eine Vorlage ist schließlich nicht erforderlich, wenn das Gericht sich einer vom EuGH bereits gegebenen Auslegung anschließt[67]. Ebenso ist sie entbehrlich, wenn das Gericht eine Vorschrift des Übereinkommens für eindeutig hält[68]. Eindeutigkeit darf nur angenommen werden, wenn die richtige Anwendung derart offenkundig ist, daß für einen vernünftigen Zweifel keinerlei Raum bleibt; ob ein solcher Fall gegeben ist, muß unter Berücksichtigung der Eigenheiten des EuGVÜ, der besonderen Schwierigkeiten seiner Auslegung und der Gefahr voneinander abweichender Gerichtsentscheidungen innerhalb der Gemeinschaft beurteilt werden[69].

24 Für die in Art. 2 Nr. 1 AuslProt. aufgeführten Höchstgerichte, in Deutschland also inbesondere für den BGH, besteht gemäß Art. 3 I eine *Vorlagepflicht*, während für die in Art. 2 Nr. 2 und 3 genannten Gerichte in Art. 3 II nur eine *Vorlagemöglichkeit* vorgesehen ist. Indes ist selbst die Pflicht zur Vorlage für den Bürger in aller Regel prozessual nicht durchsetzbar, eine offenkundige Schwäche des Vorabentscheidungsverfahrens[70]. Der in Art. 3 II gewährte Ermessensspielraum weicht einer Pflicht zur Vorlage, wenn ein Gericht von einer Entscheidung des EuGH abweichen möchte; die Nichtvorlage wäre dann rechtsmißbräuchlich[71]. Nach den bisherigen Erfahrungen hat sich die Sorge nicht bestätigt, die Gerichte könnten versuchen, sich durch unnötige Vorlagen an den EuGH interessant zu machen oder in arbeitsintensiven Sachen Zeit zu gewinnen[72]. Im Gegenteil: in zahlreichen Fällen hat in Deutschland erst der BGH als letzte Instanz vorgelegt, indem er die aus Art. 3 I AuslProt. folgende Pflicht erfüllte; eine Vorlage bereits durch das OLG hätte den Parteien Zeit und Kosten gespart[73].

25 *Neue Mitgliedstaaten der EG*, die zwar noch nicht Vertragsstaaten des EuGVÜ, aber zu einem Beitritt verpflichtet sind (vgl. Art. 63 I EuGVÜ), haben ein berechtigtes Interesse daran, ihre Auffassung zu äußern, wenn der Gerichtshof um die

---

66 *Arnold*, NJW 1972, 979.

67 So zu Art. 177 EWGV etwa *EuGH* 27. 3. 1963 – 28-30/62, Slg. 1963, 63, 80f.; 18. 2. 1964 – 73 u. 74/63, Slg. 1964, 1, 26; 2. 12. 1964 – 24/64, Slg. 1964, 1373, 1391. Zum Auslegungsprotokoll ebenso z. B. *BGH* 22. 12. 1976, WM 1977, 88 = IPRspr. 1976 Nr. 177; 16. 5. 1977, WM 1977, 826 = RIW 1977, 432 = IPRspr. 1977 Nr. 127; *Cass.* (Italien) 14. 6. 1980, n. 3799, Mass. Foro it. 1980, 754 = Riv. dir. int. priv. proc. 1981, 920.

68 Vgl. etwa *OLG Karlsruhe* 4. 6. 1976, IPRspr. 1976 Nr. 170, wo die Eindeutigkeit freilich allzu bedenkenlos bejaht wurde.

69 In diesem Sinne zu Art. 177 III EWGV *EuGH* 6. 10. 1982 – 283/81, Slg. 1982, 3415; ihm für das EuGVÜ folgend *BGH* 12. 10. 1989, BGHZ 109, 29 = IPRspr. 1989 Nr. 195.

70 *Stein/Jonas/Schumann* Einl. Rz. 811.

71 *Schlosser*, RIW 1975, 537.

72 Davor warnte *Schlosser*, RIW 1975, 538.

73 *Spellenberg*, EuropaR 1980, 338 N. 52; *ders.*, IPRax 1981, 75 N. 4.

Auslegung des Übereinkommens ersucht wird. Sie können in einem solchen Verfahren deshalb nach Art. 177 EWGV und Art. 20 des Protokolls über die Satzung des Gerichtshofs, auf die in Art. 5 I AuslProt. verwiesen wird, Erklärungen abgeben[74].

Der *Charakter der EuGH-Entscheidungen* unterscheidet sich von den Urteilen **26**
der staatlichen Gerichte. Der EuGH muß nach der Struktur des Vorabentscheidungsverfahrens nicht den konkreten Fall entscheiden, sondern nur die abstrakte Auslegungsfrage im Lichte dieses Falles beantworten.

Eine *Bindungswirkung* entfaltet die vom EuGH gegebene Auslegung nur für das **27**
vorlegende Gericht[75]. Sie ist formell nicht allgemeinverbindlich[76]. Die Gerichte haben in anderen Verfahren immer die Möglichkeit, dem Gerichtshof eine Auslegungsfrage erneut vorzulegen, wenn sie dies für angebracht halten[77], etwa weil sie meinen, eine ältere Rechtsprechung des EuGH könne nicht länger befolgt werden. Bislang haben die staatlichen Gerichte die Entscheidungen des EuGH allgemein akzeptiert. Doch sollten sie sich nicht scheuen, eine Auslegungsfrage erneut vor den EuGH zu bringen, wenn sich zeigt, daß eine frühere Interpretation des Gerichtshofs in einem anders gelagerten Fall oder unter veränderten Verhältnissen zu unerfreulichen Ergebnissen führt.

Für die notwendige *Verbreitung* der EuGH-Entscheidungen sorgen verschiedene Publi- **28**
kationen. Ein vollständiger Abdruck der Urteile nebst den zum Verfahren abgegebenen Erklärungen und Anträgen findet sich in der Sammlung der Rechtsprechung des Gerichtshofes der Europäischen Gemeinschaften. Die Urteile des Gerichtshofs zum EuGVÜ finden sich außerdem in zahlreichen Zeitschriften, in Deutschland in aller Regel in RIW[78]. In Clunet wird von *Bischoff* und *Huet*, in der Revue du Marché Commun von *Focsaneanu* und in der European Law Review von *Hartley* regelmäßig über die einschlägigen EuGH-Entscheidungen berichtet. Außerdem erscheinen immer wieder Aufsätze, welche die Rechtsprechung des EuGH zum Übereinkommen wiedergeben oder analysieren[79].

---

74 *EuGH* 6. 10. 1976 – 12/76, Tessili/Dunlop. Ferner *Rasmussen*, C. M. L. Rev. 1978, 261 ff.

75 Vgl. dazu *Schlosser*, NJW 1977, 462 f.; zum Vorlageverfahren nach Art. 177 EWGV *Bebr*, C. M. L. Rev. 1981, 483 ff.; *Herrmann* (oben N. 44) Rz. 99 ff.

76 Daher ist die französische Lehre, die von einer Wirkung erga omnes spricht, ungenau; vgl. dazu *Droz*, Rev. crit. 1977, 783 f.

77 So *EuGH* 27. 3. 1963 – 28-30/62, Slg. 1963, 63, 81, zu Art. 177 EWGV.

78 Siehe im einzelnen das in diesem Kommentar enthaltene Register der Urteile des EuGH.

79 Siehe z. B. *Geimer*, EuropaR 1977, 341; *Giardina*, Int. Comp. L. Q. 1978, 263; *Haardt*, in: Non sine causa, FS Scholten (1979) 105; *Krings*, S. E. W. 1978, 336; *ders.*, Cahiers dr. europ. 1981, 151; *Mari*, Dir. com. scambi int. 1980, 511; *McClellan*, C. M. L. Rev. 1978, 228 und 1979, 268; *McClellan/Kremlis*, C. M. L. Rev. 1983, 529; *Pocar*, RabelsZ 1978, 405; *Kohler*, Europ. L. Rev. 1982, 3, 103; *ders.*, in: *Schwind* (Hrsg.), Europarecht, IPR, Rechtsvergleichung (1988) 125; *Lenaerts/Verbruggen*, Rev. dr. com. belge 1991, 760; *Linke*, RIW 1985, 1; 1991, Beilage 5; *Pieri*, C. M. L. Rev. 1987, 635; *Tagaras*, Cahiers dr. europ. 1990, 658; *Vlas*, Neth. Int. L. Rev. 1992, 385.

2. Methodenfragen

29 Für die Auslegung und Fortbildung des Übereinkommens ist zu beachten, daß es sich nicht um rein nationales Recht, sondern um *internationales Einheitsrecht* handelt. Der Zweck des Einheitsrechts, Rechtseinheit für einen bestimmten Bereich zu schaffen, erfordert besondere methodische Grundsätze in der Rechtsfindung, die diesen Zweck fördern[80]. Freilich gibt es keine einheitliche Methodenlehre für die mannigfachen Arten internationalen Einheitsrechts, sondern es sind Differenzierungen nach Form und Inhalt des jeweils in Rede stehenden Einheitsrechts erforderlich.

30 Für das EuGVÜ ist signifikant, daß es sich um ein *gemeinschaftsbezogenes Übereinkommen* handelt (oben Rz. 10). Deshalb erscheint es gerechtfertigt, die zum Europäischen Gemeinschaftsrecht entwickelten Rechtsfindungsmethoden auch auf das EuGVÜ anzuwenden. Diese Einschätzung wird offenbar vom EuGH geteilt.

31 Heranzuziehen sind die vier klassischen *Auslegungskriterien* (grammatische, systematische, historische und teleologische Interpretation) sowie die rechtsvergleichende Interpretation, wobei jeweils auf die für das internationale Einheitsrecht kennzeichnenden Besonderheiten zu achten ist[81]. Auch der EuGH verwendet diese Auslegungskriterien. In welchem Verhältnis sie zueinander stehen, läßt sich – hier wie sonst – nicht allgemein entscheiden[82]. Im Zweifel muß letztlich die teleologische Abwägung den Ausschlag geben.

32 Bei der Interpretation anhand des *Wortlauts* ist die Mehrsprachigkeit des EuGVÜ zu beachten. Gemäß Art. 68 ist der deutsche, französische, italienische und niederländische Wortlaut gleichermaßen verbindlich. Durch die Beitrittsübereinkommen von 1978, 1982 und 1989 sind die Landessprachen der beigetretenen Staaten hinzugekommen. Einen Blick in die ihnen zugänglichen fremdsprachlichen verbindlichen Fassungen sollten auch die staatlichen Gerichte nicht scheuen; denn die einzelnen Fassungen sind unterschiedlich ausführlich, und bisweilen ergibt sich ein Auslegungszweifel erst durch einen Textvergleich[83]. Auch wenn die Texte divergieren, wird vermutet, daß die Worte jeder Fassung die gleiche Bedeutung haben[84]. Maßgebend ist dann nicht das allen Sprachen gemeinsame Minimum, sondern es entscheiden die übrigen Interpretationsmittel, insbesondere die teleologische Interpretation[85]. Beispielsweise folgert der EuGH aus den Zielen des Übereinkommens, daß für Vertragsansprüche gemäß

---

80 Siehe dazu im einzelnen *Kropholler*, Internationales Einheitsrecht (1975) 235 ff.

81 Siehe dazu allgemein *Kropholler* (vorige Note) 263 ff.

82 *Martiny*, RabelsZ 1981, 437.

83 Siehe z. B. zu Art. 16 Nr. 2 die englische Entscheidung *Newtherapeutics Ltd.* v. *Katz*, [1991] 2 All E.R. 151, 163 f. (Ch.D.).

84 So Art. 33 III der Wiener Konvention über das Recht der Verträge vom 23. 5. 1969, BGBl. 1985 II 926.

85 *Kutscher*, Riv. dir. europeo 1976, 297 ff.

Art. 5 Nr. 1 nur das Gericht am Erfüllungsort derjenigen Verpflichtung zuständig ist, die den Gegenstand der Klage bildet[86]. Dieses Ergebnis entspricht der italienischen und der deutschen Fassung – nur auf diese beiden Fassungen nahm der EuGH Bezug –, während die französische und die niederländische Fassung dem Mißverständnis Vorschub leisten konnten, in Art. 5 Nr. 1 seien auch andere Pflichten gemeint[87].

Die *systematische Auslegung*, die auf den Bedeutungszusammenhang abstellt, 33
in dem eine Vorschrift steht, ist meist auf Argumente aus dem System des Übereinkommens selbst angewiesen. Es bildet ein kleines Rechtssystem für sich. Beispielsweise schließt der EuGH aus der unterschiedlichen systematischen Stellung des Art. 5 Nr. 1 (Gerichtsstand des Erfüllungsortes) und des Art. 17 (Zuständigkeitsvereinbarungen) innerhalb der Konvention auf die unterschiedliche Konzeption, die beiden Zuständigkeiten zugrunde liegt; er entschied deshalb, daß nur Gerichtsstandsvereinbarungen, nicht aber Erfüllungsortvereinbarungen den Formvorschriften des Art. 17 unterliegen[88]. – Aus dem Zusammenhang des Art. 21 mit Art. 27 Nr. 3 wird gefolgert, daß der Begriff der Rechtshängigkeit in Art. 21 vertragsautonom und in einem eher „weiten" Sinne zu bestimmen ist, damit widersprechende Entscheidungen und ihre spätere Nichtanerkennung möglichst vermieden werden[89]. – Die Begriffsbestimmung des „Zusammenhanges" in Art. 22 III wird auf Art. 6 Nr. 1 übertragen[90]. – Ausnahmsweise kann auch *aus verwandtem Einheitsrecht*, insbesondere aus anderen EG-Übereinkommen, ein Argument gewonnen werden. So ist die Frage, wie weit der in Art. 1 II Nr. 2 EuGVÜ vorgeschriebene Ausschluß des Konkursrechts reicht, im Zusammenhang mit einem von der EG geplanten Konkursabkommen zu sehen[91]; für die in Art. 5 Nr. 1 zu beantwortende Frage, welche Ansprüche vertraglicher Natur sind, kann auf Art. 10 des EG-Schuldvertragsübereinkommens zurückgegriffen werden[92].

Eine *historische Auslegung*, die auf die Ermittlung des tatsächlichen Willens der 34
Verfasser des Übereinkommens gerichtet ist, kann sich an den erläuternden Berichten (oben Rz. 3 sowie 6-8) orientieren. Darauf werden die englischen Gerichte in sec. 3 (3) des Civil Jurisdiction and Judgments Act 1982 ausdrücklich hingewiesen. Die Berichte werden in den Verfahren vor dem EuGH von den Beteiligten häufig herangezogen, und selbstverständlich bedient sich ihrer auch der EuGH[93],

---

86 *EuGH* 6. 10. 1976 – 14/76, De Bloos/Bouyer.

87 Die Neufassung des Art. 5 Nr. 1 EuGVÜ 1978 schließt dieses Mißverständnis aus.

88 *EuGH* 17. 1. 1980 – 56/79, Zelger/Salinitri.

89 *EuGH* 8. 12. 1987 – 144/86, Gubisch Maschinenfabrik/Palumbo, unter Nrn. 13 und 18.

90 *EuGH* 27. 9. 1988 – 189/87, Kalfelis/Schröder u. a., unter Nrn. 11 und 12.

91 Vgl. etwa die Erklärungen der Kommission und die Schlußanträge des Generalanwalts *Reischl* in dem Verfahren *EuGH* 22. 2. 1979 – 133/78, Gourdain/Nadler, Slg. 1979, 739 und 750ff.

92 *EuGH* 8. 3. 1988 – 9/87, Arcado/Haviland, unter Nr. 15.

93 *EuGH* 26. 5. 1981 – 157/80, Strafverfahren Rinkau, zitiert nach eingehender Untersuchung der Entstehungsgeschichte des Art. II des Protokolls den Bericht *Jenard*; siehe ferner z. B. 4. 2. 1988 – 145/86, Hoffmann/Krieg, unter Nrn. 10 und 21; 27. 9. 1988 – 189/87, Kalfelis/Schröder u. a., unter Nrn. 9 und 11.

freilich bisweilen ohne dies kenntlich zu machen[94]. Zu abweichenden Ergebnissen gelangt der EuGH selten[95].

35 Die letztlich entscheidende und vom EuGH ständig praktizierte *teleologische Auslegung* kann sich an den in der Präambel zum EuGVÜ angesprochenen Zielen und am Zweck der in Rede stehenden Vorschrift ausrichten[96]. Sie findet ihre Grenze vor allem in Erwägungen der Rechtssicherheit, und diese Grenze scheint dem EuGH bisweilen eher erreicht, als man es von deutschen Gerichten gewohnt ist[97]. Freilich gibt es auch Entscheidungen, in denen sich der EuGH vom Wortlaut des Übereinkommens zugunsten einer teleologischen Interpretation deutlich entfernt[98].

36 Zur teleologischen Auslegung gehört es, das EuGVÜ als gemeinschaftsbezogenes Übereinkommen *integrationsfreundlich* und *dynamisch* zu interpretieren (vgl. oben Rz. 10). Im Zweifel ist also eine die Integration begünstigende und nicht eine die nationalen Unterschiede aufrechterhaltende Lösung zu wählen[99].

37 Bei der im Einheitsrecht besonders naheliegenden *rechtsvergleichenden Auslegung* stehen zwei Gegenstände der Vergleichung im Vordergrund: zum einen die ausländische Rechtsprechung und Doktrin zum auszulegenden Übereinkommen und zum anderen die nationalen Rechtsordnungen der Vertragsstaaten.

38 Um die Kenntnis der Rechtsprechung aller Vertragsstaaten zu fördern, haben sich die Regierungen der Vertragsstaaten in einer gemeinsamen Erklärung, die dem Auslegungsprotokoll beigefügt ist, bereit erklärt, im Benehmen mit dem EuGH einen Austausch von Informationen über die Entscheidungen der letztinstanzlichen Gerichte einzurichten[100]. Diesem Informationsaustausch dient das vom EuGH herausgegebene Nachschlagewerk der Rechtsprechung zum Gemeinschaftsrecht (Serie D), das nicht nur die Urteile des EuGH und der höchsten Gerichte der Vertragsstaaten berücksichtigt, sondern auch Entscheidungen unterer Gerichte, damit ein möglichst umfassender Eindruck von der tatsächlichen Anwendung des Übereinkommens entsteht. Allerdings erfolgt die Publikation bislang mit einiger zeitlicher Verzögerung. Zusätzliche Informationen über die Recht-

---

94 Beispielsweise ist die Definition des Konkurs- und Vergleichsverfahrens in *EuGH* 22. 2. 1979 (oben N. 91) fast wörtlich dem Bericht *Jenards* entnommen.

95 Eine Ausnahme bildet *EuGH* 15. 1. 1985 – 241/83, Rösler/Rottwinkel, wonach Art. 16 Nr. 1 auf reine Mietzinsklagen anwendbar ist (anders der Bericht *Jenard*); siehe Art. 16 Rz. 22; ferner 10. 1. 1990 – 115/88, Reichert/Dresdner Bank, mit der vertragsautonomen Eingrenzung der dinglichen Rechte in Art. 16 Nr. 1 (anders der Bericht *Schlosser*); siehe Art. 16 Rz. 14.

96 Siehe z. B. *EuGH* 6. 10. 1976 – 14/76, De Bloos/Bouyer, Slg. 1976, 1508; 30. 11. 1976 – 42/76, De Wolf/Cox, Slg. 1976, 1767; 4. 3. 1982 – 38/81, Effer/Kantner; 8. 12. 1987 – 144/86, Gubisch Maschinenfabrik/Palumbo, Slg. 1987, 4861.

97 Vgl. etwa die Vorlage des BGH und die Stellungnahme der Bundesregierung in *EuGH* 15. 1. 1985 – 241/83, Rösler/Rottwinkel, sowie die Nachweise in Art. 16 Rz. 25.

98 Siehe etwa zu Art. 5 Nr. 1 die besondere Behandlung der Arbeitsverträge (näher Art. 5 Rz. 8) oder zu Art. 5 Nr. 5 die Hereinnahme des Rechtsscheinsgedankens (näher Art. 5 Rz. 58).

99 So die überwiegende Meinung; siehe etwa *Bülow/Böckstiegel* Vorbem. 4 und 5 a. E.; *Jeantet*, Cahiers dr. europ. 1972, 388 ff.; *Geimer*, RIW 1976, 140; *Linke*, RIW 1977, 44 f.; *Martiny*, RabelsZ 1981, 438.

100 BGBl. 1972 II 854.

sprechung zum Übereinkommen enthält eine umfangreiche Kartei des Dokumentationsdienstes des Gerichtshofes, die interessierten Benutzern zugänglich ist. Dort waren im Jahre 1992 bereits über 3300 Entscheidungen registriert [101]. Außerdem ist auf die italienische Leitsatzsammlung von *Pocar* hinzuweisen [102]. In den meisten Vertragsstaaten werden wichtige Entscheidungen der eigenen Gerichte zum EuGVÜ regelmäßig publiziert und von der Wissenschaft erläutert. Insgesamt läßt sich sagen, daß die Rechtsprechung zu keiner Konvention des Einheitsrechts so gut erschlossen ist wie gerade zum EuGVÜ. Die Hindernisse für die erforderliche rechtsvergleichende Umschau in der Rechtsprechung der Vertragsstaaten sind hier also verhältnismäßig gering.

Das Wissen um die Lösungen in den staatlichen Rechtsordnungen der Mitgliedstaaten fließt in die Verfahren vor dem EuGH zwangsläufig ein. Das folgt schon aus der verschiedenen Herkunft der Richter und der übrigen Verfahrensbeteiligten. Auch werden die Richter mit den Rechtsordnungen der übrigen Mitgliedstaaten durch ihre Tätigkeit allmählich vertraut, und der Gerichtshof beauftragt seinen Dokumentationsdienst des öfteren mit rechtsvergleichenden Studien zu einzelnen anstehenden Fragen [103]. **39**

Viele Entscheidungen des EuGH zum Übereinkommen berufen sich ausdrücklich auf „die *allgemeinen Rechtsgrundsätze*, die sich aus der Gesamtheit der innerstaatlichen Rechtsordnungen ergeben“ [104]. Die vom EuGH insoweit verwendete Methode kann man folgendermaßen zusammenfassen [105]: Besteht in den einzelnen Rechtsordnungen Übereinstimmung, so spricht dies im allgemeinen dafür, die Auslegungsfrage des Übereinkommens ebenfalls in diesem Sinne zu entscheiden. Ist eine Lösung nicht allen Rechtsordnungen geläufig, so bleibt die Möglichkeit „einer ordnenden Zusammenfassung von in den meisten beteiligten Staaten bereits im Grundsatz anerkannten Lösungen“ [106]. Wenn ein Ausdruck allen Rechtsordnungen bekannt ist, in ihnen aber mit verschiedenem Inhalt belegt wird, ergibt sich die Notwendigkeit, „diesen Begriff als einen eigenständigen und damit der Gesamtheit der Mitgliedstaaten gemeinsamen anzusehen“, ihm „einen einheitlichen materiellen, an die Gemeinschaftsordnung anknüpfenden Gehalt zu geben“ [107]. Die allgemeinen Rechtsgrundsätze sind also nicht als gemeinsamer Minimumstandard zu verstehen, sondern es ist bei Diver- **40**

---

101 *Jayme/Kohler*, IPRax 1992, 352.

102 *Pocar*, Codice delle convenzioni sulla giurisdizione e l'esecuzione delle sentenze straniere nella C. E. E. (1980), Appendice (1983).

103 *Pescatore*, Rev. int. dr. comp. 1980, 349. Er berichtet (358), daß die rechtsvergleichende Methode vom EuGH ständig benutzt wird, auch wenn das in den Entscheidungen nicht immer zum Ausdruck kommt.

104 So *EuGH* 14. 10. 1976 – 29/76, LTU/Eurocontrol; ähnlich 22. 2. 1979 – 133/78, Gourdain/Nadler; 16. 12. 1980 – 814/79, Niederlande/Rüffer; 26. 5. 1981 – 157/80, Strafverfahren Rinkau.

105 *Martiny*, RabelsZ 1981, 442.

106 *EuGH* 30. 11. 1976 – 21/76, Bier/Mines de Potasse d'Alsace, Slg. 1976, 1747.

107 *EuGH* 21. 6. 1978 – 150/77, Bertrand/Ott, Slg. 1978, 1445. Die eigentümliche Funktion der Rechtsvergleichung, angesichts nationaler Divergenzen die Notwendigkeit eigenständiger europäischer Lösungen zu erweisen, betont *Pescatore*, Rev. int. dr. comp. 1980, 344, 354f.

genzen in den nationalen Rechtsordnungen unter Berücksichtigung der Ziele des Übereinkommens die „beste" Lösung zu suchen[108].

41 Schließlich dient die Rechtsvergleichung nicht nur als Fundgrube für Lösungen, die aus dem nationalen Recht in das Übereinkommen übernommen werden können, sondern auch als *Prüfstein* dafür, ob die für das Übereinkommen erwogene Lösung mit allen nationalen Rechtsordnungen verträglich und also praktikabel ist[109].

42 Die dargelegten Kriterien der Auslegung und Rechtsfortbildung gelten für die *staatlichen Gerichte* ebenso wie für den EuGH. Aber die Aufgabenverteilung ist grundsätzlich verschieden. Für die staatlichen Gerichte muß es im Rahmen des EuGVÜ in der Regel genügen, daß sie Auslegungsfragen als solche erkennen. Fundiert beantworten muß sie anhand der genannten Kriterien letztlich der EuGH. Im Rahmen des Lugano-Übereinkommens dagegen verbleibt diese Aufgabe bei den staatlichen Gerichten, sofern sie nicht einem bereits ergangenen Urteil des EuGH zum EuGVÜ folgen können (vgl. unten Rz. 56).

43 Eine Kernfrage, die sich bei der Anwendung des Staatsvertrages immer wieder stellt, lautet, ob die Rechtsfindung *vertragsautonom* oder anhand eines *staatlichen Rechtes* erfolgen soll. Diese Frage ist wegen des Gebotes integrationsfreundlicher Lösungen *grundsätzlich* im ersten Sinne zu entscheiden[110]. Nur so kann im Regelfall die einheitliche Anwendung der Konvention gewährleistet werden, unabhängig davon, ob die Klage in dem einen oder anderen Vertragsstaat erhoben worden ist. Dem entspricht faktisch die Rechtsprechung des EuGH, der bislang nahezu alle Auslegungsfragen aus dem Übereinkommen selbst heraus beantwortet hat[111]. Abstrakt-theoretisch formuliert der EuGH zurückhaltend[112]: „Das Übereinkommen verwendet häufig Ausdrücke und Rechtsbegriffe aus dem Bereich des Zivil-, Handels- und Verfahrensrechts, deren Bedeutung in den einzelnen Mitgliedstaaten verschieden sein kann. Hieraus ergibt sich die Frage, ob diese Ausdrücke und Begriffe als autonom – und damit allen Mitgliedstaaten gemeinsam – oder als Verweisung auf die Sachnormen des Rechts verstanden werden müssen, das nach den Kollisionsnormen des mit dem Rechtsstreit zuerst befaßten Gerichts anwendbar ist. Keiner dieser beiden Möglichkeiten gebührt unter Ausschluß der anderen der Vorrang, da eine sachgerechte Entscheidung nur für jede Bestimmung des Übereinkommens gesondert getroffen werden kann; hierbei ist jedoch dessen volle Wirksamkeit unter dem Gesichtspunkt der Ziele des Artikels 220 des Vertrages sicherzustellen." In der Tat hat für

---

108 Allgemein dazu *Kropholler*, Internationales Einheitsrecht (1975) 160ff.

109 *Martiny*, RabelsZ 1981, 444.

110 Um eine Konkretisierung dieses Grundsatzes bemüht sich *Pfeiffer*, Jahrbuch Junger Zivilrechtswissenschaftler 1991 (1992) 85f.

111 Zu dieser Praxis bekennt sich recht deutlich *EuGH* 15. 11. 1983 – 288/82, Duijnstee/ Goderbauer, Slg. 1983, 3675f.

112 *EuGH* 6. 10. 1976 – 12/76, Tessili/Dunlop, Slg. 1976, 1485; bestätigend z. B. 8. 12. 1987 – 144/86, Gubisch Maschinenfabrik/Palumbo, Slg. 1987, 4861.

jede Zweifelsfrage eine gesonderte Abwägung zu erfolgen. Insbesondere wenn das Übereinkommen Begriffe aus dem materiellen Zivilrecht verwendet, sprechen mitunter die besseren Gründe dafür, die Begriffsbestimmung einer nationalen Rechtsordnung zu überlassen. Das Übereinkommen folgt für die Bestimmung der Begriffe Wohnsitz und Sitz in Art. 52 und 53 ausdrücklich der verweisungsrechtlichen Methode. Der EuGH entnahm in seiner soeben genannten Entscheidung den Begriff des Erfüllungsortes in Art. 5 Nr. 1 EuGVÜ „dem Recht, das nach den Kollisionsnormen des mit dem Rechtsstreit befaßten Gerichts für die streitige Verpflichtung maßgebend ist". Für die Frage, welche Sachen als „unbeweglich" im Sinne des Art. 16 Nr. 1 gelten, verdient die Empfehlung des Schrifttums Beachtung, die Abgrenzung zwischen unbeweglichen und beweglichen Sachen stets nach der lex rei sitae vorzunehmen. In der Regel drängt jedoch das Ziel des Übereinkommens, Behinderungen des Rechtsverkehrs zu beseitigen, zu einem Ausbau des Einheitsrechts durch vertragsautonome Auslegung. Der EuGH begründet sie gern mit dem formelhaften Hinweis, es müsse „sichergestellt werden, daß sich aus dem Übereinkommen für die Vertragsstaaten und die betroffenen Personen soweit wie möglich gleiche und einheitliche Rechte und Pflichten ergeben"[113]. – Die Einzelheiten sind bei den jeweiligen Vorschriften erörtert.

III. Lugano-Übereinkommen

Schrifttum: *Bariatti*, Prime considerazioni sulla convenzione di Lugano ..., Riv. dir. int. priv. proc. 1989, 529; *Broggini*, La convenzione parallela di Lugano nella prospettiva di un giurista svizzero, Dir. com. int. 1990, 573; *Droz*, La Convention de Lugano parallèle à la Convention de Bruxelles ..., Rev. crit. 1989, 1; *Herbots/Kremlis*, La Convention parellèle ..., Cahiers dr. europ. 1990, 3; *Jametti Greiner*, Überblick zum Lugano-Übereinkommen ..., ZBernJV 1992, 42; *Jayme* (Hrsg.), Ein internationales Zivilverfahrensrecht für Gesamteuropa (1992); *Jenard*, Les développements attendus et inattendus de la Convention de Bruxelles ..., J. trib. 1989, 173; *Pålsson*, Luganokonventionen (Göteborg 1992); *Pellis*, All Roads Lead to Brussels: Towards a Uniform European Civil Procedure, Neth. Int. L. Rev. 1990, 372; *ders.*, Het Parallelverdrag (EVEX): geen reden tot Euro-forie, N. J. B. 1989, 78, 749 (dort auch Erwiderung *Trompenaars*); *Pirrung*, in: *Stoll* (Hrsg.), Stellungnahmen und Gutachten zum Europäischen Internationalen Zivilverfahrens- und Versicherungsrecht (1991) 161; *Robinson/Findlater* (Hrsg.), Creating a European Economic Space: Legal Aspects of EC-EFTA Relations (Dublin 1990) 117 ff. mit Beiträgen von *Lando, Möller, Hafner, Volken* und *Woloniecki*; *Saggio*, European Judicial Area for Civil and Commercial Matters: The Brussels and Lugano Conventions, Riv. dir. europeo 1991, 617; *Schwander* (Hrsg.), Das Lugano-Übereinkommen (St. Gallen 1990); *Trunk*, Die Erweiterung des EuGVÜ-Systems am Vorabend des Europäischen Binnenmarktes (1991) 27 ff.; *Urlesberger*, Ein einheitliches Gerichtsstandsrecht für ganz Westeuropa mit Ausnahme Österreichs im Werden, JBl. 1988, 223; *Volken*, Das EG/EFTA-Parallel-Übereinkommen ..., Schw. Jb. Int. R. 1987, 97; *ders.*, Das Lugano-Übereinkommen ..., Schw. Jb. Int. R. 1988, 561.

---

113 So z. B. *EuGH* 8. 3. 1988 – 9/87, Arcado/Haviland, unter Nr. 10; 27. 9. 1988 – 189/87, Kalfelis/Schröder u. a., unter Nr. 15.

44 Das Lugano-Übereinkommen über die gerichtliche Zuständigkeit und die Vollstreckung gerichtlicher Entscheidungen in Zivil- und Handelssachen (Textanhang VII), das sich inhaltlich weitgehend an das EuGVÜ anlehnt, wurde am 16. September 1988 zwischen den Mitgliedstaaten der EG und denen der EFTA (Finnland, Island, Norwegen, Österreich, Schweden und die Schweiz) geschlossen und zu diesem Zeitpunkt bereits von zehn Staaten aus beiden Organisationen unterzeichnet. Zu seinem Inkrafttreten bedarf das Übereinkommen nach seinem Art. 61 II 1 der Ratifikation durch die Unterzeichnerstaaten. Schon wenn zwei Staaten, von denen einer Mitglied der EG und der andere Mitglied der EFTA ist, das Übereinkommen ratifiziert haben, tritt es für diese beiden Staaten gemäß Art. 61 III in Kraft.

45 *In Kraft getreten* ist das Lugano-Übereinkommen am 1. 1. 1992 für die Schweiz, Frankreich und die Niederlande, später auch für Luxemburg (1. 2. 1992), das Vereinigte Königreich (1. 5. 1992), Portugal (1. 7. 1992), Italien (1. 12. 1992), Schweden (1. 1. 1993) und Norwegen (1. 5. 1993). Für die Bundesrepublik Deutschland ist das Inkrafttreten in den nächsten Jahren zu erwarten.

Die Niederlande und das Vereinigte Königreich haben ihre zum EuGVÜ erlassenen *Ausführungsgesetze* (oben Rz. 9) auf das Lugano-Übereinkommen erstreckt[114].

1. Entstehung und Bedeutung

46 Seine *Entstehung* verdankt das Lugano-Übereinkommen zunächst einer Initiative Schwedens aus dem Jahre 1973, die später (1981) von der Schweizerischen Mission bei den Europäischen Gemeinschaften wieder aufgegriffen wurde[115]. Nach entsprechenden Sondierungen wurde im Jahre 1985 ein *Sachverständigenausschuß* zur Erarbeitung des Übereinkommens eingesetzt. Ihm gehörten Regierungssachverständige der Mitgliedstaaten der EG und der EFTA an. Die Gruppe wurde abwechselnd von dem Schweizer Delegierten *Voyame* und dem Italiener *Saggio* geleitet. Die österreichische Delegation nahm an den Verhandlungen – aus schwer verständlichen Gründen – nur als Beobachter teil[116]. Zu Berichterstattern wurden der Belgier *Jenard* und der Finne *Möller* bestellt. Ihr nach Abschluß aller Arbeiten vorgelegter Bericht ist als Kommentar zum Lugano-Übereinkommen angelegt[117]. Er bietet – wie die entsprechenden Berichte zum

114 Siehe für die Niederlande Gesetz vom 26. 3. 1992, Staatsblad 1992, 141; für das Vereinigte Königreich Civil Jurisdiction and Judgments Act 1991.

115 Zur Haltung der Schweiz gegenüber dem EuGVÜ siehe *Mercier*, La Suisse et la Convention de Bruxelles du 27 septembre 1968, in: L'unificazione del diritto internazionale privato e processuale, Studi in memoria Giuliano (1989) 649.

116 Kritisch zu der von Österreich eingenommenen Haltung äußerte sich später mit Recht auch der österreichische Beobachter selbst; siehe *Urlesberger*, JBl. 1988, 229–231.

117 Der Bericht ist abgedruckt im ABl. Nr. C 189, 57 ff. vom 28. 7. 1990; ferner nebst vorbereitenden Materialien in: Lugano Convention, Veröffentlichungen des Schweizerischen Instituts für Rechtsvergleichung Bd. 13 und 14 (Zürich 1991). Einen weiteren nützlichen Kommentar bildet die Botschaft des Schweizerischen Bundesrates vom 21. 2. 1990, BBl. 1990 II 265 ff.

EuGVÜ – eine wesentliche Auslegungshilfe und wird im folgenden wiederholt herangezogen.

Eine *diplomatische Konferenz*, die im September 1988 in Lugano zusammentrat und auf der alle Mitgliedstaaten der EG und der EFTA vertreten waren, verabschiedete auf der Grundlage entsprechender Entwürfe des Sachverständigenausschusses die endgültigen Texte des Übereinkommens sowie der drei dazugehörigen Protokolle und Erklärungen[118]. **47**

Die *Bedeutung* des Lugano-Übereinkommens liegt darin, daß die Errungenschaften des EuGVÜ – eine einheitliche europäische Zuständigkeitsordnung und ein erleichtertes und beschleunigtes Anerkennungs- und Vollstreckungsverfahren (siehe oben Rz. 14) – auf einen erweiterten europäischen Raum ausgedehnt werden. Die Länder der EG und der EFTA bilden zusammen mit über 370 Millionen Einwohnern einen mächtigen Wirtschaftsraum, der von Zöllen und mengenmäßigen Warenbeschränkungen bereits weitgehend frei ist. Die zwischen den beiden europäischen Staatengruppen bestehende enge wirtschaftliche Zusammenarbeit wird durch die im Lugano-Übereinkommen enthaltene verfahrensrechtliche Harmonisierung sinnvoll ergänzt und gestützt[119]. Das europäische Übereinkommen schafft Rechtssicherheit, indem es die unübersichtliche Vielfalt bilateraler Verträge weitgehend ersetzt; es enthält ein klares, von exorbitanten Gerichtsständen (vgl. Art. 3 II) befreites Zuständigkeitssystem, und es ermöglicht die rasche Durchsetzung erstrittener Entscheidungen in allen Vertragsstaaten. **48**

2. Inhalt

Inhaltlich laufen EuGVÜ und Lugano-Übereinkommen weitgehend parallel. Man nennt letzteres deshalb auch *Parallelübereinkommen*. Es folgt dem EuGVÜ in Aufbau, Artikelfolge und Wortlaut nahezu vollständig. Für die Auslegung des Lugano-Übereinkommens kann folglich in aller Regel auf die Kommentierung des EuGVÜ zurückgegriffen werden. **49**

Unterschiede gegenüber dem EuGVÜ i. d. F. von 1989 (dazu oben Rz. 8), das seinerseits einzelne Verbesserungen im Lugano-Übereinkommen übernommen hat, bestehen namentlich in folgenden Punkten: Die Formulierung des besonderen Gerichtsstands für Klagen aus Arbeitsverträgen in *Art. 5 Nr. 1* ist für den Fall des wechselnden Arbeitsortes im EuGVÜ 1989 differenzierter gestaltet. – Die Voraussetzungen der Wohnsitzzuständigkeit für Klagen aus befristeten Miet- oder Pachtverträgen in *Art. 16 Nr. 1 lit. b* sind im EuGVÜ enger gezogen, indem dort verlangt wird, daß der Eigentümer und der Mieter oder Pächter ihren Wohnsitz in demselben Vertragsstaat haben; außerdem gestattet das EuGVÜ **50**

---

118 Die Protokolle und Erklärungen sind im Textanhang VIII abgedruckt.

119 In diesem Sinne auch Bericht *Jenard/Möller* Nr. 10.

nicht den gemäß Art. 1b des Protokolls Nr. 1 zum Lugano-Übereinkommen möglichen Vorbehalt, eine aufgrund dieser Wohnsitzzuständigkeit ergangene Entscheidung nicht anzuerkennen. – Gerichtsstandsvereinbarungen in Arbeitsverträgen läßt *Art. 17 V* des EuGVÜ 1989 im Interesse des Arbeitnehmerschutzes auch dann zu, wenn der Arbeitnehmer sie geltend macht, um ein anderes Gericht als das am Wohnsitz des Beklagten oder das in Art. 5 Nr. 1 bezeichnete anzurufen; damit ist der prorogationsfeindliche Art. 17 V des Lugano-Übereinkommens etwas abgeschwächt. – Schließlich nennt das Lugano-Übereinkommen in *Art. 28* zusätzliche Fälle, in denen die Anerkennung einer Entscheidung versagt (Abs. 2) und die Zuständigkeit der Gerichte des Ursprungsstaates ausnahmsweise nachgeprüft werden darf (Abs. 4). – Auf die Abweichungen des Lugano-Übereinkommens wird bei den Erläuterungen der entsprechenden Vorschriften des EuGVÜ im einzelnen zurückgekommen.

3. Verhältnis zum EuGVÜ (Art. 54b)

51 Eine *Regelung* des Verhältnisses zum EuGVÜ findet sich in Art. 54b des Lugano-Übereinkommens. Diese Normierung betrifft vor allem die Gerichte der EG-Staaten, da nur sie gegebenenfalls zu entscheiden haben, ob das eine oder das andere Übereinkommen anzuwenden ist; die Gerichte der EFTA-Staaten haben das EuGVÜ nicht zu beachten, da diese Staaten dem EuGVÜ nicht angehören[120].

52 Das *EuGVÜ* bleibt in seinem Anwendungsbereich für die Gerichte der EG-Staaten weiterhin maßgebend (Art. 54b I). Diese Grundregel betrifft die Fälle, in denen die im EuGVÜ enthaltenen Anknüpfungspunkte in einem EG-Staat verwirklicht sind. Der Bericht[121] nennt drei Fallgruppen:

(1) Eine Person mit Wohnsitz in einem EG-Staat, beispielsweise in Frankreich, wird vor dem Gericht eines anderen Vertragsstaates, beispielsweise in Deutschland, verklagt. Die Staatsangehörigkeit des Beklagten ist unerheblich (siehe Art. 2 I EuGVÜ), ebenso Wohnsitz und Staatsangehörigkeit des Klägers. Das EuGVÜ (und nicht das Lugano-Übereinkommen) gilt also beispielsweise, wenn ein Schweizer mit Wohnsitz in Frankreich in Deutschland verklagt wird. Ebenso ist das EuGVÜ anzuwenden, wenn ein in der Schweiz wohnhafter Schweizer vor einem deutschen Gericht gegen eine in Frankreich wohnhafte Person, gleich welcher Nationalität, klagt.

(2) Eine in einem EG-Staat, beispielsweise in Frankreich, ergangene Entscheidung soll in einem anderen EG-Staat, beispielsweise in Deutschland, anerkannt und vollstreckt werden. Das EuGVÜ ist anwendbar; denn die in Art. 26 I bzw. Art. 31 I EuGVÜ genannten Voraussetzungen sind erfüllt, wonach die in einem Vertragsstaat des EuGVÜ ergangenen Entscheidungen in den anderen Vertragsstaaten anerkannt bzw. vollstreckt werden.

---

120 Bericht *Jenard/Möller* Nr. 15.

121 *Jenard/Möller* Nr. 15.

(3) Eine Person mit Wohnsitz außerhalb der EG-Staaten und außerhalb der EFTA-Staaten, in denen das Lugano-Übereinkommen gilt, also beispielsweise in den Vereinigten Staaten, wird vor dem Gericht eines EG-Staates, also beispielsweise in Deutschland, verklagt. Diesen Fall regelt Art. 4 EuGVÜ, wonach sich die Zuständigkeit grundsätzlich nicht nach dem EuGVÜ, sondern nach dem nationalen Verfahrensrecht bestimmt.

Das *Lugano-Übereinkommen* ist von den Gerichten der EG-Staaten anzuwenden, wenn die im europäischen Prozeßrecht der Übereinkommen enthaltenen Bezugspunkte über den Kreis der EG-Staaten hinausführen und auf einen EFTA-Staat weisen, in dem das Lugano-Übereinkommen in Kraft ist. Diese Grundregel führt Art. 54b II für die drei Bereiche Zuständigkeit, Rechtshängigkeit sowie Anerkennung und Vollstreckung näher aus. **53**

(1) Die *internationale Zuständigkeit* bestimmt sich gemäß Art. 54b II lit. a nach dem Lugano-Übereinkommen und nicht nach dem EuGVÜ, falls der Beklagte seinen Wohnsitz in einem Vertragsstaat aus der EFTA hat oder wenn die Gerichte eines solchen Staates aufgrund der Art. 16 oder 17 zuständig sind. Beispiele: Wenn eine in der Schweiz wohnhafte Person vor einem deutschen Gericht verklagt werden soll, ist das deutsche Gericht nach dem Inkrafttreten des Lugano-Übereinkommens nur in den in diesem Übereinkommen vorgesehenen Fällen zuständig; die Zuständigkeiten des nationalen deutschen Rechts, insbesondere die exorbitante Vermögenszuständigkeit des § 23 ZPO, sind ausgeschlossen. Geht ein Rechtsstreit um eine in der Schweiz belegene unbewegliche Sache oder wurde die Zuständigkeit der Schweizer Gerichte vereinbart, so sind die dortigen Gerichte gemäß Art. 16 Nr. 1 bzw. Art. 17 des Lugano-Übereinkommens ausschließlich zuständig, und ein dennoch angerufenes deutsches Gericht muß sich für unzuständig erklären.

(2) Die Regeln über *Rechtshängigkeit (Art. 21) und im Zusammenhang stehende Verfahren (Art. 22)* sind gemäß Art. 54b II lit. b dem Lugano-Übereinkommen zu entnehmen, wenn die eine Klage in einem EG-, die andere in einem EFTA-Staat anhängig ist.

(3) Die *Anerkennung und Vollstreckung* richtet sich gemäß Art. 54b II lit. c nach dem Lugano-Übereinkommen, wenn entweder der Urteilsstaat oder der Vollstreckungsstaat ein EFTA-Staat ist. In den Anwendungsbereich des Lugano-Übereinkommens fallende Schweizer Entscheidungen werden in Deutschland also nach diesem Übereinkommen anerkannt.

4. Auslegung

Eine *Auslegungsbefugnis des EuGH*, wie sie das Auslegungsprotokoll zum EuGVÜ geschaffen hat (oben Rz. 16ff.), besteht für das Lugano-Übereinkommen nicht; denn es wäre für die Vertragsstaaten der EFTA nicht annehmbar, ein Organ der EG über die Auslegung des Übereinkommens entscheiden zu lassen. Auch deutsche Gerichte können Fragen der Auslegung des Lugano-Übereinkommens also nicht dem EuGH vorlegen. Dem Bestreben, abweichende Auslegungen in den Vertragsstaaten zu vermeiden und zu einer möglichst einheitlichen Auslegung von Lugano-Übereinkommen einerseits und EuGVÜ andererseits zu gelangen, muß also auf andere Weise Rechnung getragen wer- **54** den[122]. Der Erfolg des Lugano-Übereinkommens hängt langfristig nicht zuletzt davon ab, ob die Einheitlichkeit des Textes in der gerichtlichen Praxis Bestand haben kann.

55 Eine Lösung sucht das *Protokoll Nr. 2* über die einheitliche Auslegung des Übereinkommens; es wird durch zwei einseitige Erklärungen ergänzt[123]. Im einzelnen legt das Protokoll in seinem Art. 1 eine methodische Frage fest und in den folgenden Artikeln organisatorische Maßnahmen.

56 *Methodisch* verpflichtet Art. 1 die Gerichte der Vertragsstaaten, bei der Auslegung des Übereinkommens den Grundsätzen gebührend Rechnung zu tragen, die in „maßgeblichen Entscheidungen" aus den anderen Vertragsstaaten entwickelt worden sind. „Maßgebliche Entscheidungen" sind die in Art. 2 genannten, also letztinstanzliche und andere besonders wichtige, rechtskräftig gewordene Entscheidungen[124]. Ergänzend ist die von den Vertretern der Regierungen der EFTA-Staaten abgegebene Erklärung zu beachten, nach der ihre Gerichte bei der Auslegung des Lugano-Übereinkommens den Grundsätzen gebührend Rechnung tragen sollen, die sich aus der Rechtsprechung sowohl des EuGH als auch der Gerichte der EG-Staaten zu den parallelen Bestimmungen des EuGVÜ ergeben. Insgesamt können die für die Auslegung des EuGVÜ dargestellten methodischen Grundsätze (oben Rz. 29ff.) auch für die Auslegung des Lugano-Übereinkommens herangezogen werden.

57 Als *organisatorische Maßnahme* ist zum einen durch Vermittlung der Kanzlei des EuGH ein *Informationsaustausch* über die maßgeblichen Entscheidungen aus allen Vertragsstaaten vorgesehen (Art. 2). Zum anderen wird nach Art. 3 ein *Ständiger Ausschuß* eingesetzt, der auf Antrag einer Vertragspartei zu einem Meinungsaustausch über die Wirkungsweise des Übereinkommens zusammentritt und gegebenenfalls eine Revision des Übereinkommens empfehlen kann (Art. 4).

---

122 Siehe zur Problematik *Minor*, The Lugano Convention: Some Problems of Interpretation, C.M.L.Rev. 1990, 507; *Kohler*, in: *Jayme* (Hrsg.), Ein internationales Zivilverfahrensrecht für Gesamteuropa (1992) 11.

123 Siehe Textanhang VIII. Einen ausführlichen Kommentar des Protokolls bietet der Bericht *Jenard/Möller* Nr. 110ff.

124 Bericht *Jenard/Möller* Nr. 113.

Übereinkommen über die gerichtliche Zuständigkeit und die Vollstreckung gerichtlicher Entscheidungen in Zivil- und Handelssachen

Vom 27. September 1968
i. d. F. vom 25. Oktober 1982

Titel I. Anwendungsbereich

Artikel 1

Dieses Übereinkommen ist in Zivil- und Handelssachen anzuwenden, ohne daß es auf die Art der Gerichtsbarkeit ankommt. Es erfaßt insbesondere nicht Steuer- und Zollsachen sowie verwaltungsrechtliche Angelegenheiten.

Es ist nicht anzuwenden auf:

1. **den Personenstand, die Rechts- und Handlungsfähigkeit sowie die gesetzliche Vertretung von natürlichen Personen, die ehelichen Güterstände, das Gebiet des Erbrechts einschließlich des Testamentsrechts;**
2. **Konkurse, Vergleiche und ähnliche Verfahren;**
3. **die soziale Sicherheit;**
4. **die Schiedsgerichtsbarkeit.**

Übersicht

Schrifttum: *Berti*, Zum Ausschluß der Schiedsgerichtsbarkeit aus dem sachlichen Anwendungsbereich des Luganer Übereinkommens, in: Beiträge zum schweizerischen und internationalen Zivilprozeßrecht, Festschrift O. Vogel (Freiburg, Schweiz 1991) 337; *Hausmann*, EG-Gerichtsstands- und Vollstreckungsübereinkommen und Familienrecht, FamRZ 1980, 418; *Jenard*, L'Arbitrage et les Conventions C.E.E. en Matière de Droit International Privé, FS Bülow (1981) 79; *Jung*, Vereinbarungen über die Internationale Zuständigkeit nach dem EWG-Gerichtsstands- und Vollstreckungsübereinkommen und nach § 38 Abs. 2 ZPO (1980) 15–50; *Kaye*, The Judgments Convention and Arbitration: Mutual Spheres of Influence, Arb. Int. 1991, 289; *Mari*, Ambito di applicazione della convenzione di Bruxelles del 27 settembre 1968 e problemi di qualificazione della nozione di „materia civile e commerciale", Dir. com. scambi int. 1977, 271; *Pierucci*, Sull'espressione „materia civile e commerciale" nella convenzione di Bruxelles del 27 settembre 1968, Riv. dir. europeo 1978, 3; *Schlosser*, Konkurs- und konkursähnliche Verfahren im geltenden Europarecht, Festschrift Friedrich Weber (1975) 395; *ders.*, The 1968 Brussels Convention and Arbitration, Riv. dir. int. priv. proc. 1989, 545 = Arb. Int. 1991, 227; *Spellenberg*, Das Verhältnis eines EG-Konkursübereinkommens zum GVÜ und zu anderen Staatsverträgen, in: *Kegel/Thieme* (Hrsg.), Vorschläge und Gutachten zum Entwurf eines EG-Konkursübereinkommens (1988) 391; *Stöcklin*, Prozessuale Kollisionsnormen – zur Qualifikation von Streitgegenständen, JZ 1979, 219; *Thomas*, The Arbitration Exclusion in the Brussels Convention 1968: An English Perspective, J. Int. Arb. 1990, 43.

Siehe auch das in der Einleitung angeführte übergreifende Schrifttum.

I. Zivil- und Handelssachen (Abs. 1)

1 In Art. 1 wird der sachliche Anwendungsbereich des Übereinkommens bestimmt. Das Übereinkommen ist nur auf Zivil- und Handelssachen – im Unterschied zu öffentlich-rechtlichen Sachen – anzuwenden, wobei die Handelssachen systematisch als Unterfall der Zivilsachen zu sehen sind[1]. Öffentlich-rechtliche Handelssachen, wie das Einschreiten des Registergerichts gemäß § 132 FGG, liegen außerhalb des Anwendungsbereichs des Übereinkommens. Ein innerstaatliches Gericht darf das EuGVÜ nicht anwenden, um seine Zuständigkeit aus ihm herzuleiten oder um Entscheidungen anzuerkennen bzw. zu vollstrecken, wenn der Streitgegenstand vom sachlichen Anwendungsbereich des Übereinkommens ausgeschlossen ist[2]. Dagegen wird die Anwendbarkeit des EuGVÜ nicht dadurch berührt, daß Vorfragen (präjudizielle Fragen) nach öffentlichem Recht zu beurteilen sind; siehe zur Bedeutung von Vorfragen auch Rz. 16.

2 Die Verfasser des Übereinkommens haben bewußt nicht ausdrücklich festgelegt, was unter „Zivil- und Handelssachen" zu verstehen ist, und sie haben das Problem der Qualifikation auch nicht durch Bestimmung des zur Auslegung dieses Ausdrucks anzuwendenden Gesetzes gelöst[3]. In Abs. 1 Satz 2 (Neufassung von 1978) wird ergänzend gesagt, daß das Abkommen „insbesondere nicht Steuer- und Zollsachen sowie verwaltungsrechtliche Angelegenheiten" erfaßt. Dieser Zusatz mag das Verständnis des Art. 1 in den Staaten des Common Law erleichtern[4]. Er trägt zur genauen Abgrenzung in problematischen Fällen aber nichts bei.

---

1 Näher *Geimer*, EuropaR 1977, 350 f.

2 Vgl. *EuGH* 14. 7. 1977 – 9 u. 10/1977, Bavaria Fluggesellschaft und Germanair/Eurocontrol, wo der EuGH in Leitsatz 2 selbstbewußt von dem „vom Gerichtshof bestimmten Anwendungsbereich" des Übereinkommens spricht.

3 Bericht *Jenard* zu Art. 1 unter III.

4 Siehe die rechtsvergleichenden Bemerkungen zum Verwaltungsrecht in Irland und im Vereinigten Königreich einerseits, in den kontinentaleuropäischen Staaten andererseits im Bericht *Schlosser* Nr. 24 ff.

1. Qualifikationsmethode

3 Der EuGH hat sich grundsätzlich für die Herausarbeitung eines *europäischen Begriffs* der Zivil- und Handelssachen entschieden[5]. Für die Auslegung des Begriffs ist danach „nicht das Recht irgendeines der beteiligten Staaten maßgebend, vielmehr müssen hierbei die Zielsetzungen und die Systematik des Übereinkommens sowie die allgemeinen Rechtsgrundsätze, die sich aus der Gesamtheit der innerstaatlichen Rechtsordnungen ergeben, herangezogen werden". Der EuGH begründet dies damit, daß die Vorschrift des Art. 1 den Anwendungsbereich des Übereinkommens bezeichnen soll und sichergestellt werden muß, daß sich aus dem Übereinkommen für die Vertragsstaaten und die betroffenen Personen soweit wie möglich gleiche und einheitliche Rechte und Pflichten ergeben. Der integrationsfreundliche Ansatz des EuGH verdient Zustimmung[6].

4 Da „die Zielsetzungen und die Systematik des Übereinkommens" für die Abgrenzung zwischen zivilrechtlichen und öffentlich-rechtlichen Sachen nicht viel hergeben, ist die Begriffsbestimmung vor allem auf die allgemeinen Rechtsgrundsätze, also auf die Rechtsvergleichung angewiesen (dazu Einl Rz. 40). Die Aufgabe ist schwierig, weil die Grenzlinie zwischen öffentlichem Recht und Privatrecht in den einzelnen Staaten unterschiedlich gezogen wird[7]. In Großbritannien und Irland ist sie sogar weithin unbekannt. Daß die Schwierigkeiten zu einem gänzlichen Abrücken von der eingeleiteten autonomen europäischen Begriffsbildung zwingen werden, ist indes kaum zu erwarten[8]. Denn es ist zu bedenken, daß für die Abgrenzung zum öffentlichen Recht ein europäischer Begriffsrahmen genügt. Die zentrale Frage, ob hoheitlich gehandelt wurde, kann unter Berücksichtigung des Rechts des handelnden Funktionsträgers entschieden werden[9].

5 Namentlich vor dem Eurocontrol-Urteil des EuGH wurde in der Literatur überwiegend eine Qualifikation nach dem Recht des Erststaates befürwortet, wobei häufig nicht deutlich wurde, ob die materielle lex fori oder das nach dem Kollisionsrecht des Forums in der Hauptsache anwendbare Recht, also die lex causae, gemeint war[10]. Auch der BGH hatte

5 *EuGH* 14. 10. 1976 – 29/76, LTU/Eurocontrol; der Grundsatz wurde wiederholt bestätigt, siehe etwa 22. 2. 1979 – 133/78, Gourdain/Nadler und 16. 12. 1980 – 814/79, Niederlande/Rüffer.

6 Für diese Lösung bereits vor dem Urteil des EuGH *Ras*, T. P. R. 1975, 854; *Geimer*, RIW 1976, 145; später etwa *BSG* 26. 1. 1983, BSGE 54, 250 = IPRspr. 1983 Nr. 130; *Geimer*, EuropaR 1977, 346; *Linke*, RIW 1977, 43; *Droz*, Rev. crit. 1977, 779 f.; *Martiny*, RabelsZ 1981, 434; *Bülow/Böckstiegel* Art. 1 Anm. 5; *Geimer/Schütze* § 19 III 2 und IV.

7 Vgl. beispielsweise die unterschiedliche Regelung der Verträge der öffentlichen Hand in Deutschland und Frankreich; dazu *Schlosser*, NJW 1977, 460 f.

8 Skepsis aufgrund des bisher Geleisteten äußert *Schlosser*, Gedächtnisschrift Bruns (1980) 49 f.; *ders.*, IPRax 1981, 154 f.

9 *Basedow* in Hdb. IZVR I Kap. II Rz. 80.

10 Siehe etwa *Weser* Nr. 197; *Schlosser*, NJW 1977, 459; deutlich für die lex causae vor allem *Grunsky*, RIW 1977, 4; *Mari*, Dir. com. scambi int. 1977, 280 f.; *Stöcklin*, JZ 1979, 221; *Jung* 15 ff. (50) mit allen Nachw.

sich seinerzeit dafür ausgesprochen, daß im Vollstreckungsverfahren „die Wertung durch das Gericht des Urteilsstaates maßgebend" sei[11]. Vereinzelt wurde auch eine sog. Doppelqualifikation (zuerst nach erststaatlichem und dann nochmals nach zweitstaatlichem Recht) empfohlen[12].

2. Abgrenzung zu öffentlich-rechtlichen Streitigkeiten

6 Nach der Rechtsprechung des EuGH sind „bestimmte Arten gerichtlicher Entscheidungen wegen der Natur der zwischen den Parteien bestehenden Rechtsbeziehungen oder wegen des Gegenstands des Rechtsstreits vom Anwendungsbereich des Übereinkommens ausgeschlossen. Zwar können bestimmte Entscheidungen, die in Verfahren ergehen, in denen sich eine Behörde und eine Privatperson gegenüberstehen, unter das Übereinkommen fallen, doch verhält es sich anders, wenn die Behörde einen Rechtsstreit im Zusammenhang mit der Ausübung hoheitlicher Befugnisse führt"[13]. Maßgebend ist also der „Rechtsstreit", genauer der Streitgegenstand. Für ihn ist im Einzelfall zu prüfen, ob ein Zusammenhang mit der Ausübung hoheitlicher Befugnisse besteht. Ein solcher Zusammenhang ist schon dann gegeben, wenn der geltend gemachte Anspruch seinen Ursprung in einer hoheitlichen Tätigkeit hat[14].

7 Im einzelnen ist der „Zusammenhang" mit der Ausübung hoheitlicher Befugnisse zu bejahen für die Beitreibung von Gebühren, die eine Privatperson einer öffentlichen, staatlichen oder internationalen Stelle schuldet, insbesondere wenn die Inanspruchnahme zwingend und ausschließlich ist und die Gebührensätze, die Art ihrer Berechnung und das Erhebungsverfahren einseitig gegenüber den Benutzern festgesetzt werden[15]. Er wurde auch bejaht für einen Rechtsstreit um die Erstattung der Kosten für die Beseitigung eines Wracks, die der für die Verwaltung einer öffentlichen Wasserstraße zuständige Staat aufgewandt hat, wobei er in Erfüllung einer völkerrechtlichen Verpflichtung und auf der Grundlage von solchen Bestimmungen des innerstaatlichen Rechts handelte, die ein hoheitliches Tätigwerden gegenüber den Bürgern bei der Verwaltung der Wasserstraße vorsehen[16]. Der Umstand, daß es nicht um die Wrackbeseitigungsmaßnahmen selbst, sondern um die Erstattung der hierfür aufgewendeten

---

11 *BGH* 26. 11. 1975, BGHZ 65, 291 = NJW 1976, 478 = RIW 1976, 110 = IPRspr. 1975 Nr. 170.

12 Vgl. etwa *Droz* Nr. 33, der später jedoch dem Eurocontrol-Urteil des EuGH zugestimmt hat; siehe Rev. crit. 1977, 779f.

13 So *EuGH* 14. 10. 1976 – 29/76, LTU/Eurocontrol, Slg. 1976, 1551; ebenso 16. 12. 1980 – 814/79, Niederlande/Rüffer, Slg. 1980, 3819.

14 *EuGH* 16. 12. 1980 (vorige Note): Kostenerstattungsanspruch, der seinen Ursprung in einer hoheitlichen Schiffsbergung hat. Vorentscheidung *H. R.* 14. 12. 1979, N. J. 1982 Nr. 96 Anm. *Schultsz*; Abschlußentscheidung *H. R.* 26. 6. 1981, N. J. 1982 Nr. 98 Anm. *Schultsz*.

15 So *EuGH* 14. 10. 1976 (vorletzte Note) betr. den Anspruch von Eurocontrol gegen einen Luftfahrzeughalter auf Zahlung von Gebühren für Flugsicherungsdienste; ebenso *VG Schleswig* 30. 10. 1990, NJW 1991, 1129 = IPRspr. 1990 Nr. 179: Baugenehmigungsgebühr.

16 So *EuGH* 16. 12. 1980 (vorletzte Note).

Kosten ging, änderte an dieser Beurteilung nichts, da der Geldforderung ein Anspruch zugrunde lag, der seinen Ursprung in einem hoheitlichen Akt hatte[17]. Ebenso dürften Streitigkeiten aus Anlaß einer deutschen Enteignung oder einer Amtspflichtverletzung nicht unter das Abkommen fallen[18]. Dem EuGH liegt die Frage vor, ob eine Zivilsache anzunehmen ist, wenn bei einer Amtspflichtverletzung ausnahmsweise nicht der Staat, sondern der Amtsträger persönlich von dem Geschädigten in Anspruch genommen wird[19]. Auch der Anspruch eines deutschen Notars auf Kostenerstattung ist öffentlich-rechtlicher Natur, da der Notar in Deutschland mit Hoheitsgewalt versehen ist und seine Kostenberechnung selbst mit einer Vollstreckungsklausel versehen kann (§ 155 KostO)[20]. Dagegen ist die Verfolgung grenzüberschreitender irreführender Werbung in den Mitgliedstaaten der EG im allgemeinen dem Zivilrecht zuzurechnen, so daß das EuGVÜ zur Anwendung kommen kann[21].

Es ist auch möglich, daß staatliche Stellen im Rahmen des Zivilrechts „Dienste" **8** ohne Benutzungszwang bereithalten oder auf der Ebene der Gleichordnung Verträge mit Privatpersonen schließen mit der Folge, daß daraus entstehende Streitigkeiten als Zivil- und Handelssache anzusehen sind und dem Übereinkommen unterliegen. So wird in Deutschland die Vergabe öffentlicher Arbeiten – anders als in Frankreich – in der Regel privatrechtlich abgewickelt. Es ist also im Einzelfall zu prüfen, ob der öffentliche Funktionsträger sich hoheitlicher Gestaltungsformen bedient hat, etwa durch Verwaltungsakt oder verwaltungsrechtlichen Vertrag, oder ob er wie eine Privatperson gehandelt und nur ein privates Rechtsgeschäft abgeschlossen hat[22].

Beispiel[23]: Wird ein französischer Bauunternehmer von der zuständigen deutschen Behörde in der in Deutschland üblichen Form eines privatrechtlichen Vertrages mit der Lieferung von Baumaterialien für eine Talsperre beauftragt, so ist eine Zivil- und Handelssache gegeben. Die Bundesrepublik Deutschland ist für den Rechtsstreit nur dann international zuständig, wenn eine besondere Zuständigkeit (etwa gemäß Art. 5 Nr. 1 am Erfüllungsort) oder eine Zuständigkeitsvereinbarung (Art. 17 EuGVÜ) gegeben ist; das deutsche Urteil muß in den anderen Vertragsstaaten gemäß Art. 25 ff. anerkannt und vollstreckt werden. Dagegen hätte bei der umgekehrten Konstellation des Auftrags einer französischen Behörde an einen deutschen Bauunternehmer die französische Behörde

---

17 Kritisch hierzu *Schlosser*, IPRax 1981, 155.

18 *Geimer*, NJW 1977, 492; *Kohler*, in: Grenzüberschreitender Umweltschutz in Europa (1984) 72 f.

19 Die Sache schwebt unter dem Aktenzeichen 172/91. Vorlage *BGH* 28. 5. 1991, EuZW 1991, 571 = NJW 1991, 2312 (L).

20 Vgl. zur Problematik auch IPG 1975 Nr. 43 (Hamburg), *Rb. Maastricht* 11. 11. 1981, N. J. 1982 Nr. 466, *Geimer*, DNotZ 1975, 478 f., und *Basedow* in Hdb. IZVR I Kap. II Rz. 81.

21 Rechtsvergleichende Übersicht bei *Reich*, RabelsZ 1992, 455 ff.

22 Bericht *Schlosser* Nr. 27.

23 Vgl. *Geimer*, EuropaR 1977, 350; *Geimer/Schütze* § 19 VII.

typischerweise keinen privatrechtlichen, sondern einen verwaltungsrechtlichen Vertrag gewählt mit der Folge, daß das Übereinkommen nicht anwendbar wäre[24].

9 Nach der Handlungsform differenziert zu beurteilen ist auch die *Tätigkeit öffentlicher Wirtschaftsunternehmen*, etwa von Versorgungsunternehmen. Eine „Ausübung hoheitlicher Befugnisse" dürfte hier nur dann vorliegen, wenn das Unternehmen Privaten gegenüber in typisch öffentlich-rechtlichen Formen handelt, die regelmäßig ein Subordinationsverhältnis voraussetzen. Das Übereinkommen ist hingegen anwendbar, wenn und soweit die Tätigkeit des öffentlichen Unternehmens privatwirtschaftlichen Handlungsweisen gleicht – unabhängig davon, ob für die Rechtsbeziehungen zwischen dem Unternehmen und Dritten ein Spezialrecht gilt[25].

3. Art der Gerichtsbarkeit

10 Gemäß Abs. 1 kommt es für die Einordnung als Zivil- und Handelssache auf die Art der Gerichtsbarkeit nicht an. Es ist unerheblich, wie in den einzelnen Mitgliedstaaten die Zuständigkeiten auf die verschiedenen Gerichtszweige verteilt sind; auch wenn also in einem Staat ein Anspruch, der im Zusammenhang mit der Ausübung hoheitlicher Befugnisse steht, vor den Zivilgerichten geltend zu machen ist, liegt eine Zivil- und Handelssache im Sinne des Übereinkommens nicht vor[26]. Maßgebend sind vielmehr die materiellrechtlichen Kriterien, wie die Natur der zwischen den Parteien bestehenden Rechtsbeziehungen oder der Gegenstand des Rechtsstreits.

11 Es ist gleichgültig, ob die Streitigkeit nach dem nationalen Verfahrensrecht den Zivilgerichten oder besonderen *Handelsgerichten* oder den *Arbeitsgerichten* zugewiesen ist. Ebenso ist im Grundsatz unerheblich, ob es sich um ein Streitverfahren oder ein *Verfahren der freiwilligen Gerichtsbarkeit* handelt[27]. Eine Klage im technischen Sinne ist nicht zu fordern; es genügt auch ein sonstiger Antrag, z.B. auf Erlaß eines Mahnbescheids (§§ 688ff. ZPO)[28]. Jedoch sind die klassischen Bereiche der freiwilligen Gerichtsbarkeit, die Vormundschafts- und Nachlaßsachen, gemäß Abs. 2 Nr. 1 vom Anwendungsbereich ausgeschlossen. Schließlich macht es für die Anwendbarkeit der Konvention keinen Unterschied, ob die *Entscheidungen endgültiger oder einstweiliger Natur* sind (vgl.

---

24 Anders in diesem Fall *Geimer* (vorige Note). Er plädiert nicht nur für einen europäischen Begriffsrahmen der Zivil- und Handelssache, sondern möchte die einheitliche Begriffsbildung so weit verstanden wissen, daß beide Fallkonstellationen gleich zu entscheiden sind. Für die Annahme einer Zivil- und Handelssache solle genügen, daß wenigstens einer der beteiligten Vertragsstaaten (hier: Deutschland) die Sache privatrechtlich qualifiziere.

25 *Kohler*, in: Grenzüberschreitender Umweltschutz in Europa (1984) 73; vgl. auch *Kloepfer/Kohler*, Kernkraftwerk und Staatsgrenze (1981) 150ff.

26 *EuGH* 16. 12. 1980 – 814/79, Niederlande/Rüffer.

27 Bericht *Jenard* zu Art. 1 unter III.

28 *Bülow/Böckstiegel/Schlafen* Art. 3 Anm. 3; näher *Busl*, IPRax 1986, 270ff.

Art. 24)[29]. Einstweilige Maßnahmen, die, wie Siegelungen oder Pfändungen, Vermögensgegenstände betreffen und daher die verschiedenartigsten Ansprüche sichern können, unterliegen dem Abkommen dann, wenn die durch sie gesicherten Ansprüche in seinen Anwendungsbereich fallen[30]. Zur Anerkennung und Vollstreckung vorläufiger Entscheidungen siehe Art. 25 Rz. 22ff.

Das Übereinkommen ist auch auf zivilrechtliche Ansprüche anzuwenden, die vor einem *Strafgericht* geltend gemacht werden (vgl. Art. 5 Nr. 4). Dies gilt sowohl für die Bestimmung der Zuständigkeit als auch für die Anerkennung und Vollstreckung von Urteilen, die von einem Strafgericht im Adhäsionsverfahren über solche Ansprüche erlassen werden[31]. Die eigentlichen Strafverfahren, also „repressive Sanktionsverfahren wegen Verletzung von Geboten und Verboten, die im öffentlichen Interesse liegen, gehören nicht zum Zivilrecht. Eine gewisse Schwierigkeit mag in einigen Fällen die Abgrenzung zu den in manchen Rechtsordnungen in verschiedener Weise vorkommenden Privatstrafen wie Vertragsstrafen, Vereinsstrafen und dergleichen mit sich bringen. Weil in vielen Rechtsordnungen private Kläger auch in öffentlichen Strafverfahren auftreten können, kann man für die Abgrenzung nicht darauf abstellen, wer das Verfahren eingeleitet hat. Entscheidend ist vielmehr, ob die Sanktionsleistung dem privaten Kläger oder einem sonstigen Privaten individuell zugute kommt oder nicht. Aus diesem Grunde unterfallen die Entscheidungen der dänischen Arbeitsgerichte über Geldstrafen, die dem Kläger oder sonst einem individuell Geschädigten zugesprochen werden, sehr wohl dem EuGVÜ“[32]. 12

Schließlich gehören zum Anwendungsbereich des Übereinkommens auch solche Streitigkeiten in Zivil- und Handelssachen, die ausnahmsweise einmal vor einem *Verwaltungsgericht* anhängig sind. Andernfalls würden die innerhalb der Vertragsstaaten bestehenden Verschiedenheiten eine nicht zu rechtfertigende Ungleichheit in den Anwendungsbereich des Übereinkommens tragen. Seine Verfasser empfehlen eine diese Verschiedenheiten überdeckende, weite Auslegung des Ausdrucks „Zivil- und Handelssachen“[33]. Selbst die in Dänemark nicht von einem Gericht, sondern von einer *Verwaltungsbehörde* erlassenen Unterhaltsentscheidungen sollen dem Übereinkommen unterliegen[34]. 13

---

29 So der *EuGH* in den beiden Urteilen De Cavel/De Cavel 27. 3. 1979 – 143/78 und 6. 3. 1980 – 120/79.

30 *EuGH* 27. 3. 1979 (vorige Note).

31 Bericht *Jenard* zu Art. 1 unter III.

32 Bericht *Schlosser* Nr. 29.

33 Bericht *Jenard* zu Art. 1 unter III.

34 Siehe Art. Va des Protokolls i. d. F. 1978; dazu Bericht *Schlosser* Nr. 66ff.

4. Erfaßte Materien

14 Unter den vom Übereinkommen erfaßten „Zivil- und Handelssachen" verdienen einige Sondergebiete eine eigene Erwähnung. Vom Anwendungsbereich des Übereinkommens gedeckt sind grundsätzlich *Unterhaltssachen* (siehe unten Rz. 22). Die *Verbandsklage zur Kontrolle von AGB* (vgl. §§ 13 ff. AGB-Gesetz) ist eine Zivilsache[35]; denn die Überprüfung der AGB anhand des AGB-Gesetzes betrifft den zivilrechtlichen Verbraucherschutz. Ferner gehört das *Arbeitsrecht* zum sachlichen Anwendungsbereich des EuGVÜ[36]. Dabei ist in erster Linie an das Individualarbeitsrecht zu denken, doch sind für den Bereich des kollektiven Arbeitsrechts ebenfalls Anwendungsfälle denkbar[37]. Auch das *Seerecht* ist erfaßt. Wegen der hohen Bedeutung, die der Ausübung von Gerichtsbarkeit in seerechtlichen Fällen vor allem im Vereinigten Königreich zukommt[38], wurde anläßlich der Neufassung des EuGVÜ 1978 sogar erwogen, in den Titel II über die Zuständigkeit einen besonderen Abschnitt über die Seegerichtsbarkeit aufzunehmen[39]. Man hat sich dann aber damit begnügt, zwei neue Zuständigkeiten in das bestehende System des EuGVÜ einzufügen, nämlich den Gerichtsstand aufgrund einer Beschlagnahme von Ladung oder Fracht nach Bergung oder Hilfeleistung (Art. 5 Nr. 7) und den für Klagen im Zusammenhang mit seerechtlichen Haftungsbeschränkungen (Art. 6a). Außerdem enthält Art. Vb des Protokolls zum EuGVÜ 1978 eine die Zuständigkeit berührende Sondervorschrift für Streitigkeiten zwischen dem Kapitän und einem Mitglied der Mannschaft eines in Dänemark oder Irland eingetragenen Seeschiffes[40]. Schließlich sind die zivilrechtlichen Streitigkeiten in *Kartellsachen* besonders zu nennen[41].

II. Ausdrücklich ausgeschlossene Rechtsgebiete (Abs. 2)

15 In Abs. 2 sind einige Rechtsgebiete vom Anwendungsbereich des Übereinkommens ausdrücklich ausgenommen. Die genannten Ausnahmebereiche sind grundsätzlich autonom zu bestimmen[42]. Die Ideallösung hätte sicherlich darin

---

35 *BGH* 12. 10. 1989, BGHZ 109, 29 = NJW 1990, 317 = RIW 1990, 63 = IPRax 1990, 318, 292 Anm. *W. Lorenz* = EuZW 1990, 36 Anm. *A. M. Nagel* = IPRspr. 1989 Nr. 195.

36 *EuGH* 13. 11. 1979 – 25/79, Sanicentral/Collin. Ausführlich *Birk*, RdA 1983, 146 f. Im Vorentwurf des Übereinkommens war sogar eine ausschließliche Zuständigkeit für Streitigkeiten aus Arbeitsverträgen vorgesehen; siehe Art. 16 Rz. 2.

37 Vgl. das Beispiel von *Grunsky*, JZ 1973, 642.

38 Zur Bedeutung des EuGVÜ für die englische Admiralty action *in rem* siehe *The Deichland*, [1989] 2 All E.R. 1066 (C.A.); *Hartley*, L. Q. Rev. 1989, 640 ff.

39 Bericht *Schlosser* Nr. 121.

40 Siehe Textanhang II. Dazu Bericht *Schlosser* Nr. 132.

41 *Rehbinder*, in: *Immenga/Mestmäcker*, GWB^2 (1992) § 98 Abs. 2 Rz. 262. Siehe auch Art. 5 Rz. 36.

42 *EuGH* 22. 2. 1979 – 133/78, Gourdain/Nadler, Slg. 1979, 743. Vgl. auch oben N. 5.

bestanden, das Übereinkommen auf sämtliche Zivil- und Handelssachen anzuwenden. Die Verfasser des Übereinkommens meinten jedoch, von einer solchen Lösung vor allem bei nichtvermögensrechtlichen Streitigkeiten absehen zu müssen, da sich in diesem Bereich, der weitgehend der Parteiautonomie entzogen ist und den nationalen ordre public berührt, die Unterschiede im materiellen Recht und im Kollisionsrecht der europäischen Staaten besonders auswirken[43]. Der Ausschluß der in Nr. 2–4 genannten Gebiete (Konkurs, soziale Sicherheit und Schiedsgerichtsbarkeit) will Konflikte mit bestehenden oder künftigen speziellen Abkommen, die den Besonderheiten dieser Gebiete besser gerecht werden können, vermeiden[44]. Diesem Ziel dient auch Art. 57, der solchen Übereinkommen der Vertragsstaaten, die für besondere Rechtsgebiete die gerichtliche Zuständigkeit oder die Anerkennung und Vollstreckung regeln, den Vorrang einräumt.

Die in Abs. 2 genannten Rechtsgebiete sind immer dann von der Anwendung des **16**
Übereinkommens ausgeschlossen, wenn sie den *Gegenstand des Rechtsstreites* selbst bilden[45]. Ob Vorfragen vom Anwendungsbereich erfaßt sind oder nicht, ist unerheblich[46]. Auf präjudizielle Fragen kommt es auch dann nicht an, wenn sie im Verfahren eine gewichtige Rolle spielen oder gespielt haben[47]. Das Übereinkommen ist also auch auf solche Zivil- und Handelssachen anwendbar, in denen als Vorfrage inzident über eine Frage aus einem ausgeschlossenen Gebiet zu entscheiden ist (arg. e contrario aus Art. 27 Nr. 4)[48].

Beispiel[49]: Wird auf Auflösung einer Gesellschaft geklagt, weil ein Gesellschafter in Konkurs gefallen ist, so handelt es sich nicht um eine konkursrechtliche Streitigkeit, sondern um eine gesellschaftsrechtliche, die dem EuGVÜ unterliegt (Art. 16 Nr. 2).

Ein Antrag fällt dann in den Anwendungsbereich des Übereinkommens, wenn **17**
sein eigener Gegenstand ein von diesem erfaßtes Rechtsgebiet betrifft, selbst wenn es sich bei ihm um den *akzessorischen Teil* eines Hauptverfahrens handelt, das aufgrund seines Streitgegenstandes dem Übereinkommen nicht unterliegt[50]. Aus den Vorschriften der Art. 5 Nr. 4, 24 und 42 ist nämlich zu entnehmen, daß Haupt- und Nebenanträge im Hinblick auf die Anwendbarkeit des EuGVÜ isoliert zu betrachten sind.

Bei einer *Konkurrenz von Ansprüchen*, von denen einer vom Anwendungsbe- **18**
reich des EuGVÜ ausgeschlossen ist, der andere dagegen nicht, ist nach Möglich-

43 Bericht *Jenard* zu Art. 1 unter IV.
44 *Droz* Nr. 38.
45 Bericht *Jenard* zu Art. 1 unter IV.
46 Siehe *EuGH* 25. 7. 1991 – 190/89, Marc Rich/Società Italiana Impianti, Nrn. 26ff.
47 Bericht *Schlosser* Nr. 51.
48 Ebenso z.B. *Droz* Nr. 39; *Bellet*, Rev. trim. dr. europ. 1975, 33; *Bülow/Böckstiegel* Art. 1 Anm. 6; im Grundsatz auch *Basedow* in Hdb. IZVR I Kap. II Rz. 91.
49 Bericht *Schlosser* Nr. 59.
50 So *EuGH* 6. 3. 1980 – 120/79, De Cavel/De Cavel, zu akzessorischen Unterhaltsanträgen in Scheidungsverfahren. Ebenso bereits vorher z.B. *OLG Karlsruhe* 4. 6. 1976, IPRspr. 1976 Nr. 170 = Nachschlagewerk I-1.2-B 1.

keit eine einheitliche Qualifikation anhand der Natur des Streitgegenstandes (unabhängig von der rechtstechnischen Ausgestaltung der einzelnen Anspruchsgrundlagen) zu suchen.

Beispiel[51]: Ordnet man die Herausgabeklage des Erben gegen einen anderen Erbprätendenten dem vom Übereinkommen ausgeschlossenen Gebiet des Erbrechts zu[52], so ist das Übereinkommen, gleichgültig, ob der Anspruch auf eine erbrechtliche Norm (wie § 2018 BGB) oder auf eine sachenrechtliche (wie § 985 BGB) gestützt wird, nicht anzuwenden.

19 Bei einer *Alternativität von Ansprüchen*, von denen einer vom Anwendungsbereich des EuGVÜ ausgeschlossen ist, der andere dagegen nicht, hängt die Anwendbarkeit des Übereinkommens von der Entscheidung des Gerichts in der Sache ab.

Beispiel[53]: Verklagt die Haushälterin den Erben auf Zahlung von 10000 DM für die Pflege des Erblassers, so ist das Übereinkommen unanwendbar, wenn sich ein entsprechendes Testament des Erblassers als formgültig erweist. Stellt das Gericht jedoch die Unwirksamkeit des Testaments fest und kann der Klageanspruch nur noch auf Bereicherung gestützt werden, so ist das Übereinkommen anwendbar.

1. Personenstand, Rechts- und Handlungsfähigkeit, gesetzliche Vertretung, eheliche Güterstände, Erb- und Testamentsrecht (Nr. 1)

20 Durch Nr. 1 sind vor allem die Statussachen (Ehe- und Kindschaftssachen) sowie der Kernbereich der freiwilligen Gerichtsbarkeit (Vormundschafts- und Nachlaßsachen) vom Anwendungsbereich des EuGVÜ ausgeschlossen.

21 Der Ausschluß der Anwendbarkeit des EuGVÜ im Bereich des *Personenstands, der Rechts- und Handlungsfähigkeit sowie der gesetzlichen Vertretung* von natürlichen Personen betrifft insbesondere Verfahren und Gerichtsentscheidungen über folgende Materien[54]: die Anfechtbarkeit und Gültigkeit von Eheschließungen sowie das Getrenntleben der Ehegatten; die Auflösung von Ehen[55], den Tod einer Person; den Personenstand einer minderjährigen Person einschließlich der Entscheidung über das Sorgerecht nach Scheidung oder gerichtlicher Trennung der Eltern[56]; die Rechts- und Handlungsfähigkeit sowie die gesetzliche Vertretung einer geisteskranken Person; die Staatsangehörigkeit oder den Wohnsitz einer Person; das Sorgerecht oder die Obhut und Aufsicht über die Kinder, gleichgültig ob sie in einem Scheidungs-, Vormundschafts- oder

51 *Grunsky*, JZ 1973, 643. Vgl. dazu auch *Basedow* in Hdb. IZVR I Kap. II Rz. 93, 106ff.
52 So *Grunsky*, JZ 1973, 643; anders *Geimer*, RIW 1976, 145.
53 *Grunsky*, JZ 1973, 644.
54 Bericht *Schlosser* Nr. 51.
55 Vgl. *OLG Frankfurt* 1. 12. 1981, IPRax 1982, 242, 229 Anm. *Linke* = IPRspr. 1981 Nr. 178; *Versailles* 10. 2. 1983, *Gaz. Pal.* 1984, 1, Somm. 35.
56 Siehe *BGH* 13. 7. 1983, BGHZ 88, 113 = NJW 1983, 2775 = IPRspr. 1983 Nr. 198b: Entscheidung über Kindesherausgabe. Für Italien siehe *Cass.* 29. 9. 1984, n. 4830, Riv. dir. int. priv. proc. 1985, 616.

sonstigen Verfahren zur Debatte stehen[57]; die Annahme als Kind. Zur Vermeidung einer unterschiedlichen Auslegung stellt Nr. 1 klar, daß nur Statussachen *natürlicher Personen* gemeint sind, nicht dagegen Entscheidungen über das Bestehen oder die Gründung juristischer Personen sowie die Befugnisse ihrer Organe[58].

Unterhaltssachen fallen nicht unter Nr. 1 und sind vom Übereinkommen also erfaßt[59]. Das ergibt sich bereits aus Art. 5 Nr. 2. Auch wenn die Unterhaltsentscheidung in Verbindung mit einem Statusverfahren in Ehe- oder Kindschaftssachen ergeht, ist das EuGVÜ anzuwenden, wie der durch das Beitrittsabkommen von 1978 dem Art. 5 Nr. 2 beigefügte Zusatz zeigt[60]. Unterhaltsansprüche unter Ehegatten entspringen in keinem EG-Staat einer Regelung, die zu den Normen über die ehelichen Güterstände gehört und deshalb vom Übereinkommen ausgeklammert wäre[61]. Hinsichtlich der Anerkennung und Vollstreckung einer Unterhaltsentscheidung kann sich freilich eine Einschränkung der Wirkungen des EuGVÜ daraus ergeben, daß über das Bestehen des Statusverhältnisses (Ehe), das den Unterhaltsanspruch begründet, im Zweitstaat anders geurteilt wird als im Erststaat (näher vor Art. 26 Rz. 10). 22

Der Ausdruck *„eheliche Güterstände"* wird im Bericht von *Schlosser* in drei verschiedenen Punkten erläutert, nämlich in Hinblick auf den exklusiven, auf Ehegatten beschränkten Anwendungsbereich des Rechtsinstituts „Güterstand", in Hinblick auf seine Abgrenzung zu den Rechtsbeziehungen, die für alle Ehen (unabhängig vom speziellen Güterstand) gelten, und in Hinblick auf die Möglichkeit einer Beteiligung dritter Personen. 23

Für die *auf Ehegatten beschränkten* Streitigkeiten über „eheliche Güterstände" werden folgende Beispiele gegeben[62]: „Es kann über Existenz und Auslegung eines Ehevertrags gestritten werden. Unter bestimmten Voraussetzungen kann ein Ehegatte bei Gericht beantragen, einen Güterstand in einen anderen umzuwandeln. Manche ‚Güterstände' sehen hinsichtlich verschiedener Arten von Vermögen verschiedene Regelungen vor. Dann kann darüber Streit entstehen, zu welcher Art von Vermögen ein bestimmter Gegenstand gehört. Haben Güterstände ein differenziertes System der Vermögensverwaltung ausgebildet, so kann es darüber zu einer Auseinandersetzung kommen, welcher Ehe-

---

57 Zu diesem ausgeschlossenen Bereich ist auch die Regelung des Umgangs mit dem Kind zu zählen; *Rb. 's-Hertogenbosch* 16. 6. 1978, N. J. 1979 Nr. 164; in diesem Punkt anders, aber wegen des in Art. 57 anerkannten Vorrangs des Haager Minderjährigenschutzabkommens vom 5. 10. 1961 im Ergebnis ebenso *Trib. gr. inst. Dieppe* 8. 8. 1978, Gaz. Pal. 1979, Somm. 68 = Nachschlagewerk I-1.2-B 9.

58 Bericht *Jenard* zu Art. 1 unter IV A.

59 Zu dem recht weit gefaßten Begriff der Unterhaltssache siehe Art. 5 Rz. 20.

60 *EuGH* 6. 3. 1980 – 120/79, De Cavel/De Cavel; *BGH* (oben N. 56); *OLG Düsseldorf* 5. 10. 1983, IPRspr. 1983 Nr. 180; *Cass.* 9. 11. 1983, Rev. crit. 1984, 501 Anm. *Ancel*; zu letzterer Entscheidung *Sonnenberger*, IPRax 1985, 238 ff., und *Mezger*, IPRax 1985, 300 ff. Siehe auch Art. 5 Rz. 22 ff.

61 Bericht *Schlosser* Nr. 49.

62 Bericht *Schlosser* Nr. 45.

gatte welche Vermögensgegenstände verwalten darf. Die häufigste Form von Streitigkeiten, die eheliche Güterstände betreffen, sind diejenigen, welche es mit der Liquidation des Güterstandes nach Beendigung der Ehe, insbesondere nach Scheidung, zu tun haben. Der gesetzliche Güterstand des deutschen Rechts (‚Zugewinngemeinschaft') führt dann zu einem Ausgleichsanspruch des Ehegatten, dessen Vermögen sich weniger als das seines Partners vermehrt hat."

Zu den *Rechtsbeziehungen, die für alle Ehen (unabhängig vom speziellen Güterstand) gelten*, wird u.a. folgendes angeführt[63]: „Die französische Rechtsdoktrin bezeichnet jene Regeln über vermögensrechtliche Beziehungen, die für alle Ehen gelten, als ‚régime matrimonial primaire'. In anderen Staaten fehlt es an einem vergleichbaren Terminus. Der Sinn von Art. 1 II Nr. 1 verlangt, auch die für alle Ehen bestehenden vermögensrechtlichen Sonderbeziehungen vom Anwendungsbereich des EuGVÜ auszunehmen, sofern sie nicht unter den Begriff ‚Unterhaltsansprüche' fallen. – Im Geltungsbereich aller Rechtsordnungen der Gemeinschaft sind unter Ehegatten vermögensrechtliche Beziehungen denkbar, die sich aus der Anwendung des allgemeinen Obligationenrechts, Deliktsrechts oder Eigentumsrechts ergeben[64]. Zwar enthalten manche Gesetze einzelne Bestimmungen speziell für den Fall, daß solche Beziehungen unter Ehegatten bestehen. So schränkt Art. 1595 Code civil die Zulässigkeit von Kaufverträgen unter Ehegatten ein. Auch die Rechtsprechung hat in diesem Bereich gelegentlich Sonderregeln entwickelt, die der Tatsache Rechnung tragen sollen, daß solche Beziehungen gerade zwischen Ehegatten bestehen. All dies ändert nichts daran, daß Rechtsbeziehungen aus einem allgemeinen obligationenrechtlichen oder deliktischen Entstehungsgrund dem EuGVÜ auch dann unterliegen, wenn sie unter Ehegatten bestehen."

Die mit dem Begriff „eheliche Güterstände" bezeichneten Rechtsregeln erfassen nicht ausnahmslos Rechtsbeziehungen nur unter Ehegatten selbst, sondern sie können sich auch auf *Dritte* erstrecken. „So kann es etwa im italienischen Recht im Zusammenhang mit der Liquidation eines ‚fondo patrimoniale' zu Auseinandersetzungsstreitigkeiten zwischen Eltern und Kindern kommen (Art. 171 III Codice civile), Rechtsstreitigkeiten, die nach dem System des italienischen Rechts eindeutig Rechtsbeziehungen aus dem ehelichen Güterrecht (‚il regime partrimoniale della famiglia') zum Gegenstand haben. Im deutschen Recht gibt es den Güterstand der ‚fortgesetzten Gütergemeinschaft', welcher einen überlebenden Ehegatten mit den gemeinsamen Abkömmlingen verbindet"[65].

24 In einer *zusammenfassenden Umschreibung* bezeichnet der Bericht *Schlosser* das Übereinkommen als nicht anwendbar, „wenn der Rechtsstreit Fragen zum Gegenstand hat, die während der Ehe oder nach deren Auflösung zwischen den Ehegatten untereinander, ausnahmsweise auch zwischen Ehegatten und Dritten, wegen solcher Rechte an oder auf Vermögen entstanden sind, die sich aus der ehelichen Beziehung ergeben. Die genannten Rechte umfassen auch alle durch Gesetz oder Ehevertrag festgelegten Verwaltungs- und Verfügungsrechte, bezogen auf Vermögen, das den Ehegatten wechselseitig gehört"[66]. Nach einer

63 Bericht *Schlosser* Nr. 46.

64 Siehe z. B. *Hof Amsterdam* 29. 5. 1981, N. J. 1981 Nr. 555: Das EuGVÜ gilt für einen Rechtsstreit unter Ehegatten über die Frage einer öffentlichen Versteigerung ihres Grundstücks, das sie je zur Hälfte erworben haben, ohne in Gütergemeinschaft zu leben.

65 Bericht *Schlosser* Nr. 47.

66 Bericht *Schlosser* Nr. 50.

Äußerung des EuGH umfaßt der Begriff der ehelichen Güterstände „nicht nur die in einigen nationalen Rechtsordnungen besonders und ausschließlich für das Rechtsverhältnis der Ehe vorgesehenen Güterstände, sondern ebenso alle vermögensrechtlichen Beziehungen, die sich unmittelbar aus der Ehe oder ihrer Auflösung ergeben“[67]. Gerichtliche Entscheidungen über einstweilige sichernde Maßnahmen während eines Ehescheidungsverfahrens, wie die Siegelung oder Pfändung von Vermögensgegenständen der Ehegatten, fallen sonach nicht in den Anwendungsbereich des EuGVÜ; denn entweder betreffen solche Maßnahmen vermögensrechtliche Beziehungen, die sich unmittelbar aus der Ehe oder deren Auflösung ergeben, oder sie stehen zumindest in engem Zusammenhang mit solchen Fragen oder Beziehungen. Auch den deutschen *Versorgungsausgleich* wird man als unmittelbare vermögensrechtliche Folge der Ehe zu sehen haben. Vom EuGVÜ erfaßt sind dagegen nicht nur vermögensrechtliche Beziehungen zwischen den Ehegatten, die keinen (unmittelbaren) Zusammenhang mit der Ehe aufweisen, wie i.d.R. *Arbeits- oder Gesellschaftsverträge*[68], sondern ebenso alle, vom EuGH in einem weiten Sinne verstandenen Unterhaltssachen[69].

In *„das Gebiet des Erbrechts einschließlich des Testamentsrechts“* fallen alle Ansprüche des Erben auf und an den Nachlaß[70]. Ob die Herausgabeklage eines Erbprätendenten gegen einen anderen innerhalb oder außerhalb des Übereinkommens liegt, ist umstritten[71]. Jedenfalls greift das Übereinkommen in vermögensrechtlichen Streitigkeiten des Erben mit Dritten dann ein, wenn sie ihren Grund nicht im Erbrecht haben und die Erbberechtigung nur als Vorfrage auftreten kann. Die Ernennung eines Nachlaßverwalters geschieht außerhalb des Übereinkommens[72]. 25

In Hinblick auf den Beitritt des Vereinigten Königreichs und Nordirlands und die in den angelsächsischen Rechtsordnungen anzutreffende Rechtsfigur des „trust“ führt der Bericht *Schlosser* aus[73]: Zu den ausgeschlossenen Materien „zählen auch Streitfälle über Gültigkeit oder Auslegung eines Testaments, welches ein Treuhandverhältnis geschaffen hat, selbst wenn mit Wirkung für einen späteren Zeitpunkt als den des Todes des Erblassers. Das gleiche gilt für Verfahren über die Anwendung und Auslegung gesetzlicher Normen, welche als Folge des Erbfalls Treuhandverhältnisse zugunsten bestimmter Personen oder Einrichtungen begründen. Von der Anwendung des EuGVÜ ausgeschlossen sind also alle Streitigkeiten über die wirksame Errichtung, Auslegung und Verwaltung 26

67 *EuGH* 27. 3. 1979 – 143/78, De Cavel/De Cavel; dazu *Hausmann*, FamRZ 1980, 418; bestätigt durch *EuGH* 31. 3. 1982 – 25/81, W./H.: Rechtsstreit über die Verwaltung des Ehegattenvermögens und damit zusammenhängende einstweilige Verfügungen unterliegen nicht dem EuGVÜ, auch wenn die Vermögensverwaltung von der lex causae nicht güterrechtlich geregelt ist. Vorlage *H. R.* 6. 2. 1981, N. J. 1982 Nr. 280; abschließende Entscheidung *H. R.* 1. 7. 1982, N. J. 1983 Nr. 682 Anm. *Schultsz*.

68 Ebenso *Basedow* in Hdb. IZVR I Kap. II Rz. 104. Anders wohl *Huet*, Clunet 1979, 691.

69 Siehe unten Art. 5 Rz. 20.

70 Bericht *Schlosser* Nr. 52.

71 Siehe oben N. 52.

72 Anders *Trib. Bruxelles* 11. 12. 1978, Nachschlagewerk I-1.2-B 10.

73 Bericht *Schlosser* Nr. 52.

erbrechtlich begründeter Treuhandverhältnisse. Streitfälle, welche die Handlungen des Treuhänders gegenüber Personen betreffen, in deren Interesse die Treuhand nicht errichtet ist, also ‚die Außenbeziehung' der Treuhand fallen hingegen sehr wohl unter das Übereinkommen".

27 *Schenkungen*, die erbrechtlichen Regeln unterliegen, wie Schenkungen von Todes wegen (§ 2301 BGB), sind vom Übereinkommen nicht erfaßt[74], während Schenkungen sonst grundsätzlich in seinen Anwendungsbereich fallen[75].

2. Konkurse, Vergleiche und ähnliche Verfahren (Nr. 2)

28 Konkurse, Vergleiche und ähnliche Verfahren sind vom Anwendungsbereich des Übereinkommens ausgenommen, da für sie im Rahmen der EG ein eigenes Übereinkommen gewünscht wird, das den Eigenarten dieses Rechtsgebiets Rechnung tragen soll. Der „Entwurf eines Übereinkommens über den Konkurs, Vergleiche und ähnliche Verfahren" wurde in der Fassung von 1980 und in einer revidierten Fassung von 1984 veröffentlicht[76]. Nach dem Willen der Verfasser des EuGVÜ sollten sich die Anwendungsbereiche beider Übereinkommen fast lückenlos aneinanderfügen[77]. In einem für Rechtsvereinheitlichungsbemühungen leider typischen naiven Optimismus ging man davon aus, daß dies gelingen und ein ergänzendes Konkursabkommen bald in Kraft treten würde. Nachdem der endgültige Text eines Konkursübereinkommens immer noch nicht feststeht, gestaltet sich die Anwendung des Art. 1 II Nr. 2 schwierig. Immerhin vermag der Entwurf Fingerzeige für den zu erwartenden Anwendungsbereich eines Konkursübereinkommens zu geben, so daß vorsichtige Rückschlüsse auf den für das EuGVÜ verbleibenden Restbereich möglich erscheinen.

29 Konkurse, Vergleiche und ähnliche Verfahren *definiert* der EuGH – in enger Anlehnung an den Bericht *Jenard*[78] – als „Verfahren, die nach den verschiedenen Rechtsordnungen der Vertragsstaaten auf der Zahlungseinstellung, der Zahlungsunfähigkeit oder der Erschütterung des Kredits des Schuldners beruhen und ein Eingreifen der Gerichte beinhalten, das in eine zwangsweise kollektive Liquidation der Vermögenswerte des Schuldners oder zumindest in eine Kontrolle durch die Gerichte mündet"[79]. Diese sog. *Sammelverfahren* sind verhält-

---

74 Bericht *Jenard* zu Art. 1 unter IV A.

75 Bejahend auch für Schenkungen unter Ehegatten *Hausmann*, FamRZ 1980, 424.

76 Texte und kritische Stellungnahmen mit weiteren Nachweisen in *Kegel/Thieme* (Hrsg.), Vorschläge und Gutachten zum Entwurf eines EG-Konkursübereinkommens (1988). Fassung von 1980 Bulletin der EG, Beilage 2/82; deutscher Text auch in ZIP 1980, 582, 811 und KTS 1981, 167. Siehe dazu den Bericht *Lemontey*, Bulletin der EG, Beilage 2/82, 45; abgedruckt auch in ZIP 1981, 547, 673, 791.

77 Bericht *Schlosser* Nr. 53.

78 Bericht *Jenard* zu Art. 1 unter IV B.

79 *EuGH* 22. 2. 1979 – 133/78, Gourdain/Nadler. Vorentscheidungen *OLG Frankfurt* 7. 9. 1977, OLGZ 1978, 220 = NJW 1978, 501 = RIW 1978, 195 und *BGH* 22. 5. 1978, WM 1978, 993 = RIW 1978, 694, beide in IPRspr. 1978 Nr. 154.

nismäßig leicht zu bestimmen und in Art. I des Protokolls zum Entwurf eines Konkursübereinkommens nach Staaten gegliedert aufgeführt[80].

Zur Abgrenzung des vom Übereinkommen ausgeschlossenen Konkurses zu der von Art. 16 Nr. 2 erfaßten Klage über die *Auflösung einer Gesellschaft oder juristischen Person* siehe Art. 16 Rz. 30. **30**

Mit dem Ausdruck *„Vergleich"* ist nicht der auf dem freien Willen der Parteien beruhende gerichtliche oder außergerichtliche Vergleich zur Beilegung streitiger Fragen gemeint. Das ergibt sich für den Prozeßvergleich bereits aus Art. 51, für den außergerichtlichen Vergleich aus der Nennung des „Vergleichs" in Nr. 2 in einer Reihe mit dem Konkurs und ähnlichen Verfahren sowie aus der Entstehungsgeschichte[81]. **31**

Einzelverfahren, die sich auf ein Insolvenzverfahren beziehen, „sind nur dann von der Anwendung des Übereinkommens ausgeschlossen, wenn sie unmittelbar aus diesem Verfahren hervorgehen und sich eng innerhalb des Rahmens eines Konkurs- oder Vergleichsverfahrens halten"[82]. Der EuGH bejaht dies für die im französischen Recht vorgesehene Klage des Konkursverwalters gegen den Leiter eines in Konkurs gefallenen Unternehmens, die das Ziel hat, auch das Vermögen des Organwalters zur gleichmäßigen Befriedigung der Gläubiger heranzuziehen, und die nach der Ausgestaltung des französischen Verfahrens ihren rechtlichen Grund allein im Konkursrecht im Sinne des Übereinkommens hat. Dementsprechend wird in Deutschland die Unanwendbarkeit des EuGVÜ für Anfechtungsklagen des Konkursverwalters (§§ 29 ff. KO) angenommen[83]. Im übrigen lassen sich aus Art. 15 des Entwurfs eines EG-Konkursübereinkommens, der diejenigen Einzelverfahren aufzählt, die besonders eng mit dem Konkursverfahren verbunden sind und für welche die Gerichte des Konkurseröffnungsstaates ausschließlich zuständig sein sollen, gewisse Rückschlüsse auf den Anwendungsbereich des EuGVÜ ziehen[84]. Freilich ist zu bedenken, daß Art. 15 noch geändert werden kann und ein endgültiger Text zur Zeit nicht in Sicht ist. **32**

Wenn Art. 15 des Konkursübereinkommens in der Entwurfsfassung von 1984 in Kraft träte, wären folgende dort aufgeführte neun Gruppen von Entscheidungen vom Anwendungsbereich des EuGVÜ ausgeschlossen, nämlich Entscheidungen über: (1) die Unwirk-

80 Der Bericht *Schlosser* Nr. 54 bemerkt zu Recht, daß die Liste nicht völlig lückenlos alle Konkurs-, Vergleichs- und ähnliche Verfahren erfaßt. Wenn sie sich z. B. aus besonderen Erwägungen nicht auf den Konkurs von bestimmten Versicherungsunternehmen erstreckt (vgl. Art. 1 III des Entwurfs), so bedeutet das nicht, daß deren Konkurse dadurch dem EuGVÜ unterstellt werden.

81 Bericht *Jenard* zu Art. 1 unter IV B; ebenso *Bülow/Böckstiegel* Art. 1 Anm. 6b.

82 *EuGH* 22. 2. 1979 – 133/78, Gourdain/Nadler.

83 *BGH* 11. 1. 1990, NJW 1990, 990 = RIW 1990, 221 = ZZP 1992, 212 Anm. *Taupitz* = IPRspr. 1990 Nr. 164. Zur Konkursanfechtung im italienischen Recht ebenso *Cass.* 21. 4. 1989, n. 1905, Riv. dir. int. priv. proc. 1990, 396; 23. 2. 1990, n. 1396, Riv. dir. int. priv. proc. 1991, 975; *Trib. Torino* 22. 12. 1987, Riv. dir. int. priv. proc. 1989, 659, 595 Aufsatz *Honorati*.

84 Vgl. auch die rechtsvergleichenden Bemerkungen von *Schlosser*, FS Weber (1975) 406 ff. und *Dalhuisen*, FS Riesenfeld (1983) 27 ff., die indes unter dem Vorbehalt einer abweichenden Festlegung durch das künftige Konkursabkommen zu sehen sind.

samkeit von Rechtshandlungen gegenüber den Konkursgläubigern, die der Schuldner vor oder nach der Konkurseröffnung vorgenommen hat; (2) auf die Unwirksamkeit einer Rechtshandlung nach Nummer 1 gestützte Anträge auf Zahlung oder Rückerstattung gegen den Erwerber, der mit dem Schuldner das Geschäft geschlossen hat; (3) Streitigkeiten wegen der Bestellung oder der Befugnisse des Konkursverwalters; (4) Streitigkeiten wegen der Gültigkeit des Verkaufs beweglicher Sachen des Gemeinschuldners durch den Konkursverwalter, die auf eine Verletzung der einschlägigen Bestimmungen über die Befugnisse des Konkursverwalters gestützt werden; (5) Ansprüche auf Herausgabe beweglicher Sachen aus der Masse; (6) Klagen, die gegen den Ehegatten des Gemeinschuldners erhoben werden und die sich auf eine konkursrechtliche Bestimmung stützen; (7) Streitigkeiten wegen der Zulassung von Forderungen; (8) Streitigkeiten, welche die Beendigung oder Fortsetzung laufender Verträge aufgrund einer konkursrechtlichen Bestimmung zum Gegenstand haben, unter Ausschluß der Arbeitsverträge sowie der Verträge über unbewegliche Sachen; (9) Klagen wegen der persönlichen Haftung des Konkursverwalters sowie Streitigkeiten wegen der Rechnungslegung.

33 Dagegen unterliegt dem EuGVÜ die Eintreibung von Forderungen des (späteren) Gemeinschuldners oder gegen diesen, die auf Geschäften oder Handlungen vor der Konkurseröffnung beruhen[85]. Gleiches gilt für Feststellungsklagen, die vorangehende Umstände zum Gegenstand haben[86]. Derartige Prozesse finden ihren Ursprung nicht im Konkursrecht, und sie sind keine unmittelbare Folge des Konkurses, sondern sie wären ohne den Konkurs vermutlich ebenso geführt worden.

3. Soziale Sicherheit (Nr. 3)

34 Durch die ausdrückliche Erwähnung der sozialen Sicherheit unter den vom EuGVÜ ausgeschlossenen Angelegenheiten sollen die Schwierigkeiten vermieden werden, die daraus entstehen könnten, daß dieses Rechtsgebiet in einigen Staaten rein öffentlich-rechtlich qualifiziert wird, in anderen dagegen zum Grenzbereich zwischen privatem und öffentlichem Recht gehört[87]. Außerdem sollen Kollisionen mit besonderen Abkommen und den innerhalb der EG aufgrund von Art. 51, 117 und 118 EWGV zustande gekommenen Rechtsetzungsakten ausgeschlossen werden.

35 Eine *Definition* des Begriffs „soziale Sicherheit" enthält das Übereinkommen selbst nicht. Zur Ausfüllung kann auf die Verwendung des Begriffs in Art. 51 EWGV und seine Konkretisierung durch die zur Durchführung dieser Vorschrift erlassene VO Nr. 1408/71 des Rates vom 14. 6. 1971 zur Anwendung der Systeme

---

85 *LG Mainz* 30. 9. 1988, WM 1989, 1053 = IPRspr. 1988 Nr. 164; *Paris* 16. 3. 1979, Rev. crit. 1980, 120 Anm. *Mezger*; bestätigt (ohne Ausführungen zu Art. 1 II Nr. 2) durch *Cass.* 10. 3. 1981, Rev. crit. 1981, 553 Anm. *Mezger; Trib. com. Paris* 29. 2. 1984, Gaz. Pal. 1984, 1, Somm. 185; siehe auch *Comm. Bruxelles* 22. 3. 1977, Nachschlagewerk I-1.2-B 5 in der Anmerkung.

86 *Paris* 14. 6. 1979, Nachschlagewerk I-1.2-B 16; 30. 3. 1990, Bericht *Huet*, Clunet 1992, 187.

87 Bericht *Jenard* zu Art. 1 unter IV C; Bericht *Schlosser* Nr. 60.

der sozialen Sicherheit auf Arbeitnehmer und deren Familien, die innerhalb der Gemeinschaft zu- und abwandern, zurückgegriffen werden. Die VO führt einzelne Leistungsarten in den Zweigen der sozialen Sicherheit auf. Daneben verweist der Bericht *Jenard* auf das Übereinkommen Nr. 102 der Internationalen Arbeitsorganisation vom 28. 6. 1952 über die Mindestnormen der Sozialen Sicherheit[88], das in allen Vertragsstaaten des EuGVÜ gilt. Danach gehören folgende Bereiche zur sozialen Sicherheit: ärztliche Behandlung, Krankengeld, Leistungen der Mutterschaftsversicherung, der Invalidenversicherung, der Altersversicherung, Leistungen an Hinterbliebene, Leistungen der Versicherung gegen Arbeitsunfälle und Berufskrankheiten, Familienbeihilfen, Leistungen für den Fall der Arbeitslosigkeit. Diese Aufzählung schließt nicht aus, daß weitere Bereiche sozialrechtlich geregelt werden und dann vom EuGVÜ nicht mehr erfaßt sind. Ansprüche aus Arbeitsunfällen gegen den Arbeitgeber oder gegen einen anderen Arbeitnehmer tragen arbeitsrechtlichen Charakter und unterliegen deshalb dem Übereinkommen. Dasselbe gilt für die typisch arbeitsrechtlichen Ansprüche aus dem Arbeitsvertrag einschließlich des Anspruchs auf Urlaubsgeld[89].

Von der Anwendung des Übereinkommens sind nur Streitigkeiten ausgenommen, die unmittelbar das Gebiet der sozialen Sicherheit betreffen, nämlich solche, die sich aus den Beziehungen zwischen dem Sozialversicherungsträger und dem Berechtigten ergeben[90]. Ist die Leistung eines Versorgungsträgers dem Bereich der sozialen Sicherheit zuzuordnen, so gilt dies auch für die auf Rückgewähr gerichteten Ansprüche[91]. Dagegen kann ein Streit über die Bezugsberechtigung zwischen zwei Personen dem EuGVÜ unterfallen, so z. B. eine gerichtliche Entscheidung, die einen gewissen Anteil einer sonst dem Ehemann zustehenden Sozialleistung der in Scheidung lebenden Ehefrau als Unterhaltsbeitrag zuweist[92]. Ferner ist das EuGVÜ anwendbar auf gerichtliche Verfahren des Sozialversicherungsträgers gegen Dritte, etwa gegen Verursacher schädigender Ereignisse aufgrund von Ansprüchen, die kraft Gesetzes auf die Behörde übergegangen sind oder die ihr das Gesetz als eigenständige gewährt[93]; denn die 36

88 BGBl. 1957 II 1321.

89 *Trib. trav. Liège*, J. trib. 1980, 174. Anders für typisch sozialrechtliche Pflichten, die im Arbeitsvertrag verankert sind, wie die Pflicht des Arbeitgebers zur Beitragszahlung an einen Arbeitslosenfonds, *Rb. 's-Hertogenbosch* 11. 7. 1980 und 17. 3. 1981, N. J. 1982 Nr. 99 Anm. *Schultsz.*

90 Bericht *Jenard* zu Art. 1 unter IV C. Siehe z. B. *Cass.* (Italien) 11. 10. 1979, Nachschlagewerk I-1.1-B 6: Übereinkommen unanwendbar auf Klage eines italienischen Arbeitnehmers gegen seinen deutschen Arbeitgeber auf Zahlung von Sozialversicherungsbeiträgen an die italienischen Versorgungseinrichtungen; anwendbar hingegen für Ansprüche auf gehaltsähnliche Prämien und Entschädigungen.

91 *BSG* 26. 1. 1983, BSGE 54, 250 = IPRspr. 1983 Nr. 130: zu Unrecht gewährte Arbeitslosenunterstützung; *OLG Köln* 24. 9. 1990, EuZW 1991, 64 = IPRspr. 1990 Nr. 201: zu Unrecht gewährte Sozialhilfe.

92 Vgl. *H. R.* 26. 1. 1979, N. J. 1979 Nr. 399 Anm. *Schultsz,* wo das EuGVÜ ohne weitere Erörterung für anwendbar gehalten wurde. Näher zur Problematik *Basedow* in Hdb. IZVR I Kap. II Rz. 114.

93 Bericht *Jenard* zu Art. 1 unter IV C; *Schlosser* Nr. 60.

soziale Sicherheit bildet dann nicht den eigentlichen Gegenstand des Rechtsstreits (siehe oben Rz. 16).

4. Schiedsgerichtsbarkeit (Nr. 4)

37 Obwohl der Art. 220 EWGV, der den Anstoß zur Erarbeitung des EuGVÜ gab (Einl Rz. 1), die Anerkennung und Vollstreckung von Schiedssprüchen ausdrücklich nennt, bleibt die Schiedsgerichtsbarkeit ausgeklammert, weil sie bereits in zahlreichen Übereinkommen geregelt ist[94]. Insbesondere haben alle Vertragsstaaten des EuGVÜ das UN-Übereinkommen vom 10. 6. 1958 über die Anerkennung und Vollstreckung ausländischer Schiedssprüche ratifiziert[95]. Das im Rahmen des Europarats ausgearbeitete Europäische Übereinkommen vom 21. 4. 1961 über die internationale Handelsschiedsgerichtsbarkeit[96] gilt innerhalb der EG außer für die Bundesrepublik Deutschland auch für Belgien, Dänemark, Frankreich, Italien, Luxemburg und Spanien.

Das EuGVÜ beschneidet die *Freiheit der Parteien* nicht, ihre Streitigkeiten einem Schiedsgericht zu unterbreiten. Das gilt auch für solche Verfahren, für die das EuGVÜ ausschließliche Zuständigkeiten vorsieht. Andererseits hindert das Übereinkommen die nationalen Gesetzgeber nicht daran, Schiedsverträge für unwirksam zu erklären, die sich auf Streitigkeiten beziehen, für welche nach nationalem Recht oder aufgrund des EuGVÜ ausschließliche Zuständigkeiten bestehen.

38 Zum *Umfang des Ausschlusses* der Schiedsgerichtsbarkeit gibt der Bericht *Schlosser* folgende Erläuterungen[97]: „Das EuGVÜ bezieht sich nicht auf gerichtliche *Verfahren, die einem Schiedsverfahren dienen* sollen, wie etwa Verfahren zur Ernennung oder Abberufung von Schiedsrichtern, zur Festlegung des Schiedsorts, zur Verlängerung der für die Fällung des Spruches bestehenden Frist oder auch zur Vorabentscheidung materieller Fragen, wie sie das englische Recht in Gestalt des ‚statement of special case' (sec. 21 Arbitration Act 1950) kennt. Auch eine Gerichtsentscheidung, welche die Wirksamkeit oder Unwirksamkeit eines Schiedsvertrags feststellt oder wegen seiner Unwirksamkeit die Parteien anhält, ein Schiedsverfahren nicht weiter zu betreiben, ist nicht am EuGVÜ zu messen. – Dieses bezieht sich auch nicht auf Verfahren und Entscheidungen über Anträge auf *Aufhebung, Änderung, Anerkennung und Vollstreckung* von Schiedssprüchen. Das gilt auch für Gerichtsentscheidungen, die Schiedssprüche in sich inkorporieren – eine im Recht des Vereinigten Königreichs übliche Technik der Anerkennung. Wird ein Schiedsspruch aufgehoben

94 Bericht *Jenard* zu Art. 1 unter IV D.
95 BGBl. 1961 II 121.
96 BGBl. 1964 II 425.
97 Bericht *Schlosser* Nr. 64 und 65.

und entscheidet das aufhebende oder ein anderes staatliches Gericht den Rechtsstreit selbst in der Hauptsache, so ist freilich das EuGVÜ anwendbar."

Der EuGH hat den weitgehenden Ausschluß der Schiedsgerichtsbarkeit, den der Bericht umschreibt, bislang nicht angezweifelt[98], sondern im Anschluß an den Bericht entschieden, daß die Ausschlußregelung sich auf einen bei einem staatlichen Gericht anhängigen Rechtsstreit erstreckt, der die Benennung eines Schiedsrichters zum Gegenstand hat[99]. Dieses Ergebnis wird – so der EuGH – nicht dadurch berührt, daß in dem Rechtsstreit die Vorfrage des Bestehens oder der Gültigkeit einer Schiedsvereinbarung aufgeworfen wird; denn über die Anwendbarkeit des Übereinkommens entscheidet im Interesse der Rechtssicherheit der eigentliche Gegenstand des Rechtsstreits (hier: die Ernennung eines Schiedsrichters), unabhängig davon, welche Vorfragen aufgeworfen werden (siehe auch oben Rz. 16f.).

In der Rechtsprechung der staatlichen Gerichte wird es unter Hinweis auf die Nr. 4 und den Bericht *Schlosser* abgelehnt, staatliche Gerichtsentscheidungen aus anderen Vertragsstaaten aufgrund des EuGVÜ anzuerkennen, die sich auf die Aufhebung eines Schiedsspruchs beziehen[100], oder staatlich für vollstreckbar erklärte Schiedssprüche aus anderen Vertragsstaaten aufgrund des EuGVÜ für das Inland für vollstreckbar zu erklären[101]. Die Vollstreckbarerklärung von Schiedssprüchen, die nicht bereits durch ein staatliches Gericht für vollstreckbar erklärt sind, unterliegt dem EuGVÜ mit Sicherheit nicht[102].

Die Frage, ob *Entscheidungen staatlicher Gerichte zur Hauptsache trotz Vorliegens eines Schiedsvertrags* (der Schiedsvertrag wurde übersehen oder für unwirksam gehalten) aufgrund der Regeln des EuGVÜ anzuerkennen und zu vollstrecken sind, läßt der Bericht *Schlosser* offen[103]. Bei den Verhandlungen über die Neufassung 1978 wurde namentlich vom Vereinigten Königreich die Auffassung vertreten, ein Gericht im Anerkennungsstaat sei frei, entgegen der 39

98 Zweifel hat dagegen später der Berichterstatter selbst angemeldet; siehe *Stein/Jonas/Schlosser* vor § 1044 Rz. 61: Es sei sinnvoll, Nr. 4 nur als Klarstellung zu begreifen, daß laufende Schiedsverfahren dem EuGVÜ nicht unterfallen, während sämtliche staatliche Entscheidungen, die zur Unterstützung eines Schiedsverfahrens oder zur Verfestigung eines Schiedsspruchs ergehen, dem EuGVÜ unterliegen sollten. Vom Bericht abweichend auch *Schlosser* in seinem für das Verfahren vor dem EuGH erstatteten Rechtsgutachten, abgedruckt in Riv. dir. int. priv. proc. 1989, 545 = Arb. Int. 1991, 227.

99 *EuGH* 25. 7. 1991 – 190/89, Marc Rich/Società Italiana Impianti. Vorlage [1989] 1 Lloyd's Rep. 548 (C.A.). Siehe zu dem Verfahren die Stellungnahmen in Arb. Int. 1991, 179 ff.; ferner *Bonell*, Dir. com. int. 1989, 329 ff.; *Thomas*, J. Int. Arb. 1990, 43 ff.; *Weigand*, EuZW 1992, 529 ff.

100 *OLG Stuttgart* 22. 12. 1986, RIW 1988, 480 = IPRax 1987, 369 = IPRspr. 1986 Nr. 199.

101 *LG Hamburg* 24. 4. 1979, RIW 1979, 493 = IPRspr. 1979 Nr. 223; *App. Milano* 29. 1. 1991, Riv. dir. int. priv. proc. 1991, 1040. Anders *OLG Hamburg* 5. 11. 1991, NJW-RR 1992, 568; dazu kritisch *Jayme/Kohler*, IPRax 1992, 354.

102 Vgl. nur *BGH* 14. 4. 1988, BGHZ 104, 178 = NJW 1988, 3090 = RIW 1988, 642 = IPRspr. 1988 Nr. 216.

103 Bericht *Schlosser* Nr. 62. Siehe allgemein zur Frage der Nachprüfbarkeit der durch Art. 1 gezogenen Grenzen Art. 25 Rz. 3.

Ansicht des Gerichts im Urteilsstaat einen Streit als einen auf den Status einer Person bezogenen, einen erbrechtlichen oder nichtzivilrechtlichen zu betrachten und die Anwendbarkeit des EuGVÜ zu leugnen; ebenso müsse es im Gegensatz zu dem Gericht, das in der Hauptsache entschieden habe, den Anwendungsbereich der Konvention deshalb leugnen können, weil „Schiedsgerichtsbarkeit" vorliege. Demgegenüber wurde von den Gründungsmitgliedern der EG zum einen geltend gemacht, „Schiedsgerichtsbarkeit" könne schon vom Wortsinn her nicht jeder Streit sein, der von einem Schiedsvertrag erfaßt werde. Schiedsgerichtsbarkeit sei vielmehr nur schiedsrichterliches Verfahren. Verfahren vor staatlichen Gerichten erfasse die Nr. 4 also nur, wenn sie sich in der Hauptsache auf Schiedsverfahren bezögen und nicht nur anläßlich der Prüfung der Entscheidungskompetenz des Gerichts inzidenter mit der Frage der Wirksamkeit des Schiedsvertrags zu tun hätten. Zum anderen sei der Richter im Anerkennungsstaat keineswegs mehr frei: Wenn das Gericht im Entscheidungsstaat bei Prüfung seiner Zuständigkeit eine Ansicht zur Anwendbarkeit des EuGVÜ entwickelt habe, sei das Gericht im Anerkennungs- und Vollstreckungsstaat daran gebunden. – Letzterer Ansicht ist zuzustimmen. Es geht nicht um eine Frage des Anwendungsbereichs des Übereinkommens, sondern um die Grenzen der Nachprüfbarkeit der Entscheidung eines staatlichen Gerichts aus einem anderen Vertragsstaat. Die Gründe für die Versagung der Anerkennung staatlicher Entscheidungen aus den anderen Vertragsstaaten sind aber in Art. 27 und 28 abschließend aufgezählt. Eine Nachprüfung der positiven Zuständigkeitsentscheidung des Erstrichters ist nur in den engen Grenzen des Art. 28 I möglich. Es dürfte deshalb mit dem System des EuGVÜ nicht vereinbar sein, den Einwand der Vereinbarung eines Schiedsgerichts als Grund für die Versagung der Anerkennung oder Vollstreckung zuzulassen[104].

40 Für das *Vereinigte Königreich* bestimmt der Civil Jurisdiction and Judgments Act 1982 in sec. 32 (1), daß ausländische Entscheidungen nicht anzuerkennen sind, wenn die Klageerhebung vor dem ausländischen Gericht mit einer gültigen Vereinbarung der Parteien in Widerspruch steht, den Streit auf andere Weise als durch ein Verfahren vor dem ausländischen Gericht auszutragen, und wenn der Beklagte sich dementsprechend auf das ausländische Verfahren nicht eingelassen hat. Die Bestimmung erfaßt grundsätzlich auch den Fall, daß ein Schiedsgericht vereinbart war. In sec. 32 (4) wird aber einschränkend festgelegt, daß sec. 32 (1) die Anerkennung solcher Entscheidungen nicht hindern darf, die aufgrund des EuGVÜ anerkannt werden müssen. Wenn sich in der Europäischen Gemeinschaft – insbesondere durch ein entsprechendes Urteil des EuGH – die Auffassung durchsetzt, daß der Zweitrichter im Rahmen des EuGVÜ das Vorliegen eines Schiedsvertrages nicht als Anerkennungshindernis benutzen darf (siehe oben Rz. 39), hat sec. 32 (4) eindeutig zur Folge, daß sec. 32 (1) auf Entscheidungen aus Vertragsstaaten des EuGVÜ nicht angewandt werden darf[105].

---

104 *OLG Celle* 8. 12. 1977, RIW 1979, 131 = IPRspr. 1977 Nr. 155; *Geimer,* RIW 1980, 308f.; *Jenard,* FS Bülow (1981) 82; *Geimer/Schütze* § 5 V 2; *Martiny* in Hdb. IZVR III/2 Kap. II Rz. 172; *Kaye* 1555f.; *Hartley* 97.

105 Vgl. auch *Collins* 29f.; *Hartley* 96f.; *O'Malley/Layton* 1030.

Titel II. Zuständigkeit

1. Abschnitt. Allgemeine Vorschriften

Übersicht

Schrifttum: *Borchers*, Comparing Personal Jurisdiction in the United States and the European Community: Lessons for American Reform, Am. J. Comp. L. 1992, 121; *Desantes Real*, La competencia judicial en la Comunidad Europea (1986); *Gaudemet-Tallon*, Le „forum non conveniens", une menace pour la convention de Bruxelles? (A propos de trois arrêts anglais récents), Rev. crit. 1991, 491; *Geimer*, Einige Zweifelsfragen zur Abgrenzung der internationalen Zuständigkeit nach dem EWG-Übereinkommen vom 27. 9. 1968, RIW 1975, 81; *ders.*, Eine neue internationale Zuständigkeitsordnung in Europa, NJW 1976, 441; *ders.*, Das Zuständigkeitssystem des EWG-Übereinkommens vom 27. September 1968, WM 1976, 830; *ders.*, Kompetenzkonflikte im System des Europäischen Gerichtsstands- und Vollstreckungsübereinkommens, Festschrift Kralik (Wien 1986) 179; *Juenger*, Judicial Jurisdiction in the United States and in the European Communities: A Comparison, Mich. L. Rev. 82 (1983–84) 1195; *Kaye*, The EEC Judgments Convention and the Outer World: Goodbye to Forum Non Conveniens?, J. Bus. L. 1992, 47; *Kerameus*, Das Brüsseler Gerichtsstandsübereinkommen und das griechische Recht der internationalen Zuständigkeit, Festschrift Baumgärtel (1990) 215; *Kropholler*, Problematische Schranken der europäischen Zuständigkeitsordnung gegenüber Drittstaaten, Festschrift Ferid (1988) 239; *Luzzatto*, Giurisdizione e competenza nel sistema della Convenzione di Bruxelles del 27 settembre 1968, Dir. com. int. 1991, 63; *Mennie*, The Brussels Convention and the Scottish Courts' Discretion to Decline Jurisdiction, Jur. Rev. 1989, 150; *Schamp*, Het Europees bevoegdheidsrecht inzake overeenkomsten – een grondige bespreking van de artikelen 5,1° en 17 EEX, R. W. 1988–89, 897; *Schlosser*, Jurisdiction in International Litigation – The Issue of Human Rights in Relation to National Law and to the Brussels Convention, Riv. dir. int. 1991, 5; *Stauder*, Die Anwendung des EWG-Gerichtsstands- und Vollstreckungsübereinkommens auf Klagen im gewerblichen Rechtsschutz und Urheberrecht, GRUR Int. 1976, 465, 510; *Struycken*, The Rules of Jurisdiction in the EEC Convention on Jurisdiction and the Enforcement of Judgments in Civil and Commercial Matters, Neth. Int. L. Rev. 1978, 354; *Struycken/Krings*, De Rechterlijke Bevoegdheid volgens het E. E. G. Jurisdictie- en Executieverdrag (1978); *Tetzner*, Die Verfolgung der Verletzung ausländischer Patente vor deutschen Gerichten unter Berücksichtigung des EWG-Gerichtsstands- und Vollstreckungsabkommens, GRUR 1976, 669.

Siehe auch das in der Einleitung angeführte übergreifende Schrifttum sowie das zu den einzelnen Zuständigkeiten.

I. Das Zuständigkeitssystem des Übereinkommens

1 Das Übereinkommen regelt in seinem Titel II die Zuständigkeit und bietet damit ein in sich geschlossenes *System unmittelbar anwendbarer Kompetenznormen,* zu denen Ausführungsvorschriften in Deutschland nicht ergangen sind. Das Zuständigkeitssystem des Übereinkommens stimmt mit dem System des deutschen Rechts im wesentlichen überein. Es geht aus von einer für alle (im Anwendungsbereich des Abkommens liegenden) Klagen begründeten Zuständigkeit des Vertragsstaates, in dem der Beklagte seinen Wohnsitz hat (Art. 2 I). Es folgen im 2. Abschnitt (Art. 5–6a) „besondere Zuständigkeiten" für bestimmte Klagen, die mit der Allzuständigkeit des Wohnsitzstaates konkurrieren. Der Kläger kann dann wählen, in welchem Vertragsstaat er die Klage erheben will. Das führt in der Praxis nicht selten dazu, daß jede Partei sich bemüht, so schnell als möglich ihren eigenen Richter anzurufen; davon verspricht sie sich Vorteile, weil es eine vollkommene Fungibilität des Richters auch im EG-Raum noch nicht gibt[1]. Im 5. Abschnitt sind die „ausschließlichen Zuständigkeiten" (Art. 16) niedergelegt, welche die Allzuständigkeit des Wohnsitzstaates und die besonderen Zuständigkeiten verdrängen. Im 6. Abschnitt sind die praktisch besonders bedeutsamen Zuständigkeitsvereinbarungen geregelt, die unter bestimmten Formvoraussetzungen (Art. 17) oder bei rügeloser Einlassung des Beklagten auf das Verfahren (Art. 18) anerkannt werden. Die dann folgenden beiden Abschnitte wenden sich der Behandlung der Zuständigkeit im Prozeß zu. Der 7. Abschnitt ist der Prüfung der Zuständigkeit und der Zulässigkeit des Verfahrens gewidmet, der 8. Abschnitt der ausländischen Rechtshängigkeit. Im 9. und letzten Abschnitt wird eine Sonderregelung für den Erlaß einstweiliger Maßnahmen getroffen (Art. 24).

2 Die Vertragsstaaten sind *verpflichtet,* in den vom Übereinkommen genannten Fällen ein Gericht zur Verfügung zu stellen[2]. Andernfalls wären die in Art. I und V des Protokolls für einzelne Vertragsstaaten zugelassenen Einschränkungen unverständlich. Etwas anderes gilt dann, wenn das Übereinkommen in ausdrücklicher Selbstbeschränkung auf das Recht der Vertragsstaaten verweist (z. B. Art. 5 Nr. 4, 10 II, 12 Nr. 3, 15 Nr. 3).

II. Gegenstand der Zuständigkeitsregelung

3 Das Übereinkommen bezieht sich – wie die Präambel zeigt – auf die *internationale* Zuständigkeit, häufig aber auch zugleich auf die *örtliche*[3]. Letzteres trifft

1 *Broggini,* in: Lausanner Kolloquium über den deutschen und den schweizerischen Gesetzentwurf zur Neuregelung des IPR (Zürich 1984) 256.

2 *Geimer,* WM 1976, 835.

3 Vgl. Bericht *Jenard* zu Art. 5 und 6; Bericht *Schlosser* Nr. 70; *Gothot/Holleaux,* Clunet 1971, 765–768; *Luzzatto,* Dir. com. int. 1991, 66f.

für die besonderen Zuständigkeiten des 2. Abschnitts (Art. 5–6a) zu, nicht dagegen für die allgemeine Zuständigkeit (Art. 2 I) und die ausschließlichen Zuständigkeiten (Art. 16). Der Unterschied wird schon am Wortlaut des Abkommens deutlich („Gericht des Ortes" in Art. 5, dagegen „Gerichte dieses Staates" bzw. „Gerichte des Vertragsstaats" in Art. 2 bzw. Art. 16). Soweit das Übereinkommen die örtliche Zuständigkeit mitregelt, ist es auch für die örtliche Zuständigkeit unmittelbar anwendbar, so daß das Fehlen eines örtlichen Gerichtsstands im Recht des international zuständigen Staates nicht schadet[4]. In den übrigen Fällen ist auf die inländischen Vorschriften über die örtliche Zuständigkeit zurückzugreifen.

Gerichtsbarkeit, Zulässigkeit des Rechtswegs und *sachliche Zuständigkeit* sind nicht Gegenstand des Übereinkommens[5]. Hierfür gilt also weiterhin das Völkerrecht bzw. das autonome Recht der einzelnen Vertragsstaaten. 4

III. Anwendungsvoraussetzungen

Als Anwendungsvoraussetzungen der Zuständigkeitsregeln des Übereinkommens sind zu nennen: Die Klage muß (1) in seinen sachlichen Anwendungsbereich (Art. 1) und (2) in seinen zeitlichen Anwendungsbereich (Art. 54) fallen. (3) Der Beklagte muß grundsätzlich seinen Wohnsitz in einem Vertragsstaat haben (Art. 2–4). 5

Dagegen ist eine *„Auslandsberührung"* keine eigenständige Anwendungsvoraussetzung. Das „internationale" Element wird allgemein nur durch die Worte *„internationale Zuständigkeit"* in Abs. 4 der Präambel angesprochen[6]. Darüber hinaus folgt es in vielen Zuständigkeitsvorschriften aus deren speziellen Anwendungsvoraussetzungen. 6

Auch die Berichte zum Übereinkommen dürfen nicht in dem Sinne verstanden werden, daß der Anwendungsbereich des Abkommens durch ein eigenständiges, ohne weitere Konkretisierungen kaum zu handhabendes Kriterium *„internationaler Sachverhalt"* zusätzlich begrenzt wird. Bei *Jenard* heißt es[7]: „Wie aus Absatz 4 der Präambel hervorgeht, bestimmt das Übereinkommen ‚die internationale Zuständigkeit der Gerichte' der Vertragsstaaten. Es ändert die in den einzelnen Vertragsstaaten geltenden Zuständigkeits- 7

4 Einen Beispielsfall bietet *BGH* 26. 10. 1981, BGHZ 82, 110 = NJW 1982, 1226 = RIW 1982, 361 = IPRspr. 1981 Nr. 169.

5 *Geimer,* WM 1976, 833. Siehe zur Gerichtsbarkeit im völkerrechtlichen Sinne vor Art. 26 Rz. 5. Zur sachlichen Zuständigkeit Bericht *Schlosser* Nr. 81. Anders zur sachlichen Zuständigkeit, insbesondere für die Zuständigkeit kraft Sachzusammenhangs nach Art. 6 Nr. 3, *Stein/Jonas/Schumann* Einl. Rz. 788c, 802.

6 Im französischen Text heißt es: „la compétence ... dans l'ordre international"; auch der italienische und der niederländische Text wählen eine entsprechende Umschreibung. Von den neueren Texten sagt der englische „international jurisdiction" und der dänische „international kompetence". Diese Textvariationen machen indes keinen sachlichen Unterschied.

7 Bericht *Jenard* zu Art. 1 unter I.

regeln nur in Fällen mit Auslandsbeziehungen ab. Dieser Begriff ist in dem Übereinkommen nicht näher bestimmt, da die Auslandsbeziehung sich aus den besonderen Umständen des Rechtsstreits ergeben kann, mit dem das Gericht befaßt ist. Bei Rechtsstreitigkeiten, die vor den Gerichten eines Vertragsstaates anhängig sind und die ausschließlich Personen betreffen, die in diesem Staat ihren Wohnsitz haben, spielt das Übereinkommen grundsätzlich keine Rolle; Art. 2 verweist in einem solchen Fall auf die in diesem Staat geltenden Zuständigkeitsnormen. Dennoch könnte auch ein solcher Rechtsstreit eine Auslandsbeziehung aufweisen. Dies wäre z. B. der Fall, wenn es sich bei dem Beklagten um einen Ausländer handelt, so daß der in Art. 2 Abs. 2 aufgestellte Grundsatz der Gleichbehandlung zur Anwendung käme. Das gleiche gilt, wenn der Rechtsstreit sich auf einen Gegenstand bezieht, für den eine ausschließliche Zuständigkeit in einem anderen Staat besteht (Art. 16), und schließlich in Fällen der Rechtshängigkeit oder des Sachzusammenhangs mit einem vor den Gerichten eines anderen Staates anhängigen Rechtsstreit (Art. 21 bis 23)." Bei *Schlosser* wird unter Hinweis auf diese Passage von dem Grundsatz gesprochen, „daß nur Verfahren und Entscheidungen betroffen werden, welche Sachverhalte mit internationalem Bezug zum Gegenstand haben"[8].

8 Schließlich besteht kein allgemeiner Satz, daß der Rechtsstreit *Berührungspunkte zu mehreren Vertragsstaaten* aufweisen müsse und daß Beziehungen nur zu einem Nichtvertragsstaat nicht ausreichen, um die Zuständigkeitsnormen des Übereinkommens eingreifen zu lassen[9]. Eine derartige generelle Einschränkung der Anwendbarkeit der Zuständigkeitsnormen ist dem Wortlaut der Konvention nicht zu entnehmen. Sie trüge erhebliche Unsicherheit in die Rechtsanwendung, weil sich nicht einheitlich sagen läßt, welcher Art die Berührungspunkte zu einem anderen Vertragsstaat sein müßten. Vielmehr sind die verschiedenen Arten der Zuständigkeitsnormen einzeln zu betrachten. Für die Anwendung des Art. 2 genügt es m. E., daß der Beklagte seinen Wohnsitz im Vertragsstaat Deutschland hat, auch wenn die Auslandsberührung nur zu einem Nichtvertragsstaat besteht[10]. Die Frage liegt dem EuGH zur Entscheidung vor[11]. Für die besonderen Zuständigkeiten machen die Eingangsworte von Art. 5 deutlich, daß der Wohnsitz des Beklagten und das angerufene Gericht in verschiedenen EG-Staaten liegen müssen. Für die ausschließliche Zuständigkeit des Art. 16 genügt dagegen die dort vorausgesetzte enge Beziehung zu einem einzigen Vertragsstaat. In Art. 17 und 18 (Vereinbarung über die Zuständigkeit) ist u. U. über den Wortlaut dieser Vorschriften hinaus als zusätzliche Anwendungsvoraussetzung zu fordern, daß eine aufgrund des Übereinkommens gegebene Zuständigkeit in einem anderen Vertragsstaat durch die Vereinbarung ausgeschlossen wird (siehe Art. 17 Rz. 4ff. und Art. 18 Rz. 2ff.). Einstweilige Maßnahmen in einem Ver-

---

8 Bericht *Schlosser* Nr. 21.

9 In diesem Sinne auch *Geimer/Schütze* § 29 XIV.

10 Ebenso etwa *Geimer/Schütze* § 29 XV; *Geimer*, IPRax 1991, 31 f.; *Rauscher/Gutknecht*, IPRax 1993, 24; *OLG Hamm* 11. 7. 1988, Bericht IPRax 1989, 107 = IPRspr. 1988 Nr. 203. Anders z. B. *Schack*, IZVR (1991) Rz. 241; ferner (ohne Begründung) *BGH* 12. 10. 1989, BGHZ 109, 29 = NJW 1990, 317 = RIW 1990, 63 = IPRax 1990, 318, 292 krit. Anm. *W. Lorenz* = EuZW 1990, 36 krit. Anm. *A. M. Nagel* = IPRspr. 1989 Nr. 195.

11 *EuGH* – Rs 314/92; siehe auch unten Rz. 19 a. E.

tragsstaat läßt Art. 24 auch dann zu, wenn für die Entscheidung in der Hauptsache das Gericht eines anderen Vertragsstaats aufgrund des Übereinkommens zuständig ist.

IV. Überblick über die Grundregeln der Art. 2–4

1. Die Grundregeln

Im allgemeinen ist die Anwendung der Zuständigkeitsnormen des Übereinkommens davon abhängig, daß der Beklagte seinen Wohnsitz (Art. 52) in einem Vertragsstaat hat. Bei Gesellschaften und juristischen Personen entscheidet der Sitz (Art. 53). In Versicherungs- und Verbrauchersachen reicht auch eine Zweigniederlassung, Agentur oder sonstige Niederlassung des Unternehmens (Art. 8 II bzw. Art. 13 II). Auf den Wohnsitz des Klägers kommt es nicht an. Der Wohnsitz bzw. der Sitz des Beklagten in der Gemeinschaft ist also grundsätzlich das entscheidende Anknüpfungsmerkmal für die Anwendbarkeit der europäischen Zuständigkeitsordnung. Das Lugano-Übereinkommen erstreckt diesen Grundsatz auf die EFTA-Staaten. Zu einer weitergehenden Vereinheitlichung der Zuständigkeitsvorschriften für Auslandsfälle konnten sich die EG-Staaten und die EFTA-Staaten im Rahmen des Lugano-Übereinkommens bislang nicht entschließen. Das bringt Ärgernisse (siehe Art. 3 N. 3) und manche Ungereimtheit mit sich (siehe etwa Art. 6 Rz. 4 und 20, Art. 16 Rz. 8, Art. 17 Rz. 3–9). Reform tut deshalb not (siehe auch Art. 4 Rz. 1). 9

Im einzelnen ergeben sich drei Grundregeln, die in den Art. 2–4 niedergelegt sind[12]. Liegt der Wohnsitz des Beklagten im Gerichtsstaat, so ist gemäß Art. 2 I grundsätzlich die Zuständigkeit dieses Staates gegeben. Liegt der Wohnsitz des Beklagten in einem anderen Vertragsstaat als im Gerichtsstaat, so ist die internationale Zuständigkeit des angerufenen Gerichts gemäß Art. 3 I nur dann begründet, wenn sie sich aus den besonderen Zuständigkeiten der Art. 5–18 ergibt oder aus einem speziellen Staatsvertrag, der gemäß Art. 57 unberührt bleibt. Hat der Beklagte keinen Wohnsitz in einem Vertragsstaat, so bestimmt sich gemäß Art. 4 I, vorbehaltlich des Art. 16, die Zuständigkeit der Gerichte eines jeden Vertragsstaats nach seinen eigenen Gesetzen. 10

2. Ausnahmen

Von dem Grundsatz der Maßgeblichkeit des Wohnsitzes des Beklagten gibt es einzelne Ausnahmen. Die ausschließlichen Zuständigkeiten des Art. 16 kommen nach dessen Wortlaut „ohne Rücksicht auf den Wohnsitz" zum Zuge. In Art. 17 11

12 Vgl. bereits Bericht *Jenard* vor Art. 2; *Arnold,* AWD 1965, 322.

über Zuständigkeitsvereinbarungen wird nicht verlangt, daß gerade der Beklagte seinen Wohnsitz in einem Vertragsstaat hat, sondern es reicht aus, daß eine der beiden Parteien in einem Vertragsstaat wohnt.

3. Maßgebender Zeitpunkt für das Bestehen eines Wohnsitzes in einem Vertragsstaat

12 Das Übereinkommen enthält keine Regeln über den Zeitpunkt, zu dem der Wohnsitz natürlicher Personen bzw. der Sitz von Gesellschaften oder juristischen Personen in einem Vertragsstaat gegeben sein muß. Andererseits enthält es insoweit auch keine Verweisung auf das autonome Recht jedes Vertragsstaates. Es erscheint deshalb angebracht, die Lücke im Wege der Rechtsvergleichung zu füllen und nur notfalls die Regeln des autonomen deutschen Rechts anzuwenden. Es sind die folgenden beiden Situationen zu unterscheiden.

13 *Treten die Zuständigkeitsvoraussetzungen während des Prozesses ein,* verlegt also beispielsweise der Beklagte vor Schluß der mündlichen Verhandlung in der letzten Tatsacheninstanz seinen Wohnsitz bzw. Sitz aus einem Nichtvertragsstaat (vgl. Art. 4 I) nach Deutschland, so ist eine damit begründete internationale Zuständigkeit der deutschen Gerichte (vgl. Art. 2 I), die nach autonomem deutschen Recht vorher nicht gegeben war, zu beachten[13]. Denn sonst müßte eine Klage abgewiesen werden, die sofort wieder erhoben werden kann.

14 *Entfallen die Zuständigkeitsvoraussetzungen während des Prozesses,* z. B. weil der Beklagte seinen Wohnsitz aus einem Nichtvertragsstaat in einen Vertragsstaat verlegt, so daß die inländische Zuständigkeit beispielsweise nicht länger auf § 23 ZPO gestützt werden darf (vgl. Art. 3 II, 4 II), so ist in der Regel von einer *Fortdauer der internationalen Zuständigkeit (perpetuatio fori)* auszugehen[14]. Auch besteht die auf das Übereinkommen gegründete Zuständigkeit fort, wenn der Beklagte seinen Wohnsitz in einen Nichtvertragsstaat verlegt und das autonome Recht des Gerichtsstaates den Zuständigkeitsgrund des Übereinkommens nicht kennt. Eine Fortdauer einer auf das Übereinkommen gegründeten *örtlichen* Zuständigkeit (Art. 5 ff.) ist anzunehmen (§ 261 III Nr. 2 ZPO), wenn der Beklagte während des Prozesses seinen Wohnsitz aus einem anderen Vertragsstaat in den Gerichtsstaat verlegt[15].

---

13 *Geimer,* NJW 1976, 445 f.; *Zöller/Geimer* IZPR Rz. 696; *Bülow/Böckstiegel/Schlafen* vor Titel II Anm. 5.

14 Siehe zum autonomen deutschen Recht, wo die Frage umstritten ist, eingehend *Kropholler* in Hdb. IZVR I Kap. III Rz. 228 ff. Anders *Geimer* (vorige Note); er meint, das Übereinkommen betone den Beklagtenschutz so stark, daß dieser Gedanke selbst dann zum Tragen kommen müsse, wenn der Beklagte erst während des Prozesses seinen Wohnsitz (Sitz) in einen Vertragsstaat verlegt; so auch *Geimer/Schütze* § 29 IV 10.

15 *Geimer,* WM 1976, 833; *Bülow/Böckstiegel/Schlafen* vor Titel II Anm. 5.

V. Vorrang der europäischen Zuständigkeitsordnung vor dem autonomen Recht

15 Die Zuständigkeitsvorschriften des Übereinkommens gehen den Zuständigkeitsregeln des autonomen Rechts vor (siehe Einl Rz. 11). Die europäische Zuständigkeitsordnung ersetzt in ihrem Anwendungsbereich also die deutsche Zuständigkeitsordnung der ZPO. Liegt der Wohnsitz des Beklagten in der Bundesrepublik Deutschland (Art. 2 I), so haben die §§ 12ff. ZPO nurmehr Bedeutung für die Bestimmung des örtlich zuständigen Gerichts (vgl. auch oben Rz. 8); liegt er in einem anderen Vertragsstaat (Art. 3 I), wird im allgemeinen auch die örtliche Zuständigkeit durch das Übereinkommen (Art. 5ff.) mitgeregelt.

16 Das Übereinkommen verbietet in seinem Anwendungsbereich die Heranziehung *sämtlicher* deutscher Regeln über die *Begründung der internationalen Zuständigkeit*[16]. Das wird für die sog. exorbitanten Gerichtsstände in Art. 3 II ausdrücklich gesagt. Die Aufzählung besonders unangemessener Zuständigkeiten in Art. 3 II darf aber nicht zu dem Fehlschluß verleiten, nur die dort aufgeführten Zuständigkeiten seien ausgeschlossen (der Text sagt „insbesondere“)[17]. Vielmehr sind auch die anderen Zuständigkeitsvorschriften des deutschen Rechts, die der europäischen Zuständigkeitsordnung unbekannt sind, in deren Anwendungsbereich ausgeschlossen, so z.B. die Gerichtsstände des beruflichen Aufenthaltsortes (§ 20 ZPO), des Meß- und Marktortes (§ 30 ZPO), der Vermögensverwaltung (§ 31 ZPO) oder der Prozeßführung (§ 34 ZPO). Der deutsche Richter darf also nicht etwa das nationale Recht heranziehen und eine nach dem EuGVÜ fehlende Zuständigkeit durch Anwendung des deutschen Prozeßrechts ergänzen[18]. Das gilt auch im Mahnverfahren, in dem die Zuständigkeit folglich nicht aus § 703d ZPO hergeleitet werden kann[19].

17 Das Übereinkommen regelt die Zuständigkeitsvoraussetzungen *abschließend* und hinterläßt keine „Lücke“ (im Sinne einer planwidrigen Unvollständigkeit), die ausgefüllt werden dürfte. Ja sogar diejenigen Zuständigkeitsnormen des deutschen Rechts, die sich mit der Regelung des Übereinkommens weitgehend decken (z.B. §§ 13, 29, 32 ZPO), sind im Anwendungsbereich des EuGVÜ durch die entsprechenden Normen der Konvention (im Beispiel Art. 2 I, Art. 5 Nr. 1, Art. 5 Nr. 3 EuGVÜ) verdrängt. Daß auch insoweit auf die Vorschriften des Übereinkommens und nicht auf das autonome deutsche Recht zurückzugreifen ist, gebieten u.a. die besonderen Interpretationsregeln, die für das EuGVÜ gelten, insbesondere das Auslegungsmonopol des EuGH (siehe Einl Rz. 16ff.).

18 Die *Grenze des Regelungsbereichs,* innerhalb dessen das nationale Prozeßrecht nicht ergänzend herangezogen werden darf, ist angesichts der unterschiedlichen

---

16 Zur besonderen Rechtslage bei der Notzuständigkeit siehe sogleich Rz. 21.

17 Bericht *Schlosser* Nr. 87.

18 Siehe statt aller *Stein/Jonas/Schumann* Einl. Rz. 788.

19 *Busl,* IPRax 1986, 272.

Regelungsdichte des Übereinkommens freilich nicht immer klar. Entschieden wurde beispielsweise, daß die Regelung der internationalen Zuständigkeit für die Gewährleistungsklage in Art. 6 Nr. 2 andere nationale Zulässigkeitsschranken für eine solche Klage nicht ausschließt[20].

19 Hinsichtlich der *Begründung der internationalen Zuständigkeit* ist eindeutig, daß das Übereinkommen eine abschließende Regelung bieten soll. Eine zusätzliche direkte Zuständigkeit darf nach der Zielsetzung der Konvention auch nicht aus dem *ordre public* hergeleitet werden[21]. Umgekehrt darf ein nach den Regeln des Übereinkommens (Art. 2 und 5 ff.) international zuständiges Gericht sein Tätigwerden nicht deshalb ablehnen, weil es *„forum non conveniens"* sei[22]. Diese Lehre trüge unnötige Unsicherheit in die europäische Zuständigkeitsordnung, brächte eine unerwünschte Abschwächung des in bestimmten Grenzen geschaffenen Wahlrechts des Klägers und schüfe überdies die Gefahr negativer Kompetenzkonflikte. Nachdem Irland und das Vereinigte Königreich diese Argumente der kontinentaleuropäischen Staaten bei den Beitrittsverhandlungen akzeptierten[23], sollte es dabei sein Bewenden haben[24]. – In sec. 49 Civil Jurisdiction and Judgments Act 1982 wird dem Gericht eine Berufung auf den Gesichtspunkt des forum non conveniens nur gestattet, „where to do so is not inconsistent with the 1968 Convention". Das Gericht kann sich also beispielsweise als forum non conveniens erklären, wenn der Beklagte seinen Wohnsitz außerhalb des Geltungsbereichs des Übereinkommens hat (vgl. Art. 4 EuGVÜ), nicht aber, wenn die kein richterliches Ermessen gestattenden Zuständigkeitsnormen des EuGVÜ anzuwenden sind. Die englische Rechtsprechung neigte freilich zuletzt dazu, die Anwendung der Lehre vom forum non conveniens als mit dem EuGVÜ vereinbar anzusehen, wenn der Wohnsitz des Beklagten zwar in England lag, der Rechtsstreit im übrigen jedoch lediglich Berührungspunkte zu

---

20 *EuGH* 15. 5. 1990 – 365/88, Kongreß Agentur Hagen/Zeehaghe.

21 Vgl. *Forde,* Int. Comp. L. Q. 1980, 259 ff., und speziell zum Arbeitsrecht die dort (272 N. 77) genannte französische Praxis; ferner *Batiffol/Lagarde*, Droit international privé[7] II (1983) Nr. 674-1 bei N. 6; *Matscher,* Rec. des Cours 161 (1978-III) 200 mit N. 180. Insbesondere erklärte das Plenum der Cour de Cassation in einer Grundsatzentscheidung zum französisch-schweizerischen Abkommen von 1869, daß durch den ordre-public-Charakter des Arbeitnehmerschutzes nicht eine völkervertraglich vereinbarte Zuständigkeitsordnung verdrängt werde; *Cass.* 14. 10. 1977, D. S. 1978 Jur. 417 Anm. *Lagarde* = Rev. crit. 1978, 166 Anm. *Batiffol* = RIW 1979, 285 Anm. *Sonnenberger;* siehe auch *Pocar,* RabelsZ 1978, 411 m. Nachw. aus der belgischen Rechtsprechung. Zum Notgerichtsstand siehe sogleich Rz. 21.

22 Bericht *Schlosser* Nr. 78. Generalanwalt *Capotorti* zu *EuGH* 30. 11. 1976 – 21/76, De Wolf/Cox, Slg. 1976, 1756 f.

23 Bericht *Schlosser* Nr. 78.

24 In diesem Sinne auch *O'Malley/Layton* 367 f., 1084 ff.; *Cheshire/North*, Private International Law[12] (1992) 333 f.; *Mennie*, in: *Jayme* (Hrsg.), Ein internationales Zivilverfahrensrecht für Gesamteuropa (1992) 202; *Collins* 45 f.; *Mathers,* Yb. Europ. L. 1983, 61, 75; im Grundsatz ebenso *Kaye* 1244 ff. Anders aber *Hartley* 78 ff. Nicht überzeugend der Vorschlag einer pointillistischen Lösung durch *Gaudemet-Tallon*, Rev. crit. 1991, 513.

einem Nichtvertragsstaat aufwies[25]. Schließlich hat das House of Lords dem EuGH zur Vorabentscheidung vorgelegt, ob die Erklärung des Gerichts eines Vertragsstaates als forum non conveniens zugunsten der Gerichte eines Nichtvertragsstaates dem Brüsseler Übereinkommen widerspricht, wenn der Beklagte seinen Wohnsitz in diesem EuGVÜ-Staat hat und die Gerichtsbarkeit keines anderen Vertragsstaates in Betracht kommt[26].

Hinsichtlich der *Behandlung der internationalen Zuständigkeit im Prozeß* ist die Regelungsintensität des Übereinkommens deutlich geringer (siehe Art. 19). Hier setzt das EuGVÜ ausfüllendes Verfahrensrecht der Vertragsstaaten vielfach geradezu voraus. Das autonome staatliche Recht darf aber nicht in Widerspruch zu einer Regelung des Übereinkommens stehen (etwa zu Art. 19, 20 EuGVÜ). Auch insoweit ist die Grenze mitunter zweifelhaft[27]. 20

VI. Notzuständigkeit

Das EuGVÜ wollte für die von ihm erfaßten europäischen Sachverhalte eine lückenlose Zuständigkeitsordnung aufstellen. Das ist im wesentlichen gelungen. Merkwürdigerweise hat man aber nicht bedacht, daß auch unter der Herrschaft des Übereinkommens Ausnahmesituationen entstehen können, in denen der Kläger nach der Zuständigkeitsordnung des Übereinkommens ohne Rechtsschutz bleibt. Zu denken ist vor allem an den Fall, daß der in einem Vertragsstaat erlassene Titel in einem anderen Vertragsstaat – z. B. wegen eines Verstoßes gegen dessen ordre public – nicht anerkannt wird, daß Rechtsschutz aber gerade in diesem Staat benötigt wird, weil nur dort Vermögen liegt, in das vollstreckt werden kann. Ist in einem solchen Fall das Vollstreckungsobjekt in Deutschland belegen und nach deutschem (staatsvertraglichem oder autonomem) internationalen Zivilprozeßrecht auch kein dritter Staat zuständig, dessen Urteil im Inland anerkannt werden kann, so ist im Inland eine Notzuständigkeit zu eröffnen[28]. Das folgt aus der Justizgewährungspflicht, die das Übereinkommen nicht besei- 21

25 „Overruling decision" zu den in der 3. Auflage zitierten Entscheidungen des High Court: *In re Harrods*, [1991] 4 All E.R. 334 (C.A.) = Bericht *North*, IPRax 1992, 183; zust. *Kaye*, J.Bus.L. 1992, 75, und *Hartley*, Europ. L. Rev. 1992, 553. Kritisch *Briggs*, L.Q.Rev. 1991, 181; *Duintjer Tebbens*, in: Law and Reality, Essays in Honour of Voskuil (1992) 59 ff.; *Kohler*, in: Verfahrensgarantien im nationalen und internationalen Prozeßrecht, FS Matscher (Wien 1993) 254 ff.; *Cheshire/North* (vorige Note). Zur Entwicklung der englischen Rechtsprechung näher *Mennie* (vorige Note) 192 ff.

26 *EuGH* – Rs 314/92, Ladenimor/Intercomfinanz. Vorlage *H.L.* 13. 7. 1992 *(In re Harrods)*, ABl. 1992 Nr. C 219, 4 = Bericht *Jayme*, IPRax 1992, 357.

27 *Stein/Jonas/Schumann* Einl. Rz. 788 d mit dem Beispiel, daß der Beklagte im amtsgerichtlichen Verfahren gemäß § 504 ZPO auf die fehlende internationale Zuständigkeit des Gerichts hinzuweisen ist.

28 *Geimer*, RIW 1975, 82 f.; *ders.*, NJW 1976, 444 f.; *Geimer/Schütze* § 60. Vgl. auch bereits *Droz* Nr. 52 und 450.

tigen konnte und wollte, insbesondere aus Art. 6 EMRK. Eine internationale Notzuständigkeit ist also für besonders gelagerte Ausnahmefälle auch ohne positiv-rechtliche Normierung im Übereinkommen anzuerkennen[29]. Die Ausnahmefälle müssen freilich eng umgrenzt bleiben, damit die Zuständigkeitsordnung des Übereinkommens nicht ausgehöhlt wird. Insbesondere rechtfertigt nicht jede durch den ordre public geschützte Ordnungsvorstellung die Annahme einer entsprechenden Notzuständigkeit.

Artikel 2

Vorbehaltlich der Vorschriften dieses Übereinkommens sind Personen, die ihren Wohnsitz in dem Hoheitsgebiet eines Vertragsstaats haben, ohne Rücksicht auf ihre Staatsangehörigkeit vor den Gerichten dieses Staates zu verklagen.

Auf Personen, die nicht dem Staate, in dem sie ihren Wohnsitz haben, angehören, sind die für Inländer maßgebenden Zuständigkeitsvorschriften anzuwenden.

1 In *Abs. 1* ist der *Grundsatz „actor sequitur forum rei"* niedergelegt[1]. Dieser Grundsatz gilt auch im autonomen deutschen Recht (§ 13 ZPO). Während Art. 2 die internationale Zuständigkeit festlegt (siehe vor Art. 2 Rz. 3), ergibt sich die örtliche in Deutschland aus § 13 ZPO. Auf die Staatsangehörigkeit kommt es nicht an. Unerheblich ist, ob der Prätendent eine Leistungsklage oder der Anspruchsgegner eine negative Feststellungsklage erhebt. Maßgebend ist in beiden Fällen der Wohnsitz des Beklagten. Bei Klagen gegen eine Partei kraft Amtes (Testamentsvollstrecker, Nachlaßverwalter etc.) entscheidet deren Wohnsitz und nicht der Wohnsitz des materiellrechtlich Berechtigten oder Verpflichteten[2].

2 Ist das Bestehen eines Wohnsitzes sowohl im Gerichtsstaat (nach Art. 52 I) als auch in einem anderen Vertragsstaat (nach Art. 52 II) zu bejahen, so geht der Wohnsitz im Gerichtsstaat vor. Die Subsidiarität des Art. 52 II ergibt sich bereits aus seinen Eingangsworten („hat eine Partei keinen Wohnsitz in dem Staate, dessen Gerichte angerufen sind")[3].

3 Ein zuständigkeitsbegründender Sitz einer Gesellschaft oder juristischen Person in der Bundesrepublik Deutschland kann von den deutschen Gerichten nur dann bejaht werden, wenn ein tatsächlicher Sitz in Deutschland besteht (siehe Art. 53

---

29 Eingehend zur Notzuständigkeit *Kropholler* in Hdb. IZVR I Kap. III Rz. 192ff.

1 Zum Begriff des Wohnsitzes bzw. Sitzes siehe Art. 52 und 53. Zum maßgebenden Zeitpunkt für das Bestehen eines Wohnsitzes oder Sitzes in einem Vertragsstaat siehe vor Art. 2 Rz. 12ff.

2 *Geimer/Schütze* § 29 IV 6.

3 *Gothot/Holleaux,* Clunet 1971, 756; *Bülow/Böckstiegel/Schlafen* Art. 52 Anm. 8.

Rz. 2); das Vorliegen eines satzungsmäßigen Sitzes genügt dagegen angesichts des klaren Wortlauts von Art. 53 Satz 2 nicht[4].

In *Abs. 2* ist klargestellt, daß auf Ausländer, die ihren Wohnsitz in einem Vertragsstaat haben, die für Inländer geltenden Vorschriften über die örtliche und sachliche Zuständigkeit maßgebend sind. Die Vorschrift, die sich nicht auf die in Abs. 1 geregelte internationale Zuständigkeit bezieht, ist für das Recht der Bundesrepublik Deutschland ohne Bedeutung, da die einschlägigen Zuständigkeitsvorschriften der ZPO nicht nach der Staatsangehörigkeit der Parteien differenzieren[5]. 4

Artikel 3

Personen, die ihren Wohnsitz in dem Hoheitsgebiet eines Vertragsstaats haben, können vor den Gerichten eines anderen Vertragsstaats nur gemäß den Vorschriften des 2. bis 6. Abschnitts verklagt werden.

Insbesondere können gegen diese Personen nicht geltend gemacht werden:

– in Belgien:	**Artikel 15 des Zivilgesetzbuches (Code civil - Burgerlijk Wetboek) sowie Artikel 638 der Zivilprozeßordnung (Code judiciaire – Gerechtelijk Wetboek);**
– in Dänemark:	**Artikel 248 Absatz 2 der Zivilprozeßordnung (Lov om rettens pleje) und Kapitel 3 Artikel 3 der Zivilprozeßordnung für Grönland (Lov for Grønland om rettens pleje);**
– in der Bundesrepublik Deutschland:	**§ 23 der Zivilprozeßordnung;**
– in Griechenland:	**Artikel 40 der Zivilprozeßordnung (Κώδικας Πολιτικῆς Δικονομίας);**
– in Frankreich:	**Artikel 14 und 15 des Zivilgesetzbuches (Code civil);**
– in Irland:	**Vorschriften, nach denen die Zuständigkeit durch Zustellung eines das Verfahren einleitenden Schriftstücks an den Beklagten während dessen vorübergehender Anwesenheit in Irland begründet wird;**
– in Italien:	**Artikel 2, Artikel 4 Nummern 1 und 2 der Zivilprozeßordnung (Codice di procedura civile);**
– in Luxemburg:	**Artikel 14 und 15 des Zivilgesetzbuches (Code civil);**

---

4 Anders – unter Berufung auf den Verkehrsschutz – *Bülow/Böckstiegel/Schlafen* Art. 53 Anm. 3b ff.

5 Näher etwa *Bülow/Böckstiegel/Schlafen* Art. 2 Anm. 4.

– in den Niederlanden:	**Artikel 126 Absatz 3 und Artikel 127 der Zivilprozeßordnung (Wetboek von Burgerlijke Rechtsvordering);**
– im Vereinigten Königreich:	**Vorschriften, nach denen die Zuständigkeit begründet wird durch** **a) die Zustellung eines das Verfahren einleitenden Schriftstücks an den Beklagten während dessen vorübergehender Anwesenheit im Vereinigten Königreich;** **b) das Vorhandensein von Vermögenswerten des Beklagten im Vereinigten Königreich oder** **c) die Beschlagnahme von Vermögen im Vereinigten Königreich durch den Kläger.**

1 In *Abs. 1* wird ein *numerus clausus* der besonderen Zuständigkeiten statuiert. Wenn der Wohnsitz oder Sitz (vgl. Art. 52, 53) des Beklagten in einem anderen Vertragsstaat liegt als im Gerichtsstaat, ist die internationale Zuständigkeit des angerufenen Gerichts nur dann begründet, wenn sie sich aus den besonderen Zuständigkeiten der Art. 5–18 ergibt[1]. Insbesondere darf die internationale Zuständigkeit aus keiner Regel des autonomen staatlichen Rechts hergeleitet werden (siehe vor Art. 2 Rz. 15ff.). Sie kann aber aus einem besonderen Staatsvertrag folgen, der gemäß Art. 57 unberührt bleibt.

2 Die in Art. 52 enthaltene einheitliche Kollisionsnorm über die Wohnsitzbestimmung schließt die Möglichkeit nicht aus, daß das angerufene Gericht einen *mehrfachen Wohnsitz* des Beklagten bejahen muß. Beispielsweise kann der Wohnsitz in zwei anderen Vertragsstaaten oder zugleich in einem Vertragsstaat und in einem Drittstaat liegen. Nach dem System des Titels II hat das Gericht in diesen Fällen nur festzustellen, ob der Beklagte seinen Wohnsitz in dem Hoheitsgebiet irgendeines anderen Vertragsstaats hat, und es hat daraus sodann für die eigene Zuständigkeit die in Art. 3 und in den Abschnitten 2 bis 6 des Titels II vorgesehenen Schlußfolgerungen zu ziehen[2].

3 Der *Ausschluß der sog. exorbitanten Gerichtsstände* der nationalen Rechtsordnungen, den *Abs. 2* gesondert erwähnt, ist zu begrüßen. Er ist gemäß Art. 3 freilich nur gegeben, wenn der Beklagte seinen Wohnsitz in einem Vertragsstaat hat. Hat der Beklagte keinen Wohnsitz innerhalb der Vertragsstaaten, so bestimmt sich gemäß Art. 4 I die Zuständigkeit der Gerichte eines jeden Vertragsstaates nach seinen eigenen Gesetzen. Die exorbitanten Gerichtsstände sind dann also weiterhin anwendbar, und ihr Wirkungsbereich wird durch die Konvention sogar

1 Zum maßgebenden Zeitpunkt für das Bestehen eines Wohnsitzes in einem Vertragsstaat siehe vor Art. 2 Rz. 12ff.

2 Bericht *Jenard* Kapitel IV A 3 (4).

noch erweitert, weil sämtliche Urteile eines Vertragsstaats in den anderen Vertragsstaaten anzuerkennen sind[3]. Außerdem wird der Anwendungsbereich der exorbitanten Vorschriften durch Art. 4 II auf alle innerhalb der Vertragsstaaten wohnhaften Personen erstreckt. Diese Ausdehnung hat für Art. 14 Code civil Bedeutung, d. h. in Frankreich und Luxemburg, wo diese Vorschrift ein Vorrecht der eigenen Staatsangehörigen begründete[4].

4 Für *Deutschland* enthält der Katalog des Art. 3 II den Ausschluß der internationalen Zuständigkeit, die aus der bloßen Existenz von Vermögen auf deutschem Gebiet hergeleitet wird (§ 23 Satz 1 Altern. 1 ZPO). Die inländische Zuständigkeit kann auch dann nicht in Anspruch genommen werden, wenn das gerichtliche Verfahren Eigentum, Besitz oder Verfügungsmacht speziell an diesem Vermögen zum Gegenstand hat (§ 23 Satz 1 Altern. 2 ZPO)[5], obgleich diese Zuständigkeit nicht als „beziehungsarm" bezeichnet werden kann; denn die autonomen Zuständigkeitsvorschriften sind im Anwendungsbereich des Übereinkommens gänzlich und ohne Rücksicht auf ihren exorbitanten Charakter ausgeschaltet[6].

5 Im *Vereinigten Königreich* und in *Irland* ist ein Gericht nach Common Law grundsätzlich dann zuständig, wenn der Beklagte ordnungsgemäß geladen war. Eine Ladung ist auch bei nur kurzfristigem Aufenthalt im Inland möglich, etwa bei der Zwischenlandung eines Flugzeugs. Die so begründete Zuständigkeit ist ebenso exorbitant wie die auf das Vorhandensein oder die Beschlagnahme von Vermögen gestützte Zuständigkeit des schottischen Rechts[7].

6 *Rechtspolitisch* besteht die richtige Lösung darin, die exorbitanten Gerichtsstände nicht nur für den Rechtsverkehr innerhalb Westeuropas zu beseitigen, sondern sie aus dem nationalen Recht überhaupt zu entfernen[8]. Solange dies nicht geschehen ist, erscheint das Verbot, die internationale Zuständigkeit im Anerkennungsstaat nachzuprüfen, nicht unbedenklich (siehe Art. 28 Rz. 3). Zwar gestattet es Art. 59 den Vertragsstaaten, die Anerkennung von Urteilen aus EG-Staaten, die in exorbitanten Gerichtsständen ergangen sind, durch Abkommen mit Drittstaaten auszuschließen. Der Gedanke war dabei, die den Drittstaa-

---

3 Dies rief in Drittstaaten, namentlich in den USA, heftige Kritik hervor; siehe z. B. *Nadelmann*, Colum. L. Rev. 1967, 995 ff.; *ders.*, C. M. L. Rev. 1968, 409 ff.; *Juenger*, Rev. crit. 1983, 37 ff.; *ders.*, Mich. L. Rev. 82 (1983 – 84) 1211 f.; dazu *Schlosser*, FS Kralik (1986) 287 ff. Zu den diplomatischen Verwicklungen im Rahmen der Haager Konferenz, wo seinerzeit ebenfalls über ein Anerkennungs- und Vollstreckungsabkommen verhandelt wurde, siehe *Arnold*, AWD 1969, 90 f.; *de Winter*, Int. Comp. L. Q. 1968, 706 ff.; auch *Droz* Nr. 663 ff.

4 Bericht *Jenard* zu Art. 4 a. E.

5 Bericht *Schlosser* Nr. 88.

6 Siehe vor Art. 2 Rz. 15. Zur Frage, ob das EuGVÜ die Anwendbarkeit des § 23 ZPO auch im Arrestverfahren ausschließt, siehe Art. 24 Rz. 8.

7 Buchstaben b und c am Ende von Abs. 2 sind speziell auf das schottische Recht gemünzt; siehe Bericht *Schlosser* Nr. 86.

8 Siehe zu § 23 ZPO *Kropholler*, ZfRV 1982, 1. Eine andere rechtspolitische Einstellung bekundet *Basedow* in Hdb. IZVR I Kap. II Rz. 149, 169.

ten besonders unerwünschte Anerkennung nicht ohne Gegenleistung preiszugeben. Jede so erzielte Einschränkung bleibt aber Flickwerk an einer unvertretbaren nationalen Normierung.

Artikel 4

Hat der Beklagte keinen Wohnsitz in dem Hoheitsgebiet eines Vertragsstaats, so bestimmt sich, vorbehaltlich des Artikels 16, die Zuständigkeit der Gerichte eines jeden Vertragsstaats nach seinen eigenen Gesetzen.

Gegenüber einem Beklagten, der keinen Wohnsitz in dem Hoheitsgebiet eines Vertragsstaats hat, kann sich jede Person, die ihren Wohnsitz in dem Hoheitsgebiet eines Vertragsstaats hat, in diesem Staat auf die dort geltenden Zuständigkeitsvorschriften, insbesondere auf die in Artikel 3 Absatz 2 angeführten Vorschriften, wie ein Inländer berufen, ohne daß es auf ihre Staatsangehörigkeit ankommt.

1 Gemäß *Abs. 1* bestimmt sich bei Wohnsitz (Art. 52) oder Sitz (Art. 53) des Beklagten außerhalb der Vertragsstaaten die Zuständigkeit grundsätzlich nach dem autonomen staatlichen Recht des Forums[1]. Ergänzend ist das Lugano-Übereinkommen zu beachten, das gemäß seinem Art. 54b II lit. a namentlich dann Anwendung findet, wenn der Beklagte seinen Wohnsitz in einem EFTA-Staat hat, der das Lugano-Übereinkommen ratifiziert hat. Die Vorschrift des Art. 4 betrifft in erster Linie die Fälle, in denen der Beklagte einen Wohnsitz außerhalb der EG besitzt. Sie kommt aber auch dann zum Zuge, wenn der Beklagte zwar innerhalb der EG lebt, aber in keinem der Vertragsstaaten nach der gemäß Art. 52 anwendbaren Rechtsordnung einen „Wohnsitz" begründet hat[2]. Bei mehrfachem Wohnsitz findet Art. 4 nur Anwendung, wenn keiner der Wohnsitze in einem Vertragsstaat liegt (siehe Art. 3 Rz. 2). Auch die in Art. 3 II besonders erwähnten exorbitanten Zuständigkeiten kommen dann zum Zuge. Eine einheitliche europäische Zuständigkeitsordnung für Beklagte mit Wohnsitz außerhalb der Vertragsstaaten ist wünschenswert (siehe vor Art. 2 Rz. 9), aber – außerhalb des Lugano-Übereinkommens – noch nicht in Sicht. Sie könnte die Regelung des EuGVÜ im wesentlichen übernehmen (vgl. auch Art. 17 Rz. 9), sinnvollerweise mit einer gewissen Erweiterung zugunsten der eigenen Zuständigkeit der europäischen Gerichte, weil das Vertrauen in eine gleichwertige Rechtsschutzgewährung nicht gegenüber jedem außereuropäischen Staat gegeben ist. Die Kluft zwischen der innereuropäischen Zuständigkeitsordnung und der gegenüber Drittstaaten geltenden Regelung sollte jedenfalls verringert werden[3].

---

1 Zur Wohnsitzverlegung in einen Vertragsstaat während des Prozesses siehe vor Art. 2 Rz. 14.
2 *Cass.* 4. 1. 1984, Rev. crit. 1986, 123 Anm. *Courbe.*
3 Näher *Kropholler*, FS Ferid (1988) 239ff.; siehe auch Art. 3 Rz. 3 und 6.

Ausnahmsweise sind einige Zuständigkeitsvorschriften des EuGVÜ auch bei Wohnsitz des Beklagten in einem Nichtvertragsstaat anwendbar, so der in Abs. 1 ausdrücklich vorbehaltene Art. 16 über ausschließliche Zuständigkeiten oder der Art. 17 über Zuständigkeitsvereinbarungen, der eigene Anwendungsvoraussetzungen aufstellt[4]. 2

Die Verweisung auf die autonomen Zuständigkeitsregeln soll nach dem Willen der Verfasser des EuGVÜ klarstellen, daß seine Vorschriften über *Rechtshängigkeit und Konnexität* (Art. 21–23) auch dann anzuwenden sind, wenn zwei Verfahren vor den nach autonomem Recht zuständigen Gerichten zweier Vertragsstaaten anhängig sind. Ist zum Beispiel ein Rechtsstreit zwischen einem Franzosen und einem Beklagten mit Wohnsitz in New York gleichzeitig vor einem französischen Gericht und gemäß § 23 ZPO vor einem deutschen Gericht anhängig, so hat sich im Interesse einer geordneten Rechtspflege das eine der beiden Gerichte zugunsten des anderen aufgrund des Übereinkommens für unzuständig zu erklären[5]. 3

Die Vorschrift des *Abs. 2* hat in Deutschland keine Bedeutung, wohl aber in den Ländern, in denen zwischen inländischen und ausländischen Klägern unterschieden wird, wie in Frankreich gemäß Art. 14 Code civil oder in Italien gemäß Art. 4 Nr. 4 Codice di procedura civile. Nach dem klaren Wortlaut von Art. 4 II („in *diesem* Staat") reicht es zur Berufung auf Art. 14 Code civil nicht aus, daß ein Kläger ohne französische Staatsangehörigkeit seinen Wohnsitz in einem *beliebigen* Vertragsstaat des Übereinkommens hat, sondern der Wohnsitz muß in Frankreich liegen[6]. 4

2. Abschnitt. Besondere Zuständigkeiten

Schrifttum: *Behr*, Internationale Tatortszuständigkeit für vorbeugende Unterlassungsklagen bei Wettbewerbsverstößen, GRUR Int. 1992, 604; *Bosquet-Denis*, La localisation du refus de vente et ses conséquences sur la compétence des juridictions, particulièrement en droit communautaire, D.S. 1991 (Chron.) 44; *Duintjer Tebbens*, L'interprétation dynamique, par la Cour de Justice Européenne, de la compétence en matière contractuelle (l'art. 5, 1° de la Convention de Bruxelles de 1968), in: Unification, Contributions in Honour of Sauveplanne (1984) 65; *Eickhoff*, Inländische Gerichtsbarkeit und internationale Zuständigkeit für Aufrechnung und Widerklage unter besonderer Berücksichtigung des Europäischen Gerichtsstands- und Vollstreckungsübereinkommens (1985); *Fawcett*, Methods of Carrying on Business and Article 5 (5) of the Brussels Convention, Europ. L. Rev. 1984, 326; *Geimer*, Die inländische Niederlassung als Anknüpfungspunkt für die internationale Zuständigkeit, WM 1976, 146; *ders.*, Fora connexitatis – Der Sachzusammenhang als Grundlage der internationalen Zuständigkeit, Bemerkungen zu Art. 6 des EWG-Übereinkommens vom 27. September 1968, WM 1979, 350; *Guzmán Zapater*, El articulo 5.1 del Convenio de Bruselas de 27de septiembre de 1968 y su interpretación jurisprudencial por el Tribunal de Justicia de las Comunidades Europeas, Rev. Instituc. Eur. 1985, 399; *Hackl*, Örtliche Zuständigkeit gemäß Art. 5 (1) und

4 Zu den Anwendungsvoraussetzungen des Art. 18 (Zuständigkeit durch rügelose Einlassung des Beklagten) siehe Art. 18 Rz. 1 ff.

5 So Bericht *Jenard* zu Art. 4.

6 *Bülow/Böckstiegel/Schlafen* Art. 4 Anm. 3b; anders *Geimer*, WM 1976, 835.

(3) des Brüsseler EG-Übereinkommens vom 27. 9. 1968 über die gerichtliche Zuständigkeit und die Vollstreckung gerichtlicher Entscheidungen in Zivil- und Handelssachen, ZfRV 1985, 1; *Jayme*, Subunternehmervertrag und EuGVÜ, Festschrift Pleyer (1986) 371; *ders.*, Le competenze speciali previste dalla Convenzione di Bruxelles: novità, problemi insoluti, in: *Jayme/Picchio Forlati* (Hrsg.), Giurisdizione e legge applicabile ai contratti nella CEE (1990) 15; *Kohler*, Adhäsionsverfahren und Brüsseler Übereinkommen 1968, in: *Will* (Hrsg.), Schadensersatz im Strafverfahren (1990) 74; *Lizier Tessiore*, „Forum solutionis", convenzione di Bruxelles del 27 settembre 1968 e giurisprudenza italiana, Riv. trim. dir. proc. civ. 1980, 113; *Lohse*, Das Verhältnis von Vertrag und Delikt, Eine rechtsvergleichende Studie zur vertragsautonomen Auslegung von Art. 5 Nr. 1 und Art. 5 Nr. 3 GVÜ (1991); *Lüderitz*, Fremdbestimmte internationale Zuständigkeit? Versuch einer Neubestimmung von § 29 ZPO, Art. 5 Nr. 1 EuGVÜ, Festschrift Zweigert (1981) 233; *Lupoi*, Il luogo dell'esecuzione del contratto come criterio di collegamento giurisdizionale (1978); *Luzzatto*, Il luogo di esecuzione dell'obbligazione contrattuale come criterio di competenza giurisdizionale, Studi in onore di E. T. Liebman II (1979) 817; *d'Oliveira*, La pollution du Rhin et le droit international privé, in: *Hueting/van der Veen/Kiss/d'Oliveira*, Rhine Pollution (1978) 81, 104; *Piltz*, Der Gerichtsstand des Erfüllungsortes nach dem EuGVÜ, NJW 1981, 1876; *Rauscher*, Verpflichtung und Erfüllungsort in Art. 5 Nr. 1 EuGVÜ unter besonderer Berücksichtigung des Vertragshändlervertrages (1984); *Rodière*, La compétence des tribunaux français en matière d'abordage et la Convention de Bruxelles de 1968, Rev. crit. 1979, 341; *Schack*, Der Erfüllungsort im deutschen, ausländischen und internationalen Privat- und Zivilprozeßrecht (1985); *Schlosser*, Unterhaltsansprüche vor den Gerichten der Alt-EWG-Staaten, FamRZ 1973, 424; *Matthias Schwarz*, Der Gerichtsstand der unerlaubten Handlung nach deutschem und europäischem Zivilprozeßrecht (1991) 68 ff.; *Spellenberg*, Der Gerichtsstand des Erfüllungsortes im europäischen Gerichtsstands- und Vollstreckungsübereinkommen, ZZP 1978, 38; *Stone*, Problems with the Forum Loci Solutionis, Anglo-American L. Rev. 1983, 52; *Wrangel*, Der Gerichtsstand des Erfüllungsortes im deutschen, italienischen und europäischen Recht (1988).

Siehe auch das in der Einleitung und vor Art. 2 angeführte Schrifttum.

1 Durch Art. 5 ff. EuGVÜ sind in einzelnen Vertragsstaaten Zuständigkeiten eingeführt worden, die deren nationalem Recht bisher überhaupt nicht oder nicht in gleichem Umfang bekannt waren. So ist beispielsweise in den Niederlanden eine bedeutsame Rechtsänderung eingetreten, weil der Gerichtsstand des Erfüllungsortes (Art. 5 Nr. 1) dort unbekannt war und das forum delicti commissi (Art. 5 Nr. 3) nur für Schiffszusammenstöße und Straßenverkehrsunfälle galt[1]. Für das deutsche Recht ist der Gerichtsstand der Streitgenossenschaft (Art. 6 Nr. 1) neu. Im Anwendungsbereich des Übereinkommens sind die deutschen Gerichte nunmehr verpflichtet, alle Klagen gegen mehrere Personen anzunehmen, wenn nur einer der Beklagten im Gerichtsbezirk seinen Wohnsitz hat; die internationale Zuständigkeit darf also nicht etwa mit der Begründung abgelehnt werden, der Gerichtsstand der Streitgenossenschaft sei dem deutschen Recht nur in Sonderfällen bekannt (siehe vor Art. 2 Rz. 2).

2 Gelegentlich hat der EuGH festgestellt, daß die in Art. 5 ff. EuGVÜ aufgezählten „besonderen Zuständigkeiten" *einschränkend auszulegen* sind, weil sie Ausnahmen vom Grundsatz der Zuständigkeit der Gerichte am Wohnsitz des Beklagten (Art. 2) darstellen[2]. Andererseits werden aber einzelne besondere Zuständigkeiten in bestimmten Zusammenhängen – völlig zu Recht – doch

1 Weitere Beispiele zu ausländischen Rechten bringt *Geimer*, WM 1976, 834 m. Nachw.

2 *EuGH* 27. 8. 1988 – 189/87, Kalfelis/Schröder u. a., unter Nrn. 8 und 19.

weit ausgelegt[3]. Die Berufung auf das Regel-Ausnahme-Verhältnis ist zu allgemein, um bei allen Auslegungszweifeln zu Art. 5ff. EuGVÜ eine geeignete Richtschnur für die Entscheidung abgeben zu können.

Die besonderen Zuständigkeiten des Art. 5 gelten nach dem eindeutigen Wortlaut dieser Bestimmung nicht, wenn der Beklagte seinen *Wohnsitz oder Sitz (Art. 52, 53) im Gerichtsstaat* hat. Dieselbe Einschränkung gilt für Art. 6, obwohl die Eingangsworte dieses Artikels abweichend formuliert sind[4]. Die internationale Zuständigkeit ergibt sich dann aus Art. 2; denn die Art. 5 und 6 haben nicht den Sinn, allein die örtliche Zuständigkeit abweichend vom nationalen Recht festzulegen. Soweit das Übereinkommen Zuständigkeiten schafft, die dem autonomen Recht einzelner Vertragsstaaten unbekannt sind, wie z. B. dem deutschen Recht der Gerichtsstand der Gewährleistungs- und Interventionsklage (Art. 6 Nr. 2), sind diese Zuständigkeiten deshalb nicht gegen Personen anwendbar, die ihren Wohnsitz im Gerichtsstaat haben[5]. 3

Die Art. 5 und 6 gehören zu den Bestimmungen, die den jeweiligen Gerichtsstand unmittelbar und ohne Bezug auf die innerstaatlichen *örtlichen* Zuständigkeitsregeln des Staates festlegen, in dessen Gebiet das in Frage kommende Gericht seinen Sitz hat, damit der Kläger jederzeit vor einem der in dem Übereinkommen vorgesehenen Gerichte klagen kann, ohne daß dabei das innerstaatliche Recht des betreffenden Staates in Betracht zu ziehen ist[6]. Sind die Art. 5 und 6 also anwendbar (vgl. oben Rz. 3), so bestimmt das Übereinkommen selbst unmittelbar das zuständige Gericht. Auf das Fehlen eines örtlichen Gerichtsstandes im innerstaatlichen Recht kommt es nicht an[7]. 4

Artikel 5

Eine Person, die ihren Wohnsitz in dem Hoheitsgebiet eines Vertragsstaats hat, kann in einem anderen Vertragsstaat verklagt werden:

1. **wenn ein Vertrag oder Ansprüche aus einem Vertrag den Gegenstand des Verfahrens bilden, vor dem Gericht des Ortes, an dem die Verpflichtung erfüllt worden ist oder zu erfüllen wäre;**
2. **wenn es sich um eine Unterhaltssache handelt, vor dem Gericht des Ortes, an dem der Unterhaltsberechtigte seinen Wohnsitz oder seinen gewöhnlichen Aufenthalt hat, oder im Falle einer Unterhaltssache, über die im Zusammenhang mit einem Verfahren in bezug auf den Personenstand zu entscheiden ist, vor dem nach seinem Recht für dieses Verfahren zuständigen Gericht, es sei**

3 Vgl. etwa zu Art. 5 Nr. 1 Rz. 5f.; zu Art. 5 Nr. 3 Rz. 42f.
4 Siehe bereits *Droz* Nr. 61.
5 *Bülow/Böckstiegel/Schlafen* vor Titel II Anm. 3.
6 Bericht *Jenard* zu Art. 5 und 6. Siehe auch vor Art. 2 Rz. 3.
7 *BGH* 26. 10. 1981, BGHZ 82, 110 = NJW 1982, 1226 = RIW 1982, 361 = IPRspr. 1981 Nr. 169.

denn, diese Zuständigkeit beruht lediglich auf der Staatsangehörigkeit einer der Parteien;

3. wenn eine unerlaubte Handlung oder eine Handlung, die einer unerlaubten Handlung gleichgestellt ist, oder wenn Ansprüche aus einer solchen Handlung den Gegenstand des Verfahrens bilden, vor dem Gericht des Ortes, an dem das schädigende Ereignis eingetreten ist;

4. wenn es sich um eine Klage auf Schadensersatz oder auf Wiederherstellung des früheren Zustandes handelt, die auf eine mit Strafe bedrohte Handlung gestützt wird, vor dem Strafgericht, bei dem die öffentliche Klage erhoben ist, soweit dieses Gericht nach seinem Recht über zivilrechtliche Ansprüche erkennen kann;

5. wenn es sich um Streitigkeiten aus dem Betrieb einer Zweigniederlassung, einer Agentur oder einer sonstigen Niederlassung handelt, vor dem Gericht des Ortes, an dem sich diese befindet;

6. wenn sie in ihrer Eigenschaft als Begründer, *trustee* oder Begünstigter eines *trust* in Anspruch genommen wird, der aufgrund eines Gesetzes oder durch schriftlich vorgenommenes oder schriftlich bestätigtes Rechtsgeschäft errichtet worden ist, vor den Gerichten des Vertragsstaats, auf dessen Hoheitsgebiet der *trust* seinen Sitz hat;

7. wenn es sich um eine Streitigkeit wegen der Zahlung von Berge- und Hilfslohn handelt, der für Bergungs- und Hilfeleistungsarbeiten gefordert wird, die zugunsten einer Ladung oder einer Frachtforderung erbracht worden sind, vor dem Gericht, in dessen Zuständigkeitsbereich diese Ladung oder die entsprechende Frachtforderung

a) mit Arrest belegt worden ist, um die Zahlung zu gewährleisten, oder

b) mit Arrest hätte belegt werden können, jedoch dafür eine Bürgschaft oder eine andere Sicherheit geleistet worden ist;

diese Vorschrift ist nur anzuwenden, wenn behauptet wird, daß der Beklagte Rechte an der Ladung oder an der Frachtforderung hat oder zur Zeit der Bergungs- oder Hilfeleistungsarbeiten hatte.

Übersicht

I. Gerichtsstand des Erfüllungsortes (Nr. 1)

1 Die praktisch wichtigste besondere Zuständigkeit, die das Übereinkommen vorsieht, ist die für Vertragsklagen beim Gericht des Erfüllungsortes. Das Übereinkommen beschreitet mit der Einräumung eines Gerichtsstandes am Erfüllungsort einen „Mittelweg" zwischen den einschlägigen einzelstaatlichen Lösungen und den in früheren – meist bilateralen Abkommen – vorgesehenen Regeln[1]. Dem niederländischen Recht war der Gerichtsstand nicht bekannt. Die meisten nationalen Rechte der ursprünglichen Mitgliedstaaten kannten ihn, jedoch in unterschiedlicher Form, z. B. beschränkt auf Handelssachen (Luxemburg) oder auf den Erfüllungsort der Sach- und Dienstleistung (Frankreich).

2 Das Übereinkommen ist demgegenüber der Lösung des deutschen Rechts (§ 29 ZPO) gefolgt, indem der Gerichtsstand auf Vertragsklagen begrenzt und nicht durch einen Gerichtsstand des Entstehungsortes ergänzt wurde. Damit sollten Qualifikations- und Auslegungsprobleme, wie sie etwa durch eine Beschränkung auf „Handelssachen" oder bezüglich des „Entstehungsortes" bei einem Vertragsschluß zwischen Abwesenden auftauchen können, vermieden werden. Außerdem meinte man, den richtigen Ausgleich zwischen Kläger- und Beklagteninteressen gefunden zu haben, indem der Kläger nicht ausschließlich auf den Gerichtsstand am Wohnsitz des Beklagten (Art. 2 I) angewiesen ist, sondern nach seiner Wahl auf den Gerichtsstand am Erfüllungsort ausweichen kann. Gegen einen Gerichtsstand am Entstehungsort bestand das Bedenken, daß dem potenteren Vertragspartner, der es erreichen kann, daß die Verpflichtungen stets an seinem Sitz eingegangen werden, faktisch ein reiner Klägergerichtsstand eröffnet würde[2]. Bei *von Savigny* wird der Entstehungsort im übrigen als „zufällig, vorübergehend, dem Wesen der Obligation und ihrer ferneren Ent-

1 Bericht *Jenard* zu Art. 5 Nr. 1 mit einer vergleichenden Übersicht.
2 Vgl. den Bericht *Jenard* zu Art. 5 Nr. 1; *Droz* Nr. 64.

wicklung und Wirksamkeit fremd“ kritisiert[3]. Außerdem ist er bei Distanzverträgen schwer festzulegen. Aber auch der Gerichtsstand des Erfüllungsortes ist – jedenfalls bei der gegenwärtig herrschenden Auslegung – rechtspolitisch keineswegs unumstritten[4]. Beispielsweise ist es bei Geldschulden nicht unbedingt überzeugend, den Schuldner, der materiellrechtlich bereits das Übermittlungsrisiko trägt, auch noch zu nötigen, Prozesse am Wohnsitz bzw. an der Niederlassung des Gläubigers zu führen[5]. In der Praxis hat sich der Gerichtsstand als „ein Nest von Streitfragen“ entpuppt[6].

3 Die in Art. I Abs. 1 des Protokolls zum EuGVÜ bzw. zum Lugano-Übereinkommen für *Personen mit Wohnsitz in Luxemburg* vereinbarte Sonderregelung, die den Gerichtsstand des Erfüllungsortes stark einschränkt, wurde mit den besonderen Auswirkungen der engen Wirtschaftsbeziehungen Luxemburgs zu seinen Nachbarstaaten (insbesondere Belgien) gerechtfertigt, da die Verpflichtungen aus Verträgen mit Luxemburgern meist im Nachbarstaat zu erfüllen seien. „Art. 5 Nr. 1 würde dazu führen, daß ein Gläubiger, der seinen Wohnsitz in Belgien hat, fast immer vor einem belgischen Gericht klagen könnte“[7]. Die Rüge der Unzuständigkeit muß nach Maßgabe der jeweiligen lex fori erfolgen[8]. Dabei soll es genügen, daß die Unzuständigkeit aus irgendeinem Grund geltend gemacht wird, auch wenn sich der Beklagte nicht auf Art. I des Protokolls beruft[9]. Ist entgegen Art. I Abs. 1 eine Entscheidung im Gerichtsstand des Erfüllungsortes ergangen, so muß sie anerkannt werden; Art. 28 sieht für diesen Fall keine Ausnahme von der Anerkennungspflicht vor[10].

In der *Schweiz* kann die Anerkennung und Vollstreckung der im Gerichtsstand des Erfüllungsortes gegen Personen mit Wohnsitz in der Schweiz in anderen Vertragsstaaten des Lugano-Übereinkommens ergangenen Entscheidungen ausgeschlossen sein, nachdem die Schweiz von dem in Art. I a des Protokolls Nr. 1 (Textanhang VIII) zugelassenen Vorbehalt Gebrauch gemacht hat (siehe näher Art. 28 Rz. 20).

1. Vertrag

4 Die besondere Zuständigkeit des Art. 5 Nr. 1 kommt zum Zuge, „wenn ein Vertrag oder Ansprüche aus einem Vertrag den Gegenstand des Verfahrens bilden“. Der EuGH hat sich dafür entschieden, den Begriff „Vertrag oder Ansprüche aus

---

3 *Von Savigny,* System des heutigen Römischen Rechts VIII (1849, auch Nachdruck Darmstadt 1956) 207.
4 Vgl. etwa *Lüderitz,* FS Zweigert (1981) 233 ff.; *Kropholler* in Hdb. IZVR I Kap. III Rz. 347.
5 *Schlechtriem,* IPRax 1981, 114.
6 *Mezger,* Gedächtnisschrift Constantinesco (1983) 514.
7 Bericht *Jenard* zu Art. I des Protokolls; vgl. auch *de Bournonville,* J.trib. 1977, 249.
8 *Paris* 3. 10. 1974, D.S. 1975, Jur. 396 Anm. *Droz* = Gaz. Pal. 1975, Jur. 53 Anm. *Franck* = Pas. lux. 1975, 143.
9 So *Cass.* 17. 12. 1986, Rev. crit. 1988, 93 krit. Anm. *Tagaras.*
10 Siehe *Cour sup.* 5. 3. 1974, Pas. lux. 1972–74, 425 = Rev. crit. 1975, 662 Anm. *Droz*; 11. 11. 1975, Pas.lux. 1975–77, 230. *Geimer,* WM 1976, 837 N. 52; *Bülow/Böckstiegel/Linke* Art. 5 Anm. I 6.

einem Vertrag“ *autonom* zu bestimmen[11]. Den vereinheitlichungsfeindlichen Rückzug auf die jeweilige materielle lex fori lehnt der EuGH ebenso ab wie den Rückgriff auf das Recht desjenigen Staates, auf das die Kollisionsnormen des Gerichts verweisen (lex causae)[12]. Die autonome Interpretation soll sicherstellen, daß sich aus dem Übereinkommen für die Vertragsstaaten und die betroffenen Personen soweit wie möglich gleiche und einheitliche Rechte und Pflichten ergeben. Die Auslegung hat sich in erster Linie an der Systematik und den Zielsetzungen des Übereinkommens auszurichten. In diesem Zusammenhang weist der EuGH darauf hin, daß Art. 5 gerade mit Rücksicht auf die in ganz bestimmten Fällen bestehende besonders enge Verknüpfung zwischen einem Rechtsstreit und dem für seine Entscheidung zuständigen Gericht im Interesse einer sachgerechten Prozeßführung besondere Zuständigkeiten vorsieht. In Nr. 1 komme das Bestreben zum Ausdruck, wegen der engen Bindungen, die ein Vertrag zwischen den Vertragsparteien schafft, sämtliche Schwierigkeiten, die bei der Erfüllung einer vertraglichen Verpflichtung auftreten können, vor ein und dasselbe Gericht, nämlich das Gericht des Erfüllungsortes, zu bringen. Im Hinblick auf die Zielsetzungen und den Geist des Übereinkommens müsse Art. 5 so ausgelegt werden, daß das nationale Gericht über seine Zuständigkeit entscheiden könne, ohne in eine Sachprüfung eintreten zu müssen.

Für die *Abgrenzung im einzelnen* folgert der EuGH aus den vorstehenden me- 5
thodischen Sätzen, daß „Ansprüche aus einem Vertrag“ auch die Zahlungsansprüche sind, die ihre Grundlage in dem zwischen einem Verein und seinen Mitgliedern bestehenden *Mitgliedschaftsverhältnis* haben. Der Beitritt zu einem Verein schaffe faktisch enge Bindungen gleicher Art, wie sie zwischen Vertragsparteien bestehen[13]. Die Anwendung der Nr. 1 bringt auch praktische Vorteile; denn da der Ort des Vereinssitzes meist auch Erfüllungsort für die Verpflichtungen aus der Mitgliedschaft ist, werden die Streitigkeiten bei dem Gericht des Ortes konzentriert, das die Vereinssatzung und die Vereinsbeschlüsse am besten verstehen kann. Der EuGH erklärte es mit Recht für unerheblich, ob sich die Ansprüche unmittelbar aus dem Beitritt oder aus dem Beitritt in Verbindung mit Beschlüssen der Vereinsorgane ergeben. Denn der zu entscheidende Lebenssachverhalt ist beidemal nicht so verschieden, daß eine unterschiedliche Zuständigkeitsregelung für die Parteien verständlich wäre, und das Gericht muß über seine

---

11 *EuGH* 22. 3. 1983 – 34/82, Peters/ZNAV. Vorlage *H. R.* 15. 1. 1982, N. J. 1983 Nr. 643; abschließende Entscheidung *H. R.* 10. 6. 1983, N. J. 1983 Nr. 645. Bestätigend *EuGH* 8. 3. 1988 – 9/87, Arcado/Haviland.

12 Dafür z. B. *Spellenberg,* ZZP 1978, 41 ff.; *Stein/Jonas/Schumann* § 29 Rz. 51 f.; *Geimer/Schütze* § 83 V 2; *Schlosser,* RIW 1988, 989.

13 Auf die unterschiedliche rechtstheoretische Einordnung der Ansprüche aus dem Mitgliedschaftsverhältnis in den nationalen Rechtsordnungen – wo meist die „Vertragstheorie“, teilweise aber auch die „institutionelle Theorie“ vertreten wird – geht der EuGH zu Recht nicht ein; denn diese Theorien werden nicht herangezogen, um Zuständigkeitsfragen zu klären, sondern um die Frage zu entscheiden, ob materiellrechtlich die Regeln des Vertragsrechts angewendet werden können; siehe die Stellungnahme der Kommission in der Sache Peters/ZNAV, *EuGH* 22. 3. 1983 – 34/82, Slg. 1983, 996 f.

Zuständigkeit befinden können, ohne in die Prüfung derartiger Details der ihm vorgelegten Sache eintreten zu müssen. Ferner hat der EuGH erkannt, daß ein Anspruch auf Schadensersatz wegen *mißbräuchlicher Auflösung eines Handelsvertretervertrages* vertraglicher Natur ist, „da ein solcher Anspruch seinen Grund in der Nichteinhaltung einer Vertragspflicht findet"; das Gericht untermauert seine autonome, gemeineuropäische Auslegung mit sonstigem EG-Recht, nämlich einer Richtlinie und Art. 10 des EG-Schuldvertragsübereinkommens von 1980[14]. Die Aufzählung in der letztgenannten Vorschrift kann auch in künftigen Fällen eine Auslegungshilfe bieten. – Schwierigkeiten sind für die autonome Abgrenzung der vertraglichen von *deliktischen Ansprüchen* zu erwarten, etwa bei der Produkt- oder der Arzthaftung[15] oder bei der Geltendmachung vertragsähnlicher Ansprüche des französischen Rechts („quasi-contrats")[16]. Indes sind diese Schwierigkeiten nicht unlösbar. Beispielsweise konnte der EuGH plausibel begründen, daß die Nr. 1 nicht auf eine *Produkthaftungsklage* anzuwenden ist, die der Zweiterwerber einer Sache gegen den Hersteller erhebt, der nicht Verkäufer ist[17]; denn zwischen dem Zweiterwerber und dem Hersteller besteht keine vertragliche Beziehung, und die Haftung des Herstellers gegenüber dem Zweiterwerber wird in den meisten EG-Staaten auch nicht als vertragliche qualifiziert. Da der EuGH Auslegungszweifel beseitigen hilft, besteht m. E. kein Anlaß, wegen der verbleibenden Grenzfälle ein Abrücken von der begonnenen vertragsautonomen und sich fallweise fortentwickelnden Begriffsbestimmung zu empfehlen[18].

6 Insgesamt wird der *Anwendungsbereich* der Nr. 1 von der bisherigen Praxis *weit gezogen*. Die Vorschrift ist auch dann einschlägig, wenn über die Frage gestritten wird, ob ein Vertrag vorliegt[19]. Denn wenn eine der Parteien nur das Nichtbestehen des Vertrages zu behaupten brauchte, um die Zuständigkeit auszuschalten, könnte Art. 5 Nr. 1 leicht bedeutungslos werden. Erfaßt sind auch Feststellungsklagen, mit denen das Fortbestehen[20] oder das Nichtbestehen[21] des gesamten

---

14 *EuGH* 8. 3. 1988 (oben N. 11) unter Nrn. 13ff.

15 Siehe *Schlosser,* IPRax 1984, 66f.

16 Siehe *Jeantet,* Cahiers dr. europ. 1972, 397f. Weitere Beispiele bei *Gaudemet-Tallon*, Rev. crit. 1988, 614ff.; *Lohse* 194ff. Die französischen und belgischen Gerichte legen den Vertragsbegriff offenbar großzügig aus; siehe etwa *Cass.* 28. 10. 1986, Rev. crit. 1987, 612 krit. Anm. *Gaudemet-Tallon;* ferner *Rauscher* 5, 17.

17 *EuGH* 17. 6. 1992 – 26/91, Handte/TMCS. Vorlage *Cass.* 8. 1. 1991, Rev. crit. 1991, 411 Anm. *Lequette* = Bericht *Klima*, RIW 1991, 415.

18 Anders z. B. *Lohse* 227ff., der für eine Qualifikation nach der vom IPR berufenen lex causae eintritt.

19 *EuGH* 4. 3. 1982 – 38/81, Effer/Kantner. Vgl. auch bereits *OLG Hamm* 3. 10. 1979, RIW 1980, 662 = IPRspr. 1979 Nr. 168; *Rb. Utrecht* 6. 2. 1974, N. J. 1974 Nr. 449; Bericht *J. P. Verheul,* Neth. L. Rev. 1975, 341; *Rb. 's-Hertogenbosch* 27. 6. 1975, Bericht *J. P. Verheul,* Neth. Int. L. Rev. 1976, 353. Anders noch *Paris* 29. 1. 1981, Rev. crit. 1982, 383 krit. Anm. *Huet.*

20 *OLG Frankfurt* 28. 11. 1979, RIW 1980, 585 = IPRspr. 1979 Nr. 174.

21 *Cass.* 25. 1. 1983, Rev. crit. 1983, 516 Anm. *Gaudemet-Tallon*; *Cass.* (Italien) 20. 3. 1986, n. 1971, Nuova giur. civ. comm. 1986, 1, 689 Anm. *Campeis-Arrigo de Pauli* = Riv. dir. int. priv. proc. 1986, 681.

Vertragsverhältnisses geltend gemacht wird (zur maßgeblichen Verpflichtung in diesen Fällen unten Rz. 11). Das Gericht hat die Befugnis, die wesentlichen Voraussetzungen seiner Zuständigkeit – auch von Amts wegen – anhand von schlüssigen und erheblichen Umständen nachzuprüfen, die eine Partei vorträgt und aus denen sich das Bestehen oder Nichtbestehen des Vertrages ergibt (vgl. Art. 20). Zu den Verpflichtungen aus einem Vertrag gehören nicht nur die unmittelbaren vertraglichen Pflichten, etwa Leistungs- und Zahlungs- oder Unterlassungspflichten[22], sondern auch die Verpflichtungen, die an die Stelle einer nichterfüllten vertraglichen Verpflichtung treten, also vor allem Schadensersatz- oder Rückzahlungsansprüche, und zwar auch dann, wenn sie aus dem Gesetz folgen[23]. Die Bestimmung greift aber nicht ein, wenn von vornherein feststeht, daß zwischen den Parteien gar keine vertraglichen Beziehungen bestanden[24]. Zur Frage, ob *konkurrierende deliktische Ansprüche* ebenfalls im Vertragsgerichtsstand geltend gemacht werden können, vgl. unten Rz. 39.

2. Maßgebliche Verpflichtung

Unter der erfüllten oder zu erfüllenden „Verpflichtung" versteht Art. 5 Nr. 1 grundsätzlich diejenige Verpflichtung, die den Gegenstand der Klage bildet[25]. Das folgte zum Zeitpunkt der klärenden EuGH-Entscheidung im Jahre 1976 eindeutig nur aus der italienischen und wohl auch aus der deutschen Fassung der 7

---

22 *Cass.* (Italien) 14. 6. 1980, n. 3798, Mass. Foro it. 1980, 753 = Riv. dir. int. priv. proc. 1981, 770.

23 So zum Schadensersatzanspruch des Alleinvertriebshändlers aufgrund des belgischen Gesetzes von 1961/1971 *EuGH* 6. 10. 1976 – 14/76, De Bloos/Bouyer. Siehe dazu auch *van Rooij,* N. J. B. 1977, 618 ff.; *Maggioni,* Riv. dir. civ. 1977, 678 ff.; *Leleux/Baltus/Vander Elst,* J. trib. 1975, 217 ff.; *Bertrams,* WPNR 1980, 496 ff.; aus der belgischen Rechtsprechung *Cass.* 19. 1. 1984, J. trib. 1984, 637 = [1986] E. C. C. 366.
Zum Rückzahlungsanspruch nach Rücktritt vom Kaufvertrag *OLG Oldenburg* 14. 11. 1975, NJW 1976, 1043 = WM 1976, 1288 Anm. *Geimer* = IPRspr. 1975 Nr. 146; offen gelassen vom *OLG München* 26. 2. 1980, RIW 1980, 728 = IPRspr. 1980 Nr. 141.

24 *LG Göttingen* 9. 11. 1976, RIW 1977, 235 = IPRspr. 1976 Nr. 145, und *LG Bayreuth* 29. 6. 1988, IPRax 1989, 230, 212 Anm. *Furtak* = IPRspr. 1988 Nr. 159: Rückgriffsanspruch des Wechselinhabers gegen den Aussteller. *Paris* 28. 6. 1978, Rev. crit. 1979, 444 Anm. *Santa Croce:* Schadensersatzanspruch einer französischen Bank gegen eine deutsche Firma, die mit der französischen Bank in keiner direkten Beziehung gestanden hatte.

25 *EuGH* 6. 10. 1976 – 14/76, De Bloos/Bouyer. Ihm folgend die deutsche Rechtsprechung, z. B. *BGH* 16. 1. 1981, NJW 1981, 1905 = RIW 1981, 413 = IPRspr. 1981 Nr. 152. Ebenso die Rechtsprechung in den anderen Vertragsstaaten; vgl. *Pocar,* RabelsZ 1978, 415; *McClellan,* C. M. L. Rev. 1978, 232 ff.; *Rauscher* 92 ff. Siehe besonders *Cass.* (Italien) 1. 10. 1980, n. 5338, Riv. dir. int. priv. proc. 1981, 928; dazu *Jayme*, IPRax 1984, 53; 17. 2. 1981, n. 946, Riv. dir. int. priv. proc. 1981, 943; 9. 5. 1983, n. 3146, Riv. dir. int. priv. proc. 1984, 543; *Cass.* (Belgien) 19. 1. 1984, J. trib. 1984, 637 = [1986] E. C. C. 366; dazu *Born,* J. trib. 1985, 497; *Bruxelles* 30. 6. 1988, Rev. gén. dr. civ. belge 1988, 557 Anm. *Barnich*; *H. R.* 12. 6. 1981, N. J. 1982 Nr. 222 Anm. *Schultsz*; 1. 11. 1991, N. J. 1992 Nr. 422 Anm. *Schultsz*; *Medway Packaging Ltd.* v. *Meurer Maschinen GmbH & Co. KG*, [1990] 2 Lloyd's Rep. 112 (C.A.); dazu *Gill*, I.L.T. 1990, 179; *Union Transport Group Plc.* v. *Continental Lines S. A.*, [1992] 1 All E.R. 161 (H.L.) = Bericht *Rüßmann*, IPRax 1993, 38.

Vorschrift, während die französische und die niederländische Fassung dem Mißverständnis Vorschub leisten konnten, es seien auch andere Pflichten gemeint als diejenigen, welche gerade Gegenstand des gerichtlichen Verfahrens sind. Die Neufassung des französischen und des niederländischen Textes aus dem Jahre 1978 und der neue englische Text schließen dieses Mißverständnis aus[26]. Beansprucht der Kläger Schadensersatz oder die Auflösung des Vertrages aus Verschulden des Gegners, so ist diejenige vertragliche Verpflichtung heranzuziehen, deren Nichterfüllung zur Begründung dieser Anträge behauptet wird. Zweifelhaft ist die Ermittlung und Lokalisierung der maßgeblichen Verpflichtung, wenn die Klageforderung auf einer unberechtigten Lossage des Gegners vom Vertrag beruht[27].

8 Die Meinung, daß es richtiger sei, als Erfüllungsort stets nur den Ort zu betrachten, an dem die das ganze Vertragsverhältnis prägende, *charakteristische Leistung* zu erbringen sei, wurde gelegentlich in der Literatur vertreten[28]. Sie begünstigt einseitig den Schuldner der charakteristischen Leistung, und zwar häufig ohne Grund. Der EuGH ist ihr nur für den Fall gefolgt, daß die Erfüllung einer oder mehrerer Verpflichtungen aus einem *Arbeitsvertrag* eingeklagt wurde, wobei die Begünstigung des Arbeitnehmers mit seiner sozialen Schutzbedürftigkeit gerechtfertigt werden konnte[29]. Der Gerichtsstand der Nr. 1 kommt aber nicht zur Anwendung, wenn die vertragliche Verpflichtung eines Arbeitnehmers, die vereinbarten Leistungen zu erbringen, außerhalb des Gebiets der Vertragsstaaten erfüllt worden ist oder zu erfüllen wäre; denn Art. 5 gewährt nur Gerichten von Vertragsstaaten eine internationale Zuständigkeit; in diesem Fall richtet sich die Zuständigkeit gemäß Art. 2 nach dem Wohnsitz des Beklagten[30]. Insgesamt steht die Rechtsprechung des EuGH zu den Arbeitsverträgen auf unsicherem Boden[31], und es ist daher zu begrüßen, daß das Beitrittsübereinkommen von 1989 (Textanhang VI) und das Lugano-Übereinkommen von 1988 (Textanhang VII) eine ausdrückliche Sonderregelung für Arbeitsverträge in Art. 5 Nr. 1 bereitstellen (näher dazu unten Rz. 18). – Auf andere Bereiche als Arbeits-

---

26 Siehe BGBl. 1983 II 806. Bericht *Schlosser* Nr. 133.

27 *Cass.* 25. 1. 1984, Rev. crit. 1985, 126 Anm. *Gaudemet-Tallon,* greift auf das Prinzip pacta sunt servanda als vertragliche Hauptverpflichtung zurück und ermittelt einen einheitlichen Erfüllungsort am Schwerpunkt des Rechtsverhältnisses.

28 Dafür *Bülow/Böckstiegel/Linke* Art. 5 Anm. I 3c mit Literaturnachweisen überwiegend aus der Zeit vor dem Urteil des *EuGH* vom 6. 10. 1976 – 14/76, De Bloos/Bouyer; *Spellenberg,* ZZP 1978, 51 ff.

29 *EuGH* 26. 5. 1982 – 133/81, Ivenel/Schwab. Bestätigend 15. 2. 1989 – 32/88, Six Constructions/Humbert, in einem Fall, in dem die Arbeit in mehreren Staaten zu verrichten war; Vorlage *Cass.* 14. 1. 1988, Gaz. Pal. 1988, 2, Pan. 63 f. = Bericht *Huet,* Clunet 1989, 91; Abschlußentscheidung *Cass.* 14. 6. 1989, D.S. 1989, I.R. 201.
Vgl. zur Problematik auch bereits *Cass.* 27. 10. 1982, Rev. crit. 1983, 661 Anm. *Gaudemet-Tallon; LAG Frankfurt* 4. 1. 1984, IPRax 1986, 107, 88 Anm. *Coester-Waltjen.*

30 *EuGH* 15. 2. 1989 (vorige Note).

31 Siehe etwa die Anmerkungen zum Urteil vom 15. 2. 1989 durch *Rauscher,* IPRax 1990, 152 ff., und *Pierre Rodière,* Rev. crit. 1989, 560 ff.

verträge ist die Maßgeblichkeit der charakteristischen Leistung nicht zu übertragen[32]. Für Arbeitsverträge betont der EuGH die Besonderheiten, daß sie nämlich eine dauerhafte Beziehung begründen, durch die der Arbeitnehmer in einer bestimmten Weise in den Betrieb des Unternehmens oder des Arbeitgebers eingegliedert wird, und daß der Ort der Tätigkeit auch für die Anwendung von Vorschriften zwingenden Rechts und von Tarifverträgen maßgeblich ist. Liegen diese besonderen Umstände nicht vor, so ist es weder erforderlich noch zweckmäßig, die für den Vertrag charakteristische Leistung zu ermitteln und an ihrem Erfüllungsort eine gerichtliche Zuständigkeit für Rechtsstreitigkeiten aus allen Vertragspflichten zu konzentrieren. Angesichts der Verschiedenartigkeit und der Vielfalt von Verträgen könnten nämlich leicht Ungewißheiten über die gerichtlichen Zuständigkeiten entstehen, die das Übereinkommen gerade verringern soll. Stellt man dagegen lediglich auf die Verpflichtung ab, deren Erfüllung mit der Klage begehrt wird, so besteht bei der Mehrzahl der Verträge eine solche Ungewißheit nicht. Ihr Erfüllungsort ist außerdem meist der Ort, der die engste Verbindung zwischen Streitigkeit und zuständigem Gericht aufweist, und diese Verbindung war für die Schaffung des Gerichtsstands des Erfüllungsorts gerade ausschlaggebend. Aus diesen Erwägungen kommt es nach dem zuletzt genannten Urteil des EuGH bei der Honorarklage des mit der Bauplanung befaßten Architekten auf diejenige Verpflichtung an, die konkret den Gegenstand der Klage bildet (in casu die nach deutschem Recht am Wohnsitz des Beklagten zu erfüllende Geldschuld), und nicht etwa auf die das ganze Vertragsverhältnis prägende, vertragstypische Leistung, d.h. auf den Sitz des Büros des Architekten oder auf den Ort des geplanten Bauwerks.

Vom EuGH obiter gebilligt wird die Anregung des Schrifttums, nicht jede vertragliche Nebenpflicht zur Gerichtsstandsbegründung ausreichen zu lassen, sondern i. d. R. auf die vertraglichen *Hauptleistungspflichten* abzustellen, um einer Gerichtsstandszersplitterung entgegenzuwirken[33]. Wenn ein Kläger seine Klage also auf mehrere Verpflichtungen stützt, die sich aus einem einzigen Vertrag ergeben, soll sich das angerufene Gericht an dem Grundgedanken orientieren, daß Nebensächliches der Hauptsache folgt; bei mehreren streitigen Verpflichtungen entscheidet mit anderen Worten die Hauptpflicht über die Zuständigkeit des Gerichts. **9**

Schließlich ist die Ansicht vertreten worden, daß der Erfüllungsort für *irgendeine vertragliche Verpflichtung* die internationale Zuständigkeit für alle vertrag- **10**

32 *EuGH* 15. 1. 1987 – 266/85, Shenavai/Kreischer. Vorlage *LG Kaiserslautern* 5. 3. 1985, IPRspr. 1985 Nr. 135; Abschlußentscheidung *LG Kaiserslautern* 5. 5. 1987, NJW 1988, 652 = IPRax 1987, 368, 346 Aufsatz *Mezger* = IPRspr. 1987 Nr. 128.

33 *EuGH* (vorige Note); ihm folgend *Versailles* 2. 6. 1988, Bericht *Huet*, Clunet 1990, 147; *Union Transport Group Plc.* v. *Continental Lines S. A.*, [1992] 1 All E.R. 161 (H.L.) = Bericht *Rüßmann*, IPRax 1993, 38.

lichen Ansprüche begründe[34]. Diese Auslegung darf man als durch die Rechtsprechung des EuGH überholt betrachten.

11 Für *Feststellungs- und Gestaltungsklagen, die den Bestand des gesamten Vertragsverhältnisses betreffen*, erscheint statt des Rückgriffs auf den Erfüllungsort der charakteristischen Leistung[35] folgende Differenzierung möglich: Kommt es für das Klagebegehren in der Sache auf die Nicht- oder Schlechterfüllung einer bestimmten vertraglichen Verpflichtung des Beklagten an, die beispielsweise zu einer Kündigung geführt hat, so ist auf den Erfüllungsort dieser Verpflichtung abzustellen[36]; ist der Vertragsschluß selbst im Streit, so mag am Erfüllungsort einer jeden vertraglichen Hauptpflicht ein kompetentes Gericht zur Verfügung stehen[37].

3. Maßgebliche Rechtsordnung zur Bestimmung des Erfüllungsortes

12 Der Erfüllungsort bestimmt sich nach dem Recht, das *nach den Kollisionsnormen* des mit dem Rechtsstreit befaßten Gerichts für die streitige Verpflichtung maßgebend ist[38]. Das Gericht hat also nach seinen Kollisionsnormen das auf das betreffende Rechtsverhältnis anwendbare materielle Recht zu ermitteln und alsdann den Erfüllungsort der streitigen vertraglichen Verpflichtung gemäß diesem Recht zu bestimmen[39]. Auf das IPR des Forums kommt es nur dann nicht an, wenn materielles Einheitsrecht eingreift und dieses seinen Anwendungsbereich unabhängig vom Kollisionsrecht bestimmt, wie z. B. Art. 1 I lit. a des Wiener Kaufrechtsübereinkommens vom 11. 4. 1980[40].

13 Eine auf rechtsvergleichender Grundlage gewonnene *vertragsautonome Bestimmung* des Erfüllungsortes war dem EuGH beim gegenwärtigen Stand der Rechtsentwicklung nicht möglich, insbesondere „angesichts der Unterschiede, die nach wie vor zwischen den einzelnen nationalen Rechten bei der Regelung

---

34 So *Weser* Nr. 221 a. E. Vgl. auch die zu Art. 4 Nr. 2 C. proc. civ. entwickelte italienische Rechtsprechung, nach der es ausreichen soll, daß der Erfüllungsort für *irgendeinen* vertraglichen Anspruch in Italien liegt. Diese heimwärtsstrebende Interpretation wird im italienischen Schrifttum zunehmend kritisiert und jedenfalls für Art. 5 Nr. 1 EuGVÜ abgelehnt; vgl. *Lizier Tessiore,* Riv. trim. dir. proc. civ. 1980, 129 ff. mit umfassenden Nachw.

35 Dafür *Huet,* Rev. crit. 1982, 397; *Gaudemet-Tallon,* Rev. crit. 1983, 520.

36 *OLG Frankfurt* 28. 11. 1979, RIW 1980, 585 = IPRspr. 1979 Nr. 174: positive Feststellungsklage; *Cass.* (Frankreich) 25. 1. 1983 und *Cass.* (Italien) 20. 3. 1986 (beide oben N. 21).

37 Vgl. *Grunsky,* RIW 1977, 5; *Geimer,* NJW 1977, 493.

38 *EuGH* 6. 10. 1976 – 12/76, Tessili/Dunlop. Dazu *Maggioni,* Riv. dir. civ. 1977, 683 ff.; *Migliazza,* Studi Liebman II 1005 ff.; zustimmend *Schlosser,* Gedächtnisschrift Bruns (1980) 52 ff.; kritisch *Lüderitz,* FS Zweigert (1981) 250 ff.

39 Zu den Erfüllungsortregelungen der autonomen Rechte der ursprünglichen Vertragsstaaten für einzelne Vertragstypen siehe *Rauscher* 13 ff.; *Schack* 163 ff. (auch zu Österreich, Schweiz, England und den USA); *Wrangel* 55 ff., 124 ff. (zum deutschen und italienischen Recht). Speziell zu Geldforderungen *Hay,* Mich. L. Rev. 82 (1983–84) 1330 f.

40 BGBl. 1989 II 588.

von Verträgen bestehen, und in Ermangelung jeder Vereinheitlichung des anwendbaren materiellen Rechts"[41]. Für die Entscheidung des EuGH spricht die ausgeprägt dem materiellen Recht dienende Funktion dieser besonderen Zuständigkeit[42]. Die anzustrebende einheitliche Auslegung des Art. 5 Nr. 1 wird im übrigen auch dann erreicht, wenn in den Vertragsstaaten übereinstimmendes Kollisionsrecht gilt. Das ist nach dem Inkrafttreten des EG-Übereinkommens über das auf Schuldverträge anzuwendende Recht vom 19. 6. 1980 weitgehend der Fall.

Eine Bestimmung des Erfüllungsortes nach der jeweiligen *materiellen lex fori* ist abzulehnen, weil sie nicht zu einer einheitlichen Anwendung des Art. 5 Nr. 1 in den Vertragsstaaten führt und die Gefahr mit sich bringt, daß für eine Verpflichtung ein mehrfacher oder kein Gerichtsstand des Erfüllungsortes gegeben ist[43]. Eine Ausfüllung des Begriffs nach dem jeweiligen *nationalen Prozeßrecht* muß schon deshalb ausscheiden, weil einzelne Prozeßordnungen – wie die niederländische – keinen entsprechenden Gerichtsstand enthalten. 14

Aus der deutschen Rechtsprechung sind bereits viele Entscheidungen bekannt geworden, die den Erfüllungsort nach der lex causae bestimmt haben[44]. Auch die Rechtsprechung der anderen Vertragsstaaten hat in den letzten Jahren wie der EuGH entschieden[45]. Die deutschen Gerichte haben den Erfüllungsort auch 15

---

41 *EuGH* 6. 10. 1976 (oben N. 38). Anders vorher *OLG Oldenburg* 14. 11. 1975, NJW 1976, 1043 = WM 1976, 1288 Anm. *Geimer* = IPRspr. 1975 Nr. 146: jeweiliger Schuldnerwohnsitz. Für eine autonome Bestimmung insbesondere *Bülow/Böckstiegel/Linke* Art. 5 Anm. 3b m. w. Nachw. aus dem älteren Schrifttum. Einen neuerlichen Vorstoß in diese Richtung unternimmt *Schack* 239 ff.; aus der Rechtsprechung vgl. *Chambéry* 13. 6. 1989, Bericht *Huet*, Clunet 1991, 149.

42 *Schlosser,* Gedächtnisschrift Bruns (1980) 56 ff.

43 Vor der Entscheidung des *EuGH* vom 6. 10. 1976 stellte die belgische, französische und italienische Rechtsprechung teilweise auf den Erfüllungsort der lex fori ab; siehe *Pocar,* RabelsZ 1978, 417 mit Nachw. Im Schrifttum für die lex fori z. B. *Droz,* Rev. crit. 1976, 124; *Franchi,* Riv. dir. int. priv. proc. 1976, 717 ff.

44 Siehe nur *BGH* 28. 3. 1979, KTS 1979, 295 = RIW 1979, 710 = IPRspr. 1979 Nr. 196 (obiter); 16. 1. 1981, NJW 1981, 1905 = RIW 1981, 413 = IPRspr. 1981 Nr. 152: deutsches Recht, Zahlungsansprüche aus Speditionsvertrag; 31. 1. 1991, NJW 1991, 3095 = RIW 1991, 513 = ZZP 1991, 449 Anm. *H. Roth*: deutsches Recht, Kanzleiort als Erfüllungsort für den Honoraranspruch des Anwalts; *OLG Stuttgart* 12. 2. 1981, NJW 1982, 529 = RIW 1982, 591 = IPRspr. 1981 Nr. 157: deutsches Recht, Kaufpreiszahlung als Zug um Zug zu erbringende Leistung an dem Ort zu erfüllen, an dem die Ware abzuholen ist (kritisch dazu *Stoll,* IPRax 1983, 54 N. 16a); *OLG Köln* 23. 2. 1983, RIW 1984, 314 = IPRspr. 1983 Nr. 133: deutsches Recht, Werkvertrag, Erfüllungsort auch für Zahlung des Werklohns am Ort des Bauwerks; 29. 4. 1983, IPRax 1985, 161, 145 zust. Anm. *Schröder* = IPRspr. 1983 Nr. 135, ebenso für Anspruch auf Bewilligung der Eintragung einer Bauhandwerkersicherungshypothek.

45 Nachweise bei *Kropholler* in Hdb. IZVR I Kap. III Rz. 672 und *Rauscher* 92 ff. Für Frankreich siehe *Cass.* 2. 6. 1981, Bericht *Audit,* D. S. 1982, I. R. 72; vgl. aber auch 28. 10. 1986, Rev. crit. 1987, 612 krit. Anm. *Gaudemet-Tallon*; für Italien *Cass.* 9. 5. 1983, n. 3146, Riv. dir. int. priv. proc. 1984, 543 = Bericht *Jayme,* IPRax 1985, 303; 12. 6. 1984, n. 3479, Riv. dir. int. priv. proc. 1985, 381; 9. 10. 1984, n. 5027, Riv. dir. int. priv. proc. 1985, 833; für die Niederlande *H. R.* 12. 6. 1981, N. J. 1982 Nr. 222 Anm. *Schultsz*; 1. 11. 1991, N. J. 1992 Nr. 422 Anm. *Schultsz.*

mehrfach nach dem *Einheitlichen Kaufgesetz* bestimmt[46]; dieses ist in Deutschland am 1. 1. 1991 durch das Wiener Kaufrechtsübereinkommen vom 11. 4. 1980 abgelöst worden[47], bleibt aber für Altfälle noch maßgebend[48]. In Belgien, den Niederlanden und Italien sind ebenfalls entsprechende Urteile ergangen[49]. Das Einheitliche Kaufgesetz (Art. 59 I) und sein Nachfolger, das Wiener Kaufrecht von 1980 (Art. 57 I), folgen einer international verbreiteten Tendenz, die Geldschuld am Erfüllungsort der Sachschuld zahlbar zu machen, so daß ein Klägergerichtsstand entsteht[50]; in Deutschland steht dem außerhalb dieser kaufrechtlichen Sonderregelungen – zumindest teilweise – § 270 IV BGB entgegen[51].

4. Tatsächlicher und rechtlicher Erfüllungsort

16 In Art. 5 Nr. 1 wird die Zuständigkeit an dem Gericht des Ortes begründet, „an dem die Verpflichtung erfüllt worden ist oder zu erfüllen wäre". Damit wird dem Kläger kein Wahlrecht eingeräumt. Vielmehr ist, solange noch nicht erfüllt worden ist, auf den Ort, an dem die Verpflichtung zu erfüllen wäre, abzustellen, während nach der Erfüllung der tatsächliche Erfüllungsort maßgebend ist[52]. Die Berücksichtigung des tatsächlichen Erfüllungsortes bringt für die Anwendung des Art. 5 Nr. 1 eine gewisse Flexibilität hinsichtlich des maßgebenden Zeitpunkts: Während der rechtliche Erfüllungsort unveränderlich festgelegt sein kann, z. B. bei deutscher lex causae am Wohnsitz des Schuldners zur Zeit der Entstehung des Schuldverhältnisses (§ 269 I BGB), kann der tatsächliche Erfüllungsort veränderten Verhältnissen stets Rechnung tragen, z. B. indem nach einer

---

46 Für Kaufpreiszahlung (Art. 59 I): *BGH* 4. 4. 1979, BGHZ 74, 136 = NJW 1979, 1782 = RIW 1979, 638 = IPRspr. 1979 Nr. 152b; *OLG Hamm* 27. 2. 1985, RIW 1985, 406 = IPRax 1986, 104, 82 Anm. *Schack* = IPRspr. 1985 Nr. 134; *OLG Koblenz* 24. 5. 1985, IPRax 1986, 105, 85 Anm. *Geimer* = RIW 1986, 459 = IPRspr. 1985 Nr. 139; *LG Köln* 5. 5. 1988, RIW 1988, 644 = IPRax 1989, 290, 274 Anm. *Schwenzer.* Für Kaufpreisrückgewähr nach Vertragsaufhebung (Art. 78 II): *BGH* 22. 10. 1980, BGHZ 78, 257 = NJW 1981, 1158 = RIW 1981, 123 = IPRax 1982, 129, 113 Anm. *Schlechtriem*; *OLG Düsseldorf* 9. 7. 1986, RIW 1987, 943 = IPRax 1987, 234, 215 Anm. *Schack* = IPRspr. 1986 Nr. 136. – Ablehnend z. B. *Dölle/von Caemmerer,* Kommentar zum Einheitlichen Kaufrecht (1976) Art. 59 Rz. 20; *von Caemmerer,* „Zahlungsort", in: Internationales Recht und Wirtschaftsordnung, FS Mann (1977) 19; *Stoll,* IPRax 1983, 54. Gegen *von Caemmerer* aber *Mezger,* RIW 1978, 335.

47 BGBl. 1990 II 1477, 1482.

48 Vgl. im einzelnen Art. 5 II des Zustimmungsgesetzes zum Wiener Kaufrecht (BGBl. 1989 II 586).

49 Zu Art. 59 EKG: *Hof Antwerpen* 30. 11. 1977, R. W. 1979-1980, 1045 Anm. *Laenens; Hof Arnhem* 14. 5. 1975, Bericht *J. P. Verheul,* Neth. Int. L. Rev. 1975, 337; *Hof Amsterdam* 31. 1. 1979, N. J. 1980 Nr. 572 Anm. *Schultsz*; *Cass.* (Italien) 20. 3. 1986 (oben N. 19); 24. 10. 1988, n. 5739; 13. 1. 1989, n. 103, Riv. dir. int. priv. proc. 1990, 155; 17. 3. 1989, n. 1332, Riv. dir. int. priv. proc. 1991, 172; 17. 2. 1990, n. 1172, Riv. dir. int. priv. proc. 1991, 441; 3. 12. 1990, n. 11557, Riv. dir. int. priv. proc. 1992, 593.

50 Dem EuGH liegt die Frage vor, ob seine Rechtsprechung aus diesem Grunde zu modifizieren ist (Rs 288/92). Vorlage *BGH* 26. 3. 1992, RIW 1992, 756 = IPRax 1992, 373, 357 Anm. *Jayme* = EuZW 1992, 514 Anm. *Geimer.*

51 Siehe zur Problematik *Mezger,* IPRax 1987, 346 ff.

52 *Mezger,* RIW 1976, 347; *Bülow/Böckstiegel/Linke* Art. 5 Anm. I 4 a; *Piltz,* NJW 1981, 1877.

Wohnsitzverlegung des Schuldners in einen anderen Staat am neuen Wohnsitz erfüllt wird.

5. Erfüllungsortvereinbarungen

Der Erfüllungsort kann auch durch eine vertragliche Vereinbarung der Parteien **17**
festgelegt werden. Die zuständigkeitsbegründende Wirkung einer derartigen Vereinbarung hängt nicht von der Einhaltung der in Art. 17 für Gerichtsstandsvereinbarungen vorgeschriebenen Form ab[53]. Aus der systematisch verschiedenen Stellung von Art. 5 im 2. Abschnitt des Titels II und von Art. 17 im 6. Abschnitt des Titels II des Übereinkommens ergibt sich nämlich, daß die Zuständigkeit des Gerichts des Erfüllungsortes nach Art. 5 Nr. 1 und die des gewählten Gerichts nach Art. 17 auf verschiedenen Konzeptionen beruhen: Während Art. 5 Nr. 1 ein Zuständigkeitskriterium aufstellt, dessen Anwendung der Kläger nach seiner Wahl bestimmen kann und das durch eine unmittelbare Verknüpfung zwischen dem Rechtsstreit und dem zu seiner Entscheidung berufenen Gericht gerechtfertigt ist, begründet Art. 17 eine ausschließliche Zuständigkeit und verzichtet auf jeden objektiven Zusammenhang zwischen dem streitigen Rechtsverhältnis und dem vereinbarten Gericht. Für eine Erfüllungsortvereinbarung muß es deshalb – im Unterschied zu einer Gerichtsstandsvereinbarung – genügen, daß sie von den Parteien in einer nach dem auf den Vertrag anwendbaren innerstaatlichen Recht wirksamen Vereinbarung bestimmt worden ist[54]. Ist die Erfüllungsortklausel in AGB enthalten, so richtet sich die Einbeziehungs- und Inhaltskontrolle nach der lex causae[55]. Die Parteien können für die Erfüllungsortvereinbarung auch ein anderes Recht wählen, als für den Vertrag im übrigen maßgebend ist (Nebenstatut)[56]. Die Gerichte sollten allerdings genau prüfen, ob die Annahme einer derartigen Teilverweisung wirklich dem Parteiwillen entspricht[57]. Insgesamt zeigt die Bezugnahme auf das nationale Recht die Grenzen des einheitlichen europäischen Verfahrensrechts und bringt eine gewisse Gefahr für die Rechtseinheit.

Jedoch überzeugt die von Art. 17 abweichende Beurteilung der Erfüllungsortvereinbarung m. E. nur dann, wenn die Vereinbarung ernsthaft auf die materiellrechtliche Begründung eines tatsächlichen Leistungsortes abzielt und also nicht

---

53 *EuGH* 17. 1. 1980 – 56/79, Zelger/Salinitri. Siehe auch das abschließende Urteil des *BGH* 7. 7. 1980, RIW 1980, 725 = IPRax 1981, 93, 75 Anm. *Spellenberg* = IPRspr. 1980 Nr. 137b; *BGH* 17. 10. 1984, NJW 1984, 560 = RIW 1985, 148 = IPRspr. 1984 Nr. 146: zu § 65 lit. a. ADSp = § 65 lit. b n. F.; ferner *Lyon* 28. 3. 1979, Clunet 1980, 888 Anm. *Holleaux*. Anders ein großer Teil des Schrifttums vor dem Urteil des EuGH, z. B. *Grunsky*, RIW 1977, 5 f.; *Baumgärtel*, FS Kegel (1977) 302 f.; *Pocar*, RabelsZ 1978, 419; *Piltz*, NJW 1979, 1074; *Bülow/Böckstiegel/Linke* Art. 5 Anm. I 4c.

54 *EuGH* 17. 1. 1980 – 56/79, Zelger/Salinitri.

55 Näher *Rauscher*, ZZP 1991, 308 ff.

56 *BGH* 7. 7. 1980 (oben N. 53).

57 *Spellenberg*, IPRax 1981, 78.

lediglich prozessual wirken soll[58]. Letzteres muß der Kläger – wie andere Zuständigkeitsvoraussetzungen – ggf. beweisen[59]. Nur prozessual gemeinte, „abstrakte" Erfüllungsortvereinbarungen sollten ihrer Funktion entsprechend an Art. 17 gemessen werden; denn andernfalls wäre diese Vorschrift weitgehend entwertet und ihrer Umgehung Tür und Tor geöffnet[60].

6. Arbeitsvertrag

18 Die (für Deutschland noch nicht in Kraft getretenen) Übereinkommen von San Sebastian und Lugano (Textanhang VI und VII) ergänzen die Nr. 1 um eine Sonderregelung für individuelle Arbeitsverträge. Diese Sonderregelung hat – wie die Einschränkung der Zulässigkeit von Gerichtsstandsvereinbarungen in Arbeitsverträgen (siehe Art. 17 Rz. 77) – das Ziel, dem Arbeitnehmer als dem sozial und wirtschaftlich schwächeren Teil einen angemessenen Schutz zu gewähren. Die Regelung findet ihre kollisionsrechtliche Parallele in Art. 6 des EG-Übereinkommens über das auf Schuldverträge anzuwendende Recht vom 19. 6. 1980 (in Deutschland in Art. 30 EGBGB inkorporiert). Die Normierung geht auf die (in Rz. 8 geschilderte) Rechtsprechung des EuGH zurück[61].

Grundsätzlich wird das *Gericht des gewöhnlichen Arbeitsortes* als das zuständige Gericht des Erfüllungsortes festgelegt.

Das Gericht des Ortes der *Niederlassung, die den Arbeitnehmer eingestellt hat,* ist in den besonderen Fällen zuständig, in denen der Arbeitnehmer seine Arbeit nicht in ein und demselben Staat verrichtet. Damit wird eine Häufung von Zuständigkeiten vermieden. Aus dem Ziel, den Arbeitnehmer zu schützen, ergibt sich, daß der Ausdruck „in ein und demselben Staat" auch den Fall einschließt, daß die Arbeit ganz oder teilweise außerhalb des Gebiets der Gemeinschaft verrichtet wird[62]. Während das Lugano-Übereinkommen den Gerichtsstand des Einstellungsortes gleichermaßen für Klagen des Arbeitnehmers wie des Arbeitgebers eröffnet, beschränkt das EuGVÜ 1989 ihn auf Klagen des Arbeitnehmers. Die darin liegende Bevorzugung des Arbeitnehmers wird mit seiner sozialen

---

58 Vgl. auch *Cass.* (Belgien) 28. 6. 1979, J. trib. 1979, 625 = E.C.C. 1980, 235 = Rev. crit. jur. belge 1981, 332 krit. Anm. *Vander Elst:* Nichtigkeit der Vereinbarung eines deutschen Erfüllungsortes im Vertrag zwischen einem deutschen Unternehmen und einem belgischen Vertragshändler, weil der deutsche Erfüllungsort lediglich durch einen Kunstgriff simuliert sei, um das zwingende belgische Recht auszuschalten.

59 Zustimmend *Rauscher,* ZZP 1991, 306 f.; anders *Geimer/Schütze* § 83 XIV.

60 Vgl. vor dem Urteil des EuGH (oben N. 53): *LG Braunschweig* 28. 2. 1974, RIW 1974, 346 = IPRspr. 1974 Nr. 147; *LG Mainz* 13. 2. 1976, IPRspr. 1976 Nr. 130; danach *LG Hamburg* 31. 1. 1984, IPRspr. 1984 Nr. 130. Aus dem Schrifttum: *von Hoffmann,* RIW 1973, 61; *Samtleben,* NJW 1974, 1591 f.; *Spellenberg,* ZZP 1978, 61 f.; *Grüter,* DB 1978, 384; *Stein/Jonas/Schumann* § 29 Rz. 49; *Schack* 237, 239.

61 Bericht *Almeida Cruz/Desantes Real/Jenard* Nr. 23.

62 Bericht *Almeida Cruz/Desantes Real/Jenard* Nr. 23 lit. d.

Schutzbedürftigkeit gerechtfertigt[63]. Während dem Arbeitgeber nur der allgemeine Gerichtsstand des Art. 2 (Wohnsitz des Arbeitnehmers) offensteht, hat der Arbeitnehmer die Wahl zwischen dem allgemeinen Gerichtsstand (Sitz oder Wohnsitz des Arbeitgebers) und dem am Ende von Art. 5 Nr. 1 vorgesehenen Gerichtsstand der Niederlassung. Der Begriff „Niederlassung" ist in einem weiten Sinne zu verstehen; er umfaßt insbesondere jede Wirtschaftseinheit, die keine eigene Rechtspersönlichkeit hat, wie z. B. eine Zweigniederlassung oder eine Agentur[64]. Für den Fall einer Verlegung der Niederlassung präzisiert das EuGVÜ 1989, daß der Arbeitnehmer dort klagen kann, wo sich die einstellende Niederlassung entweder zum Zeitpunkt der Einstellung befand oder zum Zeitpunkt der Klageerhebung befindet.

II. Gerichtsstand für Unterhaltsklagen (Nr. 2)

Der Klägergerichtsstand des Art. 5 Nr. 2 wurde aus den gleichen sozialen und praktischen Erwägungen geschaffen wie Art. 3 Nr. 2 des Haager Unterhaltsvollstreckungsübereinkommens vom 15. 4. 1958 und Art. 7 Nr. 1 des Haager Unterhaltsvollstreckungsabkommens vom 2. 10. 1973, die freilich beide nur die indirekte Zuständigkeit betreffen[65]. Zum einen soll der Unterhaltsberechtigte nicht genötigt sein, seinen Anspruch vor dem Gericht geltend zu machen, das für den Beklagten zuständig ist (scil. da der Berechtigte in der Regel arm ist und der Verpflichtete oft erst nachträglich ins Ausland gegangen ist); zum andern ist das Gericht am Wohnsitz oder gewöhnlichen Aufenthalt des Unterhaltsberechtigten am besten in der Lage, die Unterhaltsbedürftigkeit festzustellen und den Unterhaltsbetrag festzulegen[66]. Ferner ermöglicht der Gerichtsstand einen die Prozeßführung erleichternden Gleichlauf zwischen Zuständigkeit und anzuwendendem materiellen Recht, wenn das Kollisionsrecht – wie in Deutschland aufgrund der Haager Unterhaltsstatutabkommen von 1956 und 1973 sowie Art. 18 EGBGB – ebenfalls primär auf den gewöhnlichen Aufenthalt des Berechtigten abstellt. Für die in Nr. 2 außerdem eröffnete Zuständigkeit des Gerichts des Statusprozesses (siehe unten Rz. 22) spricht das Partei- und Gerichtsinteresse an einer Konzentration zusammenhängender Verfahren. 19

---

63 Auslöser war die nach der Unterzeichnung des Lugano-Übereinkommens ergangene Entscheidung des *EuGH* vom 15. 2. 1989 – 32/88, Six Constructions/Humbert; siehe den Bericht *Almeida Cruz/Desantes Real/Jenard* Nr. 23 lit. b.

64 Bericht *Jenard/Möller* Nr. 43. Siehe auch unten Rz. 55 ff.

65 Das wird von der Rechtsprechung leicht übersehen; so etwa von *BGH* 27. 6. 1984, NJW 1985, 552 = FamRZ 1984, 1001 = IPRax 1985, 224, 207 Anm. *Henrich* = IPRspr. 1984 Nr. 168.

66 Der Begriff „Gericht" umfaßt in Unterhaltssachen auch dänische Verwaltungsbehörden; siehe Art. V a des Protokolls (Textanhang II).

1. Unterhaltssache

20 Für die vertragsautonome Auslegung des Begriffs „Unterhaltssache“ gibt der Bericht *Schlosser* im Anschluß an die Beratungen der Sachverständigengruppe, in welcher der Art. 5 Nr. 2 neu formuliert wurde, ausführliche Hinweise[67]. Danach können unter den Ausdruck mehrere Rechtsbegriffe aus ein und derselben nationalen Rechtsordnung fallen, z. B. aus der französischen Rechtssprache „devoir de secours“, „devoir d'entretien“ und „contributions aux charges du ménage“. Der Anspruch muß nicht auf Leistung periodischer Zahlungen gerichtet sein (vgl. § 1615e BGB). Auf *vertragliche* Unterhaltsansprüche soll Art. 5 Nr. 2 dann anwendbar sein, wenn ein dem Grunde nach durch einen familienrechtlichen Status schon begründeter Anspruch vertraglich nur näher konkretisiert wird; dagegen soll allein Art. 5 Nr. 1 (Zuständigkeit am Erfüllungsort) eingreifen, wenn der Vertrag einen vorher nicht vorhandenen Unterhaltsanspruch erst begründet hat[68]. Das Übereinkommen ist überhaupt nicht anwendbar, wenn der geltend gemachte Anspruch ehegüterrechtlich oder erbrechtlich einzuordnen ist (Art. 1 II Nr. 1). Bei der mitunter schwierigen Abgrenzung zu Ansprüchen auf Vermögensauseinandersetzung oder Schadensersatz, für die Art. 5 Nr. 2 jeweils außer Betracht bleibt, soll es darauf ankommen, „ob der auf ein familienrechtliches Band gestützten Zahlung Unterhaltsfunktion zukommen soll . . . oder ob Vermögensauseinandersetzung oder Schadensersatz im Vordergrund stehen“[69]. Der EuGH geht von einem weiten Unterhaltsbegriff aus. Denn er rechnet die im französischen Recht vorgesehenen „Ausgleichsleistungen“ nach Scheidung („prestations compensatoires“), die gemäß Art. 270ff. Code civil den Charakter einer pauschalen Abgeltung tragen und denen infolgedessen nach französischer Auffassung eine Entschädigungsfunktion zukommt, schon deshalb zu den Unterhaltssachen, weil sich die finanzielle Verpflichtung nach den beiderseitigen Mitteln und Bedürfnissen der früheren Ehegatten bestimmt[70].

2. Wohnsitz und gewöhnlicher Aufenthalt

21 Zuständig ist zum einen das Gericht am Wohnsitz des Unterhaltsberechtigten. Der selbständige Wohnsitz bestimmt sich gemäß Art. 52 nach der lex fori, der unselbständige nach dem Heimatrecht. Zum anderen sieht Art. 5 Nr. 2 den Gerichtsstand des gewöhnlichen Aufenthalts des Unterhaltsberechtigten vor, um das Übereinkommen an die Haager Unterhaltsübereinkommen anzupas-

---

67 Bericht *Schlosser* Nr. 91–97. Teilweise abweichend *Geimer/Schütze* § 74 VI 4.

68 Dazu Bericht *Schlosser* Nr. 92: „Anders als bei Anwendbarkeit von Art. 5 Nr. 2 ist das Ergebnis im letzteren Falle freilich kaum. Unterhaltsansprüche aus Verträgen sind meist am Wohnsitz oder gewöhnlichen Aufenthalt des Unterhaltsberechtigten zu erfüllen.“

69 Bericht *Schlosser* Nr. 96.

70 *EuGH* 6. 3. 1980 – 120/79, De Cavel/De Cavel. Zu diesem Punkt *Hausmann,* IPRax 1981, 7.

sen[71]. Diese Anpassung ist nicht nur äußerliches Harmoniestreben, sondern sachlich gerechtfertigt; denn dadurch kann z. B. die Ehefrau, die von ihrem Ehemann verlassen ist, diesen nicht nur vor dem Gericht des gesetzlichen Wohnortes, sondern auch an ihrem gewöhnlichen Aufenthalt verklagen. Gemäß der Zielsetzung, mit den Haager Übereinkommen in Übereinstimmung zu bleiben, kann sich die Auslegung des Begriffs des gewöhnlichen Aufenthalts an diesen Übereinkommen orientieren. Als gewöhnlicher Aufenthalt wird dort der Ort oder das Land angesehen, „in dem der Schwerpunkt der Bindungen der betreffenden Person, ihr Daseinsmittelpunkt liegt“[72].

3. Unterhaltsentscheidungen in Verbindung mit Statusverfahren

Das Übereinkommen stellt in einem durch das Beitrittsabkommen von 1978 eingefügten Zusatz klar, daß Unterhaltsentscheidungen als Nebenentscheidungen in Statusverfahren von dem Gericht erlassen werden dürfen, das nach seinem Recht für dieses Verfahren zuständig ist, es sei denn, diese Zuständigkeit beruhte lediglich auf der Staatsangehörigkeit einer der Parteien. Das EuGVÜ überläßt die Entscheidung über die internationale Zuständigkeit also ausnahmsweise weitgehend dem autonomen Recht des Forums. Es genügt grundsätzlich, daß das angegangene Gericht nach den für seine internationale Zuständigkeit maßgebenden nationalen Rechtsregeln sowohl über die Statussache als auch über den Unterhaltsprozeß entscheiden darf. 22

Das EuGVÜ verbietet eine nach nationalem Recht vorgesehene einheitliche Entscheidung von Status- und Unterhaltssachen nur dann, wenn das Gericht seine Zuständigkeit aus der *Nationalität einer der beiden Parteien* herleitet. Hierbei ist – so führt der Berichterstatter aus[73] – „vor allem an die in Art. 3 II genannten, für den reinen Statusprozeß wegen Art. 1 II Nr. 1 aber nicht beiseite geschobenen exorbitanten Zuständigkeiten in Art. 15 des belgischen Zivilgesetzbuches (‚code civil‘) und in Art. 14 und 15 des französischen und luxemburgischen Zivilgesetzbuches (‚code civil‘) gedacht. Mit Statusverfahren verbundene Unterhaltsklagen bleiben aber zulässig, wenn die Zuständigkeit des Gerichts aus anderen Gründen eine solche ist, die das EuGVÜ normalerweise als exorbitant verpönt. Die Anknüpfung der gerichtlichen Zuständigkeit an die *gemeinsame Staatsangehörigkeit beider Parteien* hat das EuGVÜ für normale Zivil- und Handelssachen wohl ausgeschlossen (Art. 3 II). Derartiges läßt sich aber für den verbundenen Status- und Unterhaltsprozeß nicht als exorbitant ansprechen und daher auch nicht als unzulässig erklären ... Der ... Art. 5 Nr. 2 macht schließ- 23

---

71 Bericht *Jenard* zu Art. 5 Nr. 2.

72 So zum Unterhaltsabkommen von 1956 *BGH* 5. 2. 1975, NJW 1975, 1068 = FamRZ 1975, 272 = IPRspr. 1975 Nr. 83; näher zum Begriff des gewöhnlichen Aufenthalts *Staudinger/Kropholler*[12] Vorbem. zu Art. 18 EGBGB Rz. 39ff.

73 Bericht *Schlosser* Nr. 41.

lich die in familienrechtlichen Sammelverfahren angerufenen Gerichte für die Unterhaltsansprüche lediglich dann unzuständig, wenn sich ihre Zuständigkeit für den Statusprozeß *ausschließlich* auf die Nationalität einer der beiden Parteien stützt. Wenn die Zuständigkeit dieser Gerichte von der Verwirklichung mehrerer tatbestandlicher Voraussetzungen abhängt, von denen nur eine die inländische Nationalität einer der beiden Parteien ist, so hängt die Entscheidungsbefugnis nicht ausschließlich von der Nationalität einer der beiden Parteien ab."

24 Nicht restlos deutlich ist, ob eine auf die Staatsangehörigkeit gestützte Zuständigkeit auch dann als exorbitant nicht anerkannt wird, wenn das Gesetz eines Vertragsstaates sie zwar schon aufgrund der inländischen Staatsangehörigkeit einer der Parteien gewährt, *im konkreten Fall* aber beide Parteien die gleiche Staatsangehörigkeit besitzen. Wenn das Gericht in einem solchen Fall auf die gemeinsame Staatsangehörigkeit der Parteien abstellt, kann es seine internationale Zuständigkeit für die Unterhaltsklage im Rahmen der Nr. 2 m.E. bejahen.

25 Gründet sich die Zuständigkeit für den Statusprozeß im Einzelfall nur auf den als exorbitant empfundenen Grund der Staatsangehörigkeit einer der Parteien, so wird der *Verbund aufgehoben*: für den Statusprozeß ist die Zuständigkeit aufgrund der Norm des autonomen Rechts gegeben, während der Unterhaltsprozeß vor einem anderen nach dem EuGVÜ zuständigen Gericht ausgetragen werden muß[74].

4. Klagen gegen den Unterhaltsberechtigten

26 Für Klagen gegen den Unterhaltsberechtigten in einer Unterhaltssache ist die Nr. 2 nach ihrem Zweck, dem Berechtigten die Verfolgung seiner Ansprüche zu erleichtern, nicht maßgebend. Auch die Verfasser des Übereinkommens gingen offenbar davon aus, daß für Klagen des Unterhaltsschuldners gegen den Berechtigten nur der allgemeine Gerichtsstand des Art. 2 besteht[75]. Freilich kommt die gewollte Beschränkung der Nr. 2 im Wortlaut der Vorschrift nicht zum Ausdruck. Deshalb möchten manche Autoren die Nr. 2 auf Klagen gegen den Unterhaltsberechtigten ebenfalls anwenden und diese Klagen also nicht nur am Wohnsitz des Berechtigten (Art. 2) zulassen, sondern auch an seinem gewöhnlichen Aufenthalt und unter den Voraussetzungen der Nr. 2 bei dem für den Statusprozeß zuständigen Gericht[76]. Indes sollte – hier wie sonst – der Zweck der Vorschrift das entscheidende Auslegungskriterium bilden.

---

74 Bericht *Schlosser* Nr. 36.

75 Bericht *Schlosser* Nr. 107; siehe unten Rz. 31.

76 So *Geimer/Schütze* § 74 VI 7; zustimmend *Nagel* Rz. 186; *MüKoZPO-Gottwald* Art. 5 Rz. 21.

5. Regreßforderungen gegen den Unterhaltsschuldner

Alle Rechtsordnungen der Mitgliedstaaten sehen vor, daß für einen Unterhaltsschuldner, der nicht rechtzeitig leistet, subsidiär Unterhaltsverpflichtete und notfalls öffentliche Behörden einspringen, die dann ihre Aufwendungen vom (vorrangigen) Unterhaltsschuldner ersetzt verlangen können. Die einzelnen Rechtsordnungen haben hierfür verschiedene Techniken entwickelt. Zum Teil ordnen sie an, der Unterhaltsanspruch solle auf den Leistenden übergehen, also einen neuen Gläubiger erhalten, ohne seine Identität als Unterhaltsanspruch zu verlieren. Zum Teil gewähren sie dem Leistenden einen selbständigen Ersatzanspruch, so beispielsweise, wenn im Vereinigten Königreich die Fürsorgebehörde Unterhalt geleistet hat. Die Berichte zum Übereinkommen erwähnen, daß Regreßansprüche auch dann unter das EuGVÜ fallen sollen, wenn sie auf einer Leistung beruhen, die eine öffentliche Behörde nach Verwaltungsrecht oder aufgrund von Vorschriften aus dem Recht der sozialen Sicherheit geleistet hat[77]. Nach dem Bericht *Schlosser* ist es jedoch „nicht Sinn der besonderen Zuständigkeitsbestimmung von Art. 5 Nr. 2, für Regreßforderungen die Zuständigkeit der Gerichte am Wohnsitz des Unterhaltsberechtigten oder gar am Sitz der Behörde zu begründen – gleich welche der beiden genannten Techniken eine Rechtsordnung gewählt hat". In der Tat ist der primäre Zweck der Nr. 2, dem Unterhaltsberechtigten die Verfolgung seiner Ansprüche zu erleichtern, nicht erfüllt[78]. 27

6. Abänderungsklagen

Das Übereinkommen billigt dem Gericht, das den Betrag einer Unterhaltsleistung festgesetzt hat, nicht ohne weiteres die internationale Zuständigkeit zur Abänderung zu. Der Umstand, daß dieses Gericht den Erstprozeß entschieden hat, ist kein Anknüpfungspunkt für eine besondere internationale Zuständigkeit[79]. Vielmehr gelten auch für Abänderungsklagen die allgemeinen Zuständigkeitsvorschriften des Übereinkommens, insbesondere Art. 2 und Art. 5 Nr. 2. 28

---

77 Bericht *Jenard* zu Art. 1 unter IV C für Regreßansprüche im Schadensrecht; Bericht *Schlosser* Nr. 97 für Regreßansprüche nach Unterhaltsleistung. Kritisch zu dieser Intention der Verfasser des Übereinkommens *O'Malley/Layton* 418.

78 Eine teleologische Reduktion des Art. 5 Nr. 2 befürworten deshalb auch *Geimer/Schütze* § 74 VI 2. Dagegen sieht *Hartley* 50 N. 32 keinen Grund, die Klage der Behörde nicht am Wohnsitz oder gewöhnlichen Aufenthalt der unterhaltsbedürftigen Person zuzulassen. Der Bericht *Schlosser*, demzufolge nur am Wohnsitz des vorrangigen Unterhaltsschuldners geklagt werden kann, scheint ihm unlogisch: „if such claims are ‚maintenance', Art. 5 (2) should apply to them; if, on the other hand, they are not ‚maintenance,' they can only be regarded as ‚social security,' in which case they are excluded from the Convention altogether and national rules of jurisdiction apply." Kritisch auch *Kaye* 542.

79 Bericht *Jenard* zu Art. 5 Nr. 2; Bericht *Schlosser* Nr. 106 f.; ferner etwa *Schlosser*, FamRZ 1973, 426 ff.; *Geimer*, RIW 1975, 84; *Geimer/Schütze* § 74 VI 8; *Bülow/Böckstiegel/Linke* Anm. 5 vor Art. 5.

29 Bei Schaffung des Übereinkommens wurde zwar zur Erwägung gestellt, das Gericht, das den Betrag einer Unterhaltsleistung festgesetzt hat, auch allein über die Änderung entscheiden zu lassen, um widersprechende Entscheidungen zu vermeiden. Die Verfasser haben jedoch mit Recht von einer solchen Lösung Abstand genommen: „Es wären sonst Parteien, die keinerlei Beziehungen mehr zu dem ursprünglich befaßten Gericht besitzen, gezwungen, den Rechtsstreit vor ein möglicherweise weit entferntes Gericht zu bringen. Außerdem muß sich die Entscheidung des Zweitrichters, durch die eine Entscheidung des Erstrichters geändert werden soll, auf eine neue Tatsache stützen; es kann deshalb nicht angeführt werden, daß man es mit zwei einander widersprechenden Entscheidungen zu tun habe“ [80].

30 Die Gerichte des Urteilsstaates verlieren also ihre Anpassungskompetenz, wenn die Voraussetzungen für ihre gerichtliche Zuständigkeit nicht mehr bestehen. Die Anpassung von Unterhaltstiteln kann nur bei den Gerichten begehrt werden, die nach Art. 2 oder Art. 5 Nr. 2 EuGVÜ zuständig sind.

31 „Begehrt der Unterhaltsberechtigte Anpassung etwa an inzwischen eingetretene Teuerungen, so kann er zwischen dem internationalen Gerichtsstand des Wohnsitzes des Unterhaltsschuldners und dem örtlichen Gerichtsstand seines eigenen Wohnsitzes oder gewöhnlichen Aufenthalts wählen. Erstrebt hingegen der Unterhaltsschuldner eine Anpassung, etwa weil sich seine wirtschaftlichen Verhältnisse verschlechtert haben, dann steht ihm nur der internationale Gerichtsstand von Art. 2, nämlich derjenige des Wohnsitzes des Unterhaltsberechtigten, offen [81]. Selbst wenn das ursprüngliche Urteil – gegebenenfalls in Anwendung von Art. 2 – in seinem eigenen Wohnsitzstaat ergangen war und sich an den Aufenthaltsverhältnissen der Parteien nichts geändert hat, ist das nicht anders“ [82].

32 Auf keinen Fall darf das *Gericht im Anerkennungs- und Vollstreckungsstaat* ohne Rücksicht auf die Zuständigkeitsvorschriften des EuGVÜ überprüfen, ob der zuerkannte Betrag noch angebracht ist. Denn entweder handelt es sich um eine Rechtsbehelfsfrage – dann sind die Gerichte des Ursprungsstaates zuständig; oder die neue Klage ist vom alten Verfahren abgetrennt zu beurteilen – dann müssen die Zuständigkeitsvorschriften des EuGVÜ eingehalten werden [83].

33 Die *Anerkennung einer Abänderungsentscheidung*, die ein nach dem EuGVÜ zuständiges Gericht eines anderen Vertragsstaates erlassen hat, darf in dem Staat des Erstprozesses nicht unter Hinweis auf Art. 27 Nr. 3 versagt werden [84]. Denn

---

80 Bericht *Jenard* zu Art. 5 Nr. 2, wo darauf hingewiesen wird, daß man sich bei der Abfassung des Haager Unterhaltsvollstreckungsabkommens von den gleichen Erwägungen leiten ließ.

81 Die internationale Zuständigkeit der deutschen Gerichte am Wohnsitz des Beklagten bleibt wegen des Vorrangs des Abkommens vor § 621 II ZPO auch dann bestehen, wenn im Ausland eine Ehesache anhängig ist; *OLG München* 24. 10. 1978, FamRZ 1979, 153 = IPRspr. 1978 Nr. 147.

82 Bericht *Schlosser* Nr. 107. Der Unterhaltsschuldner, der eine Minderung seiner Unterhaltspflicht anstrebt, kann dies gemäß Art. 2 EuGVÜ nur am Wohnsitz des Unterhaltsberechtigten erlangen, nicht aber im Wege der Vollstreckungsgegenklage nach § 767 ZPO; *Schlosser,* FamRZ 1973, 426f. Anders *Geimer,* RIW 1975, 84 (unter 3).

83 Bericht *Schlosser* Nr. 105.

84 Anders aber *Rb. Arnhem* 15. 3. 1984, N. J. 1985 Nr. 205.

die Erstentscheidung und die abändernde Entscheidung sind nicht unvereinbar; vielmehr setzt eine Abänderung die Anerkennung der Erstentscheidung gerade voraus. Die Annahme einer Unvereinbarkeit beider Entscheidungen würde die Anerkennungsfähigkeit fremder Unterhaltsabänderungen entgegen den Zielsetzungen des Übereinkommens empfindlich einschränken.

III. Gerichtsstand für Deliktsklagen (Nr. 3)

Der Gerichtsstand der unerlaubten Handlung ist in den Rechtsordnungen der meisten Mitgliedstaaten bekannt (in Luxemburg und in den Niederlanden nur für Sonderfälle, wie Straßenverkehrsunfälle), und er findet sich auch in den meisten zweiseitigen Abkommen zwischen europäischen Staaten[85]. 34

1. Unerlaubte Handlung

Das Begriffspaar „unerlaubte Handlung" und „Handlung, die einer unerlaubten Handlung gleichgestellt ist", muß ebenso *autonom* bestimmt werden wie in Art. 5 Nr. 1 der Begriff des Vertrages[86]. Diese Begriffe sind also nicht als bloße Verweisungen auf das innerstaatliche Recht eines der beteiligten Staaten zu verstehen, etwa auf die lex fori oder die lex causae. Zur Begründung betont der EuGH – hier wie zu Nr. 1 (vgl. oben Rz. 4) –, es müsse sichergestellt werden, daß sich aus dem Übereinkommen für die Vertragsstaaten und die betroffenen Personen soweit wie möglich gleiche und einheitliche Rechte und Pflichten ergeben; die Auslegung habe in erster Linie die Systematik und die Zielsetzung des Übereinkommens zu berücksichtigen. Der Begriff „unerlaubte Handlung" ist somit als autonomer Begriff anzusehen, „der sich auf alle Klagen bezieht, mit denen eine Schadenshaftung des Beklagten geltend gemacht wird und die nicht an einen Vertrag im Sinne von Art. 5 Nr. 1 anknüpfen". 35

Unter den Begriff der unerlaubten Handlung fallen unterschiedliche *Delikts-typen*, wie z. B. Straßenverkehrsunfälle, an die man bei Abfassung des Übereinkommens vor allem gedacht hat[87], Umweltbeeinträchtigungen[88], Schädigungen durch fehlerhafte Produkte[89], Kartellverstöße[90], unlauterer Wettbewerb[91] 36

---

85 Näher Bericht *Jenard* zu Art. 5 Nr. 3; *Droz* Nr. 74; *Bülow/Böckstiegel/Linke* Art. 5 Anm. III 1 b.

86 *EuGH* 27. 9. 1988 – 189/87, Kalfelis/Schröder u. a. Vorlagebeschluß *BGH* 27. 4. 1987, RIW 1987, 623 = WM 1987, 883 = IPRspr. 1987 Nr. 127. Zu den Schwierigkeiten vgl. oben Rz. 5 a. E.

87 Bericht *Jenard* zu Art. 5 Nr. 3.

88 *Kohler*, in: Grenzüberschreitender Umweltschutz in Europa (1984) 74.

89 Vgl. oben Rz. 5; ferner *AG Neustadt/W.* 23. 2. 1984, IPRspr. 1984 Nr. 133.

90 *Rehbinder*, in: *Immenga/Mestmäcker*, GWB^2 (1992) § 98 Abs. 2 Rz. 264.

91 *BGH* 11. 2. 1988, NJW 1988, 1466 = RIW 1988, 397 = IPRax 1989, 98, 84 Anm. *Mansel* = IPRspr. 1988 Nr. 153; *Comm. Liège* 4. 1. 1983, J. trib. 1983, 556.

und Verletzungen von Immaterialgüterrechten[92]. Da Art. 5 Nr. 3 auch Handlungen nennt, die einer unerlaubten Handlung gleichgestellt sind, ist die *Gefährdungshaftung* unzweifelhaft erfaßt, nicht dagegen ein Anspruch aus *ungerechtfertigter Bereicherung*[93]. Die *Gläubigeranfechtungsklage* läßt sich nicht unter den (in der vorigen Rz. umschriebenen) Begriff der unerlaubten Handlung subsumieren, da ihr Ziel nicht darin besteht, den Schuldner zu Schadensersatz für seinen fraudulösen Akt zu verurteilen, sondern seine Verfügung dem Gläubiger gegenüber für relativ unwirksam zu erklären (vgl. Art. 16 Rz. 16), und zwar auch im Verhältnis zu dem (u. U. schuldlosen) Begünstigten[94]. Einen zweifelhaften Grenzfall bildet beispielsweise die Einordnung der *culpa in contrahendo*[95]. Funktionell deliktischen Ansprüchen vergleichbar erscheinen *Beseitigungs- und Unterlassungsansprüche des Grundeigentümers*, wie sie z. B. die §§ 906, 1004 BGB gewähren[96]. – Nebenansprüche, wie der *Anspruch auf Auskunfterteilung*, fallen unter die für die Hauptsache gegebene Zuständigkeit[97]. – Auch auf den *Regreßanspruch* bei Haftung mehrerer aus einer unerlaubten Handlung findet Art. 5 Nr. 3 Anwendung[98].

37 *Präventive Klagen*, in denen es etwa darum geht, die Veröffentlichung eines beleidigenden Druckwerks zu verhüten oder den Handel mit Waren verbieten zu lassen, die unter Verletzung von Vorschriften des gewerblichen Rechtsschutzes hergestellt oder angeboten werden, scheinen nach dem Wortlaut des Art. 5 Nr. 3 („eingetreten ist“) ausgeschlossen[99]. Indes: „Manches spricht dafür, daß Klagen, die im ordentlichen Hauptsacheverfahren zur Unterbindung eines drohenden Delikts möglich sind, auch im Gerichtsstand des Art. 5 Nr. 3 erhoben werden können“[100]. Allerdings können sich Unsicherheiten bei der Bestimmung des Deliktsortes im Sinne der Nr. 3 ergeben, wenn eine vorbeugende Unterlassungsklage auf die Erstbegehungsgefahr für eine unerlaubte Handlung und

---

92 Zu den beiden zuletzt genannten *Stauder,* GRUR Int. 1976, 473–475. Zu einer Patentverletzung siehe etwa *Molnlycke AB* v. *Procter & Gamble Ltd.*, [1992] 4 All. E.R. 47 (C.A.).

93 *Trib. Milano* 17. 3. 1975, Riv. dir. int. priv. proc. 1976, 805 = Riv. dir. int. 1976, 333. Unzutreffend *Cass.* 22. 6. 1990, n. 6330, Riv. dir. int. priv. proc. 1991, 772 = krit. Bericht *W. Lorenz,* IPRax 1993, 44.

94 So *EuGH* 26. 3. 1992 – 261/90, Reichert/Dresdner Bank, unter Nr. 19.

95 Vgl. zum autonomen deutschen Zivilprozeßrecht *Bernstein*, RabelsZ 1977, 289 ff.

96 *Kohler,* in: Grenzüberschreitender Umweltschutz in Europa (1984) 74 f.; vgl. auch Art. 16 Rz. 19.

97 Das entspricht dem zu Art. 5 Nr. 1 vom EuGH anerkannten Grundsatz, „daß Nebensächliches der Hauptsache folgt“; siehe oben Rz. 9.

98 *OLG Celle* 22. 3. 1990, VersR 1991, 234 = IPRspr. 1990 Nr. 169.

99 Für einen Ausschluß wegen des Wortlauts von Art. 5 Nr. 3 *Bülow/Böckstiegel/Linke* Art. 5 Anm. III 2 b; *Rb. Middelburg* 24. 4. 1987, N.J. 1989 Nr. 744 Anm. *Schultsz; Cass.* 8. 8. 1989, n. 3657, Riv. dir. int. priv. proc. 1990, 685; *Trib. Lodi* 13. 2. 1991, Riv. dir. int. priv. proc. 1992, 332.

100 Bericht *Schlosser* Nr. 134 mit dem Hinweis, daß ohne jeden Zweifel Art. 24 anwendbar ist, wenn die Gerichte in einem Verfahren des einstweiligen Rechtsschutzes angegangen werden, auch wenn ihre Entscheidungen faktisch definitiv wirken. Für eine Anwendbarkeit des Art. 5 Nr. 3 ferner etwa *Behr,* GRUR Int. 1992, 607.

nicht auf die Wiederholungsgefahr für ein bereits begangenes Delikt gestützt wird[101].

Unerheblich für die Anwendung des Art. 5 Nr. 3 ist die *Person des Klägers oder des Beklagten*. Die Bestimmung gilt, auch wenn die Klage nicht vom Verletzten erhoben wird, sondern von Rechtsnachfolgern oder sonstigen Rückgriffsberechtigten, und wenn sie sich nicht gegen den Täter richtet, sondern gegen dessen Rechtsnachfolger oder gegen eine Person, die nach materiellem Recht die Haftung für andere trägt. Auch für die Direktklage des Geschädigten gegen den Haftpflichtversicherer ist durch die ausdrückliche Regelung in Art. 9 der Gerichtsstand am Ort der unerlaubten Handlung gegeben. Ferner ist Art. 5 Nr. 3 auf die negative Feststellungsklage des Schädigers anzuwenden. Im Interesse der Chancengleichheit der Parteien sollte man die zur Begründung des Gerichtsstandes schlüssige Behauptung des Geschädigten, an diesem Ort sei ein Delikt begangen worden, genügen lassen (vgl. Art. 19 Rz. 5). **38**

Im Falle der *Anspruchskonkurrenz* ist der für die Deliktsklage zuständige Richter nicht auch zuständig, über die Klage unter anderen, nichtdeliktischen Gesichtspunkten (Vertrag, ungerechtfertigte Bereicherung) zu entscheiden[102]. Diese Regel ergibt sich im Rahmen des EuGVÜ nicht etwa aus der deutschen lex fori, sondern aus einer vertragsautonomen Interpretation des Übereinkommens. Zur Begründung führt der EuGH an, daß die in Art. 5 und 6 aufgezählten „besonderen Zuständigkeiten" als Ausnahmen vom Grundsatz der Wohnsitzzuständigkeit einschränkend auszulegen seien. Zwar bringe es Nachteile mit sich, wenn über die einzelnen Aspekte eines Rechtsstreits von verschiedenen Gerichten entschieden werde, doch sei zum einen darauf hinzuweisen, daß der Kläger stets die Möglichkeit habe, seine Klage unter sämtlichen Gesichtspunkten vor das Gericht des Wohnsitzes des Beklagten zu bringen, und zum anderen darauf, daß Art. 22 EuGVÜ es dem zuerst angerufenen Gericht unter bestimmten Umständen ermögliche, über den gesamten Rechtsstreit zu befinden, wenn zwischen den vor verschiedenen Gerichten erhobenen Klagen ein Zusammenhang bestehe[103]. Diese Entscheidung legt die Annahme nahe, daß es dem Kläger auch nicht gestattet sein soll, alle konkurrierenden Ansprüche gemeinsam beim Gericht des Erfüllungsortes (Art. 5 Nr. 1) geltend zu machen[104]. Das wäre zu bedauern. Denn für eine umfassende Zuständigkeit im Vertragsgerichtsstand spricht (im Unterschied zu der abgelehnten Erweiterung der deliktischen Zuständigkeit), daß in derartigen Fällen im allgemeinen das Vertragsverhältnis und **39**

---

101 Siehe *OLG Bremen* 17. 10. 1991, RIW 1992, 231.

102 *EuGH* 27. 9. 1988 – 189/87, Kalfelis/Schröder u. a. Vorlagebeschluß *BGH* 27. 4. 1987, RIW 1987, 623 = WM 1987, 883 = IPRspr. 1987 Nr. 127.

103 Kritisch zu diesen Argumenten *Geimer*, NJW 1988, 3090; *Gottwald*, IPRax 1989, 272 ff.

104 Anders *OLG Koblenz* 23. 2. 1990, RIW 1990, 316 = IPRax 1991, 241 = ZIP 1991, 1048 = IPRspr. 1990 Nr. 228. Bei Konkurrenz mit einem vertraglichen Anspruch läge kein Delikt im Sinne der vom EuGH gegebenen Umschreibung (oben Rz. 35) vor.

nicht das Deliktsverhältnis prägend ist[105], so daß die im Interesse der Prozeßökonomie liegende gemeinsame Behandlung aller Ansprüche in diesem Gerichtsstand nicht nur praktisch, sondern auch sachgerecht erschiene[106].

40 Die *Vorfrage*, ob eine deliktische Verletzungshandlung aufgrund einer *vertraglichen Vereinbarung* rechtmäßig ist (etwa indem eine sonst wettbewerbswidrige Verwendung von Kennzeichnungsrechten vertraglich gestattet war), ist im Gerichtsstand der unerlaubten Handlung zu entscheiden[107]. Denn insoweit handelt es sich nicht um die unzulässige Erstreckung des Gerichtsstandes auf die Entscheidung über *konkurrierende* vertragliche Ansprüche (dazu vorige Rz.), sondern um die Prüfung einer tatbestandlichen Voraussetzung (Rechtswidrigkeit) des deliktischen Anspruchs.

41 Die *Prüfungspflicht* des Gerichts bestimmt sich nach der lex fori. Um die Zulässigkeitsprüfung nicht mit der Begründetheitsprüfung zu belasten, wird nach deutschem Recht lediglich geprüft, ob der vorgetragene Sachverhalt als unerlaubte Handlung zu qualifizieren ist und ob der angebliche Deliktsort im Gerichtsbezirk liegt[108]. Das muß auch für die internationale Zuständigkeit gelten[109].

2. Ort des schädigenden Ereignisses

42 Sind die Worte „Ort, an dem das schädigende Ereignis eingetreten ist" so zu verstehen, daß sie den Ort meinen, an dem das Schadensereignis eingetreten ist (an dem der Schaden entstanden oder aufgetreten ist), oder den Ort, an dem das schadenbegründende Ereignis veranlaßt worden ist (an dem die Handlung begangen oder unterlassen worden ist)? Diese Frage, die auftaucht, wenn der Ort des dem Schaden zugrunde liegenden Geschehens sich in einem anderen Staat befindet als der Ort, an dem der Schaden eingetreten ist, wie dies insbesondere bei grenzüberschreitender Luft- oder Wasserverschmutzung der Fall ist, wurde dem EuGH in dem bekannten „Rheinverschmutzungsfall" vorge-

---

105 Deshalb sollte auch im IPR das Deliktsstatut akzessorisch dem Vertragsstatut folgen; siehe etwa *Kropholler*, IPR (1990) § 53 V 3.

106 In diesem Sinne auch die Schlußanträge des Generalanwalts *Darmon*, Slg. 1988, 5577; ferner *Gaudemet-Tallon*, Rev. crit. 1989, 122f.; *Schultsz*, N. J. 1990, 1635.

107 *BGH* 11. 2. 1988, NJW 1988, 1466 = RIW 1988, 397 = IPRax 1989, 98, 84 Anm. *Mansel* = IPRspr. 1988 Nr. 153.

108 Vgl. etwa *Stein/Jonas/Schumann* § 32 Rz. 16.

109 *Bülow/Böckstiegel/Linke* Art. 5 Anm. III 2c; vgl. auch *BGH* 24. 9. 1986, BGHZ 98, 263, 273 = RIW 1986, 991, 993 = IPRax 1988, 159, 140 Anm. *Hausmann* = IPRspr. 1986 Nr. 144 S. 344: erforderlich sei „zumindest" ein schlüssiger Vortrag der die Zuständigkeit begründenden Tatsachen. Weitergehend *Geimer*, NJW 1974, 1046; *Geimer/Schütze* § 84 XVIII. Zur Abwägung von Kläger- und Beklagteninteressen in dieser Frage *Schröder*, Internationale Zuständigkeit (1971) 265.

legt[110]. Der EuGH interpretierte die Wendung „Ort, an dem das schädigende Ereignis eingetreten ist," vertragsautonom in dem Sinne, daß sie sowohl den Ort, an dem der Schaden eingetreten ist, als auch den Ort des ursächlichen Geschehens meint[111]. Der Kläger kann daher nach seiner Wahl vor dem Gericht des Ortes klagen, an dem der Schaden eingetreten ist, oder vor dem Gericht des Ortes des dem Schaden zugrunde liegenden ursächlichen Geschehens.

Der entscheidende *Grund* für diese Auslegung, die auch bei Betrachtung aller sprachlicher Fassungen des Übereinkommens aus seinem Wortlaut nicht zu entnehmen ist, liegt im Sinn und Zweck der besonderen Zuständigkeiten nach Art. 5, die nach Wahl des Klägers neben der allgemeinen Zuständigkeit am Wohnsitz des Beklagten (Art. 2) zur Anwendung kommen. Diese Wahlmöglichkeit des Klägers ist im Interesse einer sachgerechten Gestaltung des Prozesses eingeführt worden; ihr liegt die Erwägung zugrunde, daß in bestimmten Fallgestaltungen eine besonders enge Beziehung zwischen einer Streitigkeit und dem zur Entscheidung berufenen Gericht möglich ist. Bei einer unerlaubten Handlung kann je nach Sachlage sowohl der Ort des ursächlichen Geschehens als auch der Ort der Verwirklichung des Schadenserfolges eine kennzeichnende Verknüpfung für die gerichtliche Zuständigkeit begründen. Berücksichtigt man den engen Zusammenhang, der bei jeder Schadensersatzpflicht zwischen den verschiedenen Tatbestandsmerkmalen besteht, dann erscheint es – so der EuGH – „nicht angebracht, sich nur für einen der erwähnten Anknüpfungspunkte zu entscheiden und den anderen auszuschließen. Jeder von beiden kann je nach Lage des Falles für die Beweiserhebung und für die Gestaltung des Prozesses in eine besonders sachgerechte Richtung weisen. Die Wahl des einen unter Ausschluß des anderen erscheint um so weniger wünschenswert, als sich Art. 5 Nr. 3 des Übereinkommens mit seinem weitgefaßten Wortlaut auf sehr vielfältige Typen der Schadensersatzpflicht erstreckt"[112]. 43

Der EuGH stützte sich für sein Ergebnis außerdem auf die Erwägungen, „daß einerseits die Auswahl allein des Ortes des ursächlichen Geschehens in einer beträchtlichen Anzahl von Fällen dazu führen würde, daß die in Art. 2 und Art. 5 Nr. 3 des Übereinkommens vorgesehenen Gerichtsstände zusammenfielen. Die letztgenannte Bestimmung verlöre damit insoweit ihre praktische Wirksamkeit. Entschiede man sich andererseits nur für

---

110 *Hof's-Gravenhage* 27. 2. 1976, Bericht *J. P. Verheul,* Neth. Int. L. Rev. 1976, 365. Vorentscheidung *Rb. Rotterdam* 12. 5. 1975, Bericht *J. P. Verheul,* Neth. Int. L. Rev. 1975, 203; dazu *Rest,* RIW 1975, 663 ff.: Klage des niederländischen Gärtnereibetriebes „Bier", der für das Bewässern seiner Pflanzen Rheinwasser verwandte, gegen die französische Firma „Mines de Potasse d'Alsace", die Salzrückstände in den Rhein eingeleitet hatte.

111 *EuGH* 30. 11. 1976 – 21/76, Bier/Mines de Potasse d'Alsace. Dazu *van Rooij,* N.J.B. 1977, 617 f.; *Maggioni,* Riv. dir. civ. 1977, 686 ff.; *d'Oliveira*, in: *Hueting/van der Veen/Kiss/d'Oliveira,* Rhine Pollution (1978) 104 ff.; *Vlas,* WPNR 1979, 241 ff.; siehe ferner *Rb. Rotterdam* 8. 1. 1979, N. J. 1979 Nr. 113 = Ars Aequi 1980, 788 Anm. *d'Oliveira*; dazu *Lammers,* Neth. Int. L. Rev. 1980, 171, 186–192; *Trib. gr. inst. Paris* 29. 9. 1982 und 27. 4. 1983, Rev. crit. 1983, 670 Anm. *Gaudemet-Tallon.*

112 Siehe zur Interessenlage speziell beim Umweltschutz *Rest,* RIW 1975, 663 ff.; *ders.,* ZRP 1975, 281 ff.; *ders.,* RIW 1977, 669 ff.

den Ort, an dem sich der Schadenserfolg verwirklicht hat, so hätte dies zur Folge, daß beim Auseinanderfallen des Ortes des ursächlichen Geschehens und des Wohnsitzes des Verantwortlichen eine sachgerechte Verbindung zu einem der Schadensursache besonders nahen Gerichtsstand ausgeschlossen würde. Zudem zeigt ein Vergleich der Lösungen der nationalen Gesetzgebung und Rechtsprechung der Vertragsstaaten zur Verteilung der gerichtlichen Zuständigkeiten – sowohl im Bereich der innerstaatlichen Beziehungen zwischen verschiedenen Gerichtsbezirken als auch bei der internationalen Zuständigkeit –, daß man, wenn auch in unterschiedlicher rechtlicher Gestalt beiden in Betracht gezogenen Anknüpfungsmerkmalen, und zwar in verschiedenen Staaten nebeneinander, Raum gibt. Unter diesen Umständen hat die hier dargelegte Auslegung den Vorteil, die im Rahmen der verschiedenen nationalen Rechtsordnungen gefundenen Lösungen nicht umzustoßen. Sie sucht die Vereinheitlichung in Übereinstimmung mit Art. 5 Nr. 3 des Übereinkommens auf dem Wege einer ordnenden Zusammenfassung von in den meisten beteiligten Staaten bereits im Grundsatz anerkannten Lösungen zu erreichen".

Der EuGH ließ das gegen seine Entscheidung sprechende Argument, das Übereinkommen wolle die Zahl der Gerichtsstände klein halten, um ein „forum shopping" und widersprechende Urteile zu verhindern, nicht zum Tragen kommen. Diese Nachteile bleiben also bestehen. Sie würden gemindert, wenn die EG-Staaten einheitliche Kollisionsregeln über das Deliktsstatut staatsvertraglich vereinbarten. Da damit in absehbarer Zukunft nicht zu rechnen ist, darf der Gerichtsstand nicht zu weit ausgedehnt werden (siehe unten Rz. 46 und 47).

44 Die nach dem Urteil des EuGH veröffentlichten *Entscheidungen der nationalen Gerichte* folgten der Auslegung des EuGH[113]. Die ältere *Gegenmeinung*, die sich im Interesse einer Verringerung der Gerichtsstände für die alleinige Maßgeblichkeit des Handlungsortes ausgesprochen hatte[114], darf als überholt bezeichnet werden.

45 Die internationale Zuständigkeit am Handlungs- und am Erfolgsort besteht grundsätzlich für ein Urteil über den *gesamten Schaden* und nicht nur für den im Hoheitsgebiet des Gerichts entstandenen Verlust. Darin kann ein erheblicher Anreiz zum „forum shopping" liegen, insbesondere bei Delikten, die typischer-

---

113 *OLG Karlsruhe* 4. 8. 1977, RIW 1977, 718 = MDR 1978, 61 = IPRspr. 1977 Nr. 27: deutsche Zuständigkeit bei Verseuchung von Milch und Milchvieh in Deutschland durch Immissionen der französischen Beklagten. – *Cass.* 3. 4. 1978, Rev. crit. 1979, 858 = J. C. P. 1978, Jur. 185 = Riv. dir. int. priv. proc. 1978, 621 = Foro it. 1980, IV, 405; dazu *Audit*, D. S. 1978, I. R. 367 f. Vorinstanzen: *Bastia* 28. 2. 1977, Riv. dir. int. priv. proc. 1978, 189 = Foro it. 1980, IV, 406; *Trib. gr. inst. Bastia* 8. 12. 1976, D. S. 1977, Jur. 427 Anm. *Rémond-Gouilloud:* französische Zuständigkeit bei Verunreinigung der Küstengewässer Korsikas durch in Italien verschmutztes Mittelmeerwasser. – *Paris* 19. 12. 1989, J.C.P. 1990, Jur. no. 21 462: französische Zuständigkeit für Schadensersatzklagen wegen in Monaco ausgestrahlter Sendungen. – *Cass.* 8. 1. 1991, D.S. 1991, I. R. 38 = Bericht *Huet*, Clunet 1992, 195. Vorinstanz *Amiens* 2. 3. 1989, J. C. P. 1990, Jur. 21585 krit. Anm. *Bosquet-Denis:* französische Zuständigkeit bei in Deutschland erklärter Lieferverweigerung. – *Rb. Amsterdam* 15. 6. 1977, N. J. 1979 Nr. 146 Anm. *Schultsz.*

114 Siehe z. B. *Droz* Nr. 76; *Weser* Nr. 225 bis; *Mezger,* RIW 1976, 347. Vgl. auch *Comm.Bruxelles* 30. 5. 1974, J. trib. 1974, 676 Anm. *Bricmont/Philips* = Jur. comm. Belg. 1974, I, 549 = Clunet 1975, 355.

weise mehrere Erfolgsorte aufweisen[115]. So besteht bei der durch ein *Druckerzeugnis* verübten unerlaubten Handlung eine internationale Zuständigkeit nicht nur am Ort der Herstellung, sondern auch an den unter Umständen sehr zahlreichen Orten, an denen es bestimmungsgemäß verbreitet wird[116]. Das gleiche gilt für *Fernseh- oder Rundfunksendungen*[117]. Bei derartigen Deliktstypen wird bisweilen – zumindest de lege ferenda – eine Beschränkung der Jurisdiktionsgewalt auf den im Hoheitsgebiet des Gerichts entstandenen Schaden erwogen[118].

Der zuständigkeitsbegründende Ort des Schadenseintritts liegt nicht auch am **46**
Wohnsitz oder Sitz eines *mittelbar Geschädigten*, sondern allein dort, wo das haftungsauslösende Ereignis den unmittelbar Betroffenen geschädigt hat. Erleidet also eine deutsche Tochtergesellschaft durch das Verhalten eines deutschen Unternehmens einen unmittelbaren Schaden, so kann die französische Mutter, bei welcher der Schaden mittelbar ebenfalls zu Buche schlägt, gegen den deutschen Schädiger nicht etwa an ihrem eigenen Sitz in Frankreich mit der Begründung klagen, dort seien die ihr Vermögen schädigenden finanziellen Folgen eingetreten[119]. Vielmehr ist für die Zuständigkeit des Schadenseintritts auf die primär geschädigte Tochter abzustellen, und dieses Deliktsforum steht auch der Mutter offen[120]. Ebenso können beispielsweise die geschädigten nahen Verwandten eines Unfallopfers ihre Ansprüche nur am Unfallort oder am Wohnsitz des Beklagten geltend machen, nicht aber dort, wo für sie selbst ein Schaden entstanden ist. Denn nur am Ort des Schadenseintritts für den unmittelbar Geschädigten ist im allgemeinen der Zweck der Nr. 3 noch erfüllt, ein der unerlaubten Handlung nahes Gericht zur Verfügung zu stellen. Der Grundsatz des Art. 2 EuGVÜ soll nicht ohne diesen rechtfertigenden Grund eingeschränkt werden.

Offen ist die Frage, wie zu entscheiden ist, wenn der *Ort der Rechtsgutverletzung*, also der Ort, an dem in das geschützte Rechtsgut eingegriffen wurde, und der *Ort des Schadenseintritts*, also der Ort, an dem der Schaden entstanden ist, auseinanderfallen. Es spricht viel dafür, den Ort des (weiteren) Schadenseintritts **47**

115 Allgemein zum Unbehagen am forum shopping *Kropholler,* FS Firsching (1985) 165.

116 Siehe z. B. *Shevill* v. *Presse Alliance S. A.*, [1992] 1 All E.R. 409 (C.A.) = Bericht *Huber*, IPRax 1992, 263; krit. *Hartley*, Europ. L. Rev. 1992, 274.

117 Siehe etwa *OLG München* 17. 9. 1986, OLGZ 1987, 216 = RIW 1988, 647 = IPRspr. 1986 Nr. 142.

118 Vgl. *Stauder,* GRUR Int. 1983, 893. Für Pressedelikte bereits de lege lata für eine solche Beschränkung der Jurisdiktionsgewalt die französische Rechtsprechung; vgl. *Trib. gr. inst. Paris* 19. 6. 1974, D. S. 1975, Jur. 638 zust. Anm. *Droz* = Rev. crit. 1974, 699 zust. Anm. *Lagarde* = C. M. L. R. 1975, 581; 29. 9. 1982 und 27. 4. 1983, Rev. crit. 1983, 670 krit. Anm. *Gaudemet-Tallon;* letztere Entscheidung bestätigt durch *Paris* 19. 3. 1984, Rev. crit. 1985, 141 krit. Anm. *Gaudemet-Tallon* = Gaz. Pal. 1985, 1, 7 krit. Anm. *Mauro* = Bericht *Reinmüller,* IPRax 1985, 233 = GRUR Int. 1986, 555 krit. Anm. *Stauder.*

119 *EuGH* 11. 1. 1990 – 220/88, Dumez France/Hessische Landesbank.

120 Letzteres hat der EuGH zwar nicht ausdrücklich ausgesprochen, es erscheint aber allein konsequent; ebenso etwa *Huet*, Clunet 1990, 502 f.; *Gaudemet-Tallon*, Rev. crit. 1990, 376.

nach erfolgter Rechtsgutverletzung für die Zuständigkeitsbegründung nicht ausreichen zu lassen. Denn sonst würde die Deliktszuständigkeit auf Kosten des in Art. 2 verankerten Grundsatzes des Beklagtenwohnsitzes stark ausgedehnt und einem Klägergerichtsstand angenähert[121]. Zwar findet die Ansicht, daß der Ort der Rechtsgutverletzung den Ort des reinen Schadenseintritts ausschließt[122], gerade im deutschen materiellen Deliktsrecht mit seiner enumerativen Aufzählung bestimmter Rechtsgüter eine zusätzliche Stütze, während die romanischen Rechte mehr auf den Schadenseintritt abstellen[123]. Aber auch die italienische Rechtsprechung tendiert im Rahmen von Art. 5 Nr. 3 zu einem Ausschluß des Ortes bloßer späterer Folgeschäden[124].

IV. Gerichtsstand für Adhäsionsverfahren (Nr. 4)

48 Die Zuständigkeit des Strafgerichts für Adhäsionsverfahren bildet eine Art Sachzusammenhangszuständigkeit, die den meisten Mitgliedstaaten der EG bekannt ist, aber in den einzelnen Staaten eine unterschiedliche praktische Bedeutung besitzt[125]. Während beispielsweise in Frankreich das Adhäsionsverfahren erhebliche Bedeutung hat, spielt es in Deutschland (§§ 403 ff. StPO) keine nennenswerte Rolle, so daß Art. 5 Nr. 4 hier vor allem für die Anerkennung und Vollstreckung bedeutsam werden kann. Seine Einbeziehung in das EuGVÜ hat das Adhäsionsverfahren im grenzüberschreitenden europäischen Rechtsverkehr etwas aufgewertet[126].

49 In Art. 5 Nr. 4 wird eine *zusätzliche* internationale und örtliche Zuständigkeit eröffnet. Gedacht war vor allem an Klagen aus Straßenverkehrsunfällen. Sie tritt neben die Zuständigkeit eines Strafgerichts, die sich aus Art. 2 oder Art. 5 Nr. 3 ableitet. Die Anwendbarkeit auch dieser Bestimmungen auf Adhäsionsklagen ergibt sich daraus, daß Art. 1 I 1 die „Art der Gerichtsbarkeit" für unerheblich erklärt. Die Vorschrift des Art. 5 Nr. 4 eröffnet einen zusätzlichen Gerichtsstand

---

121 Hinzuweisen ist auf die (zur Parallelvorschrift des § 32 ZPO) angestellten Erwägungen des *BGH* 3. 5. 1977, NJW 1977, 1590 = IPRspr. 1977 Nr. 124 S. 385. Zum EuGVÜ *BGH* 24. 9. 1986, BGHZ 98, 263 = RIW 1986, 991 = IPRax 1988, 159, 140 Anm. *Hausmann* = IPRspr. 1986 Nr. 144: Auf den Ort, wo weitere, über den tatbestandsmäßigen Erfolg der unerlaubten Handlung hinausgehende Schadensfolgen eingetreten sind, kommt es nicht an.

122 So die h. M. im autonomen deutschen Zivilprozeßrecht; siehe etwa *Kropholler* in Hdb. IZVR I Kap. III Rz. 376.

123 Rechtsvergleichende Übersicht bei *Schröder,* Internationale Zuständigkeit (1971) 273 ff.

124 *Trib. Roma* 15. 3. 1978, Riv. dir. int. priv. proc. 1979, 96; *Trib. Monza* 28. 9. 1979, Riv. dir. int. priv. proc. 1980, 429 (Wettbewerbsverstoß) = Nachschlagewerk I-5.3-B 11. Siehe auch *Hof 's-Hertogenbosch* 31. 10. 1978, N. J. 1979 Nr. 368 = Nachschlagewerk I-5.3-B 7.

125 Vgl. Bericht *Jenard* zu Art. 1 („Zivil- und Handelssachen"); *Droz* Nr. 36; *Scholz,* JZ 1972, 730 f.; speziell zum französischen Recht *Mezger,* RabelsZ 1960, 48 ff.

126 Siehe den Überblick durch *Kohler,* in: *Will* (Hrsg.), Schadensersatz im Strafverfahren (1990) 74.

für den Fall, daß das Strafgericht seinen Sitz an einem Ort (z. B. dem Ort der Festnahme) hat, der sich nicht mit dem Ort deckt, an dem das schädigende Ereignis eingetreten ist[127]. Das Übereinkommen wirkt sich hinsichtlich der Zuständigkeit wie auch hinsichtlich der Anerkennung und Vollstreckung aber jeweils nur auf die bei den Strafgerichten geltend gemachten zivilrechtlichen Ansprüche und auf Entscheidungen über solche Ansprüche aus[128].

Da die Zuständigkeit des Strafgerichts nur besteht, „soweit dieses Gericht nach seinem Recht über zivilrechtliche Ansprüche erkennen kann", ist klar, daß die innerstaatlichen Zuständigkeitsregeln uneingeschränkt gelten[129]. Auch die nationalen Vorschriften über das Adhäsionsverfahren selbst bleiben unberührt. Ob, in welchem Umfang und auf welche Weise ein zivilrechtlicher Anspruch im Adhäsionsverfahren geltend gemacht werden kann, bestimmt sich allein nach der lex fori. Diese entscheidet also auch darüber, ob im Rahmen der auf Art. 5 Nr. 4 gestützten Adhäsionsklage ein anderer als der strafrechtlich Verantwortliche auf Schadensersatz in Anspruch genommen werden kann[130]. Ein gewisser Eingriff in die nationalen Verfahrensordnungen erfolgt lediglich durch Art. II des Protokolls zum EuGVÜ bzw. zum Lugano-Übereinkommen. **50**

Die Vorschrift des Art. II bestimmt in ihrem Absatz 1, daß Personen mit Wohnsitz in einem Vertragsstaat, die vor den Strafgerichten eines anderen Vertragsstaats, dessen Staatsangehörigkeit sie nicht besitzen, wegen einer fahrlässig begangenen Straftat verfolgt werden, sich von hierzu befugten Personen verteidigen lassen können, selbst wenn sie persönlich nicht erscheinen. Die Regelung geht auf einen Wunsch der niederländischen Regierung zurück, die befürchtete, daß ein Niederländer, der einer im Ausland begangenen Straftat beschuldigt wird, gezwungen sein könnte, persönlich vor dem ausländischen Strafgericht zu erscheinen, um sich dort auch gegen die Zivilklage verteidigen zu können, obwohl andererseits die Niederlande ihre Staatsangehörigen nicht ausliefern. Die Vorschrift wurde durch den EuGH folgendermaßen präzisiert[131]: Der Begriff *„fahrlässig begangene Straftat"* muß im Interesse der größtmöglichen Gleichheit und Einheitlichkeit der sich aus dem Übereinkommen für die Vertragsstaaten und die betroffenen Personen ergebenden Rechte und Pflichten als autonomer Begriff betrachtet werden, der unter Heranziehung der Ziele und des Systems des Übereinkommens sowie der allgemeinen Grundsätze zu bestimmen ist, die den nationalen Rechtsordnungen gemeinsam sind. Mit der Begrenzung auf fahrlässig begangene Straftaten will das Übereinkommen das Recht, sich verteidigen zu lassen, ohne persönlich erscheinen zu müssen, solchen Personen versagen, die wegen Straftaten verfolgt werden, deren Schwere eine solche Versagung rechtfertigt. Erfaßt werden sollten dagegen insbesondere diejenigen Straftaten, die mit Straßenverkehrsunfällen in Zusammenhang stehen. Das dem innerstaatlichen Recht der meisten Vertragsstaaten gemeinsame Kriterium, wonach Straftaten nach ihrer Schwere

---

127 Bericht *Jenard* zu Art. 5 Nr. 4.

128 Bericht *Jenard* zu Art. 1 unter III.

129 Siehe auch den Bericht *Jenard* (vorige Note): „Dabei ist zu betonen, daß die Bestimmungen des Übereinkommens (Art. 5 Nr. 4) die Zuständigkeit der Strafgerichte, wie sie in den einzelnen Strafprozeßordnungen festgelegt ist, in keiner Weise berühren."

130 *Ras*, T. P. R. 1975, 872f. Anders *Geimer/Schütze* § 94 III 2e.

131 *EuGH* 26. 5. 1981 – 157/80, Strafverfahren Rinkau.

unterschieden und die Straßenverkehrsdelikte in der Regel der Gruppe der minder schweren Delikte zugeordnet werden können, ist die Unterscheidung zwischen vorsätzlichen und nicht vorsätzlichen Straftaten. Während die Strafbarkeit der vorsätzlichen Straftaten einen auf die Begehung der untersagten Handlung gerichteten Vorsatz des Täters voraussetzt, können die nicht vorsätzlichen Taten auf Unvorsichtigkeit, Nachlässigkeit oder sogar auf bloß objektivem Rechtsverstoß beruhen. Unter „fahrlässig begangener Straftat“ ist deshalb jede Straftat zu verstehen, deren gesetzliche Definition weder ausdrücklich noch nach der Natur des umschriebenen Delikts einen Vorsatz voraussetzt. – Aus der Beschränkung des EuGVÜ auf Zivil- und Handelssachen und aus dem von seinen Verfassern angestrebten Ziel des Art. II des Protokolls folgt, daß das Recht, sich verteidigen zu lassen, ohne persönlich erscheinen zu müssen, sich nicht auf jedes Strafverfahren wegen einer fahrlässig begangenen Straftat erstreckt, sondern nur auf ein solches, „in dem es auch um die zivilrechtliche Haftung des Angeklagten für Tatumstände geht, die den der Anklage zugrunde liegenden Straftatbestand begründen, oder bei dem eine solche zivilrechtliche Haftung später in Betracht kommt“ [132].

Gemäß Art. II Abs. 2 des Protokolls beeinträchtigt das dem Angeklagten zuerkannte Recht, sich verteidigen zu lassen, ohne persönlich erscheinen zu müssen, nicht die Befugnis des Gerichts, das persönliche Erscheinen anzuordnen. Wenn der Angeklagte trotz einer derartigen Anordnung nicht erscheint, kann das Gericht entscheiden, ohne den Anwalt des Angeklagten zur Verteidigung zuzulassen. Dies hat jedoch nach Art. II Abs. 2 zur Folge, daß die Entscheidung, die über den Anspruch aus einem Rechtsverhältnis des Zivilrechts ergangen ist, in den anderen Vertragsstaaten weder anerkannt noch vollstreckt zu werden braucht. Die Nichtanerkennung ist also nicht zwingend vorgeschrieben, sondern der Anerkennungs- und Vollstreckungsrichter behält einen Entscheidungsspielraum, bei dessen Ausfüllung (im Rahmen eines Verfahrens nach Art. 26 II oder Art. 36 EuGVÜ) es auch darauf ankommen wird, ob der Verurteilte ernsthafte Einwände vorträgt [133]. Andere interpretieren Art. II Abs. 2 so, daß er nicht dem Richter, sondern nur dem Gesetzgeber jedes Vertragsstaates die Möglichkeit eröffnet, die Anerkennung und Vollstreckung zu versagen [134].

V. Gerichtsstand der Niederlassung (Nr. 5)

51 Der Gerichtsstand der Niederlassung findet Vorbilder vor allem im deutschen Rechtskreis (vgl. § 21 ZPO), während man im romanischen Rechtskreis häufig mit der Fiktion eines „Wahldomizils“ zu ähnlichen Ergebnissen gelangt [135]. Bei der Schaffung von Art. 5 Nr. 5 standen im übrigen mehrere bilaterale Abkom-

---

132 Kritisch zur Erstreckung auch auf eine erst später in Betracht kommende Haftung *Huet,* Clunet 1981, 892f.

133 So *Ras,* T. P. R. 1975, 873f.; in diesem Sinne auch *Martiny* in Hdb. IZVR III/2 Kap. II Rz.35.

134 *Droz* Nr. 540f.; *Geimer/Schütze* § 94 II 2 a.E.

135 Näher *Geimer,* WM 1976, 147f.

men zwischen europäischen Staaten Pate[136]. Der Grund dafür, dem Kläger ein zusätzliches Gericht am Ort der Niederlassung zur Verfügung zu stellen, ist darin zu sehen, daß der Beklagte von diesem Ort aus tätig geworden ist, so daß es unbillig erschiene, wenn er den Kläger auf den u. U. fernen allgemeinen Gerichtsstand des Art. 2 verweisen könnte.

Die Bestimmung gilt nur für Klagen gegen den Inhaber einer Niederlassung (Beklagter ist also nicht die Niederlassung selbst, die nicht parteifähig sein muß), sei dieser Inhaber eine Gesellschaft oder eine natürliche Person[137]. Für Klagen des Inhabers der Niederlassung gegen das Stammhaus oder gegen Dritte dürfte die Bestimmung – ihrem Zweck entsprechend – ebensowenig gelten wie § 21 ZPO[138]. 52

Hat ein ausländisches Unternehmen seinen Hauptsitz in keinem Vertragsstaat, so greift Art. 5 Nr. 5 nicht ein, sondern gemäß Art. 4 ist § 21 ZPO anzuwenden. Ausnahmen gelten gemäß Art. 8 II in Versicherungssachen. Versicherer aus Drittstaaten können also im Gerichtsstand der Niederlassung (Art. 5 Nr. 5) verklagt werden. 53

Um eine einheitliche Anwendung des Art. 5 Nr. 5 zu gewährleisten und damit in allen Vertragsstaaten gleiche Rechte und Pflichten für die Parteien zu schaffen, hat sich der EuGH hier für eine *autonome Auslegung* ausgesprochen[139]. Da durch Art. 5 Nr. 5 von dem allgemeinen Zuständigkeitsprinzip des Art. 2 abgewichen wird, sieht es der EuGH im Interesse der Rechtssicherheit als seine Aufgabe an, die Begriffe des Art. 5 Nr. 5 so auszulegen, daß „die diese Abweichung [von Art. 2] rechtfertigende besondere Verknüpfung ohne Schwierigkeiten nachgewiesen werden“ kann. 54

1. Zweigniederlassung, Agentur oder sonstige Niederlassung

„Mit dem Begriff der Zweigniederlassung, der Agentur oder der sonstigen Niederlassung ist ein Mittelpunkt geschäftlicher Tätigkeit gemeint, der auf Dauer als Außenstelle eines Stammhauses hervortritt, eine Geschäftsführung hat und sachlich so ausgestattet ist, daß er in der Weise Geschäfte mit Dritten betreiben kann, daß diese, obgleich sie wissen, daß möglicherweise ein Rechtsverhältnis mit dem im Ausland ansässigen Stammhaus begründet wird, sich nicht unmittel- 55

136 Siehe die Aufzählung im Bericht *Jenard* zu Art. 5 Nr. 5.

137 *Droz* Nr. 82; *Geimer,* WM 1976, 148; *Bülow/Böckstiegel/Linke* Art. 5 Anm. V 2.

138 So auch Generalanwalt *Reischl* zu *EuGH* 6. 10. 1976 – 14/76, De Bloos/Bouyer und zu *EuGH* 18. 3. 1981 – 139/80, Blanckaert & Willems/Trost, Slg. 1981, 838, sowie die in diesem Verfahren abgegebene Stellungnahme der Kommission, Slg. 1981, 825 f. Ferner *Bischoff,* Clunet 1977, 727; *Linke,* IPRax 1982, 48 f.; *Geimer/Schütze* § 82 II. – Anders *Stein/Jonas/Schumann* § 21 Rz. 1.

139 *EuGH* 22. 11. 1978 – 33/78, Somafer/Saar-Ferngas. Abschlußentscheidung *OLG Saarbrücken* 3. 4. 1979, RIW 1980, 796 = IPRspr. 1979 Nr. 151 b.

bar an dieses zu wenden brauchen, sondern Geschäfte an dem Mittelpunkt geschäftlicher Tätigkeit abschließen können, der dessen Außenstelle ist“ [140].

56 „Zweigniederlassung und Agentur“ sind unter anderem dadurch charakterisiert, daß sie der Aufsicht und Leitung des Stammhauses unterliegen. Wortlaut und Zweck der Vorschrift ergeben, daß der ebenfalls verwendete Begriff „Niederlassung“ auch in diesem Sinne zu verstehen ist. Ein *Alleinvertriebshändler* steht deshalb nicht einer Zweigniederlassung, einer Agentur oder einer sonstigen Niederlassung seines Lieferanten vor, wenn er weder dessen Aufsicht noch dessen Leitung unterliegt [141].

57 Aus den Erwägungen der beiden EuGH-Urteile, insbesondere aus dem Kriterium, daß eine „Zweigniederlassung, Agentur oder sonstige Niederlassung“ aus der Sicht eines Dritten leicht erkennbar als Außenstelle eines übergeordneten Stammhauses hervortreten muß, ist zu entnehmen, daß die Vorschrift nicht eingreift, wenn es sich um einen *Handelsvertreter* (Vermittlungsvertreter) im Sinne der §§ 84ff. HGB handelt [142]. Denn der Handelsvertreter ist gerade dadurch gekennzeichnet, daß er selbständig ist, indem er „im wesentlichen frei seine Tätigkeit gestalten und seine Arbeitszeit bestimmen kann“ (§ 84 I 2 HGB), ohne daß das Stammhaus befugt ist, ihm insoweit Weisungen zu erteilen [143]. An seinem Sitz kann daher nicht das Stammhaus verklagt werden. Auch ein selbständiger *Handelsmakler* (§§ 93ff. HGB) bildet keine Zweigniederlassung, Agentur oder sonstige Niederlassung im Sinne des Art. 5 Nr. 5 [144]. Damit ist Art. 5 Nr. 5 gegenüber Außenstellen mit weitgehender Selbständigkeit deutlich eingegrenzt worden, während dasselbe Kriterium der „Selbständigkeit“ von der deutschen Rechtsprechung zu § 21 ZPO bislang vorwiegend herangezogen wurde, um untergeordnete Betriebsstätten, wie Warenlager oder bloße Annahmestellen, auszusondern. Auf eine *Tochtergesellschaft* ist Nr. 5 im allgemeinen ebenfalls nicht anwendbar, da sie typischerweise für sich selbst und nicht für die Muttergesellschaft handelt und in ihren täglichen Geschäften auch nicht deren Aufsicht und Leitung unterliegt [145]. Freilich können – wie sogleich zu zeigen ist – die Verhältnisse zwischen Mutter- und Tochtergesellschaft auch anders liegen, so daß die Nr. 5 doch zum Zuge kommt.

---

140 So die grundlegende Umschreibung des *EuGH* 22. 11. 1978 (vorige Note).

141 *EuGH* 6. 10. 1976 – 14/76, De Bloos/Bouyer. Siehe dazu auch *van Rooij*, N. J. B. 1977, 618ff.; *Maggioni*, Riv. dir. civ. 1977, 678ff.; *Bertrams*, WPNR 1980, 496ff.; *Fawcett*, Europ. L. Rev. 1984, 336f.

142 *EuGH* 18. 3. 1981 – 139/80, Blanckaert & Willems/Trost. Vorlage *BGH* 21. 3. 1980, NJW 1980, 2040 = IPRspr. 1980 Nr. 142.

143 In dem vom *EuGH* (vorige Note) entschiedenen Fall war die Stellung des Handelsvertreters im einzelnen noch dadurch gekennzeichnet, daß es ihm gestattet war, mehrere Unternehmer zu vertreten, die bei der Herstellung oder beim Vertrieb identischer oder gleichartiger Erzeugnisse miteinander konkurrierten, und daß er nicht tatsächlich an der Abwicklung und Ausführung der Geschäfte beteiligt war, sondern sich im wesentlichen darauf beschränkte, Aufträge an die von ihm vertretenen Unternehmen weiterzuleiten.

144 *LG Hamburg* 10. 6. 1974, IPRspr. 1974 Nr. 154 S. 407.

145 *Fawcett*, Europ. L. Rev. 1984, 337f.

Indes läßt der *gegenüber Dritten erweckte Rechtsschein* die objektiven Merkmale der Begriffe Zweigniederlassung, Agentur oder sonstige Niederlassung zurücktreten. Insofern sind die Kriterien der Selbständigkeit und der fehlenden Unterordnung der im Inland befindlichen Außenstelle oder Gesellschaft nicht in jedem Falle geeignet, den Gerichtsstand der Niederlassung auszuschalten. Letztlich entscheidend ist nicht die für den Kläger oft schwer zu durchschauende interne Organisation zwischen inländischem und ausländischem Unternehmensteil, sondern die „Art und Weise, wie sich diese beiden Unternehmen im Geschäftsleben verhalten und wie sie sich Dritten gegenüber in ihren Handelsbeziehungen darstellen“ [146]. Ein entsprechendes Auftreten im Geschäftsverkehr kann sogar dazu führen, daß eine Muttergesellschaft, die für ihre ausländische Tochter gehandelt hat, gerichtsstandsbegründend wie deren „Niederlassung“ behandelt wird. Das ist aus dem Wortlaut der Nr. 5 („Niederlassung“) zwar kaum zu entnehmen [147]; es entspricht aber dem Grundgedanken der Vorschrift, daß eine Gesellschaft außerhalb ihres Sitzes (Art. 2, 53 I 1) auch in dem Staat soll belangt werden können, in dem sich ein Zentrum ihrer wirtschaftlichen Betätigung befindet und in dem sie im konkreten Fall für einen anderen Unternehmensteil tätig geworden ist. 58

So erklärte der EuGH in seinem Urteil vom 9. 12. 1987 die Nr. 5 in einem Fall für anwendbar, in dem eine in einem Vertragsstaat ansässige juristische Person, nämlich die in Paris ansässige Tochtergesellschaft Parfums Rothschild, in einem anderen Vertragsstaat, nämlich in Deutschland, zwar keine unselbständige Zweigniederlassung, Agentur oder sonstige Niederlassung unterhielt, dort aber ihre Tätigkeiten mit Hilfe einer gleichnamigen selbständigen Gesellschaft mit identischer Geschäftsführung entfaltete (nämlich der Muttergesellschaft Rothschild GmbH mit Sitz in Düsseldorf), die im Namen der Pariser Tochter verhandelte und Geschäfte abschloß. Da die Rothschild GmbH durch ihr Verhalten (namentlich durch die Vornahme des Vertragsabschlusses und die Überwachung seiner Erfüllung) den Eindruck erweckte, daß sie als Außenstelle der französischen Gesellschaft tätig wurde, muß sich der klagende Vertragspartner auf den so erweckten Anschein verlassen und die GmbH als eine „Niederlassung“ der französischen Gesellschaft ansehen können, auch wenn die beiden Gesellschaften gesellschaftsrechtlich voneinander unabhängig sind und die deutsche GmbH sogar die Muttergesellschaft bildet. Für das Ergebnis, daß die Tochter in einem derartigen Fall am Sitz der Mutter verklagt werden kann, läßt sich ein argumentum a fortiori anführen: Wenn die Unternehmensspitze aufgrund von Art. 5 Nr. 5 am Sitz der Niederlassung (Tochtergesellschaft) verklagt werden kann, dann erst recht an ihrem eigenen, wenn sie für die Tochter tätig geworden ist und den Anschein einer Außenstelle erweckt hat [148].

Angesichts der Verwandtschaft von § 21 ZPO und Art. 5 Nr. 5 EuGVÜ liegt es nahe, verschiedene weitere (nicht alle) Auslegungsfragen im Rahmen des Art. 5 59

---

146 *EuGH* 9. 12. 1987 – 218/86, SAR Schotte/Parfums Rothschild unter Nr. 16.

147 Höchst kritisch deshalb und wegen der Abweichung von den früheren Urteilen des EuGH die Anmerkungen von *Bischoff*, Clunet 1988, 544; *Droz*, Rev. crit. 1988, 737; *Schultsz*, N.J. 1989 Nr. 750.

148 *Kronke*, IPRax 1989, 83.

Nr. 5 ebenso zu beantworten, wie sie im deutschen Recht beantwortet werden, z. B. daß unter den Begriff der „sonstigen Niederlassung" auch die einzige Niederlassung des Beklagten fällt[149], daß die Bestimmung nicht nur für Unternehmen, sondern auch für die freien Berufe gilt[150] oder daß es bei tatsächlicher Existenz einer Zweigniederlassung gleichgültig ist, ob sie in das Handelsregister eingetragen ist[151].

2. Betriebsbezogenheit

60 Unter den Begriff „aus dem Betrieb" fallen in den Worten des EuGH[152] zum einen „die Rechtsstreitigkeiten, in denen es um *vertragliche oder außervertragliche Rechte und Pflichten in bezug auf die eigentliche Führung* der Agentur, der Zweigniederlassung oder der sonstigen Niederlassung selbst geht, wie etwa die Rechte und Pflichten im Zusammenhang mit der Vermietung des Grundstücks, auf dem die genannten Einheiten errichtet sind, oder mit der am Ort vorgenommenen Einstellung des dort beschäftigten Personals", zum anderen „die Rechtsstreitigkeiten, die sich auf *Verbindlichkeiten* beziehen, welche der vorstehend beschriebene Mittelpunkt geschäftlicher Tätigkeit im Namen des Stammhauses eingegangen ist und die in dem Vertragsstaat zu erfüllen sind, in dem dieser Mittelpunkt besteht"[153], schließlich „die Rechtsstreitigkeiten über *außervertragliche Verpflichtungen*, die aus der Tätigkeit entstehen, welche die Zweigniederlassung, die Agentur oder die sonstige Niederlassung im oben angegebenen Sinn an dem Ort für Rechnung des Stammhauses ausgeübt hat, an dem sie errichtet ist".

3. Bestimmung der Merkmale

61 Das angerufene Gericht hat in jedem Einzelfall die Anhaltspunkte, anhand deren sich das Bestehen eines „tatsächlichen Mittelpunkts geschäftlicher Tätigkeit" feststellen läßt, zu bestimmen und das in Frage stehende Rechtsverhältnis in bezug auf den Begriff „aus dem Betrieb", so wie er vom EuGH ausgelegt wird, zu qualifizieren[154]. Damit dürfte die Frage, ob ein Dritten gegenüber begründe-

---

149 Dazu ausführlich *Bülow/Böckstiegel/Linke* Art. 5 Anm. V 3c.

150 Dazu *Geimer,* WM 1976, 148.

151 *Jeantet,* Cahiers dr. europ. 1972, 400; *Bülow/Böckstiegel/Linke* Art. 5 Anm. V 3b; zu § 21 ZPO *Stein/Jonas/Schumann* § 21 Rz. 13.

152 *EuGH* 22. 11. 1978 – 33/78, Somafer/Saar-Ferngas.

153 Diese Formulierung bedeutet nicht, daß der Erfüllungsort im Sinne des Art. 5 Nr. 1 im Staat der Niederlassung liegen müßte; *OLG Saarbrücken* 3. 4. 1979, RIW 1980, 796 = IPRspr. 1979 Nr. 151b.

154 *EuGH* 22. 11. 1978 – 33/78, Somafer/Saar-Ferngas. Ein Beispiel für die erforderliche genaue Würdigung bietet *OLG Saarbrücken* 3. 4. 1979, RIW 1980, 796 = IPRspr. 1979 Nr. 151b; ein Gegenbeispiel *Rb. Almelo* 24. 3. 1982, wegen unzureichender Begründung aufgehoben durch *H. R.* 27. 5. 1983, N. J. 1983 Nr. 561 Anm. *Schultsz.*

ter „Rechtsschein" für das Bestehen einer Niederlassung als ausreichend zu erachten ist[155], in der Regel gar nicht auftauchen[156]. Die Methode der Beweiserhebung unterliegt – hier wie sonst – der lex fori.

VI. Gerichtsstand für trust-Klagen (Nr. 6)

1. Sinn der Regelung

Im Hinblick auf die Rechtsordnungen des Vereinigten Königreichs und Irlands, **62**
die mit der Rechtsfigur des „trust" viele Probleme lösen, die in den Rechtsordnungen des Kontinents auf unterschiedliche Weise gemeistert werden[157], wurde das Übereinkommen in der Neufassung von 1978 um die Bestimmungen der Art. 5 Nr. 6, 17 II und 53 II erweitert[158]. Die Eigentümlichkeit des trust wurzelt vor allem in der gespaltenen Inhaberschaft an den Rechten, die dem trust unterliegen: Der Treuhänder (trustee) ist „legal owner" und damit für den Rechtsverkehr mit Dritten Vollrechtsinhaber; der Begünstigte (beneficiary) ist „equitable owner" und damit berechtigt, vom Treuhänder zu verlangen, das trust-Vermögen zu seinen Gunsten in der vom Begründer (settlor) verfügten Weise zu verwalten.

Die *Notwendigkeit eines besonderen Gerichtsstandes* für Klagen gegen den Begründer, den trustee oder den Begünstigten eines trust ergibt sich aus folgendem[159]: Der trust hat keine eigene Rechtspersönlichkeit und kann also nicht nach Art. 2 I an seinem Sitz verklagt werden. Eine *Zuständigkeit am Wohnsitz* des trustee nach Art. 2 I ist nicht immer passend. Allzu leicht könnte ein trustee durch Wohnsitzwechsel in einen anderen Vertragsstaat den anderen am trust Beteiligten die Rechtsverfolgung erschweren. Eine derartige Zuständigkeitsverlagerung erscheint unzumutbar, wenn das trust-Vermögen im Ursprungsstaat belegen und stets dort verwaltet wurde, zumal die Gefahr besteht, daß ein auf diese Weise befaßtes Gericht außerhalb des Vereinigten Königreichs oder Irlands mit der Figur des trust nur unzureichend vertraut ist. – Die Rechtsbezie-

---

155 So die Interpretation des autonomen deutschen Rechts; siehe etwa *Stein/Jonas/Schumann* § 21 Rz. 13.

156 So auch im Fall Somafer/Saar-Ferngas, wo die Frage vom *OLG Saarbrücken* 21. 2. 1978, IPRspr. 1979 Nr. 151 a, dem EuGH mit vorgelegt war, aber nicht entschieden wurde. Die EG-Kommission und Generalanwalt *Mayras* hatten sich in dem Verfahren gegen eine Anwendung von Rechtsscheingrundsätzen ausgesprochen; siehe Slg. 1978, 2189, 2201 f. Siehe ferner *Krings,* T. P. R. 1980, 377–379; *Linke,* IPRax 1982, 47 f.

157 Siehe aus dem deutschsprachigen Schrifttum *Kötz,* Trust und Treuhand (1963); *Graue,* Der Trust im internationalen Privat- und Steuerrecht, in: Konflikt und Ordnung, FS Ferid (1978) 151.

158 Ausführlich zum Folgenden Bericht *Schlosser* Nr. 109–120.

159 Vgl. Bericht *Schlosser* Nr. 113.

hungen unter trustees sowie zwischen ihnen und den Begünstigten sind auch *nicht vertraglicher Natur.* Die Zuständigkeit für Klagen aus dem Innenverhältnis eines trust läßt sich also nicht aus Art. 5 Nr. 1 herleiten.

63 *Grundgedanke* der vor diesem Hintergrund geschaffenen Nr. 6 ist, „daß es für ‚trusts' einen örtlichen Schwerpunkt gibt, auch wenn sie nicht rechtsfähig sind. Dieser kann ähnliche Funktionen übernehmen wie der ‚Sitz' nicht rechtsfähiger Gesellschaften"[160].

64 Zur *systematischen Stellung* der Vorschrift meint der Berichterstatter[161], die Vorschrift begründe zwar im eigentlichen Sinne keinen besonderen Gerichtsstand. Da sie aber nur einen engen Kreis von Fällen betreffe, sei ihre Einordnung in Art. 5 anstatt in Art. 2 angemessen.

2. Reichweite

65 Auf das *Außenverhältnis eines trust* bezieht sich Nr. 6 nicht. Hierzu führt der Bericht *Schlosser* folgendes aus[162]: „Der ‚trustee' tritt nach außen, d.h. im Rechtsverkehr mit Personen, die nicht Begünstigte des ‚trust' sind, wie ein normaler Rechtsinhaber auf. Er kann Rechte veräußern und erwerben, zu Lasten des ‚trust' Verpflichtungen eingehen und zu seinen Gunsten Rechte begründen. Insoweit bedurfte es irgendwelcher Anpassungen des EuGVÜ nicht. Seine Zuständigkeitsvorschriften sind wie im Rechtsverkehr unter Personen anwendbar, die nicht als Treuhänder auftreten. Klagt ein belgischer Mieter eines zu einem englischen ‚trust' gehörenden belgischen Grundstücks auf Besitzeinräumung, so ist Art. 16 Nr. 1 anwendbar ohne Rücksicht darauf, daß das Grundstück unter ‚trust' steht."

66 Die Nr. 6 betrifft das *Innenverhältnis eines trust.* Das ergibt sich aus dem geschilderten Sinn der Nr. 6, aus dem Wortlaut des Art. 17 II, der als Auslegungshilfe herangezogen werden kann, sowie aus dem Bericht *Schlosser*[163]. Dort wird zum Innenverhältnis erläuternd ausgeführt: „Das sind Rechtsbeziehungen unter mehreren ‚trustees', unter Personen, welche die Stellung eines ‚trustee' reklamieren, und vor allem zwischen ‚trustees' einerseits und den aus einem ‚trust' begünstigten Personen andererseits. Unter mehreren Personen kann streitig sein, welcher die Stellung eines ‚trustee' zukommt, unter mehreren ‚trustees' können sich Zweifel ergeben, wie sich ihre Befugnisse zueinander abgrenzen, zwischen den ‚trustees' und den Begünstigten kann es zu Auseinandersetzungen darüber kommen, welche Ansprüche den letzteren aus oder an dem Vermögen zustehen, das in Gestalt eines ‚trust' verwaltet wird, etwa ob der ‚trustee' verpflichtet ist, einem

---

160 Bericht *Schlosser* Nr. 114.
161 Bericht *Schlosser* Nr. 114 a.E.
162 Bericht *Schlosser* Nr. 110.
163 Bericht *Schlosser* Nr. 111.

im ‚trust' begünstigten Kind nach Erreichung eines bestimmten Lebensalters Vermögensgegenstände auszuhändigen. Auch zwischen dem Gründer eines ‚trust' und anderen ‚trust'-Beteiligten kann es zu Rechtsstreitigkeiten kommen."

Die aus Nr. 6 folgende Zuständigkeit ist – wie alle besonderen Zuständigkeiten des Art. 5 – *nicht ausschließlich*. Dies unterscheidet die Zuständigkeit für trust-Klagen von derjenigen für Gesellschaften und juristische Personen in Art. 16 Nr. 2. Der aus dem Vereinigten Königreich nach Korsika verzogene trustee kann also nicht nur gemäß Nr. 6 am Sitz des trust im Vereinigten Königreich verklagt werden, sondern auch an seinem Wohnsitz in Korsika (Art. 2 I)[164]. Außerdem ist eine Zuständigkeitsvereinbarung möglich, die dann eine ausschließliche Zuständigkeit begründet (Art. 17 II). **67**

3. Ausgeschlossene trusts

Durch den Zusatz *„aufgrund eines Gesetzes oder durch schriftlich vorgenommenes oder schriftlich bestätigtes Rechtsgeschäft"* wird der Anwendungsbereich der Nr. 6 auf solche Fälle beschränkt, in denen nach den Rechten des Vereinigten Königreichs und Irlands der dem Prozeßverhältnis zugrundeliegende trust durch ausdrücklichen Parteiwillen oder aufgrund Gesetzesrechts begründet worden ist. Aufgrund eines Gesetzes („by the operation of a statute") entsteht ein trust, wenn ein (geschriebenes) Parlamentsgesetz – im Unterschied zum Common Law – dies vorsieht. Ausgeschlossen sind dementsprechend sog. „implied trusts" (die in Anlehnung an einen vermuteten oder hypothetischen Parteiwillen entstehen) und sog. „constructive trusts" (die unmittelbar von Rechts wegen entstehen)[165]. **68**

Des weiteren ist der *Ausnahmekatalog des Art. 1 II* zu beachten. Die Anwendung des Art. 5 Nr. 6 ist ausgeschlossen, wenn der trust einem der dort genannten Rechtsgebiete angehört. Besonders durch den Ausschluß des Erbrechts und des Konkursrechts ist der Anwendungsbereich der Nr. 6 erheblich eingeschränkt. **69**

4. Sitz des trust

Der „Sitz" des trust, sein „domicile", als Inbegriff der Verbindungslinien zu einer Rechtsordnung bildet den Anknüpfungspunkt für die internationale Zuständigkeit. Ob der Sitz im Forumstaat liegt, entscheidet das Gericht gemäß Art. 53 II nach seinem Internationalen Privatrecht (siehe Art. 53 Rz. 4ff.). **70**

---

164 Bericht *Schlosser* Nr. 118.
165 Bericht *Schlosser* Nr. 117. Zur Unterscheidung im einzelnen siehe *Kötz* (oben N. 157) 27f.

VII. Gerichtsstand für Berge- und Hilfslohn (Nr. 7)

1. Sinn der Regelung

71 In Nr. 7 wird für bestimmte Streitigkeiten über die Zahlung von Berge- und Hilfslohn eine internationale Zuständigkeit aufgrund der Beschlagnahme von Ladung oder Fracht eröffnet. Die Vorschrift ergänzt Art. 7 des Brüsseler Übereinkommens über den Arrest in Seeschiffe vom 10. 5. 1952, das für die Bundesrepublik Deutschland und für mehrere andere EG-Staaten gilt[166] und dessen Zuständigkeitsregeln gemäß Art. 57 auch gegenüber Bewohnern eines EG-Staates in Anspruch genommen werden dürfen, der das seerechtliche Abkommen nicht ratifiziert hat[167]. In Art. 7 I lit. e des Brüsseler Übereinkommens von 1952 ist eine Zuständigkeit in dem Staat vorgesehen, in dem ein *Schiff* zugunsten einer Seeforderung aus Hilfeleistung oder Bergung mit Arrest belegt worden ist. Dahinter steht die materielle Regelung, daß der Bergungsunternehmer wegen des Bergungslohns ein Haftungsvorrecht am Schiff genießt. Ein gleiches Vorrecht kann ihm an der *Ladung* des Schiffes oder an *Frachtforderungen* zustehen. Dieses Vorrecht ist wirtschaftlich bedeutsam, wenn nicht das Schiff, wohl aber die Ladung gerettet werden konnte, oder wenn das gerettete Schiff so stark beschädigt wurde, daß sein Wert die Höhe des Bergelohnes nicht mehr erreicht[168]. Vor diesem materiellrechtlichen und wirtschaftlichen Hintergrund erscheint es folgerichtig, daß Nr. 7 den im Brüsseler Arrestübereinkommen enthaltenen Zuständigkeitsgrund, der sich aus der Beschlagnahme des Schiffes ergibt, auf die Beschlagnahme von Ladung oder Frachtansprüchen überträgt.

72 *Rechtspolitisch* ist ein unbeschränkter Arrestgerichtsstand zu mißbilligen, weil er dem Kläger die Möglichkeit eröffnet, durch Beschlagnahme eines Vermögensstückes einen Klagegegenstand, der zu diesem Vermögensstück keine Beziehung zu haben braucht und seinen Wert weit übersteigen kann, vor die Gerichte des Staates der Beschlagnahme zu ziehen[169]. Dieser Wertung folgt grundsätzlich auch das EuGVÜ. Nach Art. 24 sind zwar die Möglichkeiten für die nationalen Gesetze, einstweiligen Rechtsschutz und daher auch Arreste zu gewähren, nicht beschränkt. An den angeordneten oder vollzogenen Arrest Zuständigkeiten in

166 Siehe zum jeweiligen Ratifikationsstand den jährlich erscheinenden Fundstellennachweis B, Beilage zum BGBl. II.

167 Das stellt die in Art. 25 II des Beitrittsübereinkommens von 1978 enthaltene authentische Interpretation des Art. 57 I EuGVÜ klar; siehe Art. 57 Rz. 7. In einer gemeinsamen Erklärung vom 9. Oktober 1978 brachten die im Rat vereinigten Vertreter der Regierungen der EG-Staaten den Wunsch zum Ausdruck, „daß die Einheitlichkeit der Gerichtsstände so weit wie möglich auch in Seerechtsangelegenheiten hergestellt wird“ und daß deshalb „die Mitgliedstaaten, die Küstenstaaten sind und nicht bereits das Übereinkommen vom 10. Mai 1952 ratifiziert haben oder ihm beigetreten sind, so bald wie möglich Vertragsstaaten des Übereinkommens werden.“

168 Bericht *Schlosser* Nr. 122.

169 *Kropholler* in Hdb. IZVR I Kap. III Rz. 331, 339.

der Hauptsache zu knüpfen, ist ihnen jedoch verwehrt[170]. Von diesem Grundsatz bildet Nr. 7 eine Ausnahme. Sie erscheint deshalb vertretbar, weil die Berge- und Hilfeleistung, aus der sich der Klageanspruch herleitet, gerade zugunsten der Ladung oder Frachtforderung erbracht wurde, die später mit Arrest belegt wurde, so daß ein Zusammenhang zwischen Klagegegenstand und beschlagnahmtem Vermögen besteht. Wer schnell hilft und dafür sorgt, daß die Ladung gerettet wird, verdient nicht nur ein materiellrechtliches Haftungsvorrecht an ihr, sondern er soll seinen Lohn auch verfahrensrechtlich schnell dort durchsetzen können, wo er das gerettete Gut zu fassen bekommt[171]. Es wäre dem Gläubiger „nicht recht zuzumuten, sein Recht in der Hauptsache vor den Gerichten am Wohnsitz des Reeders zu suchen“[172].

2. Einzelheiten

Gegenstand des Prozesses muß eine Streitigkeit wegen der Zahlung von Berge- und Hilfslohn sein, der für Bergungs- oder Hilfeleistungsarbeiten gefordert wird, die zugunsten einer Ladung oder einer Frachtforderung erbracht worden sind. Die in dieser Umschreibung verwendeten Begriffe sind vertragsautonom zu interpretieren. Die Vorschrift ist, wie der Nachsatz klarstellt, nur anzuwenden, wenn behauptet wird, daß der Beklagte Rechte an der Ladung oder an der Frachtforderung hat oder zur Zeit der Bergungs- oder Hilfeleistungsarbeiten hatte. Nr. 7 soll eine Zuständigkeit also nur zur Entscheidung über solche Ansprüche begründen, die durch das Haftungsvorrecht gesichert sind. Hat der Reeder eines in Not geratenen Schiffes einen Bergungs- oder Hilfeleistungsvertrag abgeschlossen, so unterfallen die daraus entstehenden Streitigkeiten nicht der Nr. 7[173], sondern der Nr. 1. **73**

Auf die *Parteirolle* kommt es nicht an, wenn nur der sachliche Gegenstand des Prozesses von Nr. 7 erfaßt ist[174]. Zwar hat die Nr. 7 den Sinn, dem Hilfeleistenden die Durchsetzung seiner Ansprüche zu erleichtern, und die Vorschrift enthält in ihrem Text die Wendung, daß „der Beklagte“ Rechte an der Ladung oder an der Frachtforderung haben muß. Aber das Gebot der Waffengleichheit verlangt es, die Zuständigkeit auch bei umgekehrten Parteirollen zu eröffnen, etwa für eine negative Feststellungsklage oder für eine Klage auf Rückzahlung zuviel geleisteten Bergungslohnes. **74**

Zwei *Anknüpfungspunkte für die Zuständigkeit* kommen in Betracht. Gemäß lit. a ist das Gericht international zuständig, in dessen Zuständigkeitsbereich die Ladung oder die entsprechende Frachtforderung tatsächlich mit Arrest belegt **75**

---

170 Bericht *Schlosser* Nr. 123. Vgl. auch den in Art. 3 II a. E. genannten exorbitanten Gerichtsstand.

171 *Geimer/Schütze* § 94 III 3b.

172 Bericht *Schlosser* Nr. 121.

173 Bericht *Schlosser* Nr. 123.

174 Anders *MüKoZPO-Gottwald* Art. 5 Rz. 55. Zweifelnd *Geimer/Schütze* § 94 III 3d.

worden ist, um die Zahlung zu gewährleisten. Diese Regelung schließt sich unmittelbar an die Normierung an, die Art. 7 I lit. e des Brüsseler Übereinkommens von 1952 für die Beschlagnahme des *Schiffes* trifft. Der in lit. b enthaltene zweite Anknüpfungspunkt bringt eine Erweiterung der Zuständigkeit, die im Brüsseler Übereinkommen von 1952 kein ausdrückliches Vorbild hat. Sie ist Frucht der praktischen Erfahrung, daß nach Bergung oder Hilfeleistung der Arrest zwar mitunter angeordnet, die effektive Arrestpfändung aber unterlassen wird, weil Sicherheit geleistet wurde[175]. Auch dieser Tatbestand reicht für die Begründung der Zuständigkeit in der Hauptsache.

Artikel 6

Eine Person, die ihren Wohnsitz in dem Hoheitsgebiet eines Vertragsstaats hat, kann auch verklagt werden:

1. **wenn mehrere Personen zusammen verklagt werden, vor dem Gericht, in dessen Bezirk einer der Beklagten seinen Wohnsitz hat;**
2. **wenn es sich um eine Klage auf Gewährleistung oder um eine Interventionsklage handelt, vor dem Gericht des Hauptprozesses, es sei denn, daß diese Klage nur erhoben worden ist, um diese Person dem für sie zuständigen Gericht zu entziehen;**
3. **wenn es sich um eine Widerklage handelt, die auf denselben Vertrag oder Sachverhalt wie die Klage selbst gestützt wird, vor dem Gericht, bei dem die Klage selbst anhängig ist.**

Übersicht

1 In Art. 6 wird der Grundsatz des Art. 2, daß die Klage am Wohnsitz des Beklagten zu erheben ist, durch weitere besondere Zuständigkeiten eingeschränkt. Grundgedanke dieser Vorschrift ist es, Klagen, zwischen denen ein Zusammen-

175 Bericht *Schlosser* Nr. 123.

hang besteht, vor demselben Gericht zu ermöglichen, damit widersprechende Entscheidungen vermieden werden. Die Aufzählung in Art. 6 ist abschließend; der Katalog darf also nicht durch Auslegung oder Analogie zu einem allgemeinen Gerichtsstand des Sachzusammenhanges, wie ihn in Italien Art. 4 Nr. 3 C. proc. civ. vorsieht, erweitert werden[1]. Auch Art. 22 schafft keine weitere Zuständigkeit des Sachzusammenhanges[2].

Nach seinen Eingangsworten gilt Art. 6 nur für Klagen gegen eine Person mit *Wohnsitz in einem Vertragsstaat* (vgl. unten Rz. 4, 11 und 20). Soweit der Beklagte freilich seinen Wohnsitz *im Gerichtsstaat* hat, ergibt sich die internationale Zuständigkeit aus der Grundregel des Art. 2 und nicht aus Art. 6[3]. 2

Beispiel: Ein Belgier kann zwei Gesamtschuldner, von denen der eine in Hamburg, der andere in Paris wohnt, in Hamburg verklagen. Für den Hamburger ergibt sich die internationale Zuständigkeit aus Art. 2 EuGVÜ, die örtliche aus § 13 ZPO; für den Pariser folgen beide Zuständigkeiten aus Art. 6 Nr. 1. Richtet sich die Klage demgegenüber gegen zwei Deutsche, von denen der eine in Hamburg, der andere in München wohnt, so ist Art. 6 Nr. 1 nicht einschlägig. Die internationale Zuständigkeit der deutschen Gerichte folgt für beide Beklagte aus Art. 2 EuGVÜ, die örtliche muß, falls nicht ein gemeinschaftlicher besonderer Gerichtsstand im Inland besteht, gemäß § 36 Nr. 3 ZPO vom höheren Gericht bestimmt werden, weil im deutschen Recht eine dem Art. 6 Nr. 1 entsprechende Streitgenossen-Zuständigkeit fehlt (siehe sogleich Rz. 3).

I. Gerichtsstand der Streitgenossenschaft (Nr. 1)

Ein der Nr. 1 vergleichbarer Gerichtsstand der Streitgenossenschaft, der dem Kläger ermöglicht, mehrere Personen mit Wohnsitz in verschiedenen Staaten zusammen am Wohnsitz eines von ihnen zu verklagen, ist namentlich den romanischen Rechten bekannt[4]. Das autonome deutsche Recht kennt die Streitgenossen-Zuständigkeit dagegen gegenwärtig nur für Sonderfälle, so für die Unterhaltsklage des Kindes gegen die Eltern (§ 35 a ZPO), Wechsel- und Scheckklagen (§§ 603 II, 605 a ZPO) sowie für die Klage gegen den Luftfrachtführer und gegen den Dritten, der die Luftbeförderung ausgeführt hat (§ 56 II Luftverkehrsgesetz). Für die deutschen Gerichte bringt Art. 6 Nr. 1 also eine wesentliche Neuerung. Sie sind im Anwendungsbereich des Übereinkommens verpflichtet (siehe vor Art. 2 Rz. 2), die Klage gegen mehrere Personen anzunehmen, wenn nur eine von ihnen in Deutschland ihren Wohnsitz bzw. Sitz hat, unabhängig davon, ob für selbständige Klagen gegen die übrigen Beklagten eine deutsche Zuständigkeit begründet wäre. 3

1 Vgl. *Trib. Roma* 15. 3. 1978, Riv. dir. int. priv. proc. 1979, 96.
2 *EuGH* 24. 6. 1981 – 150/80, Elefanten Schuh/Jacqmain.
3 Siehe vor Art. 5 Rz. 3.
4 Rechtsvergleichender Überblick bei *Schröder,* Internationale Zuständigkeit (1971) 558 ff., *Geimer,* WM 1979, 351 ff., *Spellenberg,* ZVglRWiss. 1980, 89 ff., jeweils mit zahlreichen Nachw.

1. Anwendungsbereich

4 Die Vorschrift regelt die internationale und die örtliche Zuständigkeit. Sie erfaßt alle Klagearten, also Leistungs-, Feststellungs- und Gestaltungsklagen, gilt aber nur für die Streitgenossenschaft auf der Beklagtenseite, nicht auf der Klägerseite. Letztere richtet sich nach §§ 59, 60, 147 ZPO. Zweifelhaft ist, ob sie auch gegen einen oder mehrere Streitgenossen mit Wohnsitz bzw. Sitz in einem Nichtvertragsstaat angewandt werden kann, wenn ein anderer Streitgenosse seinen Wohnsitz in einem Vertragsstaat hat oder wenn mehrere andere Streitgenossen Bewohner eines Vertragsstaates sind.

Beispiel[5]: Einem Gläubiger mit Sitz in Liechtenstein schulden drei Schuldner als Gesamtschuldner ein Darlehen. Der eine wohnt in Köln, der andere in Straßburg und der dritte in Prag. Der Gläubiger möchte alle drei in Köln auf Rückzahlung des Darlehens verklagen. Die internationale Zuständigkeit der Bundesrepublik Deutschland basiert bezüglich des Kölners auf Art. 2 I EuGVÜ, die örtliche Zuständigkeit auf §§ 12, 13 ZPO. Für die Klage gegen den Straßburger regelt Art. 6 Nr. 1 nicht nur die internationale, sondern auch die örtliche Zuständigkeit. Welche Kompetenznormen gelten nun für die Klage gegen den Prager? Ist Art. 6 Nr. 1 gegen einen Beklagten mit Wohnsitz außerhalb des räumlichen Anwendungsbereichs des Übereinkommens anwendbar?

Die Frage ist nach dem Text des Übereinkommens zu verneinen. Zwar erscheint es ungereimt, dem Straßburger zuzumuten, sich vor einem deutschen Gericht einzulassen, bloß weil der Streitgenosse dort seinen Wohnsitz hat, den Prager dagegen zu verschonen[6]. Aber das Übereinkommen bezieht sich nach seinem Wortlaut nur auf Beklagte, die ihren Wohnsitz in dem Hoheitsgebiet eines Vertragsstaates haben[7]. Auch der Bericht zum Übereinkommen redet nur von „mehreren Beklagten, die ihren Wohnsitz in verschiedenen Vertragsstaaten haben“[8]. Ob eine Anwendung des Art. 6 Nr. 1 auch auf diesen Fall den Interessen des Übereinkommens entspricht, weil Art. 4 II zeigt, daß man mit den Zuständigkeitsinteressen von Personen, die außerhalb der Gemeinschaft wohnen, im Übereinkommen nicht gerade zimperlich umgegangen ist[9], ist zweifelhaft. Jedenfalls verbietet Art. 6 Nr. 1 gewiß nicht, das Ergebnis der gemeinsamen Zuständigkeit mit Hilfe einer analogen Anwendung des Art. 6 Nr. 1 zu erreichen und damit die Lücke zu schließen[10]. Denn die Drittstaatenproblematik ist bei der Abfassung des EuGVÜ nicht genügend bedacht worden.

---

5 Nach *Geimer*, WM 1979, 357.
6 *Geimer/Schütze* § 29 VIII.
7 Siehe die Eingangsworte von Art. 6 und Art. 4 I.
8 Bericht *Jenard* zu Art. 6 Nr. 1.
9 So *Geimer*, WM 1979, 357.
10 Vgl. auch *Stein/Jonas/Schumann* § 36 Rz. 13, der bei einer passiven notwendigen Streitgenossenschaft eine inländische „Notzuständigkeit“ erwägt.

2. Konnexität

Zwischen den Klageansprüchen muß ein gewisser Zusammenhang, eine Konnexität bestehen. Das sagt Art. 6 Nr. 1 zwar nicht ausdrücklich, und mit diesem Schweigen entspricht er dem französischen Vorbild des Art. 42 II N. C. proc. civ. Es ist aber einhellige Meinung, daß ein Zusammenhang bestehen muß[11]. Auch der Bericht zum Übereinkommen erwähnt dieses Erfordernis[12]: „Die Anwendung dieser Vorschrift setzt voraus, daß zwischen den Ansprüchen gegen die einzelnen Beklagten ein Zusammenhang besteht, wie dies z. B. bei Gesamtschuldnern der Fall ist. Daraus ergibt sich, daß die Klage nicht allein zu dem Zweck erhoben sein darf, einen der Beklagten der Gerichtsbarkeit [lies: Zuständigkeit] seines Wohnsitzstaates zu entziehen"[13]. Das Erfordernis des Zusammenhanges verhindert derartige Mißbräuche und bewirkt, daß der Grundsatz der Wohnsitzzuständigkeit (Art. 2) durch die Ausnahmeregelung des Art. 6 Nr. 1 nicht über Gebühr eingeschränkt wird. 5

Die *Art des Zusammenhanges* ist *vertragsautonom* zu bestimmen, um sicherzustellen, daß sich aus dem Übereinkommen für die Vertragsstaaten und die betroffenen Personen soweit wie möglich gleiche und einheitliche Rechte und Pflichten ergeben[14]. Zur Umschreibung des Zusammenhanges greift der EuGH auf die *in Art. 22 III enthaltene Definition* zurück[15]. Sonach ist der für die Anwendung des Art. 6 Nr. 1 erforderliche Zusammenhang dann gegeben, „wenn eine gemeinsame Verhandlung und Entscheidung geboten erscheint, um zu vermeiden, daß in getrennten Verfahren widersprechende Entscheidungen ergehen könnten". Der EuGH bezeichnet es als „Sache des nationalen Gerichts, in jedem Einzelfall zu prüfen, ob diese Voraussetzung erfüllt ist". – Anzustreben ist nunmehr eine Konkretisierung durch Bildung verschiedener Fallgruppen, indem z. B. entschieden wird, ob für eine Klage gegen Gesamtschuldner oder gegen Hauptschuldner und Bürgen die Voraussetzungen der Konnexität erfüllt sind. Diese Konkretisierung durch die Rechtsprechung steht noch aus. Es unterliegt nach der Festlegung des EuGH auf eine vertragsautonome Begriffsbestimmung keinem Zweifel mehr, daß die Gerichte der einzelnen Vertragsstaaten nicht einfach auf die Regeln zurückgreifen dürfen, die sie zu ihrem nationalen Zuständigkeitsrecht oder zur Streitgenossenschaft entwickelt haben[16]. Immerhin mag den 6

---

11 Dies hat der EuGH bestätigt; *EuGH* 27. 9. 1988 – 189/87, Kalfelis/Schröder u. a. Vorlagebeschluß *BGH* 27. 4. 1987, RIW 1987, 623 = WM 1987, 883 = IPRspr. 1987 Nr. 127.

12 Bericht *Jenard* zu Art. 6 Nr. 1.

13 Das in Art. 6 Nr. 2 ausdrücklich genannte Verbot der Zuständigkeitserschleichung ist auch bei Art. 6 Nr. 1 anzunehmen, da es sich hier um einen allgemeinen Grundsatz handelt; ebenso *Droz* Nr. 88; *Bülow/Böckstiegel/Linke* Art. 6 Anm. I 2a.

14 So *EuGH* 27. 9. 1988 (oben N. 11).

15 Die Legaldefinition des Zusammenhanges in Art. 22 III wurde bei der Schaffung der Konvention erst in einem späteren Stadium erarbeitet, ohne daß die Experten nochmals auf Art. 6 zurückgekommen wären; so *Droz* Nr. 103 N. 2.

16 Anders noch *Trib. Genova* 1. 2. 1983, Riv. dir. int. priv. proc. 1983, 385; *Droz* Nr. 88; *Grunsky*, JZ 1973, 644.

deutschen Gerichten die Umschreibung der einfachen Streitgenossenschaft in § 60 ZPO, wonach die Klagen im wesentlichen denselben tatsächlichen und rechtlichen Grund haben müssen, einen Anhaltspunkt bieten[17].

3. Anknüpfung an den Wohnsitz eines der Beklagten

7 Zuständigkeitsbegründend wirkt der Wohnsitz eines der Beklagten in einem Vertragsstaat. Die Zuständigkeitsmerkmale des Wohnsitzes bzw. Gesellschaftssitzes bestimmen sich nach Art. 52 und 53. Als Gerichtsstand der Streitgenossenschaft gilt also nur das in Art. 2 genannte Forum, nicht etwa einer der Gerichtsstände des Art. 5. Nur wenn im Einzelfall der Gerichtsstand des Art. 5 mit dem des Art. 2 zusammenfällt, ist dort auch ein Gerichtsstand der Streitgenossenschaft gegeben[18]. Werden mehrere Beklagte nicht vor einem Gericht verklagt, in dessen Bezirk wenigstens einer der Beklagten seinen Wohnsitz hat, so ist in bezug auf jeden Beklagten zu prüfen, ob der in Betracht kommende Zuständigkeitsanknüpfungspunkt bei ihm gegeben ist. Das kann durchaus der Fall sein. Beispielsweise können mehrere Schuldner am gemeinsamen Erfüllungsort (Art. 5 Nr. 1) oder am gemeinsamen Ort der unerlaubten Handlung (Art. 5 Nr. 3) mit der Begründung verklagt werden, sie hafteten für ein und dieselbe Verbindlichkeit als Gesamtschuldner[19]. Die Vereinbarung eines Gerichtsstandes mit nur einem der Beklagten vermag den geforderten Wohnsitzbezug des Art. 6 Nr. 1 nicht zu ersetzen[20]. Erhebt der Kläger also in dem mit einem der Beklagten vereinbarten Gerichtsstand Klage und deckt sich dieser nicht mit dem Wohnsitz des Beklagten, so kann aus Art. 6 Nr. 1 keine Zuständigkeit für weitere Beklagte hergeleitet werden. Ebensowenig begründet die rügelose Einlassung eines Beklagten den Gerichtsstand des Art. 6 Nr. 1 gegen andere Beklagte[21].

8 Die Streitgenossenschaft begründet die Zuständigkeit auch dann, wenn die Klage nach Anhängigkeit des Rechtsstreits auf weitere Personen erstreckt wird (arg. Art. 22)[22]. Umgekehrt bleibt der Kompetenzgrund des Art. 6 Nr. 1 erhalten, wenn das Gericht später die Trennung der Klagen gegen die einzelnen Streitgenossen verfügt (§ 145 ZPO) oder wenn die Klage gegen den im Gerichtsbezirk wohnhaften Beklagten zurückgenommen wird oder sich auf sonstige Weise, etwa durch Vergleich, erledigt. Schließlich ist es auf die Kompetenzbegründung

---

17 Zustimmend *Gottwald*, IPRax 1989, 272. Näher *Geimer*, WM 1979, 359. Zur Frage des Zusammenhanges bei mehreren Patentverletzern *Tetzner*, GRUR 1977, 671 f.

18 *Gothot/Holleaux* Nr. 111 mit Nachw. aus der französischen Rechtsprechung.

19 *Geimer*, WM 1979, 357 N. 72.

20 *Droz* Nr. 90; *Bülow/Böckstiegel/Linke* Art. 6 Anm. I 4.

21 Unzutreffend *Paris* 27. 4. 1982, Rev. crit. 1982, 729 krit. Anm. *Lagarde*.

22 *Geimer*, WM 1979, 358; er weist zutreffend darauf hin, daß die lex fori darüber entscheidet, bis zu welchem Zeitpunkt eine solche Klageerweiterung zulässig ist.

grundsätzlich ohne Einfluß, daß die Klage gegen den im Gerichtsbezirk wohnhaften Beklagten unzulässig und unbegründet ist[23].

4. Schranken der Zuständigkeit

Die in Art. 6 Nr. 2 formulierte Schranke, die Zuständigkeit bestehe nicht, wenn die Klage nur erhoben worden ist, um die betreffende Person dem für sie zuständigen Gericht zu entziehen, konkretisiert das allgemein geltende Arglistverbot. Diese Grenze ist deshalb auch im Rahmen von Nr. 1 zu beachten[24]. 9

5. Zuständigkeitsvereinbarungen

Durch gemäß Art. 17 „ausschließlich" wirkende Gerichtsstandsvereinbarungen kann der Gerichtsstand der Streitgenossenschaft abbedungen werden[25]. Widersprechende Entscheidungen in verschiedenen Vertragsstaaten lassen sich mit Hilfe von Art. 22 vermeiden[26]. 10

II. Gerichtsstand der Gewährleistungs- und Interventionsklage (Nr. 2)

Die besondere Zuständigkeit für Gewährleistungs- und Interventionsklagen entstammt den romanischen Rechten[27]. Ihr Wesen besteht darin, daß jemand als drittbeteiligter Beklagter am Ort des Hauptprozesses gerichtspflichtig wird, auch wenn das Gericht des Hauptprozesses für den Rechtsstreit gegen ihn nach den allgemeinen Regeln (Art. 2, 5) nicht zuständig ist. Wenn beispielsweise das Gericht des Hauptprozesses aufgrund von Art. 5 Nr. 1 angerufen wurde, kann der Drittbeteiligte vor diesem Gericht verklagt werden, auch wenn er seinen Wohnsitz in einem anderen Vertragsstaat hat[28]. Das Interesse des Garantiebe- 11

---

23 *Geimer,* WM 1979, 358, der mit Recht eine Ausnahme für den Fall macht, daß die Klage wegen Fehlens der internationalen oder örtlichen Zuständigkeit unzulässig ist: Wohnt der vermeintliche Münchner gar nicht in München, sondern in Hamburg, so kann Art. 6 Nr. 1 nicht als Grundlage für die Zuständigkeit des Münchner Gerichts gegen die übrigen Streitgenossen dienen.

24 Vgl. *Cass.* 8. 8. 1989, n. 3657, Riv. dir. int. priv. proc. 1990, 685; *Trib. Milano* 21. 9. 1984, Riv. dir. int. priv. proc. 1984, 768; *Geimer/Schütze* § 74 II 1 c.

25 Vgl. auch *BGH* 19. 3. 1987, NJW 1988, 646 = RIW 1987, 624 = IPRspr. 1987 Nr. 124.

26 Zur Problematik des Vorrangs von Gerichtsstandsvereinbarungen vor dem Gerichtsstand des persönlichen Zusammenhanges aus französischer Sicht eingehend *Droz* Nr. 92 f.

27 Dazu rechtsvergleichend und in Hinblick auf die Anerkennung gemäß § 328 I Nr. 1 ZPO *Milleker,* ZZP 1971, 91 ff.; *Geimer,* ZZP 1972, 196 ff.; *ders.,* WM 1979, 359 f.; zum „Impleader" („Third-Party-Complaint") in den USA siehe *Bernstein,* in: Konflikt und Ordnung, FS Ferid (1978) 84 ff.

28 *EuGH* 15. 5. 1990 – 365/88, Kongreß Agentur Hagen/Zeehaghe.

klagten, möglichst nur an seinem Wohnsitz oder Sitz verklagt zu werden, wird verdrängt durch das Interesse an der Einheitlichkeit der Entscheidung und durch Erwägungen der Prozeßökonomie[29]. Das Garantieurteil entfaltet ihm gegenüber die üblichen Wirkungen, nämlich Rechtskraft und Vollstreckbarkeit. Die Vorschrift des Art. 6 Nr. 2 ist aber nur anwendbar, wenn für die Hauptklage eine Zuständigkeit nach dem Übereinkommen (einschließlich Art. 17) gegeben war[30]; denn sonst müßten auch Garantieurteile anerkannt werden, die – entgegen Art. 3 – in exorbitanten Gerichtsständen ergangen sind. Die Nr. 2 begründet ferner keine internationale Zuständigkeit, wenn mit der Interventionsklage gleichzeitig ein eigener Schadensersatzanspruch des Beklagten gegen den Drittbeteiligten geltend gemacht wird[31].

1. Der deutsche Vorbehalt in Art. V des Protokolls

12 Die Gewährleistungs- und Interventionsklage ist dem deutschen Prozeßrecht fremd; es arbeitet stattdessen mit der Figur der Streitverkündung. Deshalb wurde in Art. V des Protokolls ein Vorbehalt des Inhalts vereinbart, daß die Zuständigkeit des Art. 6 Nr. 2 nicht vor deutschen Gerichten in Anspruch genommen werden kann (siehe Textanhang II). Entsprechendes gilt nach Art. V des Protokolls Nr. 1 zum Lugano-Übereinkommen auch für Spanien, Österreich und die Schweiz (siehe Textanhang VIII).

13 Trotz des Ausschlusses einer direkten Zuständigkeit deutscher Gerichte ist Art. 6 Nr. 2 aus deutscher Sicht von erheblicher *Bedeutung,* weil durch die Vorschrift die Gerichtspflichtigkeit von Personen mit Wohnsitz oder Sitz in der Bundesrepublik Deutschland vor den Gerichten der anderen Vertragsstaaten beträchtlich erweitert wird und die ausländischen Entscheidungen in Deutschland anerkannt werden müssen[32].

Beispiel[33]: Ein deutscher Exporteur hat nach Belgien Ware geliefert, die der belgische Importeur weiterverkauft hat. Der Käufer verklagt den Importeur auf Schadensersatz vor dem Gericht seines Wohnsitzes, z. B. in Brüssel. Der belgische Importeur kann einen Regreßanspruch gegen den deutschen Exporteur geltend machen und erhebt gegen ihn vor

---

29 *Geimer,* WM 1979, 360. Kritisch zu diesem Gerichtsstand in internationalen Sachen *Mezger,* AWD 1974, 378.

30 So *Bülow/Böckstiegel/Linke* Art. 6 Anm. II 3 a im Anschluß an *Droz* Nr. 100 und *ders.,* D. S. 1975, Jur. 642; *Cass.* (Italien) 20. 11. 1989, n. 4963, Riv. dir. int. priv. proc. 1991, 151. Anders *Paris* 22. 2. 1990, zust. Bericht *Huet,* Clunet 1991, 152.

31 *Cass.* 24. 3. 1987, Rev. crit. 1987, 577 Anm. *Gaudemet-Tallon.*

32 Vgl. *Geimer,* WM 1979, 351 N. 13, der empfiehlt, den Gerichtsstand der Gewährleistungs- und Interventionsklage jeweils durch Zuständigkeitsvereinbarung auszuschließen. Zur Anerkennung französischer Gewährleistungsurteile siehe *LG Hamburg* 27. 5. 1974, AWD 1974, 403 = IPRspr. 1974 Nr. 176 a, und *OLG Hamburg* 26. 9. 1974, RIW 1975, 499 = IPRspr. 1974 Nr. 176 b.

33 Aus dem Bericht *Jenard* zu Art. 6 Nr. 2. Ein Beispiel für eine Gewährleistungsklage gegen einen Deutschen in den Niederlanden bietet *Rb. Assen* 7. 5. 1985, N. J. 1985 Nr. 812.

dem für den Hauptprozeß zuständigen Brüsseler Gericht eine Gewährleistungsklage. Dieser Gerichtsstand ist nach dem Übereinkommen begründet, obwohl der zur Gewährleistung Verpflichtete seinen Wohnsitz in Deutschland hat.

Deutsche Urteile, die nach den §§ 72–74 ZPO ergangen sind, haben in den übrigen Vertragsstaaten die gleichen Wirkungen wie in Deutschland selbst. **14**

Beispiel [34]: Einem zur Gewährleistung Verpflichteten, der seinen Wohnsitz in Frankreich hat, wird vor dem mit der Hauptklage befaßten deutschen Gericht der Streit verkündet. Das in Deutschland ergangene Urteil betrifft nach deutschem Recht unmittelbar nur die Prozeßparteien, es wirkt aber dem zur Gewährleistung Verpflichteten gegenüber. Macht der Berechtigte, dem gegenüber die Gewährleistungspflicht besteht, seinen Regreßanspruch gegen den zur Gewährleistung Verpflichteten vor dem zuständigen französischen Gericht geltend, so kann er sich dabei auf das deutsche Urteil berufen, dessen sachliche Richtigkeit nicht mehr bestritten werden kann.

2. Die erfaßten Klagearten

Die Begriffe „Klage auf Gewährleistung" und „Interventionsklage" dürften vertragsautonom, auf dem Hintergrund der im wesentlichen übereinstimmenden romanischen Rechtsordnungen zu interpretieren sein [35]. Im Bericht zum Übereinkommen heißt es [36]: „Obwohl der Begriff der Gewährleistung bereits in dem der Intervention enthalten ist, erschien es angebracht, beide Begriffe ausdrücklich vorzusehen. Zur Bestimmung des Interventionsbegriffes wird zweckmäßigerweise auf die Art. 15 und 16 der belgischen Gerichtsordnung verwiesen [37]. Ein typischer Fall ist die Deckungsklage des in Anspruch Genommenen gegen den Versicherer" [38]. **15**

34 Bericht *Jenard* zu Art. 6 Nr. 2.

35 Näher *Geimer*, WM 1979, 361, der mit Recht darauf hinweist, daß die Durchführung des Verfahrens des Gewährleistungs- bzw. Interventionsrechtsstreits sich nach der lex fori bestimmt. Vgl. auch Bericht *Schlosser* Nr. 135: Die Vorschrift „bedarf zwangsläufig der Ergänzung durch Rechtsnormen, die bestimmen, wann welche Personen in welcher Parteirolle mit welchem Ziel in ein gerichtliches Verfahren einbezogen werden können. Daher bleiben auch die den Rechtsordnungen der neuen Mitgliedstaaten bekannten oder in Zukunft zuwachsenden Rechtsregeln über die Einbeziehung dritter Parteien in ein Verfahren vom EuGVÜ unberührt". Für eine engere Fassung des Gewährleistungsbegriffes als in Art. 68 ff. Rv. *Rb. Amsterdam* 4. 2. 1981, N. J. 1981 Nr. 449.

36 Bericht *Jenard* zu Art. 6 Nr. 2.

37 Sie lauten: „Die Intervention ist ein Verfahren, durch das ein Dritter Prozeßpartei wird. Sie dient entweder dem Schutz der Interessen des Intervenienten oder einer der Parteien des Rechtsstreits, oder sie zielt auf den Erlaß einer Verurteilung oder auf die Zuerkennung eines Gewährleistungsanspruchs ab" (Art. 15). „Die Intervention ist freiwillig, wenn der Dritte von sich aus in das Verfahren eintritt, um seine Interessen zu wahren. Sie ist erzwungen, wenn der Dritte während des Verfahrens durch eine oder mehrere Prozeßparteien geladen wird" (Art. 16).

38 Siehe z. B. *Cass.* 21. 2. 1984, Bull. civ. 1984, IV, Nr. 68.

3. Schranken der Zuständigkeit

16 Eine Schranke für die Zuständigkeit aufgrund von Art. 6 Nr. 2 besteht, wenn „diese Klage nur erhoben worden ist, um diese Person dem für sie zuständigen Gericht zu entziehen". Die anderssprachigen Originaltexte des Übereinkommens machen deutlich, daß „diese Klage" die Klage im Hauptprozeß meint und „diese Person" den Drittbeteiligten[39].

Zu der in Nr. 2 enthaltenen Einschränkung hinzutreten können *Zulässigkeitsschranken im nationalen Verfahrensrecht* des angerufenen Gerichts. Das Gericht darf die nationalen Verfahrensregeln allerdings nicht anwenden, wenn dadurch die praktische Wirksamkeit der Nr. 2 beeinträchtigt wird. Insbesondere darf es die Ablehnung einer Garantieklage als unzulässig nicht auf Erwägungen stützen, die auf eine zusätzliche Einschränkung der von Nr. 2 eröffneten internationalen Zuständigkeit hinausliefen; denn insoweit gebührt dem Übereinkommen der Vorrang vor dem nationalen Verfahrensrecht (siehe Einl Rz. 11). Wenn beispielsweise das nationale Prozeßrecht dem angerufenen Gericht die Freiheit läßt, eine Gewährleistungsklage aus Zweckmäßigkeitsgründen abzulehnen, darf das Gericht davon nicht mit der Begründung Gebrauch machen, der zur Gewährleistung Verpflichtete habe seinen Wohnsitz in einem anderen Vertragsstaat und dies könne eine Verzögerung und Erschwerung des Hauptprozesses nach sich ziehen[40]; denn für die Gewährleistungsklage gegen Drittbeteiligte mit Wohnsitz in anderen Vertragsstaaten will Art. 6 Nr. 2 gerade eine Zuständigkeit bereitstellen (siehe oben Rz. 11), und diese Zuständigkeitsentscheidung des EuGVÜ darf das Gericht nicht mit Hilfe seines nationalen Verfahrensrechts unterlaufen.

4. Zuständigkeitsvereinbarungen

17 Haben Garantiekläger und Drittbeteiligter für den Streitgegenstand gemäß Art. 17 die ausschließliche Zuständigkeit eines anderen Gerichts vereinbart, so ist grundsätzlich auch der Gerichtsstand des Art. 6 Nr. 2 abbedungen (siehe Art. 17 Rz. 96). Freilich ist zu bedenken, daß die Parteien bei einer Zuständigkeitsvereinbarung den Gerichtsstand des Art. 6 Nr. 2 oft nicht im Blick haben. Beispielsweise wird man die Vereinbarung der Zuständigkeit eines deutschen Gerichts in einem in Deutschland zu erfüllenden Vertrag zwischen einem deutschen Zulieferer und einem deutschen Exporteur mangels eines erkennbaren gegenteiligen Willens regelmäßig nur auf die deutsche örtliche Zuständigkeit

39 *Ras,* T. P. R. 1975, 876. Deutlich auch der Bericht *Jenard* zu Art. 6 Nr. 2: „Wenn die Hauptklage offensichtlich nur zu dem Zwecke erhoben worden ist, den auf die Gewährleistung in Anspruch Genommenen außerhalb seines Wohnsitzes zu verklagen". Anders *Bülow/Böckstiegel/Linke* Art. 6 Anm. II 3 b: „Wenn die Gewährleistungsklage nur erhoben worden ist, um den Drittbeteiligten dem sonst für ihn zuständigen Gericht zu entziehen".

40 *EuGH* 15. 5. 1990 – 365/88, Kongreß Agentur Hagen/Zeehaghe.

beziehen dürfen, so daß der für internationale Zuständigkeitsvereinbarungen geschaffene Art. 17 nicht eingreift (vgl. Art. 17 Rz. 2). In diesem Beispielsfall ist die Zuständigkeit des Art. 6 Nr. 2 also nicht derogiert, wenn der Exporteur später in einem anderen Vertragsstaat verklagt wird und seinen Zulieferer in den Prozeß hineinziehen möchte. – Sofern Art. 6 Nr. 2 durch eine Zuständigkeitsvereinbarung abbedungen wurde, lassen sich einander widersprechende Entscheidungen mit Hilfe des Art. 22 vermeiden.

III. Gerichtsstand der Widerklage (Nr. 3)

Der Gerichtsstand der Widerklage ist den Rechtsordnungen aller Vertragsstaaten bekannt, und er findet sich in fast allen einschlägigen Staatsverträgen[41]. Eine autonome Bestimmung des Begriffs „Widerklage" dürfte keine Schwierigkeiten bereiten. **18**

Die Bestimmung gilt nur für ein nach dem Übereinkommen zuständiges Gericht[42]. Das ist für die übrigen Zuständigkeiten des Sachzusammenhanges entweder unstreitig (so bei Art. 6 Nr. 1 und Nr. 2) oder im Text des Übereinkommens ausdrücklich erwähnt (so in den Sondervorschriften der Art. 11 II und 14 III). Es dürfte nicht der Sinn des Übereinkommens sein, die internationale und örtliche Zuständigkeit für eine Widerklage festzulegen, wenn das Übereinkommen für die Hauptklage überhaupt nicht einschlägig ist. **19**

Der Widerbeklagte muß seinen *Wohnsitz in einem Vertragsstaat* haben. Das verlangen die Eingangsworte des Art. 6. Hat nur der Beklagte und Widerkläger seinen Sitz in Deutschland, der Widerbeklagte dagegen im Nichtvertragsstaat Polen, so ist die Widerklage indes ebenfalls zulässig, und zwar entweder in Analogie zum EuGVÜ, in dem die Drittstaatenproblematik – hier wie sonst – nicht hinreichend bedacht wurde, oder in Anwendung des autonomen deutschen Rechts (§ 33 ZPO)[43]. **20**

Ohne die Voraussetzungen der Nr. 3 kann ein Gericht über eine Widerklage entscheiden, wenn sich die Zuständigkeit aus anderen Vorschriften des EuGVÜ ergibt. Wenn also beispielsweise ein Inländer gegen einen Ausländer im deutschen Gerichtsstand des Erfüllungsortes (Art. 5 Nr. 1) oder der unerlaubten Handlung (Art. 5 Nr. 3) klagt, darf der Ausländer Widerklage schon wegen Art. 2 (Wohnsitz des Hauptklägers im Inland) erheben. Auch eine rügelose Einlassung des Klägers begründet die Zuständigkeit für die Widerklage. **21**

---

41 Siehe Bericht *Jenard* zu Art. 6 Nr. 3; *Droz* Nr. 103; *Schröder*, Internationale Zuständigkeit (1971) 586ff.; *Eickhoff* 92ff.

42 *Bülow/Böckstiegel/Linke* Art. 6 Anm. III 2. – A. A. *Schlosser*, FamRZ 1973, 430 bei N. 48; *Stein/Jonas/Schumann* § 33 Rz. 43; *Eickhoff* 100f.; kritisch besprochen von *Kropholler*, ZZP 1987, 352.

43 Für letztere Lösung *BGH* 8. 7. 1981, NJW 1981, 2644 = RIW 1981, 703 = IPRspr. 1981 Nr. 165; dagegen *Geimer/Schütze* § 29 IX; *Geimer*, NJW 1986, 2993.

1. Konnexität

22 Die Nr. 3 verlangt, daß die Widerklage „auf denselben Vertrag oder Sachverhalt“ wie die Klage selbst gestützt wird. Das Übereinkommen spricht nicht von „Zusammenhang“ (wie § 33 ZPO), obgleich dieser Begriff dem Übereinkommen geläufig ist (vgl. Art. 22)[44]. Die Zuständigkeit soll nicht bestehen, wenn das Gericht keinen starken Bezug zur Sache hat[45]. Es erscheint sinnvoll und möglich, die von Art. 6 Nr. 3 gewählte Umschreibung der Konnexität – der Zielsetzung der Norm entsprechend – vertragsautonom einzugrenzen[46]. Hierfür spricht insbesondere, daß das Konnexitätserfordernis, das die Nr. 1 unausgesprochen enthält, ebenfalls vertragsautonom bestimmt wird (vgl. oben Rz. 6). Die Voraussetzungen der Nr. 3 sind schon nach deren Wortlaut nicht erfüllt, wenn die Widerklage sich auf einen *anderen* Vertrag stützt als die Klage, auch wenn beide Verträge in einem Zusammenhang stehen[47].

Beispiel[48]: Klagt der deutsche Bürge, der den Gläubiger befriedigt hat, aus übergegangenem Recht gegen den in den Niederlanden wohnhaften Hauptschuldner, so kann der Hauptschuldner und ehemalige Arbeitnehmer des Bürgen vor dem niederländischen Gericht nicht Widerklage wegen unrechtmäßiger Kündigung erheben. Denn dem Arbeitsverhältnis liegt ein anderer Vertrag zugrunde als der eingeklagten Forderung.

2. Sonstige Zulässigkeitsvoraussetzungen

23 Die sonstigen Zulässigkeitsvoraussetzungen einer Widerklage regelt die lex fori[49]. Das dürfte auch für die sogenannte *parteierweiternde Widerklage* gelten, da das Übereinkommen selbst für eine am Rechtsstreit nicht beteiligte Person wohl keine Zuständigkeit schafft. Wer eine in einem anderen Vertragsstaat wohnhafte dritte Person im Wege der parteierweiternden Widerklage verklagen will, kann das demnach nur, wenn andere Vorschriften des EuGVÜ die Zuständigkeit begründen[50].

---

44 Dazu sagt der Bericht *Jenard* zu Art. 6 Nr. 3: „Da nicht alle Vertragsstaaten den Begriff des Sachzusammenhangs kennen, wird in dem Übereinkommen in Anlehnung an den belgischen Entwurf einer Gerichtsordnung ausdrücklich darauf verwiesen, daß die Widerklage ihren Ursprung in dem zwischen den Parteien geschlossenen Vertrag oder in dem die Klage selbst begründenden Sachverhalt haben muß.“

45 *Droz* Nr. 103.

46 Ebenso *Bülow/Böckstiegel/Linke* Art. 6 Anm. III 2; *Geimer/Schütze* § 80 V. – A. A. *Stein/Jonas/Schumann* § 33 Rz. 46: Bestimmung „nach den inneren rechtlichen Zusammenhängen des anzuwendenden materiellen Rechts“.

47 *H. R.* 4. 2. 1983, N. J. 1983 Nr. 547. Siehe ferner *LG Mainz* 8. 11. 1983, IPRspr. 1983 Nr. 134 b: Scheckanspruch und Gewährleistung aus dem Grundgeschäft.

48 *Rb. Roermond* 31. 10. 1974, N. J. 1975 Nr. 405 = Bericht *J. P. Verheul*, Neth. Int. L. Rev. 1975, 349.

49 *Bülow/Böckstiegel/Linke* Art. 6 Anm. III 2; *Stein/Jonas/Schumann* § 33 Rz. 44.

50 So *Stein/Jonas/Schumann* § 33 Rz. 45; *Geimer/Schütze* § 80 VI.

3. Zuständigkeitsvereinbarungen

Durch eine Zuständigkeitsvereinbarung kann der Gerichtsstand der Widerklage abbedungen werden (siehe Art. 17 Rz. 93). **24**

IV. Dinglicher Gerichtsstand des Sachzusammenhanges (Nr. 4)

Die (für Deutschland noch nicht in Kraft getretenen) Übereinkommen von San Sebastian und Lugano enthalten in Nr. 4 einen weiteren Gerichtsstand des Sachzusammenhanges (siehe Textanhang VI und VII). Nach Nr. 4 kann eine in einem Vertragsstaat wohnhafte Person, wenn ein Vertrag oder Ansprüche aus einem Vertrag den Gegenstand des Verfahrens bilden und die Klage mit einer Klage wegen eines dinglichen Rechts an einer unbeweglichen Sache gegen dieselbe Person verbunden werden kann, auch vor dem Gericht des Vertragsstaats verklagt werden, in dem die unbewegliche Sache belegen ist. Zu denken ist vor allem an den Fall, daß ein Grundstückseigentümer aus einer hypothekarisch gesicherten persönlichen Schuld verklagt werden soll. In diesem Fall, in dem die nationalen Rechtsvorschriften einiger Staaten aus Zweckmäßigkeitsgründen die Verbindung der Klage auf Erfüllung der persönlichen Verpflichtung des Eigentümers mit einer auf den Zwangsverkauf des Grundstücks gerichteten Klage ermöglichen (vgl. in Deutschland § 25 ZPO), stellt Nr. 4 eine entsprechende internationale Zuständigkeit zur Verfügung. **25**

Beispiel zum Lugano-Übereinkommen[51]: Angenommen, eine in Frankreich wohnhafte Person ist Eigentümer eines Grundstücks in Norwegen. Diese Person hat ein Darlehen aufgenommen, das durch eine das norwegische Grundstück belastende Hypothek gesichert ist. Möchte der Gläubiger bei nicht fristgemäßer Tilgung des Darlehens Klage auf Zwangsverkauf des Grundstücks erheben, so ist – nach erfolgter Ratifikation des Lugano-Übereinkommens durch Norwegen – ausschließlich das norwegische Gericht gemäß Art. 16 Nr. 1 zuständig. Aufgrund der hier erörterten Nr. 4 ist dieses Gericht darüber hinaus auch für die Entscheidung über eine Klage gegen den Eigentümer des Grundstücks zuständig, die dessen persönliche Verpflichtung betrifft, wenn der Gläubiger die letztgenannte Klage mit einer Klage auf den Zwangsverkauf des Grundstücks verbinden möchte.

Der Wortlaut der Nr. 4 ergibt, daß die beiden verbundenen Klagen gegen ein und denselben Beklagten gerichtet sein müssen, und der Bericht zum Übereinkommen ergänzt dies um den Hinweis, daß die Klagen auch von ein und demselben Kläger erhoben werden müssen[52]. Weitere rechtliche Voraussetzungen für die Zulässigkeit der Klageverbindung, die das Verfahrensrecht des betreffenden Vertragsstaates möglicherweise aufstellt, will das Übereinkommen laut Bericht nicht beschneiden.

51 Bericht *Jenard/Möller* Nr. 46.
52 Bericht *Jenard/Möller* Nr. 47.

Artikel 6a

Ist ein Gericht eines Vertragsstaats nach diesem Übereinkommen zur Entscheidung in Verfahren wegen einer Haftpflicht aufgrund der Verwendung oder des Betriebs eines Schiffes zuständig, so entscheidet dieses oder ein anderes, an seiner Stelle durch das Recht dieses Staates bestimmtes Gericht auch über Klagen auf Beschränkung dieser Haftung.

1. Sinn der Regelung

1 Nach den Materialien kommt der Bestimmung folgende *Bedeutung* zu[1]: „Die Beschränkung oder die Beschränkbarkeit der Haftung eines Schiffseigentümers kann in allen Rechtsordnungen der Gemeinschaft nicht nur verteidigungsweise geltend gemacht werden[2]. Sieht der Eigentümer eines Schiffes eine Haftungsklage auf sich zukommen, kann er ein Interesse daran haben, von sich aus auf Feststellung zu klagen, er hafte für die Forderung nur beschränkt oder beschränkbar. Er kann dann einen der durch Art. 2 bis 6 begründeten Gerichtsstände wählen. Am Gericht seines Wohnsitzes kann er aufgrund dieser Vorschriften nicht klagen. Da aber die Forderung vor diesem Gericht gegen ihn eingeklagt werden könnte, ist es zweckmäßig, ihm auch diesen Gerichtsstand zur Verfügung zu stellen. Diese Möglichkeit offenzuhalten, dient Art. 6a. Zudem ist dies, sieht man vom Brüsseler Übereinkommen von 1952 ab[3], der einzige Gerichtsstand, an dem der Schiffseigentümer alle seine Haftungsbegrenzungsklagen sinnvollerweise konzentrieren kann"[4].

2 Über das *anwendbare Recht*, also über die Fragen, welches materielle Haftungsbeschränkungsrecht maßgebend ist und für welche Ansprüche und in welchem Umfang danach überhaupt eine Haftungsbeschränkung geltend gemacht werden kann, besagt Art. 6a als Zuständigkeitsnorm naturgemäß nichts[5]. Aus dem EuGVÜ folgt also nicht etwa ein Gleichlauf in dem Sinne, daß das für die Haftungsbeschränkungsklage zuständige Gericht die Haftungsbeschränkung stets nach der materiellen lex fori zu beurteilen habe. Vielmehr ist das vom Kollisionsrecht des Forums berufene Haftungsbeschränkungsrecht anzuwenden[6].

---

1 Bericht *Schlosser* Nr. 128.

2 Näher Bericht *Schlosser* Nr. 124–126. Für das deutsche Recht siehe die Seerechtliche Verteilungsordnung (BGBl. 1972 I 953); dazu *Schaps/Abraham*, Das Seerecht in der Bundesrepublik Deutschland[4] I (1978) Anh. II § 487d HGB.

3 Gemeint ist das Internationale Übereinkommen zur Vereinheitlichung von Regeln über den Arrest von Seeschiffen vom 10. 5. 1952 (BGBl. 1972 II 655).

4 Das Brüsseler Übereinkommen über die Beschränkung der Haftung der Eigentümer von Seeschiffen vom 10. 10. 1957 (BGBl. 1972 II 672), das für die Bundesrepublik Deutschland und die meisten anderen EG-Staaten gilt, enthält keine Norm über die internationale Zuständigkeit.

5 Der Bericht *Schlosser* Nr. 130 erwähnt dies ausdrücklich.

6 Siehe dazu *Puttfarken*, Beschränkte Reederhaftung – Das anwendbare Recht (1981).

2. Einzelheiten

Der *sachliche Anwendungsbereich* der Vorschrift erfaßt nur die selbständige Klage, die der Schiffseigentümer gegen einen Anspruchsprätendenten erhebt, um seine Haftung zu beschränken. Die Bestimmung bezieht sich weder auf eine Klage des Geschädigten gegen den Schiffseigentümer, Fondsverwalter oder konkurrierende Forderungsprätendenten noch auf das Sammelverfahren zur Errichtung und Verteilung des Haftungsfonds[7]. „Für Klagen, welche die grundsätzliche Begründetheit der gegen den Schiffseigentümer gerichteten Forderung zum Gegenstand haben, gelten nur die Art. 2 bis 6. Immer ist auch Art. 22 anwendbar. Ist ein Verfahren zur Begrenzung der Haftung in einem Staat eingeleitet worden, so kann der im Einzelprozeß in einem anderen Staat wegen der Feststellung der Forderung oder wegen der Beschränkbarkeit der Haftung angegangene Richter das Verfahren aussetzen oder sich sogar für unzuständig erklären“[8]. 3

Anknüpfungspunkt für die internationale Zuständigkeit ist nicht nur der Wohnsitz des Schiffseigentümers (Art. 2). Vielmehr kann der Reeder auch jedes andere Gericht wählen, in dem die Haftpflichtforderung gegen ihn einklagbar ist[9]. 4

Die über Art. 6a begründete Zuständigkeit ist *nicht ausschließlich*. Sie kann also durch eine Zuständigkeitsvereinbarung geändert werden. 5

Das nach Art. 6a berufene Gericht ist grundsätzlich nicht nur international, sondern auch *örtlich* zuständig. Die Vorschrift gestattet es aber dem nationalen Recht ausdrücklich, ein anderes Gericht als örtlich zuständig zu bestimmen. 6

3. Abschnitt. Zuständigkeit für Versicherungssachen

Übersicht

Schrifttum: *Kaye*, Business Insurance and Reinsurance under the European Judgments Convention: Application of Protective Provisions, J. Bus. L. 1990, 517; *Richter*, Das EWG-Übereinkommen über die gerichtliche Zuständigkeit und die Vollstreckung in Zivil- und Handelssachen aus versicherungsrechtlicher Sicht, VersR 1978, 801.

Siehe auch das in der Einleitung und vor Art. 2 angeführte Schrifttum.

7 Bericht *Schlosser* Nr. 127.
8 Bericht *Schlosser* Nr. 129.
9 Siehe auch Bericht *Schlosser* Nr. 128.

I. Allgemeines

1. Anwendungsbereich

1 Die Abschnitte 3 und 4 enthalten eine in sich geschlossene Regelung für Versicherungs- und Verbrauchersachen. Jeder der beiden Abschnitte regelt die Zuständigkeit auf seinem Gebiet „selbständig und erschöpfend“[1]. Die Verweisung auf Art. 4 (in Art. 7 bzw. Art. 13) macht deutlich, daß die Sonderregelung grundsätzlich nur eingreift, wenn der Beklagte seinen Wohnsitz in einem Vertragsstaat hat (näher Art. 7 Rz. 2).

2. Zweck und Bedeutung

2 Für die Sonderregelungen der Abschnitte 3 und 4 des Titels II sind *„sozialpolitische Erwägungen“* maßgebend[2]. Der Versicherungsnehmer ist – ebenso wie der Verbraucher – im allgemeinen wirtschaftlich schwächer und rechtlich weniger erfahren als sein Vertragspartner und bedarf auch im Prozeß eines besonderen Schutzes. Die Rechtsordnungen der EG-Staaten sehen deshalb – teilweise unabdingbare – Sondergerichtsstände zugunsten des Versicherungsnehmers vor[3].

3 Der prozessuale *Schutz des Versicherungsnehmers* wird im Übereinkommen nicht durch eine ausschließliche Zuständigkeit am Wohnsitz des Versicherungsnehmers verwirklicht. Der Versicherungsnehmer kann nämlich im Einzelfall durchaus ein Interesse daran haben, nicht auf eine Klageerhebung vor dem Gericht seines Wohnsitzes beschränkt zu sein, etwa weil er eine Verfahrenskonzentration herbeiführen oder eine grenzüberschreitende Vollstreckung vermeiden will[4]. Das Übereinkommen bevorzugt den Versicherungsnehmer dadurch, daß es ihm eine, wenn auch begrenzte Wahl zwischen den Gerichten verschiedener Staaten eröffnet, während der Versicherer nur am Wohnsitz des Versicherungsnehmers klagen kann. Außerdem ist die Zulässigkeit von Gerichtsstandsvereinbarungen eingeschränkt: „Man wollte insbesondere Mißbräuchen vorbeugen, die sich aus den sog. Adhäsionsverträgen ergeben können“[5].

---

1 Bericht *Jenard* zu Art. 7.

2 Bericht *Jenard*, Allgemeine Bemerkungen zum 3.–5. Abschnitt. – Diese sind freilich für „Großversicherungen“ der Wirtschaft nicht angebracht; vgl. Bericht *Schlosser* Nr. 140; auch *Mendes*, Vand. J. Trans. L. 1980, 94f. Doch unterfallen mangels eines klaren Ausgrenzungskriteriums auch derartige „business insurances“ dem 3. Abschnitt; siehe *New Hampshire Insurance Co.* v. *Strabag Bau AG*, [1992] 1 Lloyd's Rep. 361 (C.A.); *Kaye*, J. Bus. L. 1990, 521 f. Kritisch zur Schaffung der Sonderregelung *Geimer/Schütze* § 74 III 2.

3 Überblick über das Recht der ursprünglichen EG-Staaten im Bericht *Jenard* zum 3. Abschnitt; siehe ferner etwa *Droz* Nr. 105 und *Bülow/Böckstiegel/Linke* Art. 7 Anm. I 2.

4 *Droz* Nr. 106.

5 Bericht *Jenard*, Allgemeine Bemerkungen zum 3.–5. Abschnitt.

Die Zuständigkeitsvorschriften des 3. Abschnitts sind (ebenso wie die des 4. und 5. Abschnitts) dadurch aufgewertet, daß ihre Verletzung – entgegen dem allgemeinen Grundsatz des Übereinkommens – gemäß Art. 28 die *Versagung der Anerkennung* der Entscheidung nach sich zieht[6]. Die Vielzahl der zugelassenen Gerichtsstände zugunsten des Versicherungsnehmers erhöht die Dringlichkeit einer (Kollisions-)Rechtsvereinheitlichung auf dem Gebiete des Versicherungsrechts, um einem „forum shopping“ durch den Kläger vorzubeugen. Das EG-Schuldvertrags-IPR vom 19. 6. 1980 wird diesem Ziel nur beschränkt gerecht. Denn es ist gemäß seinem Art. 1 III auf solche Versicherungsverträge nicht anzuwenden, die in der Gemeinschaft belegene Risiken decken. Für letztere laufen in der EG gesonderte Vereinheitlichungsbemühungen[7]. 4

II. Versicherungssachen

1. Begriff

Der Begriff der Versicherungssachen wird im Übereinkommen nicht definiert. Er ist nicht nach der lex fori zu bestimmen, sondern durch vertragsautonome Auslegung des EuGVÜ einheitlich festzulegen[8]. 5

Aus der Beschränkung des Übereinkommens auf Zivil- und Handelssachen (Art. 1 I) folgt, daß nur die privaten Versicherungen erfaßt und öffentlich-rechtlich ausgestaltete Versicherungsverhältnisse ausgenommen sind. Für die Sozialversicherung gilt das Übereinkommen gemäß der ausdrücklichen Bestimmung des Art. 1 II Nr. 3 nicht, und zwar unabhängig davon, ob das Versicherungsverhältnis kraft Gesetzes oder durch Vertrag entsteht[9]. Ein Rückversicherungsvertrag ist mangels typischer Schutzbedürftigkeit des Versicherungsnehmers einem Versicherungsvertrag nicht gleichzusetzen, so daß die Art. 7–12a EuGVÜ auf einen Rückversicherungsvertrag nicht anwendbar sind[10]. Die Transportversicherung unterfällt dem 3. Abschnitt, da sie nicht – wie die Beförderungsverträge im 4. Abschnitt der Neufassung von 1978 (Art. 13 III) – vom Anwendungsbereich der Konvention ausgeschlossen wurde[11]. Der Rückgriff des Versicherers gegen den Schädiger gehört nicht zu den „Versicherungssachen“ des 3. Abschnitts[12]; der Schädiger ist unter den in diesem Abschnitt aufgeführten Verfahrensbeteiligten nicht genannt. 6

6 Siehe dazu Art. 28 Rz. 7 ff.

7 Näher *U. Hübner*, in: *v. Bar* (Hrsg.), Europäisches Gemeinschaftsrecht und IPR (1991) 111 ff.; *Weiser*, EuZW 1993, 29 ff.

8 So auch *Bülow/Böckstiegel/Linke* Art. 7 Anm. II 1; anders *Goldman*, Rev. trim. dr. europ. 1971, 27.

9 Näher *Bülow/Böckstiegel/Linke* Art. 7 Anm. II 1.

10 Vgl. Bericht *Schlosser* Nr. 151. *EuGH* 27. 6. 1991 – 351/89, Overseas Union/New Hamsphire Insurance, konnte die ihm vorgelegte Frage offenlassen.

11 Ebenso im Ergebnis *Bülow/Böckstiegel/Linke* Art. 7 Anm. II 1.

12 *Bülow/Böckstiegel/Linke* Art. 7 Anm. II 1; ihm folgend *Nagel* Rz. 197.

2. Verfahrensbeteiligte

7 Als Verfahrensbeteiligte erwähnen die Vorschriften des 3. Abschnitts auf der einen Seite den Versicherer, auf der anderen Seite den Versicherungsnehmer, den Versicherten und den Begünstigten (Art. 11 II, Art. 12 Nr. 2) und in Art. 10 II auch den Verletzten. Versicherer sind die Versicherungsunternehmen aller zugelassenen Rechtsformen, seien es inländische oder (rechtsfähige) ausländische, private oder öffentlich-rechtlich organisierte Unternehmen[13]. Verfahrensgegner des Versicherers können – abgesehen von dem in Art. 10 II genannten Verletzten – alle Personen sein, für die der Versicherungsvertrag Rechte oder Pflichten begründet. Das ist in erster Linie der Versicherungsnehmer als Vertragspartner des Versicherers. Mitunter sind es aber auch Dritte, so bei einer Versicherung für fremde Rechnung der „Versicherte“ oder der „Begünstigte“ bzw. der sonst Berechtigte[14]. An die Stelle sämtlicher genannter Personen können auch ihre Rechtsnachfolger treten.

Artikel 7

Für Klagen in Versicherungssachen bestimmt sich die Zuständigkeit vorbehaltlich des Artikels 4 und des Artikels 5 Nr. 5 nach diesem Abschnitt.

1 Zum *Begriff der Versicherungssachen* siehe vor Art. 7 Rz. 5.

2 Der *Vorbehalt zugunsten von Art. 4* stellt klar, daß die besondere Zuständigkeitsordnung des 3. Abschnitts für Versicherungssachen grundsätzlich nur anzuwenden ist, wenn der Beklagte seinen Wohnsitz in einem Vertragsstaat hat. Hat der beklagte Versicherer oder Versicherungsnehmer seinen Wohnsitz außerhalb der Gemeinschaft, so wird die internationale Zuständigkeit, einschließlich der als exorbitant bezeichneten Zuständigkeiten, durch das autonome staatliche Recht des angerufenen Gerichts bestimmt. Eine Ausnahme hiervon macht Art. 8 II[1].

3 Der *Vorbehalt zugunsten von Art. 5 Nr. 5* bedeutet, daß Klagen gegen einen Versicherer mit Wohnsitz in einem Vertragsstaat auch in dem Vertragsstaat erhoben werden können, in dem sich eine Zweigniederlassung, Agentur oder sonstige Niederlassung befindet, sofern es sich um Streitigkeiten aus deren Betrieb han-

---

13 *Bülow/Böckstiegel/Linke* Art. 7 Anm. II 3 a.

14 Aus dem deutschen Recht nennt *Bülow/Böckstiegel/Linke*, Art. 7 Anm. II 3 b, in diesem Zusammenhang folgende Personen, die Kläger oder Beklagter im Sinne der Art. 7 ff. sein können: bei der Personenversicherung den Begünstigten bzw. Bezugsberechtigten (z. B. §§ 166 ff. VVG), bezugsberechtigte Dritte (§ 182 VVG), ggf. auch Eintrittsberechtigte (§ 177 VVG); bei der Lebensversicherung die Gefahrperson (§ 159 VVG); bei der Gebäudeversicherung den Pfandgläubiger, insbesondere Hypothekengläubiger (§§ 100 ff., 107 b VVG).

1 Siehe dazu *Droz* Nr. 113; *Bülow/Böckstiegel/Linke* Art. 7 Anm. I 3.

delt. Zum Betrieb der Niederlassung eines Versicherers gehört neben dem Abschluß von Versicherungsverträgen auch die Abwicklung des Schadens[2]. Zur Bedeutung des Vorbehalts für Klagen des Versicherers siehe Art. 11 Rz. 2.

Artikel 8

Der Versicherer, der seinen Wohnsitz in dem Hoheitsgebiet eines Vertragsstaats hat, kann verklagt werden:

1. vor den Gerichten des Staates, in dem er seinen Wohnsitz hat,

2. in einem anderen Vertragsstaat vor dem Gericht des Bezirks, in dem der Versicherungsnehmer seinen Wohnsitz hat, oder,

3. falls es sich um einen Mitversicherer handelt, vor dem Gericht eines Vertragsstaats, bei dem der federführende Versicherer verklagt wird.

Hat ein Versicherer in dem Hoheitsgebiet eines Vertragsstaats keinen Wohnsitz, besitzt er aber in einem Vertragsstaat eine Zweigniederlassung, Agentur oder sonstige Niederlassung, so wird er für Streitigkeiten aus ihrem Betrieb so behandelt, wie wenn er seinen Wohnsitz in dem Hoheitsgebiet dieses Staates hätte.

1. Wahlgerichtsstände des Abs. 1

Gemäß Art. 8 kann der Versicherer wahlweise vor mehreren Gerichten verklagt 1
werden. Zunächst sind die Gerichte des Staates genannt, in dem er seinen Wohnsitz hat (Nr. 1). Damit wird der in Art. 2 niedergelegte Grundsatz in die Sonderregelung für Versicherungssachen übernommen. Ferner kann der Versicherer vor dem Gericht am Wohnsitz des Versicherungsnehmers verklagt werden (Nr. 2). Damit wird dem Schwächeren durch Eröffnung eines Klägergerichtsstandes Schutz gewährt.

Am Wohnsitz des „Versicherten", des „Begünstigten" oder des „Verletzten" besteht kein 2
Klägergerichtsstand[1]. Im einzelnen gibt der erläuternde Bericht hierzu folgende Hinweise[2]: „Unter Versicherungsnehmer ist der Vertragspartner der Versicherungsgesellschaft zu verstehen. Sind der Versicherte oder der Begünstigte mit dem Versicherungsnehmer nicht identisch, so bleibt ihr Wohnsitz unberücksichtigt. Wie von dem europäischen Versicherungsausschuß bemerkt wurde, hat der Versicherer als Erbringer der Leistung

2 *Rb. Amsterdam* 13. 9. 1977, Bericht *H. Verheul*, Neth. Int. L. Rev. 1978, 82; *Trib. Tournai* 18. 2. 1980, J. trib. 1980, 391.

1 So auch *BGH* 2. 5. 1979, BGHZ 74, 248 = WM 1979, 872 = RIW 1979, 494 = IPRspr. 1979, Nr. 198; dazu *Geimer*, RIW 1980, 305 ff. Zur Klage des Verletzten *LG Saarbrücken* 6. 12. 1976, VersR 1977, 1164 = IPRspr. 1976 Nr. 148.

2 Bericht *Jenard* zu Art. 8.

zum Geschäftspartner die andere Vertragspartei, d. h. den Versicherungsnehmer. Mit ihm steht er in Geschäftsverbindung, und es ist nicht mehr als recht und billig, daß er vor dem Gericht des Wohnsitzes dieses Geschäftspartners verklagt werden kann. Dagegen würde es zu weit gehen, wenn man ihn verpflichten wollte, sich in dem Gerichtsstand des Versicherten oder des Begünstigten verklagen zu lassen, deren genauen Wohnsitz er im Zeitpunkt des Entstehens des Rechtsstreits nicht zu kennen braucht"[3].

3 Schließlich eröffnet Nr. 3 einen besonderen Gerichtsstand des persönlichen Zusammenhanges für *Klagen gegen mehrere Versicherer.* Während Abs. 1 in der Fassung von 1968 eine Zuständigkeit in jedem Staat begründete, in dem irgendeiner der mehreren Mitversicherer seinen Wohnsitz hatte, stellt die Neufassung von 1978 darauf ab, wo der *federführende* Versicherer verklagt wird. Da die übrigen Mitversicherer oft nur einen sehr kleinen Teil des Risikos übernehmen, erschien es unberechtigt, mit ihnen sämtliche Versicherer, einschließlich des federführenden, verklagbar zu machen. Vielmehr erachtete man nur noch eine solche Zuständigkeit für berechtigt, die sich an den Verhältnissen des federführenden Versicherers orientiert. Anders als in Art. 6 Nr. 1 wird in Art. 8 I Nr. 3 nicht an den Wohnsitz angeknüpft, weil kein Grund dafür besteht, daß die übrigen Mitversicherer vor die Gerichte am Wohnsitz des federführenden Versicherers gezogen werden können, wenn der federführende bereits anderwärts belangt worden ist.

4 *Im einzelnen* führt der Berichterstatter zu Nr. 3 noch folgendes aus[4]: „Eine an die Gegebenheiten des federführenden Versicherers anknüpfende zusätzliche Zuständigkeit ist nur im Interesse einer Erleichterung der Konzentration der aus einem Versicherungsfall entstehenden Verfahren gerechtfertigt. Daher bringt die Neufassung von Artikel 8 I die Anknüpfung an den Gerichtsstand, an dem der federführende Versicherer verklagt wird. Dort können die Mitversicherer also auch wegen ihrer Versicherungsanteile belangt werden – gleichzeitig mit dem federführenden Versicherer oder danach. Allerdings zwingt die Bestimmung nicht zur Konzentration der Verfahren. Nichts hindert den Versicherungsnehmer, die verschiedenen Mitversicherer bei verschiedenen Gerichten zu belangen. Er muß sie dann an einem der in Artikel 8 I Nr. 1 und 2 n. F. vorgesehenen Gerichtsstände verklagen, wenn der federführende Versicherer freiwillig geleistet hat."

Ist ein Gerichtsstand in *Deutschland* gegeben, begründet Art. 13 EGVVG eine Prozeßstandschaft des federführenden Versicherers; ein so erzielter Titel wirkt für und gegen alle an dem Versicherungsvertrag beteiligten Versicherer.

2. Zweigniederlassung, Agentur oder sonstige Niederlassung (Abs. 2)

5 Daß Klagen gegen einen Versicherer mit Wohnsitz in einem Vertragsstaat auch in dem Vertragsstaat erhoben werden können, in dem sich eine Zweigniederlas-

---

3 Diese Personen können also nicht an ihrem eigenen Wohnsitz, wohl aber am Wohnsitz des Versicherungsnehmers klagen, da Art. 8 I nach seinem Zweck nur die Zuständigkeit auf das Gericht am Wohnsitz des Versicherungsnehmers beschränkt, nicht aber den Kreis der möglichen Kläger; *Bülow/Böckstiegel/Linke* Art. 8 Anm. I 1.

4 Bericht *Schlosser* Nr. 149.

sung, Agentur oder sonstige Niederlassung befindet, sofern es sich um Streitigkeiten aus deren Betrieb handelt, ergibt sich bereits aus der in Art. 7 ausgesprochenen Verweisung auf Art. 5 Nr. 5. Durch Art. 8 II wird nun nicht nur der genannte Gerichtsstand der Niederlassung auf die Fälle ausgedehnt, in denen der Versicherer keinen Wohnsitz in einem Vertragsstaat hat, sondern der Anwendungsbereich des gesamten 3. Abschnitts wird – entgegen der Regel des Art. 4 – erweitert. Damit gelten für Streitigkeiten aus dem Betrieb dieser Niederlassungen alle im Rahmen des 3. Abschnitts gegen den Versicherer eröffneten Zuständigkeiten. Folglich können ihm gegenüber – anders als sonst (siehe Art. 7 Rz. 2) – nicht die (exorbitanten) Zuständigkeiten des autonomen Rechts mit der Begründung in Anspruch genommen werden, der Beklagte habe seinen Hauptsitz außerhalb der EG.

Artikel 9

Bei der Haftpflichtversicherung oder bei der Versicherung von unbeweglichen Sachen kann der Versicherer außerdem vor dem Gericht des Ortes, an dem das schädigende Ereignis eingetreten ist, verklagt werden. Das gleiche gilt, wenn sowohl bewegliche als auch unbewegliche Sachen in ein und demselben Versicherungsvertrag versichert und von demselben Schadensfall betroffen sind.

Die Vorschrift ermöglicht es, den Versicherer, der in einem Vertragsstaat seinen Wohnsitz oder eine Niederlassung besitzt, in Haftpflichtfällen außer in den Gerichtsständen des Art. 8 in einem weiteren Vertragsstaat zu verklagen, und zwar vor dem Gericht des Ortes, an dem das schädigende Ereignis eingetreten ist. Daß der Ort des schädigenden Ereignisses in einem vom Wohnsitzstaat verschiedenen Vertragsstaat liegen muß, ergibt sich aus dem System des Übereinkommens, insbesondere aus der Parallele zu Art. 5 Nr. 3 und aus der Bezugnahme auf Art. 8 („außerdem")[1]. Das Anknüpfungsmerkmal „Ort, an dem das schädigende Ereignis eingetreten ist," hat dieselbe Bedeutung wie in Art. 5 Nr. 3. Es ist in Art. 9 ebenfalls berechtigt, obwohl es sich hier um vertragliche Ansprüche gegen den Versicherer und nicht um deliktische Ansprüche gegen den Schädiger handelt; denn die Ansprüche werden durch ein schädigendes Ereignis ausgelöst, so daß die Anknüpfung der erleichterten Tatsachenfeststellung und der Verfahrenskonzentration dient[2]. 1

Die Zuständigkeit des Art. 9 ist primär nur bei der Haftpflichtversicherung und bei der Versicherung von unbeweglichen Sachen begründet. Sie gilt aber ebenfalls für die Versicherung von beweglichen Sachen, wenn durch den Versicherungsvertrag, wie bei der Feuerversicherung, sowohl Haus- und Grundbesitz wie die darin enthaltene Fahrnis versichert sind. Dies trifft auch für den Fall zu, daß 2

1 *Droz* Nr. 116; *Bülow/Böckstiegel/Linke* Art. 9 Anm. 2.
2 *Droz* Nr. 117.

über die Fahrnis ein Zusatzvertrag zum Immobiliarversicherungsvertrag geschlossen worden ist[3].

3 Die Parteien können die in Art. 9 eröffnete Zuständigkeit unter den Voraussetzungen des Art. 12 Nr. 3 abbedingen.

Artikel 10

Bei der Haftpflichtversicherung kann der Versicherer auch vor das Gericht, bei dem die Klage des Geschädigten gegen den Versicherten anhängig ist, geladen werden, sofern dies nach dem Recht des angerufenen Gerichts zulässig ist.

Auf eine Klage, die der Verletzte unmittelbar gegen den Versicherer erhebt, sind die Artikel 7 bis 9 anzuwenden, sofern eine solche unmittelbare Klage zulässig ist.

Sieht das für die unmittelbare Klage maßgebliche Recht die Streitverkündung gegen den Versicherungsnehmer oder den Versicherten vor, so ist dasselbe Gericht auch für diese Personen zuständig.

1. Interventionsklage (Abs. 1)

1 Bei der Haftpflichtversicherung, insbesondere also in Versicherungssachen aus Straßenverkehrsunfällen, kann der Versicherer durch eine Interventionsklage vor das Gericht geladen werden, bei dem die Klage des Geschädigten gegen den Versicherten anhängig ist, sofern das angerufene Gericht nach seinem innerstaatlichen Recht über eine solche Klage erkennen kann. Dies ist in der Bundesrepublik Deutschland nicht der Fall. Gemäß Art. V des Protokolls kann die für eine Gewährleistungs- und Interventionsklage in Art. 6 Nr. 2 und in Art. 10 vorgesehene Zuständigkeit in der Bundesrepublik Deutschland nicht geltend gemacht werden (siehe Textanhang II). Das gleiche gilt gemäß Art. V des Protokolls Nr. 1 zum Lugano-Übereinkommen in Spanien, Österreich und der Schweiz (siehe Textanhang VIII). Der Versicherer kann hier nur im Wege der Streitverkündung (§§ 72ff. ZPO) in den Prozeß gezogen werden (näher Art. 6 Rz. 12ff.).

2 Trotz des Ausschlusses einer direkten Zuständigkeit deutscher Gerichte ist Art. 10 – ebenso wie Art. 6 Nr. 2 – auch *aus deutscher Sicht bedeutsam*, weil danach Versicherer mit Sitz in der Bundesrepublik Deutschland vor den Gerichten der anderen Vertragsstaaten verklagt werden können und die ausländischen Entscheidungen in Deutschland anerkannt werden müssen.

---

3 So Bericht *Jenard* zu Art. 9.

Beispiel[1]: Ein Deutscher, der bei einer deutschen Gesellschaft versichert ist, verursacht in Frankreich einen Verkehrsunfall und wird in Frankreich von dem geschädigten Franzosen verklagt. In diesem Fall ist die – im französischen Recht vorgesehene – Interventionsklage zulässig, obwohl der Rechtsstreit sich auf einen Versicherungsvertrag zwischen einem deutschen Versicherungsnehmer und einem deutschen Versicherer bezieht.

Das Übereinkommen gestattet, um die Tragweite des Art. 10 I abzuschwächen[2], in Art. 12 Nr. 3, daß der Versicherungsnehmer und der Versicherer, die bei Vertragsabschluß ihren Wohnsitz in demselben Vertragsstaat haben, *die Zuständigkeit* der Gerichte dieses Staates *vereinbaren*. 3

2. Direktklage (Abs. 2 und 3)

In Abs. 2 und 3 ist eine Sonderregelung für die Direktklage des Verletzten gegen den Versicherer enthalten. Nach *Abs. 2* kann der Versicherer in Haftpflichtsachen auch außerhalb seines Wohnsitzstaates von dem Verletzten unmittelbar verklagt werden, und zwar vor jedem Gericht, das nach den Art. 7–9 für eine Klage des Versicherungsnehmers gegen den Versicherer zuständig ist. Dazu gehört nicht das Wohnsitzgericht des Verletzten, nachdem Art. 8 I einen Klägergerichtsstand nur für den Versicherungsnehmer eröffnet[3]. Die Direktklage ist gemäß Abs. 2 allerdings nur möglich, „sofern eine solche unmittelbare Klage zulässig ist“[4]. Danach sind die Kollisionsnormen des angerufenen Gerichts einbezogen. Sie entscheiden, ob das Recht des Deliktsortes, das Recht des Versicherungsvertrages, die lex fori oder eine andere Rechtsordnung anzuwenden ist[5]. Nach der deutschen Rechtsprechung wird der Direktanspruch deliktisch qualifiziert und die Frage seiner Zulässigkeit nach dem Tatortrecht beantwortet[6]. 4

Gemäß *Abs. 3* kann der Versicherer in dem Verfahren, das der Geschädigte gegen ihn gemäß Abs. 2 anhängig gemacht hat, dem Versicherungsnehmer oder dem Versicherten *den Streit verkünden*. „Im Interesse einer geordneten Rechtspflege muß sichergestellt sein, daß die Ansprüche vor demselben Gericht erhoben werden können, damit nicht durch verschiedene Gerichte Urteile ergehen, die miteinander nicht vereinbar sind. Auch wird der Versicherer durch dieses Verfahren 5

1 Aus dem Bericht *Jenard* zu Art. 10.

2 So der Bericht *Jenard* zu Art. 10 I.

3 Siehe Art. 8 Rz. 2. Speziell im Zusammenhang mit Art. 10 ebenso Bericht *Jenard* zu Art. 10; *LG Saarbrücken* 6. 12. 1976, VersR 1977, 1164 = IPRspr. 1976 Nr. 148; *Bülow/Böckstiegel/Linke* Art. 10 Anm. III 1.

4 Die unmittelbare Klage („action directe“) ist nach belgischem, französischem und luxemburgischem Recht zulässig. Nach deutschem und niederländischem Recht ist sie nur bei der obligatorischen Haftpflichtversicherung von Kraftfahrzeugen möglich; Bericht *Jenard* zu Art. 10. Näher *Bülow/Böckstiegel/Linke* Art. 10 Anm. III 2.

5 Bericht *Jenard* zu Art. 10.

6 *BGH* 23. 11. 1971, BGHZ 57, 265 = NJW 1972, 387 = AWD 1972, 89 = IPRspr. 1971 Nr. 18; 5. 10. 1976, NJW 1977, 496 = RIW 1977, 647 = IPRspr. 1976 Nr. 17.

gegen betrügerische Machenschaften geschützt"[7]. Die Streitverkündung muß aber nach dem für die unmittelbare Klage maßgeblichen Recht zulässig sein[8].

6 Durch eine *Gerichtsstandsklausel* im Versicherungsvertrag werden die Bestimmungen der Abs. 2 und 3 nicht betroffen, weil die Gerichtsstandsklausel Dritten gegenüber keine Bindung erzeugen kann[9].

Artikel 11

Vorbehaltlich der Bestimmungen des Artikels 10 Absatz 3 kann der Versicherer nur vor den Gerichten des Vertragsstaats klagen, in dessen Hoheitsgebiet der Beklagte seinen Wohnsitz hat, ohne Rücksicht darauf, ob dieser Versicherungsnehmer, Versicherter oder Begünstigter ist.

Die Vorschriften dieses Abschnitts lassen das Recht unberührt, eine Widerklage vor dem Gericht zu erheben, bei dem die Klage selbst gemäß den Bestimmungen dieses Abschnitts anhängig ist.

1 *Abs. 1* beschränkt den Schutz der schwächeren Partei nicht auf den Versicherungsnehmer, sondern bezieht sich auch auf Prozesse des Versicherers gegen Dritte. Wie Art. 2 regelt diese auf den Wohnsitz abstellende Norm nur die internationale Zuständigkeit[1]; das in den einzelnen Vertragsstaaten örtlich zuständige Gericht wird durch das innerstaatliche Recht dieser Staaten bestimmt. Der Vorbehalt zugunsten von Art. 10 III erhält dem Versicherer die Möglichkeit der Streitverkündung gegen den Versicherungsnehmer oder den Versicherten im Rahmen einer vom Verletzten erhobenen Direktklage.

2 Die *Vorbehalte zugunsten von Art. 4 und Art. 5 Nr. 5* in Art. 7 bedeuten im Zusammenhang mit Art. 11 I folgendes: Die Vorschrift des Art. 11 I über die Klagen des Versicherers ist gemäß Art. 4 nicht anzuwenden, wenn der Beklagte seinen Wohnsitz außerhalb eines Vertragsstaates hat[2]. Gemäß Art. 5 Nr. 5 kann der Versicherer auch den Gerichtsstand der Niederlassung des Beklagten wählen, wenn der Beklagte seinen Wohnsitz in einem Vertragsstaat hat und es sich um eine Streitigkeit aus dem Betrieb der in einem anderen Vertragsstaat befindlichen Zweigniederlassung, Agentur oder sonstigen Niederlassung handelt; denn der Vorbehalt zugunsten von Art. 5 Nr. 5 gilt nach dem Wortlaut des Übereinkommens nicht nur für Klagen gegen den Versicherer[3].

---

7 Bericht *Jenard* zu Art. 10.
8 Siehe im deutschen Recht §§ 68, 72 ff. ZPO, § 3 Nr. 8 PflVersG.
9 Bericht *Schlosser* Nr. 148.

1 Bericht *Jenard* zu Art. 11.
2 Bericht *Jenard* zu Art. 11.
3 *Goldman*, Rev. trim. dr. europ. 1971, 16; *Bülow/Böckstiegel/Linke* Art. 11 Anm. II 2. – A. A. *Franchi*, Riv. dir. int. priv. proc. 1976, 727.

3 Die Bestimmung des *Abs. 2* soll die Regelung des Art. 6 Nr. 3 in den 3. Abschnitt übernehmen[4]. Das wäre systematisch richtiger durch einen Vorbehalt zugunsten von Art. 6 Nr. 3 in Art. 7 ausgedrückt worden. Nicht nur dem Versicherer, sondern auch dem Versicherungsnehmer, Versicherten oder Begünstigten steht die Möglichkeit der Widerklage offen. Für die Widerklage gelten die gleichen Zulässigkeitsvoraussetzungen wie in Art. 6 Nr. 3, insbesondere muß sich die Widerklage auf denselben Vertrag oder Sachverhalt wie die Klage selbst stützen. Soweit die Widerklage zulässig ist, kann sie bei jedem nach dem 3. Abschnitt zuständigen Gericht erhoben werden, also beispielsweise durch den Versicherer in den Gerichtsständen der Art. 8–10, aber z.B. nicht im Gerichtsstand des Art. 5 Nr. 1, der für den 3. Abschnitt nicht gilt.

Artikel 12

Von den Vorschriften dieses Abschnitts kann im Wege der Vereinbarung nur abgewichen werden:

1. **wenn die Vereinbarung nach der Entstehung der Streitigkeit getroffen wird oder**
2. **wenn sie dem Versicherungsnehmer, Versicherten oder Begünstigten die Befugnis einräumt, andere als die in diesem Abschnitt angeführten Gerichte anzurufen, oder**
3. **wenn sie zwischen einem Versicherungsnehmer und einem Versicherer, die zum Zeitpunkt des Vertragsabschlusses ihren Wohnsitz oder gewöhnlichen Aufenthalt in demselben Vertragsstaat haben, getroffen ist, um die Zuständigkeit der Gerichte dieses Staates auch für den Fall zu begründen, daß das schädigende Ereignis im Ausland eingetreten ist, es sei denn, daß eine solche Vereinbarung nach dem Recht dieses Staates nicht zulässig ist, oder**
4. **wenn sie von einem Versicherungsnehmer abgeschlossen ist, der seinen Wohnsitz nicht in einem Vertragsstaat hat, ausgenommen soweit sie eine Versicherung, zu deren Abschluß eine gesetzliche Verpflichtung besteht, oder die Versicherung von unbeweglichen Sachen in einem Vertragsstaat betrifft, oder**
5. **wenn sie einen Versicherungsvertrag betrifft, soweit dieser eines oder mehrere der in Artikel 12a aufgeführten Risiken deckt.**

1 Die Zulässigkeit von Gerichtsstandsvereinbarungen ist für Versicherungssachen in Art. 12 gegenüber der allgemeinen Norm des Art. 17, dessen Formerfordernisse auch in Versicherungssachen gelten, zusätzlich eingeschränkt. Gemäß Art. 17 III sind Gerichtsstandsvereinbarungen, die dem Art. 12 zuwiderlaufen,

4 Bericht *Jenard* zu Art. 11.

unwirksam[1]. Der faktische Hintergrund dieser Regelung, die sich auch für Verbrauchersachen (Art. 15) findet, ist folgender: In Versicherungs- und Verbrauchersachen ist die größte Zahl der zugrunde liegenden Verträge formularmäßig geschlossen. Die schwächere Seite sieht sich dabei oftmals überraschenden Klauseln gegenüber. Zu ihrem Schutz wird einer Prorogation in diesen Materien deshalb grundsätzlich die Wirksamkeit versagt.

1. Vereinbarung nach Entstehung der Streitigkeit (Nr. 1)

2 Das grundsätzliche Prorogationsverbot erscheint entbehrlich, wenn auch der rechtlich unerfahrene Partner die Tragweite einer entsprechenden Vereinbarung übersehen und eine gerichtliche Auseinandersetzung in seine Überlegungen einbeziehen kann. Deshalb gestattet Nr. 1 Zuständigkeitsvereinbarungen „nach Entstehung der Streitigkeit". Dieses Erfordernis ist erfüllt, „sobald die Parteien über einen bestimmten Punkt uneins sind und ein gerichtliches Verfahren unmittelbar oder in Kürze bevorsteht"[2].

2. Vereinbarung zugunsten des Versicherungsnehmers (Nr. 2)

3 Die in Nr. 2 angeordnete Ausnahme ist ein gesetzlich vorgesehenes Beispiel für die einseitig zugunsten einer Partei getroffene Zuständigkeitsvereinbarung nach Art. 17 IV. Die schwächere Partei bedarf in diesem Fall keines zusätzlichen Schutzes, da sie nur rechtlich bessergestellt wird.

3. Vereinbarung der Zuständigkeit der Gerichte des gemeinsamen Wohnsitz- oder Aufenthaltsstaates (Nr. 3)

4 Die Nr. 3 ermöglicht, wenn die Zuständigkeit der Gerichte des gemeinsamen Wohnsitzes (vgl. Art. 52) oder gewöhnlichen Aufenthaltes (vgl. Art. 5 Rz. 21) vereinbart wird, die Derogation des forum delicti commissi. In diesem Forum kann nach der Zuständigkeitsordnung des dritten Abschnitts der Versicherer in Haftpflichtsachen nicht nur verklagt werden (Art. 9), sondern auch im Wege der Interventionsklage in einen Prozeß gegen den Versicherten hineingezogen werden (Art. 10 I). Gegen die Bestimmung bestanden von deutscher Seite erhebliche Bedenken, da das deutsche Recht Interventionsklagen nicht zuläßt, sondern nur das System der Streitverkündung (§§ 72ff. ZPO) kennt. Aus diesem Grund wurde über den Vorbehalt in Art. V des Protokolls hinaus, der nur für Verfahren im Inland eine Ausnahme macht, mit Art. 12 Nr. 3 eine

1 Zur Frage, ob Art. 17 III auch dann eingreift, wenn die Zuständigkeit des Gerichts eines Nichtvertragsstaates vereinbart wurde, siehe Art. 17 Rz. 63ff.

2 Bericht *Jenard* zu Art. 12.

Kompromißlösung[3] gefunden, nach welcher der Versicherer sich mit einer entsprechenden Zuständigkeitsvereinbarung auch für den Bereich des Auslands vor Interventionsklagen zu schützen vermag. Die Abrede kann nur zwischen Versicherer und Versicherungsnehmer getroffen werden; die rechtlichen Beziehungen zu Dritten werden davon naturgemäß nicht berührt. Es können daher nur die Zuständigkeiten der Art. 9 und 10 I abbedungen werden, nicht aber die des Art. 10 II und III[4].

Die Vereinbarung muß nach dem Recht des gemeinsamen Wohnsitzstaates zulässig sein[5]; nach deutschem Recht ist sie, da § 38 II ZPO im allgemeinen nicht zur Anwendung kommen kann, nur zwischen Vollkaufleuten oder unter den besonderen Voraussetzungen des § 38 III ZPO möglich. Die Zulässigkeit nach Art. 17 reicht nicht aus, da die Zuständigkeitsregeln des Übereinkommens von der Verweisung auf das staatliche Recht selbstverständlich nicht erfaßt werden. Zu beachten ist auch, daß der Gerichtsstand am Ort der Niederlassung des Versicherungsagenten gemäß § 48 II VVG nicht ausgeschlossen werden darf. 5

4. Vereinbarung mit Versicherungsnehmern aus Nichtvertragsstaaten (Nr. 4)

Grundsätzlich sind Zuständigkeitsvereinbarungen in Versicherungssachen gemäß Nr. 4 auch dann gestattet, wenn der Versicherungsnehmer seinen Wohnsitz außerhalb der Gemeinschaft hat. Diese weitere Ausnahme vom Prorogationsverbot des 3. Abschnitts wurde bei der Neufassung des Übereinkommens 1978 eingefügt, um besonderen britischen Interessen Rechnung zu tragen. Die britische Versicherungswirtschaft, die einen Großteil ihres Geschäftsvolumens durch Verträge mit außereuropäischen Kunden erzielt, sollte nicht durch zu starre Regeln des Übereinkommens dazu verleitet werden, systematisch in die Schiedsgerichtsbarkeit auszuweichen. Durch die prinzipielle Zulässigkeit von Prorogationsabreden in diesen Fällen kann auch zwingenden Zuständigkeitsvorschriften im Recht von Nichtvertragsstaaten Folge geleistet werden[6]. Wird von der Möglichkeit Gebrauch gemacht, die ausschließliche Zuständigkeit der Gerichte eines Nichtvertragsstaates zu vereinbaren, so richtet sich die Wirksamkeit der Vereinbarung nicht nach Art. 17 I (siehe Art. 17 Rz. 13). Anderes gilt, wenn die internationale Zuständigkeit eines Vertragsstaates vereinbart wird. 6

Wenn zum *Abschluß einer Versicherung eine gesetzliche Verpflichtung* besteht, kann wegen der der Versicherungspflicht unterworfenen Risiken von den Bestimmungen der Art. 8–11 auch dann nicht abgewichen werden, wenn der 7

---

3 Bericht *Jenard* zu Art. 10.

4 Bericht *Schlosser* Nr. 148. Aus der Rechtsprechung *Trib. gr. inst. Paris* 10. 5. 1985, Rev. crit. 1987, 415 Anm. *Bigot*.

5 Unzulässig ist sie nach französischem und belgischem Recht; vgl. *Droz* Nr. 119.

6 Bericht *Schlosser* Nr. 136.

Versicherungsnehmer seinen Wohnsitz außerhalb der Gemeinschaft hat[7]. Das ist die erste in Nr. 4 erwähnte Ausnahme.

Beispiel[8]: „Ist eine in Polen wohnhafte Person Halter eines Pkw mit regelmäßigem Standort in Deutschland, so muß das Fahrzeug nach Maßgabe des deutschen Rechts haftpflichtversichert werden. Vereinbarungen über den Gerichtsstand kann ein solcher Versicherungsvertrag mit Wirkung für Unfälle, die sich in Deutschland ereignen, nicht enthalten. Die Möglichkeit, deutsche Gerichte anzurufen (Art. 8), kann vertraglich nicht ausgeschlossen werden. Dies gilt, obwohl das einschlägige deutsche Gesetz über die Pflichtversicherung vom 5. April 1965 (BGBl. I 213) selbst Gerichtsstandsvereinbarungen nicht verbietet. Allerdings verhindert das deutsche Recht das Zustandekommen von Gerichtsstandsvereinbarungen im Pflichtversicherungsbereich faktisch dadurch, daß Versicherungsbedingungen mit einem solchen Bestandteil nicht genehmigt werden."

8 Die zweite in Nr. 4 enthaltene Ausnahme von dem Grundsatz, daß Zuständigkeitsvereinbarungen mit Versicherungsnehmern aus Nichtvertragsstaaten zulässig sind, betrifft *Grundstücksversicherungen.* Diese Ausnahme soll – so der Berichterstatter[9] – „vor allen Dingen die Anwendbarkeit von Art. 9 auch dann sicherstellen, wenn der Versicherungsnehmer seinen Wohnsitz außerhalb der Gemeinschaft hat. Jedoch wirkt die Ausnahmebestimmung weiter. Sie verbietet auch eine Gerichtsstandsvereinbarung, der zufolge ausschließlich die in Art. 9 genannten Gerichte zuständig sein sollen. Gerichtsstandsvereinbarungen sind im übrigen im Bereich dieser Ausnahmeregelung auch dann unwirksam, wenn das nationale Recht des Staates, in welchem das Grundstück liegt, eine Prorogation gar nicht für unzulässig erklärt."

5. See- und Luftfahrtversicherungen (Nr. 5)

9 Die Sonderregelung der Nr. 5 wurde – wie Nr. 4 – durch das Beitrittsübereinkommen von 1978 auf Wunsch Großbritanniens eingefügt. Sie erlaubt nach Maßgabe des in Art. 12a enthaltenen Katalogs Zuständigkeitsvereinbarungen für See- und Luftfahrtversicherungen (abweichend von Nr. 1) auch vor Entstehung der Streitigkeit. Landtransportversicherungen sind nicht einbezogen. Die Regelung rechtfertigt sich aus der Annahme, daß der soziale Schutzgedanke, der hinter der Eindämmung von Gerichtsstandsklauseln im Versicherungsrecht steht, nicht zum Tragen kommt, wenn auch als Versicherungsnehmer potente Unternehmungen auftreten[10]. Im Bereich der See- und Luftfahrt kann dies als Regelfall angesehen werden.

---

7 Einen Überblick über obligatorisch zu versichernde Risiken in den Staaten der Gemeinschaft gibt der Bericht *Schlosser* Nr. 138.

8 Nach Bericht *Schlosser* Nr. 138.

9 Bericht *Schlosser* Nr. 139.

10 Bericht *Schlosser* Nr. 140.

Artikel 12a

Die in Artikel 12 Nummer 5 erwähnten Risiken sind die folgenden:

1. sämtliche Schäden

a) an Seeschiffen, Anlagen vor der Küste und auf hoher See oder Luftfahrzeugen aus Gefahren, die mit ihrer Verwendung zu gewerblichen Zwecken verbunden sind,

b) an Transportgütern, ausgenommen Reisegepäck der Passagiere, wenn diese Güter ausschließlich oder zum Teil mit diesen Schiffen oder Luftfahrzeugen befördert werden;

2. Haftpflicht aller Art, mit Ausnahme der Haftung für Personenschäden an Passagieren oder Schäden an deren Reisegepäck,

a) aus der Verwendung oder dem Betrieb von Seeschiffen, Anlagen oder Luftfahrzeugen gemäß Nummer 1 Buchstabe a, es sei denn, daß nach den Rechtsvorschriften des Vertragsstaats, in dem das Luftfahrzeug eingetragen ist, Gerichtsstandsvereinbarungen für die Versicherung solcher Risiken untersagt sind,

b) für Schäden, die durch Transportgüter während einer Beförderung im Sinne der Nummer 1 Buchstabe b verursacht werden;

3. finanzielle Verluste in Zusammenhang mit der Verwendung oder dem Betrieb von Seeschiffen, Anlagen oder Luftfahrzeugen gemäß Nummer 1 Buchstabe a, insbesondere Fracht- oder Charterverlust;

4. irgendein zusätzliches Risiko, das mit einem der unter Nummern 1 bis 3 genannten Risiken in Zusammenhang steht.

Die Vorschrift ergänzt den Art. 12 Nr. 5, den sie entlasten soll. Sie enthält im Interesse der Rechtssicherheit einen detaillierten Katalog von Risiken. Das Risikenverzeichnis, das im Anhang zur 1. Richtlinie des Rates vom 24. Juli 1973 enthalten ist[1], konnte in das EuGVÜ nicht übernommen werden. Denn die dortige Einteilung ist an den Bedürfnissen der staatlichen Versicherungsverwaltung orientiert und nicht an den Erfordernissen eines privatrechtlichen Interessenausgleichs[2]. Vereinzelt finden sich in Art. 12a aber dieselben Begriffe wie im Anhang der Richtlinie (siehe etwa unten Rz. 9). Betrifft ein Versicherungsvertrag eines oder mehrere der in Art. 12a aufgelisteten Risiken, so ist eine Zuständigkeitsvereinbarung gemäß Art. 12 Nr. 5 schon vor Entstehen der Streitigkeit zulässig. 1

---

1 Erste Richtlinie zur Koordinierung der Rechts- und Verwaltungsvorschriften betreffend die Aufnahme und Ausübung der Tätigkeit der Direktversicherung (73/239/EWG), ABl. 1973 Nr. L 228, 3, 17 ff.

2 Bericht *Schlosser* Nr. 140.

1. Kaskoversicherungen und Wertversicherungen von Transportgütern (Nr. 1)

2 *Buchstabe a* betrifft die Kaskoversicherung von Seeschiffen und Flugzeugen, dagegen nicht die Haftpflichtversicherung. Im einzelnen gibt der Berichterstatter die folgenden Erläuterungen[3]: „Unter dem Begriff ‚Seeschiffe' sind alle Fahrzeuge zu verstehen, die zum Verkehr auf See bestimmt sind. Dazu gehören nicht nur ‚Schiffe' im traditionellen Sinne des Wortes, sondern auch auf See eingesetzte Luftkissen- und Tragflügelboote, Schlepper und Leichter. Dazu zählen darüber hinaus schwimmende Gerätschaften, die sich nicht aus eigener Antriebskraft fortbewegen können, wie z. B. Anlagen im Dienste der Ölsuche und -förderung, welche auf Wasser bewegt werden. Auf dem Meeresgrund fest verankerte oder zu verankernde Anlagen sind ohnehin ausdrücklich in den Text der Vorschrift aufgenommen worden. Die Vorschrift erfaßt auch im Bau befindliche Schiffe, freilich nur insoweit, als Schäden aufgrund eines See-Risikos entstanden sind. Das sind Schäden, die dadurch entstanden sind, daß sich das Objekt auf Wasser befindet; nicht also Schäden, die im Trockendock oder in den Werkhallen der Werft aufgetreten sind."

3 *Buchstabe b* betrifft die Wertversicherung von Transportgütern, dagegen nicht die Haftpflichtversicherung für Schäden, die von ihnen ausgehen. Es genügt, daß die Transportgüter *„zum Teil"* mit Schiffen oder Luftfahrzeugen befördert werden. Dies soll nach dem Bericht zum Übereinkommen[4] der Tatsache Rechnung tragen, „daß Transportgüter bis zu ihrer Ankunft am Bestimmungsort häufig nicht nur mit ein und demselben Transportmittel befördert werden. Land-, See- und Lufttransporte können aufeinander folgen. Es würde unvertretbare Komplikationen in die Vertragsgestaltung der Versicherungswirtschaft und ihre Schadensregulierung tragen, wenn immer genau danach unterschieden werden müßte, in welchem Transportabschnitt ein Schaden entstanden ist. Dies ist obendrein häufig gar nicht feststellbar. Man braucht nur an den Containertransport zu denken, um zu ermessen, wie leicht ein Schaden erst am Bestimmungsort zutage tritt. Praktikabilitätserwägungen erforderten es daher, Gerichtsstandsvereinbarungen schon dann zuzulassen, wenn Waren nur teilweise zur See oder mit Flugzeugen befördert werden. Auch für den Fall, daß der Schaden nachweisbar auf dem Landabschnitt eingetreten ist, ist die durch Art. 12 Nr. 5 ermöglichte Gerichtsstandsvereinbarung wirksam. Die Bestimmung gilt auch dann, wenn der Transport nicht über die Grenzen eines Landes hinausgeht".

4 Ausgenommen ist in Buchstabe b die Versicherung des *Reisegepäcks der Passagiere* wegen der typischerweise bestehenden wirtschaftlichen Unterlegenheit dieser Personengruppe[5]. Die Einschränkung der Zulässigkeit von Zuständigkeitsvereinbarungen zugunsten der Passagiere ist durch die ratio von Art. 12 Nr. 5 geboten (siehe Art. 12 Rz. 9 a. E.).

---

3 Bericht *Schlosser* Nr. 141.
4 Bericht *Schlosser* Nr. 142.
5 Bericht *Schlosser* Nr. 143.

2. Haftpflichtversicherungen (Nr. 2)

Die Nr. 2 betrifft die Versicherung der Haftpflicht aus der Verwendung oder dem Betrieb von Schiffen, Anlagen oder Luftfahrzeugen im Sinne der Nr. 1 lit. a sowie für Schäden, die durch die beförderten Transportgüter verursacht worden sind. 5

Ob unter *Buchstabe a* auch sämtliche Haftpflichtversicherungsansprüche fallen, die im Zusammenhang mit Bau, Umbau oder Instandsetzung eines Schiffes ausgelöst werden, ob also von dieser Vorschrift alle Haftpflichtansprüche abgedeckt sind, die die Werft gegenüber Dritten trifft und welche durch das Schiff selbst verursacht worden sind, oder ob der Begriff „Verwendung oder Betrieb" enger verstanden werden muß und nur Haftpflichtansprüche betrifft, die während einer Probefahrt ausgelöst worden sind, ist eine Interpretationsschwierigkeit, welche die Verfasser der Vorschrift offenlassen mußten[6]. Der am Ende von Buchstabe a ausgesprochene Vorbehalt hinsichtlich der Luftfahrzeughaftpflichtversicherung beläßt dem Gesetzgeber jeden Mitgliedstaates die Freiheit, zum Schutze von Versicherungsnehmern und Unfallopfern Gerichtsstandsvereinbarungen für unzulässig zu erklären. 6

Da *Buchstabe b* eine Beförderung im Sinne von Nr. 1 lit. b anspricht, kommt es bei einem kombinierten Transport nicht darauf an, auf welchem Transportabschnitt der Haftpflichttatbestand ausgelöst wurde[7]. Die für die Wertversicherung von Transportgütern angestellten Erwägungen (siehe oben Rz. 3) sind also auch im Rahmen der Haftpflichtversicherung maßgebend. 7

Die in Nr. 2 enthaltene Ausnahme für *Schäden von Passagieren* erklärt sich – hier wie in Nr. 1 lit. b – aus der schlechten Verhandlungsposition der Passagiere gegenüber dem Beförderungsunternehmen (siehe oben Rz. 4). 8

3. Versicherungen finanzieller Verluste (Nr. 3)

Der Begriff *finanzielle Verluste* ist der gleiche wie der in der Richtlinie des Rates vom 24. Juli 1973 (oben N. 1) verwendete[8]. Im Anhang der Richtlinie werden unter der Überschrift „Verschiedene finanzielle Verluste" aufgeführt: Berufsrisiken, ungenügende Einkommen (allgemein), Schlechtwetter, Gewinnausfall, laufende Unkosten allgemeiner Art, unvorhergesehene Geschäftsunkosten, Wertverluste, Miet- oder Einkommensausfall, indirekte kommerzielle Verluste außer den bereits erwähnten, nichtkommerzielle Geldverluste und sonstige finanzielle Verluste. Für Art. 12a Nr. 3 EuGVÜ ergibt sich eine Einschränkung daraus, daß die finanziellen Verluste im Zusammenhang stehen müssen mit der Verwendung 9

6 Bericht *Schlosser* Nr. 144.
7 So auch Bericht *Schlosser* Nr. 145.
8 So Bericht *Schlosser* Nr. 146.

oder dem Betrieb von Seeschiffen, Anlagen oder Luftfahrzeugen gemäß Nr. 1 lit. a.

10 Den wichtigsten Anwendungsfall führt Nr. 3 ausdrücklich auf. Es ist der *Fracht- oder Charterverlust.* Er kann mangels abweichender Regelung im Transportvertrag als Folge eines Unfalls entstehen, indem der Luftfrachtführer seinen Frachtanspruch verliert und der Eigentümer gegenüber dem Charterer seine Charter[9].

4. Zusatzversicherungen (Nr. 4)

11 Der Begriff *zusätzliches Risiko* in Nr. 4 hat einen anderen Inhalt als der gleiche Ausdruck im Anhang zur 1. Richtlinie des Rates vom 24. Juli 1973 (oben N. 1); denn die Richtlinie betrifft die Zulassung von Versicherungsunternehmen und hat damit eine andere Zielsetzung[10]. Der Begriffsunterschied wird im Bericht *Schlosser* (Nr. 147) ausdrücklich hervorgehoben. In Nr. 4 wird nur verlangt, daß das zusätzliche Risiko mit den in Nr. 1 bis 3 genannten Hauptrisiken in Zusammenhang steht. Dagegen verlangt Nr. 4 nicht, daß das Zusatzrisiko in der gleichen Police versichert ist wie das Hauptrisiko.

12 *Beispiele* für Zusatzversicherungen finden sich im Vereinigten Königreich häufig. Der Berichterstatter nennt die „shipowners disbursements", eine Versicherung für außerplanmäßige Betriebskosten (wie Hafengebühren während eines reparaturbedingten Aufenthalts) und die Versicherung für „increased value"[11]. Mit letzterer wird der Verlust versichert, der dadurch eintreten kann, daß eine Ladung untergeht oder beschädigt wird, die während des Transports wertvoller geworden ist.

4. Abschnitt. Zuständigkeit für Verbrauchersachen

Schrifttum: *De Bra,* Verbraucherschutz durch Gerichtsstandsregelungen im deutschen und europäischen Zivilprozeßrecht (1992) 121; *Dahl,* Consumer Protection and the Provisions on Jurisdiction in the 1968-EEC Judgments Convention, Nord. T. Int. R. 1977, 104; *Lüderitz,* „Verbraucherschutz" im internationalen Vertragsrecht – ein Zuständigkeitsproblem, in: Ius inter nationes, Festschrift Riesenfeld (1983) 147; *Mennie,* Civil Jurisdiction and Consumer Contracts, S.L.T. 1987, 181; *Schlosser,* Sonderanknüpfungen von zwingendem Verbraucherschutzrecht und europäisches Prozeßrecht, Festschrift Steindorff (1990) 1379; *Zanobetti,* Les conventions communautaires concernant la compétence judiciaire et l'exécution des décisions en matière civile et commerciale et la protection des

9 Bericht *Schlosser* Nr. 146. Er nennt als weiteres Beispiel für Nr. 3 den Schaden, der durch die verspätete Ankunft eines Schiffes eintritt.

10 Die Richtlinie setzt für die Erfüllung des Begriffs „zusätzliche Risiken", die ein Versicherungsunternehmen ohne besondere Zulassung versichern darf, dreierlei voraus: die zusätzlichen Risiken müssen (1) im Zusammenhang mit dem Hauptrisiko stehen, (2) den Gegenstand betreffen, der gegen das Hauptrisiko versichert ist, und (3) durch den gleichen Vertrag gedeckt werden, der das Hauptrisiko deckt.

11 Bericht *Schlosser* Nr. 147.

consommateurs, in: Unification, Contributions in Honour of Sauveplanne (1984) 299; *dies.*, Protezione del consumatore e disciplina della giurisdizione nella CEE, in: *Jayme/Picchio Forlati* (Hrsg.), Giurisdizione e legge applicabile ai contratti nella CEE (1990) 51.

Siehe auch das in der Einleitung und vor Art. 2 angeführte übergreifende Schrifttum.

Artikel 13

Für Klagen aus einem Vertrag, den eine Person zu einem Zweck abgeschlossen hat, der nicht der beruflichen oder gewerblichen Tätigkeit dieser Person (Verbraucher) zugerechnet werden kann, bestimmt sich die Zuständigkeit, unbeschadet des Artikels 4 und des Artikels 5 Nummer 5, nach diesem Abschnitt,

1. wenn es sich um den Kauf beweglicher Sachen auf Teilzahlung handelt,

2. wenn es sich um ein in Raten zurückzuzahlendes Darlehen oder um ein anderes Kreditgeschäft handelt, das zur Finanzierung eines Kaufs derartiger Sachen bestimmt ist, oder

3. für andere Verträge, wenn sie die Erbringung einer Dienstleistung oder die Lieferung beweglicher Sachen zum Gegenstand haben, sofern

a) dem Vertragsabschluß in dem Staat des Wohnsitzes des Verbrauchers ein ausdrückliches Angebot oder eine Werbung vorausgegangen ist und

b) der Verbraucher in diesem Staat die zum Abschluß des Vertrages erforderlichen Rechtshandlungen vorgenommen hat.

Hat der Vertragspartner des Verbrauchers in dem Hoheitsgebiet eines Vertragsstaats keinen Wohnsitz, besitzt er aber in einem Vertragsstaat eine Zweigniederlassung, Agentur oder sonstige Niederlassung, so wird er für Streitigkeiten aus ihrem Betrieb so behandelt, wie wenn er seinen Wohnsitz in dem Hoheitsgebiet dieses Staates hätte.

Dieser Abschnitt ist nicht auf Beförderungsverträge anzuwenden.

Übersicht

1. Allgemeines

1 Die Regelung des 4. Abschnitts über Verbrauchersachen läuft teilweise parallel zur Regelung des 3. Abschnitts über Versicherungssachen und ist daher im Zusammenhang mit dieser zu sehen[1]. Insbesondere ist der Anwendungsbereich beider Regelungen gleichförmig gestaltet. Die speziellen Zuständigkeitsnormen für Verbrauchersachen greifen grundsätzlich nur ein, wenn der Beklagte seinen Wohnsitz in einem Vertragsstaat hat (Art. 13 i. V. m. Art. 4). Wohnsitzwechsel des Verbrauchers von einem Vertragsstaat in einen anderen läßt die Anwendbarkeit des 4. Abschnitts unberührt, beeinflußt aber die internationale Zuständigkeit (siehe Art. 14 Rz. 2). Hinsichtlich des Vertragspartners des Verbrauchers ist die durch Abs. 2 bewirkte Erweiterung des Anwendungsbereichs zu beachten, die in Art. 8 II ihr Gegenstück hat. Ein gemeinsamer Zweck der Sonderregelungen für Versicherungssachen und Verbrauchersachen liegt darin, die schwächere Partei durch Einräumung von Wahlgerichtsständen und eine Beschränkung der Zulässigkeit von Zuständigkeitsvereinbarungen zu schützen[2]. Die Bedeutung der Zuständigkeitsvorschriften des 3. und 4. Abschnitts wird dadurch erhöht, daß ihre Verletzung gemäß Art. 28 die Versagung der Anerkennung der Entscheidung in den anderen Vertragsstaaten nach sich zieht. Während das Übereinkommen in seiner Fassung von 1968 den Gedanken des prozessualen Verbraucherschutzes nur für den Teilbereich der Abzahlungsgeschäfte verwirklichte, erweitert die Neufassung von 1978 den Abschnitt allgemein auf Verbrauchersachen.

2 Der *Vorbehalt zugunsten von Art. 4 und Art. 5 Nr. 5* entspricht der für Versicherungssachen in Art. 7 getroffenen Regelung. Auf die dortigen Erläuterungen sei verwiesen.

2. Verbrauchersachen

3 Der besondere Schutz, den der 4. Abschnitt gewährt, soll nur zugunsten von privaten Endverbrauchern gelten. Insbesondere erstreckt er sich nicht auf Personen, die sich im Zusammenhang mit ihrer Berufstätigkeit zur ratenweisen Bezahlung von Leistungen verpflichten. Nach dem Bericht *Schlosser* (Nr. 153) standen die Verfasser in diesem Punkt unter dem Einfluß der Rechtsprechung des EuGH, der zu dem auf „Abzahlungsgeschäfte" beschränkten 4. Abschnitt des EuGVÜ von 1968 entschieden hatte, daß er sich wegen seiner sozialen Zielsetzung nicht auf Geschäfte bezieht, die Kaufleute als Abzahlungskäufer abgeschlossen ha-

1 Für Einzelheiten kann daher auf die Ausführungen zum Abschnitt Versicherungssachen (vor Art. 7 Rz. 1 ff.) verwiesen werden.

2 Vgl. zu den Verbrauchersachen Bericht *Schlosser* Nr. 153: Das EuGVÜ folgt der allgemeinen Tendenz in der Verbraucherschutzgesetzgebung der EG-Staaten, den Letztverbrauchern angemessene Gerichtsstände zu garantieren. Kritisch zu der Sonderregelung *Geimer/Schütze* § 74 III 2.

ben[3]. In einem weiteren Urteil hat der EuGH ausgesprochen, daß einem Zessionar, der in Ausübung seiner beruflichen oder gewerblichen Tätigkeit die Forderung des Zedenten aus einem möglicherweise als Verbrauchervertrag einzustufenden Vertrag einklagt, die besonderen Zuständigkeitsregeln des EuGVÜ für Verbrauchersachen nicht zugute kommen[4]. Dies ergibt sich aus dem Schutzzweck der Art. 13 ff., die speziell den Verbraucher als den wirtschaftlich schwächeren und rechtlich weniger erfahrenen Vertragspartner schützen und diesem die gerichtliche Wahrnehmung seiner Rechte erleichtern wollen, so daß sich eine Ausdehnung der für ihn geschaffenen besonderen Zuständigkeitsregeln auf Personen verbietet, die dieses Schutzes nicht bedürfen. Das Übereinkommen schützt den Verbraucher somit nur, soweit er persönlich Kläger oder Beklagter in einem Verfahren ist.

In Abs. 1 wird der *Verbrauchervertrag* in Übereinstimmung mit Art. 5 I des EG- 4
Schuldvertragsübereinkommens vom 19. 6. 1980 als ein Vertrag definiert, den eine Person zu einem Zweck abgeschlossen hat, der nicht der beruflichen oder gewerblichen Tätigkeit dieser Person (Verbraucher) zugerechnet werden kann. Dieses Kriterium ist im Kern weithin anerkannt (auch wenn die Formulierungen im einzelnen variieren), und denkbare Auslegungsschwierigkeiten vermag der EuGH zu beseitigen, der sich bereits zu einer autonomen Bestimmung des Begriffes Verbraucher bekannt hat[5]. Die Zeit ist also durchaus reif für eine eigene Definition des Verbrauchervertrages im Rahmen des europäischen Einheitsrechts. Der Kreis der erfaßten Verträge sollte durch vertragsautonome Auslegung für beide Übereinkommen der EG möglichst einheitlich präzisiert werden. Hierfür bietet der Bericht zum Schuldvertragsübereinkommen eine gewisse Hilfe. In ihm heißt es[6]:

„Diese Bestimmung sollte unter Berücksichtigung des angestrebten Ziels, nämlich des Schutzes der schwächeren Partei, und in Übereinstimmung mit anderen, das gleiche Ziel verfolgenden internationalen Übereinkünften, wie z. B. dem Vollstreckungsübereinkommen, ausgelegt werden. Deshalb waren die meisten Delegationen der Ansicht, daß sie in der Regel nur zur Anwendung gelangen wird, wenn eine Person, die bewegliche Sachen liefert oder Dienstleistungen erbringt oder einen Kredit gewährt, im Rahmen ihrer beruflichen oder gewerblichen Tätigkeit handelt. Desgleichen gilt die Vorschrift nicht für Verträge, die von Kaufleuten, Industriellen oder freiberuflich tätigen Personen (z. B. Ärzten) abgeschlossen werden, welche für die Ausübung ihrer beruflichen oder gewerblichen Tätigkeit Geräte kaufen oder Dienstleistungen in Anspruch nehmen. Handelt eine solche

---

3 *EuGH* 21. 6. 1978 – 150/77, Bertrand/Ott. Nachfolgend *Cass.* 23. 1. 1979, D. S. 1979, I. R. 338 = J. C. P. 1979, IV, 105 = Clunet 1979, 373 Anm. *Fadlallah* = Rev. crit. 1979, 816 Anm. *Gaudemet-Tallon*.

4 *EuGH* 19. 1. 1993 – 89/91, Shearson/TVB Treuhandgesellschaft. Vorlage *BGH* 29. 1. 1991, WM 1991, 360 = ZIP 1991, 1209.

5 *EuGH* 19. 1. 1993 (vorige Note) unter Nr. 13. Nicht überzeugend die rechtspolitische Kritik von *Lüderitz,* FS Riesenfeld (1983) 153 ff. Er hätte statt der Einführung des „unerprobten komplexen Begriffes" Verbraucher die Bestimmung des schutzbedürftigen Personenkreises „jedenfalls vorerst" lieber dem jeweiligen autonomen Recht der Vertragsstaaten überlassen (163).

6 Bericht *Giuliano* zu Art. 5, ABl. 1980 Nr. C 282, 23 = BT-Drucks. 10/503, 55.

Person zum Teil im Rahmen ihrer beruflichen oder gewerblichen Tätigkeit und zum Teil außerhalb dieses Rahmens, so fällt dieser Sachverhalt nur dann unter Art. 5, wenn die Person im wesentlichen außerhalb des Rahmens ihrer beruflichen oder gewerblichen Tätigkeit handelt[7]. Hat der Empfänger der beweglichen Sache, der Dienstleistung oder des Kredits tatsächlich im wesentlichen außerhalb des Rahmens seiner beruflichen oder gewerblichen Tätigkeit gehandelt, die andere Partei davon aber keine Kenntnis gehabt und unter Berücksichtigung sämtlicher Umstände davon auch keine Kenntnis haben können, so fällt der Sachverhalt nicht unter Art. 5. Wenn sich also der Empfänger der beweglichen Sache oder der Dienstleistung als Berufsangehöriger ausgibt und z. B. auf Papier mit entsprechendem Briefkopf Gegenstände bestellt, die tatsächlich zur Ausübung seiner beruflichen oder gewerblichen Tätigkeit dienen können, so ist der gute Glaube der anderen Partei gewahrt, und das Geschäft fällt nicht unter Art. 5."

3. Kauf beweglicher Sachen auf Teilzahlung (Abs. 1 Nr. 1)

5 Durch die ausdrückliche Beschränkung des Abs. 1 auf Verbraucherverträge ist klargestellt, daß die Sonderregelung der Nr. 1 nur zugunsten des privaten Verbrauchers als Teilzahlungskäufer gilt. In diesem Sinne hatte auch der EuGH vor dem Inkrafttreten der Neufassung des EuGVÜ von 1978 entschieden (oben N. 3). In der gleichen Entscheidung erklärte es der EuGH für „unabdingbar", dem Begriff des Kaufs auf Teilzahlung „einen einheitlichen materiellen, an die Gemeinschaftsrechtsordnung anknüpfenden Gehalt zu geben". Zur Begründung führte der EuGH folgendes aus[8]:

„Der Begriff des Kaufs auf Teilzahlung wird je nach den mit den entsprechenden Gesetzen verfolgten Zielsetzungen in den einzelnen Mitgliedstaaten unterschiedlich verstanden. Wenn auch alle Gesetze an den Gedanken des Schutzes des Käufers ‚auf Teilzahlung' anknüpfen, weil dieser im allgemeinen der gegenüber dem Verkäufer wirtschaftlich schwächere Vertragspartner ist, so liegen doch einigen Regelungen auch wirtschafts- und geldpolitische Erwägungen sowie Gesichtspunkte der Sparpolitik zugrunde, um eine Kontrolle der Praktiken auf dem Gebiet der Teilzahlungsverkäufe, insbesondere über langfristige Konsumgüter (Kraftfahrzeuge, elektrische Küchengeräte, Rundfunk- und Fernsehgeräte usw.), zu erreichen, und zwar in den meisten Fällen durch Vorschriften über die Mindesthöhe von Anzahlungen, die maximale Laufzeit des Darlehens oder durch die Festlegung von Höchst- beziehungsweise Mindestteilbeträgen des gesamten Kaufpreises. Da es in Verfolgung dieser verschiedenartigen Zielsetzungen in den einzelnen Mitgliedstaaten zur Herausbildung unterschiedlicher rechtlicher Regelungen gekommen ist, ergibt sich die Notwendigkeit, zur Beseitigung von Behinderungen im Rechtsverkehr und bei der Erledigung von Rechtsstreitigkeiten im Zusammenhang mit den innergemeinschaftlichen Beziehungen auf dem Gebiet des Kaufs von beweglichen Sachen auf Teilzahlung diesen Begriff als einen eigenständigen und damit der Gesamtheit der Mitgliedstaaten gemeinsamen anzusehen. Denn die harmonische Wirkung der Art. 13ff. des Über-

7 Bei der Ermittlung kann nach dem Vorbild des amerikanischen Rechts auf die überwiegende Widmung zum privaten oder beruflich-gewerblichen Gebrauch abgestellt werden, wobei die anteiligen Nutzungszeiten meßbar sind; siehe *Lüderitz*, FS Riesenfeld (1983) 156 m. Nachw.

8 *EuGH* 21. 6. 1978, Slg. 1978, 1445.

einkommens wäre nicht zu gewährleisten, wenn man diesem Begriff eine von einem Mitgliedstaat zum anderen verschiedene Bedeutung je nach der Auslegung durch das zur Entscheidung in einem Rechtsstreit im Zusammenhang mit einem Kaufvertrag über bewegliche Sachen auf Teilzahlung zuerst angerufene Gericht oder der durch das Vollstreckungsgericht vorgenommenen Auslegung beilegen würde."

Das Bemühen, einen eigenständigen Begriff des Kaufs auf Teilzahlung zu entwickeln, hat nach Auffassung des EuGH „die allgemeinen Grundsätze zu berücksichtigen, die sich aus den von den Mitgliedstaaten auf diesem Gebiet erlassenen Gesetzen ergeben, und muß die Zielsetzung des Schutzes einer bestimmten Käufergruppe im Auge behalten. Nach den den Rechtsordnungen der Mitgliedstaaten gemeinsamen Regeln ist unter dem Kauf beweglicher Sachen auf Teilzahlung ein Kaufgeschäft zu verstehen, bei dem der Kaufpreis in mehreren Teilzahlungen geleistet wird oder das mit einem Finanzierungsvertrag verbunden ist"[9]. Manche Einzelheiten sind noch ungeklärt, so die Frage, ob dem Begriff der Teilzahlung bereits bei zwei Teilleistungen Genüge getan ist. Der Umstand allein, daß der Käufer auf den bei Lieferung der Ware fälligen Kaufpreis eine Anzahlung geleistet hat, begründet den Tatbestand eines Kaufs auf Teilzahlung jedenfalls nicht[10]. 6

Zum Kauf beweglicher Sachen auf Teilzahlung ist auch der sog. *Mietkauf* („hire purchase") zu rechnen, der sich insbesondere in Großbritannien und Irland als die häufigste Rechtsform eines Abzahlungsgeschäfts herausgebildet hat und der funktionell einem Abzahlungskauf entspricht[11]. 7

4. Kreditgeschäfte zur Finanzierung eines Kaufs beweglicher Sachen (Abs. 1 Nr. 2)

Gemäß Nr. 2 unterfallen dem 4. Abschnitt Klagen aus Verträgen, die ein Verbraucher zur Finanzierung eines Kaufs beweglicher Sachen abgeschlossen hat, gleichgültig ob es sich um ein in Raten zurückzuzahlendes Darlehen oder um ein anderes Kreditgeschäft handelt. Die Voraussetzungen der Nr. 2 sind auch erfüllt, wenn die Sache selbst (etwa mit den Mitteln aus dem Darlehen) auf einmal bezahlt wird[12]. Dann erfaßt der 4. Abschnitt aber nur die Klage aus dem Darlehnsvertrag (Nr. 2), nicht die Klage aus dem Kaufvertrag, da Nr. 1 einen Teilzahlungskauf verlangt. 8

---

9 Slg. 1978, 1446.

10 *OLG Oldenburg* 14. 11. 1975, NJW 1976, 1043 = WM 1976, 1288 Anm. *Geimer* = IPRspr. 1975 Nr. 146.

11 Bericht *Schlosser* Nr. 157: „Aus Gründen, die für die Gerichtsstandsproblematik unerheblich sind, nimmt ein Abzahlungsgeschäft dort formell meist die Rechtsform einer Miete, verbunden mit einem Optionsrecht des Mieters auf Eigentumserwerb an. Die Raten sind formell Mietzins, der Sache nach Kaufpreis. Nach Abschluß der vorgesehenen ‚Miet'-zeit und nach Bezahlung aller vorgesehener ‚Miet-zins'-Raten hat der ‚Mieter' das Recht, die Sache zu einem nominellen Entgelt zu erwerben."

12 Bericht *Schlosser* Nr. 157.

5. Andere Verbraucherverträge (Abs. 1 Nr. 3)

9 Andere Verbrauchergeschäfte, welche „die Erbringung einer Dienstleistung oder die Lieferung beweglicher Sachen zum Gegenstand haben", unterfallen dem 4. Abschnitt nur dann, wenn sie den in Nr. 3 lit. a und b umschriebenen hinreichenden Bezug zum Wohnsitz des Verbrauchers aufweisen.

10 Nicht auf die *Erbringung einer Dienstleistung* gerichtet sind nach dem Bericht zum Übereinkommen Kreditgeschäfte, so daß außerhalb der Nr. 2 der 4. Abschnitt auf solche Geschäfte nicht anzuwenden ist[13]. Auch ein Versicherungsvertrag ist für die Zwecke des Übereinkommens nicht als ein Vertrag anzusehen, der die Erbringung einer Dienstleistung zum Gegenstand hätte[14]. Vielmehr ist der 3. Abschnitt gegenüber dem 4. Abschnitt die speziellere und damit vorrangige Regelung. Dagegen wird als Erbringung einer Dienstleistung betrachtet: das Kommissionsgeschäft auf Abschluß ausländischer Warentermingeschäfte[15].

11 Die Umschreibung der Verbindung zum Wohnsitzstaat des Verbrauchers in *lit. a und b* stimmt wörtlich mit der Umschreibung in Art. 5 II 1. Gedankenstrich des EG-Schuldvertragsübereinkommens vom 19. 6. 1980 überein. Zur Erläuterung der beiden in Nr. 3 kumulativ geforderten Voraussetzungen – Angebot oder Werbung im Wohnsitzstaat des Verbrauchers sowie dortige Vornahme der zum Vertragsschluß notwendigen Rechtshandlungen des Verbrauchers – kann deshalb auf den Bericht zum Schuldvertragsübereinkommen verwiesen werden[16]. In diesem Bericht heißt es[17]:

„Der erste Gedankenstrich betrifft Fälle, in denen der Kaufmann Schritte unternommen hat, um seine beweglichen Sachen oder Dienstleistungen in dem Land zu verkaufen, in dem sich der Verbraucher aufhält. Dieser Gedankenstrich muß auch Versandgeschäfte und den Detailreisehandel umfassen. Der Kaufmann muß also bestimmte Handlungen vorgenommen haben wie beispielsweise Werbung in Presse, Rundfunk, Fernsehen oder Filmtheatern oder mittels speziell in das betreffende Land versandter Kataloge oder Abgabe persönlicher Verkaufsangebote über einen Handelsvertreter oder Reisenden. Schließt beispielsweise ein Deutscher aufgrund einer Anzeige, die von einer französischen Gesellschaft in einer deutschen Zeitung veröffentlicht wurde, einen Vertrag ab, dann fällt dieser Vertrag unter diese Sondervorschrift. Antwortet dagegen ein Deutscher auf eine in einer amerikanischen Zeitung erschienene Anzeige, selbst wenn diese Zeitung in Deutschland verkauft wird, dann findet die genannte Vorschrift keine Anwendung, es sei denn, die Anzeige wäre in einer für die europäischen Länder bestimmten Sonderausgabe

13 Bericht *Schlosser* Nr. 157.

14 Bericht *Schlosser* Nr. 156.

15 So *OLG Köln* 16. 3. 1989, ZIP 1989, 838 = IPRspr. 1989 Nr. 187; obiter *OLG Düsseldorf* 26. 1. 1988, NJW-RR 1989, 432 = WM 1989, 50 = IPRspr. 1988 Nr. 152; siehe ferner *Schlosser*, FS Steindorff (1990) 1383.

16 Darauf verweist auch der Bericht *Schlosser* Nr. 158.

17 Bericht *Giuliano* zu Art. 5, ABl. 1980 Nr. C 282, 24 = BT-Drucks. 10/503, 56.

dieser Zeitung erschienen. Im letzteren Falle hätte der Verkäufer eine speziell für das Land des Käufers bestimmte Sonderwerbung durchgeführt[18].

Die Gruppe hat ausdrücklich die Worte ‚erforderliche Rechtshandlungen' gewählt, um das klassische Problem der Bestimmung des Ortes des Vertragsabschlusses zu umgehen. Diese Frage ist bei den hier behandelten Sachverhalten besonders schwierig, da es sich um normalerweise auf dem Briefwege geschlossene internationale Verträge handelt. Der Begriff ‚Rechtshandlung' umfaßt insbesondere die Abgabe einer schriftlichen Erklärung oder eine sonstige Willensbekundung auf ein Angebot oder eine Werbung hin."

6. Zweigniederlassung, Agentur oder sonstige Niederlassung (Abs. 2)

Abs. 2 erweitert im Interesse des Verbrauchers – entgegen der Regel des Art. 4 **12**
– den Anwendungsbereich des 4. Abschnitts. Siehe im einzelnen die Erläuterungen zu der Parallelvorschrift des Art. 8 II.

7. Ausschluß der Beförderungsverträge (Abs. 3)

Gemäß Abs. 3 ist der 4. Abschnitt auf Beförderungsverträge nicht anzuwenden. **13**
Der – auch in Art. 5 IV lit. a des EG-Schuldvertragsübereinkommens vom 19. 6. 1980 vorgesehene – Ausschluß hat seinen Grund darin, daß solche Verträge durch verschiedene Übereinkommen einem weit verästelten Sonderregime unterworfen sind und die Rechtslage unübersichtlich würde, wenn man ihrer im EuGVÜ wegen des einzigen Punktes der gerichtlichen Zuständigkeit gesondert gedächte[19]. Die Ausklammerung bedeutet, daß auf Transportverträge der 1. und 2. Abschnitt, insbesondere Art. 5 Nr. 1, anzuwenden bleibt.

Artikel 14

Die Klage eines Verbrauchers gegen die andere Vertragspartei kann entweder vor den Gerichten des Vertragsstaats erhoben werden, in dessen Hoheitsgebiet diese Vertragspartei ihren Wohnsitz hat, oder vor den Gerichten des Vertragsstaats, in dessen Hoheitsgebiet der Verbraucher seinen Wohnsitz hat.

Die Klage der anderen Vertragspartei gegen den Verbraucher kann nur vor den Gerichten des Vertragsstaats erhoben werden, in dessen Hoheitsgebiet der Verbraucher seinen Wohnsitz hat.

---

18 Bedenken gegen die Übertragung dieser Auslegung auf das EuGVÜ erhebt *Lüderitz,* FS Riesenfeld (1983) 158: Ermittlungen über den besonderen Verbreitungskreis einer Zeitschrift oder einer Werbeaktion seien dem Verbraucher ebensowenig zumutbar wie dem Gericht, das lediglich über seine Zuständigkeit entscheiden soll.

19 Bericht *Schlosser* Nr. 160.

Diese Vorschriften lassen das Recht unberührt, eine Widerklage vor dem Gericht zu erheben, bei dem die Klage selbst gemäß den Bestimmungen dieses Abschnitts anhängig ist.

1 Außer der in Art. 13 ausdrücklich vorbehaltenen Zuständigkeit der Niederlassung (Art. 5 Nr. 5) sind die Zuständigkeiten für Verbrauchersachen in Art. 14 abschließend aufgeführt. Es werden nicht örtlich bestimmte, sondern allgemein „die Gerichte" des Vertragsstaates berufen, in dem eine Partei ihren Wohnsitz hat; wie bei der Wohnsitzzuständigkeit des Art. 2 ist also nur die internationale und nicht die örtliche Zuständigkeit geregelt. Ist in einem Staat keine örtliche Zuständigkeit gegeben, etwa weil ein Klägergerichtsstand für den „Verbraucher" nicht vorgesehen ist und der Erfüllungsort in einem anderen Staat liegt, so muß eine örtliche Ersatzzuständigkeit eingreifen. Im einzelnen enthält die Zuständigkeitsregelung in Verbrauchersachen so viele Parallelen zu der Normierung in Versicherungssachen, daß auf die zu Art. 8 I und Art. 11 gegebenen Erläuterungen verwiesen werden kann.

2 Nur zum *Wohnsitz des Verbrauchers* sind einige gesonderte Bemerkungen angezeigt. Die Verweisung auf den Wohnsitz des Verbrauchers in Abs. 1 und 2 bedeutet, daß der Verbraucher vor den Gerichten seines neuen Wohnsitzes klagen und verklagt werden kann, wenn er nach Abschluß des der späteren Klage zugrunde liegenden Geschäfts in einen anderen Staat der Gemeinschaft verzieht. Der Berichterstatter meint hierzu einschränkend[1]: „Praktisch wird dies freilich nur für die in Art. 13 I Nr. 1 und 2 genannten Abzahlungskäufe und Kreditgeschäfte. In bezug auf Klagen aus anderen Verbrauchergeschäften wird der Abschnitt 4 so gut wie ausnahmslos unanwendbar, wenn der Verbraucher seinen Wohnsitz nach Vertragsabschluß in einen anderen Staat verlegt. Denn in dem neuen Wohnsitzstaat werden fast nie die zum Abschluß des Vertrages erforderlichen Rechtshandlungen vorgenommen worden sein." Indes: Wenn die Tatbestandsvoraussetzungen des Art. 13 I Nr. 3 lit. a und b zum Zeitpunkt des Vertragsabschlusses in dem früheren Wohnsitzstaat des Verbrauchers erfüllt waren, wozu u. a. gehört, daß der Verbraucher die zum Abschluß des Vertrages erforderlichen Rechtshandlungen dort vorgenommen hat, steht die Anwendbarkeit des 4. Abschnitts fest, und der spätere Wohnsitzwechsel des Verbrauchers in einen anderen Vertragsstaat verlagert – hier wie bei Art. 13 I Nr. 1 und 2 – die Zuständigkeit vom früheren Wohnsitzstaat in den späteren[2].

---

1 Bericht *Schlosser* Nr. 161.

2 So auch *Geimer/Schütze* § 74 V 2; *MüKoZPO-Gottwald* Art. 14 Rz. 3. Anders *de Bra* 169ff.

Artikel 15

Von den Vorschriften dieses Abschnitts kann im Wege der Vereinbarung nur abgewichen werden:

1. **wenn die Vereinbarung nach der Entstehung der Streitigkeit getroffen wird oder**
2. **wenn sie dem Verbraucher die Befugnis einräumt, andere als die in diesem Abschnitt angeführten Gerichte anzurufen, oder**
3. **wenn sie zwischen einem Verbraucher und seinem Vertragspartner getroffen ist, die zum Zeitpunkt des Vertragsabschlusses ihren Wohnsitz oder gewöhnlichen Aufenthalt in demselben Vertragsstaat haben, und die Zuständigkeit der Gerichte dieses Staates begründet, es sei denn, daß eine solche Vereinbarung nach dem Recht dieses Staates nicht zulässig ist.**

Der Verbraucher wird als der typisch schwächere Vertragspartner vor ihm un- 1
günstigen (meist formularmäßigen) Zuständigkeitsvereinbarungen in Art. 15 i. V. m. Art. 17 III ebenso geschützt wie der Versicherungsnehmer in Art. 12 Nr. 1 bis 3. Auf die Erläuterungen zu dieser Parallelvorschrift sei verwiesen. Soweit eine Gerichtsstandsvereinbarung nach Art. 15 zulässig ist, sind die Formerfordernisse des Art. 17 I zu beachten.

Nur die Regelung in *Nr. 3* weist gegenüber Art. 12 Nr. 3 Besonderheiten auf. Ihr 2
liegen folgende Erwägungen zugrunde: Der Verbraucher kann gemäß Art. 14 I seinen Vertragspartner nicht nur vor den Gerichten desjenigen Staates verklagen, in welchem dieser seinen Wohnsitz hat, sondern auch in seinem eigenen Wohnsitzstaat. Er selbst kann dagegen nach Art. 14 II nur am Gerichtsstand seines Wohnsitzes verklagt werden. Durch diese Regelung können sich für den Kontrahenten des Kunden übermäßige Schwierigkeiten bei der Rechtsverfolgung ergeben, wenn der Verbraucher nach Vertragsschluß seinen Wohnsitz ins Ausland verlegt. Aus Billigkeitsgründen[1] ist daher die Vereinbarung der internationalen Zuständigkeit des Staates zulässig, in dem beide Parteien zur Zeit des Vertragsschlusses ihren Wohnsitz oder gewöhnlichen Aufenthalt haben, es sei denn, eine solche Abrede widerspräche dem Recht dieses Staates.

1 Bericht *Jenard* zu Art. 15.

5. Abschnitt. Ausschließliche Zuständigkeiten

Artikel 16

Ohne Rücksicht auf den Wohnsitz sind ausschließlich zuständig:

1. für Klagen, die dingliche Rechte an unbeweglichen Sachen sowie die Miete oder Pacht von unbeweglichen Sachen zum Gegenstand haben, die Gerichte des Vertragsstaats, in dem die unbewegliche Sache belegen ist;

2. für Klagen, welche die Gültigkeit, Nichtigkeit oder die Auflösung einer Gesellschaft oder juristischen Person oder der Beschlüsse ihrer Organe zum Gegenstand haben, die Gerichte des Vertragsstaats, in dessen Hoheitsgebiet die Gesellschaft oder juristische Person ihren Sitz hat;

3. für Klagen, welche die Gültigkeit von Eintragungen in öffentliche Register zum Gegenstand haben, die Gerichte des Vertragsstaats, in dessen Hoheitsgebiet die Register geführt werden;

4. für Klagen, welche die Eintragung oder die Gültigkeit von Patenten, Warenzeichen, Mustern und Modellen sowie ähnlicher Rechte, die einer Hinterlegung oder Registrierung bedürfen, zum Gegenstand haben, die Gerichte des Vertragsstaats, in dessen Hoheitsgebiet die Hinterlegung oder Registrierung beantragt oder vorgenommen worden ist oder aufgrund eines zwischenstaatlichen Übereinkommens als vorgenommen gilt;

5. für Verfahren, welche die Zwangsvollstreckung aus Entscheidungen zum Gegenstand haben, die Gerichte des Vertragsstaats, in dessen Hoheitsgebiet die Zwangsvollstreckung durchgeführt werden soll oder durchgeführt worden ist.

Übersicht

Schrifttum: *Grundmann,* Zur internationalen Zuständigkeit der Gerichte von Drittstaaten nach Art. 16 EuGVÜ, IPRax 1985, 249; *Hüßtege,* Internationale Zuständigkeit deutscher Gerichte bei der Überlassung von Räumen im Ausland, NJW 1990, 622; *Kaye,* Corporate Jurisdiction under the European Judgments Convention, Civ. Just. Q. 1991, 220; *Lagarde,* Les locations de vacances dans les conventions européennes de d. i. p., Etudes offertes à Bellet (1991) 281; *Stoffel,* Ausschließliche Gerichtsstände des Lugano-Übereinkommens und SchKG-Verfahren, insbesondere Rechtsöffnung, Widerspruchsklage und Arrest, in: Beiträge zum schweizerischen und internationalen Zivilprozeßrecht, Festschrift O. Vogel (Freiburg, Schweiz 1991) 357.

Siehe auch das in der Einleitung und vor Art. 2 angeführte übergreifende Schrifttum.

I. Allgemeines

In Art. 16 ist ein abschließender Katalog ausschließlicher Zuständigkeiten enthalten. Nur die internationale, nicht die örtliche Zuständigkeit ist geregelt, wie schon die Formulierung („Gerichte des Vertragsstaats") deutlich macht[1]. Die in Art. 16 aufgezählten Streitsachen begründen eine ausschließliche Zuständigkeit grundsätzlich nur dann, wenn das Gericht über sie als Hauptsache zu entscheiden hat[2]. 1

Im Vorentwurf war auch für *Arbeitsverträge* eine ausschließliche internationale Zuständigkeit vorgesehen, und zwar „der Gerichte des Vertragsstaates, in dem das betreffende Unternehmen liegt oder in dem die Arbeit ausgeführt werden soll oder ausgeführt worden ist". Diese Norm wurde aber wieder gestrichen, um einer späteren Regelung des Internationalen Arbeitsrechts durch die EG nicht vorzugreifen; es sollte keine Zuständigkeitsnorm geschaffen werden, die möglicherweise nicht mit den zur Bestimmung des anwendbaren Rechts zu schaffenden Regeln harmonisiert hätte[3]. Für Arbeitsverträge gelten also die allgemeinen Vorschriften des Übereinkommens, namentlich Art. 5 Nr. 1, der seit dem EuGVÜ 1989 eine Sonderregelung für Klagen aus Arbeitsverträgen enthält. 2

1. Bedeutung

Sind die Gerichte eines Vertragsstaates aufgrund von Art. 16 ausschließlich zuständig, so *verdrängt* diese Zuständigkeit die Allzuständigkeit der Gerichte am Wohnsitz des Beklagten (Art. 2) und die besonderen Zuständigkeiten (Art. 5 ff.). 3

Beispiel: Zwei Franzosen streiten um ein deutsches Grundstück. Gemäß Art. 16 Nr. 1 sind ausschließlich die deutschen Gerichte international zuständig. Die Zuständigkeit der französischen Gerichte am Wohnsitz des Beklagten (Art. 2) ist ausgeschlossen.

Die in Art. 16 angesprochenen besonderen Beziehungen zu einem anderen Vertragsstaat – so in Nr. 1 die Lage einer unbeweglichen Sache oder in Nr. 5 der

1 Allgemeine Meinung; siehe etwa *Goldman,* Rev. trim. dr. europ. 1971, 22 f.; *Droz* Nr. 144; *Bülow/Böckstiegel/Müller* Art. 16 Anm. II.

2 Bericht *Jenard* zu Art. 16.

3 Bericht *Jenard* zu Art. 5 Nr. 1.

Ort der Zwangsvollstreckung – rechtfertigen die Abweichung von der sonst geltenden Zuständigkeitsverteilung des EuGVÜ, insbesondere auch vom Grundsatz der Maßgeblichkeit des Wohnsitzes des Beklagten (Art. 2). Indes sollte Art. 16 als Ausnahme von der allgemeinen Regel des Art. 2 im Zweifel eng ausgelegt werden, damit der durch Art. 2 beabsichtigte Schutz des Beklagten nicht über Gebühr ausgehöhlt wird.

Beispielsweise folgt aus der Besonderheit der in Art. 16 vorausgesetzten Beziehungen, daß eine Partei sich nicht auf die in Nr. 5 eingeräumte Zuständigkeit berufen kann, um die Gerichte des Vollstreckungsortes mit einer einredeweise geltend gemachten Forderung zu befassen, deren klageweise Geltendmachung gemäß Art. 2 in die Zuständigkeit eines anderen Vertragsstaates fällt[4]. Die Benutzung der ausschließlichen Zuständigkeit zu diesem Zweck liefe der vom EuGVÜ gewollten Zuständigkeitsverteilung zwischen dem Gericht des Wohnsitzes des Beklagten und dem Gericht des Vollstreckungsortes zuwider.

4 „Von den Zuständigkeitsvorschriften des Art. 16 kann weder durch eine *Vereinbarung über den Gerichtsstand* noch stillschweigend (Art. 17 und 18) zugunsten der Gerichte eines anderen Vertragsstaates abgewichen werden. Ist das Gericht eines Vertragsstaats wegen einer Streitigkeit angerufen, für die das Gericht eines anderen Vertragsstaats ausschließlich zuständig ist, so hat es sich *von Amts wegen* für unzuständig zu erklären (Art. 19). Bei Nichtbeachtung dieser Vorschriften wird die *Anerkennung und Vollstreckung versagt* (Art. 28 und 34)"[5]. In dieser Ausnahme vom grundsätzlichen Verbot der Nachprüfung der internationalen Zuständigkeit zeigt sich das ganze Gewicht der Kompetenznorm des Art. 16. Aus Art. 16 folgt sogar eine Verpflichtung, Urteilen aus Nichtvertragsstaaten die Anerkennung zu verweigern, sofern eine ausschließliche internationale Zuständigkeit aus Art. 16 verletzt ist (siehe unten Art. 25 Rz. 20). Für den äußerst seltenen Fall, daß für eine Klage die ausschließliche Zuständigkeit mehrerer Gerichte in verschiedenen Vertragsstaaten gegeben ist, bestimmt Art. 23, daß sich das zuletzt angerufene Gericht zugunsten des zuerst angerufenen für unzuständig zu erklären hat.

5 Im Endergebnis bedeutet die völkerrechtlich festgelegte Pflicht, die ausschließliche Zuständigkeit der Gerichte anderer Staaten anzuerkennen, daß die von diesen Gerichten zu beachtenden *Kollisionsnormen* sich auch in den zur Anerkennung der Entscheidung verpflichteten Staaten durchsetzen. Daraus kann aber nicht gefolgert werden, daß die Gerichte des zur Anerkennung verpflichteten Staates bei einer *Inzidententscheidung* über die betreffende Rechtsfrage die Kollisionsnormen des Staates zu befolgen haben, dessen Gerichte über dieselbe Frage als Hauptfrage allein entscheiden können[6]. So weit reicht die völkervertragliche Verpflichtung nämlich nicht; vielmehr bleiben die Gerichte an das Kollisionsrecht des Forums gebunden.

---

4 *EuGH* 4. 7. 1985 – 220/84, AS-Autoteile Service/Malhé. Vorlage *BGH* 9. 6. 1984, ZIP 1984, 1279 = IPRspr. 1984 Nr. 139.

5 Bericht *Jenard* zu Art. 16.

6 Anders im Grundsatz *Wengler*, IPR, Sonderausgabe von Band VI des Reichsgerichtsräte-Kommentars[12] (1981) 333 f.

2. Erforderliche Berührungspunkte zu Vertragsstaaten

Die Vorschrift des Art. 16, die vom Streitgegenstand ausgeht, *gilt unabhängig vom Wohnsitz* und der Staatsangehörigkeit der Parteien. Insbesondere gilt sie für Beklagte mit Wohnsitz außerhalb der Gemeinschaft[7]. Das lassen die Eingangsworte von Art. 16 und der Vorbehalt des Art. 16 in Art. 4 I erkennen. 6

Beispiel: Verlangt ein Belgier von einem in Buenos Aires wohnhaften Argentinier die Übereignung eines deutschen Grundstücks, so sind gemäß Art. 16 Nr. 1 die deutschen Gerichte ausschließlich zuständig.

Für die Anwendbarkeit des Art. 16 ist nicht zu verlangen, daß außer der in Art. 16 jeweils vorausgesetzten engen Beziehung zu einem Vertragsstaat *Berührungspunkte zu weiteren Vertragsstaaten bestehen*[8]. Die Gegenansicht findet in der Konvention keine Stütze und scheitert daran, daß nicht überzeugend zu sagen ist, welcher Art diese Berührungspunkte zu einem anderen Vertragsstaat sein sollen; sie würde die Rechtsanwendung unnötig erschweren[9]. 7

Beispiel: Verlangt ein Hamburger von einem in Buenos Aires wohnhaften Argentinier die Übereignung eines deutschen Grundstücks, so ergibt sich die ausschließliche internationale Zuständigkeit der deutschen Gerichte aus Art. 16 Nr. 1 EuGVÜ und nicht aus § 24 ZPO.

Die Vorschrift des Art. 16 gilt nicht unmittelbar, wenn der maßgebende *Anknüpfungspunkt außerhalb der Gemeinschaft* liegt, wenn also z. B. über ein Grundstück in Polen gestritten wird[10]. Die *Gerichte von Drittstaaten* wie die Polens können ihre Zuständigkeit nicht auf Art. 16 stützen, der ausdrücklich nur „die Gerichte des Vertragsstaats“ beruft. Hat der Beklagte seinen Wohnsitz nicht in einem Vertragsstaat, so greift auch die allgemeine Zuständigkeitsregel des Art. 2 nicht ein, sondern es gilt gemäß Art. 4 das autonome Recht der Vertragsstaaten, das seinerseits einen Drittstaat als ausschließlich zuständig betrachten kann, so wie das deutsche Recht für Grundstücksklagen (§ 24 ZPO). 8

---

7 Bericht *Jenard* zu Art. 16.

8 *Piltz*, NJW 1979, 1072; *Zöller/Geimer* Anh Art. 2 Rz. 15; *Gothot/Holleaux* Nr. 36 und 142. Anders *Bülow/Böckstiegel/Müller* Art. 16 Anm. II, dessen Belege diese Ansicht allerdings nicht tragen.

9 *Bülow/Böckstiegel/Müller* Art. 16 Anm. II nennt als Beispiele, daß „der Kläger in einem anderen Vertragsstaat wohnt oder daß der in dem Drittstaat wohnende Beklagte in einem anderen Vertragsstaat z. B. einen Vermögensgerichtsstand hat, der dann durch Art. 16 verdrängt würde“. Aber auf den Wohnsitz (beider Parteien) kommt es nach den Eingangsworten des Art. 16 nicht an, und die Ermittlung eines etwaigen Vermögensgerichtsstandes in einem anderen Vertragsstaat erscheint kaum sinnvoll und praktikabel.

10 In der niederländischen Praxis, die auch sonst dazu neigt, Konventionsbestimmungen über ihren eigentlichen Anwendungsbereich hinaus zu berücksichtigen, zeigt sich dagegen eine gewisse Neigung, Art. 16 Nr. 1 selbst dann anzuwenden, wenn das Grundstück in einem Drittstaat liegt; so ausdrücklich *Rb. Rotterdam* 20. 2. 1978, N. J. 1978 Nr. 621 Anm. *Schultsz*; als Möglichkeit erwogen bereits von *Rb. Amsterdam* 13. 5. 1975, N. J. 1976 Nr. 323 Anm. *Schultsz* = Neth. Int. L. Rev. 1975, 206 Anm. *J. P. Verheul*. Für eine erweiternde Anwendung des Art. 16 in dem Sinne, auch die internationale Zuständigkeit der Gerichte von Drittstaaten nach dieser Vorschrift zu beurteilen, plädiert im Schrifttum *Grundmann*, IPRax 1985, 249 ff.

Hat der Beklagte dagegen seinen Wohnsitz in einem Vertragsstaat, beispielsweise in der Bundesrepublik Deutschland, so kommt grundsätzlich wieder die Allzuständigkeit des Wohnsitzstaates zum Zuge (Art. 2). Es ist aber zweifelhaft, ob der Wohnsitzstaat dann nach dem Übereinkommen verpflichtet ist, die Allzuständigkeit zu gewähren, oder ob er auf einen spiegelbildlich zu Art. 16 ermittelten ausschließlichen Gerichtsstand in einem Drittstaat verweisen darf. Letzteres erscheint richtig; denn es dürfte nicht der Sinn des Übereinkommens sein, die in Art. 16 für allein sachgerecht erklärten Anknüpfungspunkte in diesen Fällen auszuschalten[11]. Das gilt jedenfalls dann, wenn der Drittstaat eine dem Art. 16 entsprechende ausschließliche Zuständigkeit in seinem Recht kennt[12]. Die Vorschrift des Art. 2 hindert das deutsche Wohnsitzgericht also beispielsweise nicht, die gegen den deutschen Beklagten gerichtete dingliche Klage über ein Warschauer Grundstück mit der Begründung als unzulässig abzuweisen, analog Art. 16 seien die Warschauer Gerichte ausschließlich zuständig. Dies gilt auch dann, wenn die Parteien die Zuständigkeit des deutschen Gerichts vereinbart hatten; denn eine ausschließliche Zuständigkeit macht jede Gerichtsstandsvereinbarung unzulässig.

3. Auslegung

9 Die Begriffe des Art. 16 sind grundsätzlich *vertragsautonom* zu bestimmen. Die Empfehlung, für die Begriffsbestimmung statt dessen zumindest teilweise auf das Recht im Staate des ausschließlichen Gerichtsstandes zurückzugreifen[13], hat der EuGH bislang nicht aufgegriffen (vgl. etwa unten Rz. 12 und 14). Es ist zu erwarten, daß der Gerichtshof den steinigen, aber lohnenden Weg europarechtlicher Definitionen[14], soweit irgend möglich, auch in Zukunft weiter beschreitet.

10 Der Charakter des Art. 16 als ausschließliche und nicht bloß konkurrierende Zuständigkeitsnorm legt im Zweifel eine *enge Auslegung* nahe. Wie der EuGH bereits mehrfach ausgesprochen hat, darf Art. 16 nicht weiter ausgelegt werden, als dies sein Ziel erforderlich macht, da er bewirkt, daß den Parteien die ihnen sonst mögliche Wahl des Gerichtsstands genommen wird und sie vor einem Gericht prozessieren müssen, das für keine von ihnen das Gericht des Wohnsitzes ist[15].

---

11 Vgl. *Grundmann* (vorige Note); ähnlich *Droz* Nr. 164ff.; *Gothot/Holleaux* Nr. 37; *Bülow/Böckstiegel/Müller* Art. 16 Anm. II; *MüKoZPO-Gottwald* Art. 16 Rz. 5. Im Ergebnis ebenso die in der vorigen Note genannten niederländischen Entscheidungen. Anders *Geimer*, NJW 1976, 443; *Geimer/Schütze* § 29 V 3, § 42 VI, § 62 II 1.

12 Darauf stellt entscheidend ab *Jayme*, in: *Schwind* (Hrsg.), Europarecht, IPR, Rechtsvergleichung (1988) 108ff.

13 Vgl. *Jeantet*, Cahiers dr. europ. 1972, 402–404; ihm folgend *Bülow/Böckstiegel/Müller* Art. 16 Anm. III.

14 Dafür insbesondere *Geimer/Schütze* § 85 IX.

15 *EuGH* 14. 12. 1977 – 73/77, Sanders/van der Putte; bestätigend 10. 1. 1990 – 115/88, Reichert/Dresdner Bank, unter Nr. 9.

II. Unbewegliche Sachen (Nr. 1)

Eine Belegenheitszuständigkeit für Grundstücke ist den meisten Rechtsordnungen bekannt[16]. Bei der Entscheidung, sie als ausschließliche Zuständigkeit auszugestalten, hat man sich vom deutschen und italienischen Recht leiten lassen; andernfalls hätte eine Gefahr für die „Freizügigkeit der Urteile" bestanden, weil deutsche und italienische Gerichte den Urteilen anderer Staaten (Gerichtsstand des Wohnsitzes des Beklagten, vereinbarter Gerichtsstand) die Anerkennung wegen Verstoßes gegen den ordre public hätten versagen können (Art. 27 Nr. 1)[17]. Außerdem sind die Gerichte am Belegenheitsort wegen ihrer Sachnähe meist am besten in der Lage, über Grundstücksstreitigkeiten zu entscheiden, und ein öffentliches Interesse im Belegenheitsstaat wird allgemein anerkannt. 11

Welche Sachen als unbeweglich gelten (z. B. als „wesentliche Bestandteile" von Grundstücken im Gegensatz zu bloßem Zubehör) und welche Rechte ihnen gleichzustellen sind (etwa Erbbaurechte?), läßt sich angesichts der Unterschiede im materiellen Recht der Vertragsstaaten nur unter erheblichen Schwierigkeiten rechtsvergleichend-vertragsautonom bestimmen. Die Empfehlung des Schrifttums, die Abgrenzung zwischen unbeweglichen und beweglichen Sachen nach der lex rei sitae vorzunehmen, verdient deshalb Beachtung[18]. Freilich bleibt meist unklar, ob die Qualifikation sich dann stets nach dem Lagerecht des in Rede stehenden Grundstücks oder des in Rede stehenden Bestandteils richten soll[19]. Die erstgenannte Lösung hat den Vorzug, daß die Lage des Grundstücks konstant und im Regelfall leicht zu ermitteln ist[20]. Der EuGH hat sich grundsätzlich dafür ausgesprochen, den Begriff „Klagen, die dingliche Rechte an unbeweglichen Sachen ... zum Gegenstand haben", vertragsautonom zu bestimmen[21]. Indes stand die genaue Abgrenzung zwischen unbeweglichen und beweglichen Sachen bislang nicht zur Entscheidung. 12

---

16 Siehe Bericht *Jenard* zu Art. 16 Nr. 1: „Einschlägige Zuständigkeitsnormen finden sich in dem innerstaatlichen Recht aller (sechs) EWG-Mitgliedstaaten".

17 Bericht *Jenard* zu Art. 16 Nr. 1.

18 Siehe *Jeantet*, Cahiers dr. europ. 1972, 403; *Bülow/Böckstiegel/Müller* Art. 16 Anm. III; *Schlosser*, Gedächtnisschrift Bruns (1980) 58 ff., der mit Recht Bedenken gegen die bei *Bülow/Böckstiegel/Müller* gebotene Begründung erhebt.

19 Für letzteres offenbar *Schlosser*, Gedächtnisschrift Bruns (1980) 58 f. Er gibt in N. 37 zusätzlich zu erwägen, nicht nur für die Qualifikation, sondern auch für die Zuständigkeit auf die Belegenheit des Bestandteils und nicht auf den Lageort des Grundstücks abzustellen. Demnach wäre für eine nach Belgien verbrachte Sache, die sowohl nach ihrem belgischen Lagerecht wie nach dem französischen Grundstücksrecht als „immeuble par destination" anzusehen ist, gemäß Art. 16 Nr. 1 eine ausschließliche Zuständigkeit in Belgien begründet. Das ist abzulehnen, weil es sicher nicht dem Sinn der Vorschrift entspricht, eine ausschließliche Zuständigkeit in Frankreich für das Grundstück und in einem anderen Staat für die als Teil des Grundstücks geltenden Sachen zu eröffnen.

20 Sie wird deshalb auch im IPR empfohlen; *Neuhaus*, Die Grundbegriffe des IPR^2 (1976) 246 a. E.

21 *EuGH* 10. 1. 1990 – 115/88, Reichert/Dresdner Bank.

1. Dingliche Rechte

13 Zur *Begründung* der ausschließlichen Zuständigkeit für Streitigkeiten über dingliche Rechte wird folgendes angeführt: „Diese Art von Rechtsstreitigkeiten macht häufig Nachprüfungen, Untersuchungen und Sachverständigengutachten an Ort und Stelle erforderlich. Auch ist zur Regelung dieser Fälle nicht selten auf Gebräuche zurückzugreifen, mit denen im allgemeinen nur die Gerichte des Ortes, in dem die unbewegliche Sache belegen ist, und auch noch die Gerichte des betreffenden Vertragsstaats vertraut sind. Schließlich berücksichtigt das System des Übereinkommens die Notwendigkeit, daß die Eintragungen in Grundbücher oder Register vorgenommen werden müssen, die an dem Ort eingerichtet sind, wo das Grundstück belegen ist“ [22].

14 Der *Begriff* des dinglichen Rechts wird vom EuGH nicht dem Recht der Belegenheit des Grundstücks entnommen [23]; vielmehr sucht das Gericht eine vertragsautonome Umschreibung [24]. Während ein persönliches Recht nur gegen den Schuldner geltend gemacht werden kann, ist das dingliche Recht dadurch gekennzeichnet, daß es gegen jedermann wirkt. Insbesondere kann der Inhaber die Sache von jedermann, der kein vorrangiges dingliches Recht besitzt, herausverlangen. Die sechs Gründungsstaaten der EWG kennen ausnahmslos nur einen eng umgrenzten numerus clausus der dinglichen Rechte, zu denen neben dem Eigentum die Nutzungs- und Haftungsvorrechte zählen. Das Recht des Vereinigten Königreichs und Irlands gewährt – der Unterscheidung zwischen „law“ und „equity“ folgend – neben den zahlenmäßig beschränkten „legal rights“ die „equitable interests“, die funktionsgleich mit den dinglichen Rechten der kontinentalen Rechtsordnungen sein können, deren Zahl und Gestalt aber unbegrenzt ist [25].

15 Für die *Eingrenzug* der erfaßten dinglichen Rechte geht der EuGH von der teleologischen Erwägung aus, daß die ausschließliche Zuständigkeit vor allem deshalb gerechtfertigt ist, weil die Gerichte des Belegenheitsstaates wegen ihrer räumlichen Nähe am besten in der Lage sind, sich über den Sachverhalt zu unterrichten und die maßgeblichen Regeln und Gebräuche des Belegenheitsstaates anzuwenden. Deshalb umfaßt – so der EuGH – die Nr. 1 nicht alle Klagen, die dingliche Rechte an unbeweglichen Sachen zum Gegenstand haben, sondern nur solche, die in den Anwendungsbereich des EuGVÜ fallen und darauf zielen, Umfang oder Bestand einer unbeweglichen Sache, das Eigentum, den Besitz oder das Bestehen anderer dinglicher Rechte hieran zu bestimmen und den Inhabern dieser Rechte den Schutz der mit ihrer Rechtsstellung verbundenen Vorrechte zu sichern [26].

22 Bericht *Jenard* zu Art. 16 Nr. 1.

23 Dafür Bericht *Schlosser* Nr. 168; *ders.*, Gedächtnisschrift Bruns (1980) 63.

24 *EuGH* 10. 1. 1990 – 115/88, Reichert/Dresdner Bank. Ebenso *Geimer/Schütze* § 85 XII; kritisch *Schlosser*, IPRax 1991, 29 f.

25 Siehe den rechtsvergleichenden Überblick im Bericht *Schlosser* Nr. 166 f.

26 *EuGH* 10. 1. 1990 – 115/88, Reichert/Dresdner Bank, unter Nr. 11.

Die *Gläubigeranfechtungsklage*, mit der ein Gläubiger anstrebt, daß eine Verfügungshandlung über ein dingliches Recht an einer unbeweglichen Sache, die sein Schuldner nach seinem Vorbringen absichtlich zur Beeinträchtigung seiner Rechte vorgenommen hat, ihm gegenüber für unwirksam erklärt wird, fällt nicht unter die Nr. 1[27]. Denn die Klage hat ihre Grundlage in einem Forderungsrecht, also einem persönlichen Recht des Gläubigers gegenüber seinem Schuldner, und sie bewirkt nur eine relative Unwirksamkeit der Verfügung allein gegenüber dem Gläubiger; zudem wird die Prüfung einer solchen Klage nicht durch die besondere Sach- und Rechtsnähe im Belegenheitsstaat erleichtert, so daß kein Grund für eine ausschließliche Zuständigkeit besteht. **16**

Ein *Streit zwischen Miteigentümern* über die Frage, ob ihr Grundstück öffentlich versteigert werden solle, wurde unter Art. 16 Nr. 1 subsumiert[28]. **17**

Speziell Klagen aus Verträgen auf *Einräumung von Eigentum oder anderen dinglichen Rechten* an Grundstücken haben nach den Rechtsordnungen der meisten EG-Staaten nicht rein dingliche Rechte zum Gegenstand, sondern (zumindest auch) persönliche Ansprüche, so daß die ausschließliche Zuständigkeit des Art. 16 Nr. 1 nicht berechtigt erscheint[29]. **18**

Dies ist im deutschen Recht, das scharf zwischen obligatorischem und dinglichem Geschäft unterscheidet, besonders deutlich[30]. Wenn das Recht am Lageort des Grundstücks indes tatsächlich nur einen dinglichen Anspruch gewährt, wie es etwa für das belgische Recht vertreten wird, ist der Qualifikation am Lageort zu folgen und dort eine ausschließliche Zuständigkeit gemäß Nr. 1 gegeben.

Schadensersatzklagen, die auf eine Verletzung dinglicher Rechte oder auf die Beschädigung von Grundstücken gestützt sind, an denen dingliche Rechte bestehen, fallen nicht unter Nr. 1, weil Existenz und Inhalt des dinglichen Rechts (meist des Eigentums) in einem solchen Zusammenhang nur inzident bedeutsam sind[31]. Dasselbe wird für *nachbarrechtliche Abwehransprüche* angenommen[32]. **19**

---

27 *EuGH* 10. 1. 1990 (vorige Note). Dem EuGH wurden später in der gleichen Rechtssache die weiteren Fragen vorgelegt, ob sich für das Gericht am Lageort des Grundstücks eine Zuständigkeit aus anderen Vorschriften des EuGVÜ (Art. 5 Nr. 3, 16 Nr. 5, 24) ergebe; der *EuGH* 26. 3. 1992 – 261/90 hat diese Fragen sämtlich verneint; vgl. im einzelnen die Erläuterungen bei den genannten Normen.

28 *Hof Amsterdam* 29. 5. 1981, N. J. 1981 Nr. 555.

29 Näher Bericht *Schlosser* Nr. 169 ff.; vgl. ergänzend *Schlosser*, Gedächtnisschrift Bruns (1980) 62, wo die rechtsvergleichenden Aussagen ergänzt und für Belgien berichtigt werden. Vgl. auch *Rb. Amsterdam* 25. 11. 1975, N. J. 1977 Nr. 251 = Bericht *J. P. Verheul*, Neth. Int. L. Rev. 1976, 366: Zuständigkeit des niederländischen Gerichts am Wohnsitz des Beklagten – Art. 2 – für Klage auf Vertragsstrafe wegen Nichterfüllung des mit zwei Franzosen geschlossenen Kaufvertrages über ein französisches Grundstück.

30 Siehe z. B. *OLG Köln* 29. 4. 1983, IPRax 1985, 161, 145 zust. Anm. *Schröder* = IPRspr. 1983 Nr. 135: Rechtsstreit um den durch Vormerkung gesicherten Anspruch auf Bestellung einer Bauhandwerkerhypothek nicht am Gerichtsstand des Art. 16 Nr. 1, sondern an dem des Erfüllungsortes (Art. 5 Nr. 1).

31 Bericht *Schlosser* Nr. 163.

32 *Kohler*, in: Grenzüberschreitender Umweltschutz in Europa (1984) 73 f. Vgl. zu diesen Ansprüchen auch Art. 5 Rz. 36.

2. Miete und Pacht

20 Zur *Begründung* einer ausschließlichen Zuständigkeit auch für Streitigkeiten aus Miete oder Pacht wird angeführt, „daß Miet- und Pachtverhältnisse meist gesetzlichen Sonderregelungen unterliegen, so daß es sich empfiehlt, mit der Anwendung dieser meist sehr komplizierten Bestimmungen ausschließlich die Gerichte des Landes zu betrauen, in dem sie gelten“[33]. Hinzu kommt der Gesichtspunkt der Sachnähe: Die Gerichte des Belegenheitsstaates sind am ehesten in der Lage, sich über die tatsächlichen Umstände bei Abschluß und Durchführung von Miet- und Pachtverträgen unmittelbare Kenntnis zu verschaffen[34].

21 Die Vorschrift ist – wie der EuGH entschieden hat – *nicht weiter auszulegen, als es ihr Ziel erforderlich macht.* Denn der Umstand, daß im Interesse eines sachgerechten Rechtsschutzes eine *ausschließliche* Zuständigkeit gewährt wird, hat zur Folge, daß den Parteien die ihnen sonst mögliche Wahl des Gerichtsstands genommen wird und sie in gewissen Fällen vor einem Gericht zu verklagen sind, das für keine von ihnen das Gericht des Wohnsitzes ist. So ist der Begriff „Miete oder Pacht“ nicht in dem Sinne zu verstehen, daß er die Verpachtung eines Ladengeschäfts umfaßt, welches in einer vom Verpächter von einem Dritten gemieteten unbeweglichen Sache betrieben wird. Ob Differenzen über das Bestehen eines solchen Pachtvertrages vorhanden sind, macht keinen Unterschied[35].

22 *Im einzelnen* gilt Art. 16 Nr. 1 eindeutig für Klagen, die Miete oder Pacht von unbeweglichen Sachen „im eigentlichen Sinn“ zum Gegenstand haben, bei denen also zwischen den Parteien über das Bestehen oder die Auslegung des Vertrages, den Ersatz für vom Mieter oder Pächter verursachte Schäden oder die Räumung der Sache gestritten wird[36]. Zweifelhaft war, ob die Bestimmung auch auf reine *Miet- und Pachtzahlungsklagen* anzuwenden ist. Im Bericht *Jenard* hieß es, „nach Ansicht des Ausschusses“ sei Art. 16 Nr. 1 hier nicht anzuwenden, „da diese Klagen von der vermieteten oder verpachteten Sache als losgelöst gelten können“[37]. Im späteren Bericht *Schlosser* wurde die Frage dagegen ausdrücklich offengelassen[38]. Tatsächlich werden gerade Fragen des Mietzinses häufig durch komplizierte nationale Sondergesetze über Mietpreis-

33 Bericht *Jenard* zu Art. 16 Nr. 1.

34 *EuGH* 15. 1. 1985 – 241/83, Rösler/Rottwinkel.

35 *EuGH* 14. 12. 1977 – 73/77, Sanders/van der Putte. – Vorentscheidungen: *Hof Arnhem* 4. 5. 1976, Bericht *J. P. Verheul*, Neth. Int. L. Rev. 1976, 367 und *H. R.* 10. 6. 1977, N. J. 1979 Nr. 416. Abschlußentscheidung *H. R.* 31. 3. 1978, N. J. 1979 Nr. 418.

36 So der *EuGH* (vorige Note) im Anschluß an den Bericht *Jenard* zu Art. 16 Nr. 1.

37 Bericht *Jenard* zu Art. 16 Nr. 1; zustimmend *Geimer*, NJW 1974, 2189.

38 Bericht *Schlosser* Nr. 164: „Ob wirklich reine *Miet- und Pachtzinsklagen*, als bloße Inkassofälle, vom Anwendungsbereich des Art. 16 Nr. 1 ausgenommen sind, wie es im Jenard-Bericht als Meinung des Ausschusses festgehalten worden ist, der das EuGVÜ erarbeitet hatte, mußte zwar offenbleiben“.

bindungen geregelt, so daß nicht nur der Wortlaut, sondern auch die ratio der Nr. 1 erfüllt ist[39]. Deshalb hat der EuGH die Anwendbarkeit der Nr. 1 auf „reine" Mietzinsklagen zu Recht bejaht[40]. Nach dieser Entscheidung sind von Nr. 1 alle Rechtsstreitigkeiten erfaßt, welche die sich aus dem Mietvertrag ergebenden jeweiligen Verpflichtungen des Vermieters und des Mieters betreffen. Ein Mietvertrag enthält im allgemeinen Vorschriften für die Überlassung der Mietsache an den Mieter, ihre Nutzung, die jeweiligen Verpflichtungen des Vermieters und des Mieters in bezug auf die Instandhaltung der Mietsache, die Dauer des Mietvertrages und die Wiedereinräumung des Besitzes der Mietsache an den Vermieter, den Mietzins und die vom Mieter zu tragenden Nebenkosten, wie die Kosten für Wasser-, Gas- oder Stromverbrauch. Streitigkeiten darüber gehören gemäß Nr. 1 ausschließlich vor die Gerichte des Staates, in dem die unbewegliche Sache belegen ist. Dagegen fallen Rechtsstreitigkeiten, die sich „nur mittelbar auf die Nutzung der Mietsache beziehen", wie beispielsweise solche, die entgangene Urlaubsfreude und Reisekosten betreffen, nach Meinung des EuGH nicht in die ausschließliche Zuständigkeit nach diesem Artikel. Die Abgrenzungslinie „unmittelbar" – „mittelbar" ist freilich (hier wie sonst) nicht eben klar.

Die *rechtliche Natur der Anspruchsgrundlage* ist nicht entscheidend, solange der Streit in der Sache die Miete oder Pacht einer Immobilie betrifft. So fällt die Klage auf Rückzahlung des Mietzinses unter Nr. 1, gleichgültig ob sie auf Vertrag, Delikt (Täuschung über die Räumlichkeiten) oder ungerechtfertigte Bereicherung gestützt wird[41]. **23**

Betrifft der Rechtsstreit *einen Miet- oder Pachtvertrag über in zwei Vertragsstaaten belegenen Grundbesitz*, so treffen die (in Rz. 20 dargelegten) Gründe, die für eine ausschließliche Zuständigkeit im Belegenheitsstaat sprechen, ebenfalls zu, so daß gemäß Art. 16 Nr. 1 grundsätzlich die Gerichte beider Staaten – jeweils für den in ihrem Hoheitsgebiet belegenen Teil des Grundbesitzes – ausschließlich zuständig sind[42]. Die Gefahr von einander widersprechenden Entscheidungen über ein und denselben Vertrag wird hingenommen; sie ließe sich vermeiden, wenn für den gesamten Streitgegenstand nur das Gericht des Staates als ausschließlich zuständig angesehen würde, in dem die Hofstelle des verpachteten Landgutes liegt[43]. Allerdings sind auch nach Ansicht des EuGH Fälle denkbar, die eine Ausnahme von der Regel zweier ausschließlicher Zuständigkeiten nahelegen. Dies könne z. B. der Fall sein, wenn die in einem Vertragsstaat belegenen Grundstücke an die im anderen Vertragsstaat belegenen angrenzen und der Gesamtbesitz ganz überwiegend in einem der beiden Vertragsstaaten belegen ist. **24**

---

39 So bereits *Droz* Nr. 151 ff.; *Ras*, T. P. R. 1975, 886; *Bülow/Böckstiegel/Müller* Art. 16 Anm. IV 1 b; *Trenk-Hinterberger*, ZMR 1978, 166; *Stein/Jonas/Schumann* Einl. Rz. 796. Anders *Geimer/Schütze* § 86 XII.

40 *EuGH* 15. 1. 1985 – 241/83, Rösler/Rottwinkel.

41 *LG Bochum* 17. 9. 1985, RIW 1986, 135 Anm. *Geimer* = IPRspr. 1985 Nr. 144.

42 *EuGH* 6. 7. 1988 – 158/87, Scherrens/Maenhout.

43 Dafür *Kreuzer*, IPRax 1991, 27 f.

Unter diesen Umständen könne es angemessen sein, den Besitz als eine Einheit und als nur in einem Vertragsstaat belegen zu betrachten, um den Gerichten dieses Staates eine ausschließliche Zuständigkeit bezüglich des Miet- oder Pachtvertrages über diesen Besitz zuzuweisen.

3. Kurzfristige Gebrauchsüberlassungsverträge

25 Eine Anwendbarkeit der Nr. 1 auf kurzfristige *Gebrauchsüberlassungsverträge,* insbesondere auf die Miete von *Ferienwohnungen* oder *Ferienhäusern,* wird von der ratio legis sicherlich nicht verlangt[44]. Darauf wurde gerade in der deutschen Rechtsprechung und Literatur wiederholt hingewiesen[45]. Dennoch hat der EuGH entschieden, daß Art. 16 Nr. 1 für *alle* Verträge über die Miete oder Pacht von unbeweglichen Sachen unabhängig von ihren besonderen Merkmalen gilt, also auch für kurzfristige Verträge und für solche, die sich nur auf die Gebrauchsüberlassung einer Ferienwohnung beziehen[46]. Er begründete dies vor allem mit Erwägungen der Rechtssicherheit: Jede richterliche Ausnahme von der allgemeinen Regel der Nr. 1 gefährde das Ziel des Übereinkommens, sichere und voraussehbare Zuständigkeitszuweisungen festzulegen, und trage die Gefahr weiterer Ausdehnung in sich, wodurch die erstrebte Anwendung der zwingenden nationalen Rechtsvorschriften des Lageorts über die Nutzung des Eigentums an unbeweglichen Sachen in Frage gestellt werden könnte. – Die Maßgeblichkeit von Art. 16 Nr. 1 in seiner ursprünglichen Fassung führt dazu, daß eine Streitigkeit zweier Deutscher über die Miete einer italienischen Ferienwohnung nur in Italien entschieden werden darf und eine deutsche Zuständigkeit auch nicht wirksam vereinbart werden kann (Art. 17 III) – ein Ergebnis, das wenig befriedigt, weil den Parteien der tatsächliche Zugang zum Gericht erheblich erschwert wird[47]. Für das EuGVÜ 1989 (siehe Einl Rz. 8) und für das Lugano-Übereinkommen (siehe Einl Rz. 44 ff.) wurde deshalb durch einen jeweils neu geschaffenen Buchstaben b der Nr. 1 eine Kompromißlösung geschaffen (siehe sogleich Rz. 26).

Der von einem *Reiseveranstalter* oder einem sonstigen *Vermittler* geschlossene Vertrag über ein Feriendomizil, das im Eigentum eines Dritten steht, ist angesichts des Sinnes der ausschließlichen Zuständigkeit, die nicht weiter auszudehnen ist, als es ihr Ziel erforderlich macht (oben Rz. 21), nicht als Mietvertrag im Sinne der Nr. 1 zu qualifizieren; vielmehr handelt es sich hier um einen gemisch-

---

44 So Bericht *Schlosser* Nr. 164.

45 *BGH* 5. 10. 1983, IPRspr. 1983 Nr. 139 (Vorlage an den EuGH); *LG Offenburg* 16. 11. 1982, NJW 1983, 1273 = IPRspr. 1982 Nr. 148; *LG Aachen* 27. 1. 1984, NJW 1984, 1308 = IPRspr. 1984 Nr. 129; *Leue*, NJW 1983, 1242 f. Anders jetzt aber – im Anschluß an den EuGH (oben N. 40) – *BGH* 19. 6. 1985, WM 1985, 1246 = IPRspr. 1985 Nr. 140.

46 *EuGH* (oben N. 40).

47 Siehe auch die Kritik von *Rauscher*, NJW 1985, 897, sowie die im Register der Urteile des EuGH angeführten Anmerkungen.

ten Vertrag, der neben der Überlassung des Feriendomizils weitere Leistungen mit sich bringt (etwa Auskünfte und Ratschläge, die Reservierung des Domizils für den vom Kunden gewählten Zeitraum, die Reservierung von Plätzen für die Beförderung, den Empfang am Ort und ggf. eine Reiserücktrittsversicherung), so daß die für eine ausschließliche Zuständigkeit am Belegenheitsort sprechende Begründung (oben Rz. 20) für diesen Vertrag nicht genügend tragfähig erscheint[48]. Für die *Verbandsklage* (§§ 13 ff. AGB-Gesetz) gegen eine Klausel in AGB, die ein inländisches Reiseunternehmen bei der Überlassung von Ferienwohnungen oder Ferienhäusern im Ausland verwendet, ist Art. 16 Nr. 1 auch deshalb nicht einschlägig, weil die Verbandsklage ein allgemeines Kontrollverfahren zum Schutz des inländischen Rechtsverkehrs und der Verbraucher darstellt, das keinen Bezug zu einem bestimmten Grundstück und seiner Belegenheit aufweist[49]. Der mit dem Hauseigentümer geschlossene Vertrag, durch den sich ein Vermittler zur unentgeltlichen Vermittlung von Mietern für ein Ferienhaus verpflichtet, ist Dienstvertrag und nicht etwa Mietvertrag (zur gewerblichen Weitervermietung) und fällt deshalb nicht unter Art. 16[50].

Die (für Deutschland noch nicht in Kraft getretene) *Neufassung des EuGVÜ* von 1989 (siehe Einl Rz. 8) und das *Lugano-Übereinkommen* sehen in Nr. 1 lit. b eine Sonderregelung für Klagen vor, welche die Miete oder Pacht der in einem Vertragsstaat belegenen unbeweglichen Sachen zum vorübergehenden privaten Gebrauch für höchstens sechs aufeinanderfolgende Monate betreffen (siehe Textanhang VI und VII). Für solche Klagen, die sich regelmäßig auf Ferienwohnungen oder Ferienhäuser beziehen, sind nach dem neuen Buchstaben b neben den Gerichten des Belegenheitsstaates auch die Gerichte des Vertragsstaats zuständig, in dem der Beklagte seinen Wohnsitz hat. Voraussetzung für die zusätzliche Wohnsitzzuständigkeit ist nach dem EuGVÜ, daß der Eigentümer und der Mieter oder Pächter natürliche Personen sind und daß sie ihren Wohnsitz in demselben Vertragsstaat haben. Das Lugano-Übereinkommen verlangt dagegen nur, daß der Mieter oder Pächter eine natürliche Person ist und keine der beiden Parteien ihren Wohnsitz im Belegenheitsstaat hat. Gemäß Art. Ib des Protokolls Nr. 1 zu diesem Übereinkommen (siehe Textanhang VIII) kann sich jeder Vertragsstaat vorbehalten, eine nur auf Art. 16 Nr. 1 lit. b gestützte Entscheidung nicht anzuerkennen, wenn die unbewegliche Sache in seinem Territorium belegen ist. Diesen Vorbehalt hat Frankreich eingelegt. Das Nebeneinander von zwei Zuständigkeiten gemäß Nr. 1 lit. a und b ändert nichts daran, daß es sich um „ausschließliche" Zuständigkeiten im Sinne des Übereinkommens han- **26**

---

48 *EuGH* 26. 2. 1992 – 280/90, Hacker/Euro-Relais. Vorlage *LG Köln* 2. 8. 1990, EuZW 1990, 453 Anm. *Busl* = IPRspr. 1990 Nr. 175.

49 *BGH* 12. 10. 1989, BGHZ 109, 29 = NJW 1990, 317 = RIW 1990, 63 = IPRax 1990, 318, 292 Anm. *W. Lorenz* = EuZW 1990, 36 Anm. *A. M. Nagel* = IPRspr. 1989 Nr. 195; 9. 7. 1992, NJW 1992, 3158 = RIW 1992, 1025.

50 *OLG Frankfurt* 10. 6. 1992 – 23 U 141/91 (noch unveröffentlicht), unter Aufhebung von *LG Frankfurt* 6. 9. 1991, IPRax 1992, 241, 212 krit. Anm. *Endler*.

delt, so daß Zuständigkeitsvereinbarungen gemäß Art. 17 III keine rechtliche Wirkung haben. Auch bleibt die Zuständigkeit des Erstgerichts gemäß Art. 28 I im Zweitstaat überprüfbar.

III. Gesellschaften und juristische Personen (Nr. 2)

27 Zur *Begründung* dieser Zuständigkeit führt der Bericht *Jenard* drei Punkte an: Die ausschließliche Zuständigkeit im Sitzstaat dient der Rechtssicherheit, indem vermieden wird, daß über das Bestehen von Gesellschaften oder die Gültigkeit der Beschlüsse ihrer Organe sich widersprechende Entscheidungen ergehen können. Im Sitzstaat werden auch die Förmlichkeiten der Publizität für die Gesellschaft erfüllt. Ferner führt die Lösung in den meisten Fällen zur Anwendung der herkömmlichen Regel „actor sequitur forum rei". – Als vierter Grund ist der Gleichlaufgedanke zu nennen, indem die Gerichte des Vertragsstaates, dessen Recht für die Gesellschaft maßgebend ist, allein zuständig bleiben[51]. Fünftens ist – last not least – auf das öffentliche Interesse im Sitzstaat hinzuweisen. Vorbild der Bestimmung waren die einzelnen ausschließlichen Zuständigkeiten des deutschen Gesellschaftsrechts.

Eine *Begrenzung* der ausschließlichen Zuständigkeit ergibt sich zum einen daraus, daß nur „Klagen" angesprochen werden. Nr. 2 gilt also nur für kontradiktorische Verfahren, nicht aber für einseitige Amtsverfahren, wie das Amtslöschungsverfahren nach § 144 FGG oder die Auflösung einer AG oder GmbH durch das Registergericht nach § 144a FGG. Zum anderen sind nur die drei in Nr. 2 erwähnten Sachbereiche erfaßt, nämlich die Gültigkeit oder Nichtigkeit einer Gesellschaft oder juristischen Person, die Auflösung einer Gesellschaft oder juristischen Person und die Gültigkeit oder Nichtigkeit von Organbeschlüssen. Viele andere mit dem Leben einer Gesellschaft oder juristischen Person eng zusammenhängende Klagen bleiben dagegen den allgemeinen Zuständigkeitsvorschriften der Art. 2ff. unterworfen (siehe unten Rz. 32).

28 Die Vorschrift nennt *Gesellschaften und juristische Personen*[52]. Es hätte nicht genügt, lediglich die juristischen Personen zu erwähnen, weil dieser Ausdruck einige Gesellschaftsformen unberücksichtigt gelassen hätte, die keine Rechtspersönlichkeit besitzen, z. B. die offene Handelsgesellschaft und die Kommanditgesellschaft des deutschen Rechts. Ebensowenig hätte es genügt, nur von Gesellschaften zu sprechen, weil dann bestimmte Vereinigungen – z. B. Vereine und Stiftungen – außerhalb des Anwendungsbereichs der Vorschrift geblieben wären[53].

---

51 *Bülow*, RabelsZ 1965, 491 N. 66.

52 Zur Vorfrage ihrer Anerkennung siehe Art. 53 Rz. 1.

53 Bericht *Jenard* zu Art. 53.

Mit der *Gültigkeit oder Nichtigkeit* einer Gesellschaft oder juristischen Person ist die Wirksamkeit oder Unwirksamkeit der Gründung angesprochen. Beispiele aus dem deutschen Recht sind etwa die Nichtigkeitsklagen gegen die AG (§ 275 AktG), gegen die GmbH (§ 75 GmbHG) oder gegen die Genossenschaft (§ 94 GenG), ferner die Klagen auf Nichtigerklärung eines Vereins, einer OHG oder einer Kommanditgesellschaft. **29**

Auch Klagen auf *Auflösung* einer Gesellschaft oder juristischen Person unterliegen der ausschließlichen Zuständigkeit. Beispiele aus dem deutschen Recht bieten die Klage auf Auflösung einer GmbH (§ 61 GmbHG) oder die Auflösungsklage der Gesellschafter einer OHG (§ 133 HGB). Dagegen ist die Nr. 2 nach ihrem Wortlaut auf die statt der Auflösung einer OHG mögliche Ausschließung eines Gesellschafters (§ 140 HGB) und auf die auf Antrag der übrigen Gesellschafter mögliche Entziehung der Vertretungsmacht (§ 127 HGB) nicht anzuwenden. Freilich wäre eine extensive Anwendung der Nr. 2 insoweit erwägenswert; denn der Zusammenhang dieser Verfahren mit dem Leben der Gesellschaft ist ähnlich eng wie bei einer Auflösungsklage[54]. – Der Ausdruck „Auflösung" ist nach dem Willen der Verfasser nicht in dem technisch engen Sinne zu verstehen, wie ihn die kontinentalen Rechtsordnungen gebrauchen. Ihm unterfallen auch Verfahren, welche die Liquidation nach „Auflösung" der Gesellschaft zum Gegenstand haben, also etwa Streitigkeiten über die Höhe der einem Gesellschafter auszuzahlenden Anteile; denn solche Verfahren sind einzelne Schritte auf dem Weg zum endgültigen Ausscheiden der Gesellschaft aus dem Rechtsverkehr[55]. **30**

Zur Abgrenzung des Gegenstandes „Auflösung der Gesellschaft" zu dem vom Anwendungsbereich des Übereinkommens gemäß Art. 1 II Nr. 2 ausgeschlossenen Konkurs gibt der Bericht *Schlosser* die folgende nähere Erläuterung[56]: „Ist eine Gesellschaft einer kontinentalen Rechtsordnung deshalb aufgelöst, d. h. ins Liquidationsstadium getreten, weil sie in Konkurs gefallen ist, so sind Gerichtsverfahren über die ‚Auflösung der Gesellschaft' nur in der Weise denkbar, daß über die Zulässigkeit oder die Art und Weise der Durchführung des Konkursverfahrens gestritten wird. Dem EuGVÜ unterfällt dies alles nicht. Alle übrigen Verfahren, deren Gegenstand es ist, die Auflösung der Gesellschaft festzustellen oder herbeizuführen, sind demgegenüber keine konkursrechtlichen. Eine Prüfung dahin, ob es sich um eine zahlungsfähige oder nicht solvente Gesellschaft handelt, ist entbehrlich. Daran ändert sich auch dann nichts, wenn präjudiziell konkursrechtliche Fragen eine Rolle spielen. Wird etwa darum gestritten, ob eine Gesellschaft deshalb aufzulösen ist, weil eine Person, die ihr angeblich angehört, in Konkurs gefallen ist, so handelt es sich nicht um eine konkursrechtliche Streitigkeit, sondern um eine solche, die dem EuGVÜ unterfällt. Anwendbar ist dieses auch, wenn im Zusammenhang mit einer

---

54 In diesem Sinne *Geimer/Schütze* § 87 III 10 und XIX 7. Ablehnend *MüKoZPO-Gottwald* Art. 16 Rz. 16.

55 Bericht *Schlosser* Nr. 58.

56 Bericht *Schlosser* Nr. 59. Vgl. dort (Nr. 55 ff.) auch die eingehenden Erwägungen zur Anwendung des EuGVÜ auf ein gerichtliches „winding-up"-Verfahren nach britischem Recht bei einer zahlungsfähigen (nicht bei einer zahlungsunfähigen) Gesellschaft.

nicht gerichtlichen Auflösung einer Gesellschaft dritte Personen gerichtlich geltend machen, sie seien Gesellschaftsgläubiger und hätten daher Anspruch auf Befriedigung aus dem Gesellschaftsvermögen."

31 Klagen gegen *Organbeschlüsse* sind ebenfalls erfaßt, soweit sie deren *Gültigkeit oder Nichtigkeit* zum Gegenstand haben[57]. Zu denken ist vor allem an Klagen, die Beschlüsse der Gesellschafterversammlung betreffen, gleichgültig ob es sich um Gestaltungsklagen (Anfechtungsklagen) oder Feststellungsklagen (Nichtigkeitsklagen) handelt. Aus dem deutschen Recht sind z. B. die Nichtigkeits- und Anfechtungsklagen gemäß §§ 246ff. AktG zu nennen oder gemäß § 256 ZPO erhobene Feststellungsklagen, die sich auf Organbeschlüsse beziehen.

32 Die von Nr. 2 *nicht erfaßten Sachbereiche* aus dem Gesellschaftsrecht sind zahlreich. Zu nennen sind etwa die meisten Klagen aus Ansprüchen der Gesellschafter gegen die Gesellschaft, z. B. auf Auszahlung des Gewinns oder Auskunfterteilung, Klagen der Gesellschaft gegen die Gesellschafter, z. B. auf Einzahlung der Stammeinlage, Klagen der Gesellschafter gegen die Organe, z. B. Schadensersatzansprüche gegen den Vorstand, und Streitigkeiten unter den Gesellschaftern, es sei denn, es ginge um die in Nr. 2 genannten Gegenstände. Für die ausgeschlossenen Bereiche verbleibt es bei den allgemeinen Zuständigkeitsvorschriften der Art. 2ff., eine nicht restlos befriedigende Regelung. Da die meisten dieser Streitigkeiten einen engen Bezug zu der Gesellschaft oder juristischen Person besitzen, hätte die Einräumung einer konkurrierenden (nicht einer ausschließlichen) Zuständigkeit an deren Sitz nahegelegen[58].

33 Die Frage, wo sich der *Sitz* befindet, entscheiden die Gerichte gemäß Art. 53 I 2 nach ihrem nationalen Kollisionsrecht. Wenn eine Rechtsordnung die Möglichkeit kennt, daß eine Gesellschaft zwei Sitze hat, und diese Rechtsordnung gemäß Art. 53 für die Bestimmung des Sitzes maßgebend ist, so ist von einem Doppelsitz auszugehen. Der Kläger hat ein Wahlrecht, von welchem Sitz er eine Zuständigkeit für seine Klage ableiten will[59]. Ebenso besteht in zwei Staaten eine internationale Zuständigkeit, wenn eine Gesellschaft ihren satzungsmäßigen Sitz in einem Vertragsstaat hat, dessen Kollisionsrecht auf den satzungsmäßigen Sitz abstellt, und ihren tatsächlichen Sitz in einem Vertragsstaat, in dem der tatsächliche Sitz maßgebend ist[60].

Im *Vereinigten Königreich* hat der Gesetzgeber eigens für die Zwecke des Art. 16 mit sec. 43 des Civil Jurisdiction and Judgments Act 1982 eine Norm geschaffen, in der die Kriterien für die Ermittlung des Sitzes festgelegt sind.

---

57 Zu dieser Einschränkung, die sich eindeutig aus dem deutschen, nicht aber aus dem englischen Wortlaut der Nr. 2 ergibt, siehe *Newtherapeutics Ltd.* v. *Katz*, [1991] 2 All E. R. 151 (Ch. D.); kritisch *Kaye*, Civ. Just. Q. 1991, 220.

58 Näher *Geimer/Schütze* § 87 III 1 und XXII.

59 Bericht *Schlosser* Nr. 162.

60 Siehe zu Kompetenzkonflikten Art. 53 Rz. 2, zur Anerkennung der in einem der beiden Staaten ergangenen Entscheidung Art. 28 Rz. 12.

IV. Öffentliche Register (Nr. 3)

Wie ein Staat seine Register führt, ist ausschließlich seine Angelegenheit. Das ist ein allgemein anerkannter Grundsatz. Die Vorschrift betrifft die Eintragung in Grund- und Hypothekenbücher, in Handelsregister und andere öffentliche Register. Sie bezieht sich nach dem klaren Wortlaut nur auf die Gültigkeit, nicht auch auf die Wirkungen solcher Eintragungen. Über die materiellrechtlichen Wirkungen kann sinnvoll auch in anderen Staaten entschieden werden[61]. 34

V. Patente und andere gewerbliche Schutzrechte (Nr. 4)

Zur *Begründung* der ausschließlichen Zuständigkeit im Hinterlegungs- oder Registrierungsstaat für Klagen, welche die Eintragung oder die Gültigkeit von Patenten und anderen gewerblichen Schutzrechten zum Gegenstand haben, wird angeführt, daß die Erteilung dieser Schutzrechte als „Ausfluß der nationalen Souveränität" gesehen wird[62]. Sachgerechter ist wohl der Hinweis, daß insbesondere bei den Eintragungsklagen ein Zusammenhang mit dem Erteilungsverfahren und also – wie in Art. 16 Nr. 3 – mit der Registerführung besteht[63]. Auch der EuGH sieht den Grund für die ausschließliche Zuständigkeit der Gerichte im Hinterlegungs- oder Registrierungsstaat darin, daß diese Gerichte aufgrund ihrer Nähe am besten in der Lage sind, über Fälle zu entscheiden, in denen der Rechtsstreit die Gültigkeit des Patents oder das Bestehen der Hinterlegung oder Registrierung selbst zum Gegenstand hat[64]. 35

1. Erfaßte Klagearten

Der Begriff der „Klage, welche die Eintragung oder die Gültigkeit von Patenten ... zum Gegenstand hat", ist als *autonomer Begriff* anzusehen, der in allen Vertragsstaaten einheitlich anzuwenden ist[65]. Denn sowohl eine Auslegung nach dem Recht des Vertragsstaats, dessen Gerichte nach Nr. 4 zuständig sind, als auch eine Auslegung nach der jeweiligen lex fori würde die Gefahr voneinander abweichender Entscheidungen mit sich bringen, was die Gleichheit und Einheitlichkeit der Rechte und Pflichten, welche die betroffenen Personen aus dem Übereinkommen ableiten, beeinträchtigen würde. 36

---

61 *Bülow/Böckstiegel/Müller* Art. 16 Anm. IV 3. Wenn demgegenüber der Bericht *Jenard* zu Art. 16 Nr. 3 von „Klagen über die Gültigkeit und Wirkungen von Eintragungen" spricht, handelt es sich offenbar um einen Lapsus.

62 So Bericht *Jenard* zu Art. 16 Nr. 4.

63 *Droz* Nr. 157.

64 *EuGH* 15. 11. 1983 – 288/82, Duijnstee/Goderbauer.

65 *EuGH* (vorige Note).

37 Aus dem Sinn der ausschließlichen Zuständigkeit, der besonderen Sachnähe der Gerichte im Hinterlegungs- oder Registrierungsstaat Rechnung zu tragen (oben Rz. 35), folgert der EuGH, daß der *Kreis der erfaßten Klagearten eng zu ziehen* ist[66].

38 Zu den Klagen, welche die *Eintragung* zum Gegenstand haben, gehören nach dem Urteil des EuGH Streitigkeiten um die „Ordnungsgemäßheit" der Eintragung. Zu den Klagen, welche die *Gültigkeit* von Patenten, Warenzeichen, Mustern und Modellen sowie ähnlicher Rechte betreffen, zählen die Streitigkeiten, in denen es um die Gültigkeit des Rechtes oder das Bestehen der Hinterlegung oder Registrierung selbst geht. Der EuGH erwähnt beispielhaft Rechtsstreitigkeiten über die Gültigkeit, das Bestehen oder das Erlöschen eines Patents oder über die Geltendmachung eines Prioritätsrechts aufgrund einer früheren Hinterlegung. Betrifft der Rechtsstreit dagegen nicht die Gültigkeit des Patents oder das Bestehen der Hinterlegung oder Registrierung selbst, sondern die Frage, welchem von mehreren Prätendenten ein gewerbliches Schutzrecht gebührt, so spricht kein Grund dafür, den Gerichten des Vertragsstaates, in dem das Recht angemeldet oder erteilt worden ist, eine ausschließliche Zuständigkeit zuzuweisen und den Rechtsstreit der Nr. 4 unterfallen zu lassen. Auch die beiden europäischen Patentübereinkommen (siehe unten Rz. 47) unterscheiden klar zwischen der Zuständigkeit für Streitigkeiten über die Eintragung oder die Gültigkeit eines Patents einerseits und der Zuständigkeit für Streitigkeiten über das Recht auf das Patent andererseits. Dies wird vom EuGH bei der Auslegung des EuGVÜ mit Recht berücksichtigt, um die Harmonie zwischen dem aus verschiedenen Quellen fließenden europäischen Einheitsrecht zu wahren.

39 *Im einzelnen* unterfallen der Nr. 4 demnach insbesondere die *Anmelde- und Erteilungsverfahren* sowie die *Einspruchs- und Nichtigkeitsverfahren*. Zwar sind die Eintragungsverfahren vor dem Patentamt Verwaltungsverfahren und die Rechtsmittel- und Rechtsbehelfsverfahren Annexverfahren, wobei der Verfahrensgegenstand in Deutschland dem öffentlichen Recht zugerechnet wird. Daraus könnte man folgern, daß kein gerichtliches Verfahren und jedenfalls keine Zivilsache im Sinne des Art. 1 EuGVÜ in Rede steht, so daß das Übereinkommen und damit Art. 16 Nr. 4 überhaupt nicht anwendbar wäre[67]. Aber die Unterscheidung zwischen gerichtlichen Verfahren und Verwaltungsverfahren wird im EuGVÜ auch sonst nicht immer strikt durchgehalten (siehe Art. 1 Rz. 13), und die Abgrenzung zwischen zivilrechtlichen und öffentlichrechtlichen Sachen gibt in ihrer Allgemeinheit auch nur einen konkretisierungsbedürftigen Annäherungswert, der im Rechtskreis des Common Law zudem unbekannt ist. Es liegt deshalb nahe, in Art. 16 Nr. 4 eine Spezialvorschrift zu erblicken, kraft derer die genannten Verfahren des gewerblichen Rechtsschutzes, auch wenn sie in einzelnen Vertragsstaaten zum öffentlichen Recht gehören, ausdrücklich

---

66 Der *EuGH* (vorletzte Note), Slg. 1983, 3677, spricht vom „restriktiven Charakter des Art. 16 Nr. 4".

67 So *Geimer/Schütze* § 90 II 5 und XIV 1–3.

in den Anwendungsbereich des EuGVÜ einbezogen sind. Auf diese Weise erscheint ein gleichmäßiger und in der Sache sinnvoller Anwendungsbereich der Nr. 4 in allen Vertragsstaaten am ehesten möglich[68].

2. Nicht erfaßte Klagearten

40 Von Nr. 4 nicht erfaßt sind Streitigkeiten der Parteien darüber, wem das *Recht auf ein gewerbliches Schutzrecht* zusteht. Deshalb entschied der EuGH[69]: Nr. 4 gilt nicht für eine Streitigkeit zwischen einem Arbeitnehmer, der eine Erfindung gemacht hat, für die ein Patent beantragt oder erteilt worden ist, und seinem Arbeitgeber, wenn der Prozeß ihre jeweiligen sich aus ihrem Arbeitsverhältnis ergebenden Rechte an dem Patent betrifft. In Weiterentwicklung dieser Rechtsprechung wird man auch andere Streitigkeiten darüber, wer materiell berechtigt und wer nichtberechtigt ist, entgegen einer im deutschen Schrifttum früher verbreiteten Meinung[70], nicht unter Nr. 4 subsumieren dürfen. Das gilt z. B. für die Vindikationsklage im Patentrecht (§ 8 PatG)[71] sowie die zivilrechtlichen Klagen auf Eintragungsbewilligung oder Löschung im Warenzeichenrecht (§§ 6 II, 11 IV WZG).

41 Auch die Klage auf Erteilung einer *Zwangslizenz* (vgl. § 24 PatG) wird man unter eine im Sinne des EuGH restriktiv interpretierte Nr. 4 nicht einordnen können[72]. Denn die Zwangslizenz betrifft weder die „Eintragung" noch die „Gültigkeit" des Patents in einem engen Sinn, da das Patent durch die Lizenzerteilung in seinem Bestehen und seiner Gültigkeit nicht berührt wird. Die Gewährung einer Zwangslizenz stellt einen öffentlichrechtlichen Eingriff in das Ausschließlichkeitsrecht des Patentinhabers dar. Da der Wortlaut der Nr. 4 diese öffentlichrechtliche Maßnahme nicht erfaßt, bleibt sie gemäß Art. 1 („Zivilsachen") vom Anwendungsbereich des EuGVÜ ausgeschlossen[73]. Auch das Luxemburger Patentübereinkommen von 1975 i. d. F. von 1989 (unten Rz. 47) sieht für Klagen, die Zwangslizenzen zum Gegenstand haben, eine besondere Zuständigkeitsnorm vor. Gemäß Art. 67 lit. a dieses Übereinkommens sind die Gerichte des Vertragsstaats zuständig, dessen nationales Recht auf eine solche Lizenz anwendbar ist. Für diesen Gleichlauf der Zuständigkeit mit dem anwendbaren Recht spricht, daß das öffentliche Interesse das entscheidende Kriterium für die Gewährung einer Zwangslizenz bildet, über dessen Erfüllung die Gerichte anderer Staaten schlecht urteilen können.

42 Vom EuGVÜ als solchem, nicht aber von Art. 16 erfaßt sind *Verletzungsklagen* aus gewerblichen Schutzrechten, also insbesondere Schadensersatz- und Unter-

68 Im Ergebnis ebenso *Stauder*, IPRax 1985, 78 N. 13.
69 *EuGH* 15. 11. 1983 – 288/82, Duijnstee/Goderbauer.
70 Siehe etwa die 1. Aufl. Rz. 27 f. und *Geimer/Schütze* § 90 XIV 7–9.
71 *Stauder*, IPRax 1985, 78 f.
72 Anders noch die 1. Aufl. Rz. 28 im Anschluß an *Stauder*, GRUR Int. 1976, 513.
73 Ebenso *Geimer/Schütze* § 90 XV 3 und 4.

lassungsklagen[74]. Auch Klagen, die sich auf einen *vertraglichen Anspruch* stützen, z. B. auf Übertragung des Schutzrechts, unterliegen nicht der ausschließlichen Zuständigkeit der Nr. 4[75]. Ebensowenig gehören Klagen aus *Verletzung eines Marken-Lizenzvertrages* hierher, da dieser Vertrag nicht zu den „ähnlichen Rechten", die Nr. 4 erwähnt, gezählt werden darf[76].

43 Für alle Klagen, die nicht die Eintragung oder die Gültigkeit von gewerblichen Schutzrechten zum Gegenstand haben, sind die *allgemeinen Zuständigkeitsvorschriften* des Übereinkommens maßgebend[77], sofern das Übereinkommen überhaupt anwendbar ist und es sich nicht um eine öffentlichrechtliche Streitigkeit handelt, wie bei der Klage auf Erteilung einer Zwangslizenz (oben Rz. 41). Es besteht die allgemeine Zuständigkeit am Wohnsitz bzw. Sitz des Beklagten (Art. 2), außerdem für Ansprüche aus einem Vertrag die Zuständigkeit am Erfüllungsort (Art. 5 Nr. 1) und für Verletzungsklagen die Zuständigkeit am Ort des schädigenden Ereignisses (Art. 5 Nr. 3). Da alle diese Zuständigkeiten nicht ausschließlich sind, können Zuständigkeitsvereinbarungen getroffen werden (Art. 17 und 18).

3. Ähnliche Rechte

44 „Ähnliche Rechte" sind den in Nr. 4 genannten Rechten verwandte gewerbliche Schutzrechte, die zu ihrer Entstehung einer Hinterlegung oder Registrierung bedürfen, wie z. B. die Sortenschutzrechte. Kein ähnliches Recht ist das Recht an der eingetragenen Firma[78].

4. Zuständigkeitskriterien

45 Die den *Antrag* als ausreichend erklärende Formulierung („die Hinterlegung oder Registrierung beantragt oder vorgenommen worden ist") trägt jenen Rechtsordnungen Rechnung, die – wie die deutsche – die Eintragung eines Patents von dem Ergebnis einer Prüfung abhängig machen. Daraus ergibt sich z. B. die ausschließliche Zuständigkeit deutscher Gerichte für den Fall, daß während der Prüfung eines bei den zuständigen Gerichten eingegangenen Antrags auf Patenterteilung eine Streitigkeit über das Recht auf Erteilung des Patents entsteht[79].

46 Die in Nr. 4 a. E. angesprochene *Fiktion* („aufgrund eines zwischenstaatlichen Übereinkommens als vorgenommen gilt") bezieht sich auf das Madrider

---

74 Dazu ausführlich *Stauder*, GRUR Int. 1976, 513 ff.; *Tetzner*, GRUR 1976, 669 ff. Siehe auch *Paris* 13. 2. 1980, Rev. crit. 1982, 135 Anm. *Bonet* = Nachschlagewerk I-16.4-B 2.

75 *Stauder*, GRUR Int. 1976, 512.

76 *Bonet* (vorletzte Note) mit zutreffender Kritik an einem obiter dictum der Pariser Entscheidung.

77 Bericht *Jenard* zu Art. 16 Nr. 4.

78 *Geimer/Schütze* § 90 XII; a. A. *Bülow/Böckstiegel/Müller* Art. 16 Anm. IV 4 vor a; *Stauder*, GRUR Int. 1988, 377.

79 Bericht *Jenard* zu Art. 16 Nr. 4.

Markenabkommen von 1891 und das Haager Abkommen über die internationale Hinterlegung gewerblicher Muster oder Modelle von 1925[80]. Nach diesen Übereinkommen hat die durch Vermittlung des Ursprungsstaats bei dem Internationalen Büro in Bern vorgenommene Hinterlegung die gleiche Wirkung, wie wenn die betreffenden Marken, Muster und Modelle dort unmittelbar hinterlegt worden wären. Demnach sind z. B. im Falle einer auf Antrag deutscher Behörden bei dem Internationalen Büro vorgenommenen Hinterlegung für diejenigen Streitigkeiten, die sich auf die Frage beziehen, ob die Marke als in Frankreich hinterlegt zu gelten hat, allein die französischen Gerichte zuständig.

5. Europäische Patentübereinkommen

Später als das EuGVÜ sind zwei für das europäische Patentwesen äußerst wichtige Übereinkommen zustande gekommen. Es handelt sich um das Münchner Übereinkommen über die Erteilung europäischer Patente vom 5. 10. 1973 und das Luxemburger Übereinkommen über das europäische Patent für den Gemeinsamen Markt vom 15. 12. 1975 (i.d.F. vom 21. 12. 1989), das sog. Gemeinschaftspatentübereinkommen[81]. Während das Münchner Übereinkommen zwar das Patenterteilungsverfahren einheitlich gestaltet, aber dem Patent seinen nationalen Zuschnitt beläßt, indem es für einzelne oder mehrere Staaten grundsätzlich mit dem Inhalt wirkt, den ein entsprechendes national erteiltes Patent hätte, schafft das Luxemburger Übereinkommen ein für alle EG-Staaten inhaltlich einheitlich geltendes Patent. 47

Beide Übereinkommen enthalten *für Teilbereiche besondere Zuständigkeits- und Anerkennungsbestimmungen*[82]; diese gehen dem EuGVÜ nach seinem Art. 57 vor[83]. Solche Sonderregeln bestehen im „Anerkennungsprotokoll“ zum Münchner Übereinkommen für die dort genannten Klagen; im Luxemburger Übereinkommen für Klagen, die europäische Patentanmeldungen mit dem Ziel des Erwerbs eines Gemeinschaftspatents betreffen, und im dazugehörigen Streitregelungsprotokoll für Klagen, welche die Verletzung und die Rechtsgültigkeit der Gemeinschaftspatente betreffen[84]. 48

---

80 Bericht *Jenard* zu Art. 16 Nr. 4. Beide Übereinkommen sind in der Bundesrepublik Deutschland in Kraft; Liste der Vertragsstaaten im jährlich erscheinenden Fundstellennachweis B, Beilage zum BGBl. II.

81 Zum Ratifikationsstand beider Abkommen siehe Fundstellennachweis B (vorige Note). Das Gemeinschaftspatentübereinkommen war am 1. 1. 1992 noch nicht in Kraft getreten; siehe zu den auf der Luxemburger Konferenz von 1985 beschlossenen ergänzenden Texten die Berichte von *Haertel* und *Stauder*, GRUR Int. 1986, 293 ff.; zur Luxemburger Konferenz von 1989 den Bericht von *Krieger/Brouër/Schennen*, GRUR Int. 1990, 173 ff.

82 Vgl. das „Anerkennungsprotokoll“ zum Münchner Übereinkommen, BGBl. 1976 II 982, und Art. 66 ff. des Luxemburger Übereinkommens sowie Art. 13 f. des dazugehörigen Streitregelungsprotokolls, ABl. Nr. L 401,9 vom 30. 12. 1989 = BGBl. 1991 II 1361.

83 Vgl. Dazu *Bariatti*, Riv. dir. int. priv. proc. 1982, 493 ff.

84 Zum Anerkennungsprotokoll eingehend *Stauder*, in: *Beier/Haertel/Schricker* (Hrsg.), Europäisches Patentübereinkommen, Münchner Gemeinschaftskommentar, 6. Lieferung (1984). Zu

49 Für die *sonstigen, mit keiner besonderen Zuständigkeitsbestimmung versehenen Bereiche* bleibt Art. 16 Nr. 4 maßgebend. Hinsichtlich des europäischen Patents nach dem Münchner Übereinkommen soll Art. 16 Nr. 4 aber nicht dazu führen, daß Klagen im Staat der Patentanmeldung erhoben werden müssen. Vielmehr ist die Klage in dem Staat zu erheben, für den die Patentanmeldung gilt und für den sie bekämpft werden soll. Das wird durch Art. Vd des Protokolls zum EuGVÜ bzw. zum Lugano-Übereinkommen sichergestellt[85].

VI. Zwangsvollstreckung (Nr. 5)

50 Vollstreckungsmaßnahmen sind ein besonders deutlicher Ausfluß hoheitlicher Gewalt. Ihre Anordnung und Überprüfung soll daher den Gerichten des Staates vorbehalten bleiben, auf dessen Gebiet die Zwangsvollstreckung durchgeführt werden soll oder durchgeführt worden ist. Entsprechende Bestimmungen sind in dem innerstaatlichen Recht mehrerer Mitgliedstaaten enthalten[86].

51 Da die Vorschrift vollstreckungsrechtliche Übergriffe auf fremdes Hoheitsgebiet vermeiden will, darf ein deutsches Gericht auch nicht gemäß § 887 ZPO den Gläubiger ermächtigen, auf Kosten der italienischen Schuldnerin einen Wirtschaftsprüfer zu beauftragen, in Rom aus deren Büchern Auszüge anzufertigen[87]. Vielmehr ist die Vollstreckung in Italien gemäß Art. 31 ff. durchzuführen.

52 Unter „Verfahren, welche die Zwangsvollstreckung aus Entscheidungen zum Gegenstand haben", fallen „Verfahren, die sich aus der Inanspruchnahme von Zwangsmitteln, insbesondere bei der Herausgabe oder Pfändung von beweglichen oder unbeweglichen Sachen im Hinblick auf die Vollstreckung von Entscheidungen oder Urkunden" ergeben[88]. Hierzu zählt beispielsweise die Vollstreckungserinnerung (§ 766 ZPO), die Drittwiderspruchsklage (§ 771 ZPO) und auch die Vollstreckungsabwehrklage (§ 767 ZPO)[89], dagegen nicht die Gläubigeranfechtungsklage, die einen anderen Charakter hat (siehe oben Rz. 16)[90], und auch nicht die Abänderungsklage (§ 323 ZPO). Doch kann nach dem Sinn der Zuständigkeitsverteilung des Übereinkommens mit einer Voll-

---

Art. 13 f. des Streitregelungsprotokolls siehe *Stauder*, GRUR Int. 1986, 305; *Trunk* 141 ff.; gemäß Art. 14 IV lit. a dieses Protokolls sind Art. 17 und 18 EuGVÜ anwendbar, da Art. 15 des Protokolls keinen ausschließlichen Gerichtsstand im Sinne von Art. 16 EuGVÜ darstellt; vgl. dazu *Scordamaglia*, GRUR Int. 1990, 780 f.

85 Zu den Gemeinschaftspatenten nach dem Luxemburger Übereinkommen siehe näher Bericht *Schlosser* Nr. 173.

86 Bericht *Jenard* zu Art. 16 Nr. 5.

87 *OLG Nürnberg* 5. 4. 1974, IPRspr. 1974 Nr. 188.

88 Bericht *Jenard* zu Art. 16 Nr. 5.

89 *EuGH* 4. 7. 1985 – 220/84, AS-Autoteile Service/Malhé. Vorlage *BGH* 9. 6. 1984, ZIP 1984, 1279 = IPRspr. 1984 Nr. 139.

90 *EuGH* 26. 3. 1992 – 261/90, Reichert/Dresdner Bank.

streckungsabwehrklage nicht die Aufrechnung gegen den zu vollstreckenden Anspruch mit einer Forderung geltend gemacht werden, für deren selbständige Geltendmachung die Gerichte des Vollstreckungsstaates nicht zuständig wären; andernfalls würde der Beklagtenschutz des Art. 2 zu sehr ausgehöhlt (siehe oben Rz. 3). Für die Verhängung von Zwangsgeld paßt die ausschließliche Zuständigkeit der Nr. 5 nicht, sondern dafür sind – wie aus Art. 43 geschlossen werden kann – grundsätzlich die Gerichte im Staat der Hauptverurteilung zuständig[91]. Für die Beantragung einstweiliger Maßnahmen gilt die Sondervorschrift des Art. 24 (siehe Art. 24 Rz. 3ff.) und nicht Art. 16 Nr. 5[92].

Ob auch *Schadensersatzklagen* wegen unberechtigter Vollstreckung (vgl. §§ 717, 945 ZPO) noch zu den Verfahren, welche die Zwangsvollstreckung zum Gegenstand haben, gerechnet werden dürfen, ist umstritten[93]. Die Frage dürfte zu verneinen sein, da ein solches Verfahren nicht unmittelbar die Zwangsvollstreckung zum Gegenstand hat; vielmehr ist ihre Rechtmäßigkeit bloße Vorfrage. Es bleibt daher für eine solche Klage bei den allgemeinen Zuständigkeitsvorschriften der Art. 2ff. **53**

6. Abschnitt. Vereinbarung über die Zuständigkeit

Artikel 17

Haben die Parteien, von denen mindestens eine ihren Wohnsitz in dem Hoheitsgebiet eines Vertragsstaats hat, vereinbart, daß ein Gericht oder die Gerichte eines Vertragsstaats über eine bereits entstandene Rechtsstreitigkeit oder über eine künftige aus einem bestimmten Rechtsverhältnis entspringende Rechtsstreitigkeit entscheiden sollen, so sind dieses Gericht oder die Gerichte dieses Staates ausschließlich zuständig. Eine solche Gerichtsstandsvereinbarung muß schriftlich oder mündlich mit schriftlicher Bestätigung oder im internationalen Handelsverkehr in einer Form geschlossen werden, die den internationalen Handelsbräuchen entspricht, die den Parteien bekannt sind oder die als ihnen bekannt angesehen werden müssen. Wenn eine solche Vereinbarung von Parteien geschlossen wurde, die beide ihren Wohnsitz nicht im Hoheitsgebiet eines Vertragsstaats haben, so können die Gerichte der anderen Vertragsstaaten nicht ent-

91 *Remien*, Rechtsverwirklichung durch Zwangsgeld (1992) 324ff.

92 Die Bestätigung oder Aufhebung eines Arrestes wird dagegen namentlich im niederländischen Schrifttum unter Art. 16 Nr. 5 subsumiert; siehe *J. P. Verheul*, WPNR 1973, 444; *ders.*, Neth. Int. L. Rev. 1975, 354; *Ras*, T. P. R. 1975, 888f. – Allgemein für eine Differenzierung in einen (Art. 24 unterliegenden) Erkenntnisteil und einen (unter Art. 16 Nr. 5 fallenden) Vollstrekkungsteil der einstweiligen Maßnahmen *Isaak Meier*, in: *Schwander* (Hrsg.), Das Lugano-Übereinkommen (St. Gallen 1990) 172f.

93 Bejahend *Wolf*, NJW 1973, 401; vgl. auch § 30 AVAG. Verneinend *J. P. Verheul*, Neth. Int. L. Rev. 1975, 354; *Bülow/Böckstiegel/Müller* Art. 16 Anm. IV 5; *Geimer/Schütze* § 91 VII.

scheiden, es sei denn, das vereinbarte Gericht oder die vereinbarten Gerichte haben sich rechtskräftig für unzuständig erklärt.

Ist in schriftlich niedergelegten *trust*-Bedingungen bestimmt, daß über Klagen gegen einen Begründer, *trustee* oder Begünstigten eines *trust* ein Gericht oder die Gerichte eines Vertragsstaats entscheiden sollen, so ist dieses Gericht oder sind diese Gerichte ausschließlich zuständig, wenn es sich um Beziehungen zwischen diesen Personen oder ihre Rechte oder Pflichten im Rahmen des *trust* handelt.

Gerichtsstandsvereinbarungen und entsprechende Bestimmungen in *trust*-Bedingungen haben keine rechtliche Wirkung, wenn sie den Vorschriften der Artikel 12 oder 15 zuwiderlaufen oder wenn die Gerichte, deren Zuständigkeit abbedungen wird, aufgrund des Artikels 16 ausschließlich zuständig sind.

Ist eine Gerichtsstandsvereinbarung nur zugunsten einer der Parteien getroffen worden, so behält diese das Recht, jedes andere Gericht anzurufen, das aufgrund dieses Übereinkommens zuständig ist.

Übersicht

Schrifttum: *Ancel*, La clause attributive de juridiction selon l'article 17 de la Convention de Bruxelles, Riv. dir. int. priv. proc. 1991, 263; *Baumgärtel*, Die Vereinbarung der internationalen Zuständigkeit nach dem EWG-Übereinkommen vom 27. September 1968 und nach § 38 Abs. 2 ZPO, in: Internationales Privatrecht und Rechtsvergleichung im Ausgang des 20. Jahrhunderts, Festschrift Kegel (1977) 285; *Carbone*, La disciplina comunitaria della „proroga della giurisdizione" in materia civile e commerciale, Dir. com. int. 1989, 351; *ders.*, Disciplina comunitaria della giurisdizione e trasporto marittimo, in: *Jayme/Picchio Forlati* (Hrsg.), Giurisdizione e legge applicabile ai contratti nella CEE (1990) 29; *Deli*, Gli usi del commercio internazionale nel nuovo testo dell'art. 17 della convenzione di Bruxelles del 1968, Riv. dir. int. priv. proc. 1989, 27; *Geimer*, Zuständigkeitsvereinbarungen zugunsten und zu Lasten Dritter, NJW 1985, 533; *Gottwald*, Grenzen internationaler Gerichtsstandsvereinbarungen, Festschrift Firsching (1985) 89; *Grüter*, Gerichtsstandsvereinbarung durch Korrespondenz im EWG-Handel, DB 1978, 381; *Jung*, Vereinbarungen über die internationale Zuständigkeit nach dem EWG-Gerichtsstands- und Vollstreckungsübereinkommen und nach § 38 Abs. 2 ZPO (1980); *Kohler*, Internationale Gerichtsstandsvereinbarungen: Liberalität und Rigorismus im EuGVÜ, IPRax 1983, 265; *ders.*, Pathologisches im EuGVÜ: Hinkende Gerichtsstandsvereinbarungen nach Art. 17 Abs. 3, IPRax 1986, 340; *ders.*, Rigueur et souplesse en droit international privé: Les formes prescrites pour une convention attributive de juridiction „dans le commerce international" par l'article 17 . . ., Dir. com. int. 1990, 611; *Krings*, Réflexions au sujet de la prorogation de compétence territoriale et du for contractuel, Rev. dr. int. dr. comp. 1978, 78; *ders.*, Enkele aantekeningen bij de toepassing van de artikelen 5 (1°), 5 (3°), 17 en 18 van het Verdrag van 27 september 1968, in: *Struycken/Krings*, De Rechterlijke Bevoegdheid volgens het E.E.G. Jurisdictie- en Executieverdrag (1978) 102; *Kropholler*, Die Vereinbarung über die Zuständigkeit nach dem GVÜ, in: Hdb. IZVR I Kap. III § 5; *Laenens*, De bevoegdheidsovereenkomsten naar Belgisch recht (1981); *ders.*, Bevoegdheidsovereenkomsten in Europese context, Liber amicorum Krings (1991) 635; *Mari*, Rapporti di lavoro, principi costituzionali e deroga alla giurisdizione secondo la convenzione di Bruxelles del 1968, Riv. dir. int. priv. proc. 1981, 51; *McClellan*, Choice of Jurisdiction Clauses under the EEC Judgments Convention, J. Bus. L. 1984, 445; *Morse*, Forum-Selection Clauses – EEC Style, Afr. J. Int. Comp. L. 1989, 551; *Oliver*, Future Interpretations of Article 17 of the Convention on Jurisdiction and the Enforcement of Judgments in the European Communities, Cornell L. Rev. 70 (1984–85) 289; *Pieri*, La disciplina della proroga della competenza della convenzione di Bruxelles nella giurisprudenza della Corte di giustizia della C.E.E., in: L'unificazione del diritto internazionale privato e processuale, Studi in memoria Giuliano (1989) 731; *Rauscher*, Gerichtsstandsbeeinflussende AGB im Geltungsbereich des EuGVÜ, ZZP 1991, 271; *Rinoldi*, Autonomia della volontà e foro elettivo nella Convenzione comunitaria sulla giurisdizione e il riconoscimento delle sentenze, Dir. com. int. 1989, 407; *Günter H. Roth*, Internationalrechtliche Probleme bei Prorogation und Derogation, ZZP 1980, 156; *Samtleben*, Internationale Gerichtsstandsvereinbarungen nach dem EWG-Übereinkommen und nach der Gerichtsstandsnovelle, NJW 1974, 1590; *Sandrock/Jung/Sandrock*, Handbuch der Internationalen Vertragsgestaltung II (1980) E § 17; *M. J. Schmidt*, Kann Schweigen auf eine Gerichtsstandsklausel in AGB einen Gerichtsstand nach Art. 17 EuGVÜ/LuganoÜ begründen?, RIW 1992, 173; *Verschuur*, Forum Choice and Jurisdiction of

Dutch Courts in International Matters – Some Recent Developments, in: Unification, Contributions in Honour of Sauveplanne (1984) 263; *Wirth,* Gerichtsstandsvereinbarungen im internationalen Handelsverkehr, NJW 1978, 460.

Siehe auch das in der Einleitung und vor Art. 2 angeführte übergreifende Schrifttum.

I. Besondere Anwendungsvoraussetzungen des Abs. 1

1. Grundsatz

1 Als besondere Voraussetzung der Anwendung des Abs. 1 – neben den üblichen Erfordernissen, daß die Klage in den sachlichen und zeitlichen Anwendungsbereich (Art. 1 und 54) fällt – ergibt sich aus dem Wortlaut, daß erstens von den Parteien „mindestens eine ihren Wohnsitz in dem Hoheitsgebiet eines Vertragsstaats hat“ [1]. Zweitens muß die Zuständigkeit eines Gerichts oder der Gerichte eines Vertragsstaats vereinbart worden sein [2]. Indem Art. 17 I – im Unterschied zu den Grundregeln der Art. 2 ff. – nicht auf den Wohnsitz des Beklagten, sondern auf den Wohnsitz *einer* der Parteien in einem Vertragsstaat abstellt, kommt zum Ausdruck, daß es für die Anwendung dieser Vorschrift auf die jeweilige Kläger- oder Beklagtenrolle nicht ankommen soll [3]. Es erscheint auch sinnvoll und im Interesse der Rechtssicherheit geboten, daß eine Gerichtsstandsvereinbarung für beide möglichen Prozeßkonstellationen einheitlich nach Art. 17 beurteilt wird [4]. Beispielsweise gilt die Vorschrift nicht nur, wenn eine in Amsterdam wohnhafte Partei aufgrund einer Gerichtsstandsvereinbarung in Hamburg verklagt wird (Art. 3 I), sondern auch in dem umgekehrten Fall, daß die in Hamburg wohnhafte Partei hier die Beklagte ist.

2 Erfaßt sind nur Vereinbarungen über die *„internationale Zuständigkeit“* (vgl. Abs. 4 der Präambel), nicht solche über die bloße örtliche Zuständigkeit, bei denen sich die Frage nach der internationalen Zuständigkeit praktisch gar nicht stellt [5]. Die Frage der internationalen Zuständigkeit wird bei Vereinbarung eines

---

1 Bei mehrfachem Wohnsitz ist entgegen der Formulierung des Art. 17 („ihren Wohnsitz“) nicht ein Hauptwohnsitz zu ermitteln; vielmehr muß nach Art. 52 genügen, daß sie „einen“ Wohnsitz im Gerichts- oder einem anderen Vertragsstaat hat.

2 Zu den Anwendungsvoraussetzungen von Art. 17 III siehe unten Rz. 63 ff.

3 Vgl. zur Entstehungsgeschichte *Droz* Nr. 229; *Bülow,* RabelsZ 1974, 267.

4 Vgl. *Gothot/Holleaux* Nr. 162.

5 Siehe allgemein zur Auslandsberührung vor Art. 2 Rz. 6 ff. Speziell im Hinblick auf Gerichtsstandsvereinbarungen *Arnold,* AWD 1969, 90 N. 8; *Samtleben,* NJW 1974, 1593; *Gothot/Holleaux* Nr. 167. Zu möglichen Kriterien für die internationale Prorogation im Arbeitsrecht *Birk,* RdA 1983, 145 f. – Siehe im übrigen Bericht *Jenard* zu Art. 17, wonach „das Übereinkommen nach dem in der Präambel festgelegten Grundsatz nur die Zuständigkeit bei internationalen Beziehungen bestimmt“. Ebenso Bericht *Schlosser* Nr. 174: „Art. 17, der nur gilt, wenn das zugrunde liegende Geschäft internationale Bezüge aufweist.“ Beachte auch unten Rz. 71.

inländischen Gerichts immer dann relevant, wenn dadurch die Zuständigkeit eines ausländischen Gerichts derogiert wird.

Beispiel: Beide Parteien haben ihren Wohnsitz im Inland und vereinbaren nach einem Unfall in Italien einen inländischen Gerichtsstand. Hat sich der Unfall dagegen in Deutschland ereignet, so kommt eine Prüfung der Zuständigkeitsvereinbarung anhand von Art. 17 nicht in Betracht.

Abs. 1 gilt unzweifelhaft bei *Gerichtsstandsvereinbarungen mit Bezug zu zwei Vertragsstaaten,* so bei Verträgen zwischen einer in einem Vertragsstaat wohnhaften und einer in einem anderen Vertragsstaat wohnhaften Person, desgleichen, wenn zwei Personen, die ihren Wohnsitz in demselben Vertragsstaat haben, in einem internationalen Fall die Zuständigkeit des Gerichts eines anderen Vertragsstaats vereinbaren[6]. **3**

Fraglich ist, ob Art. 17 I auch solche Auslandsfälle erfaßt, die *keinen Zuständigkeitsbezug zu einem anderen Vertragsstaat* haben. Dies wird von der wohl überwiegenden Meinung im Schrifttum bejaht[7]. **4**

Beispiele: Beide Parteien haben ihren Wohnsitz im Inland und vereinbaren nach einem Unfall in Polen einen inländischen Gerichtsstand. Oder: Eine deutsche Firma vereinbart mit ihrem amerikanischen Geschäftspartner für alle Rechtsstreitigkeiten aus einer Lieferung von Deutschland in die USA die Zuständigkeit der inländischen Gerichte.

Für eine Anwendbarkeit des Art. 17 I auf derartige Fälle spricht der Wortlaut der Vorschrift und wohl auch der Bericht zum Übereinkommen[8]. Die Systematik des Übereinkommens steht nicht entgegen, da auch der voranstehende Art. 16 von den Grundregeln der Art. 2ff. gelöst ist[9]. Die Anwendbarkeit des Art. 17 I ergibt auch einen Sinn: Wenn die EG für vertragliche Schuldverhältnisse durch das Übereinkommen vom 19. 6. 1980 einheitliche Kollisionsnormen mit universellem Anwendungsbereich einführen will (in Deutschland in Art. 11, 12, 27–37 EGBGB inkorporiert), dann erscheint es keineswegs überzogen, einheitliche Maßstäbe an internationale Gerichtsstandsvereinbarungen in allen EG-Staaten schon dann anzulegen, wenn der in Art. 17 I genannte Bezug zur EG besteht.

---

6 Bericht *Jenard* zu Art. 17. Aus der Rechtsprechung *OLG München* 13. 2. 1985, Riv. dir. int. priv. proc. 1986, 931 = IPRspr. 1985 Nr. 133 A. Anders *Cass.* (Italien) 1. 4. 1985, n. 2242, Riv. dir. int. priv. proc. 1986, 863, 819 krit. Aufsatz *Bariatti;* kritisch auch *Jayme/Aull*, IPRax 1989, 80.

7 Vgl. etwa *Geimer/Schütze* § 29 XIV, XV; *Krings* in *Struycken/Krings* 107f.; *Laenens* 168f.; *Nagel* Rz. 206; *Gottwald*, ZZP 1981, 352; *Basedow*, IPRax 1985, 135; *Reithmann/Hausmann*, Internationales Vertragsrecht[4] (1988) Rz. 1183; *O'Malley/Layton* 553ff.

8 Der Bericht *Jenard* zu Art. 17 sagt ohne Einschränkungen: „Art. 17 gilt ... bei Vereinbarungen zwischen einer in einem Vertragsstaat und einer außerhalb der Gemeinschaft wohnhaften Person, sofern die Zuständigkeit eines Gerichts eines Vertragsstaats vereinbart worden ist." Jedoch meint *Samtleben*, NJW 1974, 1593, bei diesem Satz der Materialien sei nur an die bei den Beratungen erörterten Fälle zu denken, in denen eine in einem Vertragsstaat (und eine in einem Nichtvertragsstaat) wohnhafte Partei die Zuständigkeit der Gerichte eines anderen Vertragsstaats vereinbaren, etwa: Parteien mit Wohnsitz in Deutschland/USA vereinbaren einen Gerichtsstand in Belgien.

9 Zu der Frage, weshalb die Verfasser des Übereinkommens in Art. 4 nur Art. 16 (nicht aber Art. 17) erwähnt haben, eingehend *Droz* Nr. 228ff. und dazu *Bülow*, RabelsZ 1974, 266f.

5 Eine andere, ebenfalls stark vertretene Meinung sieht die Zielsetzung des Übereinkommens nur darin, den *Rechtsverkehr zwischen den EG-Staaten* zu erleichtern, so daß Art. 17 I lediglich dann angewandt werden dürfe, wenn die Gerichtsstandsabrede Berührungspunkte zu mehreren Vertragsstaaten aufweist [10]. Durch diese zusätzliche Einschränkung wird die Bestimmung des Anwendungsbereichs von Art. 17 I naturgemäß nicht einfacher.

6 Im einzelnen gibt es *zwei Ansichten.* Nach der einen Ansicht ist Art. 17 I stets anzuwenden, wenn durch die Gerichtsstandsvereinbarung die Zuständigkeit der Gerichte eines Vertragsstaats begründet und gleichzeitig eine nach den sonstigen Regeln des Übereinkommens gegebene Zuständigkeit ausgeschlossen wird, also forum prorogatum und forum derogatum in verschiedenen Vertragsstaaten liegen [11]. Nach der anderen Meinung ist ergänzend auf die Grundregeln der Konvention (Art. 2–4) zurückzugreifen, so daß sich auch für Art. 17 das Auseinanderfallen von Wohnsitzstaat und Gerichtsstaat innerhalb der EG als der eigentliche Regelungsgegenstand erweise [12]. Nur sei eben im Rahmen des Art. 17 kein Unterschied nach der jeweiligen Kläger- oder Beklagtenrolle zu machen (siehe Rz. 1). Nach dieser Konzeption ist die Feststellung entscheidend, ob aufgrund der Vereinbarung die Möglichkeit besteht, daß eine in einem Vertragsstaat wohnhafte Partei vor die Gerichte eines anderen Vertragsstaates gezogen wird. Ferner folgt aus der Anwendung der Grundregeln der Konvention (Art. 2 I und 3 I), daß Art. 17 auch dann gilt, wenn es im konkreten Prozeß darum geht, ob eine nach dem Abkommen gegebene Zuständigkeit außerhalb des Wohnsitzstaates des Beklagten durch die Vereinbarung der Zuständigkeit in einem anderen Vertragsstaat wirksam ausgeschlossen ist.

Beispiel: Kläger und Beklagter wohnen in Frankreich, die Klage wird vor einem gemäß Art. 5ff. zuständigen deutschen Gericht erhoben, und der Beklagte wendet ein, man habe die Zuständigkeit des deutschen zugunsten eines französischen Gerichts ausgeschlossen. In den praktisch relevanten Fällen kommen damit beide Lösungswege zu identischen Ergebnissen.

7 *Unterschiede zwischen beiden Meinungen* ergeben sich bei der Beurteilung folgender seltenerer Konstellationen: Vereinbaren zwei inländische Parteien oder eine inländische Partei und eine Partei aus einem Drittstaat die Zuständigkeit der inländischen Gerichte und bestünde nach dem Übereinkommen eine Zuständigkeit in einem anderen Vertragsstaat, etwa nach Art. 5 Nr. 1, so gelangt man nach

---

10 *Droz* Nr. 191; *Samtleben,* NJW 1974, 1593; *Kohler,* IPRax 1983, 266; *Bülow/Böckstiegel/Müller* Art. 17 Anm. II 3; *Stein/Jonas/Leipold* § 38 Rz. 22; *Sandrock/Jung/Sandrock* E Rz. 119. – Die *deutsche Praxis* wendet überwiegend § 38 ZPO und nicht Art. 17 EuGVÜ an; vgl. z. B. *BGH* 14. 11. 1991, BGHZ 116, 77 = RIW 1992, 142 = IPRax 1992, 377, 358 Anm. *Heß*; *OLG München* 28. 9. 1989, IPRax 1991, 46, 31 krit. Anm. *Geimer* = IPRspr. 1989 Nr. 194. Anders aber *OLG München* 8. 3. 1989, RIW 1989, 901 = ZZP 1990, 84 Anm. *Hubert Schmidt* = IPRspr. 1989 Nr. 186.

11 *Droz* Nr. 186ff.; *Bülow/Böckstiegel/Müller* Art. 17 Anm. II 3; *Jung* 64ff.; *Sandrock/Jung/Sandrock* E Rz. 114, 120; *Schack*, IZVR (1991) Rz. 463ff.

12 *Samtleben,* NJW 1974, 1594; *Stein/Jonas/Leipold* § 38 Rz. 22.

dem Kriterium „forum prorogatum und forum derogatum in zwei verschiedenen Vertragsstaaten" zur Anwendbarkeit des Übereinkommens. Stellt man dagegen mit Rücksicht auf die Grundregeln nur auf das Auseinanderfallen von Wohnsitzstaat und Gerichtsstaat ab, so erzielt man gespaltene Ergebnisse: Der inländische Richter hätte das Übereinkommen nicht anzuwenden, wohl aber der Richter in demjenigen Vertragsstaat, in dem die durch die Vereinbarung abbedungene EuGVÜ-Zuständigkeit besteht. Die Anwendbarkeit des Übereinkommens hinge danach in diesen Fällen davon ab, wo die Klage erhoben wird. Das verletzt den Grundsatz, daß für eine Gerichtsstandsvereinbarung im Interesse der Rechtssicherheit unabhängig von den Parteirollen in einem späteren Prozeß feststehen muß, nach welcher Norm sich ihre Zulässigkeit bemißt und ob sie deren Anforderungen genügt. Das Ergebnis ist auch nicht durch Art. 2 I geboten, der bei Wohnsitz des Beklagten im Staat der Klageerhebung die Anwendung des Übereinkommens nicht ausschließt und der auch im Zusammenspiel mit Art. 5 nur bewirkt, daß sich in gewissen Fällen die örtliche (nicht aber die internationale) Zuständigkeit nach dem autonomen Recht richtet[13].

Im *Ergebnis* ist festzustellen, daß die Bestimmung des Anwendungsbereichs von Art. 17 I eine noch offene Frage ist. Zwei Voraussetzungen folgen eindeutig aus dem Wortlaut des Art. 17 I, nämlich (1) Wohnsitz mindestens einer Partei in einem Vertragsstaat und (2) Vereinbarung der Zuständigkeit in einem Vertragsstaat. Die Gerichte haben noch zu entscheiden, ob aus dem Regelungszweck des Übereinkommens eine dritte Anwendungsvoraussetzung folgt. Diese könnte lauten: (3) Ausschluß einer aufgrund des Übereinkommens gegebenen Zuständigkeit in einem anderen Vertragsstaat, insbesondere durch Begründung der Zuständigkeit eines Gerichts, das wenigstens für eine in einem Vertragsstaat wohnende Partei außerhalb ihres Wohnsitzes liegt. 8

De lege ferenda bleibt als Ziel für die fernere Zukunft die Aufstellung einheitlicher europäischer Regeln für alle internationalen Zuständigkeitsvereinbarungen. Die Beschränkungen im Anwendungsbereich der gegenwärtigen Regelung sind unerfreulich kompliziert und sachlich nicht notwendig[14]. Für die Einschränkung, daß eine Partei ihren Wohnsitz in einem Vertragsstaat haben muß, ist kein zwingender Grund zu erkennen, und es besteht auch kein Anlaß, an die Vereinbarung der Zuständigkeit des Gerichts eines Nichtvertragsstaats grundsätzlich andere Maßstäbe anzulegen als an die Vereinbarung der Zuständigkeit in einem Vertragsstaat. 9

---

13 Nicht deutlich insoweit *Samtleben*, NJW 1974, 1591, 1594, der (zu Unrecht) von einem „Geburtsfehler" des Übereinkommens spricht und der den Regelungsgehalt des Art. 2 m.E. überdehnt.

14 Vgl. *Kropholler*, FS Ferid (1988) 242 f., 247 f.

2. Maßgeblicher Zeitpunkt

10 Grundsätzlich ist es für die soeben dargestellten besonderen Anwendungsvoraussetzungen des Art. 17 I wie bei den übrigen Zuständigkeitsnormen des Übereinkommens sowohl erforderlich als auch ausreichend, daß sie zur Zeit der Klageerhebung vorliegen[15]. Eine Ausnahme ist bei einer Veränderung (z. B. der Wohnsitzverhältnisse) zwischen Prorogationsvertrag und Klageerhebung im Interesse des Vertrauensschutzes für den Fall zu erwägen, daß die nach dieser Regel anwendbare Norm strengere Gültigkeitsanforderungen an die Vereinbarung stellt als diejenige, mit deren Anwendbarkeit die Parteien im Zeitpunkt der Gerichtsstandsvereinbarung rechnen mußten[16].

3. Wohnsitz beider Parteien in einem Nichtvertragsstaat (Abs. 1 Satz 3)

11 Hat keine der Parteien ihren Wohnsitz bzw. Sitz in einem Vertragsstaat, so ist Art. 17 I seinem klaren Wortlaut nach nicht anwendbar; eine Zuständigkeitsbegründung nach dieser Vorschrift ist nicht möglich[17]. Ein Gericht innerhalb der EG, das in diesem Fall aufgrund einer Gerichtsstandsvereinbarung angerufen wird, befindet über die Annahme der Prorogation nach seinem nationalen Recht. Der derogative Effekt einer solchen Abrede soll hingegen nach dem in der Neufassung von 1978 eingefügten Art. 17 I 3 in allen EG-Staaten gleich behandelt werden[18]: Die Prorogation der Gerichte eines Vertragsstaates durch zwei Parteien aus Drittstaaten muß von den anderen Vertragsstaaten insoweit respektiert werden, als ihre Gerichte auch dann nicht in der Sache entscheiden dürfen, wenn sie nach ihrem nationalen Recht[19] eigentlich zuständig wären. Zulässig bleibt ein abweisendes Prozeßurteil wegen internationaler Unzuständigkeit[20]. Ein Sachurteil kann dagegen nur dann ergehen, wenn sich das prorogierte Gericht rechtskräftig für unzuständig erklärt hat. In diesem Fall kann der deutsche Richter – unabhängig vom EuGVÜ – entscheiden, wenn eine Zuständigkeit nach dem autonomen deutschen Recht gegeben ist.

---

15 Vgl. *EuGH* 13. 11. 1979 – 25/79, Sanicentral/Collin, wonach eine Gerichtsstandsvereinbarung nur eine Zuständigkeitsoption ist, die erst bei Klageerhebung Wirkungen entfaltet. Siehe ferner *Versailles* 8. 11. 1990, J. C. P. 1991, Jur. 21672 Anm. *Martin-Serf*; *Droz* Nr. 190.

16 Vgl. *Droz* Nr. 184; a. A. *Schack*, IZVR (1991) Rz. 465. Generell auf den Zeitpunkt des Vereinbarungsabschlusses stellen ab: *Gothot/Holleaux*, Clunet 1971, 764, 775; *Stein/Jonas/Leipold* § 38 Rz. 25. Ausführlich zum ganzen *Gothot/Holleaux* Nr. 163 f., 168.

17 *H. R.* 1. 2. 1985, N. J. 1985 Nr. 698 Anm. *Schultsz* = E.C.C. 1987, 282.

18 Ausführlich Bericht *Schlosser* Nr. 177. Das Problem hat durch den Beitritt des Vereinigten Königreichs an Bedeutung gewonnen, weil ein englisches Gericht häufig von EG-Ausländern als neutraler Gerichtsstand vereinbart wird; siehe auch *Collins* 85.

19 Eine Zuständigkeit nach dem EuGVÜ kommt bei Wohnsitz beider Parteien außerhalb der EG nicht in Betracht, es sei denn, im Staat des mit der Sache befaßten Gerichts besteht eine ausschließliche Zuständigkeit nach Art. 16. In diesem Fall scheidet eine Berücksichtigung der Gerichtsstandsvereinbarung auch hinsichtlich ihres derogativen Effekts wegen Art. 17 III aus.

20 *Geimer/Schütze* § 31 II 2.

Die Regelung des Art. 17 I 3 führt zu dem Ergebnis, daß die Vereinbarung der ausschließlichen Zuständigkeit eines Gerichts der EG außerhalb des Anwendungsbereichs des Art. 17 I im derogierten Staat stärkere Wirkung zeitigt als bei dessen Anwendbarkeit: Hat nämlich eine der Parteien ihren Wohnsitz in einem Vertragsstaat, können die derogierten Gerichte bis zum Eintritt der Rechtshängigkeit im prorogierten Staat, die gemäß Art. 21 zu berücksichtigen ist, selbst entscheiden. Die unterschiedliche Behandlung ist aber erklärlich; eine Erstreckung der Regel des Art. 17 I 3 auf Anwendungsfälle des Art. 17 I ist nicht anzustreben[21]. Außerhalb des Anwendungsbereichs des Art. 17 I ließ sich das gewünschte Ziel einer einheitlichen Beurteilung wenigstens des Derogationseffekts in allen Vertragsstaaten nämlich nur durch die Sonderregel des Abs. 1 Satz 3 erreichen. Wenden hingegen prorogiertes wie derogiertes Gericht Art. 17 I an, werden Prorogations- und Derogationseffekt der Vereinbarung ohnehin einheitlich beurteilt. 12

4. Vereinbarung der Zuständigkeit in einem Nichtvertragsstaat (Derogationswirkung)

Prorogieren die Parteien ein Gericht außerhalb der EG, so ist Art. 17 I nach seinem klaren Wortlaut nicht anwendbar[22]. Dazu wird im Bericht ausgeführt[23]: „Vereinbaren Parteien, Streitigkeiten vor Gerichten eines Nichtvertragsstaates auszutragen, so kann selbstverständlich nichts im EuGVÜ diese Gerichte hindern, sich für zuständig zu erklären, wenn ihr Recht die Abmachung wirksam sein läßt. Fraglich ist nur, ob und gegebenenfalls in welcher Form solche Vereinbarungen eine Zuständigkeit von Gemeinschaftsgerichten abbedingen können, die nach dem EuGVÜ als ausschließliche oder konkurrierende begründet ist[24]. Nichts im EuGVÜ läßt den Schluß zu, daß derartiges prinzipiell unzulässig sein soll. Das Übereinkommen enthält aber auch keine Regeln über die Wirksamkeit solcher Vereinbarungen. Wird ein Gericht innerhalb der Gemeinschaft einer solchen Vereinbarung zum Trotz angerufen, so muß es die Wirksamkeit der Abrede nach dem Recht beurteilen, das an seinem Sitz gilt. In dem Maße, in welchem das Kollisionsrecht dort ein ausländisches Recht für maßgebend hält, gilt dieses. Ist die Vereinbarung nach diesen Maßstäben unwirksam, so sind wieder die 13

---

21 So aber *Geimer/Schütze* § 30 IV 1; *Verschuur,* in: Unification, Contributions in Honour of Sauveplanne, 268 f.

22 Siehe z. B., allerdings mit unscharfer Begündung, *Cass.* 7. 12. 1983, Rev. crit. 1984, 658 mit zutreffender Anm. *Gaudemet-Tallon.* Dagegen wollen *Geimer/Schütze* §§ 29 VI 7, 96 VII 4, Art. 17 I entgegen seinem Wortlaut auf die Beurteilung der Derogation hier direkt anwenden; für eine analoge Anwendung plädieren *J. P. Verheul,* Rechtsmacht ... (1982) Nr. 125, und *Verschuur,* in: Unification, Contributions in Honour of Sauveplanne, 267, 269. Wie hier aber die wohl überwiegende Meinung, z. B. *Schlosser,* FS Kralik (1986) 297 f., sowie *Gothot/Holleaux* Nr. 166 m. w. Nachw. aus dem französischen Schrifttum.

23 Bericht *Schlosser* Nr. 176.

24 Siehe zu dieser Frage bei ausschließlicher Zuständigkeit näher unten Rz. 63 ff.

Zuständigkeitsbestimmungen des EuGVÜ anzuwenden." Die deutsche Rechtsprechung folgt im Ergebnis diesen Ausführungen und beurteilt die Derogationswirkung der Prorogation des Gerichts eines Drittstaates nach dem nationalen deutschen Prozeßrecht (§ 38 ZPO)[25].

5. Isolierter Derogationsvertrag

14 Im Text des Art. 17 ist nur von der praktisch wichtigsten Form der Vereinbarung über die Zuständigkeit die Rede, nämlich von der Prorogation. Ob das Übereinkommen auch die ohne eine Prorogation getroffene Derogation erfaßt, also die sog. isolierte Derogation, ist zweifelhaft[26]. Jedenfalls müssen die (oben Rz.1 ff.) dargestellten besonderen Anwendungsvoraussetzungen sinngemäß erfüllt sein: Nötig sind also Wohnsitz mindestens einer Partei in einem Vertragsstaat, Derogation einer nach dem EuGVÜ gegebenen Zuständigkeit und Auslandssachverhalt. Eine grundsätzliche Unzulässigkeit der isolierten Derogation im Anwendungsbereich des Übereinkommens ist dem Art. 17 trotz seines engen Wortlauts nicht zu entnehmen. Wegen der weitreichenden Folgen einer solchen Vereinbarung, die in der Wirkung einem Verzicht auf gerichtlichen Schutz überhaupt gleichkommen kann, ist die Prüfung der Form und sonstiger Wirksamkeitserfordernisse hier besonders wichtig. Vor allem bei der Mißbrauchskontrolle (unten Rz. 68ff.) ist ein strenger Maßstab anzulegen[27].

II. Verhältnis zum autonomen staatlichen Recht

1. Verhältnis zu §§ 38, 40 ZPO

15 Wegen des Vorrangs des Übereinkommens vor dem autonomen staatlichen Recht (siehe Einl. Rz. 11 und vor Art. 2 Rz. 15ff.) verdrängt Art. 17 in vollem Umfang die §§ 38, 40 ZPO[28]. Das betrifft insbesondere auch die Formerleich-

---

25 Vgl. nur *BGH* 20. 1. 1986, NJW 1986, 1438 Anm. *Geimer* = RIW 1986, 461 = IPRax 1987, 168, 141 Anm. *G. H. Roth* = IPRspr. 1986 Nr. 129; 24. 11. 1988, NJW 1989, 1431 = RIW 1989, 136 = IPRax 1990, 41, 19 Anm. *Schack* = IPRspr. 1988 Nr. 165.

26 Bejahend *Geimer/Schütze* §§ 29 VI 4, 76, 96 XXI 3; *Bülow/Böckstiegel/Müller* Art. 17 Anm. II 2; *Gothot/Holleaux* Nr. 165; *Eickhoff,* Inländische Gerichtsbarkeit und internationale Zuständigkeit für Aufrechnung und Widerklage (1985) 150.

27 Zur isolierten Derogation im Arbeitsrecht siehen unten Rz. 77.

28 Siehe z. B. *OLG Düsseldorf* 8. 2. 1979, TranspR 1981, 26 = IPRspr. 1979 Nr. 156 A; *OLG München* 11. 2. 1981, ZIP 1981, 287 = RIW 1981, 848 = IPRspr. 1981 Nr. 155; *Löwe,* NJW 1974, 475; *Diederichsen,* BB 1974, 379f.; *Samtleben,* NJW 1974, 1590; *Stauder,* GRUR Int. 1976, 471; *Grunsky,* RIW 1977, 6; *Jung* 127 ff.; *Sandrock/Jung/Sandrock* E Rz. 121. – Zum entsprechenden Art. 48 N. C. proc. civ. ebenso z. B. *Paris* 25. 4. 1979, Clunet 1980, 252 = Nachschlagewerk I-17.1.1-B 12.

terung für Vollkaufleute nach § 38 I ZPO[29] und die Beschränkung des § 38 II 3 ZPO[30].

In seinem Anwendungsbereich entscheidet Art. 17 ausschließlich über Zulässigkeit, Form und Wirkungen einer Gerichtsstandsvereinbarung. Ob eine „Vereinbarung" wirksam zustande gekommen ist, bestimmt sich grundsätzlich nach dem vom IPR des Forums berufenen nationalen Recht; eine – im Ergebnis weitreichende – Ausnahme zugunsten des EuGVÜ gilt aber insoweit, als Art. 17 wegen gewisser unlösbarer Zusammenhänge zwischen Form und Willenseinigung selbst eine Regelung trifft. Die Auslegungsfrage, welche Ansprüche eine Zuständigkeitsvereinbarung erfaßt, ist ohne Rückgriff auf die Lösung in einem einzelnen nationalen Recht in autonomer Interpretation nach dem Sinn und Zweck der Zuständigkeitsvereinbarung zu beantworten (siehe unten Rz. 52). Vorfragen wie Vertretungsmacht und Geschäftsfähigkeit sind stets nach dem kollisionsrechtlich anwendbaren innerstaatlichen Recht zu beurteilen (siehe unten Rz. 22). **16**

2. Verhältnis zum AGB-Gesetz

Da Art. 17 die Wirksamkeit einer Zuständigkeitsvereinbarung abschließend regeln soll[31] und dem Übereinkommen Vorrang vor dem autonomen deutschen Recht gebührt, kommt eine Prüfung der Abrede anhand der §§ 2, 3 und 9–11 AGBG nicht in Betracht[32]. Sowohl eine Anwendung der speziellen Klauselverbote als auch eine Kontrolle nach der Generalklausel des § 9 AGBG, ob das Interesse des Kunden an dem gesetzlichen Gerichtsstand das Interesse des Verwenders der Bedingungen überwiegt[33], stände im Widerspruch zur rechtsvereinheitlichenden Intention des Übereinkommens[34]. **17**

---

29 Speziell dazu *OLG München* 11. 2. 1981, ZIP 1981, 287 = RIW 1981, 848 = IPRspr. 1981 Nr. 155; *OLG Karlsruhe* 30. 12. 1981, NJW 1982, 1950 = IPRspr. 1981 Nr. 171; *LG Bayreuth* 20. 2. 1976, IPRspr. 1976 Nr. 133; *LG Siegen* 6. 6. 1978, NJW 1978, 2456 = RIW 1980, 286 = IPRspr. 1978 Nr. 142; *Samtleben,* NJW 1974, 1595; *G. H. Roth,* ZZP 1980, 160f.; *Stein/Jonas/Leipold* § 38 Rz. 12. – A. A. *Wirth,* NJW 1978, 461.

30 Speziell dazu *LG München I* 10. 6. 1975, NJW 1975, 1606 = RIW 1975, 694 = IPRspr. 1976 Nr. 124a; *Samtleben,* NJW 1974, 1596; *Stein/Jonas/Leipold* § 38 Rz. 26; *Sandrock/Jung/Sandrock* E Rz. 121. – A. A. *Katholnigg,* BB 1974, 396 N. 11; *Jakobs* 109. – Abzulehnen auch *Baumgärtel,* FS Kegel 298, der den Art. 17 in Versicherungssachen und bei Abzahlungsgeschäften durch § 38 II 3 ZPO einschränken will; die sozialpolitischen Erwägungen innerhalb des EuGVÜ, die er zur Rechtfertigung bemüht, ergeben für eine derartige Ausnahme keine Anhaltspunkte; zutreffend *Jung* 140ff.

31 Zur verbleibenden Möglichkeit einer allgemeinen Mißbrauchskontrolle siehe unten Rz. 68ff.

32 So etwa *Staudinger/Schlosser* § 12 AGBG Rz. 6; *Geimer/Schütze* § 75 III 2; *MüKoZPO-Gottwald* Art. 17 Rz. 49; im Ergebnis auch *Rauscher,* ZZP 1991, 295ff.

33 So *Landfermann,* RIW 1977, 448 mit N. 36.

34 Vgl. *Grüter,* DB 1978, 384; *Jung* 154f.

3. Verhältnis zu sonstigen nationalen Prorogationsbeschränkungen

18 Auch sonstige nationale Prorogationsbeschränkungen werden durch das Übereinkommen in seinem Anwendungsbereich grundsätzlich verdrängt[35]. Insbesondere die zuständigkeitsregelnden innerstaatlichen Verfahrensvorschriften müssen in den durch das Übereinkommen geregelten Bereichen hinter dessen Bestimmungen zurücktreten[36]. Unanwendbar sind auch spezielle nationale Regelungen, die den Formerfordernissen des Art. 17 funktionsgleich sind, indem sie Rechtssicherheit und eine tatsächliche Willenseinigung sicherstellen sollen[37].

19 So läßt das Übereinkommen für den im deutschen kartellrechtlichen Schrifttum angenommenen Rechtssatz keinen Raum, wonach die Derogation eines deutschen Kartellgerichts bei zwingender Anwendbarkeit deutschen Kartellrechts (§ 98 II 1 GWB) grundsätzlich unzulässig sei, um Umgehungen des § 98 II 1 GWB zu verhindern[38]. Nicht zu berücksichtigen ist im Anwendungsbereich des Art. 17 das vom BGH[39] auf das BörsG gestützte Derogationsverbot, nach dem die Vereinbarung der ausschließlichen Zuständigkeit ausländischer Gerichte in einem Vertrag über Warentermingeschäfte an ausländischen Börsen nicht anzuerkennen ist, wenn sie in Verbindung mit einer Rechtswahlklausel zur Folge hätte, daß die zur Entscheidung berufenen Gerichte den Termineinwand des deutschen Börsenrechts nicht beachten[40].

III. Vereinbarung

1. Willenseinigung (Abs. 1)

20 Nach Abs. 1 ist als erste Voraussetzung einer wirksamen Zuständigkeitsabrede das Vorliegen einer „Vereinbarung“ erforderlich. Der Begriff der „Vereinbarung“ ist als autonomer Begriff aufzufassen – ebenso wie der Begriff des „Ver-

---

35 Vgl. *Krings,* Cahiers dr. europ. 1981, 180, 187. – Zu Prorogationsbeschränkungen im Arbeits- und im Seerecht siehe unten Rz. 73 ff. Weitere Beispiele bei *Geimer/Schütze* § 96 XI.

36 *EuGH* 13. 11. 1979 – 25/79, Sanicentral/Collin: zu Prorogationsbegrenzungen im Arbeitsrecht.

37 *EuGH* 24. 6. 1981 – 150/80, Elefanten Schuh/Jacqmain: keine Unwirksamkeit bei Nichtbenutzung der von einer nationalen Rechtsordnung vorgeschriebenen Vertragssprache.

38 Gegen einen solchen Rechtssatz *OLG Stuttgart* 9. 11. 1990, RIW 1991, 333 = EuZW 1991, 121 = IPRax 1992, 86, 67 zust. Anm. *H. Roth* = IPRspr. 1990 Nr. 180; *Geimer/Schütze* § 96 XI 6; *MüKoZPO-Gottwald* Art. 17 Rz. 50. Anders *Rehbinder,* in: *Immenga/Mestmäcker,* GWB[2] (1992) § 98 Abs. 2 Rz. 266.

39 *BGH* 12. 3. 1984, NJW 1984, 2037 = RIW 1985, 78 = IPRax 1985, 216, 198 Anm. *G. H. Roth* = IPRspr. 1984 Nr. 135.

40 Zu Art. 17 ebenso *Häuser/Welter,* WM 1985, Beilage Nr. 8, 12 ff.; *Schlosser,* FS Steindorff (1990) 1389.

trages" in Art. 5 Nr. 1 (vgl. zur Begründung dort Rz. 4)[41]. Demgemäß ist – ebenso wie das Mitgliedschaftsverhältnis in einem Verein für die Zwecke des EuGVÜ als „vertraglich" einzuordnen ist (vgl. Art. 5 Rz. 5) – die Satzung einer Gesellschaft für die Zwecke des EuGVÜ als Vertrag zu qualifizieren, unabhängig davon, ob das jeweilige nationale Gesellschaftsstatut den Beziehungen zwischen der Gesellschaft und dem Gesellschafter einen vertraglichen, institutionellen oder normativen Charakter beimißt, und die in die Satzung einer AG ordnungsgemäß (d.h. in Übereinstimmung mit dem anwendbaren nationalen Recht und der Satzung selbst) eingefügte Gerichtsstandsklausel wird dann als „Vereinbarung" eines Gerichtsstandes i.S.d. Art. 17 gesehen, die sämtliche Aktionäre bindet[42].

Dem Art. 17 I sind gewisse Mindestanforderungen an die vertragliche Vereinbarung zu entnehmen[43]. Für die inhaltliche Reichweite der einheitlichen Regelung gibt der Zweck von Art. 17 einige Anhaltspunkte. Nach der Zielsetzung der Verfasser des EuGVÜ soll die Bestimmung vor allem gewährleisten, daß Zuständigkeitsvereinbarungen nicht unbemerkt Inhalt des Vertrages werden[44]. Die Willenseinigung setzt demgemäß voraus, daß sich jede Seite mit einer Gerichtsstandsklausel tatsächlich einverstanden erklärt hat. Dies muß klar und deutlich „zum Ausdruck gekommen" sein, d.h. aus dem Vertrag hervorgehen[45]. Eine ausdrückliche Abrede ist allerdings nicht erforderlich; es reicht aus, wenn der Gerichtsstand stillschweigend vereinbart wird[46]. Eine einmal erfolgte Einigung wirkt grundsätzlich auch für und gegen etwaige Rechtsnachfolger, die nach dem anwendbaren Sachrecht in die Rechte und Pflichten einer Vertragspartei eintreten[47]. Für die Gerichtsstandsklausel in der Satzung einer AG sind Besonderheiten zu beachten; eine solche Gerichtsstandsklausel gilt für jeden Aktionär, auch wenn er gegen die Klausel gestimmt hat oder erst nach Annahme der Klau-

---

41 *EuGH* 10. 3. 1992 – 214/89, Powell Duffryn/Petereit. Vorlage *OLG Koblenz* 1. 6. 1989, OLGZ 1989, 483 = RIW 1989, 739 = IPRspr. 1989 Nr. 192.

42 *EuGH* (vorige Note). Kritisch *Jayme/Kohler*, IPRax 1992, 350f. Zur Formwirksamkeit in diesen Fällen siehe unten Rz. 31.

43 *EuGH* 14. 12. 1976 – 24/76, Colzani/Rüwa; vgl. auch *Piltz*, NJW 1979, 1074; *G. H. Roth*, ZZP 1980, 162.

44 Bericht *Jenard* zu Art. 17.

45 So anläßlich eines Kaufvertrages mit beigefügten AGB *EuGH* 14. 12. 1976 – 24/76, Colzani/Rüwa.

46 *Samtleben*, NJW 1974, 1592; *Baumgärtel*, FS Kegel 301; *Grunsky*, RIW 1977, 6; *Müller*, RIW 1977, 164; *Sandrock/Jung/Sandrock* E Rz. 125. – A. A. *Stauder*, GRUR Int. 1976, 473. Eine Ausnahme gilt lediglich für Personen mit Wohnsitz in Luxemburg nach Art. I Abs. 2 des Protokolls (siehe unten Rz. 49ff.).

47 Die Ausführungen des *EuGH* zur Wirkung gegenüber dem Empfänger eines Konnossements (19. 6. 1984 – 71/83, Russ/Nova) sind insoweit verallgemeinerungsfähig. Auch im ersten EuGH-Verfahren zur Freistellung bestimmter betroffener Dritter von der Einhaltung der Formvorschriften (14. 7. 1983 – 201/82, Gerling/Amministrazione del tesoro dello Stato) war die Antragsgegnerin Rechtsnachfolgerin. Zum Formproblem siehe unten Rz. 43 und 46. Gegen eine Erstreckung auf den Rechtsnachfolger noch *Rb. Maastricht* 31. 1. 1980, N. J. 1981 Nr. 622 krit. Anm. *Schultsz*.

sel Aktionär geworden ist; denn dadurch, daß er Aktionär wird und bleibt, erklärt er sich damit einverstanden, daß sämtliche Bestimmungen der Satzung für ihn gelten, auch wenn einzelne von ihnen nicht seine Zustimmung finden[48].

21 Schwierigkeiten bereitet die Tatsache, daß der Wortlaut des Art. 17 als Maßstab für eine wirksame Willenseinigung nur Formerfordernisse ergibt. Systematisch stehen diese neben den Problemen der materiellen Willenseinigung; tatsächlich aber bilden sie mit ihnen mitunter eine Einheit[49]. Augenfällig wird der enge Zusammenhang besonders in der dritten Alternative des Abs. 1 Satz 2, die auch solchen Vereinbarungen Formgültigkeit beimißt, die „in einer Form, die den internationalen Handelsbräuchen entspricht", geschlossen wurden. In der Begründung dieser bei der Neufassung des EuGVÜ 1978 eingefügten Variante betonen die Verfasser ausdrücklich, es handele sich nur um eine Erleichterung von Formerfordernissen[50]. Entstehungsgeschichte und Zweck der neuen Bestimmung lassen aber erkennen, daß mit ihrer Einfügung die Korrektur einer restriktiven Linie der Rechtsprechung des EuGH zum Tatbestandsmerkmal „Vereinbarung" beabsichtigt war[51]. Dieses Ziel bliebe unerreicht, wenn tatsächlich der gesamte neugefaßte Satz 2 als bloße Formregelung verstanden würde[52]. Sachgerechter erscheint es deshalb, die Berücksichtigung der internationalen Handelsbräuche in gewissem Umfang auch auf die materielle Willenseinigung zu beziehen. Freilich ist hier besondere Behutsamkeit am Platz, solange eine Mißbrauchskontrolle von Zuständigkeitsvereinbarungen (siehe unten Rz. 68 ff.) nicht gesichert ist[53].

22 Soweit die einheitliche Sachregelung des Übereinkommens in den Punkten, die sich aus dem Zusammenspiel von Formerfordernissen und Einigungsvoraussetzungen ergeben, reicht, läßt sie keinen Platz für die Anwendung des vom IPR berufenen nationalen Rechts[54]. Alle übrigen, in Art. 17 nicht erwähnten Voraussetzungen für das wirksame Zustandekommen einer Zuständigkeitsvereinbarung, wie z. B. Geschäftsfähigkeit, Fehlen von Willensmängeln, wirksame Stellvertretung etc., beurteilen sich nach demjenigen nationalen Recht, das vom IPR des Forums für anwendbar erklärt wird[55]. Die Frage, für und gegen welche Per-

---

48 *EuGH* 10. 3. 1992 – 214/89, Powell Duffryn/Petereit, unter Nr. 19.

49 Vgl. *G. H. Roth,* ZZP 1980, 162.

50 Bericht *Schlosser* Nr. 179.

51 Vgl. Bericht *Schlosser* Nr. 179. Näher unten Rz. 40.

52 *G. H. Roth,* ZZP 1980, 162.

53 *Kohler,* Dir. com. int. 1990, 618 ff.

54 *Samtleben,* NJW 1974, 1592; *Grunsky,* RIW 1977, 6; *Müller,* RIW 1977, 163; *Sandrock/Jung/Sandrock* E Rz. 123; *Bülow/Böckstiegel/Müller* Art. 17 Anm. III 1. Hiervon ausgehend auch *EuGH* 14. 12. 1976 – 24/76, Colzani/Rüwa. Skeptisch gegenüber den Möglichkeiten des EuGH, das Tatbestandsmerkmal Willenseinigung autonom zu bestimmen, *Oliver,* Cornell L. Rev. 70 (1985) 312 ff.

55 *Gothot/Holleaux,* Clunet 1971, 764; *Droz* Nr. 214; *Grunsky,* RIW 1977, 6; *Müller,* RIW 1977, 164; *Sandrock/Jung/Sandrock* E Rz. 124; *Bülow/Böckstiegel/Müller* Art. 17 Anm. III 1; *Collins* 88; *O'Malley/Layton* 569.

sonen eine Gerichtsstandsvereinbarung wirkt, ist grundsätzlich vertragsautonom, also nach dem EuGVÜ, zu beantworten[56].

2. Trust-Bedingungen (Abs. 2)

Einer Vereinbarung nach Art. 17 I stehen gemäß Abs. 2 der Neufassung von 1978 schriftliche trust-Bedingungen gleich, welche die gerichtliche Zuständigkeit für Klagen gegen den Begründer, den trustee oder den Begünstigten des trust regeln, wenn es sich um Beziehungen zwischen diesen Personen oder ihre Rechte oder Pflichten im Rahmen des trust handelt. Die Vorschrift bezieht sich also – wie Art. 5 Nr. 6 – auf Streitigkeiten aus dem Innenverhältnis des trust (siehe Art. 5 Rz. 66). Die Sonderregelung ist notwendig, weil ein trust nach englischem Recht nicht durch Vertrag begründet zu werden braucht, sondern auch durch einseitiges Rechtsgeschäft entstehen kann[57]. Für diesen Fall wird die nach Abs. 1 notwendige materielle Willenseinigung zwischen den Parteien für entbehrlich erklärt. Zum anderen regelt die Vorschrift ausdrücklich die Wirkung einer Gerichtsstandsklausel für und gegen Dritte ohne Einhaltung der nach Abs. 1 erforderlichen Form (dazu unten Rz. 48). 23

IV. Form

1. Entstehung und Bedeutung der Formvorschrift des Abs. 1 Satz 2

In Abs. 1 Satz 2 ist als Formerfordernis zunächst eine schriftliche Vereinbarung oder die schriftliche Bestätigung einer mündlichen Abrede genannt. Diese Formulierung geht auf Art. 2 I Nr. 2 des deutsch-belgischen Abkommens vom 30. 6. 1958[58] zurück, der sich seinerseits auf Art. 2 II des nicht in Kraft getretenen Haager Übereinkommens über die Zuständigkeit des vertraglich vereinbarten Gerichts beim Kauf beweglicher Sachen vom 15. 4. 1958 stützte[59]. Im Zuge der späteren Änderungen des EuGVÜ wurde durch die Verweisung auf die im internationalen Handel üblichen Gebräuche eine Formerleichterung geschaffen. Von erheblicher praktischer Bedeutung ist auch, daß Erfüllungsortvereinbarungen nach der Rechtsprechung des EuGH den Formerfordernissen des Art. 17 nicht unterliegen (siehe Art. 5 Rz. 17). 24

Ausdrücklich offengelassen wurde bei den Beratungen zum Übereinkommen die Frage der rechtlichen *Bedeutung* der Schriftform, die in einigen Ländern ledig- 25

---

56 Siehe unten Rz. 44 ff. Zur Abgrenzung von der Stellvertretung und Rechtsscheinshaftung siehe *Rauscher*, IPRax 1992, 145 f. zu *OLG Saarbrücken* 2. 10. 1991, NJW 1992, 987 = IPRax 1992, 165 = RIW 1992, 670.

57 Vgl. Bericht *Schlosser* Nr. 178.

58 BGBl. 1959 II 766.

59 Bericht *Jenard* zu Art. 17.

lich zu Beweiszwecken erforderlich, in anderen hingegen Wirksamkeitsvoraussetzung ist[60]. Aus nationaler deutscher Sicht käme eine entsprechende Anwendung von § 125 Satz 1 BGB mit der dort ausgesprochenen Nichtigkeitsfolge in Betracht[61]. Um ein unterschiedliches rechtliches Schicksal einer Zuständigkeitsvereinbarung in den Vertragsstaaten zu verhindern, ist jedoch in dieser Frage statt eines Rekurses auf die nationalen Rechte die Gewinnung einer einheitlichen vertragsautonomen Auslegung aus Wortlaut und Zweck des Art. 17 EuGVÜ geboten. Zuständigkeitsbegründend kann danach nur eine Vereinbarung wirken, die in allen Punkten der Vorschrift entspricht. Die Beachtung der richtigen Form ist also Wirksamkeitsvoraussetzung[62].

2. Schriftliche Vereinbarung

a) Allgemeine Anforderungen

26 Eine schriftliche Vereinbarung im Sinne von Art. 17 I liegt vor, wenn jede Vertragspartei ihre Willenserklärung schriftlich abgegeben hat. Die Vorschrift erfordert keine beiderseits unterzeichnete Urkunde etwa im Sinne des § 126 II BGB[63]; vielmehr genügen getrennte Schriftstücke[64], sofern die Übereinstimmung hinsichtlich des gewählten Gerichtsstandes ausreichend deutlich wird. Dem Formerfordernis entspricht daher auch ein Briefwechsel, ebenso ein rationalisierter Schriftwechsel per Telegramm oder Fernschreiben[65]. Es ist entbehrlich, daß die Zuständigkeitsvereinbarung in beiden Erklärungen explizit zum Ausdruck kommt. Wenn im schriftlichen Angebot eine entsprechende Klausel unmißverständlich enthalten ist, genügt eine pauschale Annahme[66]. Eine Ausnahme gilt lediglich für Parteien mit Wohnsitz oder Sitz in Luxemburg (siehe unten Rz. 50).

---

60 Bericht *Jenard* zu Art. 17.

61 Vgl. *Stein/Jonas/Leipold* § 38 Rz. 28 a. E.

62 *EuGH* 14. 12. 1976 – 24/76, Colzani/Rüwa, und 25/76, Segoura/Bonakdarian (jeweils obiter im ersten Leitsatz). Ebenso *Bülow*, RabelsZ 1965, 463; *Goldman*, Rev. trim. dr. europ. 1971, 23 f.; *Droz* Nr. 199; *Weser* Nr. 265.6; *Jung* 151; *Sandrock/Jung/Sandrock* E Rz. 126 N. 165; *Bülow/Böckstiegel/Müller* Art. 17 Anm. III 2.

63 Anders wohl *OLG München* 11. 2. 1981, NJW 1982, 1951 = RIW 1981, 848 = IPRspr. 1981 Nr. 155.

64 Stellungnahme der Bundesregierung zu *EuGH* 14. 12. 1976 – 24/76, Colzani/Rüwa; *OLG Karlsruhe* 3. 3. 1977, IPRspr. 1977 Nr. 122; *Goldman*, Rev. trim. dr. europ. 1971, 23; *Vollkommer*, Rpfleger 1974, 134; *Samtleben*, NJW 1974, 1592; *Baumgärtel*, FS Kegel 301; *Jung* 152; *Sandrock/Jung/Sandrock* E Rz. 127; *Bülow/Böckstiegel/Müller* Art. 17 Anm. III 2a; *Stein/Jonas/Leipold* § 38 Rz. 28.

65 Siehe die in der vorigen Note genannten Autoren.

66 *Samtleben*, NJW 1974, 1592; *Grunsky*, RIW 1977, 6; *Jung* 152; *Bülow/Böckstiegel/Müller* Art. 17 Anm. III 2a. – Abzulehnen *Stauder*, GRUR Int. 1976, 473; seine Ansicht, eine ausdrückliche Annahmeerklärung sei notwendig, verbietet sich aus einem Umkehrschluß zu dem Luxemburg-Vorbehalt in Art. I Abs. 2 des Protokolls (siehe unten Rz. 50).

b) Allgemeine Geschäftsbedingungen

Da Art. 17 den Anforderungen des kaufmännischen Verkehrs Rechnung tragen will und insbesondere keine ausdrückliche Vereinbarung voraussetzt, kann dem Schrifterfordernis grundsätzlich auch durch eine Bezugnahme auf Allgemeine Geschäftsbedingungen Genüge getan werden. So hat der EuGH in seinem ersten Urteil zu Art. 17 entschieden[67] und damit in der deutschen Rechtsprechung und Literatur Zustimmung gefunden[68]. **27**

Der vorgeschriebenen Form entspricht nicht eine bloße Übergabe oder Beifügung von Allgemeinen Geschäftsbedingungen[69] und schon gar nicht ein Abdruck auf der Rückseite von Rechnungen[70]. Ebensowenig genügt es dem Schriftlichkeitsgebot, wenn eine Gerichtsstandsklausel sich als Teil von Allgemeinen Geschäftsbedingungen auf der Rückseite des Geschäftspapiers findet, auf dem der Vertrag niedergelegt wurde. In solchen Fällen ist nämlich nicht gewährleistet, daß die andere Partei der Klausel, die von den allgemeinen Regeln über die gerichtliche Zuständigkeit abweicht, tatsächlich zugestimmt hat. Erforderlich ist vielmehr, daß der von beiden Parteien unterzeichnete Vertragstext selbst ausdrücklich auf die Allgemeinen Geschäftsbedingungen mit der Gerichtsstandsklausel Bezug nimmt[71]. Ein solcher ausdrücklicher Verweis kann allenfalls entbehrlich sein, wenn die in Rede stehenden Geschäftsbedingungen einem üblicherweise in einer Branche benützten, von einer anerkannten Organisation oder Stelle aufgestellten Klauselwerk entsprechen, das den Parteien bekannt sein müßte[72]. Nicht eindeutig ist, ob die globale Bezugnahme auf Allgemeine Geschäftsbedingungen auch dann ausreicht, wenn sie in einer anderen Sprache abgefaßt sind als der Vertragstext und der Annehmende diese Sprache nicht beherrscht[73]. **28**

---

67 *EuGH* 14. 12. 1976 – 24/76, Colzani/Rüwa.

68 Siehe nur *OLG Karlsruhe* 3. 3. 1977, IPRspr. 1977 Nr. 122; *OLG Hamm* 3. 10. 1979, RIW 1980, 662 = IPRspr. 1979 Nr. 168; *Grunsky,* RIW 1977, 6; *Baumgärtel,* FS Kegel 301; *Jung* 153; *Sandrock/Jung/Sandrock* E Rz. 128; *Bülow/Böckstiegel/Müller* Art. 17 Anm. III 2a; *Stein/Jonas/Leipold* § 38 Rz. 18, 28. – A. A. *Vollkommer,* Rpfleger 1974, 134.

69 *OLG Hamm* 20. 1. 1977, IPRspr. 1977 Nr. 118.

70 *Milano* 26. 9. 1978, Riv. dir. int. priv. proc. 1978, 843 = Foro pad. 1978, I, 393 Anm. *Pesce.*

71 *EuGH* 14. 12. 1976 – 24/76, Colzani/Rüwa. Vorlagebeschluß *BGH* 18. 2. 1976, WM 1976, 401 = RIW 1976, 295 = IPRspr. 1976 Nr. 132; Abschlußentscheidung *BGH* 4. 5. 1977, WM 1977, 795 = RIW 1977, 649 = IPRspr. 1977 Nr. 125. Ebenso *Cass.* (Italien) 14. 6. 1980, n. 3799, Mass. Foro it. 1980, 754 = Riv. dir. int. priv. proc. 1981, 920; 18. 9. 1982, n. 4911, Foro it. 1983, I, 1012 = Riv. dir. int. priv. proc. 1983, 859; 10. 1. 1984, n. 174, Riv. dir. int. priv. proc. 1985, 351; 16. 1. 1985, n. 96, Riv. dir. int. priv. proc. 1985, 170; 18. 12. 1985, n. 6447, Riv. dir. int. priv. proc. 1987, 347; 11. 12. 1987, n. 9210, Riv. dir. int. priv. proc. 1989, 161; 25. 3. 1988, n. 2568, Riv. dir. int. priv. proc. 1989, 146; 15. 9. 1989, n. 3928, Riv. dir. int. priv. proc. 1991, 479; *Trib. gr. inst. Dunkerque* 19. 2. 1986, Clunet 1986, 713 Anm. *Kahn*; *Comm. Bruxelles* 13. 4. 1989, Rev. dr. com. belge 1991, 430 Anm. *Ekelmans.*

72 *OLG Koblenz* 4. 7. 1980, Nachschlagewerk I-17.1.2-B 21: „Einheitsbedingungen"; *Cass.* 18. 11. 1982, n. 6189, Riv. dir. int. priv. proc. 1984, 130.

73 Bejahend *BGH* 31. 10. 1989, IPRax 1991, 326, 299 krit. Anm. *Kohler* = IPRspr. 1989 Nr. 197.

29 Grundsätzlich ist das Erfordernis der Schriftlichkeit auch dann gewahrt, wenn die Parteien im Text ihres Vertrages auf ein Angebot Bezug genommen haben, das seinerseits ausdrücklich auf die eine Gerichtsstandsklausel enthaltenden Allgemeinen Geschäftsbedingungen hingewiesen hatte. Diese Beurteilung gilt jedoch nur für den Fall eines deutlichen Hinweises, dem eine Partei bei Anwendung der normalen Sorgfalt nachgehen kann, und nur, wenn feststeht, daß mit dem Angebot, auf das Bezug genommen ist, die Allgemeinen Geschäftsbedingungen tatsächlich der anderen Seite zugegangen sind. Dagegen reicht mittelbare oder stillschweigende Verweisung auf einen vorangegangenen Schriftwechsel nicht aus, da in diesem Fall keine Gewißheit darüber besteht, daß sich die Einigung über den Vertragsinhalt tatsächlich auf die Gerichtsstandsklausel erstreckt hat[74].

30 Wegen der weitreichenden Folgen einer Zuständigkeitsvereinbarung, die sowohl die allgemeine Wohnsitzzuständigkeit des Art. 2 als auch die besonderen Zuständigkeiten der Art. 5 und 6 ausschließt, sind die in Art. 17 aufgestellten Wirksamkeitsvoraussetzungen streng auszulegen. Zu vermeiden ist jedoch jeder mit der kaufmännischen Praxis unvereinbare überspitzte Formalismus[75]. Nicht erforderlich ist daher eine ausdrückliche Bezugnahme auf die Gerichtsstandsklausel als solche[76].

Als von der Unterzeichnung des Vertrages miterfaßt gilt auch eine zwar unter der Unterschrift stehende, aber deutlich erkennbare Klausel auf der Vorderseite der Urkunde[77]. Ebenso wie eine Bezugnahme auf rückseitigen Text entspricht eine deutliche Bezugnahme auf beigefügte AGB dem Formerfordernis. Im Regelfall ist die Form auch dann gewahrt, wenn eine Bezugnahme auf mitübersandte AGB in einer invitatio ad offerendum enthalten ist und das auf diese verweisende schriftliche Angebot wiederum schriftlich angenommen wird[78].

c) Satzung einer Gesellschaft

31 Findet sich die Gerichtsstandsklausel in der Satzung einer Gesellschaft, so sieht der EuGH die Formerfordernisse des Art. 17 unabhängig von der Art und Weise des Erwerbs der Aktien gegenüber jedem Aktionär als erfüllt an, wenn die Satzung der Gesellschaft an einem ihm zugänglichen Ort hinterlegt oder in einem öffentlichen Register enthalten ist[79]. Wenn die Satzung, die nach den Rechtsordnungen aller Vertragsstaaten der Schriftform bedarf und deren bindende Wirkung jeder Aktionär kennt oder kennen muß, allgemein zugänglich ist, unterstellt der EuGH, daß der Aktionär die Gerichtsstandsklausel kennt und ihr

---

74 *EuGH* 14. 12. 1976 – 24/76, Colzani/Rüwa.

75 Bericht *Jenard* zu Art. 17.

76 *Samtleben,* NJW 1974, 1592; *Sandrock/Jung/Sandrock* E Rz. 130; *Stein/Jonas/Leipold* § 38 Rz. 28. – A. A. noch *LG Heidelberg* 29. 4. 1976, RIW 1976, 533 = IPRspr. 1976 Nr. 138.

77 *LG Hamburg* 18. 8. 1976, RIW 1977, 424 Anm. *Magnus* = IPRspr. 1976 Nr. 141.

78 *Stein/Jonas/Leipold* § 38 Rz. 28.

79 *EuGH* 10. 3. 1992 – 214/89, Powell Duffryn/Petereit.

zustimmt. Insgesamt vermeidet der EuGH in der Fallgruppe der Satzungen eine genaue Subsumtion unter die einzelnen Voraussetzungen des Art. 17 (siehe zum Erfordernis der „Vereinbarung" oben Rz. 20) und läßt sich, um ein praktikables Ergebnis zu erzielen, vom Sinn des Formerfordernisses leiten, die Parteien vor überraschenden Gerichtsstandsklauseln zu schützen.

3. Schriftliche Bestätigung einer mündlichen Vereinbarung

a) Mündliche Vereinbarung

Zur Erleichterung des internationalen Handelsverkehrs läßt Art. 17 I auch solche Zuständigkeitsvereinbarungen zu, die in schriftlicher Form nur von einer Seite vorliegen. Diese sog. „halbe Schriftlichkeit" setzt allerdings voraus, daß sich die Parteien bei einem vorangegangenen mündlichen Vertragsschluß für beide Seiten erkennbar gerade auch über die Zuständigkeitsregelung geeinigt haben. Eine ausdrückliche Vereinbarung ist dabei nicht erforderlich, sie kann auch stillschweigend erfolgen; in jedem Fall muß aber die Willensübereinstimmung klar und deutlich zum Ausdruck gekommen sein (siehe oben Rz. 20). Diesem Erfordernis genügt es, wenn sich die Parteien mündlich über die Anwendung der eine Gerichtsstandsklausel enthaltenden AGB eines Vertragspartners geeinigt haben und diese der anderen Seite beim Vertragsabschluß vorlagen, so daß sie bei normaler Sorgfalt davon Kenntnis nehmen konnte[80]. Die Einigung gilt auch dann als erzielt, wenn ein Vertrag im Rahmen laufender Geschäftsbeziehungen zwischen den Parteien mündlich geschlossen wird und feststeht, daß diese Beziehungen in ihrer Gesamtheit bestimmten Allgemeinen Geschäftsbedingungen unterliegen, die eine Gerichtsstandsklausel enthalten[81]. 32

Nicht ausreichend ist hingegen, daß eine Partei während der Vertragsverhandlungen zwar darauf hingewiesen hatte, sie wolle zu ihren Geschäftsbedingungen abschließen, aber erst ihrer schriftlichen Bestätigung des Vertragsschlusses diese 33

---

80 *Müller,* RIW 1977, 165; *Sandrock/Jung/Sandrock* E Rz. 138; *Stein/Jonas/Leipold* § 38 Rz. 28.

81 *EuGH* 14. 12. 1976 – 25/76, Segoura/Bonakdarian. Vorlagebeschluß *BGH* 18. 2. 1976, WM 1976, 400 = RIW 1976, 296 = IPRspr. 1976 Nr. 131; Abschlußentscheidung *BGH* 16. 5. 1977, WM 1977, 826 = RIW 1977, 432 = IPRspr. 1977 Nr. 127. Vgl. ferner *OLG Düsseldorf* 8. 2. 1979, TranspR 1981, 26 = IPRspr. 1979 Nr. 156A; *OLG Stuttgart* 24. 7. 1979, RIW 1980, 365 = IPRspr. 1979 Nr. 165; *OLG Celle* 2. 3. 1984, RIW 1985, 571 = IPRax 1985, 284, 262 Anm. *Duintjer Tebbens* = IPRspr. 1984 Nr. 134; *Cass.* (Frankreich) 3. 12. 1985, Bericht *Audit,* D. S. 1986, I.R. 267 f. – Der EuGH argumentiert, wenn bei dieser Sachlage eine schriftliche Bestätigung erfolge und der Empfänger dann das Bestehen einer Zuständigkeitsvereinbarung leugne, verstoße er gegen Treu und Glauben, selbst wenn es an einer schriftlichen Annahme seinerseits fehle. Indes kann bei dieser Fallkonstellation am Vorliegen einer mündlichen Einigung nicht gezweifelt werden, so daß eine einseitige schriftliche Bestätigung grundsätzlich genügt; vgl. *Müller,* RIW 1977, 165; einer Begründung über Treu und Glauben bedarf es dann in der Regel nicht; vgl. *Grüter,* DB 1978, 382; *Jung* 166. – Die Formel „Gesamtheit der Geschäftsbeziehungen" wird inzwischen teilweise recht kleinlich ausgelegt; siehe z. B. *OLG Zweibrücken* 4. 11. 1983, IPRspr. 1983 Nr. 142.

Geschäftsbedingungen mit der darin enthaltenen Gerichtsstandsklausel beigefügt hat. Es kann nicht unterstellt werden, daß der Käufer, der sich mündlich damit einverstanden erklärt hat, zu den AGB des Verkäufers abzuschließen, auch einer möglicherweise in diesen AGB enthaltenen Gerichtsstandsklausel zugestimmt hat[82]. Dem Formerfordernis der „halben Schriftlichkeit" ist auch dann nicht genügt, wenn eine Partei im Rahmen laufender Geschäftsbeziehungen regelmäßig Bestätigungsschreiben oder Rechnungen mit einer bloß rückseitig abgedruckten Gerichtsstandsklausel verwendet, ohne jemals ausdrücklich auf sie bzw. die sie enthaltenden AGB hingewiesen zu haben; auch hier ist nicht gewährleistet, daß zu irgendeinem Zeitpunkt eine Einigung der Parteien über die Geltung der Klausel zustande gekommen ist[83]. Die im deutschen Recht anerkannte Möglichkeit des Zustandekommens einer Vereinbarung durch Schweigen auf ein kaufmännisches Bestätigungsschreiben kommt hier also nicht in Betracht (näher sogleich Rz. 35).

b) Schriftliche Bestätigung

34 Ist eine mündliche Einigung erfolgt, so bedarf es noch der schriftlichen Bestätigung einer Seite. Eine solche führt aber nur dann zur Formgültigkeit, wenn sie vollinhaltlich mit der vorher erzielten Einigung übereinstimmt. Wird eine Gerichtsstandsklausel erstmalig im Bestätigungsschreiben in das Vertragsverhältnis der Parteien eingeführt, ist eine erneute schriftliche Bestätigung der anderen Seite notwendig. Die erneute Bestätigung muß das ausdrückliche Einverständnis mit der Zuständigkeitsvereinbarung erkennen lassen; eine Annahme durch konkludentes Verhalten, etwa die briefliche Aufforderung zur Vertragserfüllung, wird ebensowenig berücksichtigt wie das bloße Unterlassen eines Widerspruchs[84]. Dasselbe gilt grundsätzlich, wenn eine schriftliche Gerichtsstandsvereinbarung zwar wegen Fristablaufs unwirksam geworden ist, aber weiter als rechtliche Grundlage für die fortgesetzten vertraglichen Beziehungen zwischen den Parteien gedient hat, obwohl sie nach der Vereinbarung der Parteien nur schriftlich hätte verlängert werden können. In diesem Sonderfall hält der EuGH folgende Differenzierung für geboten[85]: Ohne weitere Bestätigung ist dem Formerfordernis nur dann genügt, wenn nach dem anwendbaren nationalen Recht die mündliche Verlängerung der schriftlichen Vereinbarung trotz der dafür vorgesehenen Schriftform wirksam ist. Ist dagegen die Verlängerung nach dem anwendbaren nationalen Recht ohne Einhaltung der Schriftform unwirksam, so ist eine entsprechende schriftliche Bestätigung erforderlich; sie kann von jeder der Parteien ausgehen (dazu unten Rz. 38), muß aber unwidersprochen geblieben sein (dazu unten Rz. 39).

---

82 *EuGH* (vorige Note); *Cass.* 3. 12. 1985, Gaz. Pal. 1986, Jur. 385 Anm. *Piedelievre*.

83 *OLG Hamburg* 19. 9. 1984, RIW 1984, 916 = IPRax 1985, 281, 261 Anm. *Samtleben* = IPRspr. 1984 Nr. 144; *LG Heidelberg* 30. 11. 1982, IPRspr. 1982 Nr. 162a.

84 *OLG Frankfurt* 27. 4. 1976, NJW 1977, 506 = RIW 1976, 532 = IPRspr. 1976 Nr. 137.

85 *EuGH* 11. 11. 1986–313/85, Iveco Fiat/Van Hool.

Nach der Rechtsprechung des EuGH zur ursprünglichen Fassung des Übereinkommens besteht im Rahmen der zweiten Alternative des Art. 17 kein Unterschied zwischen „privaten“ und „kaufmännischen“ Bestätigungsschreiben[86]. Das bedeutet, daß durch Schweigen auf ein kaufmännisches Bestätigungsschreiben in Form der halben Schriftlichkeit keine Zuständigkeitsvereinbarung getroffen werden kann[87]. Im gleichen Sinn urteilt die herrschende Auffassung im Schrifttum[88] und in der deutschen Rechtsprechung[89]. Auch die Gerichte der anderen Vertragsstaaten liegen überwiegend auf dieser Linie[90]. 35

An den *Inhalt* der Bestätigung sind die gleichen Anforderungen zu stellen wie an einen beiderseits schriftlichen Vertrag[91]. Mithin genügt – immer vorausgesetzt, daß die Zuständigkeitsvereinbarung tatsächlich Gegenstand einer Willenseinigung zwischen den Parteien war – im Text des Bestätigungsschreibens eine Verweisung auf AGB, die eine entsprechende Klausel enthalten; eine ausdrückliche Bezugnahme auf die Klausel selbst ist entbehrlich[92]. Die Bestätigung kann auch per Telegramm oder Fernschreiben übermittelt werden[93]. 36

c) Bestätigende Partei

Lange umstritten war die Frage, von welcher Seite die Bestätigung ausgehen muß. Teilweise wurde ein Schriftstück derjenigen Partei verlangt, der die Zuständigkeitsvereinbarung entgegengehalten werden soll[94]. Nicht genügen sollte 37

---

86 Der *BGH* hatte in der zweiten Frage seines Vorlagebeschlusses vom 18. 2. 1976 (oben N. 81) darauf ausdrücklich abgestellt.

87 Wohl aber in der neuen Form der internationalen Handelsbräuche; siehe unten Rz. 42.

88 *Grunsky,* RIW 1977, 6; *Baumgärtel,* FS Kegel 302; *Grüter,* DB 1978, 382; *Jung* 160; *Sandrock/Jung/Sandrock* E Rz. 141; *Bülow/Böckstiegel/Müller* Art. 17 Anm. III 2b; *Stein/Jonas/Leipold* § 38 Rz. 28. – A. A. *Samtleben,* NJW 1974, 1592. Differenzierend *Ebenroth,* ZVglRWiss. 1978, 181 f.: wenn die Zuständigkeitsvereinbarung nicht erstmalig durch der schriftlichen Bestätigung beigefügte AGB eingeführt wurde, sondern eine Individualabrede zugrunde lag, soll das Schweigen auf ein kaufmännisches Bestätigungsschreiben eine Vermutung für das Vorliegen einer entsprechenden mündlichen Einigung begründen.

89 *OLG Hamburg* 26. 9. 1974, RIW 1975, 499 = IPRspr. 1974 Nr. 176b; *OLG Frankfurt* 9. 12. 1975, RIW 1976, 107 = IPRspr. 1975 Nr. 173 S. 430; *OLG Köln* 16. 3. 1988, NJW 1988, 2182 = RIW 1988, 555 = IPRspr. 1988 Nr. 157.

90 Siehe etwa für *Belgien Hof Antwerpen* 30. 11. 1977, R. W. 1979–80, 1045 Anm. *Laenens*; für *Frankreich Cass.* 21. 1. 1981, J. C. P. 1981, IV, 115; für *Italien Cass.* 13. 1. 1978, n. 152, Foro it. 1978, I, 2240 Anm. *Pierucci/Lener* = Riv. dir. int. priv. proc. 1979, 680; 5. 2. 1980, n. 785, Riv. dir. int. priv. proc. 1980, 279; für die *Niederlande Rb. Amsterdam* 19. 1. 1977, N. J. 1977 Nr. 576 = Bericht *H. Verheul,* Neth. Int. L. Rev. 1978, 85.

91 *Sandrock/Jung/Sandrock* E Rz. 144; *Bülow/Böckstiegel/Müller* Art. 17 Anm. III 2b.

92 *LG Hamburg* 10. 6. 1974, IPRspr. 1974 Nr. 154; *LG Bayreuth* 20. 2. 1976, IPRspr. 1976 Nr. 133. Siehe auch oben Rz. 27 ff.

93 *Droz* Nr. 197. Siehe auch oben Rz. 26.

94 *Vollkommer,* Rpfleger 1974, 134 f.; *Baumgärtel,* FS Kegel 301 f.; *Wirth,* NJW 1978, 463. Ebenso *OLG München* 11. 2. 1981, NJW 1982, 1951 = RIW 1981, 848 = IPRspr. 1981 Nr. 155; *OLG Celle* 2. 3. 1984, RIW 1985, 571 = IPRax 1985, 284, 262 krit. Anm. *Duintjer Tebbens* = IPRspr. 1984 Nr. 134; ferner *Paris* 22. 1. 1979, Gaz. Pal. 1980, Somm. 92 = Nachschlagewerk I-5.1.2-B 21.

danach eine Bestätigung durch die Partei, die sich auf den Abschluß der Vereinbarung beruft. Eine solche Auslegung verhindert eine einseitige Umgehung des Formerfordernisses. Sie ist aber mit Wortlaut und Zweck von Art. 17 I schwer vereinbar. Angesichts der einfachen Formulierung „mündlich mit schriftlicher Bestätigung" liegt es nahe, davon auszugehen, daß es nicht darauf ankommt, ob die eine oder die andere Partei den mündlichen Vertragsschluß bestätigt[95]. Dies gilt um so mehr, als nicht immer im voraus feststeht, welche Partei sich auf die Abrede berufen wird. Das Schriftformerfordernis zielt nur darauf ab, unbemerkte Klauseln zu verhindern. Diese Gefahr besteht hier aber nicht, da die schriftliche Bestätigung eine mündliche Einigung voraussetzt, die derjenige, der sich auf die Zuständigkeitsvereinbarung beruft, in vollem Umfang beweisen muß[96]. Nichts anderes bedeutet auch der teilweise mißverstandene[97] Satz aus dem Sachverständigenbericht zum EuGVÜ, „der Richter [könne] aus einem Schriftstück, das von der sich darauf berufenden Partei stammt, allein nicht unbedingt schließen, daß eine mündliche Vereinbarung zustande gekommen ist"[98].

Der EuGH hat jetzt ausdrücklich „eine von einer, gleich welcher der Parteien stammende schriftliche Bestätigung" grundsätzlich für ausreichend erachtet[99]; dem Formerfordernis sei jedenfalls dann genügt, „wenn feststeht, daß die Bestimmung des Gerichtsstandes Gegenstand einer ausdrücklich auf sie bezogenen mündlichen Vereinbarung war, daß ... die schriftliche Bestätigung dieser Vereinbarung der anderen [Partei] zugegangen ist und daß diese keine Einwendungen erhoben hat". Die Partei, die keine Einwendungen erhoben hat, verstoße nämlich gegen Treu und Glauben, wenn sie der Anwendung der mündlichen Vereinbarung widerspreche. Dasselbe gilt, wenn eine schriftliche Gerichtsstandsvereinbarung wegen Fristablaufs unwirksam geworden ist, aber weiter als rechtliche Grundlage für die vertraglichen Beziehungen zwischen den Parteien gedient hat[100].

---

95 So die herrschende Meinung im Schrifttum: *Droz* Nr. 197; *Löwe,* NJW 1974, 475; *Müller,* RIW 1977, 165; *Grüter,* DB 1978, 382; *Jung* 161; *Sandrock/ Jung/Sandrock* E Rz. 143; *Bülow/Böckstiegel/Müller* Art. 17 Anm. III 2b; *Stein/Jonas/Leipold* § 38 Rz. 28; *Geimer/Schütze* §§ 75 III 3, 96 XXVI 5; *Gothot/Holleaux* Nr. 173. Etwas anderes gilt bei Beteiligung einer in Luxemburg beheimateten Partei; siehe unten Rz. 51.

96 *OLG Frankfurt* 9. 12. 1975, RIW 1976, 107 = IPRspr. 1975 Nr. 173 S. 430; *Grüter,* DB 1978, 382; *Bülow/Böckstiegel/Müller* Art. 17 Anm. III 2b. – A. A. *Samtleben,* NJW 1974, 1595; *Ebenroth,* ZVglRWiss. 1978, 382: im Handelsverkehr Beweislastumkehr, wenn Bestätigung unwidersprochen geblieben ist.

97 Vgl. *Vollkommer,* Rpfleger 1974, 135; *Baumgärtel,* FS Kegel 301 f.

98 Bericht *Jenard* zu Art. 17.

99 *EuGH* 11. 7. 1985 – 221/84 Berghoefer/ASA. Vorlage *BGH* 28. 6. 1984, IPRax 1985, 280, 261 Anm. *Samtleben* = IPRspr. 1984 Nr. 140; Abschlußentscheidung *BGH* 5. 12. 1985, NJW 1986, 2196 = IPRspr. 1985 Nr. 148. Ebenso schon stillschweigend *EuGH* 19. 6. 1984 – 71/83, Russ/Nova.

100 *EuGH* 11. 11. 1986 – 313/85, Iveco Fiat/Van Hool.

d) Widerspruch

Vom EuGH noch nicht entschieden[101] und im Schrifttum umstritten ist die Frage, ob die Erhebung eines Widerspruchs die Wirkung des Bestätigungsschreibens generell aufhebt. In Art. 3 I Nr. 2 des deutsch-belgischen Abkommens vom 30. 6. 1958[102], der dem Art. 17 EuGVÜ zum Vorbild diente, war ausdrücklich vorausgesetzt, daß die Bestätigung unwidersprochen bleibt. Es erscheint allerdings gewagt, Art. 17 im selben Sinne zu interpretieren[103]. Vielmehr deutet gerade das Fehlen dieses Zusatzes in Art. 17 darauf hin, daß einem Widerspruch nicht durchweg entscheidende Bedeutung zugemessen werden sollte. Ein erhobener Widerspruch hat also im Regelfall nur Indizwirkung für die Frage, ob tatsächlich eine mündliche Einigung zustande gekommen ist[104]. **38**

4. Zwischen den Parteien entstandene Gepflogenheiten

Die (für Deutschland noch nicht in Kraft getretenen) Übereinkommen von San Sebastian (EuGVÜ 1989) und von Lugano lassen in Art. 17 I 2 lit. b ausdrücklich eine Form zu, welche den Gepflogenheiten entspricht, die zwischen den Parteien entstanden sind (siehe Textanhang VI und VII). Damit wird eine Präzisierung im Übereinkommenstext angestrebt, die sich in ähnlicher Form in Art. 9 I des Wiener Kaufrechtsübereinkommens von 1980 findet und die in der Rechtsprechung des EuGH zur ursprünglichen Fassung des EuGVÜ bereits angeklungen war[105]. **39**

5. Handelsbräuche

Seit der Neufassung von 1978 läßt Art. 17 auch solche Zuständigkeitsvereinbarungen zu, die „im internationalen Handelsverkehr in einer Form geschlossen werden, die den internationalen Handelsbräuchen entspricht, die den Parteien bekannt sind oder die als ihnen bekannt angesehen werden müssen“. Anlaß der Neuregelung war unter anderem eine Nachprüfung, „ob es verantwortet werden konnte, Art. 17 angesichts der Auslegung weiter bestehen zu lassen, die ihm der EuGH zwischenzeitlich gegeben hat“[106]. Gegenstand der Kritik war insbeson- **40**

---

101 Ausdrücklich offengelassen in *EuGH* 11. 7. 1985 (vorige Note).

102 BGBl. 1959 II 766.

103 So aber *Katholnigg,* BB 1974, 396 f.; *Jakobs* 87 f.

104 *Bülow/Böckstiegel/Müller* Art. 17 Anm. III 2b; *Jung* 163 f.; *Sandrock/Jung/Sandrock* E Rz. 146; *Geimer/Schütze* §§ 75 III 3, 96 XXVI 5; *MüKoZPO-Gottwald* Art. 17 Rz. 27. Vgl. auch *OLG Bamberg* 5. 11. 1976, NJW 1977, 505 = IPRspr. 1976 Nr. 144 S. 412 f.: Widerspruch gegen einen Maklerschlußschein nach § 94 HGB mit Gerichtsstandsklausel.

105 Der Bericht *Almeida Cruz/Desantes Real/Jenard* Nr. 26 verweist in diesem Zusammenhang auf *EuGH* 14. 12. 1976 – 25/76, Segoura/Bonakdarian (siehe oben Rz. 32).

106 Bericht *Schlosser* Nr. 174.

dere die Entscheidung des EuGH vom 14. 12. 1976[107], wonach bei Einführung einer Gerichtsstandsklausel durch Allgemeine Geschäftsbedingungen, die zusammen mit einer Auftragsbestätigung übersandt werden, eine erneute schriftliche Bestätigung der anderen Seite erforderlich ist[108]. Um hier gegenzusteuern, einigte man sich – vor allem auf Betreiben des Vereinigten Königreichs – auf die zusätzlich mögliche Form, deren Erfordernisse allerdings umständlich und nicht sonderlich klar ausgedrückt sind. Die Neufassung des EuGVÜ von 1989 (siehe Einl Rz. 8) und das Lugano-Übereinkommen (siehe Einl Rz. 44ff.) haben die Formulierung dieser Formalternative (jeweils in Art. 17 I 2 lit. c) wiederum etwas verändert (siehe Textanhang VI und VII); insbesondere wird – im Anschluß an Art. 9 II des Wiener Kaufrechtsübereinkommens von 1980 – zusätzlich gefordert, daß den Handelsbrauch „Parteien von Verträgen dieser Art in dem betreffenden Geschäftszweig allgemein kennen und regelmäßig beachten". „Internationaler Handel" bedeutet m. E. grenzüberschreitender Handel, zumindest zwischen zwei Staaten, dagegen nicht notwendigerweise weltweiter Handel.

41 Der in der deutschen Fassung verwendete *Begriff der „Handelsbräuche"* darf nicht im technischen Sinne des deutschen Rechts verstanden werden[109]. Der englische Text („which accords with practices in that trade or commerce") und der französische („admise par les usages dans ce domaine") verdeutlichen, daß die faktische Gebräuchlichkeit einer Form ohne bestimmte Anforderungen an Vorkommenshäufigkeit und formelle Kaufmannseigenschaften der Parteien ausreichen soll.

42 Nach dem Willen der Verfasser des im Jahre 1978 geänderten EuGVÜ soll eine wirksame Vereinbarung der Zuständigkeit wohl auch durch *Schweigen auf ein kaufmännisches Bestätigungsschreiben* zustande kommen können[110]. Diese Liberalisierung ist für den kaufmännischen Verkehr von größter Bedeutung. Die Schwierigkeiten bei der Handhabung der Vorschrift im einzelnen sollte man bereits im Lichte der Neufassung von 1989 zu lösen trachten. Danach genügt im internationalen Handel das Bestehen eines Handelsbrauchs, ohne daß genau festgestellt werden müßte, in welchen Staaten dieser gilt. Die nähere Eingrenzung und den Schutz der Parteien vor überraschenden Ergebnissen gewährleistet die

---

107 Rs 25/76, Segoura/Bonakdarian.

108 Vgl. Bericht *Schlosser* Nr. 179: „Das Erfordernis, daß der Vertragspartner des Verwenders Allgemeiner Geschäftsbedingungen deren Einbeziehung schriftlich bestätigen müsse ..., ist dem internationalen Handel nicht zumutbar."

109 Vgl. *Schlosser,* RIW 1984, 913.

110 Vgl. Bericht *Schlosser* Nr. 179: „Der Vertragsschluß muß aus Gründen der Kalkulation auf der Grundlage der momentan gegebenen Marktpreise rasch durch Auftragsbestätigung unter Einbeziehung von Bedingungswerken möglich sein." Ebenso in der deutschen Rechtsprechung z. B. *LG Essen* 12. 12. 1990, RIW 1992, 227, 173 zust. Aufsatz *M. J. Schmidt* = WM 1992, 1208. Ferner *Jung* 170; *Sandrock/Jung/Sandrock* E Rz. 162; *Geimer/Schütze* §§ 75 III 1, 96 XXVI 6; *Collins* 86; *Schütze,* Deutsches Internationales Zivilprozeßrecht (1985) 56. Zweifelnd *Rosenberg/Schwab,* Zivilprozeßrecht[14] (1986) § 20 VI 3; *Kohler,* IPRax 1983, 270.

Komponente, daß der Handelsbrauch den Parteien, also gerade auch derjenigen, der die Zuständigkeitsvereinbarung entgegengehalten werden soll, „bekannt oder als ihnen bekannt anzusehen" gewesen sein muß. Dies wird man beim Schweigen auf ein kaufmännisches Bestätigungsschreiben dann annehmen dürfen, wenn eine Partei damit rechnen mußte, daß ihr Verhalten als Willenserklärung gewertet wird[111], und wenn das Schweigen auf ein kaufmännisches Bestätigungsschreiben außerdem als Einverständnis mit einer in diesem enthaltenen Gerichtsstandsklausel angesehen wird[112].

Eine dem Handelsverkehr dienliche Erleichterung bringt die Neufassung von 1978 auch für *Gerichtsstandsklauseln in Konnossementen*. Sie sind, obwohl einseitig vom Verfrachter ausgestellt, im Verhältnis zum Befrachter in jedem Fall wirksam[113]. Angesichts der Intention der Neufassung, die Anforderungen sowohl an die Form als auch an die materielle Willenseinigung flexibler zu gestalten (siehe oben Rz. 21), sollten darüber hinaus Gerichtsstandsklauseln in Konnossementen auch im Verhältnis zum Empfänger als nach internationalem Handelsbrauch bindend angesehen werden[114]; die komplizierte Prüfung der Rechtsnachfolge nach dem anwendbaren nationalen Recht, die der EuGH nach Maßgabe der ursprünglichen Fassung des Art. 17 I für erforderlich hielt (siehe unten Rz. 46), könnte dann entfallen. **43**

6. Gerichtsstandsklauseln mit Wirkung für Dritte

a) Grundsatz

Im Rechtsverkehr sind auf verschiedenen Gebieten Gerichtsstandsklauseln üblich, die für und gegen Dritte wirken sollen, die an der entsprechenden Willensbildung und Einhaltung der Formvorschriften nicht beteiligt waren. Nach seinem Wortlaut scheint Art. 17 I eine solche Drittwirkung nicht zuzulassen, da die Einhaltung der Formvorschriften gerade zwischen den Parteien des Rechtsstreits gefordert wird. Daran ist grundsätzlich festzuhalten. Beispielsweise wirkt eine Gerichtsstandsklausel, die von einem Hauptunternehmer vereinbart wurde, nicht gegen den Subunternehmer, der eine eigene Rechtspersönlichkeit besitzt, gleichgültig wie die Beziehungen zwischen Hauptunternehmer und Subunter- **44**

---

111 Im autonomen deutschen Recht wird insofern an das Wohnsitzrecht der betreffenden Partei angeknüpft; siehe *Kropholler* in Hdb. IZVR I Kap. III Rz. 483 f.; *OLG Köln* 16. 3. 1988, NJW 1988, 2182 = RIW 1988, 555 = IPRspr. 1988 Nr. 157.

112 Für das deutsche Recht zu bejahen; siehe etwa *BGH* 15. 4. 1970, NJW 1971, 323 Anm. *Geimer* = WM 1970, 885 = AWD 1970, 323. Hinweise auf die Rechtslage in anderen Vertragsstaaten bei *Sandrock/Jung/Sandrock* B Rz. 83 ff., 87, 93, 108, 119, 135 f., 137, 144; *Ebenroth,* ZVglRWiss. 1978, 164–180.

113 Siehe *Trib. Genova* 12. 9. 1988, Riv. dir. int. priv. proc. 1990, 120; ferner unten Rz. 80, 82.

114 Ebenso *Basedow,* IPRax 1985, 137; *MüKoZPO-Gottwald* Art. 17 Rz. 34; *Trib. Genova* 12. 9. 1988, Riv. dir. int. priv. proc. 1990, 120.

nehmer gestaltet sind[115]. Eine allgemeine Ausnahme wird jedoch für den Rechtsnachfolger zu machen sein, dessen Vorgänger seinerseits eine formgültige Abrede mit dem Prozeßgegner getroffen hat[116]. Die bisherige Rechtsprechung des EuGH und die Neufassung von 1978 lassen die im folgenden geschilderten speziellen Ausnahmen zu.

b) Versicherungsverträge

45 Versicherungsverträge können so gestaltet sein, daß der Versicherte oder der Begünstigte nicht mit dem Versicherungsnehmer identisch sein soll. Für eine solche Konstellation erlaubt Art. 12 Nr. 2 die Vereinbarung einer von den Vorschriften des 3. Abschnitts abweichenden Zuständigkeit, „wenn sie dem Versicherungsnehmer, Versicherten oder Begünstigten die Befugnis einräumt, andere als die in diesem Abschnitt angeführten Gerichte anzurufen". Damit sieht das Übereinkommen ausdrücklich die Möglichkeit vor, Gerichtsstandsvereinbarungen nicht nur zugunsten des Versicherungsnehmers, der Vertragspartei ist, sondern auch zugunsten nicht mit dem Versicherungsnehmer identischer Versicherter und Begünstigter zu treffen. Die Praktikabilität dieser Regelung und ihr Zweck, den wirtschaftlich schwächeren Versicherten zu schützen, wären gefährdet, wollte man den begünstigten Dritten mit dem Erfordernis seiner Unterschrift belasten. Dem stehen keine beachtlichen Interessen des Versicherers gegenüber, wenn er unzweideutig seine Zustimmung zu einer allgemeinen, offenen Gerichtsstandsregelung zum Ausdruck gebracht hat. Abs. 1 ist deshalb so auszulegen, „daß sich im Falle eines Versicherungsvertrages zwischen einem Versicherer und einem Versicherungsnehmer, der von letzterem sowohl für sich selbst als auch zugunsten an dem Vertrag nicht beteiligter Dritter geschlossen worden ist und der eine Gerichtsstandsklausel für Prozesse enthält, die von diesen Dritten geführt werden können, diese Dritten selbst dann auf diese Gerichtsstandsklausel berufen können, wenn sie ihr zwar nicht ausdrücklich durch ihre Unterschrift zugestimmt haben, aber das Schriftformerfordernis des Art. 17 im Verhältnis zwischen dem Versicherer und dem Versicherungsnehmer eingehalten worden und die Zustimmung des Versicherers zu der genannten Klausel klar zum Ausdruck gekommen ist"[117].

c) Konnossemente

46 Ein zweiter Fall anzuerkennender Drittwirkung einer zwischen den ursprünglichen Vertragsparteien formgültig zustande gekommenen Zuständigkeitsvereinbarung ist die gegenüber dem Drittinhaber eines Konnossements. Die ratio der

115 *Paris* 19. 3. 1987, E.C.C. 1988, 291.

116 Vgl. *Geimer/Schütze* § 96 XXIII 3; *Geimer*, NJW 1985, 534. Siehe näher oben Rz. 20 sowie das Urteil des *EuGH* zum Konnossementsempfänger sogleich Rz. 46.

117 *EuGH* 14. 7. 1983 – 201/82, Gerling/Amministrazione del tesoro dello Stato. Vorlage *Cass.* 22. 7. 1982, n. 671, Riv. dir. int. priv. proc. 1983, 145.

soeben genannten EuGH-Entscheidung zum Versicherungsvertrag ist hierauf zwar nur bedingt übertragbar: Der Konnossementsempfänger ist zum einen nicht immer der wirtschaftlich Schwächere, zum anderen wirkt sich die Klausel zu seinen Lasten aus. Auch für diesen Fall hat der EuGH aber trotz des engen Wortlauts von Art. 17 I eine Drittwirkung zugelassen, „wenn die Gerichtsstandsklausel zwischen dem Befrachter und dem Verfrachter gültig ist und der Drittinhaber nach dem anwendbaren nationalen Recht mit dem Erwerb des Konnossements in die Rechte und Pflichten des Befrachters eingetreten ist"[118]. In der Tat erscheint es hier – wie bei jeder Rechtsnachfolge – sachgerecht, daß derjenige, der Rechte aus einem Vertrag herleitet, allgemein in die Rechte und Pflichten eintritt, die mit diesem Vertrag verbunden sind, und daß die praktisch wesentliche Gerichtsstandsvereinbarung hiervon nicht ausgenommen wird (vgl. im übrigen oben Rz. 43).

Offen ist bisher, welches das „anwendbare nationale Recht" sein soll: die lex fori oder die lex causae. Für die lex fori spricht die zuständigkeitsrechtliche Funktion der Prüfung, für die lex causae der materiellrechtliche Kontext[119]. Ebenfalls abzuwarten bleibt, ob der EuGH die in der Neufassung des Art. 17 I vorgesehene Form eines Vertragsschlusses nach internationalem Handelsbrauch dahingehend auslegen wird, daß der Empfänger des Konnossements unmittelbar nach Einheitsrecht an eine darin enthaltene Gerichtsstandsklausel gebunden ist (näher zu dieser Möglichkeit oben Rz. 43). **47**

d) Trust-Bedingungen

Der durch die Neufassung von 1978 eingefügte Abs. 2, der einer Vereinbarung nach Abs. 1 schriftliche trust-Bedingungen gleichstellt (siehe oben Rz. 23), regelt ausdrücklich einen dritten Fall der Wirkungserstreckung ohne Einbindung des Betroffenen in die Formvorschriften nach Abs. 1. Wird ein trust durch einseitiges Rechtsgeschäft begründet, so ist weder der trustee noch der Begünstigte am etwaigen Aufstellen einer Gerichtsstandsklausel beteiligt. Dennoch sind sie an die ausschließliche Zuständigkeit des vom trust-Begründer prorogierten Gerichts gebunden. Die verlangte Schriftform muß im Lichte von Art. 5 Nr. 6, der von einem „durch schriftlich vorgenommenes oder schriftlich bestätigtes Rechtsgeschäft" begründeten trust spricht, sowie der zweiten Formalternative des Art. 17 I 2 auch solche trust-Bedingungen erfassen, mit denen eine mündlich zustande gekommene trust-Begründung schriftlich bestätigt wird[120]. **48**

---

118 *EuGH* 19. 6. 1984 – 71/83, Russ/Nova. Nicht beachtet von *Cass.* 26. 5. 1992, Rev. crit. 1992, 703 krit. Anm. *Gaudemet-Tallon*.

119 Für die lex fori *Bonassies,* Dr. mar. fr. 1985, 93; für die lex causae zur Bestimmung jeder Rechtsnachfolge *Geimer/Schütze* § 96 XXIII 3; siehe auch *Geimer,* NJW 1985, 534.

120 Offengelassen von *Hartley* 75.

7. Sonderregelung für Personen mit Wohnsitz in Luxemburg (Art. I Abs. 2 Protokoll)

49 Art. I Abs. 2 des Protokolls zum EuGVÜ bzw. zum Lugano-Übereinkommen bestimmt, daß eine Gerichtsstandsvereinbarung im Sinne des Art. 17 für eine Person, die ihren Wohnsitz in Luxemburg hat, nur dann wirksam ist, wenn diese sie „ausdrücklich und besonders" angenommen hat (siehe Textanhang II und VIII). Die Regelung gilt unabhängig von der Staatsangehörigkeit für alle natürlichen und juristischen Personen, die in Luxemburg wohnen bzw. dort ihren Sitz haben. Die Privilegierung findet ihre Begründung darin, daß besonders viele Verträge, die von Personen mit Wohnsitz oder Sitz in Luxemburg abgeschlossen werden, internationalen Charakter haben, so daß die Bewohner des Großherzogtums weitgehend der luxemburgischen Rechtsprechung entzogen werden könnten[121].

50 Für die verschiedenen Formmöglichkeiten des Art. 17 hat die Sonderregelung im einzelnen folgende *Bedeutung*: Bei der beiderseitigen Schriftform muß die Gerichtsstandsvereinbarung in einer von beiden Seiten unterzeichneten Vertragsurkunde oder in einem Briefwechsel von beiden Seiten nicht nur ausdrücklich erklärt, sondern auch besonders herausgestellt werden. Eine Verweisung auf Allgemeine Geschäftsbedingungen genügt nicht[122]. Die „ausdrückliche und besondere" Annahme ist gemäß der Zielsetzung, eine zusätzliche Schranke neben Art. 17 zu errichten, streng auszulegen. Sie ist nach der Rechtsprechung des EuGH gegeben, wenn die Vereinbarung, zusätzlich zu dem Schrifterfordernis des Art. 17, Gegenstand einer Vertragsbestimmung ist, die ihr speziell und ausschließlich gewidmet ist und die von der Partei mit Wohnsitz in Luxemburg gesondert unterzeichnet ist; die Unterzeichnung des gesamten Vertrages genügt hierfür nicht. Es ist jedoch nicht erforderlich, daß diese Vereinbarung in einem von der Vertragsurkunde getrennten Schriftstück niedergelegt ist[123].

51 Soll die Form durch die schriftliche Bestätigung einer mündlichen Abrede gewahrt werden, so muß das Bestätigungsschreiben von der in Luxemburg wohnenden Partei ausgehen[124]. Nach dem Schutzzweck der Privilegierung bleibt eine Vereinbarung unberührt, durch die lediglich ein außerhalb Luxemburgs bestehender Gerichtsstand ausgeschlossen wird[125].

---

121 Bericht *Jenard* zu Art. I des Protokolls; *Bülow/Böckstiegel/Müller* Art. 17 Anm. V.
122 *Bülow/Böckstiegel/Müller* Art. 17 Anm. V.
123 *EuGH* 6. 5. 1980 – 784/79, Porta-Leasing/Prestige International.
124 *Droz* Nr. 219; *Bülow/Böckstiegel/Müller* Art. 17 Anm. V.
125 *Bülow/Böckstiegel/Müller* Art. 17 Anm. V.

V. Zulässigkeit

1. Bestimmtheitsgrundsatz (Abs. 1 Satz 1)

a) Bestimmtes Rechtsverhältnis

Art. 17 I verlangt, daß sich die Zuständigkeitsvereinbarung auf eine bereits entstandene oder auf eine künftige, aus einem bestimmten Rechtsverhältnis entspringende Rechtsstreitigkeit bezieht. Durch dieses Erfordernis soll die Geltung einer Gerichtsstandsvereinbarung auf die Rechtsstreitigkeiten eingeschränkt werden, die ihren Ursprung in dem Rechtsverhältnis haben, anläßlich dessen die Vereinbarung geschlossen wurde; keine Partei soll dadurch überrascht werden, daß die Zuständigkeit eines bestimmten Gerichts für sämtliche Rechtsstreitigkeiten begründet wird, die sich eventuell aus den Beziehungen mit ihrem Vertragspartner ergeben und die ihren Ursprung in einer anderen Beziehung als derjenigen haben, anläßlich derer die Begründung des Gerichtsstands vorgenommen wurde[126]. Das Erfordernis soll es insbesondere ausschließen, daß ein wirtschaftlich überlegener Vertragspartner der schwächeren Seite mit einer einzigen umfassenden Klausel auch für Streitigkeiten aus noch nicht vorherzusehenden künftigen Vertragsverhältnissen einen Gerichtsstand aufnötigt[127]. Keine Zulässigkeitsprobleme ergeben sich, wenn es über den Vertrag, in dem die Klausel selbst enthalten ist, zum Rechtsstreit kommt. *Konkurrieren* mit Ansprüchen aus dem Vertrag Ansprüche aus unerlaubten Handlungen, die sich tatsächlich mit Vertragsverletzungen decken, oder auf dieselben tatsächlichen Grundlagen gestützte Bereicherungsansprüche, so sind diese von der Prorogation und der Derogation miterfaßt; der enge innere Zusammenhang spricht – mangels gegenteiliger Anhaltspunkte – für einen entsprechenden Parteiwillen[128]. **52**

Soll eine Vereinbarung auch für andere Streitigkeiten wirksam sein, so ist zu beachten, daß das ihnen zugrunde liegende Rechtsverhältnis im Zeitpunkt der Einigung über die Zuständigkeit nach Art und Gegenstand bereits hinreichend bestimmbar sein muß. Zu bestehen braucht es zu dieser Zeit noch nicht[129]; das Aushandeln der speziellen Bedingungen des jeweiligen konkreten Geschäfts und **53**

---

126 *EuGH* 10. 3. 1992 – 214/89, Powell Duffryn/Petereit, unter Nr. 31: Eine in der Satzung einer Gesellschaft enthaltene Gerichtsstandsklausel genügt dem Bestimmtheitsgrundsatz, wenn sie dahin auszulegen ist, daß sie sich auf die Rechtsstreitigkeiten zwischen der Gesellschaft und ihren Aktionären *als solchen* bezieht. Die Möglichkeit einer solchen einschränkenden Auslegung verneint in casu die Abschlußentscheidung *OLG Koblenz* 31. 7. 1992, RIW 1993, 141 = WM 1992, 1736.

127 *Droz* Nr. 200.

128 Ebenso *OLG München* 8. 3. 1989, RIW 1989, 901 = ZZP 1990, 84 Anm. *Hubert Schmidt* = IPRspr. 1989 Nr. 186; *Schütze,* Deutsches Internationales Zivilprozeßrecht (1985) 57 f.; zu eng *Paris* 10. 5. 1989, RIW 1989, 569 krit. Anm. *Sterzing.* Näher zum autonomen deutschen Recht *Kropholler* in Hdb. IZVR I Kap. III Rz. 516. Einen Sonderfall betraf *OLG Hamburg* 12. 2. 1981, RIW 1982, 669 = IPRspr. 1981 Nr. 156, wo Ansprüche wegen vorsätzlicher Falschausstellung eines Konnossements von diesem Grundsatz ausgenommen wurden.

129 *Droz* Nr. 200; *Bülow/Böckstiegel/Müller* Art. 17 Anm. III 3 a.

der Eintritt der vertraglichen Bindung können später erfolgen. Eine ausreichende Individualisierung ist z. B. bei wiederkehrenden Geschäften in einer laufenden Geschäftsbeziehung anzunehmen[130]. Im übrigen entspricht die Regelung der Schranke in § 40 I ZPO. Die dazu entwickelte Judikatur kann in Zweifelsfällen auch für Art. 17 herangezogen werden.

b) Bestimmtes Gericht

54 Eine Zuständigkeitsvereinbarung nach Art. 17 ist nur dann wirksam, wenn das zuständige Gericht sich aus der Klausel als bestimmt ergibt oder wenigstens bei Klageerhebung aus den Umständen zu bestimmen ist. Als nicht genügend wurde eine Abrede betrachtet, nach der die Bestimmung des Gerichtsstandes ohne jede vorherige Konkretisierung der freien Wahl einer Partei überlassen bleibt[131]. Dagegen wird man das Bestimmtheitserfordernis als bei Klageerhebung erfüllt betrachten müssen, wenn es einer oder beiden Vertragsparteien gestattet ist, sich für eine Klageerhebung bei einem von zwei oder mehreren bezeichneten Gerichten zu entscheiden[132]. Genügende Bestimmtheit liegt ferner vor, wenn einer Partei das Recht eingeräumt wird, außer dem vereinbarten „ein anderes Gericht" anzurufen, das nach den Regeln des EuGVÜ zuständig ist[133].

55 Mit Art. 17 vereinbar ist es jedenfalls, wenn von zwei in verschiedenen Staaten wohnenden Vertragsparteien *jede nur vor den Gerichten ihres Heimatstaates* zu verklagen sein soll[134]. Eine solche Vereinbarung, welche die Zuständigkeit von der – im Zeitpunkt des Vertragsschlusses nicht vorhersehbaren – Rolle der Parteien im Prozeß abhängig und damit zunächst nur alternativ bestimmbar macht, widerspricht zwar dem Wortlaut von Art. 17 I, wonach die Vertragspartner *ein* Gericht oder die Gerichte *eines* Vertragsstaates prorogieren können. Aber eine buchstabengetreue Auslegung der Vorschrift würde zu einer formalistischen Einengung der Parteiautonomie führen. Den Parteien steht es nämlich frei, nicht alle Streitigkeiten, die aus ihrem Vertrag entspringen können, einheitlich zu regeln, sondern nach beliebigen Kriterien eine Aufspaltung vorzunehmen; sie könnten daher, um eine inhaltlich gleiche, mit dem Wortlaut von Art. 17 I aber nicht kollidierende Regelung zu erreichen, zwei getrennte Vereinbarungen schließen und darin jeweils für die künftigen Klagen einer Partei *ein* Gericht oder die Gerichte *eines* Vertragsstaates bestimmen. Die vereinfachende Zusammenfas-

---

130 *Bülow/Böckstiegel/Müller* Art. 17 Anm. III 3 a.

131 *LG Braunschweig* 28. 2. 1974, AWD 1974, 346 = IPRspr. 1974 Nr. 147; *Paris* 5. 7. 1989, Bericht *Huet*, Clunet 1990, 151.

132 Zur Zulässigkeit einer mit dieser Gerichtsstandsvereinbarung gekoppelten Rechtswahlklausel („floating" choice of law clause), wonach das angerufene Gericht sein eigenes Sachrecht anwenden soll, vgl. *Kropholler*, IPR § 52 II 3 c.

133 Anders *OLG Köln* 9. 2. 1990, Zeitschrift für Binnenschiffahrt und Wasserstraßen 1991, 878.

134 *EuGH* 9. 11. 1978 – 23/78, Meeth/Glacetal. Vorlage *BGH* 1. 2. 1978, WM 1978, 622 = RIW 1978, 475 = IPRspr. 1978 Nr. 135. Abschlußentscheidung *BGH* 20. 6. 1979, NJW 1979, 2477 = WM 1979, 978 = RIW 1979, 713 = IPRspr. 1979 Nr. 162.

sung zweier einzeln zulässiger Abreden in einer Klausel darf aber offenkundig keinen Einfluß auf die inhaltliche Gültigkeit haben[135]. Anerkennung verdient eine solche Vereinbarung insbesondere dann, wenn sie auf den *Wohnsitz des jeweiligen Beklagten* abstellt und damit in jedem Fall die auch in der allgemeinen Vorschrift des Art. 2 bezeichneten Gerichte für zuständig erklärt[136]. Auf diese Weise wird die Bevorzugung einer Partei vermieden[137]. Der Sinn einer solchen Abmachung liegt darin, daß sie zwischen den Parteien zum Ausschluß anderer, fakultativer Gerichtsstände führt, die nach Art. 5 und 6 gegeben wären.

Keine Übereinstimmung mit der Grundregel des Art. 2 enthält eine Vereinba- **56**
rung, nach der die Gerichte am Wohnsitz oder im Wohnsitzstaat *des jeweiligen Klägers* zuständig sein sollen. Die tragenden Gründe, die für die Anerkennung der Prorogation auf den jeweiligen Beklagtenwohnsitz sprechen, treffen auf eine solche Vereinbarung aber ebenfalls zu: Der Parteiautonomie ist insoweit keine ausdrückliche Schranke gesetzt, und dem Bestimmtheitsgebot des Art. 17 ist Genüge getan[138]. Es ist nämlich gewährleistet, daß das zuständige Gericht jedenfalls bei Klageerhebung objektiv bestimmbar ist.

c) Fehlende Bestimmung des örtlich zuständigen Gerichts

Art. 17 I räumt den Parteien die Möglichkeit ein, nicht ein örtlich bestimmtes **57**
Gericht für zuständig zu erklären, sondern sich auf die Vereinbarung der internationalen Zuständigkeit eines bestimmten Staates zu beschränken. Für den Vertragspartner, der eine solche Klausel vorgeschlagen hat, wird der derogative Effekt der Abrede im Vordergrund gestanden haben. Die Zulässigkeit der Vereinbarung nach Art. 17 ergibt sich bereits aus dessen Wortlaut[139].

Kommt es in dem prorogierten Staat zum Rechtsstreit, so bestimmt sich die örtli- **58**
che Zuständigkeit nach dem *innerstaatlichen Verfahrensrecht*. Dabei kann die Situation eintreten, daß nach dem Recht dieses Vertragsstaates kein Anknüpfungspunkt für eine örtliche Zuständigkeit besteht. In einem solchen Fall läuft die Vereinbarung scheinbar leer. Es wird daher die Ansicht vertreten, die Abrede sei, wenn die Parteien keine nachträgliche Ergänzung des Vertrages vornehmen, im Ergebnis unwirksam[140]. Diese Lösung erscheint jedoch unangebracht, weil

---

135 Stellungnahme der Kommission und Schlußantrag des Generalanwalts *Capotorti* zu *EuGH* 9. 11. 1978 – 23/78, Meeth/Glacetal, Slg. 1978, 2138 bzw. 2145 f.

136 *EuGH* 9. 11. 1978 – 23/78, Meeth/Glacetal, Slg. 1978, 2141.

137 Stellungnahme der Bundesregierung zu *EuGH* 9. 11. 1978 – 23/78, Slg. 1978, 2136.

138 So entschied in Frankreich *Cass.* 19. 2. 1980, Rev. crit. 1981, 134 Anm. *Gaudemet-Tallon* = Bericht *Audit,* D. S. 1981, I. R. 158. In Deutschland *LG Frankfurt* 9. 5. 1986, RIW 1986, 543 = IPRspr. 1986 Nr. 133. – A. A. *LG Wiesbaden* 21. 8. 1978, IPRspr. 1978 Nr. 146.

139 Vgl. Stellungnahme der Kommission und Schlußantrag des Generalanwalts *Capotorti* zu *EuGH* 9. 11. 1978 – 23/78, Meeth/Glacetal, Slg. 1978, 2138 bzw. 2146. Der EuGH setzt in seiner Entscheidung diese Annahme stillschweigend voraus. Siehe auch *Huet,* Clunet 1979, 664.

140 *Bülow/Böckstiegel/Müller* Art. 17 Anm. IV 1; *Jung* 77.

sie am ursprünglichen Willen der Parteien vorbeigeht und die für die internationale Zuständigkeit getroffene Entscheidung des Übereinkommens ohne Not unterläuft, indem eine nach dem Übereinkommen zulässige Begründung der internationalen Zuständigkeit mangels positiv vorgesehener örtlicher Zuständigkeiten im innerstaatlichen Recht wirkungslos bliebe.

59 Einige Autoren wollen umgekehrt dem Übereinkommen sogar eine *völkerrechtliche Verpflichtung* der Vertragsstaaten entnehmen, in jedem Fall eine örtliche Zuständigkeit vorzusehen[141]. Dies entspricht der sog. positiven Wirkung direkter Zuständigkeitsregeln in einem Übereinkommen, die im allgemeinen anzuerkennen ist[142], und es liegt auch im Interesse größtmöglicher europäischer Einheitlichkeit. Es bestehen indes Zweifel, ob eine solche Bindungswirkung des Art. 17 dem Willen der Verfasser des EuGVÜ gerecht wird[143].

60 Auch wenn man eine entsprechende völkerrechtliche Verpflichtung hier verneint, erscheint es aber als Aufgabe der nationalen Zuständigkeitsordnung, ein örtlich zuständiges Gericht zur Verfügung zu stellen. Etwas anderes widerspräche sowohl der Absicht des Art. 17, der gerade mit Rücksicht auf die praktischen Gegebenheiten[144] eine Vereinbarung allein der internationalen Zuständigkeit für ausreichend erachtet, wie auch den Interessen der Parteien, die auf Justizgewährung vertrauen. Mangels einer speziellen örtlichen Zuständigkeit ist daher auf eine *örtliche Ersatzzuständigkeit* zurückzugreifen; diese besteht für die hier in Frage kommenden Streitigkeiten nach deutscher lex lata bei dem Gericht, bei dem der Kläger seinen allgemeinen Gerichtsstand hat, bzw. am Sitz der Bundesregierung (analog §§ 15 I 2, 27 II, 648 II ZPO)[145].

---

141 *Gothot/Holleaux,* Clunet 1971, 767; *Droz* Nr. 212; *Geimer,* WM 1976, 832; *Geimer/Schütze* § 32 III.

142 Siehe etwa *Kropholler,* NJW 1981, 1904 m. Nachw.

143 Siehe Bericht *Jenard* zu Art. 17, wo auf den Bericht *Batiffols* zum Haager Übereinkommen vom 15. 4. 1958 über Gerichtsstandsvereinbarungen bei Kaufverträgen Bezug genommen wird: „In seinem Bericht über dieses Übereinkommen weist Professor Batiffol darauf hin, daß die Klausel über die Zuständigkeit der Gerichte eines Vertragsstaates rechtsunwirksam sein kann, wenn der Sachverhalt, auf den sich der Vertrag bezieht, keinerlei Beziehung zu dem Staat, dessen Gerichte bezeichnet sind, aufweist und so das Recht dieses Staates keine Handhabe bietet, das mit der Sache zu befassende Gericht zu bestimmen. Wie aber Professor Batiffol weiter bemerkt, ist es Sache der Parteien, hier rechtzeitig Vorsorge zu treffen."

144 Bericht *Jenard* zu Art. 17.

145 Näher *Kropholler* in Hdb. IZVR I Kap. III Rz. 145 m. Nachw.; zustimmend *MüKoZPO-Gottwald* Art. 17 Rz. 39. Für Frankreich schlagen *Gothot/Holleaux* Nr. 183 ein Wahlrecht des Klägers vor, begrenzt durch die Schranken des Rechtsmißbrauchs und der Möglichkeit einer sinnvollen Justizgewährung.

2. Schutz des Versicherungsnehmers bzw. des Verbrauchers sowie ausschließliche Zuständigkeiten (Abs. 3)

Der 3. Abschnitt (Zuständigkeit für Versicherungssachen) und der 4. Abschnitt (Zuständigkeit für Verbrauchersachen) des Übereinkommens statuieren zum Schutze des sozial Schwächeren grundsätzlich unabdingbare Zuständigkeiten. Ausnahmen sind lediglich in den Grenzen der Art. 12 und 15 zugelassen. Auf diese Vorschriften nimmt Art. 17 III – ebenso wie auf die Norm über ausschließliche Zuständigkeiten (Art. 16) – ausdrücklich Bezug. Neben den speziellen Bestimmungen der Art. 12 und 15 gelten auch für Zuständigkeitsvereinbarungen in Versicherungs- und Verbrauchersachen grundsätzlich die allgemeinen Voraussetzungen des Art. 17 I, insbesondere dessen Formerfordernisse[146]. **61**

Als Besonderheit ist zu beachten, daß eine Gerichtsstandsklausel in einem Versicherungsvertrag auch zugunsten eines an dem Vertrag nicht beteiligten und vom Versicherungsnehmer verschiedenen Versicherten oder Begünstigten als gültig anzusehen ist, sofern das Schriftformerfordernis des Abs. 1 Satz 2 im Verhältnis zwischen dem Versicherer und dem Versicherungsnehmer eingehalten worden und die Zustimmung des Versicherers zu der genannten Klausel klar und deutlich zum Ausdruck gekommen ist[147]. Im übrigen ist auch in diesen Materien eine Zuständigkeitsbegründung durch rügelose Einlassung auf das Verfahren gemäß Art. 18 möglich (siehe Art. 18 Rz. 17). **62**

Zweifelhaft ist, ob das Prorogationsverbot des Abs. 3 nur unter den *Anwendungsvoraussetzungen* des Art. 17 I (oben Rz. 1 ff.) eingreift und also nur bei Vereinbarung der Zuständigkeit der Gerichte eines *Vertragsstaates* gilt oder ob jede Zuständigkeitsvereinbarung unzulässig ist, die den Vorschriften der Art. 12, 15 oder 16 zuwiderläuft, gleichgültig ob die Zuständigkeit der Gerichte eines Vertragsstaates oder eines Nichtvertragsstaates vereinbart wurde. **63**

Einerseits erscheint es naheliegend, Abs. 3 als unmittelbar mit der Regelung des Abs. 1 zusammenhängende Bestimmung nur unter den Voraussetzungen des Abs. 1 anzuwenden[148]. Auch deuten die Berichte zum Übereinkommen in diese Richtung, wo einmal festgestellt wird, daß von Art. 16 „zugunsten der Gerichte eines anderen Vertragsstaats" nicht abgewichen werden darf[149], und wo zum anderen bei einer Prorogation auf Drittstaaten auch hinsichtlich der nach dem Übereinkommen ausschließlichen Gerichtsstände auf die nationalen Rechte verwiesen wird[150]. **64**

---

146 Klarstellend Bericht *Schlosser* Nr. 161. Ebenso schon *Goldman,* Rev. trim. dr. europ. 1971, 24; *Droz* Nr. 119 N. 1; *Samtleben,* NJW 1974, 1593; *Bülow/Böckstiegel/Linke* Art. 12 Anm. I 2; *Bülow/Böckstiegel/Müller* Art. 17 Anm. III 3b.

147 *EuGH* 14. 7. 1983 – 201/82, Gerling/Amministrazione del tesoro dello Stato. Dazu oben Rz. 45.

148 So *Jung* 68 ff., 80; *Sandrock/Jung/Sandrock* E Rz. 116.

149 Bericht *Jenard* zu Art. 16.

150 Bericht *Schlosser* Nr. 176; siehe den wörtlichen Abdruck oben Rz. 13.

65 Andererseits gewinnt man bei näherem Hinsehen den Eindruck, daß die Berichte in diesem Punkt nicht präzise genug gearbeitet sind, um endgültige Schlüsse auf den Willen der Verfasser des Übereinkommens zu erlauben[151]. Auch gibt der Wortlaut sämtlicher in Rede stehender Vorschriften (Art. 12, 15, 16, 17 III) keinen Anhalt dafür, daß in den dort genannten Fällen nur die Vereinbarung der Zuständigkeit in einem Vertragsstaat unzulässig sein soll. Schließlich erscheint es bei teleologischer Betrachtung merkwürdig, daß die Zuständigkeiten in Versicherungs- und Verbrauchersachen sowie die ausschließlichen Zuständigkeiten nur gegenüber der vereinbarten Zuständigkeit in einem Vertragsstaat strikt sein sollen, während abweichenden Vereinbarungen zugunsten der „entfernteren" Gerichte von Nichtvertragsstaaten durch die Konvention keine Grenzen gesetzt wären. Daher erscheint die im Schrifttum überwiegend vertretene Auffassung überzeugend, daß Art. 17 III auch bei einer Prorogation zugunsten der Gerichte von Nichtvertragsstaaten anzuwenden ist[152].

66 Unzulässig sind nach Abs. 3 Gerichtsstandsvereinbarungen, durch welche *ausschließliche Zuständigkeiten* (Art. 16) abbedungen werden sollen. Unproblematisch unterfällt diesem strikten Prorogationsverbot die von Art. 16 abweichende Wahl eines Gerichts in einem Vertragsstaat. Selbst wenn die Vorschrift darüber hinaus auch bei einer Prorogation zugunsten der Gerichte von Drittstaaten anzuwenden ist, bleibt das Ergebnis vor deutschen Gerichten wegen des dann anwendbaren § 40 II 1 ZPO dasselbe.

67 Art. 17 III i.V.m. Art. 16 betrifft lediglich die *internationale* Zuständigkeit. Nur insoweit reicht auch seine Ausschlußwirkung. Eine Abrede, welches Gericht in dem nach Art. 16 international ausschließlich zuständigen Staat *örtlich* zuständig sein soll, bleibt den Parteien nach dem Übereinkommen unbenommen. Ob eine solche Vereinbarung zulässig ist oder an ausschließlichen örtlichen Gerichtsständen scheitert und ob die Formerfordernisse und sonstigen Voraussetzungen erfüllt sind, ist der Entscheidung durch das jeweilige innerstaatliche Recht vorbehalten[153].

3. Mißbrauch

68 In Art. 17 wird kein objektiver Zusammenhang zwischen dem streitigen Rechtsverhältnis und dem vereinbarten Gericht gefordert[154]. Ob in *Einzelfällen* zusätzliche Prorogations- und Derogationsschranken aus international zwin-

---

151 So ist der Umkehrschluß aus dem Bericht *Jenard,* daß zugunsten der Gerichte eines Nichtvertragsstaats von Art. 12, 15 und 16 abgewichen werden darf, nicht zwingend, und *Schlosser* zitiert in der angeführten Passage (vorige Note) gerade Autoren, die bei Art. 12, 15 und 16 sämtliche Gerichtsstandsvereinbarungen für unzulässig halten.

152 *Gothot/Holleaux,* Clunet 1971, 764; *Droz* Nr. 217; *von Hoffmann,* AWD 1973, 63; *Weser* Nr. 265.8; *Bülow/Böckstiegel/Müller* Art. 17 Anm. II 2.

153 *Droz* Nr. 202; *Jung* 81.

154 *EuGH* 17. 1. 1980 – 59/79, Zelger/Salinitri.

genden inländischen Normen – also aus der lex fori – entnommen werden dürfen, ist noch weitgehend ungeklärt; siehe zum Kartell- und Börsenrecht oben Rz. 19, zum Arbeits- und Seerecht unten Rz. 73ff.

Aus dem Wortlaut des Art. 17 ergibt sich keine *allgemeine Mißbrauchskontrolle*, wie sie etwa Art. 5 II des Schweizer IPR-Gesetzes vorsieht und wie sie auch im autonomen deutschen Recht insbesondere durch die Anwendung des § 138 BGB und des Rechtsgedankens des § 1025 II ZPO möglich und geboten ist. **69**

Anders als das EuGVÜ enthält das nicht in Kraft getretene Haager Übereinkommen über Gerichtsstandsvereinbarungen vom 25. 11. 1965 Mißbrauchssperren. Insbesondere bestimmt Art. 15, daß einer Zuständigkeitsklausel die Anerkennung versagt werden kann, wenn keine Beziehung des Rechtsstreits zu dem gewählten Forum ersichtlich ist oder die Befassung des prorogierten Gerichts mit der Sache einen schweren Nachteil („grave inconvénient“) mit sich bringen würde. Indes beruht diese Schranke auf der Doktrin des forum non conveniens[155], die dem EuGVÜ fremd ist (vor Art. 2 Rz. 19), und die Konzeption des EuGVÜ spricht für die Annahme, daß Art. 17 auf eine derartige Einschränkung verzichten wollte[156]. **70**

Tunlich erschiene eine normative Erweiterung des Art. 17 oder die Entwicklung einer einheitlichen europäischen Mißbrauchskontrolle durch den EuGH. Zu Recht ist beispielsweise vorgeschlagen worden, auch im Anwendungsbereich des Art. 17 einer Vereinbarung die Wirksamkeit zu versagen, mit der zwei im Inland wohnende Parteien ein Gericht in einem anderen Vertragsstaat prorogieren (vgl. oben Rz. 3), ohne daß ein Auslandsbezug der Streitigkeit vorhanden oder ein sonstiges berechtigtes Interesse an der Wahl eines ausländischen Gerichts erkennbar ist[157]. Dieser Vorbehalt kann als *immanente Schranke des Art. 17* betrachtet werden. So stellt auch der Bericht zum Übereinkommen von 1978 fest, daß Art. 17 „nur gilt, wenn das zugrundeliegende Geschäft internationale Bezüge aufweist, was allein durch die Wahl eines Gerichts eines bestimmten Staates keinesfalls hergestellt werden kann“[158]. **71**

Daneben sind auch bei Zuständigkeitsvereinbarungen nach Art. 17 die *Rechtsgedanken von § 138 BGB und § 1025 II ZPO* zu beachten. Sie stellen durchaus internationalisierungsfähige Wertungsmodelle dar, wie Art. 4 III des Haager Übereinkommens von 1965 zeigt, wonach eine Zuständigkeitsvereinbarung **72**

---

155 Bericht *Welamson* zu Art. 15, Conférence de la Haye du Droit International Privé, Actes et Documents de la Dixième Session IV (1965) 225.

156 Vgl. *Bülow/Böckstiegel/Müller* Art. 17 Anm. III 3c.

157 Siehe *Samtleben,* NJW 1974, 1596; *Baumgärtel,* FS Kegel 298; *Jung* 55ff.; *Sandrock/Jung/Sandrock* E Rz. 113; *Stein/Jonas/Leipold* § 38 Rz. 27. – A. A. *Droz* Nr. 207f.; *Kohler,* IPRax 1983, 266; *Bülow/Böckstiegel/Müller* Art. 17 Anm. III 3c; *Geimer/Schütze* § 96 XX 6. Eine entsprechende Schranke gilt für Vereinbarungen nach § 38 ZPO.

158 Bericht *Schlosser* Nr. 174. Aus dem bloßen gemeinsamen Wohnsitz im Inland kann freilich keine Prorogationsbeschränkung abgeleitet werden; so aber *Baumgärtel,* FS Kegel 299, der in diesem Fall § 38 ZPO anwenden und Parteien, die nicht nach § 38 I ZPO prorogationsberechtigt sind, die Vereinbarung eines Gerichts in einem anderen Vertragsstaat nur nach Maßgabe von § 38 III ZPO gestatten will; dagegen mit Recht *Jung* 134ff.

unwirksam ist, wenn ihr Abschluß durch einen Mißbrauch wirtschaftlicher Macht oder andere unlautere Mittel erreicht wurde. Im übrigen entsprechen sie dem Sinn des Art. 17 EuGVÜ, da nur eine Vereinbarung, die ohne einen von der Rechtsordnung mißbilligten Druck zustande gekommen ist, als Produkt freier Willensbildung anzuerkennen ist.

VI. Zuständigkeitsvereinbarungen auf besonderen Rechtsgebieten

1. Arbeitsrecht

73 Da das Arbeitsrecht zum sachlichen Anwendungsbereich des Übereinkommens gehört (Art. 1 Rz. 14), sind Zuständigkeitsvereinbarungen unter den Voraussetzungen von Art. 17 auch auf arbeitsrechtlichem Gebiet grundsätzlich zulässig. Der EuGH hat dies ausdrücklich erklärt[159]; er entsprach damit der einhelligen Auffassung sowohl der Literatur als auch der Rechtsprechung der nationalen Gerichte. Eine starke Einschränkung bringt der neu geschaffene Art. 17 V EuGVÜ 1989 sowie – noch weitergehend – das Lugano-Übereinkommen (siehe unten Rz. 77).

74 Noch im *Vorentwurf* des Übereinkommens war für arbeitsrechtliche Verfahren eine ausschließliche Zuständigkeit der Gerichte desjenigen Vertragsstaats vorgesehen, in dem das arbeitgebende Unternehmen liegt oder in dem die Arbeit auszuführen war oder ausgeführt worden ist. Auf eine solche Regelung im Rahmen des Art. 16 wurde schließlich deshalb verzichtet, weil man Bestrebungen innerhalb der Kommission zur Vereinheitlichung der arbeitsrechtlichen Vorschriften in den Mitgliedstaaten nicht vorgreifen wollte. Ausdrücklich offengelassen wurde aber die Möglichkeit, das Übereinkommen nach Abschluß dieser Arbeiten entsprechend zu ändern oder zu ergänzen[160].

75 Der in Deutschland bis zum Inkrafttreten des Beitrittsübereinkommens von 1989 noch herrschende Zustand der unbeschränkten Anwendbarkeit von Art. 17 hinterläßt im ganzen gewisse *Bedenken*[161]. Angesichts des Grundsatzes, daß die Zulässigkeit von Zuständigkeitsvereinbarungen nach Art. 17 keinerlei Beziehung des Rechtsstreits zu dem gewählten Forum erfordert[162], besteht die Gefahr der Vereinbarung eines Gerichts, das über die soziale und wirtschaftliche Situation im Lande des Arbeitnehmers nicht informiert ist[163]. Im autonomen Recht verschiedener Vertragsstaaten sind daher Zuständigkeitsvereinbarungen über arbeitsrechtliche Streitigkeiten besonderen Beschränkungen unterworfen: In der Bundesrepublik ist der Arbeitnehmerschutz durch die vom BAG entwickelte

---

159 *EuGH* 13. 11. 1979 – 25/79, Sanicentral/Collin. Vorlage *Cass.* 10. 1. 1979, Rev. crit. 1979, 453 Anm. *Lagarde*.

160 Bericht *Jenard* zu Art. 5 Nr. 1.

161 Vgl. auch Schlußantrag des Generalanwalts *Capotorti* zu *EuGH* 13. 11. 1979 – 25/79, Sanicentral/Collin, Slg. 1979, 3434.

162 *EuGH* 17. 1. 1980 – 56/79, Zelger/Salinitri.

163 Vgl. *Huet,* D. S. 1980, Jur. 547 Nr. 15; *Hartley* 72.

„Einzelfallschutzklausel" verstärkt[164], in Frankreich[165] und Italien[166] sind Gerichtsstandsvereinbarungen in Arbeitsverträgen schlechthin verboten. Als besonders gravierend wird die durch das Übereinkommen eröffnete Derogationsfreiheit im Vereinigten Königreich angesehen, nach dessen autonomem Recht die Zuständigkeit der „employment tribunals" ebenfalls nicht abbedungen werden darf[167].

Trotz der europaweiten Tendenz, dem im Vertragsrecht durch gewisse Einschränkungen der formalen Parteiautonomie geschaffenen Schutz des Schwächeren ein entsprechendes zwingendes Zuständigkeitsrecht an die Seite zu stellen[168] – einer Richtung, der auch das Übereinkommen mit seinen geänderten Regeln für Versicherungs- und Verbrauchersachen verstärkt entgegenkommt – sind derartige nationale Zulässigkeitsschranken mit Art. 17 unvereinbar. Der ihnen zugrunde liegende Schutzgedanke kann aber wenigstens teilweise durch eine konsequente Beachtung der dem Art. 17 immanenten Mißbrauchsgrenzen verwirklicht werden, die im deutschen Recht in den Rechtsgedanken von § 1025 II ZPO und § 138 BGB zum Ausdruck kommen (siehe oben Rz. 72). Die Gefahr, daß die Parteiautonomie zu Lasten des Arbeitnehmers praktisch zu einer Rechtsschutzverweigerung führt[169], besteht im Regelfall deshalb nicht, weil das Übereinkommen die Vollstreckbarkeit ausländischer Entscheidungen sichert[170]. 76

Die (in Deutschland noch nicht in Kraft getretene) *Neuregelung des EuGVÜ* von 1989 (siehe Einl Rz. 8) und das *Lugano-Übereinkommen* (Textanhang VII) schränken in dem neu geschaffenen Abs. 5 die Wirksamkeit von Zuständigkeitsvereinbarungen bei individuellen Arbeitsverträgen erheblich ein, um den sozial und wirtschaftlich schwächeren Arbeitnehmer vor ihm ungünstigen Vereinbarungen zu schützen. Gerichtsstandsvereinbarungen für Streitigkeiten aus individuellen Arbeitsverträgen (im Unterschied zu kollektiven Arbeitsverträgen zwischen Arbeitgebern und Arbeitnehmervertretern) haben danach nur noch ausnahmsweise rechtliche Wirkung. 77

Wirksam sind sie, wenn sie *nach der Entstehung der Streitigkeit* getroffen wurden. Denn dann kann der Arbeitnehmer die Konsequenzen der Vereinbarung regelmäßig eher überblicken, er ist meist rechtlich beraten und vor einer Über-

---

164 *BAG* 20. 7. 1970, BAGE 22, 410 = NJW 1970, 2180 = AWD 1970, 577 Anm. *Trinkner* = AP Nr. 4 zu § 38 ZPO Internationale Zuständigkeit Anm. *Egon Lorenz* = SAE 1971, 178 Anm. *Fikentscher* = IPRspr. 1970 Nr. 109c S. 360; 5. 9. 1972, AP Nr. 159 zu § 242 BGB Ruhegehalt Anm. *Grunsky/Wuppermann* = IPRspr. 1972 Nr. 142 S. 385.

165 Art. 517-1 Code du Travail i. d. F. des Dekrets Nr. 74-783 vom 12. 9. 1974, J. O. 15. 9. 1974, 9551; dazu *Mezger,* RIW 1976, 345 f.

166 Art. 413 C. proc. civ. i. d. F. des Gesetzes Nr. 533 vom 11. 8. 1973.

167 Siehe z. B. *Hartley* 72: „This result is so serious that some countries might regard it as unacceptable."

168 Weitere Nachweise bei *Birk,* RdA 1983, 149.

169 Das befürchtet *Stahlhacke,* NJW 1973, 787.

170 *Beitzke,* RIW 1976, 10.

rumpelung besser geschützt. Während das Lugano-Übereinkommen allein nachträgliche Zuständigkeitsvereinbarungen anerkennt, mißt das EuGVÜ 1989 unter den im folgenden geschilderten Voraussetzungen auch vor der Entstehung der Streitigkeit getroffenen Gerichtsstandsvereinbarungen Wirkung bei.

Wenn *der Arbeitnehmer* die Zuständigkeitsvereinbarung geltend macht, um ein anderes als das in Art. 2 oder Art. 5 Nr. 1 bezeichnete Gericht anzurufen, läßt Art. 17 V EuGVÜ 1989 die Zuständigkeitsvereinbarung gelten. Der Arbeitnehmer als Kläger wird damit begünstigt, indem (nur) er bei einer vor dem Rechtsstreit getroffenen Gerichtsstandsvereinbarung die Möglichkeit hat, neben dem Gericht am Wohnsitz des Beklagten und dem Gericht des Ortes, an dem der Arbeitsvertrag erfüllt wird, auch das vereinbarte Gericht anzurufen, wenn ihm dies vorteilhaft erscheint. Diese Möglichkeit wird ihm indes nur eingeräumt, um selbst das vereinbarte Gericht anzurufen; dagegen ist es ihm aus Gründen der Rechtssicherheit und zur Vermeidung von Verschleppungsmanövern versagt, die Zuständigkeitsvereinbarung als Einrede in Anspruch zu nehmen, wenn er als Beklagter vor das Gericht seines Wohnsitzes oder des Erfüllungsortes geladen wird[171].

2. Seerecht

a) Konnossement

78 Grundsätzlich sind im Anwendungsbereich des Übereinkommens auch Zuständigkeitsvereinbarungen in Seefrachtverträgen zulässig; das Seerecht ist trotz seiner starken rechtlichen Eigenständigkeit in Art. 1 nicht ausgeschlossen worden. Gleichwohl ergeben sich besondere Probleme, wenn eine Gerichtsstandsklausel, die in einem Konnossement enthalten ist, an den Wirksamkeitsvoraussetzungen von Art. 17 gemessen wird.

79 Art. 17 erfordert eine Vereinbarung in schriftlicher, halbschriftlicher oder – nach der Neufassung von 1978 – international handelsüblicher Form. Das Konnossement wird aber einseitig vom Verfrachter ausgestellt. Einer darin enthaltenen Zuständigkeitsklausel ist deshalb unter der Geltung der ursprünglichen Fassung des Art. 17 teilweise schon im *Verhältnis zwischen Verfrachter und Befrachter* die Wirksamkeit abgesprochen worden, weil der erforderlichen Schriftform nicht genügt sei[172].

80 Angesichts des Wortlauts der ursprünglichen Fassung und der strengen Anforderungen des EuGH an die halbe Schriftlichkeit war dieses dem reibungslosen Ablauf des internationalen Seehandels abträgliche Ergebnis nicht einmal fern-

---

171 Bericht *Almeida Cruz/Desantes Real/Jenard* Nr. 27 lit. e.

172 *OLG Düsseldorf* 20. 11. 1975, RIW 1976, 297 = IPRspr. 1975 Nr. 147; *Hof Antwerpen* 15. 6. 1977, R. W. 1977–78, 1630 Anm. *Laenens* = Jur. comm. Belg. 1978, III, 175 = Nachschlagewerk I-17.1.1-B 5; *Trib. com. Paris* 30. 9. 1981, Dr. mar. fr. 1982, 235.

liegend. Auch nach der Rechtsprechung des EuGH sollte nämlich eine Gerichtsstandsklausel, die in den in einem Konnossement abgedruckten Geschäftsbedingungen enthalten ist, (der alten Fassung des) Art. 17 nur unter den für alle Geschäftsarten entwickelten Grundsätzen genügen, nämlich, „wenn sich beide Parteien über die Konnossementsbedingungen, die diese Klausel enthalten, schriftlich geeinigt haben – oder wenn die Gerichtsstandsklausel Gegenstand einer früheren, ausdrücklich auf diese Klausel bezogenen mündlichen Vereinbarung zwischen den Parteien gewesen und das vom Verfrachter unterzeichnete Konnossement als schriftliche Bestätigung dieser Vereinbarung anzusehen ist – oder wenn das Konnossement im Rahmen laufender Geschäftsbeziehungen zwischen den Parteien ausgestellt ist und sich daraus ergibt, daß diesen Geschäftsbeziehungen Allgemeine Geschäftsbedingungen zugrunde liegen, die diese Klausel enthalten“[173]. Die Neufassung lockert diese Formstrenge erheblich auf. Den „internationalen Handelsbräuchen“ dürfte die einseitige Konnossementsform im Verhältnis zwischen Verfrachter und Befrachter nämlich in jedem Fall genügen.

Zusätzliche Schwierigkeiten wirft das *Verhältnis zwischen Empfänger und Verfrachter* auf. Kommt es zwischen ihnen zum Rechtsstreit, so ist ihre Bindung an eine Zuständigkeitsklausel des Konnossements auch deshalb fraglich, weil Art. 17 seinem Wortlaut nach eine Vereinbarung gerade zwischen den Parteien des anstehenden Rechtsstreits fordert, der Empfänger hingegen zwar Inhaber des Konnossements, aber an dessen Zustandekommen nicht beteiligt ist. Dennoch ist eine Drittwirkung der Klausel hier jedenfalls dann anzuerkennen, wenn sie zwischen Verfrachter und Befrachter gültig zustande gekommen ist und der Empfänger oder ein weiterer Inhaber nach dem anwendbaren nationalen Recht mit dem Erwerb des Konnossements in die Rechte und Pflichten des Befrachters eingetreten ist[174]. Offen ist noch, ob der EuGH Gerichtsstandsklauseln im Konnossement „gemäß internationalen Handelsbräuchen“ als per se für den Empfänger bindend ansehen wird[175]. **81**

173 *EuGH* 19. 6. 1984 – 71/83, Russ/Nova. Vorlage *Cass.* (Belgien) 8. 4. 1983, R. W. 1983–84, 1697. Abschlußentscheidung *Cass.* 25. 1. 1985, R. W. 1985–86, 994. Dazu *Roland,* Le connaissement et le droit européen, Rev. dr. com. belge 1985, 84.

174 *EuGH* (vorige Note). Näher oben Rz. 46.

175 Mangels Einhaltung der Formerfordernisse der alten Fassung des Art. 17 im Verhältnis zwischen Verfrachter und Befrachter ließen noch *Cass.* 21. 11. 1984, n. 5944, Riv. dir. int. priv. proc. 1985, 840, und n. 5945, Riv. dir. int. priv. proc. 1986, 127, die in dem einseitig ausgestellten Konnossement enthaltene Gerichtsstandsklausel im Verhältnis zwischen Verfrachter und Empfänger nicht gelten. Unter der Neufassung sollte ein in der im internationalen Seefrachtverkehr üblichen Form ausgestelltes Konnossement sowohl in formaler Hinsicht wie auch hinsichtlich der Drittwirkung gegen den Empfänger ohne zusätzliche Prüfung der Rechtsnachfolge nach dem anwendbaren Recht als zulässig und wirksam angesehen werden; *Trib. Genova* 12. 9. 1988, Riv. dir. int. priv. proc. 1990, 120; siehe auch oben Rz. 43.

b) Verhältnis zu den Haager Regeln

82 Keine neben Art. 17 zu beachtende Zulässigkeitsschranke bilden die den Haager Regeln entsprechenden zwingenden nationalen Vorschriften über die Mindesthaftung des Verfrachters, wie § 662 HGB oder Art. 91 des belgischen Seegesetzes. In der Vergangenheit haben zwar verschiedene Gerichte, vor allem in Belgien, diesen Regeln unter dem Gesichtspunkt des ordre public den Vorrang gegenüber Art. 17 eingeräumt und Vereinbarungen über die Zuständigkeit der Gerichte anderer Vertragsstaaten mit der pauschalen Begründung abgelehnt, die Absicht einer Umgehung der zwingenden Mindesthaftung sei nicht auszuschließen[176]. Diese Entscheidungen sind aber zu Recht auf Kritik gestoßen[177]. Derartige, auf nationalen Wertungen beruhende Prorogationsbeschränkungen können im Anwendungsbereich des Art. 17 nach der Rechtsprechung des EuGH nicht durchgesetzt werden (siehe oben Rz. 18).

83 Die *deutsche Rechtsprechung,* die mit der konkreten Frage noch nicht befaßt war, wird die Beachtung dieses Vorrangs keine Überwindung kosten; der BGH hat es im autonomen Recht für ausreichend erachtet, daß das vereinbarte ausländische Gericht die Verfrachterhaftung nach den Haager Regeln beurteilt – unabhängig von einer infolge der unterschiedlichen Entwicklung der Währungsparitäten möglicherweise deutlichen Unterschreitung der in § 660 HGB genannten Summen[178]. Diesem Erfordernis ist innerhalb des Geltungsbereichs des EuGVÜ bislang Rechnung getragen: Alle Vertragsstaaten außer Luxemburg, dessen Gerichte im Seerecht keine Rolle spielen, haben die Haager Regeln ratifiziert.

84 Die Problematik stellt sich verschärft in den Ländern, die – wie das Vereinigte Königreich – die geänderte Fassung der Haager Regeln ratifiziert haben, die sog. *Visby-Regeln* von 1968[179], die erheblich höhere Haftungsgrenzen vorsehen. Für das autonome Recht des Vereinigten Königreichs hat das House of Lords einer Vereinbarung der ausschließlichen Zuständigkeit der niederländischen Gerichte mit der Begründung die Wirksamkeit versagt, die dort zu erwartende Anwendung niederländischen Rechts führe zu einer Umgehung internatio-

---

176 Siehe etwa: *Kh. Antwerpen* 15. 4. 1975, Jur. comm. Belg. 1975, IV, 398 = Europ. Transp. L. 1976, 92; *Hof Antwerpen* 25. 5. 1977, Europ. Transp. L. 1977, 704; 15. 6. 1977, R. W. 1977–78, 1630 Anm. *Laenens* = Jur. comm. Belg. 1978, III, 175. Anders *Kh. Antwerpen* 19. 11. 1975, R. W. 1975–76, 2225 Anm. *Laenens.*

177 *Laenens,* R. W. 1975–76, 2228; *Weser,* L'article 91 de la loi maritime belge et la convention de Bruxelles du 27 septembre 1968, Jur. comm. Belg. 1976, IV, 666–672; *Zorbas,* L'effacement difficile de l'art. 91 de la loi maritime belge face à l'art. 17 de la Convention C.E.E. du 27 septembre 1968, J. trib. 1982, 521; *Roland,* La clause de juridiction dans les connaissements devant l'article 17 de la Convention C.E.E. du 27 septembre 1968, J. trib. 1983, 301.

178 *BGH* 30. 5. 1983, NJW 1983, 2772 = RIW 1983, 872 = IPRax 1985, 27, 8 Anm. *Trappe* = IPRspr. 1983 Nr. 128 b. Dazu *Gottwald,* FS Firsching (1985) 89. Zur älteren Rspr. siehe *Kropholler* in Hdb. IZVR I Kap. III Rz. 541.

179 Abgedruckt bei *Prüßmann/Rabe,* Seehandelsrecht[3] (1992) Anh. II § 663 b.

nal zwingenden englischen Rechts, nämlich der Visby-Regeln[180]. Im Anwendungsbereich des Art. 17 EuGVÜ wäre eine derartige Rechtsprechung bedenklich, weil sie eine Zersplitterung des einheitlichen Zuständigkeitsrechts zur Folge hätte. Ein Zurücktreten des EuGVÜ gemäß Art. 57 kommt nicht in Betracht, weil weder die ursprünglichen Haager noch die Haag-Visby-Regeln Zuständigkeitsnormen enthalten.

VII. Wirkung

1. Ausschließliche Zuständigkeit der prorogierten Gerichte

Eine Zuständigkeitsvereinbarung im Sinne des Art. 17 I hat nach dem eindeutigen Wortlaut der Vorschrift die ausschließliche Zuständigkeit des prorogierten Gerichts oder Vertragsstaats zur Folge[181]. Diese Lösung bezweckt, daß vom Zeitpunkt des Vertragsschlusses an eine möglichst große Sicherheit über das anzurufende Gericht besteht[182]. Die Interessen der Parteien sind dabei gewahrt: zum einen haben sie angesichts der dem Inlandsverfahren angenäherten Anerkennungs- und Vollstreckungsregeln des Übereinkommens kaum Schwierigkeiten bei der Durchsetzung von Entscheidungen aus Vertragsstaaten zu befürchten; zum anderen steht es ihnen frei, die Zuständigkeitsvereinbarung gemäß Art. 17 IV nur zugunsten einer Seite zu treffen. **85**

Eine *Feststellungsklage*, mit der die Nichtigkeit des gesamten Vertrages geltend gemacht werden soll, wird von der Derogationswirkung einer Vereinbarung nach Art. 17 grundsätzlich nicht erfaßt; es bleibt jeder Partei unbenommen, mit einem solchen Klagebegehren das nach Art. 5 Nr. 1 zuständige Gericht anzurufen[183]. **86**

Da grundsätzlich Vertragsfreiheit herrscht, sollte den Parteien nicht generell verwehrt werden, einen Gerichtsstand zu vereinbaren, der nur *konkurrierend* neben die normativen Zuständigkeiten treten soll[184]. Ein entsprechender Wille der Parteien muß indes in der Abrede eindeutig zum Ausdruck kommen. Eine Auslegung nach den Gesamtumständen des Einzelfalles, die im Rahmen des anders formulierten § 38 ZPO geboten ist, wird vielleicht nahegelegt durch die im Zusammenhang mit Art. 17 I EuGVÜ bisweilen gebrauchte Wendung von der **87**

---

180 *The Hollandia,* [1983] A. C. 565. Dazu *Gottwald,* FS Firsching (1985) 89, 92.

181 Dies betont noch einmal *EuGH* 17. 1. 1980 – 56/79, Zelger/Salinitri.

182 Vgl. Bericht *Jenard* zu Art. 17.

183 *Cass.* 25. 1. 1983, Rev. crit. 1983, 516 Anm. *Gaudemet-Tallon.* Zum Eingreifen des Art. 5 Nr. 1 siehe Art. 5 Rz. 6.

184 Ebenso im Ergebnis *von Hoffmann,* AWD 1973, 63; *Fragistas,* Riv. dir. int. priv. proc. 1968, 759; *Spellenberg,* IPRax 1981, 76; *Bülow/Böckstiegel/Müller* Art. 17 Anm. IV 2; *Stein/Jonas/Leipold* § 38 Rz. 29; *Geimer/Schütze* § 96 XXI 4; *Jayme/Haack,* IPRax 1985, 323; *Kohler,* IPRax 1986, 342; siehe auch *OLG München* 29. 1. 1980, RIW 1982, 281 = IPRspr. 1980 Nr. 139; *Kurz* v. *Stella Musical Veranstaltungs GmbH,* [1992] 1 All. E. R. 630 (Ch.D.) = RIW 1992, 139, 141 zust. Anm. *Ebert-Weidenfeller;* zust. Bespr. *Thomas,* LMCLQ 1992, 292.

„widerleglichen Vermutung" der Ausschließlichkeit. Aber sie würde zu Komplikationen führen, die mit der klaren Formulierung des Art. 17 I gerade vermieden werden sollten.

2. Bindung der derogierten Gerichte

88 Ruft eine Partei – einer Zuständigkeitsvereinbarung zuwider – zuerst das Gericht eines *derogierten* Vertragsstaates an, so prüft dieses die Wirksamkeit der Vereinbarung (siehe oben Rz. 12). Wenn es die Erfordernisse des Art. 17 für erfüllt hält und der Beklagte sich auf das Verfahren nicht einläßt, hat es sich von Amts wegen für unzuständig zu erklären (Art. 20).

89 Nach Klageerhebung vor dem *prorogierten* Gericht sind die derogierten Gerichte nach Maßgabe der Art. 21 und 25 ff. an das ausländische Verfahren gebunden. Wird ein derogiertes Gericht während dieses Verfahrens angerufen, so hat es gemäß Art. 21 ohne eigene Prüfung der Zuständigkeitsvereinbarung die Klage abzuweisen oder das Verfahren auszusetzen. Das verkündete Urteil des prorogierten Gerichts ist unter den Voraussetzungen der Art. 25 ff. anzuerkennen, und zwar sowohl ein Sachurteil aufgrund der Annahme der Prorogation als auch ein Prozeßurteil aufgrund der Verwerfung der Prorogation (siehe Rz. 12 ff. vor Art. 26). Dasselbe gilt vice versa für die Entscheidung eines zuerst angerufenen derogierten Gerichts. Ein negativer internationaler Kompetenzkonflikt ist innerhalb der EG auf diese Weise ausgeschlossen[185].

3. Vereinbarungen nur zugunsten einer Partei (Abs. 4)

90 Nach Abs. 4 sind Zuständigkeitsvereinbarungen zulässig, die nur zugunsten einer Partei getroffen worden sind. Die begünstigte Partei behält dann das Recht, jedes andere nach dem Übereinkommen zuständige Gericht anzurufen. Die Parteien können im Vertrag *ausdrücklich* regeln, daß die Gerichtsstandsvereinbarung nur zugunsten einer von ihnen getroffen wird. Das erleichtert die Aufgabe des Richters bei der Anwendung des Abs. 4 erheblich.

91 Im übrigen ist durch *Auslegung* zu ermitteln, ob eine einseitig begünstigende Klausel vorliegt. Da Art. 17 eine Bestätigung des Grundsatzes der Privatautonomie darstellt, ist sein Abs. 4 so auszulegen, daß der gemeinsame *Wille der Parteien* bei Abschluß des Vertrages respektiert wird. Angesichts des Ausnahmecharakters der Vorschrift gegenüber der Grundregel des Abs. 1 (Bindung beider Par-

---

185 *Geimer/Schütze* §§ 30 III 2, 96 XXII 1, 107 IX 2 und *Geimer,* FS Kralik 185 ff., postuliert für diesen Fall eine „Bindungswirkung sui generis". Im autonomen deutschen Recht wird dasselbe Ergebnis dadurch erreicht, daß man die Derogation der inländischen Gerichte als unwirksam betrachtet, wenn das gewählte Gericht die Prorogation nicht annimmt; siehe *Kropholler* in Hdb. IZVR I Kap. III Rz. 564 ff.

teien an die vereinbarte Zuständigkeit als ausschließliche) ist es erforderlich, daß ein entsprechender Wille beider Parteien *deutlich* zum Ausdruck gekommen ist. Der gemeinsame Wille, eine der Parteien zu begünstigen, muß sich nach der Rechtsprechung des EuGH „klar aus dem Wortlaut der Gerichtsstandsvereinbarung oder aus der Gesamtheit der dem Vertrag zu entnehmenden Anhaltspunkte oder der Umstände des Vertragsschlusses ergeben. Vereinbarungen, welche die Partei, zu deren Gunsten sie getroffen wurden, ausdrücklich nennen, sowie solche, die zwar angeben, vor welchen Gerichten jede Partei die andere verklagen muß, die aber einer von ihnen insoweit eine größere Wahlmöglichkeit einräumen, sind als Gerichtsstandsvereinbarungen anzusehen, aus deren Wortlaut sich ergibt, daß sie zum ausschließlichen Vorteil einer der Parteien getroffen wurden“ [186].

Bedenklich ist es, auf eine nur einseitig bindende Abrede aus der Tatsache zu schließen, daß die Zuständigkeitsvereinbarung in AGB des Klägers enthalten war, denen sich der Beklagte unterwerfen mußte, um das Geschäft zu ermöglichen [187]. Noch weniger sachgerecht ist die Annahme, daß diejenige Partei, für welche die Klausel *objektiv günstiger* ist, im Zweifel einseitig begünstigt sein soll [188]. Auf dieser Beurteilungsgrundlage wäre, soweit im Einzelfall keine Hinweise auf objektive Vorteile beider Seiten vorliegen [189], jede *Vereinbarung der Gerichte im Wohnsitzstaat einer Partei* eine „einseitig begünstigende“ im Sinne des Abs. 4. Diese Auslegung hat der EuGH mit Recht verworfen und festgestellt [190]: „Die Benennung des Gerichts eines Vertragsstaates, in dem eine der Parteien ihren Wohnsitz hat, genügt in Anbetracht der Vielzahl von Beweggründen, die eine derartige Klausel veranlaßt haben können, für sich allein nicht, um den Schluß zuzulassen, es habe dem gemeinsamen Willen entsprochen, diese Partei zu begünstigen.“ Eine Gerichtsstandsvereinbarung ist also nicht schon dann als im Sinne des Abs. 4 nur zugunsten einer der Parteien getroffen anzusehen, wenn lediglich feststeht, daß die Parteien die Zuständigkeit eines Gerichts oder der Gerichte eines Vertragsstaates vereinbart haben, in dessen Hoheitsgebiet diese Partei ihren Wohnsitz hat. 92

---

186 *EuGH* 24. 6. 1986 – 22/85, Anterist/Crédit Lyonnais. Vgl. auch *Paris* 25. 4. 1989, D.S. 1989, Somm. 255 Anm. *Audit* = Riv. dir. int. priv. proc. 1992, 641, bestätigt durch *Cass.* 4. 12. 1990, Rev. crit. 1991, 613 Anm. *Gaudemet-Tallon* = Bericht *Huet*, Clunet 1992, 198 = Riv. dir. int. priv. proc. 1992, 644.

187 So aber *LG Trier* 30. 10. 1975, IPRspr. 1975 Nr. 145.

188 So indes noch *OLG Saarbrücken* 26. 1. 1984, RIW 1984, 478 krit. Anm. *Tosi/Hesse* = IPRspr. 1984 Nr. 128a; *LG Nürnberg-Fürth* 11. 7. 1975, IPRspr. 1975 Nr. 140; *LG Bonn* 21. 4. 1982, IPRspr. 1982 Nr. 135; *LG Gießen* 10. 12. 1982, Bericht in IPRax 1984, 160 = IPRspr. 1982 Nr. 149 A (L). Dagegen wie hier ausführlich *Kohler*, IPRax 1986, 340, 344 f.

189 So in *OLG Frankfurt* 22. 11. 1983, RIW 1985, 71 = IPRspr. 1983 Nr. 143: starke Beziehungen beider Parteien zu dem Staat, dessen Gericht als zuständig vereinbart wurde.

190 *EuGH* 24. 6. 1986 – 22/85, Anterist/Crédit Lyonnais. Vorlage: *BGH* 20. 12. 1984, WM 1985, 382 = IPRspr. 1984 Nr. 128b (Rev. zu *OLG Saarbrücken* 26. 1. 1984, vorletzte Note). Abschlußentscheidung: *BGH* 18. 9. 1986, WM 1986, 1508 = RIW 1986, 996 = IPRax 1987, 107, 81 Anm. *Gottwald* = IPRspr. 1986 Nr. 143.

4. Widerklage

93 Da der Gerichtsstand der Widerklage nach Art. 6 Nr. 3 in der abschließenden Ausnahmeregelung des Art. 17 III nicht genannt ist, kann er grundsätzlich durch eine Zuständigkeitsvereinbarung abbedungen werden. In Anbetracht der Ausschließlichkeit des nach Art. 17 I zulässig gewählten Gerichtsstands ist die Zuständigkeit für die Widerklage nur bei dem gewählten Gericht gegeben[191]. Schwierig wird die Zuständigkeit bei einer nach Art. 17 IV nur zugunsten einer Partei getroffenen Vereinbarung. Erhebt der einseitig begünstigte Vertragspartner Klage an einem nur ihm wahlweise zugänglichen Gericht, so kann der Beklagte nicht im Wege der Widerklage die ihn treffende Bindungswirkung der Zuständigkeitsabrede umgehen[192].

5. Aufrechnung

94 Auch im Anwendungsbereich des EuGVÜ kann unter Umständen eine Forderung, für die durch eine Zuständigkeitsvereinbarung eigentlich ein ausschließlicher Gerichtsstand begründet ist, im Wege der Aufrechnung vor einem anderen Gericht durchgesetzt werden. Der Art. 17 darf nicht dahin ausgelegt werden, daß er ein für den Hauptanspruch zuständiges Gericht daran hindert, die Aufrechnung mit einer Gegenforderung zu berücksichtigen, wenn es dies nach Wortlaut und Sinn der Gerichtsstandsvereinbarung für zulässig hält[193].

95 Die erforderliche Auslegung, ob in der Abrede nach dem Willen der Parteien ein prozessuales Aufrechnungsverbot liegt, erfolgt ebenso wie im autonomen deutschen Zivilprozeßrecht[194]. Im Regelfall wird dies zu bejahen sein, weil die Prozeßführungslast für den Schuldner der Gegenforderung bei der Aufrechnung keine geringere ist als bei der Verteidigung gegen eine Klage oder eine Widerklage[195].

191 Siehe z. B. *Hof Amsterdam* 21. 1. 1988, N. J. 1989 Nr. 233.

192 Vgl. zum autonomen deutschen Recht *BGH* 26. 3. 1969, BGHZ 52, 30 = NJW 1969, 1536 = AWD 1969, 188 = IPRspr. 1968–69 Nr. 225. – A. A. *Rauscher*, RIW 1985, 889.

193 Dies gilt sowohl für konnexe Gegenforderungen (so *EuGH* 9. 11. 1978 – 23/78, Meeth/Glacetal; Vorlage *BGH* 1. 2. 1978, WM 1978, 622 = RIW 1978, 475 = IPRspr. 1978 Nr. 135; Abschlußentscheidung *BGH* 20. 6. 1979, NJW 1979, 2477 = WM 1979, 978 = RIW 1979, 713 = IPRspr. 1979 Nr. 162), als auch für solche, die nicht auf demselben Vertrag oder Sachverhalt wie die Klagforderung beruhen (so *EuGH* 7. 3. 1985 – 48/84, Spitzley/Sommer).

194 Siehe *BGH* 20. 6. 1979 (vorige Note) und die dort angeführten beiden Urteile vom 20. 12. 1972. Dazu *Pfaff*, Widerklagezuständigkeit bei prorogationswidriger Klageerhebung, ZZP 1983, 334, 346 ff.

195 Näher *Kropholler* in Hdb. IZVR I Kap. III Rz. 590 ff. Als Beispiel siehe *OLG Koblenz* 3. 2. 1984, RIW 1984, 396 = IPRspr. 1984 Nr. 131 (Vorlage zu *EuGH* 7. 3. 1985 – vorletzte Note). – A. A. *Rauscher*, RIW 1985, 888, der über die Aufrechnungsbefugnis allein das anwendbare materielle Recht entscheiden lassen will. Vgl. dagegen die überzeugende Differenzierung von „Verrechnungszuständigkeit“ und „Erkenntniszuständigkeit“ bei *Eickhoff*, Inländische Gerichtsbarkeit und internationale Zuständigkeit für Aufrechnung und Widerklage (1985) 184 f. – *Gottwald*, IPRax 1986, 11, tritt unter Verweis auf die autonomen Rechte Englands und Frankreichs (dazu auch *Eickhoff* 34 ff.) im Zweifel für eine Zulassung der Aufrechnung ein; so auch *MüKoZPO-Gottwald* Art. 17 Rz. 58.

Das Aufrechnungsverbot kann aber durch eine rügelose Einlassung des Klägers auf die Aufrechnungsforderung überwunden werden[196].

6. Gewährleistungs- und Interventionsklage bzw. Streitverkündung

Ein gemäß Art. 17 derogiertes Gericht kann grundsätzlich (siehe Art. 6 Rz. 17) auch nicht im Wege der Gewährleistungs- oder Interventionsklage nach Art. 6 Nr. 2 angerufen werden[197]. Vor deutschen Gerichten kann zwar gemäß Art. V des Protokolls die Zuständigkeit des Art. 6 Nr. 2 ohnehin nicht in Anspruch genommen werden; da aber ausländische Urteile, die im Gerichtsstand des Art. 6 Nr. 2 ergangen sind, in Deutschland anerkannt werden müssen (siehe Art. 6 Rz. 12ff.), ist die Derogationsmöglichkeit auch und gerade für deutsche Beteiligte bedeutungsvoll[198]. Die Zulässigkeit einer Streitverkündung nach deutschem Recht bleibt von einer Vereinbarung gemäß Art. 17 unberührt; für sie braucht grundsätzlich keine Zuständigkeit des befaßten Gerichts gegeben zu sein[199]. **96**

7. Einstweiliger Rechtsschutz

Läßt sich der Vereinbarung eines ausdrücklichen Gerichtsstandes kein entgegenstehender Parteiwille entnehmen, so erstreckt sich die Derogationswirkung grundsätzlich auch auf Maßnahmen des einstweiligen Rechtsschutzes[200]. Das zu diesem Zweck angerufene Gericht kann sich auf keine nach dem EuGVÜ gegebene Zuständigkeit stützen. Allerdings steht es dem derogierten Gericht gemäß Art. 24 frei, seine Zuständigkeit auf Vorschriften des autonomen Rechts zu gründen. **97**

Auch im Rahmen des nationalen Rechts liegt es nahe, die internationale Zuständigkeit für einstweilige Maßnahmen als von der Derogation erfaßt anzusehen. Nach *deutschem Recht* sind aber die für Arreste und einstweilige Verfügungen vorgesehenen Gerichtsstände bei dem Gericht der Hauptsache (§§ 919 Altern. 1, 937 I ZPO) oder am Ort der Belegenheit des Vollstreckungsgegenstan- **98**

---

196 *EuGH* 7. 3. 1985 – 48/84, Spitzley/Sommer. Näher Art. 18 Rz. 19.

197 *Cass.* 12. 7. 1982, Rev. crit. 1983, 658 Anm. *Lagarde* = J.C.P. 1983, 2015 Anm. *Bourel.* Dazu Bericht *Holleaux,* Clunet 1983, 405; Bericht *Audit,* D.S. 1983, I. R. 145; *Mezger,* IPRax 1984, 331. Ebenso zuvor Bericht *Jenard* zu Art. 6 Nr. 2; *Droz* Nr. 101 und 209; ferner *Amiens* 1. 7. 1985, Bericht *Schütze,* RIW 1985, 966; *Paris* 14. 12. 1988, D.S. 1989, I. R. 52 = Bericht *Huet*, Clunet 1990, 153; *Cass.* 18. 10. 1989, D.S. 1989, I. R. 283 = Bericht *Huet*, Clunet 1991, 155.

198 Vgl. *Geimer,* WM 1979, 351 N. 13.

199 *Stein/Jonas/Leipold* § 72 Rz. 11. Für das französische Recht will *Mezger,* IPRax 1984, 334, mit überzeugenden Gründen die der deutschen Streitverkündung vergleichbare „assignation en déclaration de jugement commun" nach Art. 331 II N.C. proc. civ. zulassen.

200 Insoweit ebenso *Geimer/Schütze* § 96 XXI 8. – A. A. *Collins* 90; *Kaye* 1088f.

des (§§ 919 Altern. 2, 942 I ZPO) ausschließlich, § 802 ZPO, und damit dem Parteiwillen entzogen, § 40 II ZPO[201]. Dementsprechend hängt die deutsche internationale Zuständigkeit von der Belegenheit des Vollstreckungsgegenstandes ab: liegt er im Ausland, so ist sie zu verneinen, weil die Hauptsachezuständigkeit derogiert ist; liegt er im Inland, so besteht die derogationsfeste Belegenheitszuständigkeit[202].

Artikel 18

Sofern das Gericht eines Vertragsstaats nicht bereits nach anderen Vorschriften dieses Übereinkommens zuständig ist, wird es zuständig, wenn sich der Beklagte vor ihm auf das Verfahren einläßt. Dies gilt nicht, wenn der Beklagte sich nur einläßt, um den Mangel der Zuständigkeit geltend zu machen, oder wenn ein anderes Gericht aufgrund des Artikels 16 ausschließlich zuständig ist.

Übersicht

Schrifttum: *De Boer,* Tacit Submission to Jurisdiction: The Scope of Article 18 of the EEC Jurisdiction Convention, in: Law and Reality, Essays in Honour of Voskuil (1992) 27; *Rottola,* L'accettazione tacita della giurisdizione nella convenzione di Bruxelles del 27. settembre 1968, Riv. dir. int. priv. proc. 1978, 521; *Sandrock,* Die Prorogation der internationalen Zuständigkeit eines Gerichts durch hilfsweise Sacheinlassung des Beklagten – Das Mysterium des Art. 18 Satz 2 EuGVÜ, ZVglRWiss. 1979, 177; *Schütze,* Zur internationalen Zuständigkeit aufgrund rügeloser Einlassung, ZZP 1977, 67.

Siehe auch das zu Art. 17, in der Einleitung und vor Art. 2 angeführte übergreifende Schrifttum.

1. Besondere Anwendungsvoraussetzungen

1 Die Anwendungsvoraussetzungen des Art. 18 sind noch ebenso ungeklärt wie die des Art. 17. Ein Unterschied besteht nur darin, daß für Art. 18 noch mehr Lösungen denkbar erscheinen als für Art. 17. Glücklicherweise hat die Frage bei Art. 18 aber nur geringe praktische Relevanz, da die Regeln der autonomen Rechte mit Art. 18 weitgehend übereinstimmen. Das gilt jedenfalls für § 39 ZPO.

201 Andere wollen die Ausschließlichkeitsanordnung des § 802 ZPO nicht auf die internationale Zuständigkeit erstrecken; siehe etwa *Schack,* IZVR (1991) Rz. 417f.; *Koch,* in: Materielles Recht und Prozeßrecht und die Auswirkungen der Unterscheidung im Recht der internationalen Zwangsvollstreckung (1992) 180.

202 Diese ist vom Ausschluß des § 23 ZPO durch Art. 3 II EuGVÜ nicht erfaßt; siehe Art. 24 Rz. 9.

In Art. 18 wird als Anwendungsvoraussetzung nur das Kriterium der Klageerhebung in einem Vertragsstaat genannt. Daraus wird man allerdings kaum folgern dürfen, daß die Vorschrift für die Gerichte der Vertragsstaaten in allen internationalen Fällen gilt[1]. Vielmehr ist die Vorschrift unter Berücksichtigung der Grundgedanken und der Systematik des Übereinkommens zu ergänzen. 2

Wegen des engen Zusammenhangs zwischen vereinbarter Zuständigkeit und Zuständigkeit kraft vorbehaltloser Einlassung, die ja unter der gemeinsamen Überschrift „Vereinbarung über die Zuständigkeit“ geregelt sind, erscheint es naheliegend, die Anwendungsvoraussetzungen des Art. 17 I auch in Art. 18 hineinzulesen[2]. Danach wäre erforderlich, daß mindestens eine der Parteien ihren Wohnsitz in einem Vertragsstaat hat[3]. 3

Eine andere Ansicht will auf die Grundregeln der Art. 2 I und 3 I rekurrieren, so daß der Beklagte seinen Wohnsitz in einem Vertragsstaat haben müßte[4]. Für diese Ansicht spricht, daß die Abweichung des Art. 17 I von Art. 2ff. (Wohnsitz *einer* der Parteien in einem Vertragsstaat) ihre Rechtfertigung in einer speziell auf vorprozessuale Zuständigkeitsvereinbarungen bezogenen Erwägung findet, nämlich daß über deren Gültigkeit und Wirkungen im Interesse der Rechtssicherheit unabhängig von den Parteirollen in einem späteren Prozeß Klarheit herrschen soll (siehe Art. 17 Rz. 1 und 7). Auf der anderen Seite läßt sich für eine Gleichschaltung des Art. 18 mit Art. 17 I anführen, daß vor den Gerichten der EG-Staaten nicht nur die verklagten EG-Bewohner an ihre rügelose Einlassung gebunden sein sollen, sondern dann auch – bei umgekehrten Parteirollen – die Prozeßgegner aus Drittstaaten[5]. 4

---

1 So aber *Gothot/Holleaux,* Clunet 1971, 765, 775; *Weser* Nr. 265.10; *de Boer,* in: Law and Reality (1992) 45; wohl auch *Stauder,* GRUR Int. 1976, 473.

2 *Droz* Nr. 221 und Nr. 230f.; *Bülow,* RabelsZ 1974, 270; *Bülow/Böckstiegel/Müller* Art. 18 Anm. I; *Nagel* Rz. 215; *MüKoZPO-Gottwald* Art. 18 Rz. 4. Aus der Rechtsprechung *H. R.* 1. 2. 1985, N.J. 1985 Nr. 698 Anm. *Schultsz* = E.C.C. 1987, 282.

3 Dieses Erfordernis folgt schon aus dem Wortlaut des Art. 17 I. Ob darüber hinaus zu verlangen ist, daß außer dem Gerichtsstaat noch ein weiterer Vertragsstaat berührt sein muß, ist noch offen; siehe Art. 17 Rz. 4ff.

4 *Bonglet,* Annales Lyon 1969, II, 73; *Habscheid,* ZfRV 1973, 266; *Samtleben,* NJW 1974, 1594; *Stein/Jonas/Leipold* § 39 Rz. 15; *Piltz,* NJW 1979, 1072 N. 28. Vgl. auch Bericht *Jenard* zu Art. 18, der in seinen Erläuterungen von der Fallkonstellation ausgeht, daß ein Beklagter, der seinen Wohnsitz in einem Vertragsstaat hat, vor dem Gericht eines anderen Vertragsstaats verklagt wird. – Auch wenn man einen Beklagtenwohnsitz in einem Vertragsstaat verlangt, ist – wie bei Art. 17 – zu erwägen, ob ein weiterer Vertragsstaat berührt sein muß (Wohnsitz des Klägers in einem anderen Vertragsstaat oder Bestehen einer Zuständigkeit nach dem Übereinkommen in einem anderen Vertragsstaat); siehe Art. 17 Rz. 4ff.

5 In diesem Sinne etwa *Droz* Nr. 230, der eine andere Lösung als „situation paradoxale“ bezeichnet.

2. Verhältnis zum autonomen staatlichen Recht

5 Die Vorschriften des EuGVÜ gehen dem staatlichen Recht vor (siehe Einl Rz. 11 und vor Art. 2 Rz. 15ff.). Art. 18 verdrängt deshalb in seinem Anwendungsbereich die §§ 39, 40 ZPO. Unanwendbar ist damit auch die Sperre des § 39 Satz 2 i. V. m. § 504 ZPO, nach der im Verfahren vor dem Amtsgericht die zuständigkeitsbegründende Wirkung einer rügelosen Einlassung von einer entsprechenden Belehrung durch den Richter abhängt.

6 Der Beurteilung durch das autonome Prozeßrecht bleiben lediglich die Fragen überlassen, welche allgemeinen Voraussetzungen eine wirksame Einlassung erfüllen muß und bis zu welchem Zeitpunkt der Beklagte die Einrede der Unzuständigkeit erheben kann, soweit nicht dem Übereinkommen (namentlich den Art. 18 und 20) auch insoweit eine Regelung zu entnehmen ist (näher unten Rz. 9 und 16).

3. Einlassung auf das Verfahren

7 Gemäß Art. 18 wird ein Gericht eines Vertragsstaates, das nach den Vorschriften des Übereinkommens an sich unzuständig ist, dann zuständig, wenn der Beklagte sich auf das Verfahren vor diesem Gericht vorbehaltlos einläßt. Eine zuständigkeitsbegründende Einlassung liegt nicht bereits dann vor, wenn der Beklagte auf eine entsprechende Aufforderung des Gerichts lediglich seine Verteidigungsbereitschaft anzeigt (vgl. § 276 I ZPO), ohne gleichzeitig die Zuständigkeit zu rügen; denn die Anzeige nach § 276 I ZPO ist nicht als Teil einer zuständigkeitsbegründenden rechtsgeschäftlichen Vereinbarung zu sehen, sondern als notwendiger Schritt, sich alle Verteidigungsmöglichkeiten (einschließlich der einer Zuständigkeitsrüge) zu erhalten[6]. Das Gericht wird aber zuständig, wenn der Beklagte verhandelt, ohne die internationale Zuständigkeit zu rügen. Im Gegensatz zu § 39 ZPO ist keine Einlassung auf die Hauptsache erforderlich. Vielmehr kann auch das Vorbringen von Einwendungen oder Einreden, die lediglich das Verfahren betreffen, die Zuständigkeit des angerufenen Gerichts begründen[7]. Eine Einlassung im Sinne von Art. 18 liegt beispielsweise schon dann vor, wenn der Beklagte den Einwand der res iudicata erhebt[8] oder lediglich die örtliche oder sachliche Zuständigkeit rügt[9]. Auch im Verfahren auf Erlaß einer einstweiligen Verfügung kann das Gericht nach Art. 18 zuständig werden[10].

---

6 *LG Frankfurt* 15. 5. 1990, EuZW 1990, 581 zust. Anm. *Mittelstaedt* = IPRspr. 1990 Nr. 170.

7 *Bülow/Böckstiegel/Müller* Art. 18 Anm. II 1; *Schütze,* ZZP 1977, 73; *Sandrock,* ZVglRWiss. 1979, 178 N. 3a.

8 *Sandrock,* ZVglRWiss. 1979, 178 N. 3a.

9 *Schütze,* ZZP 1977, 73; *Bülow/Böckstiegel/Müller* Art. 18 Anm. II 1 und 2a.

10 *OLG Düsseldorf* 13. 2. 1978, WM 1978, 359 = IPRspr. 1978 Nr. 138.

Allerdings braucht der Beklagte die internationale Zuständigkeit nicht *ausdrücklich* zu bestreiten. Es genügt, wenn sich aus seinem Vortrag ergibt, daß er auch deren Fehlen geltend machen will. Rügt er also beispielsweise die örtliche Zuständigkeit mit der Begründung, ein Gericht oder die Gerichte eines anderen Staates seien zuständig, so wirkt dieses Vorbringen nicht schon zuständigkeitsbegründend[11]. Gleiches gilt für die Einrede des Schiedsvertrages[12] und für die Behauptung, nicht der inländischen Gerichtsbarkeit zu unterfallen; denn damit bestreitet der Beklagte jegliche Zuständigkeit des angerufenen Gerichts. **8**

Welche Anforderungen im übrigen an die Wirksamkeit der Einlassung (z. B. hinsichtlich der Postulationsfähigkeit) zu stellen sind, richtet sich nach dem autonomen Recht des Forumstaats[13]. **9**

4. Hilfsweises Verhandeln zur Hauptsache

Häufig möchte der Beklagte, der vor ein ausländisches Gericht gezogen wird und dieses für unzuständig hält, durch eine Zuständigkeitsrüge sich die Einrede der mangelnden internationalen Zuständigkeit für Verfahren vor anderen Gerichten erhalten, insbesondere für ein späteres Anerkennungs- oder Vollstreckungsverfahren, gleichzeitig aber im Interesse seines im Staate des angerufenen Gerichts belegenen Vermögens sich in der Sache verteidigen. Das liegt vor allem dann nahe, wenn die internationale Zuständigkeit zweifelhaft ist[14]. Das deutsche Recht und die Internationalen Zivilprozeßrechte der meisten Vertragsstaaten[15] sowie eine Reihe bilateraler Abkommen[16] tragen diesem Bedürfnis dadurch Rechnung, daß eine lediglich hilfsweise Einlassung zur Hauptsache den Beklagten nicht die Befugnis verlieren läßt, sich weiter auf die Unzuständigkeit zu berufen. **10**

Nach dem deutschen Wortlaut von Art. 18 scheint der Beklagte indessen im Anwendungsbereich des EuGVÜ diese Möglichkeit nicht zu haben. Art. 18 Satz 2 beschränkt die Ausnahme von der Regel des Satzes 1 danach auf den Fall, daß „der Beklagte sich *nur* einläßt, um den Mangel der Zuständigkeit geltend zu machen . . .“. Einen ebenso engen Rahmen ziehen der englische, der italienische und der niederländische Text der Vorschrift mit den Wörtern *„solely“*, *„solo“* bzw. *„uitsluitend“*. Dagegen fehlt eine solche Einschränkung in der französischen Fassung. Diese Diskrepanz zwischen den gleichrangig authentischen Texten ist nach Sinn und Zweck des Übereinkommens vertragsautonom aufzulösen; **11**

11 *Schütze*, ZZP 1977, 74.

12 *Bülow/Böckstiegel/Müller* Art. 18 Anm. II 1; *Sandrock*, ZVglRWiss. 1979, 178 N. 3a; *Nagel* Rz. 216.

13 Bericht *Jenard* zu Art. 18; *Gothot/Holleaux*, Clunet 1971, 765; *Schütze*, ZZP 1977, 76.

14 Für eine ausführliche Analyse der Interessenlagen siehe *Sandrock*, ZVglRWiss. 1979, 184, 186 ff.

15 Einen rechtsvergleichenden Überblick gibt *Sandrock*, ZVglRWiss. 1979, 182 f. N. 11 und 11 a.

16 Siehe die Zusammenstellung bei *Sandrock*, ZVglRWiss. 1979, 184 f. N. 12.

ein Rückgriff auf die entsprechenden Regelungen der innerstaatlichen Rechte würde dem rechtsvereinheitlichenden Anspruch des EuGVÜ unnötig entgegenwirken[17].

12 Nach Auffassung des EuGH entspricht die französische Fassung am ehesten den Zielen und dem Geist des Übereinkommens[18]. Nach dem Zivilprozeßrecht einiger Vertragsstaaten könnte nämlich ein Beklagter, der lediglich die Frage der Zuständigkeit aufwerfen würde, mit seinem Vorbringen zur Sache ausgeschlossen sein, wenn das Gericht die Rüge der Unzuständigkeit zurückweisen sollte. Eine Auslegung des Art. 18, die ein solches Ergebnis ermöglichen würde, wäre mit der Wahrung des rechtlichen Gehörs im Erkenntnisverfahren, einem der Ziele des Übereinkommens, nicht vereinbar. Hat der Beklagte also den Mangel der internationalen Zuständigkeit gerügt, so ist die anschließende hilfsweise Verhandlung zur Hauptsache unschädlich. Das ist heute allgemein anerkannt.

13 Den Erfordernissen von Satz 2 genügt es auch, wenn der Beklagte die Einrede der Unzuständigkeit erhebt und erst, nachdem die Rüge durch Zwischenentscheid rechtskräftig zurückgewiesen worden ist, ohne erneuten Vorbehalt zur Sache verhandelt[19]. Unschädlich ist ebenso das hilfsweise Erheben einer Widerklage für den Fall, daß das Gericht – unter Verwerfung der Rüge – seine internationale Zuständigkeit bejaht[20].

14 Der Beklagte ist nicht verpflichtet, gegen die Abweisung seiner Rüge Rechtsmittel einzulegen[21]. Tut er dies, so muß er die gegen die Zuständigkeit des erstinstanzlichen Gerichts einmal wirksam vorgebrachte Rüge in der Rechtsmittelinstanz nicht wiederholen[22].

15 Dagegen wird das angerufene Gericht auch dann zuständig, wenn der Beklagte auf die Zuständigkeitsrüge von vornherein verzichtet hat, weil sie nach der lex fori offensichtlich aussichtslos war[23]; dem Vortrag des Beklagten muß in jedem

17 Diese Lösung befürworten aber *J. P. Verheul*, Neth. Int. L. Rev. 1975, 211, *Bülow/Böckstiegel/Müller* Art. 18 Anm. II 2a und wohl auch *Stein/Jonas/Leipold* § 39 Rz. 15. Ebenso die Stellungnahme der Kommission zu *EuGH* 24. 6. 1981 – 150/80, Elefanten Schuh/Jacqmain. Vgl. auch *OLG Hamm* 20. 1. 1977, IPRspr. 1977 Nr. 118: hilfsweise Einlassung zur Sache „nach deutschem Prozeßrecht zulässig".

18 *EuGH* 24. 6. 1981 – 150/80, Elefanten Schuh/Jacqmain. Vorlage *Cass.* (Belgien) 9. 6. 1980, R. W. 1980–81, 1738. Bestätigt durch *EuGH* 22. 10. 1981 – 27/81, Rohr/Ossberger; 31. 3. 1982 – 25/81, W./H., und 14. 7. 1983 – 201/82, Gerling/Amministrazione del tesoro dello Stato.

19 *OLG Frankfurt* 9. 12. 1975, RIW 1976, 107 = IPRspr. 1975 Nr. 173.

20 Str.; wie hier z. B. *Geimer/Schütze* § 97 IX 1; anders z. B. *Kh. Antwerpen* 28. 1. 1986, Rev. dr. com. belge 1987, 125 krit. Anm. *Watté* = Bericht *Watté*, Clunet 1989, 1090.

21 *Bülow/Böckstiegel/Müller* Art. 18 Anm. II 2a N. 19; *Sandrock*, ZVglRWiss. 1979, 216 N. 91.

22 Für die Bundesrepublik folgt dies aus dem Grundsatz des insoweit anwendbaren autonomen deutschen Zivilprozeßrechts, daß der Mangel der internationalen Zuständigkeit in jeder Lage des Verfahrens, auch in der Revisionsinstanz, von Amts wegen zu berücksichtigen ist; siehe *Kropholler* in Hdb. IZVR I Kap. III Rz. 597; zuletzt ebenso *BAG* 26. 2. 1985, NJW 1985, 1378. – A. A. *Geimer*, WM 1986, 118.

23 *Schütze*, ZZP 1977, 74. – A. A. *OLG Frankfurt* 9. 12. 1975 (oben N. 18); *Grunsky*, RIW 1977, 6 N. 43.

Fall entnommen werden können, daß er die internationale Zuständigkeit des Gerichts bestreitet.

Bis zu welchem *Zeitpunkt* die Einrede der Unzuständigkeit wirksam geltend gemacht werden kann, entscheidet in den vom EuGVÜ gesetzten Grenzen das innerstaatliche Verfahrensrecht; die Rüge darf nicht erst nach Abgabe derjenigen Stellungnahme erhoben werden, die nach dem innerstaatlichen Prozeßrecht als das erste Verteidigungsvorbringen vor dem angerufenen Gericht anzusehen ist[24]. Jedenfalls ist dem Satz 2 aber stets dann Genüge getan, wenn die Rüge vor jeder Sachverteidigung erfolgt. Nicht angängig ist es, die primär erhobene Unzuständigkeitsrüge als nach dem nationalen Verfahrensrecht des erkennenden Gerichts verspätet auszuschließen (und etwa in Deutschland §§ 282 III 2, 296 III ZPO eingreifen zu lassen)[25]. Denn das nationale Verfahrensrecht wird verdrängt, soweit seine Anwendung die Regelung des vorrangigen EuGVÜ unterlaufen würde, und das EuGVÜ begründet eine Zuständigkeit gemäß Art. 18 Satz 1 nur bei tatsächlicher Einlassung auf das Verfahren; andernfalls hat sich das Gericht gemäß Art. 20 I von Amts wegen für unzuständig zu erklären. Da der Beklagte infolge der Regelung des Art. 20 I vor einem international unzuständigen Gericht gar nicht erscheinen muß, um die Unzuständigkeit zu rügen, darf er erst recht nicht nach dessen Prozeßrecht gezwungen werden, die Unzuständigkeitsrüge innerhalb einer bestimmten Frist geltend zu machen. 16

5. Ausschließliche Zuständigkeit eines anderen Gerichts

Gemäß Satz 2 hat die Einlassung auf das Verfahren nur dann zuständigkeitsbegründende Wirkung, wenn kein anderes Gericht aufgrund des Art. 16 ausschließlich zuständig ist. Dieser Vorbehalt ist abschließend; in anderen Vorschriften des Übereinkommens geregelte Zuständigkeiten hindern die Wirkung der Einlassung nicht. Insbesondere ist eine Zuständigkeitsbegründung gemäß Art. 18 auch in Versicherungs- und Verbrauchersachen möglich[26]. 17

Die Zuständigkeit kann aufgrund des Art. 18 auch abweichend von einer Vereinbarung nach Art. 17 begründet werden[27]; denn die gewillkürte ausschließliche 18

24 *EuGH* 24. 6. 1981 – 150/80, Elefanten Schuh/Jacqmain. Siehe auch Bericht *Jenard* zu Art. 18. Für Frankreich siehe zu Art. 74 N. C. proc. civ. *Trib. gr. inst. Paris* 3. 2. 1982, D.S. 1983, I.R. 146 Anm. *Audit; Gothot/Holleaux* Nr. 198. Für Italien siehe *Cass.* 22. 11. 1984, n. 5985, Riv. dir. int. priv. proc. 1985, 844. Für Irland siehe *Campbell International Ltd.* v. *Peter van Aart*, [1992] I.L.R.M. 663 (S.C.).

25 Zutreffend *OLG Köln* 16. 3. 1988, NJW 1988, 2182 = RIW 1988, 555 = IPRspr. 1988 Nr. 157. Anders *MüKoZPO-Gottwald* Art. 18 Rz. 7.

26 *Goldman,* Rev. trim. dr. europ. 1971, 24; *Richter,* VersR 1978, 804; *Bülow/Böckstiegel/Linke* Art. 7 Anm. III 4; *Gothot/Holleaux* Nr. 192.

27 *EuGH* 24. 6. 1981 – 150/80, Elefanten Schuh/Jacqmain; 7. 3. 1985 – 48/84, Spitzley/Sommer.

Zuständigkeit kann durch Parteiverhalten – ebenso wie durch Parteivereinbarung – wieder geändert werden[28].

19 Durch Einlassung nach Art. 18 wird auch eine Unzuständigkeit des angerufenen Gerichts überwunden, die nicht für die Klage, sondern für eine vom Beklagten zur *Aufrechnung* gestellte Gegenforderung besteht. Dies hat der EuGH für den Fall entschieden, daß „sich der Kläger rügelos auf eine Aufrechnungsforderung eingelassen hat, die nicht auf demselben Vertrag oder Sachverhalt wie die Klagforderung beruht und für die nach Art. 17 wirksam die ausschließliche Zuständigkeit der Gerichte eines anderen Vertragsstaats vereinbart wurde“[29].

7. Abschnitt. Prüfung der Zuständigkeit und der Zulässigkeit des Verfahrens

Schrifttum: *Geimer,* Die Prüfung der internationalen Zuständigkeit, WM 1986, 117; *Soek,* De betekening in het buitenland en de bescherming van de in het buitenland wonende gedaagde, R. M. Themis 1981, 400; *Stürner,* Förmlichkeit und Billigkeit bei der Klagzustellung im Europäischen Zivilprozeß, JZ 1992, 325.

Siehe auch das in der Einleitung und vor Art. 2 angeführte übergreifende Schrifttum.

Artikel 19

Das Gericht eines Vertragsstaats hat sich von Amts wegen für unzuständig zu erklären, wenn es wegen einer Streitigkeit angerufen wird, für die das Gericht eines anderen Vertragsstaats aufgrund des Artikels 16 ausschließlich zuständig ist.

1. Anwendungsbereich

1 Die Vorschrift gilt – wie Art. 16 – auch dann, wenn beide Parteien im Gerichtsstaat oder in einem Drittstaat wohnen (vgl. Art. 4 I). Die Abweisung mangels Zuständigkeit kann in diesen Fällen in jeder Lage des Verfahrens erfolgen, insbesondere auch nach Einlassung des Beklagten zur Hauptsache (arg. Art. 18

28 Der – hier wie für § 39 ZPO – unergiebige Streit, ob die rügelose Einlassung eine stillschweigende Prorogation oder eine einseitige Prozeßhandlung der Unterwerfung unter die Jurisdiktion des Gerichtsstaats darstellt, mag auf sich beruhen; siehe dazu *Sandrock,* ZVglRWiss. 1979, 201–208. Für die Deutung als stillschweigende Prorogation wohl der Bericht *Jenard* zu Art. 18 und *EuGH* 24. 6. 1981 (vorige Note) sowie ausdrücklich *EuGH* 7. 3. 1985 (vorige Note).

29 *EuGH* 7. 3. 1985 – 48/84, Spitzley/Sommer. Vorlage *OLG Koblenz* 3. 2. 1984, RIW 1984, 396 = IPRspr. 1984 Nr. 131; Abschlußentscheidung *OLG Koblenz* 27. 2. 1987, RIW 1987, 629 = IPRspr. 1987 Nr. 123. Konnexe Gegenforderungen sind nach *EuGH* 9. 11. 1978 – 23/78, Meeth/Glacetal, nicht anders zu behandeln. Zur Auslegung einer ausschließlichen Zuständigkeitsvereinbarung als prozessuales Aufrechnungsverbot näher Art. 17 Rz. 94 f.

Satz 2)[1]. Die Vorschrift kommt nicht zur Anwendung, wenn ein Streitpunkt, der zur ausschließlichen Zuständigkeit eines anderen Gerichts gehört, lediglich als Vorfrage aufgeworfen wird (Art. 19 sagt: „wegen einer Streitigkeit angerufen“)[2]. Im übrigen ist sie in allen Instanzen zu beachten. Wegen des Vorrangs des Übereinkommens vor abweichendem nationalen Recht (siehe Einl Rz. 11) muß die höhere Instanz die Unzuständigkeit auch dann von Amts wegen feststellen, wenn sich nach nationalem Verfahrensrecht die Überprüfung der Vorentscheidung auf die von den Parteien vorgebrachten Rügen zu beschränken hat, wie beispielsweise gemäß Art. 419 I der niederländischen ZPO im Kassationsverfahren vor dem Hoge Raad[3].

Wie die internationale Zuständigkeit im Prozeß *außerhalb des von Art. 19 und 20 I erfaßten Bereichs* zu behandeln ist, richtet sich nach dem autonomen staatlichen Recht, so etwa die Reihenfolge der Prüfung von örtlicher und internationaler Zuständigkeit, der maßgebende Prüfungszeitpunkt (perpetuatio fori) und die Art der gerichtlichen Entscheidung. Insbesondere sieht auch das Übereinkommen keine Möglichkeit vor, die Sache an das zuständige Gericht eines anderen Vertragsstaats zu verweisen[4]. Hieran wäre aber bei einer fortschreitenden europäischen Integration zu denken[5]. 2

2. Prüfung von Amts wegen

Die Prüfung von Amts wegen bedeutet nicht notwendig, daß der Richter alle Tatsachen ermitteln müßte, die für die Entscheidung der Zuständigkeitsfrage erheblich sind, daß er also beispielsweise nachforschen müßte, wo der Beklagte seinen Wohnsitz hat. Entscheidend ist vielmehr, daß unwidersprochene Parteibehauptungen den Richter nicht binden und daß der Richter sich für unzuständig zu erklären hat, auch wenn keine Partei die Unzuständigkeit gerügt hat[6]. 3

Mit dem EuGVÜ vereinbar ist nach dem Bericht von *Schlosser* auch die folgende Regelung, die dem deutschen Zivilprozeßrecht entspricht[7]: „Der Richter darf zwar seine Zuständigkeit nur annehmen, wenn er von der Existenz aller tatsächlichen Umstände voll überzeugt ist, die seine Kompetenz begründen; solange er diese Überzeugung nicht hat, kann oder muß er die Parteien auffordern, ihm die notwendigen Beweise zu liefern, widrigenfalls die Klage als unzulässig abgewiesen wird. Auch dies ist eine Unzuständigkeitser- 4

1 *Droz* Nr. 245.
2 Bericht *Jenard* zu Art. 19.
3 *EuGH* 15. 11. 1983 – 288/82, Duijnstee/Goderbauer.
4 Vgl. etwa *OLG Köln* 16. 3. 1988, NJW 1988, 2182 = RIW 1988, 555 = IPRspr. 1988 Nr. 157. Das wurde in den ersten Jahren der Geltung des Übereinkommens in der ausländischen Praxis bisweilen verkannt; vgl. für Frankreich *Droz,* Rev. crit 1976, 131 mit Nachw.; für Belgien *Comm. Bruxelles* 28. 7. 1977, R. W. 1977-78, 1701, 1704; richtig dagegen *Laenens,* R. W. 1977-78, 1705; *de Ceuster/Reich,* R. W. 1978-79, 2807.
5 Vgl. auch *Grunsky,* JZ 1973, 645.
6 Vgl. *Hauschild* 18 f.
7 Bericht *Schlosser* Nr. 22.

klärung von Amts wegen und nicht eine solche auf Rüge durch eine Partei. Ob ein Richter verpflichtet ist, zuständigkeitsrelevante Tatsachen selbst zu erforschen, oder ob er der an der Zuständigkeit des angegangenen Gerichts interessierten Partei diesbezügliche Nachweisungen auferlegen kann oder muß, bestimmt allein das nationale Recht."

5 Die Prüfung von Amts wegen bedeutet insbesondere, daß die vom Kläger vorgetragenen Tatsachen, aus denen sich die Zuständigkeit ergeben soll, bei *Säumnis des Beklagten* nicht als zugestanden angesehen werden dürfen[8]. Um die Zuständigkeitsprüfung nicht mit einer weitgehenden Sachprüfung zu belasten und das Verfahren praktikabel ablaufen zu lassen, erscheint es sinnvoll, im Rahmen des EuGVÜ (ebenso wie im autonomen deutschen Zivilprozeßrecht) für die Zuständigkeit nicht den Beweis der *sog. doppelrelevanten Tatsachen* zu verlangen, aus denen sowohl die internationale Zuständigkeit wie die Begründetheit des Anspruchs folgt, sondern insoweit die Schlüssigkeit des Klägervortrags genügen zu lassen[9].

Artikel 20

Läßt sich der Beklagte, der seinen Wohnsitz in dem Hoheitsgebiet eines Vertragsstaats hat und der vor den Gerichten eines anderen Vertragsstaats verklagt wird, auf das Verfahren nicht ein, so hat sich das Gericht von Amts wegen für unzuständig zu erklären, wenn seine Zuständigkeit nicht aufgrund der Bestimmungen dieses Übereinkommens begründet ist.

Das Gericht hat die Entscheidung so lange auszusetzen, bis festgestellt ist, daß es dem Beklagten möglich war, das den Rechtsstreit einleitende Schriftstück oder ein gleichwertiges Schriftstück so rechtzeitig zu empfangen, daß er sich verteidigen konnte, oder daß alle hierzu erforderlichen Maßnahmen getroffen worden sind.

An die Stelle des vorstehenden Absatzes tritt Artikel 15 des Haager Übereinkommens vom 15. November 1965 über die Zustellung gerichtlicher und außergerichtlicher Schriftstücke im Ausland für Zivil- und Handelssachen, wenn das den Rechtsstreit einleitende Schriftstück gemäß dem erwähnten Übereinkommen zu übermitteln war.

Übersicht

8 Bericht *Jenard* zu Art. 20; siehe ferner etwa *Bülow*, RabelsZ 1965, 499f.; *Droz* Nr. 251ff.; *Grunsky*, JZ 1973, 645; *Habscheid*, ZfRV 1973, 266f.; *von Hoffmann*, AWD 1973, 63; *Bülow/Böckstiegel/Müller* Art. 20 Anm. III.

9 Vgl. *Stein/Jonas/Schumann* § 1 Rz. 21f.; einschränkend *Geimer/Schütze* §§ 74 XVII, 83 X, 84 XVIII; *Geimer*, WM 1986, 119.

I. Fehlende Einlassung des Beklagten vor einem unzuständigen Gericht (Abs. 1)

Gemäß Abs. 1 ist die Unzuständigkeit von Amts wegen festzustellen, wenn sich 1 der Beklagte, der seinen Wohnsitz in dem Hoheitsgebiet eines Vertragsstaats hat[1], auf das Verfahren vor einem unzuständigen Gericht eines anderen Vertragsstaats nicht einläßt. Das trifft insbesondere für einen säumigen Beklagten zu. Der Beklagte braucht also nicht vor einem unzuständigen ausländischen Gericht zu erscheinen, nur um die Unzuständigkeit zu rügen. War eine ausschließliche Zuständigkeit in einem anderen Vertragsstaat vereinbart, ist Art. 20 I und nicht Art. 19 anzuwenden, weil der Beklagte in diesem Fall die Zuständigkeit des angerufenen Gerichts durch rügelose Einlassung gemäß Art. 18 begründen kann. Die Vorschrift des Art. 20 I ist selbstverständlich auch dann maßgebend, wenn keine ausschließliche Zuständigkeit begründet ist[2]. Wohnt der Beklagte jedoch im Gerichtsstaat oder in einem Drittstaat, so greift nicht Art. 20 I ein, sondern das autonome Verfahrensrecht. Auch schließt Art. 20 I es nicht aus, den Rechtsstreit nach dem autonomen Verfahrensrecht an ein anderes Gericht innerhalb desselben Vertragsstaates zu verweisen. Hält beispielsweise das aufgrund einer Zuständigkeitsvereinbarung angerufene deutsche Gericht zwar diese Vereinbarung gemäß Art. 17 für unwirksam, aber die Zuständigkeit eines anderen deutschen Gerichts – etwa aufgrund von Art. 5 Nr. 1 – für gegeben, so kann es den Rechtsstreit gemäß § 281 I ZPO auf Antrag des Klägers an dieses Gericht verweisen; die Bindungswirkung der Verweisung gemäß § 281 II ZPO bezieht sich dann freilich nur auf die örtliche und nicht auch auf die internationale Zuständigkeit[3].

Wenn das angegangene Gericht seine Unzuständigkeit nicht bemerkt oder ver- 2 säumt, sich von Amts wegen für unzuständig zu erklären, ist das ergangene Sachurteil trotz der Verletzung von Art. 20 I wirksam. Es muß unter den Voraussetzungen des Art. 27 in den anderen Vertragsstaaten anerkannt und zur Vollstreckung zugelassen werden[4]. Die internationale Zuständigkeit wird grundsätzlich nicht nachgeprüft (Art. 28 III). Es obliegt also dem Beklagten, gegen die Entscheidung eines Gerichts, das sich fälschlich für international zuständig erklärt hat, die zulässigen Rechtsmittel einzulegen, um eine Prozeßabweisung wegen Unzuständigkeit zu erreichen. Andernfalls muß er die Sachentscheidung gegen sich gelten lassen[5].

---

1 Kritisch zu dieser Einschränkung *Geimer/Schütze* § 56 II 2 und 3; *Kropholler*, FS Ferid (1988) 243.

2 Bericht *Jenard* zu Art. 20.

3 Siehe etwa *LG Itzehoe* 3. 2. 1970, NJW 1970, 1010 = IPRspr. 1970 Nr. 111; *Kropholler* in Hdb. IZVR I Kap. III Rz. 241.

4 *OLG Hamburg* 25. 5. 1992, Zentralblatt für Jugendrecht 1992, 547.

5 *Geimer*, WM 1976, 837; *Geimer/Schütze* § 56 II 4.

II. Rechtzeitige Zustellung (Abs. 2 und 3)

3 Die Regeln der Abs. 2 und 3 dienen dem Schutz der Rechte des Beklagten, indem sie mangels rechtzeitiger Zustellung gerichtlicher Urkunden eine Aussetzung des Verfahrens vorschreiben. Sie betreffen – wie Abs. 1 – den Fall, daß der Beklagte in einem Vertragsstaat wohnt und in einem anderen Vertragsstaat verklagt wird[6]. In Abs. 2 ist in Anlehnung an Art. 15 des Haager Übereinkommens vom 15. November 1965 über die Zustellung gerichtlicher Schriftstücke im Ausland für Zivil- und Handelssachen[7] lediglich eine „Übergangsbestimmung"[8] formuliert, die gemäß Abs. 3 durch Art. 15 des Haager Zustellungsabkommens ersetzt wird: Sobald im Staat des angerufenen Gerichts und in dem Staat, in dessen Hoheitsgebiet die Ladung auszuhändigen war, das Haager Zustellungsabkommen in Kraft getreten ist, muß Art. 15 des Haager Abkommens angewandt werden. Damit ist jede Möglichkeit eines Konventionenkonfliktes ausgeschaltet. Da das Haager Übereinkommen für alle EG-Staaten mit Ausnahme von Irland in Kraft getreten ist[9], hat Art. 20 II EuGVÜ nur noch im Verhältnis zu Irland Bedeutung. Für die Zukunft ist eine Ergänzung des europäischen Zivilprozeßrechts um eine eigenständige, einfachere Zustellungsregelung anzustreben[10].

Ergeht eine Entscheidung, obwohl dem Beklagten das verfahrenseinleitende Schriftstück nicht so rechtzeitig zugestellt worden ist, daß er sich verteidigen konnte, so wird die Entscheidung in den anderen Vertragsstaaten nicht anerkannt (Art. 27 Nr. 2).

1. Die Regelung des Abs. 2

4 Zur Erläuterung von Abs. 2 wird im Bericht folgendes ausgeführt[11]:

„Abs. 2 geht einerseits davon aus, daß die Ladung der säumigen Partei in Person oder an ihrem Wohnsitz zugegangen ist und ferner, daß dies so rechtzeitig geschehen ist, daß der Beklagte sich verteidigen konnte. Dagegen ist nicht erforderlich, daß der Beklagte von der Ladung auch tatsächlich rechtzeitig Kenntnis erhalten hat. Der Beklagte hat eine durch eigene Fahrlässigkeit oder die Nachlässigkeit seiner Verwandten oder Angestellten verursachte Verzögerung zu vertreten. Entscheidend ist mithin der Zeitpunkt, in dem die Ladung dem Beklagten ordnungsmäßig zugegangen ist; auf den Zeitpunkt, in dem er von der Ladung tatsächlich Kenntnis erlangt hat, kommt es nicht an. Ob der Zugang ‚rechtzeitig' war, ist eine Tatfrage, die der mit der Sache befaßte Richter nach seinem Ermessen zu beurteilen hat[12].

---

6 *Droz* Nr. 285; *Gothot/Holleaux,* Clunet 1971, 769; *Bülow/Böckstiegel/Müller* Art. 20 Anm. II.
7 BGBl. 1977 II 1453.
8 Bericht *Jenard* zu Art. 20.
9 Siehe zum Ratifikationsstand den jährlich erscheinenden Fundstellennachweis B, Beilage zum BGBl. II.
10 *Stürner,* JZ 1992, 334.
11 Bericht *Jenard* zu Art. 20.
12 Über einschlägige Fälle aus der niederländischen Praxis berichtet *Soek,* R. M. Themis 1981, 418 ff.

Das Gericht kann ein Versäumnisurteil gegen den Beklagten erlassen, wenn der Nachweis erbracht ist, daß ‚alle erforderlichen Maßnahmen getroffen worden sind', daß diesem das den Rechtsstreit einleitende Schriftstück rechtzeitig zugehen konnte. Dies ist dahin auszulegen, daß der Richter ein Versäumnisurteil gegen den Beklagten selbst dann erlassen kann, wenn ein Nachweis über die Aushändigung des den Prozeß einleitenden Schriftstücks an den Beklagten nicht vorgelegt werden kann, sofern festgestellt wird, daß bei den zuständigen Stellen des Wohnsitzstaats des Beklagten alle notwendigen Schritte unternommen worden sind, um den Beklagten rechtzeitig zu erreichen. Gegebenenfalls ist auch nachzuweisen, daß alle Nachforschungen, welche die Sorgfalt sowie Treu und Glauben gebieten, vorgenommen worden sind, um den Beklagten ausfindig zu machen."

Abs. 2 muß nicht nur auf das „den Rechtsstreit einleitende Schriftstück", sondern auch auf „ein gleichwertiges Schriftstück" angewandt werden[13]. Die Vorschrift gilt aber nicht für Schriftstücke, die erst im Laufe des Verfahrens zuzustellen sind[14].

2. Die Regelung des Art. 15 Haager Zustellungsabkommen

Die Vorschrift des Art. 15 des Haager Abkommens, auf die Abs. 3 verweist, hat folgenden Wortlaut[15]: 5

„War zur Einleitung eines gerichtlichen Verfahrens eine Ladung oder ein entsprechendes Schriftstück nach diesem Übereinkommen zum Zweck der Zustellung in das Ausland zu übermitteln und hat sich der Beklagte nicht auf das Verfahren eingelassen, so hat der Richter das Verfahren auszusetzen, bis festgestellt ist,

a) daß das Schriftstück in einer der Formen zugestellt worden ist, die das Recht des ersuchten Staates für die Zustellung der in seinem Hoheitsgebiet ausgestellten Schriftstücke an dort befindliche Personen vorschreibt, oder
b) daß das Schriftstück entweder dem Beklagten selbst oder aber in seiner Wohnung nach einem anderen in diesem Übereinkommen vorgesehenen Verfahren übergeben worden ist

und daß in jedem dieser Fälle das Schriftstück so rechtzeitig zugestellt oder übergeben worden ist, daß der Beklagte sich hätte verteidigen können.

Jedem Vertragsstaat steht es frei zu erklären, daß seine Richter ungeachtet des Absatzes 1 den Rechtsstreit entscheiden können, auch wenn ein Zeugnis über die Zustellung oder die Übergabe nicht eingegangen ist, vorausgesetzt,

a) daß das Schriftstück nach einem in diesem Übereinkommen vorgesehenen Verfahren übermittelt worden ist,

---

13 So ausdrücklich die Neufassung von 1978 und ähnlich Art. 15 I des Haager Zustellungsabkommens.

14 So die deutsche Denkschrift zu Art. 15 des Haager Zustellungsabkommens; BT-Drucks. 7/4892, 48.

15 Näher zum Übereinkommen *Böckstiegel/Schlafen,* NJW 1978, 1073 m. w. Nachw. in N. 23; ferner *Soek,* R. M. Themis 1981, 409ff.; *Constantino/Saravalle,* Riv. dir. int. priv. proc. 1984, 451 ff.; *Pfennig*, Die internationale Zustellung in Zivil- und Handelssachen (1988) 57ff.; *Tagaras*, Rev. belge dr. int. 1991, 486ff.

b) daß seit der Absendung des Schriftstücks eine Frist verstrichen ist, die der Richter nach den Umständen des Falles als angemessen erachtet und die mindestens sechs Monate betragen muß, und
c) daß trotz aller zumutbaren Schritte bei den zuständigen Behörden des ersuchten Staates ein Zeugnis nicht zu erlangen war.

Dieser Artikel hindert nicht, daß der Richter in dringenden Fällen vorläufige Maßnahmen einschließlich solcher, die auf eine Sicherung gerichtet sind, anordnet."

6 Die Bestimmung bringt für die deutschen Gerichte keine wesentliche Neuerung, weil das Verfahren nach deutschem Zivilprozeßrecht ohne den Nachweis der tatsächlich erfolgten Zustellung im Ausland ohnehin nicht fortgeführt werden darf (§ 199 i. V. m. §§ 170, 202 II, 274 II, 335 I Nr. 2 ZPO). Eine Aussetzung des Verfahrens gemäß Abs. 1 scheidet aus, auch wenn die ordnungsgemäße Zustellung des verfahrenseinleitenden Schriftstücks ungeklärt ist, sobald sich der Beklagte auf das Verfahren eingelassen und sich also nicht auf die Rüge mangelhafter Zustellung beschränkt hat[16]. – Die Vorschrift erfüllt vor allem die Funktion, den in der Bundesrepublik wohnhaften Beklagten vor Überraschungsentscheidungen in den romanischen Staaten zu schützen, die das Zustellungssystem der *„remise au parquet"* befolgen[17]. Nach diesem System, das Auslandszustellungen als im Inland erfolgt fingiert, beginnen die Fristen schon dann zu laufen, wenn die für die Auslandszustellung erforderlichen Handlungen im Gerichtsstaat vorgenommen sind, so daß Versäumnisurteile ohne den Nachweis ergehen können, daß der Beklagte die Mitteilung über das anhängige Verfahren erhalten hat. Dem schiebt Art. 15 I des Haager Abkommens einen Riegel vor, indem er die richterliche Feststellung der Zustellung verlangt. Als Unterlage für diese Feststellung wird dem Richter in erster Linie das Zustellungszeugnis der ersuchten Stelle dienen. Er darf die Entscheidung also nicht schon deshalb erlassen, weil nach dem Recht seines eigenen Landes die Zustellung (etwa durch „remise au parquet") bereits als rechtzeitig erfolgt gilt.

7 *Die nach Art. 15 II zulässige Erklärung,* die „unzumutbare Verfahrensverzögerungen" vermeiden soll[18], wurde von Belgien, Dänemark, Frankreich, Luxemburg, den Niederlanden und dem Vereinigten Königreich abgegeben[19], später auch von Griechenland[20]. Da Art. 15 II indes eine Mindestfrist von sechs Monaten zwischen der Absendung des Schriftstücks und der gerichtlichen Entscheidung vorschreibt, dürfte der Fall selten praktisch werden, daß ein Gericht dieser Staaten allein auf der Grundlage von Abs. 2 ein Versäumnisurteil gegen einen in der Bundesrepublik ansässigen Beklagten erläßt[21]. Die Bundesrepublik hat die in Art. 15 II vorgesehene Erklärung nicht abgegeben. Für das deutsche

16 *BGH* 24. 9. 1986, BGHZ 98, 263 = RIW 1986, 991 = IPRax 1988, 159, 140 Anm. *Hausmann* = IPRspr. 1986 Nr. 144.
17 In Frankreich wurde das System durch Art. 683 ff. N. C. proc. civ. abgemildert.
18 Denkschrift, BT-Drucks. 7/4892, 40.
19 BGBl. 1980 II 907.
20 BGBl. 1990 II 1650.
21 *Böckstiegel/Schlafen,* NJW 1978, 1076.

Verfahrensrecht soll es vielmehr grundsätzlich dabei bleiben, daß auch die Zustellung im Ausland eine echte Zustellung ist und nachgewiesen werden muß. Ist dieser Nachweis nicht möglich, so kann, wenn die Voraussetzungen des § 203 II ZPO vorliegen, im Inland öffentlich zugestellt werden[22].

3. Durchführung der Zustellung (Art. IV Protokoll)

In Art. IV Abs. 1 des Protokolls zum EuGVÜ bzw. zum Lugano-Übereinkommen wird für die Zustellung gerichtlicher und außergerichtlicher Schriftstücke aus einem Vertragsstaat in einen anderen Vertragsstaat auf die zwischen den Vertragsstaaten geltenden Übereinkommen oder Vereinbarungen verwiesen[23]. Hier ist wiederum an das soeben erwähnte Haager Zustellungsabkommen vom 15. 11. 1965 zu denken. Jedoch wird die in Art. 2 dieses Übereinkommens enthaltene Neuerung, die Schaffung einer „Zentralen Behörde" in jedem Vertragsstaat, im Verhältnis der Bundesrepublik zu den anderen Vertragsstaaten des EuGVÜ meist nicht praktisch. Denn Art. 24 des Haager Übereinkommens läßt Zusatzvereinbarungen zu den Haager Zivilprozeßübereinkommen von 1905 und von 1954 grundsätzlich unberührt, und solche Zusatzvereinbarungen, die einen „unmittelbaren Schriftverkehr" zwischen bestimmten Behörden vorsehen, bestehen u. a. mit Belgien[24], Dänemark[25], Frankreich[26], Luxemburg[27] und den Niederlanden[28], nicht aber z. B. mit Italien. Insgesamt gibt es nach dem Haager Zustellungsabkommen (HZA) und den Zusatzvereinbarungen praktisch nur zwei Formen ordnungsgemäßer Zustellung nach Deutschland unter Einschaltung deutscher Behörden: die förmliche Zustellung mit Übersetzung (Art. 5 I und III HZA) und – bei Annahmebereitschaft – die formlose Übergabe ohne Übersetzung[29]. 8

In Art. IV Abs. 2 des Protokolls wird ergänzend eine weitere Zustellungsart zur Verfügung gestellt. Danach können Urkunden von den Gerichtsvollziehern eines Vertragsstaats an Gerichtsvollzieher eines anderen Vertragsstaats übersandt werden, die sie dem Adressaten in Person oder an seinem Wohnsitz aushändigen. Für das Gebiet der Bundesrepublik Deutschland gilt diese Zustellungsform jedoch nicht, da die Bundesrepublik von dem in Art. IV Abs. 2 vorgesehenen Widerspruchsrecht Gebrauch gemacht hat[30]. Auch im Haager Zustellungsab- 9

22 So die Denkschrift, BT-Drucks. 7/4892, 48.

23 Einen Überblick über das in der Bundesrepublik Deutschland geltende Vertragsrecht gibt *Zöller/Geimer* § 199 Rz. 45 ff. Ausführlich *Nagel* Rz. 491 ff., 570 ff.

24 BGBl. 1959 II 1524.

25 RGBl. 1910, 873 i. d. F. vom 6. 1. 1932 (RGBl. 1932 II 20).

26 BGBl. 1961 II 1040.

27 RGBl. 1909, 907, 910.

28 BGBl. 1964 II 468.

29 Siehe im einzelnen etwa *Stürner*, JZ 1992, 330. Eine Heilung von Zustellungsmängeln läßt das Übereinkommen nicht zu; *BGH* 2. 12. 1992, NJW 1993, 598.

30 Siehe Art. 1 des deutschen Zustimmungsgesetzes; BGBl. 1972 II 773.

kommen von 1965 (Art. 10) hat die Bundesrepublik diesen Zustellungsweg – ebenso wie die unmittelbare Übersendung durch die Post (Art. 10 lit. a) – durch einen Widerspruch ausgeschlossen[31]. Die Denkschrift der Bundesregierung zum EuGVÜ gibt hierfür folgende Begründung[32]:

„Diese ‚Zustellung von Gerichtsvollzieher zu Gerichtsvollzieher' ist, wie auch die näheren Einzelheiten der Regelung erkennen lassen, auf den französischen Rechtskreis zugeschnitten. Sie geht von der Rechtslage aus, wie sie in Frankreich und anderen Vertragsstaaten besteht (vgl. Bericht *Jenard* zu Art. 20 Abs. 2); danach fertigt der Gerichtsvollzieher die einen Rechtsstreit einleitende Ladung an und stellt sie dem Prozeßgegner zu; hält sich diese Person im Ausland auf, so wird die Zustellung durch die Vorlage des vom Gerichtsvollzieher angefertigten prozeßeinleitenden Schriftstücks bei der Staatsanwaltschaft oder in einer ähnlichen fiktiven Weise bewirkt; der Empfänger im Ausland wird über diese Zustellung unterrichtet, indem ihm eine Abschrift des Gerichtsvollzieheraktes auf dem vorgesehenen Wege übermittelt wird.

Demgegenüber ‚erfolgt' nach deutschem Recht ‚eine im Ausland zu bewirkende Zustellung mittels Ersuchens der zuständigen Behörde des fremden Staates oder des in diesem Staate residierenden Konsuls oder Gesandten des Bundes' (§ 199 ZPO). Der Zustellungsantrag geht vom Prozeßgericht aus. Die Zustellung wird durch das Zustellungszeugnis der ersuchten Behörde nachgewiesen (§ 202 Abs. 2 ZPO). An diesem ‚System der effektiven Zustellung', das sich bewährt hat und im Verkehr mit den diesem Übereinkommen angehörenden Ländern reibungslos durchgeführt wird, ist im Interesse der Rechtssicherheit festzuhalten. Es stellt sicher, daß später nicht die Anerkennung und Vollstreckung einer deutschen Entscheidung, die in dem so eingeleiteten Verfahren ergeht, an Zustellungsmängeln scheitert.

Abgesehen von diesen rechtlichen Bedenken, die sich aus dem deutschen System der Auslandszustellung gegenüber der neuen Zustellungsart des Art. IV Abs. 2 ergeben, würde die unmittelbare Zustellung von Gerichtsvollzieher zu Gerichtsvollzieher auch technische Schwierigkeiten bereiten. So wird in den meisten Fällen der Gerichtsvollzieher kaum übersehen können, welcher seiner ausländischen Kollegen für einen vielleicht kleinen Ort, an dem der Zustellungsempfänger sich aufhält, zuständig ist. Fehlleitungen, Nachfragen, Irrtümer und damit – oft erhebliche – Verzögerungen wären zu befürchten. Außerdem würden sich die unterschiedlichen Sprachen erschwerend auswirken. Es wäre kaum zu vermeiden, zentrale Empfangs- und Übermittlungsstellen einzurichten. Auch müßte eine Kontrolle der Ersuchen (z. B. wegen der Versagungsgründe – Art. 4 des Haager Zivilprozeßübereinkommens ...) sichergestellt werden.

Die praktischen und rechtlichen Probleme zeigen, daß die Zustellung von Gerichtsvollzieher zu Gerichtsvollzieher, jedenfalls für die Bundesrepublik Deutschland, keine Verbesserung gegenüber dem bewährten und eingespielten Verfahren nach dem Haager Zivilprozeßübereinkommen nebst Zusatzvereinbarungen über den unmittelbaren Geschäftsverkehr bedeuten würde."

---

31 BGBl. 1979 II 779.

32 BT-Drucks. VI/1973, 45 f. Auf diese Begründung wird in der Denkschrift zum Haager Zustellungsabkommen verwiesen; BT-Drucks. 7/4892, 46 f.

8. Abschnitt. Rechtshängigkeit und im Zusammenhang stehende Verfahren

Schrifttum: *Carbone,* Il regime della litispendenza nelle convenzioni dell'Aja e di Bruxelles relative al riconoscimento delle sentenze straniere, Riv. dir. int. priv. proc. 1969, 7 = L'efficacia delle sentenze straniere nelle convenzioni multilaterali dell'Aja e della C. E. E. (1969) 107; *Cerina,* In tema di rapporti tra litispendenza e art. 57 nella Convenzione di Bruxelles del 27 settembre 1968, Riv. dir. int. priv. proc. 1991, 953; *Isenburg-Epple,* Die Berücksichtigung ausländischer Rechtshängigkeit nach dem Europäischen Gerichtsstands- und Vollstreckungsübereinkommen vom 27. 9. 1968 (1992); *Pontonio,* Problemi di competenza e di litispendenza nel diritto processuale internazionale con riferimento alla convenzione di Bruxelles del 27 settembre 1968, Resp. civ. 1978, 811; *Schütze,* Die Berücksichtigung der Rechtshängigkeit eines ausländischen Verfahrens nach dem EWG-Übereinkommen über die gerichtliche Zuständigkeit und die Vollstreckung gerichtlicher Entscheidungen, RIW 1975, 78; *ders.,* Die Berücksichtigung der Konnexität nach dem EWG-Übereinkommen über die gerichtliche Zuständigkeit und die Vollstreckung gerichtlicher Entscheidungen, RIW 1975, 543; *Schwander,* Ausländische Rechtshängigkeit nach IPR-Gesetz und Lugano-Übereinkommen, in: Beiträge zum schweizerischen und internationalen Zivilprozeßrecht, Festschrift O. Vogel (Freiburg, Schweiz 1991) 395; *M. Wolf,* Einheitliche Urteilsgeltung im EuGVÜ, Festschrift Schwab (1990) 561.

Siehe auch das in der Einleitung und vor Art. 2 angeführte übergreifende Schrifttum.

Ziel des 8. Abschnitts über Rechtshängigkeit und im Zusammenhang stehende Verfahren ist die Vermeidung gegensätzlicher Entscheidungen in den verschiedenen Vertragsstaaten und damit die Sicherung einer geordneten Rechtspflege in der Gemeinschaft[1]. Dieses Ziel wird erreicht, indem die Konflikte, die aus der Anhängigkeit identischer oder im Zusammenhang stehender Klagen bei Gerichten verschiedener Vertragsstaaten entstehen können, nach dem *Grundsatz der Priorität* gelöst werden: Das später angerufene Gericht hat die Pflicht oder die Möglichkeit, sich für unzuständig zu erklären oder das Verfahren auszusetzen. Wenn trotzdem einmal zwei miteinander unvereinbare Entscheidungen in verschiedenen Vertragsstaaten ergehen, löst Art. 27 Nr. 3 den Konflikt zugunsten der Entscheidung, die in dem Staat ergangen ist, in dem die Anerkennung geltend gemacht wird. 1

Der *Anwendungsbereich* der Art. 21–23 ist in folgenden Punkten identisch: Die Verfahren müssen in verschiedenen Vertragsstaaten anhängig gemacht sein. Das später angerufene Gericht muß – abgesehen von der anderweitigen Rechtshängigkeit – international zuständig sein; fehlt es bereits daran, hat es die Klage in jedem Falle als unzulässig abzuweisen. Auf den Wohnsitz der Parteien kommt es – wie schon der Wortlaut des Übereinkommens zeigt – nicht an[2]. Insbesondere ist unerheblich, ob die Gerichte der Vertragsstaaten aufgrund einer Zuständigkeitsnorm des Übereinkommens oder des autonomen staatlichen Rechts (Art. 4 I) tätig geworden sind. Ist eine der Klagen in einem Drittstaat erhoben, 2

1 Bericht *Jenard* zu Art. 22. – Zur Berücksichtigung ausländischer Rechtskraft siehe vor Art. 26 Rz. 12.

2 *EuGH* 27. 6. 1991 – 351/89, Overseas Union/New Hampshire Insurance.

so gelten insoweit die Regeln des autonomen Zivilprozeßrechts bzw. die staatsvertraglichen Vorschriften, die mit dem Drittstaat vereinbart wurden. Ist danach die Rechtshängigkeit in einem Nichtvertragsstaat zu beachten, so tritt die Pflicht zur Justizgewährung gemäß den Zuständigkeitsregeln des EuGVÜ dahinter zurück[3]; dafür spricht insbesondere, daß das Übereinkommen den Prioritätsgrundsatz auch bei der Anerkennung zugunsten drittstaatlicher Verfahren gelten läßt (vgl. Art. 27 Nr. 5).

Artikel 21

Werden bei Gerichten verschiedener Vertragsstaaten Klagen wegen desselben Anspruchs zwischen denselben Parteien anhängig gemacht, so hat sich das später angerufene Gericht von Amts wegen zugunsten des zuerst angerufenen Gerichts für unzuständig zu erklären.

Das Gericht, das sich für unzuständig zu erklären hätte, kann die Entscheidung aussetzen, wenn der Mangel der Zuständigkeit des anderen Gerichts geltend gemacht wird.

Übersicht

1. Allgemeines

1 Die Vorschrift löst die Konflikte, die aus doppelter Rechtshängigkeit entstehen können; siehe zu ihrem Ziel und Anwendungsbereich vor Art. 21 Rz. 1 f. Der Begriff der *„Anhängigkeit“*, von dem die Vorschrift ausgeht, ist entsprechend dem in Staatsverträgen üblichen Sprachgebrauch im Sinne von Rechtshängigkeit zu verstehen[1].

2 Die Bestimmung spricht von *„Klagen“*, trifft jedoch auch das Anhängigmachen eines Anspruchs aufgrund sonstiger Bestimmungen. Beispielsweise ist denkbar, daß ein Unterhaltsanspruch nach dem Prozeßrecht des betreffenden Staates im Verbundverfahren zusammen mit der Scheidung durch Stellung eines Antrags geltend gemacht werden kann[2]. Auch eine Streitverkündung im Ausland kann

3 *Geimer*, FS Kralik (1986) 182 f.; *Kropholler*, FS Ferid (1988) 243 f.

1 *BGH* 9. 10. 1985, NJW 1986, 662 = IPRax 1987, 314, 295 Anm. *Jayme* = IPRspr. 1985 Nr. 166.
2 *BGH* (vorige Note).

nach dem insoweit maßgebenden dortigen Prozeßrecht die Rechtshängigkeit des Anspruchs begründen[3]. Zur Beantragung einstweiligen Rechtsschutzes siehe unten Rz. 9.

2. Identität der Parteien und des Streitgegenstandes

Es wird vorausgesetzt, daß Klagen „wegen desselben Anspruchs zwischen denselben Parteien“ anhängig sind. Es sind nicht *dieselben Parteien,* wenn in dem einen Verfahren das Kind seinen Unterhaltsanspruch einklagt, in dem anderen die Mutter für das Kind aus eigenem Recht klagt[4]. Ob die Parteirollen vertauscht sind, ist nach allgemeiner Meinung ohne Bedeutung. 3

In früheren Jahren fand sich die Ansicht, zur Prüfung der *Identität des Streitgegenstandes* seien die betroffenen nationalen Prozeßrechte heranzuziehen (vgl. § 261 ZPO)[5]. Nur wenn nach beiden Rechten eine Identität des Streitgegenstandes bestehe, greife Art. 21 ein. 4

Beispiel[6]: Besteht nach deutschem Recht keine Identität des Streitgegenstandes zwischen der Wechselklage und der Klage aus dem Grundgeschäft, wohl aber nach dem Prozeßrecht des anderen Vertragsstaates, so wäre Art. 21 in beiden Vertragsstaaten nicht anzuwenden. Wollte man die Bestimmung der Identitätsfrage allein nach dem zweitstaatlichen Recht beantworten, so hinge die Anwendung des Art. 21 von dem Zufall ab, ob die Klage zuerst in Deutschland oder in einem anderen Vertragsstaat erhoben wurde.

Indes hat der EuGH sich mit Recht dafür ausgesprochen, die in Art. 21 zur Umschreibung der Rechtshängigkeit verwendeten Begriffe *autonom* zu interpretieren[7]. Damit wird eine Verengung des Begriffs der Rechtshängigkeit auf den in den berührten nationalen Prozeßrechten gemeinsamen Begriffskern vermieden. Die vertragsautonome Interpretation fördert die Ziele des Übereinkommens, den Rechtsschutz innerhalb der Gemeinschaft zu verstärken, namentlich die Anerkennung der in einem Vertragsstaat ergangenen gerichtlichen Entscheidungen zu erleichtern. Bei der Begriffsbestimmung kann nämlich darauf geachtet werden, daß Art. 21 nach Möglichkeit die in Art. 27 Nr. 3 geregelte Situation verhindert, also die Nichtanerkennung einer Entscheidung wegen Unvereinbarkeit mit einer Entscheidung, die zwischen denselben Parteien im Anerkennungsstaat ergangen ist. 5

Aufgrund dieser teleologischen Erwägungen sieht der EuGH vom Begriff der Rechtshängigkeit im Sinne von Art. 21 den *konkreten Fall* umfaßt, daß eine Par- 6

---

3 So zum italienischen Recht *LG Frankfurt* 22. 2. 1988, IPRax 1990, 234, 214 Anm. *Mansel*; bestätigt durch *OLG Frankfurt* 15. 6. 1989, IPRspr. 1989 Nr. 210b.

4 *BGH* 9. 10. 1985, NJW 1986, 662 = IPRax 1987, 314, 295 Anm. *Jayme* = IPRspr. 1985 Nr. 166.

5 *Droz* Nr. 304; *Schütze,* RIW 1975, 79; *Bülow/Böckstiegel/Müller* Art. 21 Anm. III 1; *OLG Hamm* 25. 9. 1985, RIW 1986, 383 = IPRax 1986, 233, 216 Anm. *Geimer* = IPRspr. 1985 Nr. 165; zu den Unsicherheiten in der älteren Rechtsprechung siehe im übrigen die 2. Aufl.

6 *Schütze,* RIW 1975, 79.

7 *EuGH* 8. 12. 1987 – 144/86, Gubisch Maschinenfabrik/Palumbo.

tei vor dem Gericht eines Vertragsstaates die *Feststellung* der Unwirksamkeit oder die Auflösung eines internationalen Kaufvertrags begehrt, während die andere Partei vor dem Gericht eines anderen Vertragsstaates auf *Erfüllung* desselben Vertrages klagt. Würden nämlich in einem solchen Fall die streitigen Fragen in bezug auf denselben Kaufvertrag nicht allein von dem Gericht entschieden, bei dem die Klage auf Erfüllung des Vertrags anhängig ist und das zuerst angerufen wurde, so müßte die auf Erfüllung klagende Partei damit rechnen, daß ein zu ihren Gunsten ergangenes Urteil gemäß Art. 27 Nr. 3 nicht anerkannt würde, auch wenn in diesem Verfahren ein auf die Unwirksamkeit des Vertrages gestütztes Verteidigungsvorbringen der beklagten Partei zurückgewiesen wurde; denn die Anerkennung müßte abgelehnt werden, wenn ein Gericht des Anerkennungsstaates in einem dortigen Verfahren im Sinne der Unwirksamkeit oder der Auflösung desselben Vertrages erkannt hätte. Für die Annahme, daß beide Klagen „denselben Anspruch“ betreffen bzw. den „gleichen Gegenstand“ haben, genügt es also, daß Kernpunkt beider Rechtsstreitigkeiten die Wirksamkeit des Vertrages ist; die Annahme einer Identität ist nicht auf den Fall der formalen Identität zweier Klagen zu beschränken. Klageantrag und Klagegrund müssen nicht vollkommen übereinstimmen[8].

7 Die *zeitliche Reihenfolge von Leistungs- und Feststellungsklage* ist für das Eingreifen des Art. 21 nicht entscheidend. Gleichgültig, ob zunächst die Leistungsklage oder zunächst eine negative Feststellungsklage erhoben wurde – in beiden Fällen bildet die Wirksamkeit des Vertrages den übereinstimmenden Kernpunkt des Rechtsstreits. Es hat also nicht nur die früher erhobene Leistungsklage Vorrang vor einer späteren Feststellungsklage, sondern auch umgekehrt die frühere Feststellungsklage vor der späteren Leistungsklage[9]. Damit wird die wünschenswerte prozessuale Chancengleichheit von Anspruchsgegner und Prätendent erreicht: Der Anspruchsgegner hat durch schnelle Erhebung einer negativen Feststellungsklage die gleiche Chance, sich das streitentscheidende Gericht auszusuchen, wie der Leistungskläger.

8 Wird ein identischer Anspruch im Wege des *Adhäsionsverfahrens* (vgl. Art. 5 Nr. 4) vor einem ausländischen Strafgericht verfolgt, so bleibt diese Besonderheit der Rechtsverfolgung auf die Pflicht zur Beachtung der ausländischen Rechtshängigkeit ohne Einfluß[10].

9 Eindeutig betreffen die Kaufpreisklage und die im Verfahren des *einstweiligen Rechtsschutzes* begehrte Bestellung eines Sachverständigen zur Beweissicherung bei Schlechterfüllung nicht „denselben Anspruch“[11]; denn sonst hätte es eine

---

8 Anders *Isenburg-Epple* 212ff.

9 Dies betont auch *Schack*, IPRax 1989, 140. Anders die vor dem Urteil des EuGH liegende deutsche Rechtsprechung; Nachweise in der 2. Aufl.

10 *Trib. gr. inst. Dunkerque* 18. 4. 1984, J. C. P. 1985, IV, 92 = Bericht *Huet,* Clunet 1985, 946.

11 *Rb. 's-Hertogenbosch* 10. 2. 1978, N. J. 1980 Nr. 14 = Nachschlagewerk I-21-B 2; ferner *Dijon* 29. 1. 1975, D. S. 1976, Jur. 383 Anm. *Droz; Hof Antwerpen* 18. 10. 1979, Nachschlagewerk I-22-B 2. Siehe auch zum französischen Verfahren „en référé“ *Trib. Padova* 21. 3. 1985 und 11. 4. 1985, Riv. dir. int. priv. proc. 1986, 374 und 391.

Partei in der Hand, durch Erwirkung einer einstweiligen Maßnahme im Sinne des Art. 24 die Gegenpartei dem nach dem Übereinkommen für sie zuständigen Gericht zu entziehen. Die Vorschrift des Art. 21, die nur von „Klagen" spricht, steht der gleichzeitigen Beantragung einstweiliger Maßnahmen (Art. 24) in verschiedenen Vertragsstaaten jedenfalls dann nicht entgegen, wenn Sicherungsmaßnahmen für verschiedene Gegenstände erwirkt werden[12].

3. Zeitpunkt der Rechtshängigkeit

Die Verfasser des Übereinkommens hielten es nicht für erforderlich, in dem Übereinkommen festzulegen, in welchem Zeitpunkt die Rechtshängigkeit eintritt; die Frage sollte dem nationalen Verfahrensrecht der Vertragsstaaten überlassen bleiben[13]. Die Rechtsvergleichung zeigt, daß schon die Verfahrensvorschriften der sechs ursprünglichen Mitgliedstaaten in der Frage, von welchem Zeitpunkt an ein Gericht mit einem Rechtsstreit befaßt ist, im Detail nicht übereinstimmen, auch wenn diese nationalen Rechte die Gemeinsamkeit aufweisen, die Rechtshängigkeit nicht vor Zustellung der Klageschrift an den Beklagten eintreten zu lassen[14]. Das sind ungünstige Voraussetzungen für eine umfassende vertragsautonome Bestimmung des Begriffs der Rechtshängigkeit[15]. Dem Art. 21 ist nur zu entnehmen, daß für ein Gericht erst dann die Verpflichtung entsteht, sich zugunsten eines anderen Gerichts für unzuständig zu erklären, wenn feststeht, daß bei dem Gericht eines anderen Staates eine Klage wegen desselben Anspruchs zwischen denselben Parteien *endgültig* erhoben wurde. Angaben über die Art der Verfahrensformalitäten, auf die es ankommt, um eine solche Wirkung zu bejahen, enthält die Bestimmung aber nicht. Da das Übereinkommen die Vereinheitlichung dieser Formalitäten, die eng mit dem Ablauf des gerichtlichen Verfahrens in den einzelnen Staaten verknüpft sind, nicht zum Gegenstand hat, blieb dem EuGH keine andere Wahl, als zu erklären, die Frage, in welchem Zeitpunkt die Voraussetzungen für eine endgültige Anrufung im Sinne des Art. 21 vorliegen, sei für jedes Gericht nach seinem jeweiligen nationalen Recht zu beurteilen und zu entscheiden. Art. 21 ist also dahin auszulegen, daß als „zuerst angerufenes" Gericht dasjenige anzusehen ist, bei dem die Voraussetzungen für die Annahme einer endgültigen Rechtshängigkeit zuerst vorliegen; diese Voraussetzungen sind für jedes der betroffenen Gerichte nach seinen nationalen Vorschriften zu beurteilen[16]. 10

---

12 Vgl. Art. 25 Rz. 24 sowie *Hausmann,* IPRax 1981, 82, und *Matscher,* ZZP 1982, 224f., der für Leistungsverfügungen, z. B. auf vorläufigen Unterhalt, eine abweichende Lösung empfiehlt.

13 Bericht *Jenard* zu Art. 21; Bericht *Schlosser* Nr. 182.

14 Generalanwalt *Mancini* zu *EuGH* 7. 6. 1984 – 129/83, Zelger/Salinitri, Slg. 1984, 2414.

15 Anders, sich über die bestehenden Unterschiede in den nationalen Rechten hinwegsetzend, *Isenburg-Epple* 120ff.

16 So der Tenor des Urteils des *EuGH* (vorletzte Note). Ebenso *BGH* 9. 10. 1985, NJW 1986, 662 = IPRax 1987, 314, 295 Anm. *Jayme* = IPRspr. 1985 Nr. 166.

11 Diese durch den EuGH gegebene Interpretation erlaubt es jedem Gericht, unter Berücksichtigung seiner eigenen nationalen Rechtsvorschriften, soweit es selbst betroffen ist, und unter Berücksichtigung der nationalen Rechtsvorschriften jedes anderen angerufenen Gerichts, soweit dieses betroffen ist, die zeitliche Rangfolge mehrerer, unter den im Übereinkommen festgelegten Voraussetzungen erhobener Klagen mit hinreichender Sicherheit festzustellen. Für die in Deutschland erhobene Klage sind also §§ 261 I, 253 ZPO maßgebend. Für die im Ausland erhobene Klage ist auf das Recht des ausländischen Gerichts abzustellen[17]. Vor den englischen Gerichten ist ein Verfahren für die Zwecke der Art. 21, 22 rechtshängig grundsätzlich erst mit der Zustellung der Klageschrift an den Beklagten (service of the writ) und nicht bereits mit der Siegelung der Klageschrift durch den Gerichtsbeamten (issue of the writ)[18]. Ergibt sich ausnahmsweise, daß der Streitgegenstand zum gleichen Zeitpunkt sowohl im Inland als auch im Ausland anhängig wurde, so greift Art. 21 nicht ein, und beide Gerichte können ihr Verfahren fortsetzen. Der denkbare Konflikt der Urteile ist gemäß Art. 27 Nr. 3 zu lösen[19].

4. Anerkennung des ausländischen Urteils

12 Es ist nicht erforderlich, daß die Anerkennung des ausländischen Urteils zu erwarten ist[20], ein Erfordernis, das im autonomen deutschen Zivilprozeßrecht von der Rechtsprechung entwickelt wurde[21]. Das Übereinkommen folgt nämlich gerade dem Grundsatz einer ipso iure eintretenden Anerkennung ausländischer Entscheidungen (Art. 26 I) und einer größtmöglichen Freizügigkeit der Urteile innerhalb der Gemeinschaft, so daß es gerechtfertigt ist, die Wirkungen doppelter Rechtshängigkeit bei Gerichten verschiedener Vertragsstaaten unter den gleichen vereinfachten Voraussetzungen eintreten zu lassen wie in internen deutschen Fällen (vgl. § 261 III Nr. 1 ZPO). Auch ist die internationale Zuständigkeit des zuerst angerufenen Gerichts – ebenso wie bei der Anerkennung (Art. 28) – grundsätzlich nicht zu überprüfen[22]. Eine Ausnahme läßt sich aus Art. 23 und 28 für den Fall begründen, daß das später angerufene Gericht gemäß

---

17 So auch bereits *Kaiser/Prager,* RIW 1983, 669 f.

18 *Dresser (UK) Ltd.* v. *Falcongate Freight Management Ltd. (The Duke of Yare),* [1992] 2 All E.R. 450 (C. A.) = Bericht *Huber,* IPRax 1993, 114; dazu *Hogan,* Europ. L. Rev. 1992, 555; krit. *Briggs,* LMCLQ 1992, 150. Anders noch *Klöckner & Co. AG* v. *Gatoil Overseas Inc.,* [1990] 1 Lloyd's Rep. 177 (Q. B.) m. krit. Bespr. *Schack,* IPRax 1991, 270.

19 Zustimmend *OLG Koblenz* 30. 11. 1990, RIW 1991, 63 = EuZW 1991, 158 = IPRspr. 1990 Nr. 194.

20 Siehe z. B. *OLG Köln* 13. 12. 1990, NJW 1991, 1427 = RIW 1991, 328 Anm. *Rizor* = IPRax 1992, 89, 69 Anm. *Isenburg-Epple* = IPRspr. 1990 Nr. 195. Anders nur *Schütze,* RIW 1975, 79.

21 *RG* 25. 8. 1938, RGZ 158, 145, 147; *BGH* 20. 3. 1964, WM 1964, 617 = IPRspr. 1964–65 Nr. 245; 10. 10. 1985, NJW 1986, 2195 = IPRspr. 1985 Nr. 167 m. w. Nachw.

22 Siehe im einzelnen unten Rz. 16.

Art. 16 ausschließlich zuständig ist[23]. Denn nur wenn auch das Erstgericht ausschließlich zuständig ist, muß das Zweitgericht sich gemäß Art. 23 für unzuständig erklären, während es sonst sinnvoll erscheint, die anderweitige Rechtshängigkeit unbeachtet zu lassen, da das ausländische Urteil gemäß Art. 28 I in keinem Vertragsstaat anerkannt werden kann [24]. Indes ist dies nicht unstreitig. Andere Autoren empfehlen, beim Wortlaut des Art. 21 stehenzubleiben; nach dieser Ansicht darf auch ein Zweitgericht, das sich für allein ausschließlich zuständig betrachtet, die Rechtshängigkeit des ersten Verfahrens nicht übergehen und in der Sache entscheiden, sondern allenfalls das Verfahren gemäß Abs. 2 aussetzen[25].

5. Prozeßverschleppung in dem ausländischen Verfahren

Für die Rechtsfolgen des Art. 21 ist eine angebliche Verschleppung des Rechts- **13**
streits in dem anderen Vertragsstaat grundsätzlich unbeachtlich[26]. Das gilt insbesondere dann, wenn derselbe Kläger den Beklagten in zwei Vertragsstaaten verklagt hat und die Parteien sich nicht jeweils in umgekehrter Parteirolle gegenseitig in Anspruch nehmen[27]. Denn da der Kläger es selbst in der Hand hat, die durch die doppelte Rechtshängigkeit eingetretenen Schwierigkeiten durch Klagerücknahme oder Klageverzicht in einem der beiden Verfahren zu beseitigen, kann er sich nicht auf einen Verstoß gegen Treu und Glauben oder Gesichtspunkte der Zumutbarkeit berufen.

6. Klageabweisung wegen Unzuständigkeit (Abs. 1)

Gemäß Abs. 1 hat sich das Gericht eines Vertragsstaats von Amts wegen für **14**
unzuständig zu erklären, wenn die vor ihm erhobene Klage schon vor dem Gericht eines anderen Vertragsstaates anhängig ist. Das EuGVÜ i. d. F. von 1989 sieht statt dessen zunächst eine Aussetzung vor (siehe Einl Rz. 8). Das Gericht soll aber nicht in jedem Fall gezwungen werden, von Amts wegen zu prüfen, ob die Sache anderweitig rechtshängig ist, sondern „nur dann, wenn Umstände darauf hindeuten, daß derselbe Rechtsstreit bereits vor den Gerichten eines anderen

23 Zweifelhaft ist, ob auch die anderen gemäß Art. 28 nachprüfbaren Zuständigkeiten im Rahmen des Art. 21 zu überprüfen sind; bejahend *Schütze*, RIW 1975, 79; verneinend *Bülow/Böckstiegel/Müller* Art. 21 Anm. III 2.

24 *Droz* Nr. 311 ff.; *Bülow/Böckstiegel/Müller* Art. 21 Anm. III 2; *Rauscher/Gutknecht*, IPRax 1993, 24.

25 *Gothot/Holleaux* Nr. 220; *Geimer/Schütze* § 44 I 1 c.

26 *LG Frankfurt* 22. 2. 1988, IPRax 1990, 234, 214 Anm. *Mansel*; bestätigt durch *OLG Frankfurt* 15. 6. 1989, IPRspr. 1989 Nr. 210b.

27 *BGH* 28. 11. 1985, RIW 1986, 217 = IPRax 1986, 293, 274 Anm. *Rauscher* = IPRspr. 1985 Nr. 169. Vorentscheidung *OLG München* 31. 10. 1984, IPRax 1985, 338, 317 Anm. *Rauscher* = RIW 1986, 815 = IPRspr. 1984 Nr. 169.

Vertragsstaates anhängig sein könnte"[28]. Im einzelnen gilt für die Amtsprüfung das Prozeßrecht des entscheidenden Gerichts. In Deutschland gelangen also dieselben Regeln zur Anwendung wie im Rahmen des § 261 ZPO.

15 Die Unzuständigkeitserklärung „zugunsten des zuerst angerufenen Gerichts" erinnert an den „renvoi" des französischen Rechts. Da es indes eine Verweisung über die Staatsgrenzen auch innerhalb der EG bislang nicht gibt, hat der deutsche Richter die Klage durch Prozeßurteil abzuweisen[29].

7. Aussetzung der Entscheidung (Abs. 2)

16 Das später angerufene Gericht kann sich gemäß Abs. 2 darauf beschränken, die Entscheidung auszusetzen, wenn der Mangel der Zuständigkeit des zuerst angerufenen Gerichts geltend gemacht wird. Die Vorschrift will verhindern, daß die Parteien mit dem Prozeß von neuem beginnen müssen, falls das zuerst angerufene Gericht sich für unzuständig erklären sollte, und sie will vor allem negative Kompetenzkonflikte vermeiden[30]. Das Verhältnis zwischen Klageabweisung und Aussetzung wird in Art. 21 EuGVÜ 1989 (Textanhang VI) klarer umschrieben: Danach setzt das später angerufene Gericht das Verfahren von Amts wegen aus, bis die Zuständigkeit des zuerst angerufenen Gerichts feststeht; sobald sie feststeht, erklärt es sich zugunsten dieses Gerichts für unzuständig. Die Neufassung macht deutlich, daß die Prüfung der Zuständigkeit des erstbefaßten Gerichts diesem selbst obliegt und daß das zweitbefaßte Gericht das bei ihm anhängige Verfahren während des Schwebezustandes aussetzen muß. Diese Lösung überzeugt; denn das zweitbefaßte Gericht ist in keinem Fall besser geeignet, über die Zuständigkeit des erstbefaßten zu entscheiden als dieses selbst; das gilt schon, wenn sich dessen Zuständigkeit aus dem EuGVÜ ergibt, und erst recht, wenn sie aus den Zuständigkeitsvorschriften des nationalen Rechts folgt (vgl. zu dieser Möglichkeit vor Art. 21 Rz. 2). Aus diesen Gründen hat der EuGH bereits zu der gegenwärtig in Deutschland noch geltenden Fassung des Art. 21 entschieden, daß das später angerufene Gericht nicht die Zuständigkeit des erstbefaßten Gerichts prüfen darf, sondern aussetzen muß, sofern es sich nicht für unzuständig erklären will[31]. Offen, aber m. E. zu verneinen ist, ob dies auch gilt, wenn das zweitbefaßte Gericht eine ausschließliche Zuständigkeit aufgrund des Art. 16 für sich beanspruchen kann; siehe zu dieser vom EuGH offengelassenen Frage oben Rz. 12. Wenn eine ausschließliche Zuständigkeit auch für das erstbefaßte Gericht in Betracht kommt, ist nach Art. 23 zu entscheiden.

17 Das Verfahren der Aussetzung erfolgt nach staatlichem Prozeßrecht. In Deutschland kann § 148 ZPO auf die internationale Rechtshängigkeit analog

28 Bericht *Jenard* zu Art. 21.

29 *Bülow,* RabelsZ 1965, 501 N. 99.

30 Bericht *Jenard* zu Art. 21.

31 *EuGH* 27. 6. 1991 – 351/89, Overseas Union/New Hampshire Insurance.

angewandt werden[32]. Die Aussetzung endet mit der Entscheidung des Erstgerichts: Erklärt sich dieses für zuständig, so hat das Zweitgericht die Klage gemäß Abs. 1 abzuweisen; erklärt es sich für unzuständig, so nimmt das Verfahren vor dem Zweitgericht seinen Fortgang.

8. Die Neufassung von San Sebastian und Lugano

Die (für Deutschland noch nicht in Kraft getretene) Neufassung des Art. 21 in den Übereinkommen von San Sebastian und Lugano (Textanhang VI und VII) verbessert die Vorschrift, indem das später angerufene Gericht nur dann zu der weitreichenden Maßnahme verpflichtet wird, sich zugunsten des zuerst angerufenen Gerichts für unzuständig zu erklären, wenn dessen Zuständigkeit bereits feststeht (Art. 21 II n. F.). Solange dies nicht der Fall ist, hat das Gericht das bei ihm anhängig gemachte Verfahren lediglich von Amts wegen auszusetzen (Art. 21 I n. F.). **18**

Die Neuregelung ist auf die Überlegung zurückzuführen, daß häufig eine Klage eingereicht werden muß, um eine Frist einzuhalten oder die Verjährung zu unterbrechen. Erklärt sich in einem solchen Falle das zuerst angerufene Gericht für unzuständig, so bleibt die Frist wenigstens durch die später erhobene Klage gewahrt, wenn das später angerufene Gericht das Verfahren nur ausgesetzt und nicht die Klage sogleich wegen anderweitiger Rechtshängigkeit abgewiesen hat[33]. **19**

Artikel 22

Werden bei Gerichten verschiedener Vertragsstaaten Klagen, die im Zusammenhang stehen, erhoben, so kann das später angerufene Gericht die Entscheidung aussetzen, solange beide Klagen im ersten Rechtszug anhängig sind.

Das später angerufene Gericht kann sich auf Antrag einer Partei auch für unzuständig erklären, wenn die Verbindung im Zusammenhang stehender Verfahren nach seinem Recht zulässig ist und das zuerst angerufene Gericht für beide Klagen zuständig ist.

Klagen stehen im Sinne dieses Artikels im Zusammenhang, wenn zwischen ihnen eine so enge Beziehung gegeben ist, daß eine gemeinsame Verhandlung und Entscheidung geboten erscheint, um zu vermeiden, daß in getrennten Verfahren widersprechende Entscheidungen ergehen könnten.

---

32 *Habscheid,* RabelsZ 1967, 266 ff.; zustimmend *Schütze,* RIW 1975, 80; *Bülow/Böckstiegel/Müller* Art. 21 Anm. IV 2.

33 Bericht *Jenard/Möller* Nr. 64.

Übersicht

1. Bedeutung

1 Die Vorschrift eröffnet – in Anlehnung an das französische und belgische Recht – die dem deutschen Prozeßrecht unbekannte Möglichkeit, vor verschiedenen Gerichten anhängige, zusammenhängende Verfahren zu verbinden (vgl. § 147 ZPO) oder das Verfahren vor dem später angerufenen Gericht auszusetzen (vgl. § 148 ZPO). Sie will – wie Art. 21 – gegensätzliche Entscheidungen vermeiden und eine geordnete Rechtspflege in der Gemeinschaft sichern[1]. Sie gestattet aber nur eine Aussetzung des Verfahrens und – unter den zusätzlichen Voraussetzungen des Abs. 2 – eine Klageabweisung wegen Unzuständigkeit. Dagegen schafft sie keine Zuständigkeit des Sachzusammenhangs[2]. Der Art. 22 ist nämlich nur anzuwenden, wenn im Zusammenhang stehende Klagen bereits bei Gerichten zweier oder mehrerer Vertragsstaaten erhoben worden sind. Im Zusammenhang stehende Klagen, die jede für sich betrachtet bei Gerichten verschiedener Vertragsstaaten zu erheben wären, können also nicht aufgrund von Art. 22 gleichzeitig vor einem dieser Gerichte anhängig gemacht werden, auch wenn die Verbindung zusammenhängender Verfahren nach dem autonomen Recht dieses Staates zulässig ist[3].

2. Begriff des Zusammenhangs (Abs. 3)

2 Klagen stehen nach der Legaldefinition des Abs. 3 „im Zusammenhang", wenn zwischen ihnen eine so enge Beziehung gegeben ist, daß eine gemeinsame Verhandlung und Entscheidung geboten erscheint, um zu vermeiden, daß in getrennten Verfahren widersprechende Entscheidungen ergehen könnten. Entscheidend für die Auslegung ist also das eindeutig angegebene Ziel, „widersprechende Entscheidungen" zu vermeiden. Dementsprechend greift Art. 22 nicht ein, wenn das inländische Gericht über eine zur Aufrechnung gestellte Gegenforderung, über die im Ausland ein Prozeß schwebt, schon deshalb nicht entscheiden darf, weil die Aufrechnung nach einer Vereinbarung der Parteien nur mit einer „unstreitigen" Gegenforderung zulässig ist; der inländische Rechtsstreit ist dann entscheidungs-

1 Bericht *Jenard* zu Art. 22. Siehe zu Ziel und Anwendungsbereich der Vorschrift vor Art. 21 Rz. 1 f.

2 *EuGH* 24. 6. 1981 – 150/80, Elefanten Schuh/Jacqmain.

3 So *EuGH* (vorige Note).

reif, und es besteht kein Anlaß, die ausländische Entscheidung abzuwarten, weil widersprechende Entscheidungen ohnehin nicht ergehen können[4].

Die Voraussetzungen des Art. 22 sind erheblich leichter erfüllt als die des Art. 21. Identität des Streitgegenstandes oder Identität der Parteien werden in Art. 22 nicht verlangt. Beispielsweise ist zwischen einer Klage auf Minderung des Kaufpreises und Schadensersatz und einer anderen auf Zahlung des Restkaufpreises ein „Zusammenhang“ gegeben[5]. Das gleiche gilt, wenn unterschiedliche Ansprüche aus ein und demselben Vertrag in verschiedenen Staaten eingeklagt werden und die Zuständigkeit der beiden angerufenen Gerichte von der Wirksamkeit einer in dem Vertrag enthaltenen Gerichtsstandsklausel abhängt[6]. Dagegen genügt es für einen „Zusammenhang“ nicht, daß zwischen den an beiden Rechtsstreitigkeiten beteiligten Gesellschaften enge Interessenverflechtungen bestehen, wenn der Streitgegenstand beider Prozesse verschiedene Geschäfte betrifft[7]. Der Antrag auf Erlaß einer einstweiligen Anordnung stellt keine Klage im Sinne des Art. 22 dar[8]. Im übrigen geben die romanischen Rechte, die dem Art. 22 als Vorbild gedient haben, gewisse Auslegungshilfen[9]. 3

3. Anhängigkeit im ersten Rechtszug

In Abs. 1 wird die Rechtshängigkeit beider Verfahren „im ersten Rechtszug“ verlangt[10]. Das Erfordernis soll verhindern, daß eine Partei eines Rechtszuges verlustig ginge[11]. Es gilt – diesem Zweck entsprechend – auch für Abs. 2[12]. 4

4. Aussetzung der Entscheidung (Abs. 1)

Unter den in Abs. 1 genannten Voraussetzungen kann das später angerufene Gericht seine Entscheidung aussetzen. Weitere Voraussetzungen als die in Abs. 1 genannten bestehen nicht; insbesondere ist nicht vonnöten, daß die Entschei- 5

4 *OLG Hamm* 18. 10. 1982, NJW 1983, 523 = RIW 1983, 56, 207 = IPRspr. 1982 Nr. 19.

5 *Trib. Bassano del Grappa* 13. 2. 1976, Riv. dir. int. priv. proc. 1978, 74 = Nachschlagewerk I-21-B 1. Das Gericht verneinte dagegen die Anwendbarkeit von Art. 21 (siehe Art. 21 Rz. 6).

6 *LG Frankfurt* 23. 8. 1991, Bericht IPRax 1992, 389.

7 Vgl. *Cour sup.* (Luxemburg) 14. 12. 1977, Nachschlagewerk I-22-B 1.

8 *Hof Antwerpen* 18. 10. 1979, Jur. comm. Belg. 1980, I, 181; *Rb. 's-Hertogenbosch* 10. 2. 1978, N. J. 1980 Nr. 14 = Nachschlagewerk I-21-B 2.

9 Siehe die Beispiele aus der belgischen Rechtsprechung bei *Schütze,* RIW 1975, 544.

10 Zum Zeitpunkt der Rechtshängigkeit, der in Art. 22 ebenso zu bestimmen ist wie in Art. 21, wobei die sprachlichen Variationen in den deutschen Textfassungen ohne Bedeutung sind, siehe Art. 21 Rz. 10.

11 Bericht *Jenard* zu Art. 22.

12 Siehe *Bülow,* RabelsZ 1974, 268 f. Er weist darauf hin, daß von den Verfassern ursprünglich nur ein Absatz vorgesehen war, der das Erfordernis enthielt, und daß die Aufteilung in zwei Absätze keine sachliche Änderung bringen sollte. Aus der Rechtsprechung *OLG Hamm* 25. 9. 1985, RIW 1986, 383 = IPRax 1986, 233, 216 Anm. *Geimer* = IPRspr. 1985 Nr. 165.

dung des ausländischen Gerichts voraussichtlich anerkannt wird[13]. Da Abs. 1 – im Unterschied zu Abs. 2 – keinen Antrag verlangt, ist die Frage der Aussetzung von Amts wegen zu prüfen (siehe Art. 21 Rz. 14). Bei seiner Ermessensentscheidung wird das Gericht u. a. darauf abstellen, ob sich das ausländische Gericht voraussichtlich für zuständig erklärt und wann seine Entscheidung zu erwarten ist. Das Verfahren der Aussetzung richtet sich nach dem staatlichen Prozeßrecht (siehe Art. 21 Rz. 17).

5. Klageabweisung wegen Unzuständigkeit (Abs. 2)

6 Wenn beide Klagen im Zusammenhang stehen und noch im ersten Rechtszug anhängig sind, kann das später angerufene Gericht sich unter den Voraussetzungen des Abs. 2 für unzuständig erklären. Diese Ermessensentscheidung darf nur auf Antrag einer Partei ergehen. Damit negative Kompetenzkonflikte vermieden werden, muß feststehen, daß das zuerst angerufene Gericht für beide Klagen zuständig ist; es darf sich also nicht zur Entscheidung der zweiten Sache für unzuständig erklärt haben[14]. Außerdem ist erforderlich, daß das staatliche Recht des später angerufenen Gerichts eine Verbindung zusammenhängender Klagen zuläßt, die vor verschiedenen Gerichten anhängig sind[15]. Das ist nach deutschem Recht nicht der Fall, da § 147 ZPO eine Verbindung zweier Verfahren nur gestattet, wenn sie vor demselben Gericht schweben. Die deutschen Gerichte haben daher nur die Möglichkeit, das Verfahren nach Art. 22 I auszusetzen.

7 Die Möglichkeit einer *Verweisung des Rechtsstreits* an das zuerst angerufene Gericht eröffnet Abs. 2 nicht (vgl. auch Art. 21 Rz. 15). Das ist nach dem deutschen Wortlaut der Vorschrift klar, während die niederländische Fassung („ook tot verwijzing overgaan") mißverständlich ist[16].

Artikel 23

Ist für die Klagen die ausschließliche Zuständigkeit mehrerer Gerichte gegeben, so hat sich das zuletzt angerufene Gericht zugunsten des zuerst angerufenen Gerichts für unzuständig zu erklären.

1 Die Vorschrift soll einen Kompetenzkonflikt vermeiden, der in dieser Form in der Praxis freilich äußerst selten ist. In Art. 23 dürfte – wie in Art. 21 – die

13 Siehe zur gleichen Problematik im Rahmen des Art. 21 dort Rz. 12; anders nur *Schütze,* RIW 1975, 545.

14 Bericht *Jenard* zu Art. 22.

15 Das Verfahren, wie die Verbindung der zusammenhängenden Verfahren vor sich geht, haben die Verfasser des Übereinkommens dem innerstaatlichen Recht der einzelnen Staaten überlassen; Bericht *Jenard* zu Art. 22.

16 Irregeführt wurde dadurch *Rb. Rotterdam* 23. 7. 1982, N. J. 1983 Nr. 753 Anm. *Schultsz.*

Identität der Parteien und des Streitgegenstandes vorausgesetzt sein, obwohl die systematische Stellung der Bestimmung und der erläuternde Bericht für die Auffassung sprechen, Art. 23 auch im Falle eines „Zusammenhanges" der Klagen im Sinne des Art. 22 anzuwenden[1]. Denn bei bloßem Zusammenhang besteht kein Anlaß, die Erklärung der Unzuständigkeit zwingend vorzuschreiben, und Art. 22 II zeigt, daß das Übereinkommen auf die Rechtsordnungen Rücksicht nehmen will, denen eine Verbindung zusammenhängender Klagen, die vor verschiedenen Gerichten schweben, nicht bekannt ist[2]. Die Prüfung der anderweitigen Rechtshängigkeit erfolgt grundsätzlich von Amts wegen (siehe Art. 21 Rz. 14). Stellt sich dabei heraus, daß das zuerst angerufene Gericht keine ausschließliche internationale Zuständigkeit beanspruchen kann, so hat das ausschließlich zuständige Zweitgericht die anderweitige Rechtshängigkeit unbeachtet zu lassen (siehe Art. 21 Rz. 12).

9. Abschnitt. Einstweilige Maßnahmen einschließlich solcher, die auf eine Sicherung gerichtet sind

Artikel 24

Die in dem Recht eines Vertragsstaats vorgesehenen einstweiligen Maßnahmen einschließlich solcher, die auf eine Sicherung gerichtet sind, können bei den Gerichten dieses Staates auch dann beantragt werden, wenn für die Entscheidung in der Hauptsache das Gericht eines anderen Vertragsstaats aufgrund dieses Übereinkommens zuständig ist.

Übersicht

Schrifttum: *Albrecht*, Das EuGVÜ und der einstweilige Rechtsschutz in England und in der Bundesrepublik Deutschland (1991); *ders.*, Art. 24 EuGVÜ und die Entwicklung des einstweiligen Rechtsschutzes in England seit 1988, IPRax 1992, 184; *Bertrams*, De positie van het kort geding in het EEG Executieverdrag 1968, WPNR 1981, 1, 21, 49; *Di Blase*, Provvedimenti cautelari e convenzione di Bruxelles, Riv. dir. int. 1987, 5; *Collins*, The Territorial Reach of Mareva Injunctions, L.Q. Rev. 1989, 262; *Dalhuisen*, Creditors' Remedies and the Conflicts of Law in the European Community, in: Ius

1 Im Bericht *Jenard* zu Art. 23 heißt es, „daß sich das zuletzt angerufene Gericht entweder nach Art. 21 oder nach Art. 22 zugunsten des zuerst angerufenen Gerichts für unzuständig erklären muß".

2 Ebenso im Ergebnis *Bülow/Böckstiegel/Müller* Art. 23 Anm. III.

inter Nationes, Festschrift Riesenfeld (1983) 1; *Dittmar,* Der Arrestgrund der Auslandsvollstreckung, NJW 1978, 1720; *Eilers,* Maßnahmen des einstweiligen Rechtsschutzes im europäischen Zivilrechtsverkehr (1991); *Heiss,* Einstweiliger Rechtsschutz im europäischen Zivilrechtsverkehr (1987); *Hogan,* The Judgments Convention and Mareva Injunctions in the United Kingdom and Ireland, Europ. L. Rev. 1989, 191; *Koch,* Neuere Probleme der internationalen Zwangsvollstreckung einschließlich des einstweiligen Rechtsschutzes, in: Materielles Recht und Prozeßrecht und die Auswirkungen der Unterscheidung im Recht der internationalen Zwangsvollstreckung (1992) 171; *Isaak Meier,* Besondere Vollstreckungstitel nach dem Lugano-Übereinkommen, in: *Schwander* (Hrsg.), Das Lugano-Übereinkommen (St. Gallen 1990) 157; *Renke,* Der Prozeßkostenvorschuß im Ehescheidungsverfahren und Art. 24 EuGVÜ, FuR 1990, 149; *Stickler,* Das Zusammenwirken von Art. 24 EuGVÜ und §§ 916ff. ZPO (1992).

Siehe auch das in der Einleitung und vor Art. 2 angeführte übergreifende Schrifttum.

I. Allgemeines

1 Für den Erlaß einstweiliger Maßnahmen enthält das Übereinkommen keine positive, eigenständige Regelung. In Art. 24 wird – nach dem Vorbild vieler bilateraler Anerkennungs- und Vollstreckungsabkommen – auf das nationale Recht verwiesen: Die im innerstaatlichen Recht eines Vertragsstaats vorgesehenen einstweiligen Maßnahmen können bei seinen Gerichten auch dann beantragt werden, wenn für die Entscheidung in der Hauptsache das Gericht eines anderen Vertragsstaats aufgrund des Übereinkommens zuständig ist. Die damit in der einheitlichen Regelung gelassene Lücke hat sich als eine Schwachstelle des Übereinkommens erwiesen. Denn es zeigt sich allenthalben, daß der vorläufige Rechtsschutz in Fällen mit Berührung zu einem anderen EG-Staat nicht gut unabhängig von der Zuständigkeits- und Anerkennungsordnung des Übereinkommens gesehen werden kann. Dem Rechnung zu tragen, ist einstweilen der richterlichen Rechtsfindung überlassen. Auf längere Sicht wäre es wünschenswert, wenn das Übereinkommen um eine einheitliche Regelung für den einstweiligen Rechtsschutz ergänzt würde.

2 Die in Art. 24 ausgesprochene Verweisung auf das nationale Verfahrensrecht erfaßt nicht nur den Erlaß einstweiliger Maßnahmen, sondern auch Entscheidungen über ihre Gültigkeit oder Aufhebung. Sie bezieht sich auf die internationale Zuständigkeit ebenso wie auf die Art der zu verfügenden Maßnahmen[1] einschließlich ihrer Voraussetzungen und Wirkungen. Nach den in Art. 2 und 4 I niedergelegten Grundsätzen gilt Art. 24 nur, wenn der Schuldner seinen Wohnsitz in einem Vertragsstaat hat, während sonst allein das nationale Recht zur Anwendung kommt (siehe vor Art. 2 Rz. 5 und 8). Soweit einstweilige Maßnahmen ohne Ladung der Gegenpartei ergangen sind oder ohne vorherige Zustellung vollstreckt werden sollen, ist ihre Anerkennung und Vollstreckung in den anderen Vertragsstaaten nach dem in Titel III des Übereinkommens vorgesehenen vereinfachten Verfahren aus Gründen des Schuldnerschutzes nicht möglich[2].

1 Bericht *Jenard* zu Art. 24.

2 Zur Anerkennung und Vollstreckung näher unten Art. 25 Rz. 21 ff.

II. Begriff der einstweiligen Maßnahme

Der Begriff der einstweiligen Maßnahme ist weder im Text des Übereinkommens noch in einem der erläuternden Berichte definiert. Der Wortlaut des Art. 24 gibt einen Hinweis nur dadurch, daß er Maßnahmen, „die auf eine Sicherung gerichtet sind", ausdrücklich einschließt. Diese Maßnahmen liegen im Kernbereich des Art. 24. Allgemein umschreibend läßt sich sagen, daß die gemeinten Maßnahmen dem Gläubiger nur einen vorläufigen, vom Ausgang eines späteren Hauptsacheverfahrens abhängigen Rechtsschutz gewähren sollen. Bislang hat sich keine Notwendigkeit ergeben, aus der Vielfalt der in den Rechten der Vertragsstaaten vorgesehenen einstweiligen Maßnahmen einige mittels vertragsautonomer Qualifikation aus Art. 24 auszuschließen[3]. Eindeutig keine einstweilige Maßnahme ist die Gläubigeranfechtungsklage, da sie nicht eine tatsächlich oder rechtlich bestehende Lage bis zur Entscheidung in der Hauptsache vorläufig aufrechterhalten, sondern die Rechtslage hinsichtlich des Vermögens von Schuldner und Begünstigtem gerade verändern will, indem eine fraudulöse Verfügung des Schuldners dem Gläubiger gegenüber für unwirksam erklärt werden soll[4]. 3

Erfaßt sind nur Maßnahmen, die in den von Art. 1 umschriebenen *sachlichen Anwendungsbereich* des Übereinkommens fallen. Das Übereinkommen bietet keine Grundlage dafür, insoweit zwischen einstweiligen und endgültigen Maßnahmen zu unterscheiden[5]. Maßgebend für die Frage, ob sich der Anwendungsbereich des Übereinkommens auf eine beantragte Maßnahme erstreckt, ist das Rechtsgebiet, dem sie selbst zuzurechnen ist, und nicht das Gebiet, um das es im Hauptantrag geht[6]. 4

Aus dem deutschen Zivilprozeßrecht erfaßt Art. 24 den *Arrest* und die *einstweilige Verfügung* (§§ 916ff. ZPO) in ihren verschiedenen Erscheinungsformen[7]. 5

---

3 Eine eingehende rechtsvergleichende Übersicht bietet *Eilers* 5ff.; einige rechtsvergleichende Bemerkungen zu den verschiedenen einstweiligen Maßnahmen nach den Rechtsordnungen der Vertragsstaaten finden sich ferner bei *Bertrams,* WPNR 1981, 21 ff.; *Dalhuisen,* FS Riesenfeld (1983) 1 ff.; *Heiss* 68 ff.

4 *EuGH* 26. 3. 1992 – 261/90, Reichert/Dresdner Bank, unter Nr. 35.

5 *EuGH* 27. 3. 1979 – 143/78, De Cavel/De Cavel, Slg. 1979, 1067; 31. 3. 1982 – 25/81, W./H.

6 *EuGH* 6. 3. 1980 – 120/79, De Cavel/De Cavel, Slg. 1980, 741.

7 Aus dem *niederländischen* Verfahrensrecht werden dementsprechend die Maßnahmen „conservatoire beslag" und „kort geding" genannt; siehe *Bertrams*, WPNR 1981, 3ff. zum „kort geding" siehe auch *Rb. Almelo* 2. 9. 1979, N. J. 1979 Nr. 145 Anm. *Schultsz* = Bericht *H. Verheul,* Neth. Int. L. Rev. 1981, 80; *Rb. Middelburg* 24. 4. 1987, N.J. 1989 Nr. 744 Anm. *Schultsz; Rb.'s-Gravenhage* 31. 5. 1988, N. J. 1989 Nr. 745. Auch den „vreemdelingenbeslag" nach Art. 764ff. Rv. läßt Art. 24 zu, jedoch muß die anschließende Klage in der Hauptsache vor einem nach dem Übereinkommen zuständigen Gericht erhoben werden; *Rb. Leeuwarden* 22. 9. 1977, Nachschlagewerk I-24-B5.

Dazu zählt die sog. *„Leistungsverfügung"*[8]; sie zielt nicht nur auf Sicherung, sondern auf eine vorläufige Befriedigung ab[9]. Auch *einstweilige Anordnungen,* etwa in Ehe- und Kindschaftssachen, sind zu nennen, sofern sie in den von Art. 1 umschriebenen sachlichen Anwendungsbereich des Übereinkommens fallen, wie einstweilige Unterhaltsanordnungen[10]. Ferner sei aus dem französischen Recht die Anordnung einer Abschlagszahlung in Fällen, in denen das Bestehen der Verbindlichkeit nicht ernsthaft bestritten werden kann, besonders erwähnt (Art. 809 II bzw. 849 II N. C. proc. civ.)[11]. Alle diese auf eine Leistung gerichteten vorläufigen Anordnungen gehören zu Art. 24, der sich nach seinem Wortlaut eindeutig nicht *nur* auf sichernde Maßnahmen bezieht[12]. Freilich ist für Leistungsanordnungen gerade in internationalen Fällen Zurückhaltung geboten, da der ausländische „Schuldner" angesichts der Vermögenslage des vermeintlichen Gläubigers Schwierigkeiten haben kann, das Geleistete zurückzuerhalten.

Für *England, Wales und Nordirland* bestimmt der Civil Jurisdiction and Judgments Act 1982 in sec. 25 (1), daß der High Court auch dann einstweilige Maßnahmen erlassen kann, wenn für die Entscheidung in der Hauptsache die Gerichte eines anderen Vertragsstaates oder eines anderen Jurisdiktionsbereiches im Vereinigten Königreich zuständig sind[13]. Die Vorschrift bezieht sich namentlich auf die *„Mareva* injunction"[14]. Mit einer derartigen Anordnung kann das Gericht dem Schuldner untersagen, *innerhalb seiner Gerichtsbarkeit belegenes Vermögen* zu entfernen oder darüber in einer Weise zu verfügen, die es der Vollstreckung eines künftigen Urteils entziehen könnte. In mehreren Entscheidungen hat der Court of Appeal zuletzt aber auch die Ausdehnung einer *„Mareva* injunction" auf

---

8 Die deutsche Rechtsprechung läßt sie (in Form der Zahlung einer Geldsumme) dann zu, wenn der Gläubiger besonders dringend auf Erfüllung seines Anspruchs angewiesen ist; näher *Stein/Jonas/Grunsky* vor § 935 Rz. 31 ff.; *Baumbach/Lauterbach/Albers/Hartmann,* ZPO[51] (1993) Grundz. § 916 Rz. 6 ff.

9 *Grunsky,* RIW 1977, 7; *Hausmann,* IPRax 1981, 80; *Bülow/Böckstiegel/Müller* Art. 24 Anm. III 1; *Geimer/Schütze* § 39 V.

10 Zu ihnen *EuGH* 6. 3. 1980 – 120/79, De Cavel/De Cavel.

11 *Trib. gr. inst. Nanterre* 9. 10. 1978, Rev. crit. 1979, 128 krit. Anm. *Mezger* (kritisch auch *Lagarde,* Rev. crit. 1979, 102) = Gaz. Pal. 1979, Somm. 161; ebenso die höhere Instanz *Versailles* 27. 6. 1979, Gaz. Pal. 1979, Jur. 453 zust. Anm. *Mauro* = Bericht *Holleaux,* Clunet 1980, 894 = Nachschlagewerk I-24-B 8; *Aix-en-Provence* 4. 5. 1981, Rev. crit. 1983, 110 Anm. *Couchez; Colmar* 5. 3. 1982, Nachschlagewerk I-24-B 11. Siehe zu diesen Entscheidungen auch *Gothot/Holleaux* Nr. 204 und 205.

12 Für eine Ausklammerung der Leistungsverfügung dagegen *Heiss* 98 ff.; gegen ihn *Albrecht* 103 ff.

13 Für Schottland vgl. sec. 27 f. Eine entsprechende Vorschrift für Irland findet sich in sec. 11 (1) des Jurisdiction of Courts and Enforcement of Judgments (European Communities) Act, 1988.

14 Siehe *Republic of Haiti* v. *Duvalier,* [1989] 1 All E.R. 456 (C. A.) und *X* v. *Y and another,* [1989] 3 All E.R. 689 (Q.B.): Anhängigkeit des Hauptverfahrens jeweils in Frankreich; *Alltrans Inc.* v. *Interdom Holdings Ltd.,* [1991] 4 All E.R. 458 (C.A.): Anhängigkeit des Hauptverfahrens in den Niederlanden.
Vor Inkrafttreten des Civil Jurisdiction and Judgments Act 1982 ließ das englische Recht nur dann eine *„Mareva* injunction" zu, wenn das Hauptverfahren in England anhängig war; siehe etwa *The Siskina,* [1977] 3 All E.R. 803 (H.L.). Näher *Eilers* 132 ff.

Vermögen im Ausland für zulässig erklärt[15]. – Ausdrücklich ausgeschlossen von der Zuständigkeitserweiterung nach sec. 25 (1) sind gemäß sec. 25 (7) (b) solche einstweiligen Maßnahmen, die der Beschaffung von Beweismitteln dienen.

III. Internationale Zuständigkeit

Die in Art. 24 ausgesprochene Verweisung auf die Zuständigkeitsregeln des autonomen Rechts bedeutet nicht, daß einstweilige Maßnahmen nicht auch bei dem nach Art. 2ff. EuGVÜ zuständigen Gericht beantragt werden können[16]. Denn Art. 24 hat nur den Zweck, dem Gläubiger die außerhalb des Übereinkommens bestehenden Zuständigkeiten zu belassen. Dagegen kann die Vorschrift nicht den Sinn haben, für den einstweiligen Rechtsschutz die Zuständigkeitsnormen des EuGVÜ völlig auszuschalten, zumal sie für das anschließende Hauptsacheverfahren maßgebend bleiben und häufig ein Gericht berufen, das auch für die einstweiligen Maßnahmen als sachnah erscheint. Der Gläubiger kann sich mit seinem Antrag auf Erlaß einer einstweiligen Maßnahme also wahlweise entweder an ein nach dem EuGVÜ oder ein nach dem nationalen Verfahrensrecht zuständiges Gericht wenden[17]. 6

Hat bei mehrfacher Rechtshängigkeit das später angerufene Gericht eines Vertragsstaates sich nach Art. 21 ff. für unzuständig erklärt oder das Verfahren ausgesetzt, so bleibt doch eine nach dem EuGVÜ oder nach dem nationalen Recht gegebene Zuständigkeit für einstweilige Maßnahmen erhalten[18]. Denn die Vorschriften der Art. 21 ff. EuGVÜ wollen nur widersprechende Entscheidungen in der Hauptsache vermeiden, nicht aber einer vorläufigen Maßnahme im Wege stehen. 7

---

15 *Republic of Haiti* v. *Duvalier*, [1989] 1 All E. R. 456 (C. A.); *Derby & Co. Ltd.* v. *Weldon (No. 1)*, [1989] 1 All E. R. 469 (C. A.); *(No. 2)*, [1989] 1 All E. R. 1002 (C. A.); *(No. 6)*, [1990] 3 All E. R. 263 (C. A.). Dazu Aufsatz *Albrecht*, IPRax 1992, 184; *Dohmann/Briggs*, in: Materielles Recht ... (1992) 157; *Capper*, LMCLQ 1991, 26. Siehe ferner *Collins*, L. Q. Rev. 1989, 262 ff.; *O'Malley/Layton* 164 ff. Zweifelnd über die Anerkennungsfähigkeit (Art. 25 ff.) einer derartigen „worldwide *Mareva*" für den Fall, daß das Hauptverfahren nicht in England anhängig ist, *Collins*, L. Q. Rev. 1989, 294 und Riv. dir. int. priv. proc. 1990, 29 f. Zur Durchsetzung in Deutschland näher *Koch*, in: Materielles Recht ... (1992) 257 f.

16 Vgl. *OLG Frankfurt* 23. 9. 1980, RIW 1980, 799 = ZIP 1980, 922 = IPRspr. 1980 Nr. 178: Zuständigkeit des gemäß Art. 17 vereinbarten Gerichts; *Hof 's-Hertogenbosch* 24. 2. 1981, N. J. 1981 Nr. 540: Zuständigkeit gemäß Art. 6 Nr. 1; *Rb. Middelburg* 24. 4. 1987, N.J. 1989 Nr. 744 Anm. *Schultsz*: Zuständigkeit gemäß Art. 5 Nr. 3.

17 So im Ergebnis auch *Grunsky*, RIW 1977, 8; *Hausmann*, IPRax 1981, 80; *Bülow/Böckstiegel/Müller* Art. 24 Anm. III 2; *Geimer/Schütze* § 29 XVI 2; einschränkend *J. P. Verheul*, Rechtsmacht ... (1982) Nr. 176: Zuständigkeit aufgrund des nationalen Verfahrensrechts sei in teleologischer Reduktion des Art. 24 nur dann zu bejahen, wenn die einstweilige Maßnahme im Staat des angerufenen Gerichts durchgeführt werden könne.

18 Vgl. *Droz* Nr. 331; *Bülow/Böckstiegel/Müller* Art. 24 Anm. III 2; *Geimer/Schütze* § 40.

8 Soweit Art. 24 auf das innerstaatliche Recht der Vertragsstaaten verweist und dieses Recht das Gericht der Hauptsache für zuständig erklärt (wie z. B. §§ 919 Altern. 1, 937 I ZPO), ist umstritten, wie das Hauptsachegericht zu bestimmen ist, wenn für die Hauptsache das Übereinkommen eingreift. Teilweise wird vertreten, in diesen Fällen ergebe sich auch für den einstweiligen Rechtsschutz das Gericht der Hauptsache nur aus den Vorschriften des Übereinkommens[19]. Insbesondere könne in den exorbitanten Gerichtsständen (wie § 23 ZPO, Art. 14, 15 Code civil), die der Art. 3 II EuGVÜ für die Hauptsache ausdrücklich ausschließt, keine vorläufige Maßnahme beantragt werden. Hauptsachegericht dürfe nur ein Gericht sein, das wirklich über die Hauptsache entscheiden könne, nicht aber ein Gericht, das sich in der Hauptsache für unzuständig erklären müßte. In der Tat ist die Begründung der Eilzuständigkeit eines Gerichts mit seiner bloß fiktiven Hauptsachezuständigkeit wenig überzeugend. Dennoch wird überwiegend die Auffassung vertreten, zur Ermittlung der Hauptsachezuständigkeit in Eilfällen könnten – unbeeinflußt von Art. 2ff. EuGVÜ – alle nationalen Zuständigkeitsvorschriften herangezogen werden, also in Deutschland insbesondere auch § 23 ZPO[20].

Für diese Auffassung wird angeführt, daß Art. 24 das nationale Zuständigkeitsrecht auf dem Gebiet des einstweiligen Rechtsschutzes unberührt lassen[21] und den Gläubiger nicht durch eine Beschränkung auf die Zuständigkeitsregeln des Übereinkommens benachteiligen wolle[22]. Wenn man dieser Ansicht folgen will, sollte man sie für einzelne exorbitante Gerichtsstände einschränken. Andernfalls gelangte man beispielsweise zu dem Ergebnis, daß ein Franzose kraft der Staatsangehörigkeitszuständigkeit des Art. 14 Code civil ein französisches Gericht ersuchen kann, das in Deutschland befindliche Konto seines in Deutschland wohnhaften Schuldners mit Arrest zu belegen. Im französischen Schrifttum wird mit Recht eingewandt, daß dies dem Sinn des Art. 24 EuGVÜ nicht mehr entspreche, der darin bestehe, Verzögerungen bei der Durchsetzung von Ansprüchen in internationalen Fällen zu vermeiden. Eine Beschleunigung sei aber von einer einstweiligen Maßnahme eines französischen Gerichts dann nicht zu erwarten, wenn der Antragsgegner weder Wohnsitz noch Vermögen in Frankreich habe. In einem solchen Fall, in dem später doch in einem anderen Staat voll-

---

19 *OLG Koblenz* 2. 5. 1975, NJW 1976, 2081 mit insoweit krit. Anm. *Schlafen* = RIW 1977, 359 mit zust. Anm. *Puttfarken* = IPRspr. 1975 Nr. 187. Offen gelassen von *OLG Frankfurt* 23. 9. 1980, RIW 1980, 799 = ZIP 1980, 922 = IPRspr. 1980 Nr. 178.

20 *OLG Düsseldorf* 18. 5. 1977, NJW 1977, 2034 = IPRspr. 1977 Nr. 166; *LG Bremen* 30. 5. 1978, RIW 1980, 366 = IPRspr. 1978 Nr. 178. Aus dem Schrifttum siehe *Geimer,* RIW 1975, 85; *Schlafen,* NJW 1976, 2082; *Grunsky,* RIW 1977, 7; *Dittmar,* NJW 1978, 1721; *Bertrams,* WPNR 1981, 21; *Huet,* Clunet 1982, 169; *Dalhuisen,* FS Riesenfeld (1983) 9; *Geimer/Schütze* § 41 I; *Stein/Jonas/Grunsky* § 919 Anm. 2; *Bülow/Böckstiegel/Müller* Art. 24 Anm. IV 1; *Nagel* Rz. 178; *Koch,* in: Materielles Recht ... (1992) 181 ff.; *Stickler* 47. Eingehende Kritik dieser Auffassung bei *Eilers* 195 ff.

21 *Geimer/Schütze* § 41 I 3.

22 *Dittmar,* NJW 1978, 1721.

streckt werden müsse, reiche Art. 14 Code civil nach dem Sinn des Art. 24 EuGVÜ nicht aus, um eine Zuständigkeit für eine einstweilige Maßnahme zu begründen[23]. Es bleibt abzuwarten, ob sich im Richterrecht eine Interpretation durchsetzt, die der rechtlichen Integration in Europa wenigstens so weit Rechnung trägt, daß den exorbitanten Zuständigkeiten der nationalen Rechte im Rahmen des einstweiligen Rechtsschutzes gewisse Grenzen gezogen werden.

Nach *deutschem autonomen Recht* ist für den *Arrest* zum einen das Gericht der Hauptsache international zuständig (§ 919 Altern. 1 ZPO), wobei die Bestimmung des Hauptsachegerichts von der soeben dargelegten Streitfrage abhängig sein kann. Die bloße Anhängigkeit der Hauptsache begründet keine internationale Zuständigkeit für einstweilige Maßnahmen, wenn die deutsche internationale Zuständigkeit für die Hauptsache nicht gegeben ist; ihr Vorliegen ist also zu prüfen[24]. Zum anderen ist das Amtsgericht zuständig, in dessen Bezirk der mit Arrest zu belegende Gegenstand oder die in ihrer persönlichen Freiheit zu beschränkende Person sich befindet (§ 919 Altern. 2 ZPO). Eine deutsche internationale Zuständigkeit am Ort der Belegenheit wäre also, auch wenn § 23 ZPO im Anwendungsbereich des Übereinkommens vollständig ausgeschlossen wäre, nach § 919 Altern. 2 ZPO in jedem Falle gegeben, wenn auch nur beim Amtsgericht und nicht beim Landgericht (vgl. zur Bedeutung dieses Unterschiedes § 10 ZPO). *Einstweilige Verfügungen* erläßt das Gericht der Hauptsache (§ 937 I ZPO). Für einstweilige Verfügungen, aufgrund derer eine Vormerkung oder ein Widerspruch in das Grundbuch, das Schiffsregister oder das Schiffsbauregister eingetragen werden soll, enthält § 942 II ZPO eine besondere Zuständigkeitsnorm. Die internationale Zuständigkeit des Hauptsachegerichts für *einstweilige Anordnungen* in Ehesachen, insbesondere für vorläufige Unterhaltsanordnungen, ergibt sich aus § 620a IV ZPO. In einem Rechtsstreit auf Feststellung des Bestehens der Vaterschaft kann nach § 641 d I ZPO ebenfalls das Hauptsachegericht durch einstweilige Anordnung den Unterhalt regeln. Auch diese internationalen Zuständigkeiten läßt das Übereinkommen gemäß Art. 24 unberührt. 9

IV. Auswirkungen des EuGVÜ auf den Arrestgrund der Auslandsvollstreckung (§ 917 II ZPO)

Der dingliche Arrest findet nach § 917 I ZPO statt, wenn zu besorgen ist, daß ohne dessen Verhängung die Vollstreckung des Urteils vereitelt oder wesentlich erschwert werden würde. Ob ohne den Arrest eine konkrete Gefährdung der Vollstreckung vorläge, ist unerheblich. Nach § 917 II ZPO ist es bereits als ausrei- 10

23 *Gothot/Holleaux* Nr. 203.

24 *OLG Koblenz* 23. 2. 1990, RIW 1990, 316 = IPRax 1991, 241, 215 Anm. *Hanisch* = ZIP 1991, 1098, 1048 Aufsatz *Otte* = IPRspr. 1990 Nr. 228. Anders *LG Frankfurt* 12. 4. 1989, NJW 1990, 652 = RIW 1989, 485 = IPRax 1990, 177, 161 krit. Anm. *H. Roth* = IPRspr. 1989 Nr. 229.

chender Arrestgrund anzusehen, wenn das Urteil im Ausland vollstreckt werden müßte. Sinn des § 917 II ZPO ist es, dem Gläubiger die erschwerte Zwangsvollstreckung eines Titels im Ausland zu ersparen. Die Erleichterung des § 917 II ZPO greift deshalb dann nicht ein, wenn im Inland genügend Vermögen vorhanden ist und keine Gefahr der Wegschaffung besteht[25] oder wenn dem Gläubiger ausreichende Sicherheiten eingeräumt sind, mögen sie sich auch im Ausland befinden[26]. Nach Inkrafttreten des EuGVÜ stellen sich zwei Fragen: Ist es berechtigt, § 917 II ZPO auch dann anzuwenden, wenn das Urteil aufgrund des im EuGVÜ vorgesehenen erleichterten Verfahrens in einem anderen Vertragsstaat vollstreckt werden müßte? Ist § 917 II ZPO auch dann anzuwenden, wenn nicht ein inländisches Urteil, sondern ein Urteil aus einem anderen Vertragsstaat im Ausland vollstreckt werden müßte?

1. Notwendigkeit der Vollstreckung in einem anderen Vertragsstaat

11 Wenn das Urteil in einem anderen Vertragsstaat des EuGVÜ vollstreckt werden müßte, greift § 917 II ZPO seinem Wortlaut nach ein; denn die EG-Staaten sind nach wie vor „Ausland". Aber es ergeben sich Zweifel, ob der Sinn des § 917 II ZPO noch erfüllt ist, da das Urteil aufgrund der besonderen Erleichterungen des EuGVÜ vollstreckt werden kann. Die Anwendbarkeit des § 917 II ZPO wird wegen Fehlens seiner ratio von manchen verneint[27]; andere verweisen zur Begründung auf das Diskriminierungsverbot in Art. 7 I EWGV[28] oder das Gebot der Gemeinschaftsrechtskonformität des nationalen Prozeßrechts[29]. Die Vertreter der Gegenmeinung halten § 917 II ZPO dagegen weiterhin für einschlägig, zumal die Vollstreckung in einem europäischen Nachbarstaat – trotz des EuGVÜ – immer noch schwerer sei als im Inland[30]. Die deutsche Praxis hat sich zu der naheliegenden teleologischen Reduktion des § 917 II ZPO bislang

---

25 *RG* 30. 10. 1907, RGZ 67, 22, 26; *OLG Düsseldorf* 18. 5. 1977, NJW 1977, 2034 = IPRspr. 1977 Nr. 166. Ebenso bei einer ausländischen Linienreederei, die regelmäßig deutsche Häfen bedient: *OLG Hamburg* 6. 5. 1971, AWD 1973, 101 = IPRspr. 1971 Nr. 153; *OLG Bremen* 23. 9. 1971, OLGZ 1972, 247 = VersR 1972, 250 = IPRspr. 1971 Nr. 155.

26 *BGH* 22. 2. 1972, NJW 1972, 1044 = AWD 1972, 246 = IPRspr. 1972 Nr. 167.

27 So zuerst *Geimer,* RIW 1975, 86; siehe ferner die eingehende Abwägung bei *Puttfarken,* RIW 1977, 361 f.; *Dittmar,* NJW 1978, 1721 f.; *Ackmann*, IPRax 1991, 166 ff.; *Ehricke*, NJW 1991, 2189 ff.

28 *LG München I* 11. 10. 1991, RIW 1991, 948 = IPRax 1992, 321, 302 zust. Anm. *Schumann*; offen gelassen von der Berufungsentscheidung *OLG München* 28. 4. 1992 – 18 U 6204/91 (unveröffentlicht); *Schlosser*, RIW 1983, 483 f.; *Albrecht* 137 f. Anders z. B. *Mankowski*, NJW 1992, 601 f.

29 *Brödermann*, MDR 1992, 94.

30 *Schlafen,* NJW 1976, 2083; *Bülow/Böckstiegel/Müller* Art. 24 Anm. IV 1; *Stein/Jonas/Grunsky* § 917 Rz. 15; *Stickler* 76 ff.; im Ergebnis auch *Eilers* 49 ff.; *Mankowski*, NJW 1992, 599 ff.; siehe ferner *Grunsky,* RIW 1977, 8, wo die *rechtspolitische* Berechtigung einer Einschränkung des § 917 II ZPO anerkannt wird.

meist nicht durchringen können und ist beim Wortlaut der Vorschrift stehengeblieben[31].

2. Notwendigkeit der Vollstreckung von Urteilen aus anderen Vertragsstaaten im Ausland

Die Vorschrift des § 917 II ZPO wird überwiegend so aufgefaßt, daß sie die Not- 12
wendigkeit der Vollstreckung eines *deutschen* Urteils im Ausland voraussetzt[32]. Dem ist grundsätzlich zuzustimmen. Denn der Grundgedanke des § 917 II ZPO besteht offenbar darin, dem Gläubiger die erschwerte Zwangsvollstreckung aus einem inländischen Titel im Ausland zu ersparen. Die Vorschrift setzt die Rechtsgewährung durch das inländische Gericht fort. Vereinzelt wird auch die Meinung vertreten, § 917 II ZPO erleichtere bei Vorliegen seiner sonstigen Voraussetzungen ebenfalls die Vollstreckung *aller ausländischen* Urteile[33]; nach dieser Meinung hat § 917 II ZPO den Zweck, daß der Gläubiger nicht die Mühen einer Vollstreckung im Ausland auf sich nehmen muß, wenn er im Inland ein greifbares Vollstreckungsobjekt vorgefunden hat[34]. Indes überzeugt die Prämisse nicht, daß die Vollstreckung aus einem ausländischen Titel im Inland allein wegen der Belegenheit von Vermögen leichter sei als im Ausland und daß sie deshalb durch § 917 II ZPO gesichert werden müsse. Eine derartige Ausweitung der praktisch voraussetzungslosen inländischen Arrestmöglichkeit mit ihren schwerwiegenden Folgen für den Schuldner wird deshalb von der Praxis abgelehnt[35]. Erwägenswert ist allenfalls, *Urteile aus anderen Vertragsstaaten des EuGVÜ* inländischen Urteilen in gewissen Fällen gleichzustellen. Denn Inländer müssen infolge der Zuständigkeitsbeschränkungen des Übereinkommens ihre Klage häufig in einem ausländischen Vertragsstaat erheben[36], und die ausländische Entscheidung wird dann im Inland (ebenso wie in den anderen EG-Staaten) erleichtert anerkannt. Im einzelnen sollte man freilich differenzieren. Es sind die folgenden drei Fallgruppen zu unterscheiden.

---

31 *OLG Düsseldorf* 18. 5. 1977, NJW 1977, 2034 = IPRspr. 1977 Nr. 166; *OLG München* 15. 6. 1983, NJW 1983, 2778 = RIW 1983, 534 = IPRspr. 1983 Nr. 188; *LG Bremen* 30. 5. 1978, RIW 1980, 366 = IPRspr. 1978 Nr. 178; *LG Berlin* 21. 10. 1981, ZIP 1983, 223 = IPRspr. 1982 Nr. 189. *OLG Hamburg* 16. 11. 1992 hat die Frage dem EuGH vorgelegt, wo sie unter dem Aktenzeichen 398/92 schwebt (ABl. Nr. C 339, 10 vom 22. 12. 1992).

32 Siehe etwa *Geimer/Schütze* § 41 V; *OLG München* 2. 12. 1987, NJW-RR 1988, 1023 = IPRspr. 1987 Nr. 172.

33 So *Stein/Jonas/Grunsky* § 917 Rz. 17; *AG Hamburg-Harburg* 9. 7. 1975, IPRspr. 1975 Nr. 188.

34 *Grunsky,* IPRax 1983, 211.

35 Siehe etwa *OLG Hamburg* 11. 12. 1989, NJW 1990, 112 = RIW 1991, 244 = IPRspr. 1989 Nr. 232.

36 Deshalb befürwortet *Eilers* 58 ff. eine Erweiterung des § 917 II ZPO in dem Fall, daß der Gläubiger aufgrund von Normen, die von der autonomen Rechtslage abweichen, verpflichtet ist, im Ausland zu klagen.

13 Das Urteil aus einem ausländischen Vertragsstaat müßte ohne den Arrest *in seinem Ursprungsland* vollstreckt werden, also z. B. ein italienisches Urteil in Italien. Hier greift § 917 II ZPO nicht ein; denn es ist normal und keine wesentliche Erschwerung der Vollstreckung, daß ein Titel in seinem Ursprungsland vollstreckt werden muß[37].

14 Das Urteil aus einem ausländischen Vertragsstaat müßte ohne den Arrest *in einem anderen Vertragsstaat* vollstreckt werden, also z. B. ein italienisches Urteil in Frankreich. Auch hier ist die von § 917 II ZPO vorausgesetzte Konstellation (Vermeidung erschwerter Auslandsvollstreckung durch den inländischen Arrest) nicht gegeben; denn das Urteil des anderen Vertragsstaats wird in den übrigen EG-Staaten aufgrund des EuGVÜ ebenso erleichtert anerkannt und vollstreckt wie in Deutschland.

15 Das Urteil aus einem ausländischen Vertragsstaat müßte ohne den Arrest *in einem Drittstaat* vollstreckt werden, also z. B. ein italienisches Urteil in Japan. Allenfalls hier kann man annehmen, daß die ratio des § 917 II ZPO noch erfüllt ist; denn die Vollstreckung des ausländischen Urteils ist in einem Drittstaat im allgemeinen schwieriger als in Deutschland, wo die Erleichterungen des EuGVÜ helfen[38]. Der neutrale Wortlaut des § 917 II ZPO („das Urteil") läßt eine entsprechende europafreundliche Interpretation noch zu. Freilich verlöre die Bestimmung durch die entstehenden Abgrenzungsfragen an Trennschärfe. Beispielsweise steht nicht immer fest, in welchem ausländischen Staat ohne den Arrest vollstreckt werden müßte (so bei Schiffen) und genaugenommen müßte auch jeweils geprüft werden, ob der ausländische Vertragsstaat mit dem Drittstaat (im Beispiel Italien mit Japan) nicht durch ein bilaterales Abkommen verbunden ist, das die Vollstreckung in ähnlicher Weise erleichtert wie das EuGVÜ zwischen seinen Vertragsstaaten; denn dann wäre die ratio des § 917 II ZPO schon nicht mehr erfüllt. Diese Überlegungen mögen eine Erklärung dafür bieten, daß sich die durch das EuGVÜ nahegelegte erweiternde Interpretation des § 917 II ZPO in der Praxis bislang nicht durchgesetzt hat.

---

37 *OLG Düsseldorf* 17. 9. 1982, ZIP 1982, 1341 = IPRspr. 1982 Nr. 204; *OLG Frankfurt* 2. 3. 1983, RIW 1983, 289 = IPRax 1983, 227, 210 Anm. *Grunsky* = IPRspr. 1983 Nr. 187.

38 Für diese Lösung *Schlafen*, NJW 1976, 2083; *Puttfarken*, RIW 1977, 362 ff.; *Geimer/Schütze* § 41 V; *Ehricke*, NJW 1991, 2192; *Koch*, in: Materielles Recht ... (1992) 189 f. Anders *Dittmar*, NJW 1978, 1722, *Mankowski*, RIW 1991, 184 ff., und die überwiegende gerichtliche Praxis.

Titel III. Anerkennung und Vollstreckung

Schrifttum: *Arnold*, Ist Artikel 34 des EWG-Gerichtsstands- und Vollstreckungsübereinkommens mit Art. 103 Abs. 1 GG vereinbar?, AWD 1972, 389; *Baumann*, Die Anerkennung und Vollstreckung ausländischer Entscheidungen in Unterhaltssachen (1989) 76 ff.; *Bellet*, Reconnaissance et exécution des décisions en vertu de la Convention du 27 septembre 1968, Rev. trim dr. europ. 1975, 32; *Braun*, Der Beklagtenschutz nach Art. 27 Nr. 2 EuGVÜ (1992); *Consolo*, La tutela sommaria e la Convenzione di Bruxelles: La „circulazione" comunitaria dei provvedimenti cautelari e dei decreti ingiuntivi, Riv. dir. int. priv. proc. 1991, 593; *Feige*, Die Kosten des deutschen und französischen Vollstreckbarerklärungsverfahrens nach dem GVÜ (1988); *Geimer*, Anerkennung gerichtlicher Entscheidungen nach dem EWG-Übereinkommen vom 27. 9. 1968, RIW 1976, 139; *ders.*, Das Anerkennungsverfahren gemäß Art. 26 Abs. 2 des EWG-Übereinkommens vom 27. September 1968, JZ 1977, 145, 213; *ders.*, Nachprüfung der internationalen Zuständigkeit des Urteilsstaates in Versicherungs- und Verbrauchersachen, RIW 1980, 305; *ders.*, Die Gerichtspflichtigkeit des Beklagten außerhalb seines Wohnsitzstaates aus der Sicht des EWG-Übereinkommens vom 27. September 1968/9. Oktober 1978, WM 1980, 1106; *ders.*, Das neue Gesetz zur Ausführung zwischenstaatlicher Anerkennungs- und Vollstreckungsverträge in Zivil- und Handelssachen (Anerkennungs- und Vollstreckungsausführungsgesetz – AVAG), NJW 1988, 2157; *Habscheid*, Anerkennung und Vollstreckung von Urteilen aus EWG-Staaten in der Bundesrepublik Deutschland, ZfRV 1973, 262; *Hök*, Das grenzüberschreitende Mahnverfahren und das neue Anerkennungs- und Vollstreckungsausführungsgesetz, MDR 1988, 186; *Kaye*, Stay of Enforcement Proceedings under the European Judgments Convention: Factors Relevant to the Exercise of Discretion, J. Bus. L. 1991, 261; *Kren*, Anerkennbare und vollstreckbare Titel nach IPR-Gesetz und Lugano-Übereinkommen, in: Beiträge zum schweizerischen und internationalen Zivilprozeßrecht, Festschrift O. Vogel (Freiburg, Schweiz 1991) 419; *Lane*, Free Movement of Judgments within the EEC, Int. Comp. L. Q. 1986, 629; *Linke*, Die Kontrolle ausländischer Versäumnisverfahren im Rahmen des EG-Gerichtsstands- und Vollstreckungsübereinkommens – Des Guten zuviel?, RIW 1986, 409; *Lipstein*, Enforcement of Judgments under the Jurisdiction and Judgments Convention: Safeguards, Int. Comp. L. Q. 1987, 873; *Luther*, Zur Auslegung von Art. 39 des Europäischen Gerichtsstands- und Vollstreckungsübereinkommens von 1968, IPRax 1982, 120; *Martiny*, Anerkennung nach multilateralen Staatsverträgen – Europäisches Gerichtsstands- und Vollstreckungsübereinkommen vom 27. 9. 1968, in: Hdb. IZVR III/2 Kap. II § 1; *Mascagni*, Sull'accertamento dell'efficacia di cosa giudicata attribuita a sentenze straniere in base alla Convenzione di Bruxelles, Riv. dir. int. priv. proc. 1975, 715; *Matscher*, Vollstreckung im Auslandsverkehr von vorläufig vollstreckbaren Entscheidungen und von Maßnahmen des provisorischen Rechtsschutzes, ZZP 1982, 170; *Isaak Meier*, Besondere Vollstreckungstitel nach dem Lugano-Übereinkommen, in: *Schwander* (Hrsg.), Das Lugano-Übereinkommen (St. Gallen 1990) 157; *Milionis*, Praxis der Vollstreckung deutscher Titel in Griechenland nach dem EuGVÜ, RIW 1991, 100; *Mosconi*, Qualque riflessione in tema d'ordine pubblico nel progetto di riforma e nella Convenzione di Bruxelles del 1968, Riv. dir. int. priv. proc. 1992, 5; *Münch*, Ausländische Tenorierungsgewohnheiten kontra inländische Bestimmtheitsanforderungen, RIW 1989, 18; *Niemeyer*, Die Vollstreckung deutscher Gerichtsentscheidungen in Spanien im Hinblick auf das EuGVÜ, IPRax 1992, 265; *Parisi*, Spunti in tema di ordine pubblico e Convenzione giudiziaria di Bruxelles, Riv. dir. int. priv. proc. 1991, 13; *Pluyette*, La Convention de Bruxelles et les droits de la défense, Etudes offertes à Bellet (1991) 427; *Pocar*, Sull'autorizzazione di provvedimenti conservativi ai sensi dell'art. 39 della Convenzione di Bruxelles del 27 settembre 1968, Riv. dir. int. priv. proc. 1979, 495; *H. Roth*, Gerichtsstand kraft Sachzusammenhangs in dem Vollstreckbarerklärungsverfahren des europäischen Zivilprozeßrechts, RIW 1987, 814; *Rottola*, La „congruità" del termine a comparire dinanzi al giudice straniero ai sensi dell'art. 27 n. 2 della convenzione di Bruxelles del 27 settembre 1968, Riv. dir. int. 1980, 424; *M. J. Schmidt*, Die internationale Durchsetzung von Rechtsanwaltshonoraren (1991); *ders.*, Wann sind Anwaltshonorare nach EuGVÜ und Lugano-Übereinkommen vollstreckbar?, RIW 1991, 626; *Schütze*, Die Nachprüfung der internationalen Zuständigkeit nach dem EWG-Übereinkommen über die gerichtliche Zuständigkeit und die Vollstreckung gerichtlicher Entscheidungen, AWD 1974, 428; *ders.*, Zur Bedeutung der rügelosen Einlassung im internationalen Zivilprozeßrecht, RIW 1979, 590; *ders.*, Die Geltendmachung von Einwendungen gegen die Klauselerteilung nach dem EG-Zuständigkeits- und Vollstreckungsübereinkommen durch eine Schutzschrift, FS Bülow (1981) 211; *Stürner*, Förmlichkeit und Billigkeit bei der Klagzustellung im Europäischen Zivilprozeß, JZ 1992, 325; *Trombetta-Panigadi*, A proposito di provvedimenti conservativi ex Art. 39 della Convenzione di Bruxelles del 1968, Riv. dir. int. priv. proc. 1985, 115; *Vanden Casteele*, La reconnaissance et l'exécution des mesures provisoires et conservatoires dans la Convention sur la compétence judiciaire et l'exécution des décisions en matière civile et commerciale du 27 septembre 1968, J. trib. 1980, 737; *Villagomez Cebrian*, Reconocimiento y exequatur de decisiones judiciales en la CEE, Rev. Instituc. Eur. 1986, 29; *Wastl*, Die Vollstreckung deutscher Titel auf der Grundlage des EuGVÜ in Italien (1991); *A. Wolf*, Neue Möglichkeiten für die Durchsetzung von Unterhaltstiteln im Bereich der Europäischen Wirtschaftsgemeinschaft, DAVorm. 1973, 329; *M. Wolf*, Einheitliche Urteilsgeltung im EuGVÜ, Festschrift Schwab (1990) 561; *Wolff*, Vollstreckbarerklärung – EG-Gerichtsstands- und Vollstreckungsübereinkommen, in: Hdb. IZVR III/2 Kap. IV § 3.

Siehe auch das in der Einleitung angeführte übergreifende Schrifttum.

Artikel 25

Unter „Entscheidung" im Sinne dieses Übereinkommens ist jede von einem Gericht eines Vertragsstaats erlassene Entscheidung zu verstehen, ohne Rücksicht auf ihre Bezeichnung wie Urteil, Beschluß oder Vollstreckungsbefehl, einschließlich des Kostenfestsetzungsbeschlusses eines Urkundsbeamten.

Übersicht

I. Allgemeines

1. Auslegung

1 Für die Auslegung des Titels III gelten die in der Einleitung dargestellten Grundsätze (Einl. Rz. 29ff.). Speziell das Erfordernis einer integrationsfreundlichen Interpretation findet eine zusätzliche Rechtfertigung darin, daß das EuGVÜ die Anerkennung und Vollstreckung „in großzügiger Weise" regeln will. Nach dem erläuternden Bericht „soll durch das Übereinkommen soweit wie möglich die

Freizügigkeit der Urteile hergestellt werden. In diesem Sinne ist das Übereinkommen auszulegen"[1].

Die Frage, ob die Rechtsfindung vertragsautonom oder anhand eines staatlichen Rechts (insbesondere dem des Erst- und Zweitstaates) erfolgen soll, ist – hier wie im übrigen EuGVÜ – im Zweifel zugunsten der autonomen Auslegung zu entscheiden (siehe Einl Rz. 43). So ist der Ausdruck „Entscheidung" für die Zwecke des Übereinkommens autonom zu bestimmen (siehe die eigenständige Definition in Art. 25). Nur in besonders gelagerten Fragen ist ein Rückgriff auf das nationale Recht angezeigt. Beispielsweise legt das Recht des Erststaates die Wirkungen der Entscheidung fest (vgl. vor Art. 26 Rz. 9), und das Recht des Zweitstaates bestimmt, wann ein Verstoß gegen den ordre public gegeben ist (Art. 27 Nr. 1)[2]. (Unter Erststaat wird in diesen Erläuterungen – einem verbreiteten Sprachgebrauch folgend – der Ursprungsstaat der Entscheidung, unter Zweitstaat der anerkennende Staat verstanden.) 2

2. Anwendungsbereich der Anerkennungs- und Vollstreckungsregeln

Der Titel III über die Anerkennung und Vollstreckung bezieht sich nur auf solche Entscheidungen aus Vertragsstaaten, die gemäß Titel I (Art. 1) in den sachlichen und gemäß Titel VI (Art. 54) in den zeitlichen *Anwendungsbereich des Übereinkommens* fallen. Es muß sich also um Entscheidungen in Zivil- und Handelssachen in dem in Art. 1 umschriebenen Sinne handeln, und die Entscheidung muß grundsätzlich nach dem Inkrafttreten des EuGVÜ ergangen sein (Ausnahme: Art. 54 II). Fällt die Entscheidung nach ihrem Gegenstand nur teilweise in den sachlichen Anwendungsbereich des Übereinkommens, so ist eine auf diesen Teil beschränkte Anerkennung und Vollstreckung möglich (Art. 42). Hat der Erstrichter das Vorliegen einer Zivil- und Handelssache im Sinne des Art. 1 ersichtlich bejaht und das Übereinkommen angewandt, so ist der Zweitrichter nach früher überwiegender Auffassung an diese Qualifikation gebunden, da er die Entscheidung nur in dem durch Art. 27 und 28 gezogenen engen Rahmen überprüfen darf[3]. Indes läßt sich gegen diese Meinung einwenden, die Art. 27 und 28 sagten nur etwas zu den Fällen, in denen man sich im Anwendungsbereich des Übereinkommens befinde. Dieser Anwendungsbereich dürfe durch eine unrichtige Interpretation des Erstrichters nicht für die Frage der Anerkennung erweitert werden, bei der es um einen selbständigen Regelungsbereich gehe. Es sei ausreichend, wenn nur die Entscheidungen nach dem EuGVÜ anerkannt werden, die tatsächlich darunter fallen[4]. In der Tat bleibt bei Unanwendbarkeit des 3

1 Bericht *Jenard* vor Art. 26.

2 *Martiny*, RabelsZ 1981, 435.

3 Siehe etwa die Stellungnahme der EG-Kommission im Verfahren *EuGH* 14. 10. 1976 – 29/76, LTU/Eurocontrol, Slg. 1976, 1547 ff.; *Bülow/Böckstiegel/Linke* Art. 25 Anm. III 2.

4 *Martiny* in Hdb. IZVR III/2 Kap. II Rz. 28 m. w. Nachw.; siehe auch *Geimer/Schütze* §§ 20 IX, 110; *Gothot/Holleaux* Nr. 31, 235.

EuGVÜ immer noch die Möglichkeit einer Anerkennung nach anderen Staatsverträgen oder nach dem autonomen staatlichen Recht.

4 Nicht erforderlich ist für das Vorliegen einer „Entscheidung" im Sinne des Art. 25, daß sie einen *internationalen Sachverhalt* betrifft. Der erforderliche Auslandsbezug im Anerkennungs- und Vollstreckungsteil, dessen Anwendungsvoraussetzungen von denen des Zuständigkeitsteils unabhängig sind, ist schon dadurch gegeben, daß die Entscheidung eines reinen Inlandsfalles später in einem ausländischen Vertragsstaat vollstreckt werden soll[5]. Erst recht ist es nicht notwendig, daß das Gericht des Urteilsstaates aufgrund einer in Titel II begründeten *Zuständigkeit* entschieden hat. Vielmehr erstreckt sich der Titel III auch auf diejenigen Entscheidungen der Vertragsstaaten, die nach dem Inkrafttreten des EuGVÜ gegen Beklagte mit Wohnsitz oder Sitz außerhalb eines Vertragsstaates aufgrund der autonomen Zuständigkeitsnormen (vgl. Art. 4 I) ergangen sind. Das ist insofern bedenklich, als damit der Wirkungsbereich exorbitanter Gerichtsstände des autonomen Rechts erweitert wird (siehe Art. 3 Rz. 3 und 6 sowie Art. 28 Rz. 3). Die Zuständigkeit der Gerichte des Urteilsstaates wird grundsätzlich nicht nachgeprüft (Art. 28 III).

3. Verhältnis zu anderen Abkommen und zum autonomen staatlichen Recht

5 Die *bilateralen Anerkennungs- und Vollstreckungsabkommen* zwischen einzelnen Vertragsstaaten haben im wesentlichen nur noch Bedeutung für Entscheidungen auf den Rechtsgebieten, auf die das EuGVÜ gemäß Art. 1 nicht anwendbar ist (Art. 56). Die (meist multilateralen) Übereinkommen über besondere Rechtsgebiete – z. B. über Unterhaltssachen – bleiben dagegen in ihrer Regelung der Anerkennung und Vollstreckung von Entscheidungen „unberührt" (Näheres bei Art. 57).

6 Das *autonome Anerkennungs- und Vollstreckungsrecht* der einzelnen Vertragsstaaten ist im sachlichen und zeitlichen Anwendungsbereich des EuGVÜ durch dessen Bestimmungen grundsätzlich verdrängt (siehe Einl Rz. 11). Demnach darf einer Entscheidung, die aufgrund des EuGVÜ anerkannt und vollstreckt werden muß, die Anerkennung und Vollstreckung nicht mit der Begründung verweigert werden, das autonome Recht des Anerkennungsstaates lasse diese Folgen nicht eintreten.

7 Ferner folgt aus der in Art. 26 I vorgeschriebenen automatischen Anerkennung und aus dem in Art. 21 zum Ausdruck gebrachten Ziel der Vermeidung widersprüchlicher Entscheidungen der *Ausschluß einer erneuten Leistungsklage*. Die Partei, zu deren Gunsten in einem Vertragsstaat eine gerichtliche Entscheidung ergangen ist, die gemäß Art. 31 in einem anderen Vertragsstaat mit der Vollstreckungsklausel versehen werden könnte, darf bei einem Gericht dieses Ver-

---

5 So auch *Martiny* in Hdb. IZVR III/2 Kap. II Rz. 11.

tragsstaates nicht die erneute Verurteilung der anderen Partei zu der ihr bereits in dem ersten Staat zugesprochenen Leistung begehren; das gilt auch dann, wenn das Verfahren nach Art. 31 ff. im Einzelfall kostenaufwendiger ist als ein erneutes Verfahren über die Hauptsache im Vollstreckungsstaat[6]. Eine wiederholte Klage mit identischem Streitgegenstand sollte aber erst dann als unzulässig abgewiesen werden, wenn feststeht, daß die Voraussetzungen für die Anerkennung und Vollstreckung der zuerst ergangenen Entscheidung erfüllt sind[7]. Liegen die Voraussetzungen für eine Klauselerteilung nach Art. 34 II nicht vor, so ist die erneute Klage zulässig.

Zu erwägen ist, eine Anerkennung nach autonomem Recht zuzulassen, wenn 8
dieses im Einzelfall ausnahmsweise anerkennungsfreudiger ist als das EuGVÜ, z. B. weil der Versagungsgrund des Art. 27 Nr. 4 in einem nationalen Recht nicht besteht. Die bilateralen Anerkennungs- und Vollstreckungsabkommen entscheiden sich bei dieser Konstellation – ausgesprochen oder unausgesprochen – im allgemeinen für das *anerkennungsfreudigere nationale Recht*[8]. Auch im Rahmen des EuGVÜ spricht für diese Lösung, daß das Übereinkommen die Freizügigkeit der Entscheidungen innerhalb der EG erleichtern, nicht aber erschweren will. Ein Einbruch in das einheitliche europäische Zivilprozeßrecht zugunsten der Anerkennung von Entscheidungen anderer Vertragsstaaten ließe sich also durchaus begründen[9]. Erforderlich wäre freilich, daß sämtliche Anerkennungsvoraussetzungen des autonomen Rechts erfüllt sind, während das EuGVÜ die Anerkennung versagt. Eine anerkennungsfreundliche Mischung der Normen des autonomen Rechts mit denen des Übereinkommens ist ausgeschlossen. Die Problematik ist gegenwärtig kaum bedeutsam, weil das europäische Zivilprozeßrecht im allgemeinen großzügiger ist als das nationale Recht. Sie kann aber an Aktualität gewinnen, wenn sich im autonomen Recht einzelner Staaten eine Liberalisierung des Anerkennungsrechts durchsetzt.

II. Die Legaldefinition der „Entscheidung"

1. Entscheidung eines Gerichts

Die Entscheidung muß Ausfluß staatlicher Gerichtshoheit sein. Auf die *Art der* 9
Gerichtsbarkeit kommt es gemäß Art. 1 nicht an, sondern auf den Gegenstand „Zivil- und Handelssache". Zwar werden Zivil- und Handelssachen in der Regel

6 *EuGH* 30. 11. 1976 – 42/76, De Wolf/Cox. Siehe auch die in diesem Verfahren abgegebene abweichende Erklärung der Bundesregierung, Slg. 1976, 1762 ff.

7 *Wolff* in Hdb. IZVR III/2 Kap. IV Rz. 342. Anders *LG Münster* 21. 6. 1978, NJW 1980, 534, 1234 mit richtigstellender Anm. *Geimer* = RIW 1978, 686 = IPRspr. 1978 Nr. 153.

8 Siehe *Jellinek*, Die zweiseitigen Staatsverträge über Anerkennung ausländischer Zivilurteile (1953) 160.

9 Siehe auch *Geimer/Schütze* § 124; *Schack*, IZVR (1991) Rz. 808; ablehnend *Martiny* in Hdb. IZVR III/2 Kap. II Rz. 199.

von Zivil-, Handels- oder Arbeitsgerichten entschieden. Aber auch die Entscheidungen in Zivil- und Handelssachen, die in einem Vertragsstaat ausnahmsweise von einem Strafgericht, z. B. im Adhäsionsverfahren (siehe zu Art. 5 Nr. 4 EuGVÜ und Art. II des Protokolls Art. 5 Rz. 50), oder von einem Verwaltungsgericht erlassen wurden (vgl. Art. 1 Rz. 13 ff.), müssen in den übrigen Vertragsstaaten nach dem 3. Titel des EuGVÜ anerkannt und vollstreckt werden[10]. Ferner sind Entscheidungen der freiwilligen Gerichtsbarkeit erfaßt, sofern sie nicht – wie meist – gemäß Art. 1 II Nr. 1 wegen ihres Gegenstandes vom Anwendungsbereich des EuGVÜ ausgeschlossen sind.

10 Neben *richterlichen* Entscheidungen sind insbesondere auch solche des *Rechtspflegers* gemeint, so die in Art. 25 ausdrücklich genannten Vollstreckungsbefehle (jetzt: „Vollstreckungsbescheide", § 699 ZPO)[11] und Kostenfestsetzungsbeschlüsse (§ 104 ZPO). Es ist also nicht in jedem Falle notwendig, daß die Entscheidung von einem Gericht stammt. Sie muß aber in einem justizförmigen Verfahren unter Wahrung des rechtlichen Gehörs ergangen sein. Keine „Entscheidung" ist die gegenüber der im Hauptverfahren unterlegenen Partei getroffene Festsetzung der Kosten eines französischen Korrespondenzanwalts durch den Vorsitzenden der französischen Anwaltskammer[12]. Anders ist es, wenn die Festsetzung des *Anwaltshonorars gegen den eigenen Klienten* in Frankreich gerichtlich für vollstreckbar erklärt wurde[13]. Beschlüsse, welche die Vergütung des eigenen Anwalts festsetzen (vgl. § 19 BRAGO), sind – ebenso wie Leistungsurteile aus Honorarklagen des Anwalts, aber anders als Kostenerstattungsansprüche gegen die unterlegene Partei (dazu unten Rz. 12) – stets als Zivil- und Handelssache i. S. d. Art. 1 zu qualifizieren, ohne Rücksicht auf die Art der Gerichtsbarkeit und die Natur der Hauptsache[14]. – Entscheidungen, die von einer *Verwaltungsbehörde* erlassen wurden, unterfallen grundsätzlich auch dann nicht dem Übereinkommen, wenn sie zivilrechtliche Angelegenheiten betreffen[15]. Eine Ausnahme gilt für die von den dänischen Verwaltungsbehörden in Unterhaltssachen getroffenen Entscheidungen. Gemäß Art. Va des Protokolls in der Fassung des Beitrittsabkommens 1978 soll der Begriff „Gericht" in Unterhalts-

10 Bericht *Jenard* vor Art. 26.

11 *Paris* 23. 2. 1990, D. S. 1990, I. R. 99.

12 *OLG Koblenz* 5. 11. 1985, RIW 1986, 469 = IPRax 1987, 24, 10 Anm. *Reinmüller* mit Hinweisen zum französischen Kostenrecht = IPRspr. 1985 Nr. 183.

13 *LG Karlsruhe* 7. 12. 1990, RIW 1991, 156, 626 Aufsatz *M. J. Schmidt* = IPRax 1992, 92, 73 zust. Anm. *Reinmüller* = IPRspr. 1990 Nr. 204; anders noch *LG Hamburg* 31. 8. 1987, IPRax 1989, 162, 142 krit. Anm. *Reinmüller* = IPRspr. 1987 Nr. 156 A.

14 Grundlegend *M. J. Schmidt*, Die internationale Durchsetzung von Rechtsanwaltshonoraren (1991) 88 ff., 210 f.; *ders.*, RIW 1991, 629 ff. Zur Problematik der rechtzeitigen Zustellung des „verfahrenseinleitenden Schriftstücks" bei Vergütungsfestsetzungsbeschlüssen gemäß § 19 BRAGO vgl. Art. 27 Rz. 21.

15 Zu der in einem justizförmigen Verfahren ergangenen „Entscheidung" des deutschen Landesjustizministers über die Nichtanerkennung einer ausländischen Ehescheidung (Art. 7 § 1 FamRÄndG) als Anerkennungshindernis für die ausländische Unterhaltsentscheidung *OLG Hamm* 29. 7. 1981, MDR 1982, 504 = IPRspr. 1981 Nr. 187; siehe auch Art. 27 Rz. 42.

sachen auch dänische Verwaltungsbehörden erfassen[16]. Entsprechendes gilt gemäß Art. Va des Protokolls Nr. 1 zum Lugano-Übereinkommen für isländische und norwegische Verwaltungsbehörden (siehe Textanhang VIII).

Das *Mahnverfahren* ist in § 34 AVAG näher geregelt. Dabei wurde den Besonderheiten der Auslandsfälle Rechnung getragen[17]. Im Interesse des Schuldnerschutzes erscheint es berechtigt, an die Prüfung der internationalen Zuständigkeit im Mahnverfahren strengere Maßstäbe anzulegen als an die Prüfung der örtlichen Zuständigkeit in reinen Inlandsfällen[18]. In § 34 III 2 AVAG wird die Pflicht begründet, den Antragsgegner darauf hinzuweisen, daß er einen Zustellungsbevollmächtigten zu benennen hat. Da § 34 III 3 AVAG den § 175 ZPO für entsprechend anwendbar erklärt mit der Maßgabe, daß der Zustellungsbevollmächtigte innerhalb der Widerspruchsfrist benannt werden muß, kann der Vollstreckungsbescheid auch durch Aufgabe zur Post zugestellt werden. 11

Die Einbeziehung von *Kostenentscheidungen* in die Anerkennungsregelung ist schon deshalb gerechtfertigt, weil über die Aufteilung der Kosten auf die Parteien regelmäßig im Erkenntnisverfahren mit entschieden wird. Auch gewährt das Kostenfestsetzungsverfahren den Parteien meist die gleichen Garantien wie andere gerichtliche Verfahren[19]. Bisweilen ist eine ergänzende Auslegung einer nicht hinreichend bestimmten Kostenentscheidung durch den Vollstreckungsrichter möglich und notwendig (vgl. Art. 31 Rz. 12). Die Anerkennung einer Kostenentscheidung nach dem EuGVÜ ist aber ausgeschlossen, wenn die Hauptsacheentscheidung gemäß Art. 1 nicht in den Anwendungsbereich des Übereinkommens fällt; denn andernfalls könnten beispielsweise Statusentscheidungen im Zweitstaat Kostenfolgen nach sich ziehen, auch wenn sie selbst gar nicht anerkannt werden[20]. Fällt die Hauptsacheentscheidung nur teilweise in den Anwendungsbereich des Übereinkommens, wie bei einem Abstammungs- und Unterhaltsurteil, so erkennen die Gerichte im Interesse der Erleichterung des Rechtsverkehrs die Kostenentscheidung in vollem Umfang an[21]. Der Kostenfestsetzungsbeschluß für eine einstweilige Verfügung, die mangels Ladung der Gegenpartei nicht anerkannt werden muß, wird infolgedessen ebenfalls nicht anerkannt[22]. Zu den abweichenden Regeln für die Durchsetzung von Anwaltshonoraren gegenüber dem eigenen Mandanten siehe oben Rz. 10; zu sonstigen Kostenentscheidungen, namentlich zu notariellen Kostenrechnungen, siehe Art. 1 Rz. 7. 12

Es muß sich um die Entscheidung eines *staatlichen* Gerichts handeln. Demgemäß unterliegen dem Übereinkommen nicht die Entscheidungen von Schiedsge- 13

---

16 Dazu Bericht *Schlosser* Nr. 68.

17 Siehe zu ihrer Problematik *Busl*, IPRax 1986, 270ff.; *Hök*, MDR 1988, 186ff.

18 *Grunsky*, RIW 1977, 9.

19 *Martiny* in Hdb. IZVR III/2 Kap. II Rz. 44.

20 *Martiny* in Hdb. IZVR III/2 Kap. II Rz. 46.

21 *App. Trieste* 28. 1. 1976, Riv. dir. int. priv. proc. 1976, 559 = Nachschlagewerk I-31-B3; *Trib. Arlon* 20. 4. 1977, Nachschlagewerk I-1.2-B4.

22 *Rb. Breda* 30. 10. 1985, N. J. 1987 Nr. 184.

richten (siehe auch Art. 1 II Nr. 4 und Art. 27 Rz. 56), Vereinsgerichten, kirchlichen Gerichten sowie supra- oder internationalen Gerichten, wie des EuGH oder der Zentralkommission für Rheinschiffahrtssachen in Straßburg.

14 *Bezeichnung und Form* der Entscheidung sind ohne Bedeutung. Daher sind auch die in abgekürzter Form ausgefertigten deutschen Entscheidungen erfaßt, insbesondere Versäumnis- und Anerkenntnisurteile (§§ 313b, 317 ZPO), Urteile ohne Tatbestand und Entscheidungsgründe (§ 313a ZPO) und einstweilige Maßnahmen (zu letzteren näher unten Rz. 21 ff.). Zwar schreiben §§ 32f. AVAG eine Vervollständigung dieser Entscheidungen für den Fall vor, daß sie in einem anderen Vertragsstaat geltend gemacht werden sollen. Damit soll die Prüfung von Anerkennungshindernissen nach Art. 27 und 28 EuGVÜ ermöglicht werden[23]. Aber die abgekürzte Ausfertigung ist eine „Entscheidung" im Sinne des Art. 25, und es ist denkbar, daß sie in einem anderen Vertragsstaat anerkannt und vollstreckt wird, wenn das dortige Gericht sich auf sonstige Weise vom Vorliegen der erforderlichen Voraussetzungen überzeugen kann (vgl. Art. 48 I)[24]. Unter dieser Voraussetzung müssen auch deutsche Gerichte ausländische abgekürzte Entscheidungen akzeptieren.

15 *Entscheidungen, die eine Klage in einer Zivil- oder Handelssache als unzulässig abweisen,* unterliegen dem EuGVÜ und sind anerkennungspflichtig (siehe vor Art. 26 Rz. 13).

16 Entscheidungen von Gerichten anderer Vertragsstaaten, durch die festgestellt wird, daß die Voraussetzungen für die Anerkennung oder Vollstreckbarerklärung einer *drittstaatlichen Entscheidung* gegeben sind (vgl. Art. 26 II), können nicht Gegenstand einer Anerkennung oder Vollstreckung gemäß Titel III sein. Dabei macht es keinen Unterschied, ob die Entscheidung formell ein Exequatur enthält oder – wie in manchen Ländern üblich – eine gleichlautende Sachentscheidung[25]. Eine sog. *Doppelexequierung* würde nämlich die Erfordernisse untergraben, daß nur Entscheidungen aus Vertragsstaaten aufgrund des Titels III anzuerkennen sind und daß die Erstentscheidung gemäß Art. 27 Nr. 1 am ordre public zu messen ist[26]. Auch wenn im Ausland gemäß Art. 26 II über die Anerkennung eines Urteils entschieden wurde, das *aus einem anderen Vertragsstaat* stammt, kommt eine Anerkennung dieser Entscheidung im Inland gemäß Titel III nicht in Betracht; vielmehr muß die Erstentscheidung im Inland selb-

---

23 Die Begründung der Entscheidung wird, da sie nur dem Verständnis im Ausland dient, vielfach knapp gehalten werden können: so die amtliche Begründung zu § 32 AGGVÜ (jetzt § 32 AVAG), BT-Drucks. VI/3426, 24.

24 Siehe etwa *App. Genua* 21. 4. 1976, Riv. dir. int. priv. proc. 1976, 583: Vollstreckbarerklärung eines nicht mit Gründen versehenen deutschen Versäumnisurteils.

25 Siehe *Gothot/Holleaux* Nr. 239 mit Hinweisen auf das Recht der Niederlande. Zu Großbritannien siehe auch den Bericht *Schlosser* Nr. 6.

26 Näher *Geimer*, RIW 1976, 145; ebenso *Geimer/Schütze* § 107 VIII; *Bülow/Böckstiegel/Linke* Art. 25 Anm. IV 3; *Martiny* in Hdb. IZVR III/2 Kap. II Rz. 64; *Hartley* 84f.; *O'Malley/Layton* 678; *Kegel*, FS Müller-Freienfels (1986) 391 f.

ständig, insbesondere im Hinblick auf Art. 27 Nr. 1, auf ihre Anerkennungsfähigkeit geprüft werden.

17 *Prozeßvergleiche* sind keine „Entscheidungen“. Sie werden gemäß Art. 51 unter denselben Bedingungen wie öffentliche Urkunden vollstreckt.

2. Gericht eines Vertragsstaates

18 Nur Entscheidungen von Gerichten eines Vertragsstaates werden nach den Regeln des EuGVÜ anerkannt und vollstreckt. Vgl. zur Eingrenzung des europäischen Hoheitsgebietes der Vertragsstaaten die Erläuterungen zu Art. 60. Der Zuständigkeitsgrund ist unerheblich. Auch wenn das Gericht eines Vertragsstaates gemäß Art. 4 I EuGVÜ seine Zuständigkeit aus dem autonomen staatlichen Recht hergeleitet hat, handelt es sich um eine Entscheidung im Sinne des Art. 25 (siehe oben Rz. 4).

19 *Entscheidungen von Gerichten eines Nichtvertragsstaates* können nicht aufgrund des EuGVÜ anerkannt und vollstreckt werden. Für sie ergibt sich aus der Zuständigkeitsordnung des EuGVÜ grundsätzlich auch kein Anerkennungshindernis, und zwar auch dann nicht, wenn der zuständigkeitsrechtliche Schutz des typischerweise schwächeren Vertragspartners (Versicherungsnehmers, Verbrauchers) erklärtes Ziel des Übereinkommens ist, wie in Art. 7ff. EuGVÜ[27]. Das Übereinkommen verpflichtet die Vertragsstaaten nämlich nicht, die Anerkennung solcher drittstaatlicher Entscheidungen zu verweigern, die in Gerichtsständen ergangen sind, die dem Übereinkommen nicht bekannt sind oder die es in Art. 3 II als exorbitant verwirft. Diese Zurückhaltung ist begründet; denn andernfalls gäbe es eine Fülle von internationalen Verwicklungen.

Beispielsweise kann das im österreichischen Gerichtsstand der Kaufleute (§ 87a JN) ergangene Urteil gegen einen in Italien wohnhaften Beklagten in Deutschland anerkannt werden, obwohl das EuGVÜ eine derartige Zuständigkeit nicht vorsieht; der einschlägige deutsch-österreichische Anerkennungs- und Vollstreckungsvertrag vom 6. Juni 1959 schließt diese Zuständigkeit nicht aus[28]. Ebensowenig ist die Bundesrepublik aus dem EuGVÜ verpflichtet, einer im österreichischen Gerichtsstand des Vermögens (§ 99 JN) ergangenen Entscheidung gegen einen Beklagten mit Wohnsitz in Italien die Anerkennung zu versagen, obwohl der Vermögensgerichtsstand jedenfalls in seiner deutschen Fassung (§ 23 ZPO) in Art. 3 II EuGVÜ zu den exorbitanten Gerichtsständen gezählt wird[29].

20 Nur sofern eine *ausschließliche internationale Zuständigkeit* aus Art. 16 durch die Entscheidung eines Nichtvertragsstaates verletzt wird, ist dem EuGVÜ wegen des absoluten Geltungsanspruchs des Art. 16 die völkerrechtliche Verpflichtung zu entnehmen, die drittstaatliche Entscheidung nicht anzuerken-

27 *Geimer*, WM 1980, 1107f. Zweifelnd *Lagarde*, Rev. int. dr. comp. 1984, 444.
28 *Matscher*, Rec. des Cours 161 (1978–III) 179f.
29 *Matscher*, JBl. 1979, 246.

nen[30]. Beispielsweise dürfte ein am österreichischen Wohnsitz des Beklagten ergangenes Urteil über die Miete eines italienischen Hauses nicht anerkannt werden, weil andernfalls die aus Art. 16 Nr. 1 folgende Verpflichtung zur Beachtung der ausschließlichen Zuständigkeit Italiens verletzt würde. Der deutsch-österreichische Vertrag vom 6. Juni 1959 steht dem nicht entgegen, weil er in Art. 2 Nr. 3 die Versagung der Anerkennung auch dann gestattet, wenn nach dem Recht des Anerkennungsstaates die Gerichte eines dritten Staates ausschließlich zuständig waren. Der Durchsetzung des absoluten Geltungswillens von Art. 16 EuGVÜ gegenüber Entscheidungen aus Nichtvertragsstaaten ist ausnahmsweise dann eine Schranke gesetzt, wenn ein zeitlich vor dem EuGVÜ abgeschlossener bilateraler Anerkennungs- und Vollstreckungsvertrag den Vertragsstaat des EuGVÜ zur Anerkennung der gegen Art. 16 verstoßenden Entscheidung verpflichtet[31].

III. Vorläufige Entscheidungen und Zwischenentscheidungen über den Verfahrensfortgang

1. Vorläufige Entscheidungen

21 Ausländische vorläufige Entscheidungen, deren Inhalt die Regelung der Rechtsverhältnisse unter den Parteien betrifft, insbesondere vorläufig vollstreckbare Entscheidungen und Maßnahmen des provisorischen Rechtsschutzes, wie Arreste und einstweilige Verfügungen, wurden in der Zeit vor 1945 im autonomen staatlichen Recht und in den bi- und multilateralen Vollstreckungsverträgen im allgemeinen von der Vollstreckung ausgenommen. Das entspricht den Schutzinteressen des Schuldners gegenüber einer letztlich ungerechtfertigten Vollstreckung. Ihm steht das Interesse des Gläubigers an einer raschen Vollstreckung gegenüber. In den letzten Jahrzehnten zeigt sich eine Tendenz, auch diesem Interesse in gewissem Umfang Rechnung zu tragen. So eröffnen Art. 2 Nr. 3 bzw. Art. 4 II der Haager Unterhaltsvollstreckungs-Übereinkommen von 1958 bzw. 1973 die Möglichkeit, auch vorläufig vollstreckbare Entscheidungen und einstweilige Maßnahmen für vollstreckbar zu erklären. Gerade ein Unterhaltsgläubiger ist besonders schutzbedürftig, so daß die Bevorzugung seiner Interessen gerechtfertigt erscheint. In den neueren bilateralen Anerkennungs- und Vollstreckungsverträgen werden die Gläubiger- und Schuldnerinteressen häufiger zum Ausgleich gebracht. So kennt beispielsweise der deutsch-österreichische Anerkennungs- und Vollstreckungsvertrag vom 6. Juni 1959 in seinem Art. 8 die Möglichkeit einer „Sicherungsexekution", und er bezieht provisorische Maß-

---

30 *Geimer*, WM 1980, 1108; *Geimer/Schütze* § 53.
31 Näher *Geimer*, WM 1980, 1108 ff.; *Geimer/Schütze* § 54.

nahmen, die auf Leistung des Unterhalts oder auf eine andere Geldleistung lauten, gemäß Art. 14 II ausnahmsweise in seinen Anwendungsbereich ein[32].

Auch das EuGVÜ erstreckt sich in seinem Titel III (vgl. auch Art. 24) – der neueren Tendenz folgend – auf einen Teil der provisorischen Entscheidungen. Das in älteren Abkommen anzutreffende Erfordernis, daß die Entscheidung für die Instanz „endgültig" oder daß sie gar rechtskräftig sein muß, wurde bewußt nicht aufgestellt[33]. Deshalb können auch vorläufig vollstreckbare Urteile und in gewissem Umfang provisorische Maßnahmen aufgrund des Titels III anerkannt und vollstreckt werden[34]. **22**

Die von einem Richter angeordneten einstweiligen oder auf eine Sicherung gerichteten Maßnahmen können nach der Rechtsprechung des EuGH jedoch dann nicht nach dem in Titel III vorgesehenen Verfahren anerkannt und vollstreckt werden, wenn die Gegenpartei nicht geladen worden ist (vgl. Art. 27 Nr. 2, 46 Nr. 2) oder wenn die Vollstreckung der Entscheidung ohne vorherige Zustellung an diese Partei erfolgen soll (vgl. Art. 47 Nr. 1). Der EuGH begründete diese den Interessen des Schuldners dienende Einschränkung der von Art. 25 erfaßten „Entscheidungen" in einem besonders ausführlichen Urteil im Kern mit folgender Überlegung[35]: Die Bestimmungen des Übereinkommens, und zwar sowohl die des Titels II (Zuständigkeit) als auch die des Titels III (Anerkennung und Vollstreckung), brächten insgesamt das Bestreben zum Ausdruck, sicherzustellen, daß im Rahmen der Ziele des Übereinkommens die Verfahren, die zum Erlaß gerichtlicher Entscheidungen führen, unter Wahrung des rechtlichen Gehörs durchgeführt werden. Im Hinblick auf die dem Beklagten im Urteilsverfahren eingeräumten Garantien handhabe das Übereinkommen in seinem Titel III die Anerkennung und Vollstreckung sehr großzügig. Daraus folgt für den EuGH, daß das EuGVÜ in Art. 25 maßgeblich auf solche gerichtlichen Entscheidungen abstellt, denen, bevor in einem anderen Staat ihre Anerkennung und Vollstreckung beantragt wurde, im Urteilsstaat nach unterschiedlichen **23**

---

32 Vgl. zur Interessenabwägung und zur Rechtsentwicklung in unserem Jahrhundert eingehend *Matscher*, ZZP 1982, 170; *Eilers*, Maßnahmen des einstweiligen Rechtsschutzes im europäischen Zivilrechtsverkehr (1991) 246 ff.

33 Bericht *Jenard* zu Art. 26; *Bülow*, RabelsZ 1965, 503.

34 Siehe zur „provisorischen Rechtsöffnung" des Schweizer Rechts *Isaak Meier*, in: *Schwander* (Hrsg.), Das Lugano-Übereinkommen (St. Gallen 1990) 202 ff.; *Jametti Greiner*, ZBernJV 1992, 66 f.

35 *EuGH* 21. 5. 1980 – 125/79, Denilauler/Couchet Frères. Kritisch zu der Interessenabwägung aus französischer Sicht *Huet*, Clunet 1980, 939 ff.; zustimmend *Mezger*, Rev. crit. 1980, 801 ff. Die Problematik wurde noch nicht erkannt von *BGH* 16. 5. 1979, BGHZ 74, 278 = NJW 1980, 528 = RIW 1979, 570 = IPRspr. 1979 Nr. 200. Gegen jede Anerkennung und Vollstreckung einstweiliger Maßnahmen *Dalhuisen*, FS Riesenfeld (1983) 12 ff. Für eine Vollstreckung *aller* einstweiligen Maßnahmen (außer Leistungsverfügungen) gegen eine – in Analogie zu Art. 38 III – zwingend anzuordnende Sicherheitsleistung *Eilers* (oben N. 32) 267 ff.; indes fehlt es für eine Analogie zu dieser Vorschrift aus dem Rechtsbehelfsverfahren m. E. an einer tragfähigen Grundlage.

Modalitäten ein kontradiktorisches Verfahren vorangegangen ist oder – im Falle der Säumnis des Beklagten – hätte vorangehen können.

Die Entscheidung des EuGH schließt die Anerkennung und Vollstreckung einstweiliger Maßnahmen sehr weitgehend aus, da der mit der provisorischen Maßnahme häufig bezweckte Überraschungseffekt eine vorherige Anhörung des Schuldners meist verbietet. So werden beispielsweise Arreste von den deutschen Gerichten in der Regel erlassen, ohne daß der Schuldner rechtliches Gehör erhält (vgl. § 921 I ZPO)[36]. Dagegen können z. B. einstweilige Anordnungen über Unterhaltszahlungen nach mündlicher Verhandlung in einem Ehescheidungsverfahren erlassen und dann – nach Vorlage der in Art. 46ff. verlangten Urkunden – in einem anderen Vertragsstaat gemäß Art. 31 ff. mit der Vollstreckungsklausel versehen werden[37].

24 Aus dieser Rechtslage folgt, daß sich der Gläubiger bei der Beantragung einer einstweiligen Maßnahme darüber im klaren sein sollte, ob es ihm vorwiegend auf das Überraschungsmoment ankommt[38]. Ist dies der Fall und soll eine Verhandlung mit dem Schuldner deshalb vermieden werden, so muß er den Antrag in dem Staat stellen, in dem die Maßnahme auch vollzogen werden soll. Eine Vollstreckung in anderen Vertragsstaaten des EuGVÜ kommt dann nicht in Betracht; das gilt auch, wenn der Schuldner nach Erlaß der einstweiligen Maßnahme gegen sie vorgehen konnte, dies aber versäumt hat[39]. Will der Gläubiger auf das Vermögen des Schuldners in mehreren EG-Staaten zurückgreifen und einen Überraschungseffekt erzielen, so kann er gemäß Art. 24 gleichzeitig bei den Gerichten verschiedener Staaten die entsprechende Maßnahme beantragen, ohne daß Art. 21 dem entgegenstünde (vgl. Art. 21 Rz. 9). Wenn dagegen eine vorherige Anhörung des Schuldners die Gefahr einer Wegschaffung von Vermögenswerten voraussichtlich nicht begründet und der Gläubiger auf einen in allen Vertragsstaaten vollstreckbaren Titel Wert legt, muß er bei dem nach Art. 24 zuständigen Gericht auf die Durchführung einer mündlichen Verhandlung dringen (vgl. auch §§ 23, 33 AVAG).

2. Zwischenentscheidungen über den Verfahrensfortgang

25 Eine Zwischenentscheidung über den Verfahrensfortgang, insbesondere über eine vorzunehmende Beweisaufnahme, könnte nach dem Wortlaut des Art. 25 ebenfalls unter die Vorschrift subsumiert werden. Denn auch hier handelt es sich

---

36 Für ein Gegenbeispiel – Vollstreckbarkeit eines italienischen Arrestes aufgrund des Übereinkommens – siehe *EuGH* 27. 11. 1984 – 258/83, Brennero/Wendel, und dazu *Schlosser*, IPRax 1985, 321 f. mit rechtsvergleichenden Hinweisen.

37 *EuGH* 6. 3. 1980 – 120/79, De Cavel/De Cavel. Abschließende Entscheidung *BGH* 30. 4. 1980, NJW 1980, 2022 = FamRZ 1980, 672 = IPRspr. 1980 Nr. 166. Siehe auch *OLG Karlsruhe* 4. 6. 1976, FamRZ 1978, 923 Anm. *Linke* = IPRspr. 1976 Nr. 170.

38 *Hausmann*, IPRax 1981, 82.

39 Siehe *EMI Records Ltd.* v. *Modern Music GmbH*, [1992] 1 All E.R. 616 (Q. B.); anders *O'Malley/Layton* 702.

nach dem Sprachgebrauch in den Mitgliedstaaten um einen Beschluß („Beweisbeschluß"), ein „jugement" („jugement d'avant dire droit"), also um eine gerichtliche Entscheidung. Nach dem Zweck des 3. Titels über die Anerkennung und Vollstreckung können solche Entscheidungen indes nicht gemeint sein. Das wird im Bericht *Schlosser* klar ausgesprochen[40]. Denn andernfalls „würden auch Entscheidungen betroffen, denen die Parteien ohne Mitwirkung des Gerichts gar nicht nachkommen könnten und deren Ausführung Dritte, namentlich Zeugen, beträfe. Eine ‚Vollstreckung' solcher Entscheidungen nach dem EuGVÜ wäre daher nicht durchführbar. Man muß daraus den Schluß ziehen, daß gerichtliche Zwischenentscheidungen, welche nicht auf die Regelung von Rechtsverhältnissen unter den Parteien abzielen, sondern den weiteren Verfahrensfortgang gestalten, vom Anwendungsbereich des 3. Titels des EuGVÜ ausgeschlossen sein sollen." Beispielsweise kann eine französische „ordonnance de référé expertise" nicht nach dem EuGVÜ für vollstreckbar erklärt werden[41].

Für die Zwischenentscheidungen über den Verfahrensfortgang sei auf die beiden Haager Übereinkommen über den Zivilprozeß vom 1. März 1954 und über die Beweisaufnahme in Zivil- und Handelssachen vom 18. März 1970 hingewiesen, die in der Bundesrepublik Deutschland und in den meisten anderen EG-Staaten in Kraft sind[42]. **26**

1. Abschnitt. Anerkennung

Übersicht

I. Überblick über die Anerkennungsvorschriften

Der 1. Abschnitt (Art. 26–30) enthält Regeln, die das Verfahren der Anerkennung und die Versagungsgründe betreffen. Über die Wirkungen der Anerkennung schweigt der Text des Übereinkommens. Ergänzend zu den Anerkennungsvorschriften ist Art. 25 (über den Begriff der Entscheidung) in Verbindung mit **1**

---

40 Bericht *Schlosser* Nr. 187.

41 *OLG Hamm* 14. 6. 1988, RIW 1989, 566 abl. Anm. *Bloch* = IPRspr. 1988 Nr. 187.

42 BGBl. 1958 II 576 und 1979 II 780. Ratifikationsstand im jährlich erscheinenden Fundstellennachweis B, Beilage zum BGBl. II.

Art. 1 und 54 über den sachlichen und zeitlichen Anwendungsbereich des Übereinkommens zu beachten. Außerdem gelten von den gemeinsamen Vorschriften des 3. Abschnitts über die vorzulegenden Urkunden die Art. 46, 48 und 49 für die Anerkennung.

1. Verfahren der Anerkennung

2 Die Kernvorschrift über das Verfahren der Anerkennung enthält Art. 26. Gemäß Art. 26 I werden die Entscheidungen der Vertragsstaaten grundsätzlich ipso iure anerkannt. Im Regelfall entscheidet jedes Gericht eines Vertragsstaates, dessen Entscheidung von der Anerkennung abhängt, inzident über die Anerkennung mit (Art. 26 III). Das EuGVÜ eröffnet aber außerdem die Möglichkeit, in einem besonderen Verfahren die Feststellung zu beantragen, daß die Entscheidung anzuerkennen ist (Art. 26 II). Eine Folge der Einbeziehung nicht rechtskräftiger Entscheidungen (vgl. Art. 25 Rz. 22) ist die Regelung des Art. 30, die dem Zweitrichter die Aussetzung des Verfahrens gestattet, wenn gegen die Entscheidung ein ordentlicher Rechtsbehelf eingelegt worden ist.

2. Versagungsgründe

3 Die Gründe, die zu einer Versagung der Anerkennung führen, sind in Art. 27 und 28 I genannt. Die wichtigsten Versagungsgründe zählt Art. 27 auf. Bemerkenswert ist, daß die Zuständigkeit der Gerichte des Urteilsstaates grundsätzlich nicht nachgeprüft werden darf, wie Art. 28 III klarstellt. Nur wenn die Zuständigkeiten in Versicherungs- oder Verbrauchersachen (Art. 7ff.) oder die ausschließlichen Zuständigkeiten (Art. 16) verletzt worden sind oder wenn ein Fall des Art. 59 vorliegt, wird die Entscheidung wegen der Zuständigkeitsverletzung ausnahmsweise nicht anerkannt (Art. 28 I). Darin zeigt sich besonders das hohe Vertrauen, das die Vertragsstaaten sich im EuGVÜ entgegenbringen. Die Gesetzmäßigkeit der ausländischen Entscheidung darf keinesfalls nachgeprüft werden (Art. 29). Die Bestimmung unterstreicht den Ausnahmecharakter der in Art. 27 und 28 aufgeführten Anerkennungshindernisse.

4 So führt ein *Widerspruch der Entscheidung zum Internationalen Privatrecht* des Zweitstaates nur in den engen Grenzen des Art. 27 Nr. 4 ohne weiteres zur Nichtanerkennung. Im übrigen ist die Anerkennung eines ausländischen Urteils nicht davon abhängig, ob es mit der Rechtsordnung des Landes in Einklang steht, die vom IPR des Zweitstaates als maßgebend bezeichnet wird, und ob das Urteil auch von diesem Land anerkannt wird. Im Einzelfall kann in der Anwendung des falschen Rechts freilich ein Verstoß gegen die öffentliche Ordnung liegen (Art. 27 Nr. 1), insbesondere wenn der Anwendungswille von wirtschaftlichen Eingriffsnormen des Anerkennungsstaates nicht beachtet wurde (Art. 27 Rz. 13).

Unter den Versagungsgründen nicht erwähnt ist das *Fehlen der Gerichtsbarkeit im völkerrechtlichen Sinne*. Bekanntlich zieht das Völkerrecht der Befugnis eines Staates Grenzen, auf seinem Gebiet hoheitlichen Gerichtszwang zu üben. Die Gerichtsfreiheit (prozessuale Immunität, internationale Exemtion der Staatsvertreter, Exterritorialität von Grundstücken) wird fremden Staaten (jedenfalls für ihre Hoheitsakte, die „iure imperii" und nicht nur „iure gestionis" vorgenommen sind), Staatsoberhäuptern, diplomatischen und zum Teil auch konsularischen Vertretern samt ihrem Anhang gewährt, ferner manchen internationalen Organisationen und ihren Vertretern sowie ausländischen Truppenkörpern, Kriegsschiffen, Militärflugzeugen und bestimmten Grundstücken, z. B. Militärarealen und Botschaftsgebäuden[1]. Rechtsquelle ist teils das Völkergewohnheitsrecht, teils staatsvertragliches Recht[2]. Diese völkerrechtlichen Sätze will das EuGVÜ nicht unterlaufen, sondern sie sind *neben* dem Übereinkommen zu befolgen[3]. Als normierte Einbruchstelle in das EuGVÜ mag u. U. auch die Vorbehaltsklausel des ordre public (Art. 27 Nr. 1) zu Hilfe genommen werden[4]. Aber jedenfalls in den Fällen, in denen die Gerichtsfreiheit nur das Verfahren der Vollstreckbarerklärung betrifft, z. B. weil eine zur Zahlung verurteilte Privatperson später Botschafter geworden ist, muß die Immunität – losgelöst vom Text des EuGVÜ – nach den Grundsätzen des Völkerrechts beachtet werden[5]. 5

3. Prüfung von Amts wegen und Beweislast

Die Versagungsgründe sind grundsätzlich *von Amts wegen* zu prüfen[6]. Der Richter hat sie also unabhängig von der Rüge einer Partei zu beachten. Das entspricht der Bedeutung der auf Kernpunkte reduzierten Versagungsgründe und dem Wortlaut des EuGVÜ, das keinen Versagungsgrund von der Rüge einer Partei abhängig macht. Der Grundsatz schließt einzelne Ausnahmen nicht aus. Beispielsweise wird man die Anerkennung eines klagabweisenden Urteils dann nicht von Amts wegen an Art. 27 Nr. 1 scheitern lassen, wenn eine Norm der öffentlichen Ordnung mißachtet wurde, die nicht allgemeinen Interessen dient, sondern nur dem Schutze des Beklagten, und der Beklagte diesen Verstoß nicht rügt[7]. 6

---

1 *Kropholler*, IPR (1990) § 57 I 2.

2 Vgl. vor allem die Wiener Übereinkommen über diplomatische Beziehungen vom 18. 4. 1961 (BGBl. 1964 II 957) und über konsularische Beziehungen vom 24. 4. 1963 (BGBl. 1969 II 1585) sowie das Europäische Übereinkommen über Staatenimmunität vom 16. 5. 1972 (BGBl. 1990 II 35). Ratifikationsstand im jährlich erscheinenden Fundstellennachweis B, Beilage zum BGBl. II. Vgl. auch §§ 18, 19 GVG.

3 *Bülow*, RabelsZ 1974, 274; *Geimer*, RIW 1976, 146; *Bülow/Böckstiegel/Linke* Art. 27 Anm. II 2.

4 Dafür offenbar *Droz* Nr. 498.

5 Vgl. *Bülow*, RabelsZ 1974, 274; *Droz* Nr. 553.

6 Zustimmend etwa *OLG Köln* 12. 4. 1989, RIW 1990, 229 = NJW-RR 1990, 127 = IPRspr. 1989 Nr. 213; *Martiny* in Hdb. IZVR III/2 Kap. II Rz. 218; *MüKoZPO-Gottwald* Art. 27 Rz. 5. Anders *Geimer/Schütze* § 142: Prüfung von Amts wegen nur, wenn „unmittelbare Staatsinteressen der Zweitstaaten auf dem Spiel stehen".

7 Zutreffend differenzierend *Martiny* in Hdb. IZVR III/2 Kap. II Rz. 105.

7 Die *Beweislast* für alle Tatsachen, die der Anerkennung entgegenstehen, trägt – mit Ausnahme der in Art. 46 und 47 vom Antragsteller beizubringenden Nachweise – diejenige Partei, welche die Anerkennung bestreitet. Dafür spricht schon die anerkennungsfreundliche Grundtendenz des EuGVÜ: Entscheidungen aus anderen Vertragsstaaten werden grundsätzlich anerkannt; nur wenn ausnahmsweise einer der Versagungsgründe vorliegt, ist die Anerkennung ausgeschlossen. Das kommt auch in der Formulierung der Art. 26–28 zum Ausdruck, insbesondere in der negativen Wendung „wird nicht anerkannt" in Art. 27 und 28 I. Einen entsprechenden Willen der Verfasser des Übereinkommens dokumentiert der Bericht *Jenard*, in dem es heißt: „Nach Art. 26 besteht eine Rechtsvermutung zugunsten der Anerkennung, die nur zu widerlegen ist, wenn einer der in Art. 27 erwähnten Versagungsgründe vorliegt"[8]. Wenn zu der deutschen Parallelnorm des § 328 ZPO andere Auffassungen vertretbar erscheinen, so beruht das auf dem anderen rechtspolitischen Hintergrund dieser Vorschrift. Die eigenständige Beweislastregelung des Übereinkommens in Frage zu stellen, besteht m. E. kein Anlaß[9].

Beispiel: Das Anerkennungshindernis des Art. 27 Nr. 2 ist von Amts wegen und nicht nur auf Rüge des im Erstverfahren unterlegenen Beklagten zu beachten. Die Partei, welche die Anerkennung der Entscheidung geltend macht, hat, sofern es sich um eine im Versäumnisverfahren ergangene Entscheidung handelt, die in Art. 46 Nr. 2 von ihr verlangte Urkunde beizubringen. Im übrigen trifft die Darlegungslast im Regelfall den Beklagten[10]. Sind für die Anwendung des Art. 27 Nr. 2 wesentliche Tatsachen nicht aufzuklären, so geht dies im allgemeinen zu Lasten der die Anerkennung bestreitenden Partei.

8 Die Prüfung von Amts wegen, die das Übereinkommen vorsieht, impliziert – wie bei der Zuständigkeit (vgl. Art. 19 Rz. 3 und 4) – keineswegs eine Pflicht zur *Amtsermittlung* der entscheidungserheblichen Tatsachen. Dem Übereinkommen ist über die Art und Weise der Tatsachenermittlung und Wahrheitsfindung nichts zu entnehmen. Also ist in dieser Frage das im Anerkennungs- bzw. Vollstreckungsverfahren anzuwendende nationale Verfahrensrecht maßgebend[11]. Im allgemeinen wird hier auch in den anderen Vertragsstaaten nicht der Untersuchungsgrundsatz gelten, nach dem der Richter von sich aus die notwendigen Ermittlungen anzustellen hat, sondern das Gericht wird nach dem Beibringungsgrundsatz die Parteien zur Beschaffung der Nachweise auffordern. Für das

---

8 Bericht *Jenard* zu Art. 26. Ebenso die Monographien der an der Ausarbeitung des Übereinkommens Beteiligten (vgl. Einl Rz. 3) *Droz* Nr. 461 und *Weser* Nr. 273. Einen entsprechenden Willen der Verfasser des Übereinkommens vermuten auch *Gothot/Holleaux*, Clunet 1971, 786f.

9 Anders *Geimer*, RIW 1976, 145; *Bülow/Böckstiegel/Linke* Art. 26 Anm. III 2 sowie Art. 27 Anm. I; *Martiny* in Hdb. IZVR III/2 Kap. II Rz. 219; *Schack*, IZVR (1991) Rz. 884; *Braun* 184ff.

10 Vgl. *Cass.* 9. 11. 1983, Rev. crit. 1984, 501 Anm. *Ancel*; *Cass.* (Belgien) 16. 6. 1988, J. trib. 1989, 277. Anders für den Ausnahmefall der unrichtigen Bezeichnung des Zustellungsadressaten *OLG Düsseldorf* 13. 12. 1984, RIW 1985, 897 = IPRspr. 1984 Nr. 182.

11 *Gothot/Holleaux*, Clunet 1971, 787; *Bülow/Böckstiegel/Linke* Art. 26 Anm. III 2 und Art. 27 Anm. III 5; *Martiny* in Hdb. IZVR III/2 Kap. II Rz. 218.

Vollstreckungsverfahren, in dem gemäß Art. 34 II die Art. 27 und 28 ebenfalls gelten, ist freilich die Besonderheit zu vermerken, daß der Beklagte zunächst gar nicht beteiligt ist, so daß die Ermittlung der für eine Nichtanerkennung sprechenden Tatsachen, sofern nicht schon die vorzulegenden Urkunden genügend Aufschluß geben, praktisch häufig erst in dem kontradiktorischen Rechtsbehelfsverfahren gemäß Art. 36ff. erfolgen kann. Zum Anerkennungsverfahren nach Art. 26 II siehe Art. 26 Rz. 2ff.

II. Wirkungen der Anerkennung

1. Begriff der Anerkennung

Im Unterschied zu manchen bilateralen Anerkennungsabkommen enthält das EuGVÜ keine Definition der Anerkennung. Bedeutet sie, daß dem fraglichen Akt im Inland die gleiche rechtliche Wirkung zugeschrieben wird wie im Entscheidungsstaat (Wirkungserstreckung), oder wird die Entscheidung einer entsprechenden inländischen gleichgestellt (Wirkungsgleichstellung), oder werden die Rechte des Erststaates und des Zweitstaates in der Weise kumuliert, daß einerseits kein Akt im Zweitstaat weitergehende Wirkungen erhält, als in der Absicht des Erststaates lag, und daß andererseits der Zweitstaat in der Regel einem ausländischen Akt höchstens die Wirkungen eines inländischen Aktes zubilligt? Die Frage ist außerhalb des EuGVÜ umstritten[12]. Im Rahmen des EuGVÜ nimmt die überwiegende Meinung eine Wirkungserstreckung an[13]. 9

Diese Ansicht wird durch den Bericht von *Jenard* gestützt, in dem es schlicht heißt[14]: „Durch die Anerkennung sollen den Entscheidungen die Wirkungen beigelegt werden, die ihnen in dem Staat zukommen, in dessen Hoheitsgebiet sie ergangen sind." Folglich müssen grundsätzlich – vorbehaltlich des ordre public (Art. 27 Nr. 1) – auch dem Zweitstaat unbekannte Urteilswirkungen Gegenstand der Anerkennung sein können. In diesem Zusammenhang weist der Bericht *Schlosser* darauf hin, daß die Rechtsordnungen der Mitgliedstaaten die Wirkungen gerichtlicher Urteile teilweise recht unterschiedlich bestimmen, indem z. B. in Frankreich, nicht aber in Deutschland ein gegen den Hauptschuldner erlassenes Urteil auch zu Lasten des Bürgen wirkt, und daß die zur Revision des Übereinkommens eingesetzte Expertengruppe es nicht als ihre Aufgabe ansah, die mit diesen Verschiedenheiten in den nationalen Rechtsordnungen zusammenhängenden Probleme in allgemeiner Weise zu lösen[15].

---

12 Vgl. dazu etwa *Kropholler* (oben N. 1) § 60 IV.

13 *EuGH* 4. 2. 1988 – 145/86, Hoffmann/Krieg. Aus dem Schrifttum siehe z. B. *Goldman*, Rev. trim. dr. europ. 1971, 31; *Geimer*, RIW 1976, 141 f.; *Geimer/Schütze* § 128; *Bülow/Böckstiegel/Linke* Art. 26 Anm. I und II 1; *Martiny* in Hdb. IZVR III/2 Kap. II Rz. 63, 70. Für Kumulierung dagegen *Droz* Nr. 448; *Schack*, IPRax 1989, 141.

14 Bericht *Jenard* zu Art. 26.

15 Bericht *Schlosser* Nr. 191.

10 Auf eine *Einschränkung* des Grundsatzes der Wirkungserstreckung erkennt der EuGH für die folgende Fallkonstellation[16]: Eine im Erststaat trotz neuer Tatsachen weiterhin vollstreckbare Entscheidung muß im Zweitstaat nicht mehr vollstreckt werden, wenn die Vollstreckung nach dessen Recht aus Gründen, die *außerhalb des Anwendungsbereichs des EuGVÜ* liegen, nicht mehr möglich ist (hier: Entscheidung im Erststaat über Unterhaltszahlungen aufgrund einer Ehe, die später im Zweitstaat geschieden wurde, ohne daß diese Scheidung im Erststaat anerkannt worden wäre). Daß das EuGVÜ das Gericht des Zweitstaates nicht daran hindert, im Rahmen der Vollstreckung einer ausländischen Unterhaltsentscheidung die Konsequenzen aus einem inländischen Scheidungsurteil zu ziehen, folgt aus Art. 1 II Nr. 1 sowie aus Art. 27 Nr. 4 EuGVÜ. Beide Bestimmungen zeigen nämlich, daß das Übereinkommen auf dem Gebiet des Personenstands nicht von den Vorschriften abweichen will, die nach dem nationalen Recht des angerufenen Gerichts anzuwenden sind.

11 Eine *Teilanerkennung* ist ebenso wie eine nur teilweise Vollstreckbarerklärung möglich, wenn die ausländische Entscheidung über mehrere Ansprüche befunden hat (siehe Art. 42 Rz. 1). Wenn nur ein Gegenstand der ausländischen Entscheidung in den sachlichen Anwendungsbereich des EuGVÜ fällt, kann aufgrund der Vorschriften des Übereinkommens auch nur dieser Teil der Entscheidung Anerkennung finden. So richtet sich bei einer mit einem Statusurteil verbundenen Unterhaltsentscheidung nur die Anerkennung des Unterhaltstitels nach dem EuGVÜ, während für die Anerkennung des übrigen Teils der Entscheidung andere Vorschriften maßgebend sind.

2. Einzelne Entscheidungswirkungen

12 Die wichtigste Urteilswirkung, die anzuerkennen ist, liegt in der *materiellen Rechtskraft* (Feststellungswirkung). Diese bedeutet, daß der Inhalt der Entscheidung für die Parteien maßgeblich ist[17]. Mit der französischen Theorie läßt sich zwischen der positiven und der negativen Wirkung der materiellen Rechtskraft unterscheiden[18]. Die positive Wirkung bedeutet, daß sich die Parteien nach der Entscheidung richten müssen. Die negative Wirkung liegt darin, daß über den Streitgegenstand gerichtlich nicht erneut verhandelt und entschieden werden darf. Ist also zwischen den Parteien über den gleichen Streitgegenstand bereits eine gemäß Art. 25 ff. anzuerkennende rechtskräftige ausländische Entscheidung ergangen, so ist eine erneute Klage im Inland als unzulässig abzuweisen[19].

16 *EuGH* 4. 2. 1988 (oben N. 13).

17 Auf den dogmatischen Streit um das „Wesen“ der materiellen Rechtskraft ist hier nicht einzugehen; vgl. dazu etwa *Rosenberg/Schwab*, Zivilprozeßrecht[14] (1986) § 152. Rechtsvergleichende Hinweise geben *Martiny* in Hdb. IZVR III/1 Kap. I Rz. 353 ff.; *Geimer/Schütze* § 133.

18 Siehe etwa *Droz* Nr. 443 ff.; auch *Geimer*, RIW 1976, 142.

19 *Comm. Liège* 31. 3. 1983, J. trib. 1984, 21 Anm. *Fallon*; *OLG Frankfurt* 11. 12. 1984, RIW 1985, 411 = IPRspr. 1984 Nr. 171. *Droz* Nr. 446; *Gothot/Holleaux*, Clunet 1971, 785; *Bülow/Böckstiegel/Linke* Art. 26 Anm. II 4 a. Vgl. auch *EuGH* 30. 11. 1976 – 42/76, De Wolf/Cox: Mit dem Sinn der Art. 26–29 wäre „ein Rechtsstreit unvereinbar, der denselben Gegenstand hat und zwischen denselben Parteien geführt wird wie ein bereits von einem Gericht in einem anderen Vertragsstaat entschiedener Rechtsstreit.“

Zur Durchsetzung seines Anspruchs steht dem Gläubiger das Verfahren der Vollstreckbarerklärung nach Art. 31 ff. EuGVÜ offen, das eine erneute Leistungsklage ausschließt (Art. 25 Rz. 7).

Auch Entscheidungen, welche eine Klage als *unzulässig* abweisen, sind anerkennungspflichtig[20]. Erklärt sich ein deutscher Richter für unzuständig, so kann ein belgisches Gericht seine eigene Zuständigkeit nicht mit der Begründung leugnen, der deutsche Kollege sei in Wirklichkeit doch zuständig gewesen[21]. Deutsche Prozeßurteile entfalten aber selbstverständlich in Belgien keine Bindung zur Sache. Der belgische Richter kann, wenn er nach Erlaß des deutschen Prozeßurteils angerufen wird, der Klage jederzeit stattgeben (oder sie aus sachlichen Gründen abweisen). 13

Zu den Wirkungen der ausländischen Entscheidung, die durch die Anerkennung auf das Inland erstreckt werden, gehört auch die sog. *Präklusionswirkung*. Sie bedeutet, daß die Parteien bei Identität des Streitgegenstandes oder Präjudizialität der Vorentscheidung mit jedem tatsächlichen Vorbringen ausgeschlossen sind, das im Widerspruch zu den Feststellungen der anzuerkennenden rechtskräftigen ausländischen Entscheidung steht, wozu auch solche Tatsachen zählen, die im maßgebenden Zeitpunkt des Vorprozesses schon vorhanden waren, dort aber nicht vorgetragen wurden. 14

Bei rechtsgestaltenden Entscheidungen erstreckt sich die Anerkennung auf die *Gestaltungswirkung*. Daß nach dem IPR des Zweitstaates u. U. ein anderes materielles Recht anzuwenden gewesen wäre und daß dieses Recht die Gestaltung möglicherweise nicht oder nur in abweichendem Umfang billigt, darf die Anerkennung der im Erststaat eingetretenen Gestaltungswirkung nach dem System des EuGVÜ nicht hindern (vgl. oben Rz. 4). 15

Die *Interventions- und Streitverkündungswirkungen* sind in einer Anerkennung inbegriffen. Wie Art. V Abs. 2 des Protokolls klarstellt, müssen Entscheidungen, die in einem anderen Vertragsstaat aufgrund einer Gewährleistungs- oder Interventionsklage ergangen sind, in der Bundesrepublik Deutschland anerkannt werden. Entsprechendes gilt für deutsche Urteile in den anderen Vertragsstaaten hinsichtlich der deutschen Interventionswirkung (siehe Art. 6 Rz. 13 und 14). 16

Ob eine ausländische Entscheidung statt der an sich gemeinten inländischen eine *Tatbestandswirkung* im materiellen Recht auslöst, ist keine Frage des Internationalen Zivilprozeßrechts oder des Internationalen Privatrechts, sondern eine Frage des materiellen Rechts. Es handelt sich um das Problem der sog. Substitution[22]. Die nach IPR anwendbare Rechtsordnung hat über den Eintritt 17

---

20 Bericht *Schlosser* Nr. 191; ähnlich *Martiny* in Hdb. IZVR III/2 Kap. II Rz. 47: „Bindung insoweit zu bejahen, als sich die Entscheidung auf die Handhabung des Übereinkommens bezieht“. Gegen die Anerkennungsfähigkeit von Prozeßurteilen *Geimer*, RIW 1976, 143; *Geimer/Schütze* § 107 IX; ihm folgend *Bülow/Böckstiegel/Linke* Art. 26 Anm. II 4b.

21 *Kh. Brüssel* 29. 3. 1988, Rev. dr. com. belge 1990, 800 Anm. *Petillion*.

22 Dazu *Kropholler* (oben N. 1) § 33.

der Tatbestandswirkung zu befinden[23]. Das EuGVÜ gibt darüber keine Auskunft.

Beispiele: Ist deutsches Recht für die Verjährung maßgebend, so verlängert § 218 BGB die Verjährungsfrist für einen „rechtskräftig festgestellten Anspruch." Dem Urteil eines ausländischen Gerichts kommt diese Tatbestandswirkung nach in Deutschland herrschender Meinung nur zu, wenn das Urteil anerkannt wird[24]. Die Entscheidung eines Vertragsstaates des EuGVÜ vermag die Tatbestandswirkung des § 218 BGB also leichter auszulösen als die Entscheidung eines anderen ausländischen Gerichts, weil der Entscheidung aus dem EG-Staat die erleichterten Anerkennungsvoraussetzungen der Art. 26–30 zugute kommen. – Für eine Unterbrechung der Verjährung verlangt § 209 BGB keine „Entscheidung", sondern nur eine „Erhebung der Klage". Wird die Klage vor dem Gericht eines anderen Vertragsstaates erhoben, so unterbricht dies – jedenfalls solange kein Versagungsgrund nach Art. 27, 28 EuGVÜ vorliegt – die Verjährung ebenso wie die Klage vor einem deutschen Gericht, und zwar auch dann, wenn das ausländische Gericht seine Zuständigkeit für eine sachliche Entscheidung verneint[25]. In letzterem Falle ist § 212 BGB zu beachten[26].

18 Die *Vollstreckbarkeit* wird nicht im Wege der Anerkennung auf den Zweitstaat erstreckt, sondern im Vollstreckungsverfahren gemäß Art. 31 ff. verliehen (siehe auch oben Rz. 12).

Artikel 26

Die in einem Vertragsstaat ergangenen Entscheidungen werden in den anderen Vertragsstaaten anerkannt, ohne daß es hierfür eines besonderen Verfahrens bedarf.

Bildet die Frage, ob eine Entscheidung anzuerkennen ist, als solche den Gegenstand eines Streites, so kann jede Partei, welche die Anerkennung geltend macht, in dem Verfahren nach dem 2. und 3. Abschnitt dieses Titels die Feststellung beantragen, daß die Entscheidung anzuerkennen ist.

Wird die Anerkennung in einem Rechtsstreit vor dem Gericht eines Vertragsstaats, dessen Entscheidung von der Anerkennung abhängt, verlangt, so kann dieses Gericht über die Anerkennung entscheiden.

1. Anerkennung ohne besonderes Verfahren (Abs. 1)

1 In Abs. 1 wird der Grundsatz aufgestellt, daß „Entscheidungen" im Sinne des Art. 25 (siehe dort) ipso iure anzuerkennen sind (zu den Wirkungen der Aner-

---

23 IPG 1972 Nr. 37 (Hamburg).

24 Vgl. etwa *Nagel* Rz. 641; abweichend *Zöller/Geimer* § 328 Rz. 59.

25 So zutreffend *OLG Düsseldorf* 9. 12. 1977, NJW 1978, 1752 = RIW 1979, 59 = IPRspr. 1977 Nr. 8.

26 Siehe dazu auch *Schlosser*, FS Bosch (1976) 862ff.

kennung siehe vor Art. 26 Rz. 9ff.). Über die *Bedeutung* der Vorschrift sagt der Bericht *Jenard*[1]: „Die Anerkennung erfolgt ... automatisch; sie erfordert in dem Anerkennungsstaat keine gerichtliche Entscheidung, um dem durch die Entscheidung Begünstigten zu gestatten, diese gegenüber jedem Beteiligten, zum Beispiel gegenüber einer Verwaltungsbehörde, in gleicher Weise geltend zu machen, als handele es sich um ein in diesem Staat ergangenes Urteil. Diese Bestimmung bedeutet die Aufgabe von Rechtsvorschriften, die in bestimmten Ländern, beispielsweise in Italien, die Anerkennung eines ausländischen Urteils von einem besonderen Verfahren (dichiarazione di efficacia) abhängig machen." Eindringlich formuliert *Bellet*[2]: „La reconnaissance est automatique, immédiate, de plein droit, sans démarche ni frais, comme si le jugement était national." Freilich ist die ipso iure erfolgende Anerkennung davon abhängig, daß keiner der in Art. 27 und 28 genannten Versagungsgründe vorliegt.

2. Anerkennungsfeststellungsverfahren (Abs. 2)

Mitunter besteht ein *Bedürfnis* nach rechtskräftiger Klärung der Anerkennung einer ausländischen „Entscheidung" im Sinne des Art. 25. Das gilt vor allem für solche Entscheidungen, die einer Vollstreckbarerklärung nicht zugänglich sind, wie Feststellungs- und Gestaltungsurteile. Für diese Fälle enthält Abs. 2 eine Lösung. Sie war schon deshalb nötig, weil nicht alle Rechtsordnungen der Mitgliedstaaten – wie das deutsche Recht in §§ 256, 280 ZPO – eine Feststellungsklage zum Zwecke der Anerkennung zulassen. Das vereinfachte Feststellungsverfahren, das Abs. 2 einführt, ist in allen Vertragsstaaten unmittelbar anwendbar und verdrängt in seinem Anwendungsbereich das autonome Recht. Es führt zu einer Vereinfachung und Beschleunigung gegenüber einem normalen Klageverfahren. 2

Beispiel[3]: Ein Warenwechsel wird in Italien wegen arglistiger Täuschung für nichtig erklärt. Er wird einer Bank in Belgien zur Zahlung vorgelegt. Das italienische Urteil wird geltend gemacht. Die Bank sieht sich zwei einander widersprechenden Urkunden gegenüber. Grundsätzlich ist das italienische Urteil anzuerkennen, doch könnte einer der in Art. 27 vorgesehenen Versagungsgründe gegeben sein. Im Streitfall ist der Bank kaum zuzumuten, sich über diese Versagungsgründe und insbesondere über die Tragweite des belgischen „ordre public international" (Art. 27 Nr. 1) ein Urteil zu bilden. In Abs. 2 wird der Partei, die sich auf die Anerkennung beruft, die Möglichkeit eröffnet, die Feststellung der Anerkennung zu beantragen.

Parteien des Feststellungsverfahrens sind in der Regel die Parteien des erststaatlichen Verfahrens. Es kann aber auch ein *Rechtsnachfolger* oder ein *Dritter* die Anerkennung geltend machen. 3

1 Bericht *Jenard* zu Art. 26.
2 *Bellet*, Rev. trim. dr. europ. 1975, 36.
3 Bericht *Jenard* zu Art. 26.

4 Ein besonderes *Feststellungsinteresse* ist – anders als bei § 256 ZPO – nicht Voraussetzung für die Zulässigkeit des Antrags. Es genügt das für jede gerichtliche Entscheidung erforderliche allgemeine Rechtsschutzinteresse[4]. Obwohl Abs. 2 davon spricht, daß die Anerkennung den „Gegenstand eines Streites" bildet, ist nicht zu verlangen, daß die Anerkennung ausdrücklich bestritten wurde. Denn die meisten Anerkennungsvoraussetzungen sind der Disposition der Parteien entzogen, und in dem einseitigen Verfahren gemäß Art. 31 ff. EuGVÜ hat der Schuldner auch erst im Rechtsbehelfsverfahren Gelegenheit, die Anerkennungsfähigkeit zu bestreiten. Nur für die Kosten ist das Verhalten des Antragsgegners von Bedeutung. Das deutsche Ausführungsgesetz – AVAG – (Textanhang IX) bestimmt in § 28, daß die Kosten des Verfahrens dem Antragsteller aufzuerlegen sind, wenn der Antragsgegner nicht durch sein Verhalten zu dem Antrag auf Feststellung Veranlassung gegeben hat.

5 Die Feststellung kann isoliert von dem Antrag auf *Klauselerteilung* gemäß Art. 31 ff. begehrt werden. Der Feststellungsantrag ist aber auch neben dem Antrag auf Klauselerteilung möglich[5]. Zwar stellt der Klauselerteilungsbeschluß für nachfolgende Verfahren bindend fest, daß die Vollstreckungsvoraussetzungen und damit auch die Anerkennungsvoraussetzungen (Art. 34 II) gegeben sind. Aber ein Rechtsschutzinteresse für einen zusätzlichen Feststellungsantrag kann z. B. dann bestehen, wenn die Entscheidung neben dem vollstreckbaren Leistungsausspruch noch einen Feststellungsausspruch enthält.

6 In dem vereinfachten Verfahren gemäß Art. 26 II kann der Feststellungsantrag naturgemäß nicht mit einer für den Fall der Nichtanerkennung *hilfsweise erhobenen Klage aus dem materiellen Rechtsverhältnis* verbunden werden[6].

7 Nur ein *positiver Feststellungsantrag*, nicht dagegen ein negativer, kann gemäß Abs. 2 gestellt werden. Das macht schon der Wortlaut deutlich: „jede Partei, welche die Anerkennung geltend macht". Die Beschränkung wurde von den Verfassern des Übereinkommens bewußt gewählt. Im Bericht *Jenard* heißt es dazu[7]: „Nur die Partei, welche die Anerkennung geltend macht, kann das vereinfachte Verfahren betreiben, da es nur dazu dienen soll, die Vollstreckung und folglich auch die Anerkennung zu erleichtern. Das hierzu geschaffene Verfahren wäre im übrigen nur schwer anwendbar, wenn es auch von der Partei betrieben werden könnte, die sich der Anerkennung widersetzt; diese Partei kann ihre Ansprüche gegebenenfalls mit den in dem allgemeinen innerstaatlichen Recht des Anerkennungsstaats vorgesehenen Mitteln geltend machen." Die Einschrän-

4 *Droz* Nr. 454; *Geimer*, JZ 1977, 213 (mit einer Ausnahme für den Fall, daß ein Dritter das Feststellungsverfahren betreibt); *Bülow/Böckstiegel/Linke* Art. 26 Anm. III 3 a.

5 *Geimer*, JZ 1977, 150; *Geimer/Schütze* § 146 VII; *Martiny* in Hdb. IZVR III/2 Kap. II Rz. 234; *Bülow/Böckstiegel/Müller* Art. 31 Anm. IV.

6 Siehe dazu *Geimer*, JZ 1977, 148, der bei rechtskräftiger Abweisung des Feststellungsantrags die Verweisung der hilfsweise erhobenen Klage an das nach deutschem Prozeßrecht zuständige Gericht befürwortet.

7 Bericht *Jenard* zu Art. 26.

kung soll also den Grundsatz der Anerkennung ausländischer Entscheidungen stärken und die Möglichkeit von Rechtsstreitigkeiten über die Anerkennung eindämmen. Diese rechtspolitische Entscheidung mag man kritisieren, weil die Partei, die sich der Anerkennung widersetzt, ebenfalls ein Interesse an der rechtskräftigen Entscheidung über die Anerkennung haben und ihr dann nicht zugemutet werden kann, (endlos) zu warten, bis der Kläger die Initiative ergreift und einen positiven Feststellungsantrag stellt[8]. Die Entscheidung des Übereinkommens ist aber eindeutig, so daß eine Vorlage an den EuGH zum Zwecke einer anderen „Auslegung" wenig sinnvoll erscheint. Immerhin läßt das EuGVÜ den Weg einer negativen Feststellungsklage nach nationalem Prozeßrecht offen, so daß in Deutschland gemäß § 256 ZPO geklagt werden kann.

Hinsichtlich des *Verfahrens* verweist Abs. 2 auf die Vorschriften des 2. und 3. **8**
Abschnitts, also auf Art. 31 ff. und Art. 46 ff. Es ist demnach die Regelung der Vollstreckbarerklärung durch Klauselerteilung anzuwenden, soweit sie nicht speziell auf Fragen der Zulassung zur Zwangsvollstreckung zugeschnitten ist. Das ist im allgemeinen nicht der Fall, so daß auf die Erläuterungen zu Art. 31 ff. verwiesen werden kann[9]. Ergänzend sind in Deutschland §§ 27 f. AVAG heranzuziehen. Im Vereinigten Königreich ist in den Rules of the Supreme Court, Order 71, r. 35, bestimmt, daß die Registrierung des ausländischen Urteils für die Zwecke des Art. 26 II EuGVÜ als Entscheidung gilt, daß das Urteil anerkannt wird; näher zur Registrierung Art. 31 Rz. 17 ff. – Einige Besonderheiten verdienen Erwähnung. Bei der *örtlichen Hilfszuständigkeit* gemäß Art. 32 II 2 ist, sofern eine Zwangsvollstreckung nicht in Betracht kommt, auf den Ort des Feststellungsinteresses abzustellen[10]. Ist das Feststellungsinteresse nicht lokalisierbar, so ist eine örtliche Ersatzzuständigkeit am allgemeinen Gerichtsstand des Antragstellers oder letztlich am Sitz der Bundesregierung anzunehmen (analog §§ 15 I 2, 27 II ZPO). Im *Beschwerdeverfahren* gemäß Art. 36 ff. erweckt es Bedenken, daß die Beschwerde des Antragstellers gegen die Zurückweisung seines Feststellungsantrags gemäß Art. 40 EuGVÜ an keine Frist gebunden ist, denn es kann für den Antragsgegner eine Härte bedeuten, ohne zeitliche Begrenzung einem Schwebezustand ausgesetzt zu sein. Im Schrifttum wird empfohlen, die für die Beschwerde des Antragsgegners in Art. 36 I bestehende Fristenregelung wegen der besonderen Situation im Anerkennungsverfahren auf die Beschwerde des Antragstellers entsprechend anzuwenden[11]. Daß sich der EuGH in der rechtstechnischen Frage der Fristenregelung zu einer derartigen Umgestaltung des EuGVÜ durch richterliche Rechtsfortbildung entschließt, erscheint allerdings unwahrscheinlich. In §§ 27 f. AVAG wurde eine entsprechende Frist für die Beschwerde des Antragstellers ebenfalls nicht gesetzt[12]. –

8 So *Geimer*, JZ 1977, 149; *Geimer/Schütze* § 146 V.
9 Eine eingehende Darstellung der Art. 31 ff. in Hinblick auf das Anerkennungsverfahren bietet *Geimer*, JZ 1977, 213 ff.
10 Vgl. *Geimer*, JZ 1977, 213; *Martiny* in Hdb. IZVR III/2 Kap. II Rz. 243.
11 *Geimer*, JZ 1977, 216.
12 Kritisch dazu *Geimer*, NJW 1988, 2159.

Hinzuweisen ist schließlich auf die Sonderregelung, die das deutsche AVAG in § 31 für den Fall der *Aufhebung oder Abänderung der anzuerkennenden Entscheidung* im Erststaat trifft[13].

9 Zur *richterlichen Ermittlung* im Anerkennungsfeststellungsverfahren gibt der Bericht *Schlosser* folgende Hinweise[14]: „Wird ein Verfahren nach Art. 26 II durchgeführt, so ist es dem Richter zwar nicht verwehrt, von Amts wegen Anerkennungsversagungsgründe zu berücksichtigen, die sich aus dem Urteil ergeben oder gerichtsbekannt sind. Jedoch darf er, um sich über deren Vorliegen schlüssig zu werden, nicht etwa Ermittlungen anstellen. Solches wäre mit dem summarischen Charakter des Verfahrens nicht vereinbar. Erst in dem durch Einlegung eines Rechtsbehelfs nach Art. 36 ausgelösten weiteren Verfahren ist Raum für eine gründliche Erörterung der tatsächlichen Anerkennungsvoraussetzungen."

3. Inzidentanerkennung (Abs. 3)

10 In Abs. 3 ist der gegenüber Abs. 2 häufigere Fall geregelt, daß die Anerkennung nur als Vorfrage geltend gemacht wird. „Aus Vereinfachungsgründen"[15] sieht das EuGVÜ vor, daß das mit der Hauptsache befaßte Gericht auch für die Entscheidung über die Anerkennung zuständig ist. Wenn nicht schon vorher gemäß Abs. 2 über die Anerkennung entschieden ist, muß sich das Gericht selbständig über die Anerkennung schlüssig werden. Vorausgesetzt ist, daß die Entscheidung des Gerichts „von der Anerkennung abhängt". Die Anerkennung muß für die Entscheidung des Gerichts also erheblich sein. Auch bei einer inzident begehrten Anerkennung ist die in Art. 46ff. normierte Pflicht zur Vorlage bestimmter Urkunden zu beachten.

11 Da die Rechtskraft der Entscheidung die vorgreifliche Frage der Anerkennung nicht erfaßt, entsteht *keine Bindung* für ein nachfolgendes Verfahren. Es ist also theoretisch denkbar, daß in einem späteren Verfahren (z.B. gemäß Art. 26 II oder Art. 31ff.) über die Anerkennung abweichend entschieden wird.

Artikel 27

Eine Entscheidung wird nicht anerkannt:

1. **wenn die Anerkennung der öffentlichen Ordnung des Staates, in dem sie geltend gemacht wird, widersprechen würde;**
2. **wenn dem Beklagten, der sich auf das Verfahren nicht eingelassen hat, das dieses Verfahren einleitende Schriftstück oder ein gleichwertiges Schriftstück**

---

13 Dazu näher *Geimer*, JZ 1977, 217.

14 Bericht *Schlosser* Nr. 190. Vgl. im übrigen vor Art. 26 Rz. 6ff.

15 Bericht *Jenard* zu Art. 26.

nicht ordnungsmäßig und nicht so rechtzeitig zugestellt worden ist, daß er sich verteidigen konnte;

3. wenn die Entscheidung mit einer Entscheidung unvereinbar ist, die zwischen denselben Parteien in dem Staat, in dem die Anerkennung geltend gemacht wird, ergangen ist;

4. wenn das Gericht des Urteilsstaats bei seiner Entscheidung hinsichtlich einer Vorfrage, die den Personenstand, die Rechts- und Handlungsfähigkeit sowie die gesetzliche Vertretung einer natürlichen Person, die ehelichen Güterstände, das Gebiet des Erbrechts einschließlich des Testamentsrechts betrifft, sich in Widerspruch zu einer Vorschrift des internationalen Privatrechts des Staates, in dem die Anerkennung geltend gemacht wird, gesetzt hat, es sei denn, daß die Entscheidung nicht zu einem anderen Ergebnis geführt hätte, wenn die Vorschriften des internationalen Privatrechts dieses Staates angewandt worden wären;

5. wenn die Entscheidung mit einer früheren Entscheidung unvereinbar ist, die in einem Nichtvertragsstaat zwischen denselben Parteien in einem Rechtsstreit wegen desselben Anspruchs ergangen ist, sofern diese Entscheidung die notwendigen Voraussetzungen für ihre Anerkennung in dem Staat erfüllt, in dem die Anerkennung geltend gemacht wird.

Übersicht

I. Allgemeines

Die Vorschrift bezieht sich – wie alle Vorschriften des 3. Titels – nur auf Entscheidungen im Sinne des Art. 25. Sie enthält die wichtigsten Versagungsgründe. Außerdem wird in Ausnahmefällen die internationale Zuständigkeit des Erstgerichts überprüft (Art. 28 I). Auch das Fehlen der Gerichtsbarkeit im völkerrechtlichen Sinne führt zur Nichtanerkennung der Entscheidung (vor Art. 26 Rz. 5). Im übrigen sind die Versagungsgründe in Art. 27 abschließend aufgezählt. Sie sind grundsätzlich von Amts wegen zu beachten (vor Art. 26 Rz. 6ff.). 1

II. Ordre public (Nr. 1)

1. Grundsatz

2 *Rechtspolitisch* wird ein Verschwinden dieses Vorbehalts im Rechtsverkehr der europäischen Staaten untereinander vielfach für wünschenswert gehalten[1]. Dem stimmt man gern zu. Man muß aber sehen, daß die Zeit für einen solchen Verzicht noch nicht reif ist. Gegenwärtig ist die europäische Integration nicht so weit fortgeschritten, daß auf die Möglichkeit eines Notausstiegs in Extremfällen ganz verzichtet werden könnte. Auch das neuere EG-Übereinkommen über das auf vertragliche Schuldverhältnisse anzuwendende Recht vom 19. Juni 1980 enthält deshalb in Art. 16 eine Vorbehaltsklausel.

3 Der Versagungsgrund wurde bewußt so formuliert, daß entscheidend ist, ob die *Anerkennung* gegen den ordre public verstößt. Das Gericht des Anerkennungsstaates soll also kein Urteil darüber abgeben, ob die Entscheidung als solche der öffentlichen Ordnung widerspricht; denn „dies käme einer Kritik an dieser Entscheidung gleich“[2]. Dem entspricht es, für das Verständnis des ordre public auf den *Zeitpunkt* abzustellen, in dem die Anerkennung geltend gemacht wird, und nicht auf den der Entscheidung[3].

4 Maßgebend ist die *öffentliche Ordnung des Zweitstaates*, bei Prüfung ausländischer Entscheidungen in Deutschland also der deutsche ordre public. Die nationale öffentliche Ordnung kann nicht durch den EuGH definiert werden (Einl Rz. 21). Die Verweisung auf den einzelstaatlichen ordre public bedeutet aber keineswegs, daß die Vorbehaltsklausel in nationalem Geist auszufüllen wäre. Vielmehr entspricht es der Intention des europäischen Zivilprozeßrechts, das Ziel der Integration zu berücksichtigen und nationale Interessen und Wertungen dementsprechend zu relativieren. Insoweit kann der EuGH für die „öffentliche Ordnung“, die als Begriff des Übereinkommens seiner Auslegungsbefugnis unterliegt, einen gewissen Rahmen abstecken, und es ist – wenn man sich die Rechtsprechung des EuGH zum gleichen Begriff in Art. 48 III EWGV vor Augen hält – mit einer engen Grenzziehung zu rechnen[4].

5 Der Bericht zum Übereinkommen hebt hervor, daß der ordre public *„nur in Ausnahmefällen“* eine Rolle spielen darf[5]. Über die Notwendigkeit einer zurückhaltenden Anwendung besteht im Schrifttum Einigkeit, und erfreulicherweise haben die Gerichte die Vorbehaltsklausel bislang selten herangezogen, um die Anerkennung zu versagen. Der besondere Wert einer möglichst weitgehenden Freizügigkeit der Entscheidungen innerhalb der EG wird allgemein er-

1 So zum EuGVÜ bereits *Bellet*, Clunet 1965, 862f.
2 Bericht *Jenard* zu Art. 27.
3 Zustimmend *Martiny* in Hdb. IZVR III/2 Kap. II Rz. 104.
4 *Hartley* 89 m. Nachw.
5 Bericht *Jenard* zu Art. 26. Darauf beruft sich auch *EuGH* 4. 2. 1988 – 145/86, Hoffmann/Krieg, unter Nr. 21.

kannt[6]. Zwar hat man die seit 1956 in allen Haager Übereinkommen und seit dem IPR-Gesetz vom 25. 7. 1986 auch im deutschen Recht (Art. 6 EGBGB, § 328 I Nr. 4 ZPO) enthaltene Einschränkung, daß der Verstoß gegen die öffentliche Ordnung „offensichtlich“ sein muß[7], nicht übernommen. Aber es entspricht dem Geist des EuGVÜ, den Richter vor einem voreiligen Rückgriff auf den ordre public zu warnen.

Grundsätzlich kann der deutsche Richter auf die Auslegung, welche die *Parallelnorm des autonomen Rechts* (§ 328 I Nr. 4 ZPO) erfahren hat, verwiesen werden. Die abweichende Formulierung „öffentliche Ordnung“ in Art. 27 Nr. 1 folgt einem internationalen Sprachgebrauch und meint in der Sache nichts anderes als die Umschreibung in der deutschen ZPO[8]. 6

Nur *untragbar erscheinende Verstöße gegen das inländische Recht* berechtigen zur Ablehnung der Anerkennung[9]. Nicht jede Abweichung vom inländischen Recht führt also zu einer Verletzung des ordre public[10]. Es müssen „wesentliche Grundsätze der inländischen Rechtsordnung“ betroffen sein[11]. 7

2. Einzelheiten

Im einzelnen ist zu *unterscheiden* zwischen Verstößen gegen den *prozessualen ordre public* und gegen den *materiellen ordre public*, wobei unter letzteren sowohl das Kollisionsrecht als auch das Sachrecht fällt. Eine Versagung der Anerkennung ist demnach möglich, wenn wesentliche Grundsätze des inländischen Verfahrensrechts, Internationalen Privatrechts oder materiellen Rechts verletzt sind. Eine Anwendung der ordre-public-Klausel der Nr. 1 ist nach der Systematik des Art. 27 ausgeschlossen, soweit der Gegenstand in den *Spezialvorschriften* der Nrn. 2 und 3 geregelt ist. Die Nr. 2 ist vorrangige Sonderregelung für Verstöße gegen den Grundsatz des rechtlichen Gehörs im Eröffnungsstadium des Verfahrens (vgl. auch unten Rz. 11), die Nr. 3 für die Unvereinbarkeit einer ausländischen Entscheidung mit einer Entscheidung aus dem Anerkennungsstaat[12]; eine Nichtanerkennung wegen Verstoßes gegen den prozessualen ordre public (Nr. 1) kommt innerhalb der Reichweite der Nrn. 2 und 3 8

---

6 Vgl. hierzu etwa *H. R.* 26. 1. 1979, N. J. 1979 Nr. 399 Anm. *Schultsz*: Anerkennung einer belgischen Entscheidung, auch wenn sie den Verurteilten finanziell so stark belastet, daß er niederländischer sozialer Fürsorge bedarf.

7 Vgl. dazu *Kropholler*, Internationales Einheitsrecht (1975) 341 f.

8 Auch Art. 6 EGBGB, der ähnlich wie § 328 I Nr. 4 ZPO formuliert ist, trägt die Überschrift „öffentliche Ordnung (ordre public)“.

9 *BGH* 26. 9. 1979, BGHZ 75, 167 = NJW 1980, 527 = RIW 1979, 861 = IPRspr. 1979 Nr. 204.

10 *BGH* 26. 9. 1979 (vorige Note); *Trib. gr. inst. Troyes* 4. 10. 1978, Clunet 1979, 623 Anm. *Huet/Kovar* = Gaz. Pal. 1979, Jur. 131 Anm. *Mauro* = Rev. crit. 1980, 843 (L).

11 So die schlichte und treffende Formulierung in § 5 des österreichischen IPR-Gesetzes, der Art. 6 EGBGB und § 328 I Nr. 4 ZPO folgen.

12 *EuGH* 4. 2. 1988 – 145/86, Hoffmann/Krieg, unter Nr. 21.

nicht in Betracht. Im übrigen sind Verstöße gegen den prozessualen ordre public – ebenso wie solche gegen den materiellen – nur in den Ausnahmefällen einer untragbaren Verletzung wesentlicher Grundsätze des inländischen Rechts anzunehmen.

9 Bei der Prüfung des erststaatlichen *Verfahrens* läßt sich die deutsche Rechtsprechung von folgenden Grundsätzen leiten: Es wird „nicht schon solchen Urteilen ausländischer Gerichte die Anerkennung versagt, die in einem Verfahren erlassen sind, das von zwingenden Vorschriften des deutschen Prozeßrechts abweicht. Ein Versagungsgrund ist vielmehr nur gegeben, wenn das Urteil des ausländischen Gerichts aufgrund eines Verfahrens ergangen ist, das von den Grundprinzipien des deutschen Verfahrensrechts in einem solchen Maße abweicht, daß nach der deutschen Rechtsordnung das Urteil nicht als in einem geordneten, rechtsstaatlichen Verfahren ergangen angesehen werden kann. Nur dies, und nicht die Frage, ob bei gleicher Verfahrensweise der deutsche Richter gegen tragende Grundsätze des deutschen Verfahrensrechts verstoßen hätte, gibt den Maßstab dafür ab, ob das Urteil des ausländischen Gerichts gegen den deutschen verfahrensrechtlichen ordre public international verstößt“ [13]. Auch die niederländische Rechtsprechung folgt dieser Linie [14]. Maßgebend ist nicht ein Widerspruch zwischen in- und ausländischen Prinzipien, sondern das im konkreten Fall befolgte Verfahren.

10 Da „Entscheidungen“ im Sinne des Art. 25 in allen Vertragsstaaten normalerweise in einem „geordneten, rechtsstaatlichen Verfahren“ ergehen, kommt ein Verstoß gegen den ordre public wegen eines Verfahrensfehlers kaum einmal in Betracht. Am ehesten ist er vorstellbar, wenn der Richter im Erststaat sein eigenes Verfahrensrecht kraß mißachtet hat. Dann ist bei der Würdigung im Rahmen der Nr. 1 freilich zu berücksichtigen, welche Rechtsmittel der von dem Verfahrensverstoß betroffenen Partei im erststaatlichen Verfahren zur Verfügung standen. Ein Verfahrensverstoß kann die Anerkennung im allgemeinen nicht hindern, wenn im Erstverfahren Rechtsmittel hätten ausgeschöpft werden können, um den Mangel zu beseitigen [15]. Denn auch inländische Entscheidungen werden trotz Verfahrensmängeln rechtskräftig und bindend, wenn der Beklagte keine Rechtsmittel einlegt.

---

13 So bereits zum Vorbehalt des ordre public im deutsch-britischen Anerkennungs- und Vollstreckungsabkommen *BGH* 18. 10. 1967, BGHZ 48, 327 = NJW 1968, 354 = AWD 1967, 478 = ZZP 1969, 149 Anm. *G. H. Roth* = IPRspr. 1966-67 Nr. 251 S. 771. Für das EuGVÜ bestätigt durch *BGH* 21. 3. 1990, NJW 1990, 2201 = RIW 1990, 575 = IPRax 1992, 33, 5 Anm. *Geimer* = IPRspr. 1990 Nr. 207. Vgl. auch die grundlegende Entscheidung zur deutschen Parallelvorschrift des § 328 I Nr. 4 ZPO *BGH* 4. 6. 1992, NJW 1992, 3096, 3073 Aufsatz *Koch* = RIW 1993, 132 Anm. *Schütze*.

14 *H. R.* 2. 5. 1986, N.J. 1987 Nr. 481 Anm. *Schultsz*: Anerkennung einer belgischen Entscheidung, auch wenn ihr ein dem niederländischen Recht fremder, aber immerhin mit Gründen versehener Beweisbeschluß voranging.

15 Vgl. etwa *Martiny* in Hdb. IZVR III/2 Kap. II Rz. 99 und III/1 Kap. I Rz. 1155; *Geimer/Schütze* § 139 V 2; *OLG Saarbrücken* 3. 8. 1987, NJW 1988, 3100 = IPRax 1989, 37, 14 Anm. *H. Roth* = IPRspr. 1987 Nr. 156.

Im einzelnen gilt der *Grundsatz des rechtlichen Gehörs* (Art. 103 GG) nicht nur für das von Art. 27 Nr. 2 EuGVÜ erfaßte Eröffnungsstadium des Prozesses; Verstöße in einem späteren Stadium können im Rahmen der Nr. 1 zur Nichtanerkennung führen[16]. Fremdes Verfahrensrecht darf am Grundsatz des rechtlichen Gehörs aber nur unter Berücksichtigung des Systems und der Struktur des ausländischen Verfahrens gemessen werden[17]. Es ist also lediglich auf die Grundwerte abzustellen, die durch Art. 103 I GG geschützt werden. „Dies ist zum einen das Prinzip der Rechtsstaatlichkeit, das grundsätzlich verbietet, eine Entscheidung zu treffen, bevor der Betroffene Gelegenheit hatte, sich zu äußern. Zum anderen kann eine relevante Verletzung vorliegen, wenn einem Verfahrensbeteiligten nicht die Rolle eines Verfahrenssubjekts eingeräumt worden ist, das aktiv die Gestaltung des Verfahrens beeinflussen kann“[18]. – Auch ein *Prozeßbetrug* (fraud) kann einen Verstoß gegen den ordre public des Anerkennungsstaates darstellen. Der Zweitrichter muß sich indes immer fragen, ob die Verletzung seines ordre public auch noch angesichts der Tatsache besteht, daß gegen das angeblich betrügerisch erlangte Urteil vor den Gerichten des Erststaates ein Rechtsbehelf (auch nach Ablauf der normalen Rechtsmittelfrist) eingelegt werden kann oder hätte eingelegt werden können[19]. Dies wurde z. B. bejaht für den Fall, daß der ausländische Kläger den inländischen Beklagten durch die Täuschung, er brauche den Titel nur zur Erhöhung seiner Kreditwürdigkeit und werde aus ihm keinesfalls vollstrecken, davon abgehalten hat, sich gegen die wahrheitswidrig begründete Klage zu verteidigen[20]. – Gemäß Art. 28 III darf ein Verstoß gegen die *Zuständigkeit* niemals eine Versagung der Anerkennung gemäß Art. 27 Nr. 1 nach sich ziehen (siehe Art. 28 Rz. 3). – Das Fehlen der *Gerichtsbarkeit* im völkerrechtlichen Sinne ist ein Versagungsgrund, den man u. U. auf Art. 27 Nr. 1 stützen mag (vgl. vor Art. 26 Rz. 5). – Die Anerkennung einer *nicht begründeten Entscheidung* kann nach ständiger, aber umstrittener französischer Rechtsprechung dem ordre public widersprechen, soweit keine Unterlagen vorgelegt werden, welche die fehlende Begründung ersetzen können und die Feststellung zulassen, daß die Anerkennungsvoraussetzungen erfüllt sind[21]. Verschiedene, **11**

---

16 *BGH* 21. 3. 1990, NJW 1990, 2201 = RIW 1990, 575 = IPRax 1992, 33, 5 Anm. *Geimer* = IPRspr. 1990 Nr. 207.

17 *BGH* 18. 10. 1967 (oben N. 13): Kein Verstoß gegen die deutsche öffentliche Ordnung, wenn ein englisches Gericht den Beklagten wegen „contempt of court“ von der weiteren Teilnahme am Rechtsstreit ausgeschlossen hat.

18 *BGH* 21. 3. 1990 (vorletzte Note): Kein Verstoß gegen die öffentliche Ordnung, wenn die Verurteilung über den Antrag in der Klageschrift hinausgeht, der Beklagte jedoch hinreichend Gelegenheit hatte, seine Rechte zu wahren.

19 So Bericht *Schlosser* Nr. 192. Vgl. auch *BGH* 19. 9. 1977, NJW 1978, 1114 = RIW 1978, 410 = IPRspr. 1977 Nr. 151.

20 *BGH* 10. 7. 1986, WM 1986, 1370 = IPRax 1987, 236, 219 Anm. *Grunsky* = IPRspr. 1986 Nr. 182.

21 *Cass.* 17. 5. 1978, Clunet 1979, 380 krit. Anm. *Holleaux* und *Paris* 18. 1. 1980, Rev. crit. 1981, 113 Anm. *Holleaux* (belgische Versäumnisurteile). *Paris* 16. 3. 1979, Rev. crit. 1980, 121 Anm. *Mezger*; bestätigt durch *Cass.* 10. 3. 1981, Rev. crit. 1981, 553 Anm. *Mezger* (deutscher Mahnbe-

sonst ohne Begründung mögliche deutsche Entscheidungen müssen deshalb gemäß §§ 32f. AVAG begründet werden, wenn sie in anderen Vertragsstaaten geltend gemacht werden sollen. – In *Unterhaltssachen* wird in der französischen Rechtsprechung eine Verletzung des ordre public angenommen, wenn die Vaterschaftsfeststellung ausschließlich auf das Vorbringen der Mutter und auf keine zusätzlichen *Beweise* gestützt wurde[22]. – Abweichungen in der *Gerichtsverfassung* sind hinzunehmen, da die Rechtsstaatlichkeit in allen Vertragsstaaten gewahrt ist; so hindert die Besetzung eines französischen Handelsgerichts lediglich mit Laienrichtern die Anerkennung der Entscheidung nicht[23].

12 Im *einstweiligen Rechtsschutz* (vgl. Art. 25 Rz. 21 ff.) sind ausländische Verfahren denkbar, die vom inländischen Standard erheblich abweichen. Beispielsweise ist die Sicherstellungsbeschlagnahme (sequestro conservativo) des italienischen Rechts (Art. 671, 673 ff. C. proc. civ.) für den Schuldner wesentlich ungünstiger als ein vergleichbares deutsches Verfahren. Dennoch wurde eine solche Sicherstellungsbeschlagnahme in Anbetracht der gebotenen zurückhaltenden Anwendung des ordre public (oben Rz. 5 und 7) als vereinbar mit den deutschen rechtsstaatlichen Grundsätzen betrachtet[24].

13 Auch untragbare Verstöße gegen wesentliche Sätze des *Internationalen Privatrechts* können in Ausnahmefällen zu einer Versagung der Anerkennung gemäß Art. 27 Nr. 1 führen[25]. Zwar enthält Nr. 4 eine Sonderregelung, die bei bestimmten Abweichungen vom IPR des Zweitstaates eine Anerkennung ausschließt, ohne daß ein Verstoß gegen die öffentliche Ordnung vorliegen müßte. Im Bericht *Jenard* heißt es, aus der Regelung der Nr. 4 gehe hervor, „daß die Anerkennung nicht über den Umweg des ordre public versagt werden darf, weil das ausländische Gericht ein anderes Recht angewendet hat, als es sich nach dem internationalen Privatrecht des Gerichts, vor dem die Anerkennung geltend gemacht wird, ergibt"[26]. Diese Aussage muß m. E. so verstanden werden, daß nicht jede Abweichung vom IPR des Zweitstaates ohne weiteres als Anwendungsfall des ordre public gesehen werden darf. Nur die in Nr. 4 genannten Normen des IPR werden so stark geschützt, daß jede Abweichung von ihnen eine Nichtanerkennung der ausländischen Entscheidung zur Folge haben kann. Es bleibt aber bei dem Rechtssatz der Nr. 1, wonach die Anerkennung ausgeschlossen ist, wenn sie zu den Grundgedanken der inländischen Regelung – sei sie kollisions-

---

scheid); vgl. dazu auch *Mezger*, IPRax 1982, 33, *Cass.* 9. 10. 1991 (deutsches Säumnisurteil) und *Versailles* 26. 9. 1991, Rev. crit. 1992, 516 krit. Anm. *Kessedjian.*

22 *Lyon* 18. 4. 1978, Clunet 1979, 380 Anm. *Holleaux* m. w. Nachw.; *Mezger*, IPRax 1981, 103 ff.; *Sonnenberger*, IPRax 1985, 238 ff. Anders wenn die Aussagen der Mutter zusätzlich erhärtet wurden, etwa durch die Weigerung des Mannes, sich einer Blutgruppenuntersuchung zu unterziehen; *Cass.* 3. 4. 1990, D. S. 1990 Somm. 267 Bericht *Audit.*

23 *OLG Saarbrücken* 3. 8. 1987, NJW 1988, 3100 = IPRax 1989, 37, 14 Anm. *H. Roth* = IPRspr. 1987 Nr. 156.

24 *OLG Hamm* 19. 7. 1985, RIW 1985, 973 Anm. *Linke* = IPRspr. 1985 Nr. 187.

25 Anders *Martiny* in Hdb. IZVR III/2 Kap. II Rz. 85, 94; *Geimer/Schütze* § 116.

26 Bericht *Jenard* zu Art. 27.

rechtlich oder materiellrechtlich – und zu den in ihnen liegenden Gerechtigkeitsvorstellungen in so starkem Widerspruch steht, daß sie für untragbar gehalten werden muß[27]. Um das Eingreifen des ordre public zu rechtfertigen, müssen also ganz besondere Gründe vorliegen. Das ist im Rahmen des Kollisionsrechts nur selten denkbar, am ehesten noch bei nationalen *wirtschaftsrechtlichen Regelungen*, die auch bei Auslandsbezügen stets zwingend angewendet werden sollen[28]. So besteht im *Kartellrecht* weiterhin Einigkeit, daß ausländische Urteile, die auf eine Wettbewerbsbeschränkung mit Inlandsauswirkung zu Unrecht deutsches Kartellrecht nicht anwenden, wegen Verstoßes gegen den deutschen ordre public nicht anzuerkennen sind[29]. Auch bei Abweichung von einer ausnahmsweise mit besonderem Durchsetzungswillen ausgestatteten Norm des inländischen IPR ist die Anerkennung aber nur dann ausgeschlossen, wenn das Ergebnis einer Anerkennung stoßend wäre. Wenn die Anwendung des IPR des Anerkennungsstaates nicht zu einem anderen Ergebnis geführt hätte, liegt kein Verstoß gegen den ordre public vor. Auch die kollisionsrechtliche Schranke des Art. 27 Nr. 4 ist in dieser Weise ergebnisbezogen.

Bei der Prüfung, ob ein untragbarer Verstoß gegen inländisches *materielles Recht* die Ablehnung der Anerkennung rechtfertigt, kommt es nicht darauf an, 14
ob das ausländische Gesetz auf den gleichen Prinzipien wie die inländische Regelung beruht, sondern nur darauf, ob das konkrete Ergebnis einer Anerkennung und Vollstreckung des zuerkannten Anspruchs unter Berücksichtigung des Grades der Inlandsbeziehung des Sachverhalts vom Standpunkt des inländischen Rechts kraß zu mißbilligen ist.

Beispiele: Ein untragbarer Widerspruch zum deutschen Recht ist nicht ohne weiteres gegeben, wenn das ausländische Recht die Gewährung eines Anspruchs in einer Form zuläßt, die dem deutschen Recht fremd ist (z. B. pauschalierter Schadensersatz)[30]. Die deutsche Methode der Berechnung einer anwaltlichen Beratungsgebühr für die Erstellung eines Mietvertrages auf der Grundlage des während der Vertragsdauer zu erwartenden Mietzinses verletzt nicht die französische öffentliche Ordnung[31].

Denkbar ist, daß der ordre public zu Hilfe genommen wird, um wesentliche 15
materiellrechtliche Sätze, wie einschneidende Haftungsbegrenzungen, durchzusetzen, zu deren Einhaltung sich der Anerkennungsstaat in einem *Sonderübereinkommen* verpflichtet hat (vgl. Art. 57 Rz. 11).

---

27 So außerhalb des EuGVÜ *BGH* 4. 6. 1975, NJW 1975, 1600 = RIW 1975, 500 Anm. *Samtleben* = IPRspr. 1975 Nr. 13: Verstoß gegen den ordre public wegen Abweichung von der Kollisionsnorm des § 61 BörsG.

28 Allgemein zur Problematik zwingender Normen des Anerkennungsstaates *Martiny* in Hdb. IZVR III/1 Kap. I Rz. 1005 ff.

29 *Rehbinder*, in: *Immenga/Mestmäcker*, GWB^2 (1992) § 98 Abs. 2 Rz. 328.

30 Vgl. *BGH* 26. 9. 1979 (oben N. 9).

31 *Cass.* 28. 2. 1984, Gaz. Pal. 1984, 2, Jur. 350 zust. Anm. *Mauro* = Rev. crit. 1985, 131 Anm. *Mezger* (dazu *Reinmüller*, IPRax 1985, 56, und *Damm*, RIW 1985, 410 f.) im Gegensatz zur Vorinstanz *Douai* 7. 10. 1982, Gaz. Pal. 1983, 1, Jur. 309 krit. Anm. *Mauro* und *Damien* = Rev. crit. a. a. O.

16 Ein untragbarer Widerspruch zur inländischen Rechtsordnung kann auch auf Spannungen zwischen dem anzuerkennenden Urteil und vorangegangenen *inländischen Verwaltungsakten* beruhen. Problematisch ist – etwa im Umweltrecht – die Anerkennung von Unterlassungstiteln, die ein Verhalten fordern, das im Widerspruch zu Verpflichtungen oder Berechtigungen des Schuldners steht, die ihre Grundlage im inländischen öffentlichen Recht finden. Hier kann ein Rückgriff auf den ordre-public-Vorbehalt erforderlich sein, um Pflichtenkollisionen zu vermeiden oder die zwingend zu beachtende Sperrwirkung einer Genehmigung (vgl. § 14 BImSchG) durchzusetzen[32].

III. Verletzung des rechtlichen Gehörs (Nr. 2)

17 Der Versagungsgrund der Nr. 2 betrifft in erster Linie Versäumnisurteile. Er findet sich im autonomen Recht vieler Staaten und in zahlreichen Staatsverträgen[33]. Die Nr. 2 gewährleistet das rechtliche Gehör, und zwar für den besonders wichtigen Fall der fehlerhaften oder nicht rechtzeitigen Zustellung des verfahrenseinleitenden oder eines gleichwertigen Schriftstücks. Damit wird der Vorbehalt des ordre public in Nr. 1 entlastet, der also nur bei einer Verletzung des rechtlichen Gehörs in einem späteren Stadium des Verfahrens eingreifen kann (vgl. oben Rz. 11). Die Entlastung der Nr. 1 ist im Grundsatz zu begrüßen, auch wenn die erstrebte Präzisierung nicht voll gelungen ist. Die Vorschrift wirft besonders viele Auslegungsfragen auf. Sie sind dem Zweck der Nr. 2 entsprechend zu beantworten.

18 Die Vorschrift *bezweckt* den Schutz der Rechte des Beklagten. Sie ist im Zusammenhang mit denjenigen Bestimmungen des Titels II über die Zuständigkeit zu sehen, die ebenfalls dem Schutz des Beklagten dienen. Insbesondere ergänzt die Nr. 2 den Art. 20, der den Richter des Erststaates zu einer Aussetzung des Verfahrens zwingt, damit der Beklagte rechtliches Gehör erhält. Wenn indes ausnahmsweise – aus welchen Gründen auch immer – die Garantien des Rechts des Urteilsstaates oder des EuGVÜ nicht ausgereicht haben, um zu gewährleisten, daß der Beklagte sich vor dem Gericht des Urteilsstaates verteidigen konnte, soll die Nr. 2 wenigstens die Anerkennung der Entscheidung verhindern[34].

19 Der *Anwendungsbereich* der Nr. 2 ist nicht vom Wohnsitz des Beklagten in einem Vertragsstaat abhängig. Die Bestimmung greift auch dann ein, wenn der

32 *Kohler*, in: Grenzüberschreitender Umweltschutz in Europa (1984) 86f.

33 Rechtsvergleichend *Linke*, Die Versäumnisentscheidungen im deutschen, österreichischen, belgischen und englischen Recht – Ihre Anerkennung und Vollstreckbarerklärung (1972) 165ff. Der durch das IPR-Gesetz vom 25. 7. 1986 neu gefaßte § 328 I Nr. 2 ZPO ist dem Art. 27 Nr. 2 EuGVÜ bewußt nachgebildet.

34 In diesem Sinne *EuGH* 16. 6. 1981 – 166/80, Klomps/Michel.

Beklagte seinen Wohnsitz im Staat des Erstrichters hatte und für die Übermittlung des verfahrenseinleitenden Schriftstücks nur eine Inlandszustellung notwendig war[35]. Die Überprüfung findet also immer statt, wenn die Entscheidung eines Vertragsstaates (siehe Art. 25) in einem anderen Vertragsstaat anerkannt oder vollstreckt werden soll.

Die Vorschrift ist – ebenso wie Art. 46 Nr. 2 und 47 Nr. 1 – nicht zur Anwendung auf solche gerichtlichen Entscheidungen gedacht, die nach dem innerstaatlichen Recht eines Vertragsstaates in Abwesenheit der Gegenpartei ergehen und die vollstreckt werden sollen, ohne dieser zuvor zugestellt worden zu sein, wie die *in einem einseitigen Verfahren erlassenen Arreste und einstweiligen Verfügungen.* Wollte man Art. 27 Nr. 2, 46 Nr. 2 und 47 Nr. 1 auf derartige Entscheidungen anwenden, so verlören sie ihren Überraschungseffekt und damit ihren Sinn und ihre Bedeutung. Aus dieser Erkenntnis folgt nach der Rechtsprechung des EuGH aber nicht, daß derartige Entscheidungen ohne die Erfordernisse der Art. 27 Nr. 2, 46 Nr. 2 und 47 Nr. 1 anerkannt und vollstreckt werden müßten. Vielmehr sind die genannten Entscheidungen wegen ihres besonderen Charakters vom Anwendungsbereich des Titels III ganz ausgenommen[36]. 20

Für *Annexentscheidungen*, die im Anschluß an das Hauptverfahren ergehen, ohne daß vorher erneut ein verfahrenseinleitendes Schriftstück zugestellt sein müßte, ist für eine Versagung der Anerkennung gemäß Nr. 2 kein Raum. Es genügt dann, daß die Anerkennungsvoraussetzungen für das Hauptverfahren gegeben sind. Der Annexcharakter trifft eindeutig auf *Kostenfestsetzungsbeschlüsse* über Kostenerstattungsansprüche zu, die eine Kostengrundentscheidung (z. B. § 308 II ZPO) konkretisieren. Bei Vergütungsfestsetzungsbeschlüssen, die ein Anwalt gegen seinen eigenen Mandanten nach § 19 BRAGO erwirkt, ist der Annexcharakter indes zweifelhaft[37]. In einer französischen Entscheidung wurde die Vollstreckung aus einem solchen Beschluß aber dennoch zugelassen, indem der Beschluß selbst als ein verfahrenseinleitendes Schriftstück angesehen wurde; da der Antrag des Anwalts auf Kostenfestsetzung dem Antragsgegner nur formlos mitgeteilt werden müsse, sei er kein verfahrenseinleitendes Schriftstück im Sinne der Nr. 2[38]. Indes erscheint dies zweifelhaft, und dem Antragsteller, der die Notwendigkeit einer Auslandsvollstreckung vorhersieht, ist deshalb zu raten, auf förmliche Zustellung des Antrags zu dringen[39]. Das gleiche gilt für den Antrag auf Festsetzung des Regelunterhalts (§ 642a I ZPO)[40]. 21

35 *EuGH* 11. 6. 1985 – 49/84, Debaecker und Plouvier/Bouwman.

36 *EuGH* 21. 5. 1980 – 125/79, Denilauler/Couchet Frères. Dazu näher Art. 25 Rz. 23.

37 *M. J. Schmidt*, Die internationale Durchsetzung von Rechtsanwaltshonoraren (1991) 195 ff.; *ders.*, RIW 1991, 630 ff.

38 *Paris* 17. 11. 1981 (unveröffentlicht). Über die Entscheidung und ihre Problematik berichtet *Mezger*, Gedächtnisschrift Constantinesco (1983) 512 ff.; ferner *M. J. Schmidt* 197 ff. Vgl. auch *Rb. Almelo* 25. 11. 1977, N.J. 1979 Nr. 371 = Nachschlagewerk I-27.2-B 7, wo Nachweise zum rechtlichen Gehör gefordert werden.

39 *Linke*, RIW 1986, 410; *Braun* 77 f.

40 *Braun* 78 ff.

1. Einlassung auf das Verfahren

22 Der Begriff der Einlassung auf das Verfahren wird auch in Art. 18 und 20 I EuGVÜ sowie in Art. 15 I des Haager Zustellungsabkommens verwendet, den Art. 20 III EuGVÜ in das europäische Zivilprozeßrecht inkorporiert. Der Begriff ist vertragsautonom zu bestimmen. Im Hinblick auf den Zweck der Nr. 2, das rechtliche Gehör des Beklagten zu gewährleisten, muß als Einlassung im Sinne der Nr. 2 jedes Verhandeln gelten, aus dem sich ergibt, daß der Beklagte von dem gegen ihn eingeleiteten Verfahren Kenntnis erlangt und die Möglichkeit der Verteidigung gegen den Angriff des Klägers erhalten hat, es sei denn, sein Vorbringen beschränke sich darauf, den Fortgang des Verfahrens zu rügen, weil die Zustellung nicht ordnungsgemäß oder zu spät erfolgt sei[41].

2. Verfahrenseinleitendes Schriftstück

23 Das verfahrenseinleitende Schriftstück ist die vom Recht des Urteilsstaates vorgesehene Urkunde, durch deren Zustellung der Beklagte erstmalig von dem der Entscheidung zugrunde liegenden Verfahren Kenntnis erlangt[42]. Das kann – wie im deutschen Recht – die Klageschrift sein oder – wie in den romanischen Rechten – eine Klagladung verbunden mit einer Aufforderung zur Einlassung[43]. Wie die Neufassung des EuGVÜ von 1978 durch einen Zusatz klarstellt, genügt ein „gleichwertiges Schriftstück"[44]. Auch der Mahnbescheid des deutschen Rechts ist nach dem Schutzzweck der Nr. 2 als verfahrenseinleitendes Schriftstück anzusehen, weil seine Zustellung an den Schuldner es dem Gläubiger ermöglicht, falls kein Widerspruch erhoben wird, eine nach den Bestimmungen des Übereinkommens vollstreckbare Entscheidung zu erwirken[45]. Ebenso ist die Ladung zu einem Vortermin, in dem bereits ein Versäumnisurteil in der Sache ergehen kann, nach dem Zweck der Nr. 2 erfaßt[46]. Das verfahrenseinleitende Schriftstück kann sich sogar auf ein Strafverfahren beziehen, und der

---

41 Letztere Einschränkung läßt vermissen *Cass.* 28. 4. 1990, n. 3598, Riv. dir. int. priv. proc. 1992, 297. Wie im Text dagegen *OLG Stuttgart* 3. 2. 1983, IPRspr. 1983 Nr. 173; *Bülow/Böckstiegel/Linke* Art. 27 Anm. III 2; *Martiny* in Hdb. IZVR III/2 Kap. II Rz. 110.

42 So *Bülow/Böckstiegel/Linke* Art. 27 Anm. III 3.

43 Siehe zu Frankreich *LG Karlsruhe* 31. 7. 1984, RIW 1985, 898 = IPRspr. 1984 Nr. 179.

44 Siehe Bericht *Schlosser* Nr. 194, 182 mit dem Hinweis, daß im Vereinigten Königreich und in Irland Ausländer im Ausland nicht die Original-Ladung erhalten, sondern nur eine Nachricht über den Beschluß des Gerichts, sie zu laden.

45 So *EuGH* 16. 6. 1981 – 166/80, Klomps/Michel, für den „Zahlungsbefehl" nach früherem deutschen Recht. Ebenso bereits *Paris* 16. 3. 1979, Rev. crit. 1980, 121 Anm. *Mezger*; bestätigt durch *Cass.* 10. 3. 1981, Rev. crit. 1981, 553 Anm. *Mezger*. Zum Mahnbescheid siehe *Cass.* 19. 7. 1989, D. S. 1989, I. R. 217 = J. C. P. 1989, Jur. 359.

46 Vgl. *Linke* (oben N. 33) 102.

EuGH soll klären, ob der Umfang des im Adhäsionsverfahren zu erhebenden zivilrechtlichen Anspruchs sogleich genau bezeichnet sein muß[47].

Dagegen sind Schriftstücke, die erst *im Laufe des Verfahrens* zuzustellen sind, nicht verfahrenseinleitend. Dies wird auch für eine Klageerweiterung angenommen[48]. Auch gibt es bei einem *mehrstufigen Verfahren*, in dem sich der zweite Teil als Fortsetzung des ersten darstellt, nicht zwei verfahrenseinleitende Schriftstücke. So ist der deutsche Vollstreckungsbescheid, der nach der Zustellung des Mahnbescheids erlassen wird und der für sich allein nach den Bestimmungen des EuGVÜ vollstreckbar ist, kein verfahrenseinleitendes Schriftstück; denn die Streitsache gilt bereits mit der Zustellung des Mahnbescheids als rechtshängig (§ 700 II ZPO). Nur dieser ist daher das verfahrenseinleitende Schriftstück[49]. **24**

Kein verfahrenseinleitendes Schriftstück ist das *Versäumnisurteil*. Ein Versäumnisurteil kann auch durch Aufgabe zur Post wirksam zugestellt werden, sofern die Voraussetzungen nach § 175 I ZPO vorliegen[50]. Hinsichtlich der *Zustellung von Entscheidungen* ergibt sich aus Art. 47 Nr. 1 lediglich, daß die die Zwangsvollstreckung betreibende Partei die Zustellung urkundlich nachzuweisen hat. Die Art und Weise der Zustellung wird durch das Übereinkommen nicht vorgeschrieben. **25**

3. Ordnungsmäßige und rechtzeitige Zustellung

Zumindest der deutsche Text des Art. 27 Nr. 2 mit seiner dreifachen Verneinung („wird nicht anerkannt, wenn ... nicht ordnungsmäßig und nicht ... rechtzeitig zugestellt worden ist") bereitet Verständnisschwierigkeiten. Wird die Anerkennung schon versagt, wenn entweder nicht ordnungsmäßig oder nicht rechtzeitig zugestellt worden ist? Oder wird die Anerkennung nur dann versagt, wenn sowohl nicht ordnungsmäßig als auch nicht rechtzeitig zugestellt wurde? **26**

Gemeint ist – auch nach dem Wortlaut der fremdsprachigen authentischen Übereinkommenstexte – die erstgenannte, anerkennungsfeindlichere Lösung. Das ergibt sich schon aus dem Bericht zum Übereinkommen, in dem es heißt[51]: „Zum zweiten kann die Anerkennung selbst bei ordnungsmäßiger Ladung versagt werden, wenn das Gericht, vor dem die Anerkennung geltend gemacht wird, **27**

47 Die Sache schwebt beim EuGH unter dem Aktenzeichen 172/91. Vorlage *BGH* 28. 5. 1991, EuZW 1991, 571 = NJW 1991, 2312 (L). Vgl. auch *Hof 's-Hertogenbosch* 25. 6. 1981, N. J. 1983 Nr. 308 Anm. *Schultsz*.

48 *BGH* 10. 7. 1986, WM 1986, 1370 = IPRax 1987, 236, 219 krit. Anm. *Grunsky* = IPRspr. 1986 Nr. 182.

49 So *EuGH* 16. 6. 1981 – 166/80, Klomps/Michel, für den „Vollstreckungsbefehl" nach früherem deutschen Recht. Zustimmend *Braun* 67 ff.; kritisch *Stürner*, JZ 1992, 332 f.

50 Vgl. etwa im Verhältnis zu Italien *OLG München* 18. 10. 1982, NJW 1983, 527 = Rpfleger 1983, 75 = IPRspr. 1982 Nr. 166; 28. 9. 1988, IPRax 1990, 111, 90 krit. Anm. *H. Roth* = IPRspr. 1988 Nr. 176.

51 Bericht *Jenard* zu Art. 27.

zu der Feststellung gelangt, daß die Ladung dem Beklagten nicht so rechtzeitig zugestellt worden ist, daß er sich verteidigen konnte." Auch der EuGH deutet die Vorschrift so, daß sie zwei gesonderte und kumulative Garantien für den Beklagten enthält, der sich auf das Verfahren nicht eingelassen hat[52]. Dehalb genügt das Fehlen einer dieser beiden Garantien für die Versagung der Anerkennung einer ausländischen Entscheidung. Insbesondere darf eine im Versäumnisverfahren ergangene Entscheidung nicht anerkannt werden, wenn das verfahrenseinleitende Schriftstück dem Beklagten, der sich auf das Verfahren nicht eingelassen hat, nicht ordnungsgemäß, jedoch so rechtzeitig zugestellt worden ist, daß er sich verteidigen konnte.

Den Einwand, daß es nicht nötig sei, eine ordnungsgemäße Zustellung zu fordern, wenn der Beklagte Kenntnis von dem verfahrenseinleitenden Schriftstück und ausreichend Zeit hatte, seine Verteidigung vorzubereiten, läßt der EuGH nicht gelten. Denn zum einen steht der Wortlaut der Nr. 2 entgegen und zum anderen die Sorge, das Erfordernis der ordnungsgemäßen Zustellung völlig auszuhöhlen. „Käme es nämlich nur auf die rechtzeitige Kenntnis an, so wären die Kläger versucht, die für eine ordnungsgemäße Zustellung vorgesehenen Bahnen zu verlassen, für die die Anforderungen im übrigen durch völkerrechtliche Verträge stark verringert worden sind. Dies würde zu erheblicher Unsicherheit darüber führen, ob die Schriftstücke überhaupt zugestellt worden sind, und damit die einheitliche Anwendung des Übereinkommens unmöglich machen. Schließlich könnte der Beklagte nicht mit Sicherheit wissen, ob ein Verfahren, das zu einer Verurteilung führen kann, ordnungsgemäß eingeleitet worden ist und ob es deshalb erforderlich ist, eine Verteidigung vorzubereiten – eine Situation, die mit dem Sinn und Zweck des Übereinkommens ebenfalls nicht vereinbar wäre."

a) Ordnungsmäßigkeit

28 Die Zustellung ist ordnungsmäßig, wenn sie einem im Urteilsstaat geltenden Abkommen oder dem autonomen Recht des Urteilsstaates entspricht. Ob es sich um Parteizustellung oder Amtszustellung handelt, macht keinen Unterschied. Für die Zustellungen aus einem Vertragsstaat in einen anderen Vertragsstaat kommen insbesondere das Haager Zustellungsübereinkommen von 1965, die zwischen einzelnen Staaten bestehenden Zusatzvereinbarungen zum Haager Zivilprozeßübereinkommen von 1954 und Art. IV des Protokolls zum EuGVÜ (bzw. zum Lugano-Übereinkommen) in Betracht[53].

29 Auch *fiktive Zustellungen*, wie die öffentliche Zustellung gemäß § 203 ZPO oder die „remise au parquet" in den romanischen Rechten, sind ordnungsmäßig,

52 *EuGH* 3. 7. 1990 – 305/88, Lancray/Peters. Vorlage *BGH* 22. 9. 1988, WM 1988, 1617 = IPRspr. 1988 Nr. 189; Vorinstanz *OLG Hamm* 27. 11. 1987, RIW 1988, 131, 477 Anm. *Mezger* = IPRspr. 1987 Nr. 159; Abschlußentscheidung *BGH* 20. 9. 1990, NJW 1991, 641 und 1993, 184 krit. Anm. *Stade* = RIW 1990, 1010 = IPRspr. 1990 Nr. 200. Eingehend zur Problematik *Braun* 134 ff.

53 Siehe insbesondere für die Rechtslage in Deutschland Art. 20 Rz. 3 und 5 ff.; ferner *Stürner*, JZ 1992, 327 ff.; *Braun* 90 ff. Für Italien siehe zu Art. 6 des Haager Übereinkommens von 1954 i. V. m. Art. IV Protokoll *Cass.* 25. 10. 1984, n. 5439, Riv. dir. int. priv. proc. 1985, 157 = Riv. dir. int. 1985, 913.

sofern sie nicht durch Staatsvertrag ausgeschlossen sind. Der durch eine derartige Zustellung geladene Beklagte wird sich jedoch des öfteren darauf berufen können, der vom Zeitpunkt der ordnungsmäßigen Zustellung an zu berechnende Zeitraum habe ihm nicht genügend Zeit für seine Verteidigung gelassen (siehe unten Rz. 31 ff.). Außerdem sieht Art. 16 des Haager Zustellungsabkommens von 1965 die Möglichkeit einer Wiedereinsetzung in den vorigen Stand vor, falls der Beklagte ohne sein Verschulden nicht so rechtzeitig Kenntnis von der Ladung erlangt hat, daß er sich hätte verteidigen können. Der Zweitrichter kann in diesem Fall gemäß Art. 38 seine Entscheidung aussetzen, bis der Erstrichter über den Wiedereinsetzungsantrag entschieden hat[54].

Die *Heilung von Zustellungsmängeln* ist – ebenso wie die Zustellung selbst – **30**
im EuGVÜ nicht geregelt. Sie richtet sich nach dem Recht des *Urteilsstaates* (vgl. in Deutschland § 187 ZPO) einschließlich der dort geltenden einschlägigen völkerrechtlichen Verträge[55]. Denn die Zustellung ist Teil des Verfahrens im Urteilsstaat. Demgegenüber kommt es nicht darauf an, ob die Gesetze des *Anerkennungs- und Vollstreckungsstaates* eine Heilung des Zustellungsmangels zulassen; dies folgt auch daraus, daß sonst die vom EuGVÜ angestrebte einheitliche Beurteilung der Anerkennungsfrage nicht gewährleistet wäre, wenn die Anerkennung und Vollstreckung in mehreren Vertragsstaaten begehrt wird. Eine Heilung nach dem Recht des *Zustellungsstaates* ist möglich, wenn ein im Urteilsstaat geltendes Abkommen – etwa das Haager Zustellungsübereinkommen oder ein bilateraler Vertrag – auf die Zustellungsformen des ersuchten Staates verweist und bei der Zustellung gegen das so berufene nationale Recht (und nicht gegen das Übereinkommen selbst) verstoßen wurde[56]. Für die Annahme eines allgemeinen *europäischen Rechtsgedankens*[57], demzufolge ein Zustellungsmangel als geheilt anzusehen wäre, wenn der Beklagte das zuzustellende Schriftstück tatsächlich erhalten hat, besteht keine ausreichende Grundlage.

b) Rechtzeitigkeit

Das Erfordernis der Rechtzeitigkeit soll gewährleisten, daß dem Beklagten ein **31**
ausreichender Zeitraum zur Verfügung steht, um seine Verteidigung vorzubereiten oder die zur Vermeidung einer Säumnisentscheidung erforderlichen Schritte einzuleiten. War das verfahrenseinleitende Schriftstück beispielsweise ein Mahnbescheid nach deutschem Recht, so kommt es darauf an, ob dem Schuldner genügend Zeit zur Einlegung eines Widerspruchs (§ 694 ZPO) verblieb. Die Anerkennung kann am Fehlen der Rechtzeitigkeit scheitern, auch wenn die Zustellung vollkommen ordnungsgemäß war (siehe oben Rz. 27). Selbst wenn ein Gericht des Urteilsstaates bereits in einem besonderen streitigen Verfahren

54 *Nagel* Rz. 749.
55 *EuGH* 3. 7. 1990 (oben N. 52).
56 *Stürner*, JZ 1992, 331.
57 Dafür etwa *Geimer/Schütze* § 140 V 1 und 3; *Linke*, RIW 1986, 412 f.

entschieden hat, daß die Zustellung ordnungsgemäß war, ist das Gericht des Zweitstaates zur Prüfung der Frage verpflichtet, ob diese Zustellung so rechtzeitig erfolgte, daß sich der Beklagte verteidigen konnte[58].

32 Entscheidend sind *Wertungen tatsächlicher Art*. Es ist darauf abzustellen, ob dem Beklagten nach den Umständen des Einzelfalles tatsächlich genügend Zeit zur Vorbereitung einer sachgerechten Verteidigung zur Verfügung stand[59]. Nicht ausschlaggebend ist, ob der Erstrichter sein Prozeßrecht beachtet hat, und auch auf das Prozeßrecht des Vollstreckungsstaates kommt es nicht an. Die Einhaltung der Ladungsfristen, die in einem der in Art. 55 EuGVÜ genannten bilateralen Abkommen vereinbart wurde, ist ebenfalls nicht maßgebend (siehe Art. 55 Rz. 3).

Beispiel[60]: Ein deutscher Beklagter kann sich dann nicht rechtzeitig verteidigen, wenn die Einlassungsfrist von zwei Wochen, die das deutsche Recht zwischen der Zustellung der Klageschrift und dem Termin zur mündlichen Verhandlung vorsieht (§ 274 III 1 ZPO), nicht gewahrt ist und auch objektiv die nach Zustellung der Ladung ihm verbleibende Zeit nicht ausreicht, für eine Verteidigung vor dem Gericht des Urteilsstaates zu sorgen. Die Nichteinhaltung der deutschen Einlassungsfrist ist dabei nur ein Indiz für die fehlende Rechtzeitigkeit. Entscheidend ist, daß dem Beklagten tatsächlich nicht genügend Zeit verbleibt, um seine Verteidigung vorzubereiten, etwa weil die Klageschrift und die Ladung in fremder Sprache abgefaßt sind und der Beklagte, nachdem er deren Inhalt erfaßt hat, noch die erforderlichen Schritte unternehmen muß, um sich vor dem ausländischen Gericht durch einen Rechtsanwalt verteidigen zu lassen.

33 Insbesondere bei den *fiktiven Zustellungen*, die es im Recht der Vertragsstaaten gibt und die Anwendung finden, wenn der Wohnsitz des Beklagten unbekannt ist, gewährt die Überprüfung der Rechtzeitigkeit dem Beklagten einen gewissen Schutz, der unabhängig von den Eigenheiten der nationalen Verfahrensrechte besteht. Denn die Anerkennung kann zu versagen sein, obwohl die Zustellung den Vorschriften des Urteilsstaates entsprach und unter Wahrung einer vom Gericht des Urteilsstaates festgesetzten Frist stattgefunden hat[61].

34 Über den *Beginn* des in Nr. 2 zur Vorbereitung der Verteidigung geforderten Zeitraums ergeben sich aus der Rechtsprechung des EuGH folgende Sätze[62]: Nr. 2 verlangt nicht den Nachweis, daß der Beklagte tatsächlich von dem verfahrenseinleitenden Schriftstück Kenntnis genommen hat. Im Regelfall beginnt der maßgebende Zeitraum mit der ordnungsmäßigen Zustellung am Wohnsitz des Beklagten oder an einem anderen Ort. Denn normalerweise kann der Beklagte von diesem Zeitpunkt an Maßnahmen zur Verteidigung seiner Interessen einlei-

---

58 *EuGH* 16. 6. 1981 – 166/80, Klomps/Michel.

59 *OLG Hamm* 3. 8. 1987, RIW 1987, 871 = IPRax 1988, 289, 271 Anm. *Geimer* und 1989, 137 Anm. *Venrooy* = IPRspr. 1987 Nr. 155.

60 *BGH* 23. 1. 1986, NJW 1986, 2197 = RIW 1986, 302 = IPRax 1986, 366, 349 Anm. *Walter* = IPRspr. 1986 Nr. 171.

61 *EuGH* 11. 6. 1985 – 49/84, Debaecker und Plouvier/Bouwman unter Nr. 27 der Gründe.

62 *EuGH* 16. 6. 1981 – 166/80, Klomps/Michel.

ten. Der Zweitrichter hat jedoch im Einzelfall zu prüfen, ob so außergewöhnliche Umstände vorliegen, daß die Zustellung, obgleich ordnungsmäßig erfolgt, nicht genügte, den zur Verteidigung eingeräumten Zeitraum beginnen zu lassen. Dabei kann das Gericht alle Umstände des Einzelfalls berücksichtigen, einschließlich der Art und Weise der Zustellung, der Beziehungen zwischen dem Gläubiger und dem Schuldner und der Art der Maßnahmen, die zur Vermeidung einer Versäumnisentscheidung einzuleiten waren.

Beispiele: Geht es in einem Rechtsstreit um Handelsbeziehungen und wurde das verfahrenseinleitende Schriftstück an einem Ort zugestellt, an dem der Schuldner seine Geschäfte betreibt, so dürfte die schlichte Abwesenheit des Schuldners zum Zeitpunkt der Zustellung seine Verteidigungsmöglichkeit normalerweise nicht beeinträchtigen, insbesondere wenn die zur Vermeidung einer Versäumnisentscheidung erforderlichen Schritte formlos und sogar durch einen Vertreter eingeleitet werden können. – Auch die öffentliche Zustellung der Ladung nach §§ 203 – 207 ZPO an einen Privatmann kann den Erfordernissen des Art. 27 Nr. 2 genügen; die etwaige Behauptung des Beklagten, er habe sich an einem dem Kläger bekannten Ort im Ausland und später in Haft befunden, begründet keine „außergewöhnlichen Umstände", wenn der Prozeßverlauf zeigt, daß er seine Verteidigung hätte wahrnehmen können[63]. – Das Erfordernis der „Rechtzeitigkeit" kann ferner dann erfüllt sein, wenn die versuchte Zustellung, um die ein belgisches Gericht ein deutsches im Wege der Rechtshilfe ersucht hat, nicht zu bewirken war, weil der Aufenthalt des Beklagten – aus von ihm zu vertretenden Gründen – unbekannt war[64]. Denn es kann regelmäßig vermutet werden, daß eine Zustellung an die letzte bekannte Anschrift rechtzeitig erfolgt ist, wenn der Kläger die neue Adresse nicht kennt. Freilich besteht keine feste Regel, sondern es ist stets eine Abwägung aller Umstände erforderlich, so daß beispielsweise zu berücksichtigen ist, ob der Kläger den Aufenthaltsort des Beklagten unschwer hätte erfahren können oder ob vom Beklagten – infolge seiner Rechtsbeziehungen zum Kläger – eine Mitteilung seiner neuen Anschrift hätte erwartet werden können.

Außergewöhnliche Tatsachen oder Umstände, die *nach* der ordnungsgemäßen Zustellung eingetreten sind, kann der Vollstreckungsrichter bei der Prüfung der Rechtzeitigkeit ebenfalls berücksichtigen[65]. Wenn es nur auf die im Zeitpunkt der Zustellung bekannten Umstände ankäme, bestünde nämlich die Gefahr, daß der Begriff „rechtzeitig" so eng und formell ausgelegt würde, daß er sachlich in dem Erfordernis der Ordnungsmäßigkeit der Zustellung aufginge; damit entfiele aber eine der Garantien, die das Übereinkommen dem Beklagten bietet. **35**

Als spätere Umstände, die das Vollstreckungsgericht in Rechnung stellen kann, kommen beispielsweise die Tatsachen in Betracht, daß der Kläger nach der Zustellung eine neue Adresse des Beklagten erfahren hat oder daß es der Beklagte zu vertreten hat, daß das ordnungsgemäß zugestellte Schriftstück ihn nicht erreicht hat. Der EuGH lehnt es indes mit Recht ab, aus einem dieser Umstände zwingende Folgerungen für die Rechtzeitigkeit

---

63 *Trib. gr. inst. Paris* 6. 1. 1982, bestätigt durch *Paris* 4. 1. 1983, Rev. crit. 1984, 134 zust. Anm. *Droz.*

64 *BGH* 2. 10. 1991, RIW 1992, 56 = WM 1992, 286.

65 *EuGH* 11. 6. 1985 – 49/84, Debaecker/Bouwman. Abschlußentscheidung *H. R.* 5. 6. 1987, N. J. 1988 Nr. 37 Anm. *Schultsz.*

abzuleiten: Aus der Tatsache, daß der Kläger nach einer fiktiven Zustellung von einer Adresse des Beklagten Kenntnis erhält und es dennoch unterläßt, weitere Schritte zur Unterrichtung des Beklagten über den anhängigen Rechtsstreit zu unternehmen, folgt nicht zwangsläufig, daß die in Nr. 2 vorausgesetzte Frist nicht in Gang gesetzt wird. Und die Tatsache, daß es vom Beklagten zu vertreten ist, daß das ordnungsgemäß zugestellte Schriftstück ihn nicht erreicht hat, schließt nicht automatisch die Berücksichtigung außergewöhnlicher Umstände aus, aufgrund deren die Zustellung möglicherweise nicht genügte, den zur Verteidigung eingeräumten Zeitraum beginnen zu lassen. Vielmehr ist es Sache des Vollstreckungsgerichts, alle außergewöhnlichen Umstände – hier also das Verhalten des Klägers und das des Beklagten – bei der Beurteilung der Rechtzeitigkeit gegeneinander abzuwägen.

4. Umfang der Prüfungspflicht des Zweitrichters

36 Der Versagungsgrund der Nr. 2 ist – wie die übrigen Versagungsgründe – *von Amts wegen* zu prüfen (siehe vor Art. 26 Rz. 6f.)[66]. Das autonome deutsche Verfahrensrecht (§ 328 I Nr. 2 ZPO: „und sich hierauf beruft") regelt diese Frage bewußt anders[67]. Die Partei, welche die Anerkennung geltend macht oder die Zwangsvollstreckung betreiben will, hat nach Art. 46 Nr. 2 eine Urkunde vorzulegen, aus der sich die Zustellung des verfahrenseinleitenden Schriftstücks ergibt. Die Nachprüfung der *Ordnungsmäßigkeit* der Zustellung stellt an den Zweitrichter hohe Anforderungen, weil die Zustellungsübereinkommen und ggf. das autonome Recht des Urteilsstaates berücksichtigt werden müssen. Sie kann ihm aber nicht erspart werden. Denn das EuGVÜ soll, ohne die unterschiedlichen, in den Mitgliedstaaten für die Zustellung gerichtlicher Schriftstücke im Ausland geltenden Systeme zu harmonisieren, dem Beklagten einen wirksamen Schutz seiner Rechte gewährleisten. Zu diesem Zweck ist die Prüfung, ob das verfahrenseinleitende Schriftstück ordnungsgemäß zugestellt worden ist, sowohl dem Gericht des Urteilsstaats als auch dem Gericht des Vollstreckungsstaats übertragen worden. Eben dieser Zweck der Nr. 2 verlangt es, daß das Gericht des Vollstreckungsstaates die Prüfung der ordnungsgemäßen Zustellung noch einmal vornimmt, ungeachtet der aufgrund von Art. 20 II und III ergangenen Entscheidung des Gerichts des Urteilsstaats[68]. Außerdem muß der Zweitrichter die *Rechtzeitigkeit* der Zustellung beurteilen und also feststellen, ob die Zeit, die dem Beklagten zur Verfügung stand, nach Lage der Dinge ausreichend war[69]. Der Nachprüfung des Zweitrichters ist nur eine einzige Grenze gezogen: Nach Art. 34 III darf die ausländische Entscheidung keinesfalls auf ihre *Gesetzmäßigkeit* nachgeprüft werden. Zur Darlegungslast siehe vor Art. 26 Rz. 7.

---

66 Zustimmend *Linke*, RIW 1986, 410; *Braun* 177 ff.; wohl auch *Martiny* in Hdb. IZVR III/2 Kap. II Rz. 128f.; *OLG Köln* 12. 4. 1989, RIW 1990, 229 = NJW-RR 1990, 127 = IPRspr. 1989 Nr. 213. Anders *Geimer/Schütze* § 140 VI; *Geimer*, NJW 1973, 2143; *ders.*, IPRax 1985, 8.

67 Siehe BT-Drucks. 10/504, 88.

68 *EuGH* 15. 7. 1982 – 228/81, Pendy Plastic/Pluspunkt. Vorlage *BGH* 8. 7. 1981, WM 1981, 959 = RIW 1981, 847 = IPRspr. 1981 Nr. 184.

69 *EuGH* 16. 6. 1981 – 166/80, Klomps/Michel.

Die Frage des Umfangs der Prüfungspflicht stellt sich insbesondere in Verbindung mit Art. 15 des *Haager Zustellungsabkommens* von 1965 (abgedruckt bei Art. 20 Rz. 5). Der EuGH entschied[70], daß die Anerkennung nach Nr. 2 auch dann abgelehnt werden kann, wenn das Gericht des Urteilsstaats gemäß Art. 20 III EuGVÜ i.V.m. Art. 15 I des Haager Abkommens die Feststellung getroffen hat, daß der Beklagte, der sich auf das Verfahren nicht eingelassen hat, die Gelegenheit hatte, von dem verfahrenseinleitenden Schriftstück so rechtzeitig Kenntnis zu erhalten, daß er sich hätte verteidigen können. Bereits vorher hatte der französische Kassationshof ausgesprochen, daß die Einhaltung der in Art. 15 II des Haager Abkommens aufgestellten Frist von 6 Monaten vom Zweitrichter nachzuprüfen ist[71]. Das Haager Abkommen ändert also nichts daran, daß die Ordnungsmäßigkeit der Zustellung vom Zweitrichter im Interesse des Beklagtenschutzes in vollem Umfang nachgeprüft werden muß. 37

5. Bedeutung von Rechtsmitteln im Erststaat

Mitunter wird die Ansicht vertreten, der Beklagte verliere den Schutz des Art. 27 Nr. 2, wenn er das verfahrenseinleitende Schriftstück zwar nicht rechtzeitig erhalten, von der anhängigen Klage aber in einem späteren Stadium erfahren hat, z.B. durch ordnungsmäßige Zustellung des Versäumnisurteils, ohne ein Rechtsmittel einzulegen[72]. Die prozessuale Lage, auf der Art. 27 Nr. 2 beruhe, sei dann nämlich durch die weitere Entwicklung überholt. In der Tat findet sich in Art. 2 lit. c Nr. 2 des deutsch-niederländischen Anerkennungs- und Vollstreckungsvertrages vom 30. August 1962 eine derartige Ausnahme vom Beklagtenschutz, „wenn der Kläger nachweist, daß der Beklagte gegen die Entscheidung keinen Rechtsbehelf eingelegt hat, obwohl er von ihr Kenntnis erhalten hat". Es handelt sich freilich um eine auch in den bilateralen Anerkennungs- und Vollstreckungsabkommen singuläre Norm, die das EuGVÜ gerade nicht enthält. Eine derartige Einengung des Beklagtenschutzes wird deshalb überwiegend abgelehnt[73]. Der EuGH ist der überwiegenden Meinung gefolgt, da ein Versäumnisurteil kein verfahrenseinleitendes Schriftstück ist (oben Rz. 24f.) und der Beklagte nach Art. 27 Nr. 2 gerade *vor* Erlaß des Urteils, nämlich im Zeitpunkt der Verfahrenseinleitung, Gelegenheit zur Verteidigung haben 38

---

70 *EuGH* (vorletzte Note).

71 *Cass.* 16. 12. 1980, Rev. crit. 1981, 708 Anm. *Droz* = Bericht *Mezger*, IPRax 1982, 30.

72 *Bülow*, RabelsZ 1974, 272f., der eine Verpflichtung zur Einlegung eines Rechtsmittels aus Art. 38 herleiten will; ebenso im Ergebnis *Geimer/Schütze* § 140 V 2; *Geimer*, IPRax 1985, 7f.

73 Siehe etwa *Bülow/Böckstiegel/Linke* Art. 27 Anm. III 4a (einschränkend aber *Linke*, RIW 1986, 413); *Martiny* in Hdb. IZVR III/2 Kap. II Rz. 121; *Schütze*, RIW 1979, 593f.; zurückhaltend auch *Droz* Nr. 508; differenzierend *Braun* 165ff. Aus der deutschen Rechtsprechung *OLG Stuttgart* 16. 8. 1977, RIW 1979, 130 = IPRspr. 1977 Nr. 149; *OLG Köln* 12. 4. 1989, RIW 1990, 229 = NJW-RR 1990, 127 = IPRspr. 1989 Nr. 213; *OLG Frankfurt* 21. 2. 1991, RIW 1991, 587 = IPRax 1992, 90, 71 Anm. *Rauscher*.

soll[74]. Für die Maßgeblichkeit dieses frühen Zeitpunkts spricht neben dem Wortlaut auch der Zweck der Nr. 2. Ist nämlich erst einmal eine vollstreckbare Entscheidung (Versäumnisurteil) ergangen, so kann der Beklagte eine Einstellung der Zwangsvollstreckung unter Umständen nur unter erschwerten Voraussetzungen erlangen und weiteren prozessualen Nachteilen ausgesetzt sein; die darin liegende Verminderung der Verteidigungsmöglichkeiten eines Beklagten, der sich auf das Verfahren nicht eingelassen hat, liefe dem Zweck der Nr. 2 eindeutig zuwider.

39 Nach einer weiteren Entscheidung des EuGH ist die Nr. 2 auch dann anwendbar, wenn der Beklagte Einspruch gegen die Versäumnisentscheidung eingelegt und ein Gericht des Urteilsstaates den Einspruch mit der Begründung als unzulässig verworfen hat, die Einspruchsfrist sei abgelaufen[75]. Die Nr. 2 wendet sich nämlich an die Gerichte des Zweitstaates, nicht aber an die des Erststaates, und außerdem konnte der Beklagte bei einer Verwerfung seines Einspruchs als unzulässig vor dem Gericht des Erststaates zur Sache nicht Stellung nehmen. Der Anspruch des Beklagten auf rechtliches Gehör, den die Nr. 2 schützen soll, ist also auch bei dieser Konstellation verletzt.

IV. Unvereinbarkeit mit einer Entscheidung aus dem Anerkennungsstaat (Nr. 3)

40 Die *praktische Bedeutung* der Nr. 3, welche die Vorbehaltsklausel der Nr. 1 entlastet, ist gering. Denn die Art. 21 ff. über die Rechtshängigkeit und den Sachzusammenhang sorgen meist dafür, daß miteinander unvereinbare Entscheidungen in zwei Vertragsstaaten nicht ergehen (vgl. auch vor Art. 26 Rz. 12). Ausnahmen sind aber denkbar, z. B. wenn das Gericht von einem in einem anderen Vertragsstaat bereits anhängigen Parallelverfahren keine Kenntnis erhalten hat. Die Ignorierung der inländischen Rechtshängigkeit ist nach dem EuGVÜ kein Grund zur Nichtanerkennung der ausländischen Entscheidung.

41 Der Begriff der *„Unvereinbarkeit"* muß eng gefaßt werden, ebenso wie von der Vorbehaltsklausel der Nr. 1 nur zurückhaltend Gebrauch gemacht werden darf (oben Rz. 5). Die Entscheidungen sind unvereinbar, wenn ihre Ergebnisse einander widersprechen, „wenn sie Rechtsfolgen haben, die sich gegenseitig ausschließen"[76]. Es braucht sich aber nicht um denselben Streitgegenstand zu handeln. Im einzelnen ist vertragsautonom zu bestimmen, von welchem Grad der „Unvereinbarkeit" an die Anerkennung scheitert[77]. Freilich kommt es bei der Unverein-

74 *EuGH* 12. 11. 1992 – 123/91, Minalmet/Brandeis. Vorlage *BGH* 4. 4. 1991, RIW 1991, 510 = EuZW 1991, 445 Anm. *Geimer.*

75 *EuGH* 16. 6. 1981 – 166/80, Klomps/Michel.

76 *EuGH* 4. 2. 1988 – 145/86, Hoffmann/Krieg, unter Nr. 22.

77 *Mauro*, Gaz. Pal. 1980, 1, Doctr. 145; *Martiny* in Hdb. IZVR III/2 Kap. II Rz. 137. Zumindest mißverständlich insoweit *BGH* 22. 6. 1983, BGHZ 88, 17 = NJW 1984, 568 = RIW 1983, 695 = IPRspr. 1983 Nr. 176.

barkeit notwendigerweise auf die Wirkungen der beiden konkurrierenden Entscheidungen an, und diese Wirkungen beurteilen sich grundsätzlich nach dem Recht des Staates, in dem die Entscheidung ergangen ist (siehe vor Art. 26 Rz. 9).

Beispiele für Unvereinbarkeit: Ausländisches Urteil, das Schadensersatz wegen Nichterfüllung gewährt, und zwischen denselben Parteien ergangenes inländisches Urteil, das den Vertrag für nichtig erklärt[78]; ausländisches Leistungsurteil und inländisches Urteil, das aufgrund einer negativen Feststellungsklage das Nichtbestehen des Anspruchs feststellt; ausländisches Urteil, das zu Unterhalt aufgrund bestehender Ehe verpflichtet, und inländisches Scheidungsurteil[79]; ausländisches Unterhaltsurteil wegen Ehescheidung und inländischer Ausspruch über die Nichtanerkennung der Scheidung[80]. **42**

Beispiele für Vereinbarkeit: Ausländisches Urteil, das den Anspruch zuerkennt, und inländische Entscheidung, die das Armenrecht mangels hinreichender Erfolgsaussicht der Klage verneint; denn die aufgrund einer nur summarischen Prüfung ergangene Armenrechtsentscheidung konnte nicht mit Rechtskraftwirkung über die Berechtigung des Anspruchs befinden[81]; ausländische Unterhaltsabänderung wegen veränderter Umstände und vorherige inländische Unterhaltsentscheidung (siehe Art. 5 Rz. 33); ausländisches Urteil, das zur Zahlung des Kaufpreises verpflichtet, und inländisches, das zur Gewährleistung für Mängel der Kaufsache verurteilt[82]. **43**

Die Frage, ob die im Anerkennungsstaat ergangene Entscheidung *rechtskräftig* geworden sein muß oder ob eine die Instanz abschließende Entscheidung genügt, wurde bewußt nicht geregelt, sondern der Beurteilung des Gerichts des Anerkennungsstaates überlassen[83]. Wird die im Anerkennungsstaat erlassene unvereinbare Entscheidung in der Rechtsmittelinstanz aufgehoben, so entfällt das Hindernis der Nr. 3, und das ausländische Urteil kann dann anerkannt werden[84]. **44**

Auf die *zeitliche Reihenfolge* der Entscheidungen kommt es nicht an. Die inländische Entscheidung genießt also auch dann Vorrang, wenn sie nach der ausländischen ergangen ist. Der ausländischen Entscheidung, die zunächst ipso iure anzuerkennen war (Art. 26 I), ist bei Vorliegen einer unvereinbaren inländischen Entscheidung ex nunc die Anerkennung zu versagen[85]. **45**

---

78 Bericht *Jenard* zu Art. 27.

79 *EuGH* 4. 2. 1988 (drittletzte Note); ob in dem vom EuGH entschiedenen konkreten Fall eines deutschen Trennungsunterhaltsurteils und eines niederländischen Scheidungsurteils wirklich eine „Unvereinbarkeit" bestand, bezweifeln *Linke*, RIW 1988, 825; *Schack*, IPRax 1989, 141.

80 So *OLG Hamm* 29. 7. 1981, MDR 1982, 504 = IPRspr. 1981 Nr. 187; *Geimer/Schütze* § 112; vgl. demgegenüber *Martiny* in Hdb. IZVR III/2 Kap. II Rz. 135, 221 mit dem Vorschlag, hier überhaupt nur Art. 27 Nr. 4 anzuwenden und Nr. 3 auf kollidierende Sachurteile zu beschränken.

81 *BGH* 22. 6. 1983, BGHZ 88, 17 = NJW 1984, 568 = RIW 1983, 695 = IPRspr. 1983 Nr. 176.

82 *Cass.* 3. 11. 1977, J. C. P. 1978, IV, 3 (L) = Gaz. Pal. 1978, Jur. 5 (L) = Nachschlagewerk I-27.3-B 1.

83 Bericht *Jenard* zu Art. 27. Vgl. aus der französischen Praxis *Trib. gr. inst. Paris* 31. 5. 1989, Rev. crit. 1990, 550 Anm. *Droz*.

84 *OLG Hamm* 29. 7. 1981, MDR 1982, 504 = IPRspr. 1981 Nr. 187.

85 *Droz* Nr. 517; *Bülow/Böckstiegel/Linke* Art. 27 Anm. IV 2. *Hof's-Gravenhage* 12. 6. 1987, N.J. 1988 Nr. 1027 Anm. *Schultsz*. Anders *Gothot/Holleaux*: Das Übereinkommen regele den Konflikt mit einer späteren inländischen Entscheidung nicht, und dieser sei nach dem autonomen Recht des Anerkennungsstaates zu lösen.

46 Die Unvereinbarkeit mit einer *Entscheidung aus einem anderen Vertragsstaat* regelt Nr. 3 nicht. Man wird den Konflikt einander widerstreitender Entscheidungen zweier Vertragsstaaten nach dem Grundsatz der zeitlichen Priorität lösen müssen[86]. Wurde also zuerst eine Entscheidung im Vertragsstaat A, später eine widersprechende Entscheidung im Vertragsstaat B erlassen und werden beide im Vertragsstaat C zur Anerkennung vorgelegt, so ist der Entscheidung des Vertragsstaates B die Anerkennung zu versagen. Maßgebend ist der Zeitpunkt, in dem die erste Entscheidung ergangen ist, und nicht derjenige, in dem das erste Verfahren eingeleitet wurde. Wie Nr. 5 zeigt, folgt das Übereinkommen der in Europa vorherrschenden Ansicht, daß die ältere Entscheidung wegen ihrer früher eingetretenen Rechtskraftwirkung vorgeht, und nicht der in den USA gewählten Lösung, die jüngere Entscheidung vorzuziehen, weil der letzte Stand der beste ist[87]. Auch für das Lugano-Übereinkommen ist davon auszugehen, daß die erste Entscheidung, wenn sie in dem ersuchten Staat bereits anerkannt ist, dort die gleichen Rechtswirkungen entfaltet wie eine von den Gerichten dieses Staates erlassene Entscheidung (in Nr. 3 geregelter Fall)[88].

47 Bei Unvereinbarkeit mit einer *Entscheidung aus einem Nichtvertragsstaat* gilt ebenfalls der Grundsatz der zeitlichen Priorität (siehe unten Rz. 53).

V. Widerspruch zum Internationalen Privatrecht des Anerkennungsstaates (Nr. 4)

48 *Grundsätzlich* darf die Anerkennung nicht deswegen versagt werden, weil das Gericht des Urteilsstaats ein anderes Recht angewendet hat als das, das nach den Vorschriften des IPR des Anerkennungsstaats anwendbar gewesen wäre[89]. In Nr. 4 wird jedoch für das Kollisionsrecht derjenigen Materien, auf die sich das Übereinkommen gemäß Art. 1 II Nr. 1 nicht erstreckt, eine Ausnahme gemacht. Das Anerkennungshindernis ist in seiner Bedeutung dadurch eingeschränkt, daß der kollisionsrechtliche Widerspruch im Anwendungsbereich des Übereinkommens nur bei Vorfragen auftreten kann und daß zusätzlich ein widersprechendes Ergebnis der Entscheidung verlangt wird. Dennoch bildet das Hindernis in einem integrationsfreundlichen Übereinkommen einen gewissen Störfaktor. Die Vorbehaltsklausel der Nr. 1, die nur bei untragbaren Verstößen gegen das IPR des Zweitstaates eingreift (oben Rz. 7 und 13), erschien aber offenbar nicht allen Vertragspartnern als ausreichend. Wenn das autonome Anerkennungsrecht eines Vertragsstaates in dieser Frage geringere Anforderungen stellt als das

86 *Droz* Nr. 519ff. Siehe dazu *Bülow*, RabelsZ 1974, 273f.; wie hier auch *Martiny* in Hdb. IZVR III/2 Kap. II Rz. 145; *Geimer/Schütze* § 117 IV.
87 Vgl. *Kegel*, IPR^6 (1987) § 22 V 1 e.
88 Bericht *Jenard/Möller* Nr. 66.
89 Bericht *Jenard* zu Art. 27.

EuGVÜ, kommt eine Urteilsanerkennung nach dem autonomen Recht in Betracht, da das Übereinkommen die Anerkennung erleichtern und nicht erschweren will (siehe Art. 25 Rz. 8).

Der Begriff der *Vorfrage*, der nicht in allen verbindlichen Textfassungen gebraucht wird (die meisten Texte reden einfach von einer „Frage"), ist nicht im technischen Sinne des IPR zu verstehen. Gemeint ist eine Vorgreiflichkeit in dem Sinne, daß der Erfolg der unter das EuGVÜ fallenden Klage von der Entscheidung über die genannten Materien abhängig ist. Beispielsweise ist der Erfolg einer Unterhaltsklage des nichtehelichen Kindes oder der Ehefrau vom Personenstand abhängig[90], und über eine Leistungsklage gegen den Ehemann, der über einen Gegenstand des ehelichen Haushalts verfügt hat, kann nur nach Prüfung seines ehelichen Güterstandes entschieden werden. **49**

Der *„Widerspruch"* zu einer Vorschrift des Internationalen Privatrechts des Anerkennungsstaates besteht darin, daß der Erstrichter auf eine der genannten Vorfragen ein anderes Recht angewandt hat als das vom IPR des Zweitstaates bezeichnete. **50**

Die Anerkennung wird nur versagt, wenn der Widerspruch zum IPR des Zweitstaates die Entscheidung *zu einem anderen Ergebnis* geführt hat. Der Zweitrichter muß also prüfen, ob das nach seinem IPR anwendbare materielle Recht die Vorfrage anders beurteilt, so daß der Rechtsstreit im Zweitstaat abweichend entschieden worde wäre. Geht eine Entscheidung beispielsweise gemäß der Rechtsordnung A davon aus, daß der Kläger Erbe ist und gibt der Herausgabeklage gegen einen Dritten statt, so wird die Entscheidung nicht anerkannt, wenn dem Kläger nach der im Zweitstaat für maßgebend erklärten Rechtsordnung B kein Erbrecht zusteht. Dagegen muß die Entscheidung anerkannt werden, wenn das Erbrecht zwar im Erststaat nach der Rechtsordnung A und im Zweitstaat nach der Rechtsordnung B beurteilt wird, beide Rechtsordnungen aber zu demselben Ergebnis führen, daß der Kläger Erbe ist. **51**

Bei der Überprüfung ist der Zweitrichter im Interesse einer beschleunigten Prüfung analog Art. 28 II an die *tatsächlichen Feststellungen* des Erstgerichts gebunden[91]. Die Abweichungen vom IPR in Vorfragen sollten nicht wichtiger genommen werden als Verletzungen der in Art. 28 I besonders hervorgehobenen Zuständigkeiten. **52**

---

90 Siehe *App. Palermo* 7. 3. 1980, DAVorm. 1980, 668 (nichteheliches Kind); *Hof Amsterdam* 19. 2. 1976, N. J. 1977 Nr. 132 (Unterhalt bei Scheidung).

91 *Droz* Nr. 529; *Bülow/Böckstiegel/Linke* Art. 27 Anm. V 4; *Martiny* in Hdb. IZVR III/2 Kap. II Rz. 159. – Anders *Geimer/Schütze* § 116; *Gothot/Holleaux* Nr. 294; *Nagel* Rz. 756: argumentum e contrario aus Art. 28 II.

VI. Unvereinbarkeit mit einer früheren anerkennungsfähigen Entscheidung aus einem Nichtvertragsstaat (Nr. 5)

53 Die durch das EuGVÜ 1978 neu eingeführte Nr. 5, die eine Ergänzung der Nr. 3 darstellt, soll diplomatische Verwicklungen mit Drittstaaten ausschließen, die entstehen können, wenn der Zweitstaat gegenüber dem Drittstaat durch ein Abkommen verpflichtet ist. Sie gilt nach ihrem Wortlaut und dem Willen der Verfasser aber auch dann, wenn die Entscheidung aus dem Drittstaat nicht durch internationalen Vertrag, sondern lediglich kraft nationalen Rechts anerkennungspflichtig ist[92].

Beispiel (nach *Schlosser*): In einem Drittstaat ergeht zugunsten einer Person mit Wohnsitz in der Gemeinschaft ein die Klage abweisendes Urteil. Aufgrund eines bilateralen Vertrages ist der Gemeinschaftsstaat A zur Anerkennung der Entscheidung verpflichtet. Der Kläger erhebt im Gemeinschaftsstaat B, der zur Anerkennung des Urteils aus dem Drittstaat nicht verpflichtet ist, eine neue Klage. Obsiegt er dort, so ist durch die neue Nr. 5 klargestellt, daß dieses Urteil im Staat A nicht anerkennungspflichtig ist.

54 Der Begriff der *„Unvereinbarkeit"* ist der gleiche wie in Nr. 3 (siehe oben Rz. 41). Zwar verlangt Nr. 5 zusätzlich, daß die Entscheidung auch wegen „desselben Anspruchs" („le même objet et la même cause"; „the same cause of action") ergangen ist (vgl. dazu auch Art. 21 Rz. 6), aber ein sachlicher Unterschied dürfte daraus nicht abzuleiten sein.

55 Für die *Bestimmung der zeitlichen Priorität* kommt es auf den Erlaß der Entscheidung an („frühere Entscheidung") und nicht auf die Einleitung des Verfahrens. Maßgebend ist also das Wirksamwerden der Entscheidung im Drittstaat[93]. Der Zeitpunkt, zu dem die Entscheidung erlassen wurde, ist auch dann ausschlaggebend, wenn die drittstaatliche Entscheidung nach dem autonomen Recht des Anerkennungsstaates nicht schon mit ihrem Erlaß, sondern erst später anerkannt werden kann, etwa mit Eintritt der formellen Rechtskraft oder mit Erteilung des Exequaturs. Der Konflikt zweier unvereinbarer Entscheidungen tritt dann zwar erst zu diesem späteren Zeitpunkt auf, aber an dem in Nr. 5 festgelegten Kriterium zu seiner Lösung ändert sich nichts.

56 Die Kollision einer anerkennungsfähigen staatlichen Entscheidung mit einem *anerkennungsfähigen Schiedsspruch* aus einem Vertragsstaat oder einem Nichtvertragsstaat ist vom EuGVÜ nicht ausdrücklich geregelt (siehe Art. 25 Rz. 13), aber der im EuGVÜ verankerte Prioritätsgrundsatz (oben Rz. 46 und 53) bietet auch für diesen Konflikt eine angemessene Lösung[94]. Der früher ergangene Schiedsspruch, der im Zweitstaat aufgrund eines Staatsvertrages oder aufgrund des autonomen Rechts mit oder ohne Exequatur als rechtskräftige Entscheidung anerkannt wird, geht also grundsätzlich der späteren Entscheidung eines ausländischen staatlichen Gerichts vor.

---

92 Bericht *Schlosser* Nr. 205.

93 *Martiny* in Hdb. IZVR III/2 Kap. II Rz. 149.

94 Siehe im einzelnen *Schlosser*, Revue de l'arbitrage 1981, 388 ff.; zustimmend *Geimer/Schütze* § 118; *Martiny* in Hdb. IZVR III/2 Kap. II Rz. 146.

Artikel 28

Eine Entscheidung wird ferner nicht anerkannt, wenn die Vorschriften des 3., 4. und 5. Abschnitts des Titels II verletzt worden sind oder wenn ein Fall des Artikels 59 vorliegt.

Das Gericht oder die Behörde des Staates, in dem die Anerkennung geltend gemacht wird, ist bei der Prüfung, ob eine der im vorstehenden Absatz angeführten Zuständigkeiten gegeben ist, an die tatsächlichen Feststellungen gebunden, aufgrund deren das Gericht des Urteilsstaats seine Zuständigkeit angenommen hat.

Die Zuständigkeit der Gerichte des Urteilsstaats darf, unbeschadet der Bestimmungen des ersten Absatzes, nicht nachgeprüft werden; die Vorschriften über die Zuständigkeit gehören nicht zur öffentlichen Ordnung im Sinne des Artikels 27 Nr. 1.

Übersicht

I. Grundsatz: Keine Nachprüfung der Zuständigkeit

1 In Art. 28 werden die Versagungsgründe des Art. 27 geringfügig erweitert um die in Abs. 1 genannten Zuständigkeitsverletzungen. Im Grundsatz ist die Zuständigkeit nicht nachzuprüfen (Abs. 3 bzw. Abs. 4 des Lugano-Übereinkommens). Gemeint ist die internationale Zuständigkeit. Daß die anderen Zuständigkeitsformen, insbesondere die örtliche Zuständigkeit, nicht nachgeprüft werden dürfen, ergibt sich aus dem abschließenden Charakter der Versagungsgründe in Art. 27 und 28. Ein deutsches Gericht kann also nicht etwa einem in Paris erlassenen Urteil deswegen die Anerkennung versagen, weil ein Gericht in Toulouse zuständig gewesen wäre. Ob das Erstgericht seine Zuständigkeit aus dem EuGVÜ oder (gemäß Art. 4 bzw. 24) aus dem autonomen Recht hergeleitet hat, macht keinen Unterschied (vgl. Art. 25 Rz. 4). Eine Fehlentscheidung in der Zuständigkeitsfrage wird also hingenommen, gleichgültig ob sie durch unzutreffende tatsächliche Feststellungen oder durch fehlerhafte Rechtsanwendung entstanden ist. Auch wenn das Erstgericht die Anwendbarkeit des EuGVÜ übersehen hat oder wenn es – entgegen Art. 3 II – seine Zuständigkeit

bei einer Klage gegen den Bewohner eines Vertragsstaats auf eine exorbitante Zuständigkeit des autonomen Rechts gestützt hat, ist nach dem klaren Wortlaut des Art. 28 und nach nahezu einmütiger Auffassung im Schrifttum kein Versagungsgrund gegeben[1]. Hat der Erstrichter die *Anwendbarkeit des Übereinkommens* gemäß Art. 1 zu Unrecht bejaht, so ist zweifelhaft, ob der Zweitrichter diese Entscheidung hinnehmen muß (Art. 25 Rz. 3). Dagegen führt das Fehlen der *Gerichtsbarkeit* im völkerrechtlichen Sinne jedenfalls zur Versagung der Anerkennung (siehe vor Art. 26 Rz. 5).

2 Zur *Begründung des Nachprüfungsverbots* sagt der Bericht *Jenard* folgendes[2]: „Die in dem II. Titel genau festgelegten Zuständigkeiten und der dem säumigen Beklagten in Art. 20 jenes Titels gewährte Rechtsschutz ließen es entbehrlich erscheinen, von dem Gericht, vor dem die Anerkennung geltend gemacht oder die Zulassung zur Vollstreckung beantragt wird, eine Nachprüfung der Zuständigkeit des Richters des Urteilsstaats zu verlangen. Wenn die sachliche Nachprüfung der Entscheidung ausgeschlossen wird [vgl. Art. 29], so kommt darin das volle Vertrauen in die Rechtspflege des Urteilsstaats zum Ausdruck; dieses Vertrauen in die sachliche Richtigkeit der Entscheidung muß sich, wie es sich von selbst versteht, auch darauf erstrecken, daß der Richter des Urteilsstaats die Zuständigkeitsregeln des Übereinkommens richtig angewendet hat. Durch die Regelung, daß die Zuständigkeit des Richters des Urteilsstaats nicht nachzuprüfen ist, wird vermieden, daß bei der Anerkennung die Frage einer etwaigen Nichtbeachtung dieser Vorschriften aufs neue aufgeworfen wird."

3 Das Nachprüfungsverbot wird durch den in Abs. 3 enthaltenen Zusatz, daß die Vorschriften über die Zuständigkeit nicht zum *ordre public* im Sinne des Art. 27 Nr. 1 gehören, noch verstärkt. Selbst bei krassen Verstößen darf also die Zuständigkeit des Erstrichters nicht unter Berufung auf den ordre public nachgeprüft werden. Diese Einengung des ordre public ist aber nicht unbedenklich, solange die europäischen Staaten in ihrem autonomen Recht exorbitante Zuständigkeiten besitzen, die gegenüber den Bewohnern von Nichtvertragsstaaten angewandt werden und die bei einem Verstoß des Erstgerichts gegen Art. 3 II auch die Bewohner eines Vertragsstaates treffen können[3]. Ein beachtlicher Vorschlag geht dahin, den 2. Halbsatz des Abs. 3 einschränkend zu interpretieren: er sei nicht anzuwenden, wenn gegenüber einer Person mit Wohnsitz außerhalb der Gemeinschaft eine exorbitante Zuständigkeit in Anspruch genommen wurde[4]. Damit wäre die Möglichkeit der Nichtanerkennung der Entscheidung gemäß Art. 27 Nr. 1 eröffnet. Noch besser wäre es, wenn die europäischen Staaten dafür sorgten, daß die exorbitanten Zuständigkeiten aus ihren Prozeßordnungen überhaupt verschwinden (siehe auch Art. 3 Rz. 6 und Art. 4 Rz. 1).

---

1 Anders nur *Schütze,* RIW 1974, 430f.

2 Bericht *Jenard* zu Art. 28.

3 Vgl. etwa die scharfe Kritik aus der Sicht der Nichtvertragsstaaten durch *von Mehren,* Rec. des Cours 167 (1980-II) 98ff. und Colum. L. Rev. 81 (1981) 1054ff.

4 *Schlosser,* RabelsZ 1983, 529.

Im übrigen ist die Bindung des Zweitrichters an die Zuständigkeitsentscheidung des Erstrichters einem integrationsfreundlichen europäischen Zivilprozeßrecht durchaus angemessen. In ihr liegt die wichtigste Erleichterung der Anerkennung, die das Übereinkommen gebracht hat. Für den Beklagten folgt aus dem Grundsatz des Abs. 3, daß er, wenn das Erstgericht es versäumt, sich gemäß Art. 20 I von Amts wegen für unzuständig zu erklären, im Erststaat ein Rechtsmittel einlegen muß (vgl. Art. 20 Rz. 2). Fehler des Erstgerichts, also Verstöße gegen Art. 20, sind vor allem bei Versäumnisurteilen möglich. Denn sonst wird der Zuständigkeitsmangel meist entweder gemäß Art. 18 geheilt oder vom Erstgericht auf Rüge des Beklagten beachtet werden. **4**

II. Ausnahmen: Nachprüfung der Zuständigkeit

In Abs. 1 sind die Ausnahmen vom grundsätzlichen Verbot der Nachprüfung der internationalen Zuständigkeit aufgezählt. Weitere Ausnahmen normieren die Übergangsvorschrift des Art. 54 II (vgl. Art. 54 Rz. 7) und im Lugano-Übereinkommen dessen Art. 28 II (näher unten Rz. 15ff.). Eine Sonderregelung hinsichtlich der auf den Erfüllungsort gestützten Zuständigkeit gilt für die Schweiz aufgrund von Art. Ia des Protokolls Nr. 1 zum Lugano-Übereinkommen (näher unten Rz. 20ff.). Ferner läßt Art. Ib dieses Protokolls einen die Anerkennung ausschließenden Vorbehalt zu, wenn die Zuständigkeit des Ursprungsstaates nur durch Art. 16 Nr. 1 lit. b begründet ist (siehe Art. 16 Rz. 26). Im übrigen sind die Ausnahmen in Abs. 1 *abschließend* normiert. Keine Ausnahme gilt daher z. B. in dem Sonderfall des Art. I des Protokolls (siehe Art. 5 Rz. 3) oder für Unterhaltsentscheidungen, die in Verbindung mit einem Statusverfahren ergehen (Art. 5 Rz. 22)[5]. Keine Ausnahme gilt auch für den Fall, daß das Erstgericht eine Schiedsvereinbarung übergangen (siehe Art. 1 Rz. 39) oder eine Zuständigkeitsvereinbarung nicht beachtet hat (siehe unten Rz. 13). **5**

Die Versagung der Anerkennung erfolgt – hier wie sonst im EuGVÜ – von *Amts wegen* und nicht nur auf Rüge des Beklagten[6]. **6**

1. Versicherungs- und Verbrauchersachen

Die in Abs. 1 enthaltenen Ausnahmen zugunsten der Zuständigkeitsvorschriften des 3., 4. und 5. Abschnitts (Versicherungs- und Verbrauchersachen, ausschließliche Zuständigkeiten) werden im Bericht *Jenard* damit begründet, daß diese **7**

---

5 *Bülow/Böckstiegel/Linke* Art. 28 Anm. II 4; anders *Schlosser,* FamRZ 1973, 430.

6 Siehe vor Art. 26 Rz. 6. Speziell zu Art. 28 ebenso etwa *Droz* Nr. 534; *Bülow/Böckstiegel/Linke* Art. 28 Anm. IV; *Martiny* in Hdb. IZVR III/2 Kap. II Rz. 165. Anders *Geimer,* RIW 1976, 147 (außer bei Verletzung von Art. 16).

Zuständigkeiten in den Rechtsordnungen der sechs ursprünglichen EG-Staaten „entweder zwingender Natur sind oder zum ordre public gehören“[7]. Dennoch bleiben Zweifel an der Berechtigung der Ausnahme zugunsten von Versicherungs- und Verbrauchersachen. Konnte „das volle Vertrauen in die Rechtspflege des Urteilsstaats“ (oben Rz. 2) nicht auf die Versicherungs- und Verbrauchersachen erstreckt werden? Über das Anliegen des Schutzes der schwächeren Partei schießt die Bestimmung hinaus, weil sie sich – zumindest nach ihrem Wortlaut – auch auf Klagen des Verbrauchers selbst bezieht und weil bei den ebenfalls erfaßten „Großversicherungen“ der Wirtschaft ohnehin keine Schutzbedürftigkeit besteht (vgl. vor Art. 7 N. 2). Im übrigen sind Verbraucherprozesse für die Beteiligten meist nicht existenzbedrohend[8]. Insgesamt wirkt die Ausnahme für Versicherungs- und Verbrauchersachen also nicht überzeugend.

8 Im Schrifttum wird folgende *teleologische Reduktion* des Abs. 1 vorgeschlagen[9]: Zweck der Bestimmung sei es, in Übereinstimmung mit der Zielsetzung der Abschnitte 3 und 4 des Titels II (vgl. vor Art. 7 Rz. 2) die typischerweise schwächere Partei zu schützen. Soweit diese Partei in der Zuständigkeitsfrage bevorzugt worden sei, solle es deshalb beim Grundsatz des Abs. 3 bleiben, so daß die Entscheidung anzuerkennen sei. Es ist Aufgabe der vorlageberechtigten nationalen Gerichte, den EuGH in dieser Frage um eine Interpretation zu ersuchen[10].

9 Die Versagung der Anerkennung kann nicht darauf gestützt werden, daß dem Erstgericht die *örtliche* Zuständigkeit bei gegebener internationaler Zuständigkeit fehlte (oben Rz. 1). Denn das Übereinkommen bezieht sich auf den internationalen Rechtsverkehr, und es will die Freizügigkeit der Urteile gegenüber dem bisherigen Rechtszustand erleichtern, nicht dagegen über das autonome Recht hinausgehende Anerkennungshindernisse aufbauen[11].

2. Ausschließliche Zuständigkeiten (Art. 16)

10 Wegen der besonderen Bedeutung der ausschließlichen Zuständigkeiten, bei denen häufig auch öffentliche Interessen berührt sind, muß der Zweitrichter

---

7 Bericht *Jenard* zu Art. 28.

8 Vgl. *Schütze,* RIW 1974, 429: „Wir nehmen hin, daß die internationale Zuständigkeit beim existenzbedrohenden Millionenprozeß nicht nachgeprüft wird, schützen aber den Käufer eines Staubsaugers.“

9 Zuerst *Grunsky,* JZ 1973, 646; ihm folgend *Bülow/Böckstiegel/Linke* Art. 28 Anm. II 1; *Martiny* in Hdb. IZVR III/2 Kap. II Rz. 180; *Geimer/Schütze* § 139 IV 2. *Geimer,* RIW 1980, 305 ff., malt die Konsequenzen der teleologischen Reduktion in allen Einzelheiten aus, wobei er ein „Rügerecht“ (dazu oben bei N. 6) nur dem beklagten Versicherungsnehmer bzw. Verbraucher zugestehen will.

10 Das wurde versäumt von *BGH* 2. 5. 1979, BGHZ 74, 248 = NJW 1980, 1223 = RIW 1979, 494 = IPRspr. 1979 Nr. 198.

11 *Geimer,* WM 1976, 839; *Geimer/Schütze* §§ 57 III 7, 139 IV 8. Anders *Gothot/Holleaux,* Clunet 1971, 779, und *Bülow/Böckstiegel/Linke* Art. 28 Anm. II 1.

nachprüfen, ob der Erstrichter Art. 16 beachtet hat. Diese Vorschrift begründet die internationale Zuständigkeit aber nur für die Gerichte von Vertragsstaaten, nicht für die Gerichte von Nichtvertragsstaaten (siehe Art. 16 Rz. 6ff.). Der Zweitrichter muß also die auf Art. 16 gegründete ausschließliche Zuständigkeit der Gerichte seines Staates oder eines anderen Vertragsstaates verteidigen[12]. Dagegen ginge es angesichts des Ausnahmecharakters des Art. 28 I wohl zu weit, nach dieser Vorschrift auch die spiegelbildliche Anwendung des Art. 16 für die Annahme einer ausschließlichen Zuständigkeit in einem Drittstaat (siehe Art. 16 Rz. 8) nachzuprüfen.

Beispiele: Ein französisches Gericht entscheidet in einem Rechtsstreit zwischen zwei Franzosen über das Eigentum an einem Hamburger oder Amsterdamer Grundstück. Die Entscheidung darf in Deutschland wegen Verstoßes gegen Art. 16 Nr. 1 nicht anerkannt werden. Hat das französische Gericht dagegen über das Eigentum an einem Grundstück in der Türkei entschieden, so darf die Anerkennung dieser Entscheidung wohl selbst dann nicht nach Art. 28 I versagt werden, wenn der Beklagte seinen Wohnsitz in einem Vertragsstaat des EuGVÜ hatte.

Wegen des absoluten Geltungsanspruchs des Art. 16 ist bei seiner Verletzung **11** auch die *Entscheidung eines Nichtvertragsstaates* grundsätzlich von der Anerkennung ausgeschlossen (vgl. Art. 25 Rz. 20).

Im Rahmen der ausschließlichen *Zuständigkeit für Gesellschaften und juristische Personen* (Art. 16 Nr. 2) kann sich ein Konflikt daraus ergeben, daß der Sitz **12** vom Erststaat gemäß Art. 53 anders bestimmt wird als vom Zweitstaat (vgl. Art. 53 Nr. 2). Fallen der tatsächliche und der satzungsgemäße Sitz einer Gesellschaft auseinander und entscheidet z. B. der Richter am tatsächlichen Sitz, weil dieser nach seinem IPR maßgebend ist, so kann sich der Zweitrichter im Staate des Satzungssitzes auf den Standpunkt stellen, nach seinem IPR sei der Satzungssitz maßgebend und der Entscheidung sei deshalb die Anerkennung zu versagen. In der Tat meint der Bericht *Jenard* zu diesem Fall[13]: „Nach Ansicht des Ausschusses kann das Gericht des Anerkennungsstaates aufgrund des Art. 28 I die Anerkennung mit der Begründung versagen, daß eine ausschließliche Zuständigkeit der Gerichte seines Staates gegeben sei.“ Dagegen wird jedoch eingewandt, eine Verletzung des Art. 16 Nr. 2 liege nicht vor, weil das Erstgericht seine internationale Zuständigkeit aufgrund seines abweichenden Sitzbegriffs aus seiner Sicht gemäß Art. 53 zutreffend bejaht hat[14]. Der Konflikt kann entsprechend dem in Art. 21 ff. niedergelegten Grundsatz der Priorität also auch in dem Sinne gelöst werden, daß die zuerst ergangene Entscheidung sich durchsetzt, indem der andere Vertragsstaat sie trotz eigener internationaler Zuständigkeit anerkennen muß.

---

12 Die von *Geimer,* WM 1976, 838, erörterten Möglichkeiten, daß diese Staaten auf die Pflicht zur Verweigerung der Anerkennung verzichten, sind praktisch nicht bedeutsam.

13 Bericht *Jenard* zu Art. 53. Ihm folgend *Droz* Nr. 155 und 397.

14 *Bülow,* RabelsZ 1974, 266; *Weser* Nr. 252; *Bülow/Böckstiegel/Müller* Art. 16 Anm. IV 2 und *Bülow/Böckstiegel/Schlafen* Art. 53 Anm. 4; *Martiny* in Hdb. IZVR III/2 Kap. II Rz. 183.

13 Obwohl auch die *Zuständigkeitsvereinbarung* gemäß Art. 17 I eine ausschließliche internationale Zuständigkeit begründet, darf das Zweitgericht ihre Beachtung im Erstprozeß nach allgemeiner Meinung nicht nachprüfen[15]. Der 6. Abschnitt des II. Titels ist in Art. 28 I mit Recht nicht genannt.

3. Anerkennungsabkommen mit Drittstaaten (Art. 59)

14 Die in Art. 59 zugelassene völkerrechtliche Verpflichtung gegenüber einem Drittstaat kann nur erfüllt werden, wenn der Richter zu einer Nachprüfung der Zuständigkeit des Erststaates befugt ist. Die in Art. 28 I insoweit vorgesehene Ausnahme vom Nachprüfungsverbot ist eine logische Konsequenz des Art. 59.

4. Sonderregelung in Art. 28 II Lugano-Übereinkommen

15 Das (für die Bundesrepublik Deutschland noch nicht in Kraft getretene) Lugano-Übereinkommen enthält in seinem Art. 28 II eine weitere Ausnahme von dem Verbot, die internationale Zuständigkeit nachzuprüfen (siehe Textanhang VII). Diese Regelung, die im EuGVÜ keine Entsprechung findet, nimmt Bezug auf Art. 54b III und Art. 57 IV Lugano-Übereinkommen.

16 Gemäß Art. 54b III Lugano-Übereinkommen „kann die Anerkennung oder Vollstreckung versagt werden, wenn sich der der Entscheidung zugrunde liegende Zuständigkeitsgrund von demjenigen unterscheidet, der sich aus diesem Übereinkommen ergibt, und wenn die Anerkennung oder Vollstreckung gegen eine Partei geltend gemacht wird, die ihren Wohnsitz in einem nicht den Europäischen Gemeinschaften angehörenden Vertragsstaat hat, es sei denn, daß die Entscheidung anderweitig nach dem Recht des ersuchten Staates anerkannt oder vollstreckt werden kann“. Dieser Wortlaut des Art. 54b III kann zu der Annahme verleiten, die Anerkennung oder Vollstreckung könne bei Vorliegen der übrigen Voraussetzungen dieser Bestimmung immer dann versagt werden, wenn die Entscheidung des Ursprungsstaats sich auf eine Zuständigkeit stützt, die von derjenigen des Lugano-Übereinkommens abweicht; dies könnte etwa dann der Fall sein, wenn das Erstgericht das Lugano-Übereinkommen falsch interpretiert hat oder wenn es statt dieses Übereinkommens irrtümlich sein nationales Zuständigkeitsrecht oder das Brüsseler Übereinkommen (EuGVÜ) angewendet hat.

17 Indes entspricht eine so weitreichende Überprüfung der Zuständigkeit des Erstgerichts nicht dem Sinn und Zweck des Art. 54b III, der den auch im Lugano-Übereinkommen (Art. 28 IV) verankerten Grundsatz, daß die Zuständigkeit nicht nachzuprüfen ist (siehe oben Rz. 1), sonst vollkommen aushöhlen

---

15 Siehe z. B. *OLG Koblenz* 28. 11. 1975, NJW 1976, 488 = IPRspr. 1975 Nr. 171.

würde. Vielmehr ergibt die systematische Stellung des Art. 54b III unter dem Titel VII („Verhältnis zum Brüsseler Übereinkommen ...") und die Entstehungsgeschichte der Vorschrift, daß nur die Fälle erfaßt sein sollen, in denen Gerichte der EG-Staaten irrtümlich anstelle des Lugano-Übereinkommens das EuGVÜ angewandt und dadurch einem Beklagten mit Wohnsitz in einem EFTA-Staat Änderungen zu seinen Gunsten durch das Lugano-Übereinkommen vorenthalten haben[16]. Der Bericht zum Lugano-Übereinkommen nennt nur derartige Beispiele[17]; die dort ausgesprochene Einschätzung, „solche Fälle dürften allerdings sehr selten sein, da sich die beiden Übereinkommen in ihren Zuständigkeitsnormen weitgehend gleichen", ist noch zutreffender geworden, nachdem das EuGVÜ i.d.F. von 1989 dem Lugano-Übereinkommen angeglichen wurde. Insgesamt ist also festzuhalten, daß die in Art. 28 II i.V.m. Art. 54b III normierte Ausnahme von dem Verbot, die Zuständigkeit des Erstgerichts nachzuprüfen, entgegen dem (zu weit geratenen) Wortlaut des Art. 54b III nach Systematik, Entstehungsgeschichte und Sinn dieser Vorschrift nur die sehr seltenen Fälle erfaßt, daß das Gericht des Ursprungsstaats sich irrtümlich auf einen Zuständigkeitsgrund des Brüsseler Übereinkommens gestützt hat, der im Lugano-Übereinkommen keine Entsprechung findet.

Für das Verhältnis des Lugano-Übereinkommens zu anderen Übereinkommen, **18**
die *für besondere Rechtsgebiete* die internationale Zuständigkeit regeln, bestimmt Art. 57 II Lugano-Übereinkommen – in Übereinstimmung mit Art. 57 EuGVÜ (siehe dort Rz. 7ff.) – folgendes: Das Gericht eines Vertragsstaats des Lugano-Übereinkommens, der Vertragspartei eines Übereinkommens über ein besonderes Rechtsgebiet ist, kann seine Zuständigkeit auf das Sonderübereinkommen stützen, und zwar auch dann, wenn der Beklagte seinen Wohnsitz in einem Vertragsstaat des Lugano-Übereinkommens hat, der nicht Vertragspartei des Sonderübereinkommens ist. Bei dieser Konstellation kann die Anerkennung oder Vollstreckung in dem Nichtvertragsstaat des besonderen Übereinkommens gemäß Art. 57 IV Lugano-Übereinkommen aber versagt werden, es sei denn, daß die Entscheidung nach einer anderen Rechtsvorschrift des ersuchten Staates anerkannt oder vollstreckt werden kann. Auf diese Möglichkeit, die Anerkennung gemäß Art. 57 IV zu versagen, nimmt Art. 28 II Bezug. Das EuGVÜ kennt diesen Versagungsgrund nicht.

---

16 Siehe *Pirrung*, in: *Stoll* (Hrsg.), Stellungnahmen und Gutachten zum Europäischen Internationalen Zivilverfahrens- und Versicherungsrecht (1991) 165f.

17 Bericht *Jenard/Möller* Nr. 16 sub 5. Eindeutig später *Möller*, in: *Jayme* (Hrsg.), Ein internationales Zivilverfahrensrecht für Gesamteuropa (1992) 300: „Die Absicht war jedenfalls klar: Zum einen war Art. 54b Abs. 3 für die erste Übergangszeit gedacht, in der es noch verschiedene Abweichungen zwischen dem Brüsseler und dem Luganer Übereinkommen gibt. Und zum anderen befürchteten auch einige EFTA-Länder, daß die EWG-Staaten vielleicht einmal in Zukunft ein paar Zuständigkeitsbestimmungen im Brüsseler Übereinkommen ändern könnten, ohne daß die EFTA-Staaten damit einverstanden sein würden. Nach der Entstehungsgeschichte sollte Art. 54b also ganz deutlich nur das Verhältnis zum Brüsseler Übereinkommen regeln."

19 Zur Erklärung führt der Bericht folgendes aus[18]: „Dieser Unterschied erklärt sich dadurch, daß das Brüsseler Übereinkommen für Mitgliedstaaten ein und derselben Gemeinschaft gilt, während dies bei dem Lugano-Übereinkommen nicht der Fall ist. – Deshalb haben die Mitgliedstaaten der EFTA verlangt, daß die Gerichte des ersuchten Staates die Anerkennung und Vollstreckung versagen können, wenn die Person, gegen welche die Anerkennung oder Vollstreckung geltend gemacht wird, ihren Wohnsitz im Hoheitsgebiet des ersuchten (EFTA-) Staates hat; ihres Erachtens muß dem Beklagten eine solche Sicherheit gewährleistet werden, vor allem wenn das Übereinkommen für das besondere Rechtsgebiet Zuständigkeitsregeln enthält, die von dem ersuchten Staat aufgrund seines Rechts als exorbitant angesehen werden. – Es sei betont, daß dieser Versagungsgrund eine Ausnahme darstellt, da ja in Abs. 3 der Grundsatz der Anerkennung und Vollstreckung verankert ist. Deshalb wird Abs. 4 nicht automatisch angewandt, sondern es steht im Ermessen des Gerichts des ersuchten Staates, nach dessen Recht hierüber zu entscheiden. – Es versteht sich, daß einem Urteil, das in einem Mitgliedstaat der EFTA aufgrund einer in einem Spezialübereinkommen vorgesehenen Zuständigkeitsregel ergangen ist, in einem Mitgliedstaat der Gemeinschaften unter den gleichen Voraussetzungen die Anerkennung und Vollstreckung versagt werden können."

5. Sonderregelung für die Schweiz betreffend Art. 5 Nr. 1

20 In der *Schweiz* werden aufgrund eines Vorbehalts, den die Schweiz gemäß Art. Ia des Protokolls Nr. 1 zum Lugano-Übereinkommen (Textanhang VIII) eingelegt hat, Entscheidungen aus einem anderen Vertragsstaat unter den in Art. Ia Abs. 1 lit. a–c genannten drei Voraussetzungen, die kumulativ vorliegen müssen, nicht anerkannt: (1) Die Zuständigkeit des Erstgerichts darf sich nur auf Art. 5 Nr. 1 gründen (lit. a); diese Voraussetzung ist nicht erfüllt, wenn sich der Beklagte auf das Verfahren vor dem Erstgericht eingelassen oder wenn er dessen Zuständigkeit vereinbart hat, weil die Zuständigkeit des Gerichts sich dann auf Art. 18 bzw. Art. 17 stützt. Wenn die Streitigkeit aus einem individuellen Arbeitsvertrag herrührt und die Zuständigkeit des Erstgerichts nur aus Art. 5 Nr. 1, zweiter Satzteil, hergeleitet ist, soll der Vorbehalt nach dem Willen der Verfasser nicht anwendbar sein[19]. (2) Der Beklagte muß zum Zeitpunkt der Einleitung des Verfahrens seinen Wohnsitz bzw. Sitz in der Schweiz haben (lit. b). Der Wohnsitz wird gemäß Art. 52 Lugano-Übereinkommen bestimmt; für den Sitz einer Gesellschaft oder juristischen Person in der Schweiz verlangt lit. b kumulativ, daß statutarischer Sitz und tatsächlicher Mittelpunkt der Tätigkeit in der Schweiz liegen müssen. Der Vorbehalt findet also keine Anwendung, wenn entweder der statutarische Sitz oder der tatsächliche Mittelpunkt der Tätigkeit sich

18 Bericht *Jenard/Möller* Nr. 82.
19 Bericht *Jenard/Möller* Nr. 101.

außerhalb der Schweiz befindet. (3) Der Beklagte muß gegen die Anerkennung oder die Vollstreckung der Entscheidung in der Schweiz Einspruch erheben, was allerdings nicht mehr möglich ist, wenn er auf den Schutz des Art. I a Abs. 1 verzichtet hat (lit. c). Eine Vereinbarung zwischen den Parteien über den Verzicht kann mündlich oder schriftlich geschlossen werden; es muß aber ein hinreichender Beweis für den Verzicht vorliegen[20].

Der Vorbehalt verhindert eine Kollision des Übereinkommens mit *Art. 59 der Schweizerischen Bundesverfassung*, der einer Person mit Wohnsitz in der Schweiz unabhängig von ihrer Staatsangehörigkeit in vertragsrechtlichen Angelegenheiten den Gerichtsstand des Wohnsitzes garantiert. Der Vorbehalt ist daher nicht mehr anzuwenden, soweit in dem Zeitpunkt, zu dem die Anerkennung oder Vollstreckung in der Schweiz beantragt wird, eine Änderung von Art. 59 der Schweizerischen Bundesverfassung stattgefunden hat (Art. I a Abs. 2 des Protokolls Nr. 1). Spätestens wird der Vorbehalt am 31. Dezember 1999 unwirksam (Art. I a Abs. 3). 21

Die übrigen Vertragsstaaten des Lugano-Übereinkommens können sich auf den Grundsatz der *Gegenseitigkeit* berufen und die Anerkennung und Vollstreckung der in der Schweiz ergangenen Entscheidungen versagen, falls sich die Zuständigkeit der schweizerischen Gerichte nur auf Art. 5 Nr. 1 des Übereinkommens stützt und auch die übrigen Bedingungen gemäß Art. I a des Protokolls erfüllt sind[21]. Jedoch erscheint es – hier wie sonst im IZPR – sachgerechter, auf die Reziprozität zu verzichten[22] und, ohne auf Gegenseitigkeit zu bestehen, die Konzession an die Schweiz zu akzeptieren. 22

III. Bindung an die tatsächlichen Feststellungen

Die in Abs. 2 (bzw. Abs. 3 des Lugano-Übereinkommens) angeordnete Bindung an die tatsächlichen Feststellungen des Erstrichters hat den Sinn, Verschleppungsversuche zu verhindern[23]. Die Bindung erstreckt sich nicht auf die vom Erstgericht aus den tatsächlichen Feststellungen gezogenen Folgerungen, insbesondere nicht auf die rechtliche Subsumtion oder Würdigung[24]. Noch ungeklärt ist, ob Abs. 2 für anerkennungsfreundliche Tatsachen nicht gilt und ob das Vorbringen neuer Tatsachen ausgeschlossen ist, soweit diese im Erstverfahren bereits hätten geltend gemacht werden können[25]. 23

---

20 Bericht *Jenard/Möller* Nr. 101.
21 So der Bericht *Jenard/Möller* Nr. 102.
22 Dazu allgemein näher *Kropholler*, IPR (1990) § 60 III 6.
23 Bericht *Jenard* zu Art. 28.
24 *BGH* 2. 5. 1979 (oben N. 10).
25 So *Geimer*, RIW 1976, 147; *Geimer/Schütze* §§ 57 II 6, 139 IV 9. Dagegen *Martiny* in Hdb. IZVR III/2 Kap. II Rz. 175; *MüKoZPO-Gottwald* Art. 28 Rz. 21.

Artikel 29

Die ausländische Entscheidung darf keinesfalls auf ihre Gesetzmäßigkeit nachgeprüft werden.

1 Die Vorschrift ist auf dem *Hintergrund* unterschiedlicher nationaler Systeme zur Anerkennung ausländischer Entscheidungen zu sehen. Die meisten Rechtsordnungen beschränken sich auf die Prüfung einer Reihe von abschließend gedachten Voraussetzungen und Hindernissen der Anerkennung. Diese Rechtsordnungen, zu denen auch die deutsche zählt, gehen – wie Art. 29 EuGVÜ – von dem Grundsatz aus, daß eine ausländische Entscheidung nicht auf ihre Gesetzmäßigkeit nachgeprüft werden darf. In der deutschen ZPO ist dieser Grundsatz, der systematisch zur Anerkennung gehört, in einer Vorschrift zur Vollstreckbarkeit (§ 723 I ZPO) niedergelegt. Andere Rechtsordnungen unterwerfen die ausländische Entscheidung einer vollen inhaltlichen Überprüfung in Rechts- und Tatfragen. Dieses System der sog. *révision au fond* herrschte seit dem Beginn des 19. Jahrhunderts namentlich im französischen Recht. Es hat den Nachteil, den Wert des Rechtsinstituts der Anerkennung nahezu auf Null zu reduzieren, da gegenüber einem neuen Prozeß kaum Vorteile bestehen[1]. Auch das französische Recht verzichtet indes seit der Kassationsentscheidung *Munzer* aus dem Jahre 1964 auf die „révision au fond", und der französische Richter prüft den Inhalt der anzuerkennenden Entscheidung in tatsächlicher und materiellrechtlicher Hinsicht nicht mehr nach[2]. Frankreich ist damit zu einem System abschließend aufgezählter Versagungsgründe für die Anerkennung übergegangen. Dieser Wandel ist Ausdruck einer allgemeinen Tendenz zugunsten eines anerkennungsfreundlicheren Systems. Die Anerkennungs- und Vollstreckungsabkommen gehen seit jeher von diesem System aus und verbieten eine „révision au fond". Andernfalls brächten Abkommen auch keinen Nutzen. So ist es geradezu selbstverständlich, daß das auf eine besondere Erleichterung der Freizügigkeit von Entscheidungen zielende EuGVÜ in Art. 29 ebenfalls ein Verbot der „révision au fond" enthält. Die Vorschrift unterstreicht den Ausnahmecharakter der in Art. 27 und 28 genannten Versagungsgründe (vgl. vor Art. 26 Rz. 3 ff.).

2 *Im einzelnen* darf das Gericht des Zweitstaates „weder den eigenen Willen an die Stelle desjenigen des ausländischen Gerichts setzen noch die Anerkennung versagen, wenn es der Auffassung ist, daß in sachlicher oder rechtlicher Hinsicht ein Fehlurteil vorliegt"[3]. Der Anerkennungsrichter bzw. der Vollstreckungsrichter gemäß Art. 34 III darf also grundsätzlich nicht prüfen, ob Fehler im erststaatlichen Verfahren unterlaufen sind, ob die Tatsachen richtig festgestellt

---

1 Siehe im einzelnen *Batiffol/Lagarde,* Droit international privé[7] II (1983) Nr. 729.

2 *Cass.* 7. 1. 1964, J.C.P. 1964, II, 13590 Anm. *Ancel* = Rev. crit. 1964, 344 Anm. *Batiffol* = Clunet 1964, 302 Anm. *Goldman* = FamRZ 1965, 46 Anm. *Sonnenberger;* siehe dazu auch *Einmahl,* RabelsZ 1969, 114.

3 Bericht *Jenard* zu Art. 29.

und gewürdigt wurden und ob das Internationale Privatrecht sowie das materielle Recht zutreffend angewandt wurden[4]. Er darf aber, wenn in dem ausländischen Urteil irrtümlich der Ehemann statt der Ehefrau als Inhaber der verurteilten Firma bezeichnet wurde, auf Antrag der Beteiligten die Zwangsvollstreckung gegen den wahren Inhaber zulassen, jedenfalls solange dessen Rechte zur Verteidigung durch das erststaatliche Verfahren nicht als verletzt erscheinen (Art. 27 Nr. 1)[5]. Das grundsätzliche Verbot einer kollisionsrechtlichen Überprüfung der Entscheidung (vgl. vor Art. 26 Rz. 4) wird auch durch die Bestrebungen der EG zu einer gewissen Vereinheitlichung des Internationalen Privatrechts gerechtfertigt, namentlich durch das EG-Übereinkommen über das auf Schuldverträge anzuwendende Recht vom 19. 6. 1980. Ausnahmen vom Verbot einer Nachprüfung der Gesetzmäßigkeit enthalten die Art. 27 und 28.

Artikel 30

Das Gericht eines Vertragsstaats, in dem die Anerkennung einer in einem anderen Vertragsstaat ergangenen Entscheidung geltend gemacht wird, kann das Verfahren aussetzen, wenn gegen die Entscheidung ein ordentlicher Rechtsbehelf eingelegt worden ist.

Das Gericht eines Vertragsstaats, vor dem die Anerkennung einer in Irland oder im Vereinigten Königreich ergangenen Entscheidung geltend gemacht wird, kann das Verfahren aussetzen, wenn die Vollstreckung der Entscheidung im Urteilsstaat wegen der Einlegung eines Rechtsbehelfs einstweilen eingestellt ist.

1. Allgemeines

Die Bestimmung hat folgenden *Sinn:* Wenn in einem anhängigen Verfahren die Anerkennung einer noch nicht rechtskräftigen Entscheidung (siehe dazu Art. 25 Rz. 22) geltend gemacht wird, gegen die ein Rechtsbehelf eingelegt wurde, ermöglicht eine Aussetzung des zweitstaatlichen Verfahrens die Vermeidung von widersprüchlichen Entscheidungen. Eine entsprechende, aber etwas weiterreichende Regelung enthält Art. 38 für das Vollstreckungsverfahren. Er soll den Schuldner vor Nachteilen schützen, die sich bei einer Vollstreckung nur vorläufig vollstreckbarer Entscheidungen unter Umständen ergeben könnten[1]. Es ist das Ziel der Art. 30 und 38 zu verhindern, daß ausländische Entscheidungen zu einem Zeitpunkt anerkannt und vollstreckt werden müssen, in dem noch die Möglichkeit besteht, daß sie im Urteilsstaat aufgehoben oder abgeändert werden. 1

4 Siehe etwa *BGH* 22. 6. 1983, BGHZ 88, 17 = JZ 1983, 903 Anm. *Kropholler* = IPRax 1984, 202, 183 Anm. *G. H. Roth* = IPRspr. 1983 Nr. 176; 28. 6. 1984, WM 1984, 1064 = IPRax 1985, 101, 83 Anm. *Nagel* = IPRspr. 1984 Nr. 177.

5 *Cass.* 29. 5. 1985, Rev. crit. 1986, 520 Anm. *Santa-Croce.*

1 Bericht *Jenard* zu Art. 38.

2 Der *Anwendungsbereich* der Vorschrift erstreckt sich nur auf die Inzidentanerkennung gemäß Art. 26 III, nicht aber auf das Feststellungsverfahren gemäß Art. 26 II. Für letzteres gilt kraft der in Art. 26 II ausgesprochenen Verweisung die entsprechende Regelung des Art. 38.

3 Die Bedeutung des Begriffs *ordentlicher Rechtsbehelf* läßt sich sinnvoll nicht durch Bezugnahme auf ein einzelstaatliches Rechtssystem bestimmen, sei es das des Urteilsstaates oder das des Anerkennungs- oder Vollstreckungsstaates. Denn zum einen fehlt in den europäischen nationalen Rechtsordnungen eine klare Regelung des Unterschieds von ordentlichen und außerordentlichen Rechtsbehelfen[2], und zum anderen werden vergleichbare Rechtsbehelfstypen in den einzelnen Rechtsordnungen unterschiedlich eingeordnet. Bei Maßgeblichkeit des nationalen Rechts wäre der nach Art. 30 (oder Art. 38) zur Entscheidung aufgerufene Richter also gezwungen, Rechtsbehelfe desselben Typs einmal so und einmal anders einzustufen, je nachdem, ob der Behelf zur Rechtsordnung des einen oder des anderen Vertragsstaats gehört. Damit würde Rechtsungleichheit und Rechtsunsicherheit geschaffen. Der EuGH hat sich deshalb für eine vertragsautonome Bestimmung des Begriffs „ordentlicher Rechtsbehelf" gemäß seiner Funktion in Art. 30 und 38 entschieden[3]. Da dem Gericht nach dem Sinn der Art. 30 und 38 eine Aussetzungsbefugnis immer dann zustehen soll, wenn am endgültigen Schicksal der Entscheidung im Erststaat vernünftige Zweifel bestehen können, muß jeder Rechtsbehelf gemeint sein, der Teil des gewöhnlichen Verlaufs eines Rechtsstreits ist und als solcher eine verfahrensrechtliche Entwicklung darstellt, mit deren Eintritt jede Partei vernünftigerweise zu rechnen hat. Der EuGH definiert daher als ordentlichen Rechtsbehelf jeden Rechtsbehelf, „der zur Aufhebung oder Abänderung der dem Anerkennungs- oder Klauselerteilungsverfahren nach dem Übereinkommen zugrunde liegenden Entscheidung führen kann und für dessen Einlegung im Urteilsstaat eine gesetzliche Frist bestimmt ist, die durch die Entscheidung selbst in Lauf gesetzt wird". Nicht als ordentliche Rechtsbehelfe können dagegen „insbesondere Behelfe angesehen werden, die entweder von Ereignissen abhängen, die im Zeitpunkt des Entscheidungserlasses unvorhersehbar waren, oder von einem Tätigwerden Dritter, falls diese sich den durch die ursprüngliche Entscheidung ausgelösten Lauf der Rechtsbehelfsfrist nicht entgegenhalten zu lassen brauchen". Auf den Suspensiveffekt des Rechtsbehelfs hinsichtlich der Vollstreckbarkeit und auf die Bedeutung des Rechtsbehelfs für die Rechtskraft kommt es nicht an[4]. Die Kassationsbeschwerde ist deshalb trotz unterschiedlicher Ausgestaltung in den einzelnen

---

2 Vgl. den rechtsvergleichenden Überblick im Bericht *Schlosser* Nr. 196ff.; ferner *Martiny* in Hdb. IZVR III/2 Kap. II Rz. 230.

3 *EuGH* 22. 11. 1977 – 43/77, Industrial Diamond Supplies/Riva.

4 Anders vor der Entscheidung des *EuGH* z. B. *OLG Koblenz* 27. 9. 1976, RIW 1977, 102 zust. Anm. *Schütze* = IPRspr. 1976 Nr. 174 (französische Kassationsbeschwerde); *Mezger,* RIW 1976, 348f.; *Bülow/Böckstiegel/Müller* Art. 30 Anm. 2b und Art. 38 Anm. II 1. Anders auch *Matscher,* ZZP 1982, 205 (ohne Auseinandersetzung mit der Entscheidung des EuGH).

Vertragsstaaten einheitlich als ordentlicher Rechtsbehelf zu betrachten[5]. Dagegen ist ein Wiederaufnahme-Rechtsmittel, für das die Frist mit dem Tage der Kenntnis des Wiederaufnahmegrundes beginnt, kein ordentlicher Rechtsbehelf[6].

Insgesamt sollte – gemäß dem Sinn der Art. 30 und 38, der Ungewißheit über den endgültigen Ausgang des Verfahrens im Erststaat zu begegnen – der Begriff des ordentlichen Rechtsbehelfs im Zweifel *weit ausgelegt* werden. So ist es berechtigt, das nach italienischem Recht *von Amts wegen* durchzuführende Bestätigungsverfahren zur Überprüfung eines im Eilverfahren ergangenen Arrestbefehls als ordentliches Rechtsbehelfsverfahren anzusehen, weil die typische Unsicherheit über den Bestand der zunächst erlassenen Entscheidung gegeben ist, so daß die richterliche Befugnis der Aussetzung oder der Anordnung einer Sicherheitsleistung (gemäß Art. 38 III) angemessen erscheint[7]. Ferner ist es naheliegend, das vom EuGH aufgestellte *Kriterium der Fristgebundenheit* des Rechtsbehelfs nur dann zu verwenden, wenn ein Rechtsbehelf im Zeitpunkt der Befassung des Zweitgerichts noch nicht eingelegt ist. Wenn dagegen ein Rechtsbehelf bereits eingelegt wurde, ist die Möglichkeit einer Aufhebung oder Abänderung der Erstentscheidung bereits so aktuell, daß auf das Fristerfordernis verzichtet werden kann[8]. 4

Die *Aussetzung* ist eine Ermessensentscheidung des Gerichts. Es hat die Frage von Amts wegen (anders in Art. 38: auf Antrag) zu prüfen, ist zur Aussetzung aber nicht verpflichtet. Die Aussetzungsbefugnis schließt nicht aus, daß der Richter vor einer Aussetzung die Versagungsgründe des Art. 27 prüft[9]. Das Verfahren der Aussetzung richtet sich nach dem staatlichen Prozeßrecht (vgl. § 148 ZPO). Die Aussetzung endet mit der Entscheidung über den ordentlichen Rechtsbehelf. 5

2. Die Sonderregelung des Abs. 2

Die durch das Beitrittsübereinkommen von 1978 eingefügte *Sonderregelung* des Abs. 2 war *notwendig,* weil es in den Rechtsordnungen Irlands und des Vereinigten Königreichs für die Unterscheidung zwischen ordentlichen und außerordent- 6

---

5 Trib. Bruxelles 28. 2. 1978, J. Trib. 1978, 283: französische Kassationsbeschwerde. Ebenso für die italienische Kassationsbeschwerde die nach Vorlage an den *EuGH* in der Sache Industrial Diamond Supplies/Riva ergangene Abschlüßentscheidung *Rb. Antwerpen* 1. 6. 1978, Nachschlagewerk I-38-B 4.

6 *OLG Karlsruhe* 29. 1. 1986, RIW 1986, 467 = IPRax 1987, 171, 146 Anm. *Mezger* = IPRspr. 1986 Nr. 172; ebenso *Interdesco S.A.* v. *Nullifire Ltd.*, [1992] 1 Lloyd's Rep. 180 (Q.B.).

7 So im Rahmen von Art. 38 *BGH* 12. 6. 1986, RIW 1986, 813, 997 Anm. *Linke* = NJW 1986, 3026 = IPRspr. 1986 Nr. 189.

8 *Gothot/Holleaux* Nr. 336; implizit auch *OLG Hamm* 19. 7. 1985, RIW 1985, 973 zust. Anm. *Linke* = IPRspr. 1985 Nr. 187; bestätigt durch *BGH* 12. 6. 1986 (vorige Note).

9 Bericht *Jenard* zu Art. 30.

lichen Rechtsbehelfen kein Äquivalent gibt. Im einzelnen gibt der Berichterstatter zu diesen Rechtsordnungen folgende Hinweise[10]:

„Der Grundtypus des Rechtsbehelfs ist die Berufung (‚appeal'). Der Ausdruck wird jedoch nicht nur dann verwandt, wenn die Überprüfung einer Gerichtsentscheidung binnen einer bestimmten Frist ohne Bindung an besondere Anfechtungsgründe verlangt werden kann. Er dient auch zur Bezeichnung spezialisierter Rechtsbehelfe. Daneben gibt es aber auch Rechtsbehelfe, die eine besondere Bezeichnung tragen, etwa – bei Versäumnisurteilen – ‚reponing' (in Schottland) bzw. ‚application to set judgment aside' (England und Wales, Irland) oder ‚motion' (Schottland) bzw. ‚application (England und Wales, Irland) for a new trial', die in etwa der Wiederaufnahme des kontinentalen Rechts entsprechen. Sie sind die einzigen Rechtsbehelfe gegen den Spruch einer Jury. Die Eigenart des Rechtsbehelfssystems dieser Staaten besteht weiter darin, daß gerichtliche Urteile weder durch den Lauf einer Rechtsbehelfsfrist noch durch die Einlegung eines Rechtsbehelfs automatisch Vollstreckbarkeit verlieren. Meist stellt jedoch das Rechtsbehelfsgericht die Vollstreckung gegen Sicherheitsleistung einstweilen ein. Schließlich gibt es im Vereinigten Königreich Rechtsmittel, deren Funktion denen der ordentlichen Rechtsmittel der kontinentalen Rechtsordnungen entspricht, die aber dennoch nicht fristgebunden sind. Über ihre Zulässigkeit entscheidet der Richter im Einzelfall nach seinem Ermessen. Das gilt z. B. für den Fall eines Versäumnisurteils. Es konnte daher die Rechtsprechung des EuGH[11] nicht auch für die neuen Mitgliedstaaten übernommen werden."

7 In Abs. 2 – und ebenso in Art. 38 II – wird für Entscheidungen aus Irland und dem Vereinigten Königreich die Beschränkung auf „ordentliche" Rechtsbehelfe preisgegeben, und es wird im Interesse der Praktikabilität und der Übersichtlichkeit ein *weiter Rechtsbehelfsbegriff* verwandt. Dies erschien den Verfassern deshalb möglich, weil die Rechtsfolgen, die nach Art. 30 (und Art. 38) an die Unterscheidung zwischen ordentlichen und außerordentlichen Rechtsbehelfen anknüpfen, nicht strikt sind, sondern nur in der Eröffnung einer richterlichen Ermessensbefugnis bestehen. Der kontinentale Richter wird daher – so der Bericht *Schlosser* (Nr. 204) – sein Ermessen in einer Weise handhaben müssen, die das Gleichgewicht in der Anwendung von Art. 30 (und Art. 38) in allen Vertragsstaaten wahrt. Er wird demgemäß von seinem Ermessen zur Verfahrensaussetzung nur zurückhaltend Gebrauch zu machen haben, wenn es sich um einen Rechtsbehelf handelt, der in Irland oder im Vereinigten Königreich nur zur Rüge spezieller Mängel der Entscheidung vorgesehen ist oder der nach langer Zeit noch eingelegt werden kann.

8 Im *Verhältnis zu Abs. 1* beansprucht die Sonderregelung des Abs. 2 keine ausschließliche Geltung. Der Abs. 2 hindert also nicht daran, die Grundregel des Abs. 1 anzuwenden, wenn die durch den EuGH gegebene Definition des „ordentlichen Rechtsbehelfs" ausnahmsweise doch auf ein englisches oder irisches Rechtsmittel paßt[12]. In diesem Fall besteht die in Art. 30 vorgesehene

---

10 Bericht *Schlosser* Nr. 204.

11 Siehe oben Rz. 3.

12 *Hartley* 94 f.

Aussetzungsbefugnis unabhängig von dem in Abs. 2 aufgestellten Erfordernis, daß die Vollstreckung der Entscheidung im Urteilsstaat wegen der Einlegung des Rechtsbehelfs einstweilen eingestellt wurde.

2. Abschnitt. Vollstreckung

Artikel 31

Die in einem Vertragsstaat ergangenen Entscheidungen, die in diesem Staat vollstreckbar sind, werden in einem anderen Vertragsstaat vollstreckt, wenn sie dort auf Antrag eines Berechtigten mit der Vollstreckungsklausel versehen worden sind.

Im Vereinigten Königreich wird eine derartige Entscheidung jedoch in England und Wales, in Schottland oder in Nordirland vollstreckt, wenn sie auf Antrag eines Berechtigten zur Vollstreckung in dem betreffenden Teil des Vereinigten Königreichs registriert worden ist.

Übersicht

1. Überblick über die Vollstreckungsvorschriften

Der 2. Abschnitt (Art. 31–45) bringt Regeln über das Verfahren der Vollstreckbarerklärung. Ergänzend sind Art. 25 über den Begriff der „Entscheidung" in Verbindung mit Art. 1 und 54 über den sachlichen und zeitlichen Anwendungsbereich heranzuziehen (vgl. die Erläuterungen zu Art. 25) sowie die Vorschriften des 3. Abschnitts (Art. 46–49) über die vorzulegenden Urkunden. Diese Normen des EuGVÜ verdrängen grundsätzlich die *Bestimmungen des autonomen staatlichen Rechts* über das Exequaturverfahren. Insbesondere ist die Phase der *Zulassung* der Zwangsvollstreckung – im Unterschied zur *Durchführung* der Zwangsvollstreckung – ausschließlich durch das Übereinkommen geregelt, so daß andere Rechtsbehelfe gegen die Zulassung der Zwangsvollstreckung als die im Übereinkommen vorgesehenen nicht zulässig sind (näher Art. 36 Rz. 1 ff.). Im Falle der Unanwendbarkeit des EuGVÜ wird ein gemäß Art. 31 gestellter Antrag auf Erteilung der Vollstreckungsklausel von der deutschen Rechtsprechung zwar in einen entsprechenden Antrag nach einem subsidiär anwendbaren 1 bilateralen Abkommen umgedeutet[1], nicht aber in eine Klage nach § 722 ZPO[2]. – Zum *Verhältnis* des Verfahrens auf Vollstreckbarerklärung *zu anderen Verfahren* siehe Art. 25 Rz. 7 (Ausschluß einer erneuten Leistungsklage) und Art. 26 Rz. 5 (Verhältnis zum Anerkennungsverfahren gemäß Art. 26 II).

2 Die eigenständige Regelung der Vollstreckbarerklärung durch das EuGVÜ bildet einen *bedeutsamen Teil des europäischen Zivilprozeßrechts* (vgl. Einl Rz. 15). Das Übereinkommen regelt nicht nur die Voraussetzungen der Vollstreckbarerklärung, sondern setzt selbst den Rahmen für das durchzuführende Verfahren und versucht einen Ausgleich zwischen Gläubiger- und Schuldnerbelangen[3].

3 Im 2. Abschnitt finden sich im einzelnen *drei Gruppen von Vorschriften:* (1) Die Art. 31–35 schaffen eine einheitliche Regelung des Exequaturverfahrens, das als einseitiges Antragsverfahren des Gläubigers ausgestaltet wurde. Dadurch ist die Vollstreckung wesentlich einfacher und schneller geworden; vor dem Inkrafttreten des Übereinkommens war vielfach ein umständlicheres kontradiktorisches Verfahren vorgesehen. Nach Meinung der Verfasser des EuGVÜ konnte der Schutz, der dem Beklagten durch das EuGVÜ in dem vorausgegangenen Erkenntnisverfahren gewährt wird (vgl. insbesondere Art. 20), für den Kläger die Möglichkeit nach sich ziehen, in dem Vollstreckungsstaat schnell alle geeigneten Maßnahmen zu ergreifen, ohne vorherige Warnung des Schuldners vorzugehen und die Vollstreckung ohne weitere Erschwerungen zu erreichen[4]. Diese Argumentation trifft freilich nur für Beklagte mit Wohnsitz in einem Vertragsstaat zu (vgl. Art. 4 I EuGVÜ). (2) Die Art. 36–41 betreffen die Rechtsbehelfe, und zwar Art. 36ff. das Rechtsbehelfsverfahren des Schuldners gegen die Zulassung der Zwangsvollstreckung, die Art. 40 und 41 die Rechtsbehelfe des Gläubigers gegen die Ablehnung seines Antrags. Durch die Beschwerde des Schuldners wird das einseitige Verfahren in ein kontradiktorisches übergeleitet, das die Interessen des Schuldners wahrt. Die *Durchführung der Zwangsvollstreckung* bleibt grundsätzlich dem autonomen Recht des Vollstreckungsstaates überlassen mit Ausnahmen in Art. 38 (Aussetzung des Verfahrens nach Einlegung eines Rechtsbehelfs im Erststaat) und in Art. 39 (nur Sicherung, aber keine Befriedigung während der Rechtsbehelfsfrist). (3) Die Art. 42–45 befassen sich mit verschiedenen Einzelfragen, nämlich mit der teilweisen Vollstreckung von Entscheidungen, der Vollstreckung von Entscheidungen, die auf Zahlung von Zwangsgeld lauten, mit dem Armenrecht und der Sicherheitsleistung.

4 Das Klauselerteilungsverfahren nach dem EuGVÜ kann zu einer *Vervielfältigung der Vollstreckungstitel* führen, da der Gläubiger seinen Titel theoretisch in allen Vertragsstaaten für vollstreckbar erklären lassen kann. Der Gläubiger hat die Wahl, in welchem Staat er vollstrecken will. Die Klausel wirkt immer nur für

1 So zum deutsch-belgischen Abkommen *BGH* 10. 10. 1977, NJW 1978, 1113 = RIW 1978, 56 = IPRspr. 1977 Nr. 153.

2 *BGH* 16. 5. 1979, NJW 1979, 2477 = RIW 1980, 61 = IPRspr. 1979 Nr. 199.

3 *Wolff* in Hdb. IZVR III/2 Kap. IV Rz. 346.

4 So Bericht *Jenard* vor Art. 31.

das Gebiet des Staates, dem das klauselerteilende Gericht angehört, im Vereinigten Königreich gemäß Abs. 2 sogar nur für eines der drei Teilrechtsgebiete. Die Erteilung der Klausel darf in keinem Vertragsstaat mit der Begründung abgelehnt werden, der Gläubiger könne in einem anderen Staat leichter oder vorteilhafter vollstrecken[5]. Die gleichzeitige Vollstreckung in mehreren Staaten wird vom EuGVÜ nicht unterbunden, da der Schuldner gegen die Gefahr einer Doppelvollstreckung durch die vollstreckungsrechtlichen Rechtsbehelfe in den Mitgliedstaaten ausreichend geschützt ist, so in Deutschland durch die Vollstreckungsgegenklage[6]. Unter welchen Voraussetzungen ein Schadensersatzanspruch wegen ungerechtfertigter Vollstreckung besteht, bestimmt das Recht des Staates, in dem die Vollstreckung durchgeführt wurde; dort ist auch eine internationale Zuständigkeit gegeben (Art. 5 Nr. 3)[7].

Das Übereinkommen verzichtet auf *Bestimmungen über die Pfändung internationaler Forderungen.* Zwar wurde bei der Revision des Übereinkommens gesehen, daß Probleme entstehen, wenn Schuldner und Drittschuldner ihren Wohnsitz in verschiedenen Staaten haben: Hält ein Staat für die Pfändung solcher Forderungen das Gericht am Wohnsitz des Schuldners für zuständig, so kann der Wohnsitzstaat des Drittschuldners die Zustellung des Pfändungsbeschlusses an diesen als einen Eingriff in seine Souveränität betrachten und ihr die Wirkung versagen. In einer solchen Situation kann sich aber der Gläubiger damit behelfen, daß er das Urteil im Wohnsitzstaat des Drittschuldners für vollstreckbar erklären und in diesem Staat die Forderung des Schuldners gegen den Drittschuldner pfänden läßt, sofern sich dieser Staat für eine solche Maßnahme die internationale Zuständigkeit beilegt[8]. 5

Über die *Gebühren im Vollstreckungsstaat* enthält Art. III des Protokolls eine Vorschrift. Danach dürfen in dem Verfahren auf Erteilung der Vollstreckungsklausel keine nach dem Streitwert abgestuften Stempelabgaben oder Gebühren erhoben werden. Mit dem Verbot sollen die Ungleichheiten vermieden werden, die sich daraus ergeben hätten, daß für die Erteilung des Exequatur in einigen Staaten eine feste Gebühr, in anderen dagegen eine nach dem Wert gestaffelte Gebühr erhoben wird[9]. Zu einem völligen Verzicht auf Gebühren und Abgaben konnte man sich nicht entschließen, weil Gebühren und Abgaben nach dem innerstaatlichen Recht der Vertragsstaaten auch sonst für einzelne Prozeßhandlungen entrichtet werden müssen und weil in ihnen gewissermaßen ein Entgelt für die den Parteien geleisteten Dienste zu sehen ist. Die Vorschrift bezieht sich nicht auf die Honorare der Anwälte. Die in der Kostenfrage bestehengebliebene Lücke in der europäischen Rechtsangleichung ist nicht unbedenklich, weil sie dazu führen kann, daß Gläubiger kleiner oder mittlerer Forderungen auf die 6

---

5 *Geimer,* NJW 1980, 1234.
6 *Geimer/Schütze* § 150 XV.
7 *Geimer/Schütze* § 150 XVI.
8 Bericht *Schlosser* Nr. 207.
9 Bericht *Jenard* zu Art. III.

nach dem EuGVÜ mögliche Vollstreckbarerklärung ihres titulierten Anspruchs verzichten, um hohe Kosten und das Risiko, sie nicht erstattet zu bekommen, zu vermeiden [10].

7 In Deutschland besteht ein ergänzendes *Ausführungsgesetz* (vgl. Textanhang IX) [11]. Das AVAG ist gegenüber den Bestimmungen des Übereinkommens nachrangig. Bei seiner Auslegung muß also beachtet werden, daß es dem EuGVÜ und der dem EuGVÜ durch den EuGH gegebenen Interpretation nicht widersprechen darf [12]. Die meisten Vertragsstaaten haben kein Ausführungsgesetz zum EuGVÜ erlassen, sondern sie führen die Vollstreckungsvorschriften des Übereinkommens mit Hilfe ihrer allgemeinen Verfahrensregeln aus; anders aber insbesondere die *Niederlande* und das *Vereinigte Königreich* [13]. Auch in Deutschland ist subsidiär, wenn weder das Übereinkommen noch das Ausführungsgesetz eine Regelung enthält, auf die *Vorschriften der Zivilprozeßordnung* zurückzugreifen [14].

2. Voraussetzungen der Vollstreckbarerklärung

8 Die Vollstreckbarerklärung setzt voraus, daß die Entscheidung (Art. 25) nach dem Recht des Urteilsstaates vollstreckbar ist und daß sie zugestellt worden ist (Art. 31, 47 Nr. 1). Ferner ist erforderlich, daß die notwendigen Urkunden oder sonstigen Beweismittel beigebracht werden (Art. 33 III i. V. m. Art. 46ff.) und daß die Entscheidung des Urteilsstaates anerkannt wird (Art. 34 II). Diese Voraussetzungen muß der Vollstreckungsrichter von Amts wegen prüfen (vgl. vor Art. 26 Rz. 6ff.).

9 Das Erfordernis der *Vollstreckbarkeit* hat zur Folge, daß sich der Kreis der für vollstreckbar zu erklärenden ausländischen Entscheidungen nicht mit dem der anzuerkennenden zu decken braucht. Wenn eine Entscheidung im Erststaat aus irgendeinem Grunde nicht vollstreckbar ist, kommt es im Vollstreckungsverfahren auf die Anerkennung nicht an. Die Vollstreckbarkeit folgt: (1) entweder aus der Entscheidung selbst oder (2) aus den Gesetzen des Urteilsstaates, insbesondere aus dem Zustellungsdatum in Verbindung mit der Rechtsmittelfrist, oder (3) aus einer offiziellen Vollstreckbarkeitsbescheinigung [15].

---

10 Dies befürchtet für Frankreich *Feige*, Die Kosten des deutschen und französischen Vollstreckbarerklärungsverfahrens nach dem GVÜ (1988) 97. Mögliche kostenrechtliche Auswege erörtert *Taupitz*, Zur Erstattung der Kosten einer Vollstreckbarerklärung deutscher Titel in Frankreich, IPRax 1990, 150.

11 Erläutert wird dieses Gesetz in der Begründung der Bundesregierung, BT-Drucks. 11/351, sowie durch *Geimer*, NJW 1988, 2157. Zum Vorgänger des AVAG, dem AGGVÜ, vgl. *Wolf*, NJW 1973, 397, und *Pirrung*, DGVZ 1973, 178.

12 *Pirrung*, DGVZ 1973, 179.

13 Siehe im einzelnen Einl Rz. 9.

14 So die Begründung zum AVAG, BT-Drucks. 11/351, 17.

15 *Bellet*, Rev. trim. dr. europ. 1975, 39.

Die Vollstreckbarkeit braucht nicht endgültig festzustehen, sondern *vorläufige Vollstreckbarkeit* genügt. Kann ein Urteil nach dem Recht des Urteilsstaats nicht vorläufig vollstreckt werden, so ist seine Vollstreckung in dem Vollstreckungsstaat ebenfalls nicht möglich[16]. Die Vollstreckbarkeit kann auch *nachträglich entfallen,* etwa durch Zeitablauf (vgl. in Deutschland z. B. § 929 ZPO) oder durch Aufhebung der Entscheidung im Urteilsstaat. 10

Hat der ausländische Titel seine Vollstreckungskraft nachträglich verloren oder wird er geändert, so hat der Schuldner nicht immer die Möglichkeit, dies noch im Klauselerteilungsverfahren geltend zu machen (vgl. die Frist in Art. 36 I). Deshalb führt § 29 AVAG ein besonderes erleichtertes *Verfahren zur Aufhebung oder Änderung der Zulassung der Zwangsvollstreckung* ein. In § 30 AVAG wird der Gläubiger zum Ersatz des Schadens verpflichtet, der dem Schuldner durch die Vollstreckung oder durch eine zur Abwendung der Vollstreckung gemachte Leistung entstanden ist. 11

Zur Vollstreckbarkeit gehört eine hinreichende *Bestimmtheit* der Entscheidung. Enthält eine Entscheidung in Nebenpunkten der Verurteilung *keine genauen Angaben* – z. B. über die Höhe der zu erstattenden *Zinsen, Kosten* oder Mehrwertsteuer oder über den Beginn der Zinspflicht –, so muß der Vollstreckungsrichter eine ergänzende Auslegung vornehmen, soweit sie im Rahmen der von Art. 34 EuGVÜ geforderten „unverzüglichen" Entscheidung zweifelsfrei möglich ist. Beispielsweise muß er die erforderliche Konkretisierung hinsichtlich der Zinsen vornehmen, wenn sich die Höhe der gesetzlichen Zinsen ohne weiteres aus den ausländischen Vorschriften ergibt[17]. Auch eine Umrechnung der Währung kann ihm obliegen (vgl. unten Rz. 15). Gegebenenfalls ist auf dem schnellsten Wege eine Auskunft über das ausländische Recht einzuholen, etwa aufgrund des Europäischen Übereinkommens betreffend Auskünfte über ausländisches Recht von 1968[18]. Eine ergänzende Auslegung kommt dagegen nicht in Betracht, wenn das ausländische Gericht sich über bestimmte Kosten gar nicht geäußert, sondern nur eine Kosten*grund*entscheidung getroffen hat; denn dann fehlt es an einer diese Kosten titulierenden „Entscheidung" im Sinne der Art. 25 und 31 EuGVÜ[19]. 12

---

16 Bericht *Jenard* vor Art. 31 unter b.

17 Grundlegend und m. w. Nachw. *BGH* 5. 4. 1990, NJW 1990, 3084 = RIW 1990, 497 = IPRspr. 1990 Nr. 198: „gesetzliche Zinsen", Frankreich. Entsprechendes hat für vergleichbare Tenorierungen aus anderen Vertragsstaaten (wie Belgien oder Italien) zu gelten; zu der in diesen Fragen früher gespaltenen deutschen Rechtsprechung siehe die 2. Aufl.

18 *BGH* 13. 4. 1983, NJW 1983, 2773 = RIW 1983, 615 = IPRax 1985, 154, 137 Anm. *Prütting* = IPRspr. 1983 Nr. 175: betr. die Frage, ob auf einer italienischen Urteilsausfertigung quittierte Registrierungsgebühren in Italien mit der Urteilssumme beigetrieben werden können.

19 Siehe *OLG Saarbrücken* 11. 8. 1989, IPRax 1990, 232, 207 zust. Anm. *Reinmüller* = IPRspr. 1989 Nr. 217: französische Zustellungs- und Gerichtsvollzieherkosten.

3. Verfahren

13 Das Exequaturverfahren besteht nur in der Erteilung der Vollstreckungsklausel. Ist sie erteilt, so hat die ausländische Entscheidung alle Wirkungen eines inländischen Vollstreckungstitels. Zu den Theorien, ob das Urteil oder die Erteilung der Klausel den Vollstreckungstitel bildet, nimmt das Übereinkommen nicht Stellung[20]. Für das deutsche Recht ist letzterer Auffassung zu folgen[21]. Zwar wird bisweilen angenommen, daß nur beide Entscheidungen zusammen den Vollstreckungstitel bilden[22]. Nach dieser Auffassung wäre folgerichtig, daß die Vollstreckbarerklärung automatisch ihre Titeleigenschaft verliert, wenn die ausländische Entscheidung im Erststaat aufgehoben oder abgeändert wird. Das entspricht jedoch nicht dem geltenden deutschen Recht, das zur Aufhebung des Vollstreckungstitels eine neue richterliche Entscheidung verlangt (§ 29 AVAG).

14 Erforderlich ist der *„Antrag eines Berechtigten"*. Die Wendung bedeutet, daß das Antragsrecht jedem zusteht, der sich in dem Urteilsstaat auf die Entscheidung berufen kann[23]. Das ist in der Regel der in der Entscheidung genannte Gläubiger, kann aber auch sein Rechtsnachfolger sein. *Antragsgegner* ist der in der Entscheidung des Urteilsstaates bezeichnete Schuldner[24] oder dessen Rechtsnachfolger. Ob ein Fall der Rechtsnachfolge vorliegt, entscheidet das Recht des Urteilsstaates (vgl. § 6 I AVAG).

15 Der Richter darf im Klauselerteilungsverfahren den Titel nur *„mit der Vollstreckungsklausel versehen"*, ihn grundsätzlich aber nicht anpassen, ergänzen oder ändern. Eine Ausnahme von diesem Verbot gilt in bestimmten Grenzen für die genaue Festsetzung der zu erstattenden *Nebenkosten und Zinsen* (oben Rz. 12). Auch die Möglichkeit der *Umrechnung* eines auf ausländische *Währung* lautenden Titels in die im *Zweitstaat* geltende Währung schließt das Übereinkommen nicht aus. Maßgebend sind insoweit die für den Richter des Zweitstaates anwendbaren Vorschriften[25]. Eine Umrechnung in die Währung des *Erststaates* ist geboten, wenn das ausländische Urteil sie vorsieht[26].

---

20 Bericht *Jenard* zu Art. 31.

21 *Wolff* in Hdb. IZVR III/2 Kap. IV Rz. 127 m. w. Nachw.

22 *Geimer/Schütze* § 157 II 2.

23 Bericht *Jenard* zu Art. 31.

24 *OLG Frankfurt* 31. 7. 1979, Rpfleger 1979, 434 = IPRspr. 1979 Nr. 202, und 23. 5. 1989, IPRspr. 1989 Nr. 215.

25 Siehe etwa die ausdrückliche Regelung für die Vollstreckung von Unterhaltsurteilen im Vereinigten Königreich unten Rz. 19. Vgl. in Deutschland § 244 BGB. Näher zur Problematik *Geimer/Schütze* § 152 II 2.

26 Zum maßgeblichen Zeitpunkt für die Umrechnung siehe *BGH* 28. 6. 1984, WM 1984, 1064 = IPRax 1985, 101, 83 Anm. *Nagel* = IPRspr. 1984 Nr. 177, und 21. 2. 1985, WM 1985, 787 = IPRax 1986, 157, 142 Anm. *Mezger* = IPRspr. 1985 Nr. 173, sowie die abschließenden Entscheidungen *OLG Karlsruhe* 29. 1. 1986, RIW 1986, 467 = IPRax 1987, 171, 146 Anm. *Mezger* = IPRspr. 1986 Nr. 172 a, und *BGH* 10. 7. 1986, WM 1986, 1369 = IPRax 1987, 172, 146 Anm. *Mezger* = IPRspr. 1986 Nr. 172 b: über den maßgeblichen Zeitpunkt entscheidet das Recht des Erststaates (hier: das französische Recht, das den Zeitpunkt der tatsächlichen Zahlungen entscheiden läßt).

16 In *Deutschland* ist das Verfahren zur Erteilung der Vollstreckungsklausel in §§ 3–10 AVAG ausführlich geregelt.

4. Sonderregelung für das Vereinigte Königreich (Abs. 2)

17 Im Vereinigten Königreich erfolgt die Vollstreckung nicht aufgrund einer Klauselerteilung, sondern aufgrund einer *Registrierung* der ausländischen Entscheidung. Da England und Wales, Schottland sowie Nordirland jeweils eigene Gerichtsbezirke sind, wirkt die Registrierung nur in dem betreffenden Teil des Vereinigten Königreichs. Sie verschafft dem aus dem Urteil Berechtigten dort die gleichen Vollstreckungsmöglichkeiten wie die Erteilung des Exequaturs in den kontinentaleuropäischen Rechtsordnungen. Wenn in mehreren Teilen des Vereinigten Königreichs vollstreckt werden soll, müssen mehrere Registrierungen beantragt werden. Zur Antragsberechtigung siehe oben Rz. 14.

18 Im einzelnen gibt der Berichterstatter zu dem im Vereinigten Königreich geltenden Registrierungssystem folgende *auslandsrechtliche Hinweise*[27]: Registrierte Entscheidungen haben „die gleichen Wirkungen wie Entscheidungen, die vom registrierenden Gericht selbst stammen. Der Antrag ist vom Gläubiger persönlich oder in seinem Namen von einem Anwalt (‚Solicitor') zu stellen. Persönliches Erscheinen ist notwendig; ein schriftlich zugesandter Antrag reicht nicht aus. Wird der Antrag gutgeheißen, so wird das Urteil in ein beim Gericht geführtes Register eingetragen. Im Vereinigten Königreich, mit Ausnahme von Schottland, gibt es ein selbständiges Vollstreckungsorgan nach Art des französischen ‚huissier' oder des deutschen ‚Gerichtsvollziehers' nicht. Nur *das* Gericht kann Maßnahmen zur Zwangsvollstreckung verfügen, welches das Urteil erlassen hat oder bei dem es registriert worden ist."

19 Der *Civil Jurisdiction and Judgments Act 1982* enthält in sec. 4 bis 8 Ausführungsvorschriften, die ergänzt werden durch die Rules of the Supreme Court, Order 71, r. 27 ff.[28]. In sec. 4 (3) wird der Grundsatz bestätigt, daß ein registriertes ausländisches Urteil für die Vollstreckung ebenso behandelt wird wie eine vom registrierenden Gericht erlassene Entscheidung. Sec. 4 (2) regelt die *Kosten:* „the reasonable costs or expenses of and incidental to its registration shall be recoverable as if they were sums recoverable under the judgment". Sec. 5 bringt Regeln für die Registrierung von *Unterhaltsentscheidungen,* für die einige Besonderheiten gelten. Sec. 6 nennt die für *Rechtsbehelfe* zuständigen Gerichte. Sec. 7 enthält detaillierte Vorschriften über die Pflicht zur Zahlung von *Zinsen,* insbesondere über die Registrierung bei einer entsprechenden Verurteilung im Erststaat, und über die Berechnung der Zinsen. In sec. 8 wird festgelegt, daß alle im Vereinigten Königreich zu leistenden Unterhaltsbeträge in der dortigen *Währung* zu zahlen sind und daß auf eine andere Währung lautende Beträge aufgrund des am Tage der Registrierung der Entscheidung gültigen Wechelkurses umgerechnet werden.

---

27 Bericht *Schlosser* Nr. 208.

28 Siehe im einzelnen die Erläuterungen von *Collins* 114 ff.; *Hartley* 97 ff.; *Kaye* 1583 ff. und *O'Malley/Layton* 945 ff.

Artikel 32

Der Antrag ist zu richten:

- **in Belgien an das ‚tribunal de première instance' oder an die ‚rechtbank van eerste aanleg';**
- **in Dänemark an das ‚underret';**
- **in der Bundesrepublik Deutschland an den Vorsitzenden einer Kammer des Landgerichts;**
- **in Griechenland an das ‚μονομελές πρωτοδικείο';**
- **in Frankreich an den Präsidenten des ‚tribunal de grande instance';**
- **in Irland an den ‚High Court';**
- **in Italien an die ‚corte d'appello';**
- **in Luxemburg an den Präsidenten des ‚tribunal d'arrondissement';**
- **in den Niederlanden an den Präsidenten der ‚arrondissementsrechtbank';**
- **im Vereinigten Königreich:**
    1. **in England und Wales an den ‚High Court of Justice' oder im Falle von Entscheidungen in Unterhaltssachen an den ‚Magistrates' Court' über den ‚Secretary of State';**
    2. **in Schottland an den ‚Court of Session' oder im Falle von Entscheidungen in Unterhaltssachen an den ‚Sheriff Court' über den ‚Secretary of State';**
    3. **in Nordirland an den ‚High Court of Justice' oder im Falle von Entscheidungen in Unterhaltssachen an den ‚Magistrates' Court' über den ‚Secretary of State'.**

Die örtliche Zuständigkeit wird durch den Wohnsitz des Schuldners bestimmt. Hat dieser keinen Wohnsitz im Hoheitsgebiet des Vollstreckungsstaats, so ist das Gericht zuständig, in dessen Bezirk die Zwangsvollstreckung durchgeführt werden soll.

1. Sachliche Zuständigkeit (Abs. 1)

1 In Abs. 1 werden die in den einzelnen Vertragsstaaten sachlich zuständigen Gerichte aufgeführt. In Deutschland ist immer der Vorsitzende einer Kammer des Landgerichts zuständig[1]. Die Zuständigkeit besteht für alle vom Übereinkommen erfaßten Entscheidungen (Art. 25), also beispielsweise für arbeitsrechtliche oder für den unterhaltsrechtlichen Teil familienrechtlicher Entscheidungen[2].

2 In den drei eigenständigen Gerichtsbezirken des *Vereinigten Königreichs* – England und Wales, Schottland sowie Nordirland – wurde die dort herkömmlicher-

---

1 Wird der Antrag nicht an den Vorsitzenden der zuständigen Kammer, sondern allgemein an das LG gerichtet, so steht dies einer Entscheidung durch den Vorsitzenden nicht entgegen; *LG Hamburg* 8. 1. 1975 und 20. 3. 1975, IPRspr. 1975 Nr. 160 und 162.

2 *OLG Düsseldorf* 5. 10. 1983, IPRspr. 1983 Nr. 180.

weise bestehende Sonderbehandlung der Vollstreckung ausländischer *Unterhaltsentscheidungen* auch im Rahmen des EuGVÜ beibehalten. Dies war ohne weiteres möglich, weil das EuGVÜ keine Vorschriften enthält, die einer Differenzierung des Vollstreckungsverfahrens nach verschiedenen Arten gerichtlicher Entscheidungen entgegenstehen[3]. Zuständig sind für die Registrierung von Unterhaltsentscheidungen in England und Wales sowie in Nordirland jeweils die Magistrates' Courts, in Schottland die Sheriff Courts, denen auch sonst Unterhaltsentscheidungen obliegen. Der ausländische Unterhaltsgläubiger kann sich aber nicht direkt an eines dieser Gerichte wenden, weil sie – mit Laienrichtern besetzt – keinen entsprechenden Verwaltungsunterbau besitzen, sondern er hat seinen Antrag an den Secretary of State zu richten, der die Übermittlung des Antrags an das zuständige Gericht besorgt[4].

2. Örtliche Zuständigkeit (Abs. 2)

Die örtliche Zuständigkeit richtet sich in erster Linie nach dem *Wohnsitz bzw. Sitz* (Art. 52, 53) des Schuldners. Hilfsweise ist – auch bei unbekanntem Wohnsitz[5] – das Gericht des Vollstreckungsortes zuständig, d. h. regelmäßig das Gericht des Ortes, an dem Vermögen des Schuldners belegen ist[6]. Jedoch sind die Erfolgsaussichten der Vollstreckung nicht entscheidend, sondern es genügt nach dem Wortlaut des Abs. 2 die Absicht der Zwangsvollstreckung im Gerichtsbezirk, also die substantiierte Behauptung des Antragstellers, dort vollstrecken zu wollen[7]. Die örtliche und sachliche Zuständigkeit ist von Amts wegen zu prüfen. In Deutschland wurde die Zuständigkeit des Landgerichts zur ausschließlichen erklärt (§ 2 I AVAG), so daß eine Zuständigkeitsvereinbarung zwischen den Parteien ausgeschlossen ist. 3

Für die legislative Entscheidung, das Gericht des Vollstreckungsortes nur hilfsweise für zuständig zu erklären, waren nach dem Bericht *Jenard* folgende Erwägungen maßgebend[8]: „Es ist nicht ausgeschlossen, daß der Schuldner in dem Vollstreckungsstaat Vermögen in verschiedenen Gerichtsbezirken besitzt. Wäre lediglich die Zuständigkeit des Gerichts des Vollstreckungsorts vorgesehen, so hätte der Antragsteller zwischen verschiedenen Gerichten wählen können. Der Antragsteller, dessen Antrag von einem Gericht abgelehnt worden wäre, hätte dann, statt die in dem Übereinkommen vorgesehenen Rechtsbehelfe einzulegen, ein anderes Gericht anrufen können, das nicht unbedingt 4

3 Bericht *Schlosser* Nr. 210.

4 Siehe Bericht *Schlosser* Nr. 218 mit weiteren Hinweisen zur Durchführung des Verfahrens; beachte ferner sec. 5 bis 8 des Civil Jurisdiction and Judgments Act 1982.

5 *OLG Saarbrücken* 24. 9. 1992, NJW-RR 1993, 190.

6 Vgl. Bericht *Jenard* zu Art. 32. Vgl. auch *OLG Stuttgart* 25. 1. 1980, Die Justiz 1980, 276 = IPRspr. 1980 Nr. 163: keine Zuständigkeit, wenn der Schuldner dort zwar Vermögen besitzt, dem Gläubiger aber aufgegeben ist, in dieses Vermögen nicht zu vollstrecken.

7 *Bülow/Böckstiegel/Müller* Art. 32 Anm. III; *Geimer/Schütze* § 163 I 1 b; *Wolff* in Hdb. IZVR III/2 Kap. IV Rz. 229.

8 Bericht *Jenard* zu Art. 32.

im gleichen Sinne wie das erste entschieden hätte, und dies ohne Wissen der Gegenpartei, weil es sich um ein nichtkontradiktorisches Verfahren handelt."

5 Sind infolge *subjektiver Antragshäufung* mehrere Gerichte örtlich zuständig, weil die in einer ausländischen Entscheidung gemeinsam verurteilten Schuldner ihren Wohnsitz in verschiedenen Gerichtsbezirken desselben Staates haben, so ist analog Art. 6 Nr. 1 jedes Gericht örtlich zuständig, in dessen Bezirk einer der Schuldner seinen Wohnsitz hat[9]. Der Antragsteller kann also unter den mehreren örtlich zuständigen Gerichten wählen. Da das Übereinkommen die örtliche Zuständigkeit für das Klauselerteilungsverfahren selbst regeln will und dies der effizienten Durchsetzung der Entscheidungen dient, ist die aus dem Übereinkommen gewonnene Lösung einem Rückgriff auf das jeweilige nationale Verfahrensrecht des Vollstreckungsstaates vorzuziehen. In Deutschland ist die Zuständigkeit also nicht analog § 36 Nr. 3 ZPO zu bestimmen[10].

6 In *Irland* sowie in den drei genannten Gerichtsbezirken des *Vereinigten Königreichs* ist für Anträge auf Registrierung von Urteilen, die keine Unterhaltsurteile sind, jeweils nur ein Gericht zuständig. Das erklärt sich aus der Eigenart der dortigen Gerichtsverfassung[11].

Artikel 33

Für die Stellung des Antrags ist das Recht des Vollstreckungsstaats maßgebend.

Der Antragsteller hat im Bezirk des angerufenen Gerichts ein Wahldomizil zu begründen. Ist das Wahldomizil im Recht des Vollstreckungsstaats nicht vorgesehen, so hat der Antragsteller einen Zustellungsbevollmächtigten zu benennen.

Dem Antrag sind die in den Artikeln 46 und 47 angeführten Urkunden beizufügen.

1. Antragstellung (Abs. 1)

1 Form und Inhalt des Antrags, die Anzahl der dem Gericht vorzulegenden Ausfertigungen, die Bestimmung der zur Entgegennahme des Antrags zuständigen Gerichtsstelle, gegebenenfalls die Sprache, in der der Antrag abzufassen ist, sowie die Notwendigkeit der Mitwirkung eines Anwalts oder anderen Sachvertreters richten sich nach den innerstaatlichen Rechtsvorschriften[1]. Zum notwendi-

9 *Geimer*, NJW 1975, 1087; *Bülow/Böckstiegel/Müller* Art. 32 Anm. IV; *Wolff* in Hdb. IZVR III/2 Kap. IV Rz. 231; *H. Roth*, RIW 1987, 816f.

10 Anders *OLG München* 28. 5. 1974, NJW 1975, 504, 1086 Anm. *Geimer* = IPRspr. 1974 Nr. 177; *Stein/Jonas/Münzberg* Anh. § 723 A III 1 N. 12. Im AVAG wird zu der Streitfrage nicht Stellung genommen; vgl. *Geimer*, NJW 1988, 2158.

11 Siehe Bericht *Schlosser* Nr. 215.

1 Bericht *Jenard* zu Art. 33.

gen Inhalt des Antrags gehören die Bezeichnung des Antragstellers und des Antragsgegners sowie des angegangenen Gerichts, die Bezeichnung der zu vollstreckenden ausländischen Entscheidung sowie der Antrag, die Entscheidung mit der Vollstreckungsklausel zu versehen. Außerdem muß gemäß Abs. 2 das Wahldomizil bzw. der Zustellungsbevollmächtigte angegeben werden. Wohnt der Antragsgegner nicht im Vollstreckungsstaat, so ist gemäß Art. 32 II 2 auch darzulegen, daß die Zwangsvollstreckung im Bezirk des angerufenen Gerichts durchgeführt werden soll.

Eine *Zurücknahme des Antrags* ist ohne Einwilligung des Antragsgegners möglich[2]. 2

In *Deutschland* sind Einzelheiten der Antragstellung in § 3 AVAG geregelt. Einen fremdsprachigen Antrag kann das Gericht ohne Übersetzung bearbeiten, wenn es dazu in der Lage ist; sonst muß es dem Antragsteller aufgeben, eine Übersetzung beizubringen (§ 3 III AVAG)[3]. Dies kann auch noch in der Rechtsbehelfsinstanz geschehen. Ein Antrag nach dem EuGVÜ kann nicht in eine Klage nach §§ 722, 723 ZPO umgedeutet werden (Art. 31 Rz. 1). 3

Im *Vereinigten Königreich* enthalten die Rules of the Supreme Court, Order 71, r. 27ff., detaillierte Regeln über die bei der Antragstellung beizubringenden Beweismittel. Im Vordergrund steht – gemäß der Rechtstradition im Vereinigten Königreich – die eidesstattliche Versicherung („affidavit“). 4

2. Wahldomizil oder Zustellungsbevollmächtigter (Abs. 2)

Die Vorschrift hat den *Sinn*, im Interesse der raschen Durchführung des Vollstreckungsverfahrens eine Zustellung an den Antragsteller im Ausland zu vermeiden[4] und dem Antragsgegner die Einlegung eines Rechtsmittels gegen die Zulassung der Zwangsvollstreckung zu erleichtern[5]. Die Begründung eines Wahldomizils, also die Schaffung einer Zustellanschrift im Vollstreckungsstaat, oder die Benennung eines Zustellungsbevollmächtigten ermöglicht eine Zustellung innerhalb des Vollstreckungsstaates. Das wird praktisch bedeutsam bei der Mitteilung der Entscheidung an den Antragsteller (Art. 35) und bei der Einlegung eines Rechtsbehelfs durch den Antragsgegner (Art. 37). 5

Hinsichtlich der *Begründung eines Wahldomizils* hat der EuGH klargestellt, daß das Recht des Vollstreckungsstaates für die Einzelheiten maßgebend ist[6]. Der Gerichtshof sieht in der Errichtung eines Wahldomizils einen Teil der Antragstellung, für die Abs. 1 auf das Recht des Vollstreckungsstaates verweist. Enthält 6

---

2 Näher *Geimer*, JZ 1977, 214.
3 Das Wort „kann“ in § 3 III AVAG bezieht sich auf diese beiden Möglichkeiten; *Wolf*, NJW 1973, 398, zum früheren § 3 AGGVÜ.
4 Bericht *Jenard* zu Art. 33.
5 *EuGH* 10. 7. 1986 – 198/85, Carron/Bundesrepublik Deutschland.
6 *EuGH* 10. 7. 1986 – 198/85, Carron/Bundesrepublik Deutschland.

das Recht des Vollstreckungsstaates keine Bestimmung darüber, wann das Wahldomizil begründet sein muß, so gilt – kraft europäischen Einheitsrechts – die Zustellung der Entscheidung, mit der die Zwangsvollstreckung zugelassen, also die Vollstreckungsklausel erteilt wird, als letztmöglicher Zeitpunkt[7]. Dies ergibt sich aus dem Sinn des Abs. 2, das Verfahren zu beschleunigen und die Rechte des Antragsgegners zu wahren.

7 Die *Folgen einer Verletzung* der Pflichten aus Abs. 2 regelt – wie die anderen Modalitäten der Antragstellung – das Recht des Vollstreckungsstaates[8]. Diese nationale Rechtsordnung darf die Ziele des vorrangig geltenden Übereinkommens jedoch nicht gefährden. Die vorgesehene Sanktion darf nach dem Urteil des EuGH deshalb weder die Gültigkeit der Entscheidung, mit der die Vollstreckungsklausel erteilt wurde, in Frage stellen noch die Rechte des Antragsgegners beeinträchtigen.

8 Die Benennung eines *Zustellungsbevollmächtigten* wurde vorgesehen, weil die Begründung eines Wahldomizils dem deutschen Recht fremd ist. Die Einzelheiten regelt § 4 AVAG. Auch eine juristische Person kann zum Zustellungsbevollmächtigten bestellt werden[9]. Die Bestellung des Zustellungsbevollmächtigten bleibt bis zum rechtskräftigen Abschluß des Verfahrens wirksam, es sei denn, daß der Bevollmächtigte durch eine andere Person ersetzt wird[10]. Eines Zustellungsbevollmächtigten bedarf es nicht, wenn der Antragsteller einen bei einem deutschen Gericht zugelassenen Rechtsanwalt zu seinem Verfahrensbevollmächtigten bestellt hat (§ 4 III AVAG). In dem Verfahren vor dem Vorsitzenden einer Kammer des Landgerichts (Art. 32 I EuGVÜ) herrscht aber kein Anwaltszwang (§ 5 II AVAG). Die Benennung eines Zustellungsbevollmächtigten ist ferner nicht erforderlich, wenn der Antragsteller selber im Gerichtsbezirk wohnt (vgl. Art. 33 II 1 EuGVÜ). Wohnt der Antragsteller anderweitig im Vollstreckungsstaat, so entfällt das Erfordernis eines Zustellungsbevollmächtigten nach dem Wortlaut des Art. 33 II EuGVÜ und des § 4 AVAG nicht ohne weiteres[11]. Es erscheint jedoch denkbar, daß der Vorsitzende in diesem Fall – analog § 4 II 2 AVAG – die Bestellung eines Zustellungsbevollmächtigten für entbehrlich erklärt. *Unterläßt* es der im Ausland wohnende Antragsteller, einen Zustellungsbevollmächtigten zu benennen, so hat dies nicht zur Folge, daß sein Antrag zurückzuweisen ist[12] oder daß ein Bevollmächtigter von Amts wegen zu bestimmen ist[13]. Vielmehr hat der Antragsteller nur den Nachteil zu tragen, daß alle Zustellungen an ihn durch Aufgabe zur Post (§§ 175, 192, 213 ZPO) bewirkt werden (§ 4 I 2 AVAG).

---

7 So – im Anschluß an den EuGH (vorige Note) – *Cass.* 18. 4. 1989, D. S. 1990, Jur. 146 krit. Anm. *Rémery* = Bericht *Huet*, Clunet 1990, 163.
8 *EuGH* (vorletzte Note).
9 So die amtliche Begründung zu § 4 AGGVÜ (jetzt § 4 AVAG), BT-Drucks. VI/3426, 12.
10 Amtliche Begründung zu § 4 AVAG, BT-Drucks. 11/351, 19.
11 *Geimer*, JZ 1977, 214; *Nagel* Rz. 767; *Bülow/Böckstiegel/Müller* Art. 33 Anm. II.
12 *OLG Frankfurt* 21. 8. 1978, RIW 1980, 63 = IPRspr. 1978 Nr. 164.
13 *Wolf*, NJW 1973, 398.

3. Beifügung von Urkunden (Abs. 3)

Dem Antrag sind die Urkunden beizufügen, deren Vorlage in Art. 46 und 47 vorgeschrieben ist. Fügt der Antragsteller diese Urkunden nicht bei, so ist der Antrag nicht ohne weiteres abzulehnen, sondern das Gericht kann dem Antragsteller eine Frist zur Nachreichung setzen (vgl. Art. 48). Die Urkunden können auch noch in der Rechtsmittelinstanz nachgereicht werden[14]. Die Wiederholung eines lediglich wegen fehlender Unterlagen zurückgewiesenen Antrags ist ebenfalls jederzeit zulässig[15]. 9

Artikel 34

Das mit dem Antrag befaßte Gericht erläßt seine Entscheidung unverzüglich, ohne daß der Schuldner in diesem Abschnitt des Verfahrens Gelegenheit erhält, eine Erklärung abzugeben.

Der Antrag kann nur aus einem der in Artikel 27 und 28 angeführten Gründe abgelehnt werden.

Die ausländische Entscheidung darf keinesfalls auf ihre Gesetzmäßigkeit nachgeprüft werden.

1. Verfahren und Entscheidung (Abs. 1)

Im ersten Abschnitt des *Verfahrens* auf Klauselerteilung erhält der Schuldner keine Gelegenheit, eine Erklärung abzugeben. Im Bericht *Jenard* heißt es dazu[1]: „Nach dem Übereinkommen ist das angerufene Gericht auch in Ausnahmefällen nicht befugt, den Schuldner zur Stellungnahme aufzufordern. Dem Gericht eine solche Befugnis zuzuerkennen, würde das Prinzip der Einseitigkeit des Verfahrens durchbrechen. Manche Gerichte könnten geneigt sein, den Schuldner zu hören; das würde zu einer systematischen Umwandlung des einseitigen Verfahrens in ein kontradiktorisches führen. Auch würde dadurch das Überraschungsmoment abgeschwächt, das dem Verfahren auf Zulassung der Zwangsvollstreckung innewohnen muß, wenn man dem Beklagten die Möglichkeit nehmen will, sein Vermögen der Zwangsvollstreckung zu entziehen.“ Aus diesem Grunde ist es auch nicht angezeigt, den Antragsgegner von der Stellung des Antrags zu *benachrichtigen,* wenngleich Art. 34 dies „nicht kategorisch ver- 1

14 *OLG Köln* 10. 2. 1976, IPRspr. 1976 Nr. 164; 12. 4. 1989, RIW 1990, 229 = NJW-RR 1990, 127 = IPRspr. 1989 Nr. 213.

15 *OLG Stuttgart* 25. 1. 1980, Die Justiz 1980, 276 = IPRspr. 1980 Nr. 163; *OLG Frankfurt* 8. 6. 1988, IPRspr. 1988 Nr. 198.

1 Bericht *Jenard* zu Art. 34.

bietet"[2]. Die Regelung verstößt nach allgemeiner Ansicht nicht gegen die Garantie des *rechtlichen Gehörs* (Art. 103 GG), weil der Antragsgegner die Möglichkeit hat, durch Einlegung eines Rechtsbehelfs (Art. 36) eine kontradiktorische Verhandlung zu erzwingen[3].

2 Für das *Verfahren in Deutschland* enthalten §§ 5 und 6 AVAG ergänzende Bestimmungen. In der Regel handelt es sich um ein *schriftliches Verfahren.* Gemäß § 5 I 2 AVAG kann aber ausnahmsweise eine mündliche Erörterung mit dem *Antragsteller* erfolgen, wenn er damit einverstanden ist und sie der Beschleunigung dient. Dies kann z. B. der Fall sein, wenn über die Befreiung von der Pflicht zur Vorlage von Urkunden gemäß Art. 48 zu entscheiden ist. Hängt die Zulassung der Zwangsvollstreckung in Sonderfällen von dem Nachweis besonderer Voraussetzungen ab, so ist der *Nachweis durch Urkunden* zu führen, es sei denn, daß die Tatsachen bei dem Gericht offenkundig sind (§ 6 I AVAG). Anders als in §§ 726, 727 ZPO kann der Nachweis durch alle Urkunden, also auch durch Privaturkunden erbracht werden[4]. Kann der Nachweis durch Urkunden nicht geführt werden, so ist auf Antrag des Gläubigers der *Schuldner zu hören,* und es sind dann alle Beweismittel, also auch die Vernehmung von Zeugen und sonstige Beweiserhebungen, zulässig (§ 6 II AVAG). Diese Durchbrechung des Grundsatzes, daß der Antragsgegner im ersten Verfahrensabschnitt nicht beteiligt ist, dient dem Ziel des EuGVÜ, verfahrensrechtliche Hindernisse bei der Vollstreckung ausländischer Entscheidungen zu beseitigen. Auch bei einer mündlichen Erörterung gemäß § 5 I 2 oder § 6 II AVAG besteht *kein Anwaltszwang* (§ 5 II AVAG).

3 In Deutschland wurde vorgeschlagen, dem Schuldner die vorsorgliche Geltendmachung von Einwendungen gegen die Klauselerteilung durch Einreichung einer *„Schutzschrift"* bei dem vom Antragsteller voraussichtlich angegangenen Gericht zu ermöglichen[5]. Dieser Vorschlag lehnt sich an eine von der Anwaltschaft in deutschen Eilverfahren häufig geübte, rechtstheoretisch freilich noch wenig geklärte Praxis an, zum Schutze des Antragsgegners gegen unberechtigte Arreste und einstweilige Verfügungen prophylaktisch eine Stellungnahme bei dem Gericht einzureichen, das der Antragsteller vermutlich anrufen wird[6]. Rechtsschutzziel einer Schutzschrift im Klauselerteilungsverfahren des EuGVÜ soll die Anregung der „Amtsermittlung" von bestimmten Versagungsgründen (Art. 34 II) und die Zurückweisung des Antrags auf Klauselerteilung sein[7]. Indes besteht aufgrund des EuGVÜ keine Pflicht zur Amtsermittlung, und das Übereinkommen verweist alle Einwendungen des Schuldners ins Rechtsbehelfsverfahren (siehe unten Rz. 7). Im ersten Abschnitt des Klauselerteilungsverfahrens verpflichtet Art. 34 I das Gericht ausdrücklich zu einer unverzüglichen Entscheidung, ohne daß der Schuldner Gelegenheit erhält, eine Erklärung abzugeben (noch deutlicher der englische Text: „the party against whom enforcement is sought shall not at this stage of the proceedings be entitled to make any submissions on the application"). Zwar muß man die von Art. 34 I gewollte Einseitigkeit und Beschleunigung des Verfahrens nicht so streng interpretieren,

---

2 Bericht *Schlosser* Nr. 219.

3 Ausführlich *Arnold,* AWD 1972, 389; ferner etwa *OLG Bremen* 4. 10. 1977, IPRspr. 1977 Nr. 152.

4 Amtliche Begründung zu § 6 AVAG, BT-Drucks. 11/351, 20.

5 *Schütze,* FS Bülow (1981) 211; *Geimer/Schütze* § 159 I 3.

6 Siehe im einzelnen *May,* Die Schutzschrift im Arrest- und Einstweiligen-Verfügungs-Verfahren (1983).

7 *Schütze* (vorletzte Note) 214 f.

daß es dem Gericht geradezu verwehrt ist, einen mit der Schutzschrift bewiesenen Versagungsgrund zur Kenntnis zu nehmen. Beispielsweise ermöglicht es eine richterliche Prüfung des Versagungsgrundes des Art. 27 Nr. 3, wenn dem Gericht durch eine mit der Schutzschrift eingereichte Ausfertigung eines rechtskräftigen inländischen Urteils bekannt ist, daß eine Klage in derselben Sache im Inland rechtskräftig abgewiesen wurde. Es besteht aber keine Rechtsgrundlage dafür, eine *Pflicht* des Gerichts anzunehmen, eine eingereichte Schutzschrift zu beachten und sich mit den in ihr enthaltenen Argumenten auseinanderzusetzen[8]. Nach Aufbau und Sinn des Klauselerteilungsverfahrens aufgrund des EuGVÜ ist im ersten Abschnitt dieses Verfahrens nämlich kein Raum für eine kontradiktorische Auseinandersetzung zwischen Antragsteller und Schuldner, sondern der Schutz des Schuldners ist bewußt auf das Rechtsbehelfsverfahren des Art. 36 verlagert (siehe Art. 31 Rz. 3).

Für das *Verfahren im Vereinigten Königreich* siehe Art. 31 Rz. 17ff. 4

Das *Gericht* – in Deutschland gemäß Art. 32 I der Vorsitzende einer Kammer 5
des Landgerichts – erläßt seine Entscheidung *unverzüglich,* also so schnell wie möglich. Die Verfasser des Übereinkommens hatten zunächst erwogen, dem Gericht eine bestimmte Frist für die Entscheidung zu setzen; sie haben hiervon aber abgesehen, „weil eine solche Frist für die Gerichte nicht üblich ist und überdies Sanktionen für den Fall, daß die Frist nicht eingehalten würde, nicht eingeführt werden können“[9].

Über die Art der Entscheidung enthalten §§ 7, 8 und 10 AVAG detaillierte Aussagen. Eine 6
positive Entscheidung besteht in der Anordnung des Vorsitzenden, daß der Schuldtitel mit der Vollstreckungsklausel zu versehen ist (§ 7 AVAG). Die Anordnung erfolgt durch einen Beschluß, der keiner besonderen Begründung bedarf. Wurde irrtümlich statt durch Beschluß durch Urteil entschieden, so ist nach dem im deutschen Zivilprozeßrecht überwiegend anerkannten Grundsatz der Meistbegünstigung sowohl die Beschwerde (§§ 11 ff. AVAG) als auch die Berufung zulässig[10]. Für die Kosten des Verfahrens vor dem Vorsitzenden gilt in Deutschland gemäß § 8 IV AVAG die Vorschrift des § 788 ZPO[11]. Aufgrund der Anordnung des Vorsitzenden erteilt der Rechtspfleger (§ 20 Nr. 12 RpflG) die Vollstreckungsklausel in der in § 8 AVAG vorgeschriebenen Form. – Eine negative Entscheidung des Vorsitzenden ergeht durch einen mit Gründen versehenen Beschluß. Die Kosten trägt dann der Antragsteller (§ 10 AVAG). Sie werden ihm selbst dann auferlegt, wenn sein anfangs begründeter Antrag deshalb abgelehnt werden muß, weil der Ausspruch über die vorläufige Vollstreckbarkeit im Urteilsstaat inzwischen aufgehoben wurde; eine Erledigungserklärung in der Hauptsache mit der Kostenfolge des § 91 a ZPO sieht das AVAG nicht vor[12]. – Eine Möglichkeit, die ausländische Entscheidung abzuändern, besteht nicht[13].

---

8 So auch *Wolff* in Hdb. IZVR III/2 Kap. IV Rz. 307 N. 939; *Martiny* ebd. Kap. II Rz. 249; *Baur/Stürner,* Zwangsvollstreckungs-, Konkurs- und Vergleichsrecht[11] (1983) Rz. 48; *MüKo-ZPO-Gottwald* Art. 34 Rz. 3. Anders *Schütze* (oben N. 5) 215f.

9 Bericht *Jenard* zu Art. 34.

10 Vgl. etwa *Rosenberg/Schwab,* Zivilprozeßrecht[14] (1986) § 136 II 2; speziell zum EuGVÜ *OLG Hamm* 6. 12. 1977, MDR 1978, 324 = IPRspr. 1977 Nr. 168.

11 In Frankreich fehlt eine Rechtsgrundlage, die Anwalts- und Übersetzungskosten der ersten Intanz erstattet zu bekommen; siehe *Mezger,* Gedächtnisschrift Constantinesco (1983) 509f.

12 *OLG Hamburg* 19. 6. 1986, NJW 1987, 2165 = RIW 1986, 641 = IPRspr. 1986 Nr. 180.

13 Bericht *Jenard* zu Art. 34.

2. Ablehnungsgründe (Abs. 2)

7 Die Erteilung der Vollstreckungsklausel darf nur aus den Gründen abgelehnt werden, die gemäß Art. 27 und 28 der Anerkennung der ausländischen „Entscheidung" im Sinne des Art. 25 entgegenstehen. Auf die Erläuterungen dieser Artikel sei verwiesen [14]. Die Ablehnungsgründe sind von Amts wegen zu prüfen, aber das EuGVÜ enthält keine Pflicht zur Amtsermittlung der entscheidungserheblichen Tatsachen [15]. Es wäre mit dem summarischen Charakter des Klauselerteilungsverfahrens auch unvereinbar, längere Ermittlungen anzustellen. Erst in dem durch Einlegung eines Rechtsbehelfs nach Art. 36 ausgelösten weiteren Verfahren ist Raum für eine gründliche Erörterung der Anerkennungsvoraussetzungen [16]. Ergibt sich aus den vorgelegten Urkunden oder einer gerichtsbekannten Tatsache ein Versagungsgrund, so darf die Vollstreckung aufgrund des Übereinkommens nicht zugelassen werden. Die Wendung „kann nur" steht für „darf nur" und eröffnet keinen Ermessensspielraum [17]. Weitere Ablehnungsgründe ergeben sich aus Art. 31 – 33, so die fehlende Vollstreckbarkeit (Art. 31 Rz. 8ff.) oder das Fehlen von Urkunden (Art. 33 III i. V. m. Art. 46ff.). Bevor eine ablehnende Entscheidung wegen fehlender Urkunden ergeht, sollte das erstinstanzliche Gericht eine Frist zu ihrer Beibringung setzen. Denn wenn der Antragsteller in die nächste Instanz gehen muß, um dem Mangel abzuhelfen, verliert sein Vorgehen wegen der dann notwendigen Anhörung des Schuldners (Art. 40 II 2) den Überraschungseffekt (siehe Art. 40 Rz. 5).

3. Verbot der révision au fond (Abs. 3)

8 In Abs. 3 wird die in Art. 29 für die Anerkennung aufgestellte Regel, daß die ausländische Entscheidung keinesfalls auf ihre Gesetzmäßigkeit nachgeprüft werden darf, wörtlich wiederholt. Es kann auf die Erläuterungen zu Art. 29 verwiesen werden. Zu den zulässigen Einwendungen des Schuldners siehe Art. 36 Rz. 14ff.

Artikel 35

Die Entscheidung, die über den Antrag ergangen ist, teilt der Urkundsbeamte der Geschäftsstelle dem Antragsteller unverzüglich in der Form mit, die das Recht des Vollstreckungsstaats vorsieht.

---

14 Speziell zum Fehlen der Gerichtsbarkeit im völkerrechtlichen Sinne, das der Anerkennung und Vollstreckung ebenfalls entgegensteht, siehe vor Art. 26 Rz. 5.

15 Siehe vor Art. 26 Rz. 6 und 8.

16 Bericht *Schlosser* Nr. 190.

17 Offen gelassen von *OLG Hamm* 10. 9. 1979, IPRspr. 1979 Nr. 203 S. 661.

Die Mitteilung der Entscheidung an den Antragsteller dürfte in der Regel keine Schwierigkeiten bereiten, da ein im Ausland wohnender Antragsteller gemäß Art. 33 II ein Wahldomizil zu begründen oder einen Zustellungsbevollmächtigten zu benennen hat. Zur Zustellung der Entscheidung an den Schuldner siehe Art. 36 Rz. 5. Die Form der Mitteilung an den Antragsteller richtet sich nach dem innerstaatlichen Recht des Vollstreckungsstaates, gleichgültig, ob in der Entscheidung die Zwangsvollstreckung zugelassen oder der Antrag abgelehnt wird[1]. 1

In *Deutschland* normiert § 9 III AVAG Einzelheiten der Mitteilung einer positiven Entscheidung. Ein ablehnender Beschluß ist dem Antragsteller entsprechend § 329 III ZPO förmlich zuzustellen, da die Kostenentscheidung einen Vollstreckungstitel gegen den Gläubiger bildet[2]. 2

Artikel 36

Wird die Zwangsvollstreckung zugelassen, so kann der Schuldner gegen die Entscheidung innerhalb eines Monats nach ihrer Zustellung einen Rechtsbehelf einlegen.

Hat der Schuldner seinen Wohnsitz in einem anderen Vertragsstaat als dem, in dem die Entscheidung über die Zulassung der Zwangsvollstreckung ergangen ist, so beträgt die Frist für den Rechtsbehelf zwei Monate und beginnt von dem Tage an zu laufen, an dem die Entscheidung dem Schuldner entweder in Person oder in seiner Wohnung zugestellt worden ist. Eine Verlängerung dieser Frist wegen weiter Entfernung ist ausgeschlossen.

Übersicht

I. Allgemeines

In Art. 36 wird für den *Schuldner* die Möglichkeit eröffnet, einen Rechtsbehelf gegen die *Zulassung* der Zwangsvollstreckung einzulegen, und es wird die Frist hierfür festgelegt. Diese einheitliche europäische Normierung verdrängt die Vorschriften der nationalen Rechte über Rechtsmittel gegen die Zulassung der Zwangsvollstreckung. Freilich ist die Regelung des EuGVÜ unvollständig und 1

1 Bericht *Jenard* zu Art. 35.

2 Amtliche Begründung zu § 10 AVAG, BT-Drucks. 11/351, 22.

wird in Deutschland durch §§ 9 und 11–15 AVAG ergänzt. Danach ist der Rechtsbehelf als Beschwerde ausgestaltet. Wurde im Klauselerteilungsverfahren irrtümlich durch Urteil statt durch Beschluß entschieden, so ist auch eine Berufung zulässig (siehe Art. 34 Rz. 6).

2 Da das EuGVÜ die *Durchführung* der Zwangsvollstreckung – im Unterschied zu ihrer Zulassung – grundsätzlich den nationalen Verfahrensvorschriften des Vollstreckungsstaates überläßt, können im Stadium der Vollstreckung auch die in den nationalen Vorschriften vorgesehenen Rechtsbehelfe eingelegt werden. Freilich setzt Art. 36 hier folgende Grenze: Hat der Schuldner den in Art. 36 vorgesehenen Rechtsbehelf gegen die Zulassung der Zwangsvollstreckung nicht eingelegt, so kann er einen stichhaltigen Grund, den er im Rahmen dieses Rechtsbehelfs hätte vorbringen können, nicht etwa noch im Stadium der Vollstreckung mit einem Rechtsmittel des nationalen Rechts geltend machen[1]. Andernfalls hätte nämlich der Vollstreckungsrechtsstreit zur Folge, daß die erteilte Zulassung der Zwangsvollstreckung nach Ablauf der strikt einzuhaltenden Frist des Art. 36 II wieder in Frage gestellt und dieser Vorschrift damit die praktische Wirksamkeit genommen würde. Der zwingende Charakter dieser Frist bringt für das inländische Gericht vielmehr die Verpflichtung mit sich, ihre Einhaltung zu überwachen. Das Gericht hat daher einen aufgrund des nationalen Rechts eingelegten Rechtsbehelf von Amts wegen für unzulässig zu erklären, wenn durch diesen Rechtsbehelf die Frist des Art. 36 II wieder in Frage gestellt wird. Diesen Grundsätzen folgt in Deutschland die Regelung des § 15 I AVAG (siehe unten Rz. 17).

3 Durch Art. 36 sind die Rechtsbehelfe ausgeschlossen, die das nationale Verfahrensrecht interessierten *Dritten* gegen die *Zulassung* der Zwangsvollstreckung eröffnet[2]. Das entspricht dem Anliegen des EuGVÜ, das Verfahren der Zulassung der Zwangsvollstreckung zu vereinfachen und insoweit für den Bereich der Rechtsschutzmöglichkeiten ein eigenständiges und geschlossenes System anzubieten. Da das EuGVÜ aber nur das Verfahren zur *Zulassung* der Zwangsvollstreckung ausländischer vollstreckbarer Titel regelt und die *Durchführung* der Zwangsvollstreckung grundsätzlich unberührt läßt, so daß diese nach wie vor dem nationalen Recht des Vollstreckungsstaats unterliegt, können interessierte Dritte gegen die späteren Zwangsvollstreckungsmaßnahmen die Rechtsbehelfe einlegen, die ihnen nach dem nationalen Recht des Vollstreckungsstaats zustehen.

---

1 So *EuGH* 4. 2. 1988 – 145/86, Hoffmann/Krieg. Der EuGH macht von dieser Regel eine (zweifelhafte) Ausnahme, wenn sie zur Folge hätte, daß das inländische Gericht verpflichtet wäre, bei der Vollstreckung eines ausländischen Unterhaltsurteils die Wirkung eines inländischen Scheidungsurteils zu übergehen; denn das EuGVÜ wolle – wie Art. 1 II Nr. 1 und Art. 27 Nr. 4 zeigen – derartige Statussachen unberührt lassen. Vgl. dazu die Kritik durch *Schack*, IPRax 1989, 142. – Die Vorlageentscheidung des *H. R.* vom 6. 6. 1986 und die abschließende Entscheidung vom 4. 11. 1988 finden sich in N. J. 1990 Nr. 208 und 210.

2 *EuGH* 2. 7. 1985 – 148/84, Deutsche Genossenschaftsbank/Brasserie du Pêcheur. Dem EuGH liegt jetzt die Frage vor, ob dieser Grundsatz auch für die Rechtsbeschwerde nach Art. 37 gilt (Aktenzeichen 172/91). Vorlage *BGH* 28. 5. 1991, EuZW 1991, 571 = NJW 1991, 2312 (L).

Im einzelnen sind innerhalb des Art. 36 *drei Fälle zu unterscheiden:* (1) Der Schuldner hat seinen Wohnsitz im Vollstreckungsstaat. (2) Der Schuldner hat seinen Wohnsitz in einem Nichtvertragsstaat. (3) Der Schuldner hat seinen Wohnsitz in einem anderen Vertragsstaat. Für die ersten beiden Fälle gilt Abs. 1, für den dritten Abs. 2. Die Bestimmung des Wohnsitzes, dem für Gesellschaften und juristische Personen der Sitz gleichsteht (Art. 53), richtet sich nach Art. 52. 4

II. Zustellung

Die Einzelheiten der Zustellung sind im Übereinkommen nicht geregelt. Hat der Schuldner seinen Wohnsitz im Vollstreckungsstaat, so erfolgt die Zustellung nach den Vorschriften dieses Staates über die Inlandszustellung. Wohnt der Schuldner in einem Nichtvertragsstaat, so ist die Zustellung nach den Regeln des Staatsvertrages vorzunehmen, der mit dem betreffenden Staat geschlossen wurde, hilfsweise gelten die autonomen Vorschriften des Vollstreckungsstaates über Auslandszustellungen. Wohnt der Schuldner in einem anderen Vertragsstaat, so greift für die Zustellung ein Netz von Staatsverträgen ein, insbesondere das Haager Zivilprozeßübereinkommen von 1954 nebst Zusatzvereinbarungen und das Haager Zustellungsübereinkommen von 1965 (siehe Art. 27 Rz. 28 und Art. 20 Rz. 3 und 5 ff.). Nach Art. 36 II 1 EuGVÜ beginnt die Frist gegenüber einem Schuldner mit Wohnsitz in einem anderen Vertragsstaat aber nur zu laufen, wenn die Entscheidung dem Schuldner entweder in Person oder in der Wohnung zugestellt worden ist. Diese Regelung dient dem Schutz des Schuldners. Der Schuldner soll nicht durch Fristablauf mit seinen Einwendungen ausgeschlossen werden, ohne daß er rechtzeitig von der Entscheidung in Kenntnis gesetzt und ihm die Möglichkeit zur Verteidigung gegeben worden wäre. Unter Zustellung in der Wohnung ist nach dem Bericht *Jenard* „die Aushändigung des Schriftstücks an eine dort angetroffene Person, die nach dem Gesetz zur Entgegennahme der Abschrift des zuzustellenden Schriftstücks befugt ist, oder, mangels einer solchen Person, an eine zuständige Behörde zu verstehen“[3]. Der Lauf der Frist wird insbesondere durch eine Zustellung im Wege der „remise au parquet“ oder durch eine öffentliche Zustellung nicht in Gang gesetzt. Für Schuldner mit Wohnsitz in einem Nichtvertragsstaat gilt diese Schutzvorschrift nicht. Für sie bestimmen die besonderen Staatsverträge bzw. das autonome Recht des Vollstreckungsstaates, wann die Zustellung als bewirkt gilt und die Frist beginnt. 5

Nach § 9 I AVAG ist dem Schuldner eine beglaubigte Abschrift des mit der Vollstreckungsklausel versehenen Schuldtitels *von Amts wegen* zuzustellen. Dem ausländischen Gläubiger wird durch die Amtszustellung die schwierige Aufgabe abgenommen, eine Parteizustellung aus dem Ausland vornehmen zu müssen. Infolge der Amtszustel- 6

---

3 Bericht *Jenard* zu Art. 36 N. 1.

lung erfährt der inländische Schuldner meist schneller als der ausländische Gläubiger von der Vollstreckbarkeit des Titels. Damit geht der Überraschungseffekt in der Regel verloren. Es erscheint zweifelhaft, ob er dadurch gewahrt werden kann, daß der ausländische Gläubiger seinem Antrag auf Klauselerteilung gleich ein Vollstreckungsgesuch an den Gerichtsvollzieher beifügt[4].

7 Die *Zustellung eines ablehnenden Beschlusses* ist weder im EuGVÜ noch im deutschen AVAG vorgesehen. Sie ist auch nicht geboten, solange der Schuldner am Klauselerteilungsverfahren nicht beteiligt war (Art. 34 I EuGVÜ). War er beteiligt (§ 6 II AVAG), so ist auch ihm der Beschluß zuzustellen[5].

III. Frist

8 Die in Art. 36 gesetzten Fristen werden grundsätzlich durch jede ordnungsmäßige Zustellung in Gang gesetzt. Nur in Abs. 2 findet sich zum Schutze des Schuldners eine Beschränkung auf bestimmte Zustellungsarten (oben Rz. 5). Die Berechnung der Fristen richtet sich nach dem innerstaatlichen Recht des Staates, in dem die Entscheidung über die Vollstreckungsklausel ergangen ist[6].

9 In *Deutschland* werden die Fristen nach § 222 ZPO i. V. m. §§ 187 ff. BGB berechnet. Die Beschwerdefrist wurde als Notfrist (vgl. §§ 223, 224 ZPO) ausgestaltet (§ 11 III AVAG). Dem Schuldner ist daher Wiedereinsetzung in den vorigen Stand zu erteilen, wenn er von der Zustellung ohne sein Verschulden keine Kenntnis erlangt hat (§§ 233–238 ZPO). Das ist selbst dann denkbar, wenn die Zustellung in der Wohnung des Schuldners erfolgte (Art. 36 II 1)[7]. Die erleichterte Möglichkeit einer Wiedereinsetzung ist deshalb gerechtfertigt, weil der am Klauselerteilungsverfahren nicht beteiligte Schuldner nur durch seinen Rechtsbehelf rechtliches Gehör erhält.

1. Wohnsitz des Schuldners im Vollstreckungsstaat (Abs. 1)

10 Die Frist beträgt nach Abs. 1 einen Monat. Eine Verlängerung ist nicht möglich.

2. Wohnsitz des Schuldners in einem Nichtvertragsstaat (Abs. 1)

11 Wohnt der Schuldner in einem Nichtvertragsstaat, so beträgt die Rechtsbehelfsfrist gemäß Abs. 1 grundsätzlich einen Monat. Aus Abs. 2 Satz 2 wird allgemein der Umkehrschluß gezogen, daß die Frist im Einzelfall wegen weiter Entfernung verlängert werden kann[8].

---

4 Diese Empfehlung gibt *Wolf*, NJW 1973, 399; zweifelnd *Stein/Jonas/Münzberg* Anh. § 723 A III 2 N. 37: „Selbst wenn das LG dieses Gesuch mit der erteilten Klausel schon vor der Zustellung an eine zuständige Stelle weiterleiten würde, wüßte der Gerichtsvollzieher noch nicht, ob nach § 211 ZPO zugestellt ist.“

5 So die amtliche Begründung zu § 10 AVAG, BT-Drucks. 11/351, 22.

6 Bericht *Jenard* zu Art. 36.

7 Amtliche Begründung zu § 11 AGGVÜ, BT-Drucks. VI/3426, 16, dem Vorgänger des AVAG.

8 Bericht *Jenard* zu Art. 36.

12 In *Deutschland* sind die *Modalitäten einer Fristverlängerung* für Schuldner, die in einem Nichtvertragsstaat wohnen oder deren Aufenthalt unbekannt ist, in §§ 9 II, 36 III AVAG festgelegt. Dabei wurde bewußt davon abgesehen, die Befugnis des Richters, die Frist zu verlängern, auf die bei Zustellungen in den Vertragsstaaten geltende Frist von zwei Monaten (Art. 36 II EuGVÜ) zu beschränken. Denn es sind seltene Fälle denkbar, in denen auch zwei Monate zur Einlegung der Beschwerde nicht ausreichen[9].

3. Wohnsitz des Schuldners in einem anderen Vertragsstaat (Abs. 2)

13 Wohnt der Schuldner in einem anderen Vertragsstaat, so beträgt die Frist gemäß Abs. 2 unabänderlich zwei Monate. Sie wird aber nur durch die in Abs. 2 Satz 1 genannte Zustellungsform gewahrt (oben Rz. 5).

IV. Zulässige Einwendungen des Schuldners

14 Der Rechtsbehelf kann darauf gestützt werden, die *Voraussetzungen der Vollstreckbarerklärung* (siehe Art. 31 Rz. 8) seien nicht gegeben. Der Schuldner kann also beispielsweise geltend machen, es handele sich nicht um eine „Entscheidung“ im Sinne des Art. 25, die Entscheidung sei nicht vollstreckbar (Art. 31) oder es liege einer der in Art. 27 und 28 angeführten Gründe vor (Art. 34 II). Der Schuldner kann z. B. vortragen, daß es sich bei dem in dem Urteilsstaat ergangenen Urteil um ein Versäumnisurteil handelt und daß die Rechte der Verteidigung in dem Urteilsstaat nicht gewahrt worden seien. „Eine Überprüfung des Inhalts der zu vollstreckenden Entscheidung oder des Verfahrens, auf dessen Grundlage sie zustande gekommen ist, ist jedoch nur in dem durch Art. 27 und 28 eröffneten Maße zulässig“[10]. Die ausländische Entscheidung darf nicht auf ihre Gesetzmäßigkeit nachgeprüft werden (Art. 34 III). Mit Einwendungen, die vor dem Erlaß der ausländischen Entscheidung entstanden sind, ist der Schuldner im inländischen Vollstreckungsverfahren ausgeschlossen[11]. Er muß sie grundsätzlich durch Rechtsmittel gegen die ausländische Entscheidung geltend machen und kann dann eine Aussetzung der inländischen Entscheidung über den Rechtsbehelf beantragen (Art. 38)[12]. Auch der Antrag auf Aussetzung gemäß Art. 38 I kann nicht auf Gründe gestützt werden, die der Schuldner schon vor dem Gericht des Urteilsstaates geltend gemacht hat oder hätte geltend machen können (siehe Art. 38 Rz. 1). Berücksichtigen darf der Vollstreckungsrichter, daß eine Person in Wahrheit gar nicht Inhaber der verur-

---

9 Amtliche Begründung zu § 9 AGGVÜ (jetzt § 9 AVAG), BT-Drucks. VI/3426, 16.

10 Bericht *Schlosser* Nr. 220.

11 *BGH* 13. 4. 1983, NJW 1983, 2773 = RIW 1983, 615 = IPRax 1985, 154, 137 Anm. *Prütting* = IPRspr. 1983 Nr. 175; 5. 4. 1990, NJW 1990, 3084 = RIW 1990, 497 = IPRspr. 1990 Nr. 198; 16. 5. 1991, NJW 1992, 627 = WM 1991, 1652.

12 Bericht *Jenard* zu Art. 37.

teilten Firma ist, weil die Korrektur eines solchen Versehens aus dem erststaatlichen Verfahren keine Nachprüfung seiner Gesetzmäßigkeit bedeutet (vgl. Art. 29 Rz. 2).

15 Der Schuldner kann gegen den Anspruch Gründe vorbringen, *die nach dem Erlaß des ausländischen Urteils entstanden sind,* indem er z. B. nachweist, daß er nach dem Erlaß des ausländischen Urteils seine Schuld beglichen hat[13]. Bei einer teilweisen Erfüllung ist die Zwangsvollstreckung nur für die verbleibende Restschuld zuzulassen (Art. 42). Es würde die Prozeßökonomie und den Schutz des Schuldners ohne ausreichenden Grund beeinträchtigen, wenn derartige Einwände nur im Erststaat vorgebracht werden könnten.

16 In *Deutschland* wurde der Wille der Verfasser des EuGVÜ, nach dem Erlaß der Erstentscheidung entstandene Einwendungen zuzulassen, durch § 13 I AVAG im Gesetz verankert. Die Vorschrift ist dem § 767 II ZPO nachgebildet, auf dessen Erläuterung in den ZPO-Kommentaren verwiesen werden kann. Hervorzuheben ist, daß es nach der deutschen Rechtsprechung bei Gestaltungsrechten (z. B. Aufrechnung, Anfechtung, Rücktritt, Wandlung) auf den Zeitpunkt ankommt, in dem das Gestaltungsrecht entstanden ist und ausgeübt werden konnte[14]. Dementsprechend wurde beispielsweise entschieden, daß die Einwendung der Arglistanfechtung ausgeschlossen ist, wenn der Anfechtungsgrund bereits vor dem Erlaß der ausländischen Entscheidung entstanden ist[15], und daß der Aufrechnungseinwand unzulässig ist, wenn die Aufrechnungslage schon vor Erlaß der Entscheidung im Erststaat bestand[16]. „Einwendungen, die den Anspruch selbst betreffen" (§ 13 I AVAG), sind nur solche, welche die Rechtskraft des ausländischen Urteils unberührt lassen, aber den rechtskräftig zuerkannten Anspruch nachträglich vernichten oder in seiner Durchsetzbarkeit hemmen (rechtsvernichtende oder rechtshemmende Einwendungen im Sinne von § 767 I ZPO), dagegen nicht Einwendungen im Sinne des § 323 ZPO, da jede Abänderung in gewissem Umfang auf eine Überprüfung des titulierten Anspruchs unter Durchbrechung der Rechtskraft hinausläuft[17].

17 Aus § 15 AVAG über die *Vollstreckungsgegenklage* folgt, daß der Schuldner gehalten ist, alle nach Erlaß des Titels entstandenen Einwendungen im Beschwerdeverfahren vorzubringen, wenn er mit ihnen nicht präkludiert werden will. Diese Regelung dient zwar der Prozeßökonomie, bedeutet für den Schuldner aber eine gewisse Härte, selbst wenn es ihm selbstverständlich unbenommen bleibt, mit den gemäß § 15 AVAG präkludierten Einwendungen im Urteilsstaat nach Maßgabe des dortigen Rechts gegen den Titel vorzugehen. Unter „Beendigung" des Beschwerdeverfahrens, auf die § 15 I Nr. 2 abstellt, ist der Zeitpunkt zu verstehen, bis zu dem der Schuldner noch mit seinem Vorbringen gehört

---

13 Bericht *Jenard* zu Art. 37; Bericht *Schlosser* Nr. 220. Aus der Rechtsprechung siehe *OLG München* 30. 11. 1979, RIW 1980, 801 = IPRspr. 1979 Nr. 218; 17. 7. 1980, IPRspr. 1980 Nr. 170.

14 Demgegenüber stellt das deutsche Schrifttum überwiegend darauf ab, wann das Gestaltungsrecht tatsächlich ausgeübt wurde; siehe etwa *Stein/Jonas/Münzberg* § 767 Rz. 32 ff. m. allen Nachw.

15 *BGH* 16. 5. 1979, BGHZ 74, 278 = NJW 1980, 528 = RIW 1979, 570 = IPRspr. 1979 Nr. 200.

16 *OLG Koblenz* 28. 11. 1975, NJW 1976, 488 = IPRspr. 1975 Nr. 171; *OLG Bremen* 4. 10. 1977, IPRspr. 1977 Nr. 152; *OLG Frankfurt* 21. 8. 1978, RIW 1980, 63 = IPRspr. 1978 Nr. 164.

17 *BGH* 31. 1. 1990, NJW 1990, 1419 = IPRax 1991, 111, 90 Anm. *Böhmer* = IPRspr. 1990 Nr. 205.

wird[18]. Für den Eintritt der Präklusionswirkung ist unerheblich, ob die Beschwerde vom Schuldner oder vom Gläubiger eingelegt wurde.

Das Rechtsbehelfsverfahren gemäß Art. 36 kann mit *einem Verfahren im Erststaat über den Anspruch oder seine Vollstreckbarkeit konkurrieren,* zumal gemäß Art. 31 auch vorläufig vollstreckbare Entscheidungen im Ausland vollstreckt werden können (Art. 31 Rz. 10). In einigen Fällen löst das Übereinkommen den Konflikt durch Art. 38 EuGVÜ. Die in Art. 38 ermöglichte Rücksichtnahme auf das Verfahren im Erststaat (Aussetzung, Anordnung einer Sicherheitsleistung) zeigt – ebenso wie die ergänzende deutsche Regelung in § 29 AVAG –, daß das Gericht im Rechtsbehelfsverfahren materielle Einwendungen des Schuldners grundsätzlich nur vorbehaltlich anderweitiger Entscheidung im Erststaat berücksichtigt[19]. Wird die ausländische Entscheidung also aufgehoben oder abgeändert, so ist dies sowohl während des Rechtsbehelfsverfahrens[20] als auch – gemäß § 29 AVAG – nach rechtskräftigem Abschluß des Rechtsbehelfsverfahrens beachtlich. Wird die ausländische Entscheidung trotz der auch dort erhobenen Einwendungen bestätigt, so steht die rechtskräftige Abweisung des Vollstreckungsantrags einem neuen Antrag auf Klauselerteilung nicht entgegen. **18**

Artikel 37

Der Rechtsbehelf wird nach den Vorschriften, die für das streitige Verfahren maßgebend sind, eingelegt:

- **in Belgien bei dem ‚tribunal de première instance' oder der ‚rechtbank van eerste aanleg';**
- **in Dänemark bei dem ‚landsret';**
- **in der Bundesrepublik Deutschland bei dem Oberlandesgericht;**
- **in Griechenland bei dem ‚ἐφετεῖο';**
- **in Frankreich bei der ‚cour d'appel';**
- **in Irland bei dem ‚High Court';**
- **in Italien bei der ‚corte d'appello';**
- **in Luxemburg bei der ‚Cour supérieure de Justice' als Berufungsinstanz für Zivilsachen;**
- **in den Niederlanden bei der ‚arrondissementsrechtbank';**
- **im Vereinigten Königreich;**
  1. **in England und Wales bei dem ‚High Court of Justice' oder im Falle von Entscheidungen in Unterhaltssachen bei dem ‚Magistrates' Court';**
  2. **in Schottland bei dem ‚Court of Session' oder im Falle von Entscheidungen in Unterhaltssachen bei dem ‚Sheriff Court';**

---

18 Amtliche Begründung zu § 15 AVAG, BT-Drucks. 11/351, 23.

19 Näher *Stein/Jonas/Münzberg* Anh. § 723 A III 2 N. 41. Anders *Grunsky,* AWD 1977, 8f. = Riv. dir. int. priv. proc. 1976, 708f.

20 *BGH* 30. 4. 1980, NJW 1980, 2022 = FamRZ 1980, 672 = IPRspr. 1980 Nr. 166.

3. in Nordirland bei dem ‚High Court of Justice' oder im Falle von Entscheidungen in Unterhaltssachen bei dem ‚Magistrates' Court'.

Gegen die Entscheidung, die über den Rechtsbehelf ergangen ist, finden nur statt:

- **in Belgien, Griechenland, Frankreich, Italien, Luxemburg und den Niederlanden: die Kassationsbeschwerde;**
- **in Dänemark: ein Verfahren vor dem ‚højesteret' mit Zustimmung des Justizministers;**
- **in der Bundesrepublik Deutschland: die Rechtsbeschwerde;**
- **in Irland: ein auf Rechtsfragen beschränkter Rechtsbehelf bei dem ‚Supreme Court';**
- **im Vereinigten Königreich: ein einziger auf Rechtsfragen beschränkter Rechtsbehelf.**

1. Rechtsbehelfsverfahren (Abs. 1)

1 In Abs. 1 werden die für den Rechtsbehelf zuständigen Gerichte festgelegt. Es sind in einigen Vertragsstaaten dieselben Gerichte, an die der Antrag auf Klauselerteilung gemäß Art. 32 I zu richten ist; so beispielsweise im Vereinigten Königreich[1]. In anderen – so in der Bundesrepublik Deutschland und in Italien – sind die Gerichte der höheren Instanz zuständig[2]. Durch den Rechtsbehelf des Schuldners wird das vorher einseitige Klauselerteilungsverfahren kontradiktorisch. Deshalb verweist Abs. 1 auf die Vorschriften für das streitige Verfahren.

2 In *Deutschland* gelten die Vorschriften der ZPO über die Beschwerde, ergänzt und modifiziert durch §§ 12 und 14 AVAG. Während die Beschwerde nach deutschem Recht sonst bei dem Gericht einzulegen ist, das die Entscheidung erlassen hat (§§ 569, 577 ZPO), sieht Art. 37 I EuGVÜ i. V. m. § 12 I AVAG die Einlegung beim OLG vor. Um diese Abweichung vom nationalen deutschen Recht nicht zum Nachteil des (im ersten Verfahrensabschnitt nicht gehörten) Schuldners ausschlagen zu lassen, bestimmt § 12 II AVAG, daß die Beschwerde nicht unzulässig ist, wenn sie innerhalb der Frist beim LG eingereicht wird. Die Beschwerde ist dann unverzüglich von Amts wegen an das OLG abzugeben. Das LG kann ihr nach allgemeiner Ansicht nicht abhelfen. Die Beschwerde ist dem Gläubiger

1 Siehe Art. 32 Rz. 2 und 6; zum Verfahren Rules of the Supreme Court, Order 71, r. 33. – Aus der Existenz von drei eigenständigen Gerichtsbezirken innerhalb des Vereinigten Königreichs folgt, daß die in Art. 37 und 40 vorgesehenen Rechtsbehelfsmöglichkeiten für jede Registrierung gesondert gelten; Bericht *Schlosser* Nr. 209. Ist also beispielsweise ein Urteil beim „High Court" in London endgültig registriert worden, so kann gegen seine spätere Registrierung beim „Court of Session" in Edinburgh abermals ein Rechtsbehelf eingelegt werden.

2 Deshalb hat z. B. in Italien das Gericht, das den Zulassungsbeschluß erlassen hat, nicht die Möglichkeit, dem Rechtsbehelf gemäß Art. 742 C.proc.civ. abzuhelfen; siehe *App. Trieste* 25. 6. 1984, Riv. dir. int. priv. proc. 1984, 601; 30. 7. 1984, Riv. dir. int. priv. proc. 1985, 155; dazu *Trombetta-Panigadi,* Riv. dir. int. priv. proc. 1985, 113 ff.

von Amts wegen zuzustellen (§ 12 III AVAG), wobei infolge der notwendigen Bestellung eines Zustellungsbevollmächtigten (Art. 33 II EuGVÜ, § 4 AVAG) in der Regel keine Schwierigkeiten entstehen. Anwaltszwang herrscht im Beschwerdeverfahren erst, wenn mündliche Verhandlung angeordnet wurde (§ 14 II 2 AVAG). Auch insoweit bringt das Ausführungsgesetz also eine Auflockerung gegenüber dem sonstigen deutschen Recht, um es dem Schuldner zu erleichtern, sich rechtliches Gehör zu verschaffen[3]. Ob mündliche Verhandlung angeordnet wird, entscheidet das Beschwerdegericht gemäß § 14 I 2 AVAG grundsätzlich nach seinem Ermessen[4]. Wenn der Antragsgegner mit der Beschwerde Einwendungen gegen den Anspruch selbst vorbringt, also etwa die Erfüllung seiner Pflicht nach Urteilserlaß behauptet (vgl. § 13 AVAG), sollte eine mündliche Verhandlung angeordnet werden; denn über diese Einwendungen wird auch sonst aufgrund mündlicher Verhandlung entschieden, nämlich entweder schon im Rahmen des ausländischen Hauptverfahrens oder – für Einwendungen, die erst nach Beendigung des Beschwerdeverfahrens entstanden sind – im Rahmen der Vollstreckungsgegenklage (§ 15 AVAG)[5]. Das OLG entscheidet durch einen mit Gründen versehenen Beschluß, der dem Gläubiger und dem Schuldner von Amts wegen zuzustellen ist (§ 14 I und III AVAG). Ist die Beschwerde des Schuldners erfolgreich, so muß der Antragsteller die Kosten des Verfahrens auch dann tragen, wenn sein Antrag nur deshalb nicht durchdringt, weil der Ausspruch über die vorläufige Vollstreckbarkeit im Urteilsstaat nach Antragstellung aufgehoben wurde[6].

2. Überprüfung der Rechtsbehelfsentscheidung (Abs. 2)

In Abs. 2 wird die Überprüfung der Rechtsbehelfsentscheidung auf Rechtsverletzungen (im Gegensatz zu falschen Tatsachenwürdigungen) beschränkt. Der gegebene Rechtsbehelf hierfür ist in Deutschland die Rechtsbeschwerde. Der Bericht *Jenard* gibt für die Beschränkung folgende Begründung[7]: 3

„Zunächst sind die Gründe, aus denen die Zulassung zur Zwangsvollstreckung versagt werden kann, eng begrenzt; sie berühren den ordre public des Vollstreckungsstaats. Es ist keineswegs zweckdienlich, die Auseinandersetzungen über diesen Begriff zu vermehren. Ferner ist die Lage eine andere als bei einem reinen Inlandsprozeß. Über die Sache selbst ist in dem Urteilsstaat bereits das Erkenntnis-Verfahren vorausgegangen, in dem die Einlegung von Rechtsbehelfen durch das Übereinkommen in keiner Weise behindert wird. Das Übereinkommen ist zwar auf vorläufig vollstreckbare Entscheidungen anwendbar, doch kann in diesem Fall das Gericht, das in dem Zulassungsverfahren mit dem Rechtsbehelf befaßt ist, gemäß Art. 38 seine Entscheidung aussetzen. Eine Häufung von Rechtsbehelfen, die von der unterlegenen Partei nur in der Absicht benutzt werden könnten, das Verfahren zu verschleppen, würde eine Behinderung der von dem Übereinkommen erstrebten Freizügigkeit der Urteile bedeuten."

---

3 *Wolf,* NJW 1973, 399f.

4 *BGH* 22. 3. 1984, RIW 1984, 485 = IPRax 1985, 101, 82 Anm. *Grunsky* = IPRspr. 1984 Nr. 189; 28. 6. 1984, WM 1984, 1064 = IPRax 1985, 101 = IPRspr. 1984 Nr. 177.

5 Vgl. *Grunsky* (vorige Note).

6 Siehe Art. 34 Rz. 6.

7 Bericht *Jenard* zu Art. 37.

4 Nur die Entscheidung über den Rechtsbehelf selbst ist gemäß Abs. 2 überprüfbar, nicht dagegen eine andere, wie etwa eine vorbereitende Entscheidung, eine Zwischenentscheidung über die Anordnung einer Beweiserhebung[8] oder eine gemäß Art. 38 getroffene Entscheidung, auch wenn sie formal in einem Akt mit der Entscheidung über den Rechtsbehelf selbst erlassen wurde[9]. Der Ausdruck „Entscheidung, die über den Rechtsbehelf ergangen ist", muß also eng ausgelegt werden, damit das Ziel des EuGVÜ erreicht werden kann, die Verfahren im Vollstreckungsstaat zu vereinfachen und zu beschleunigen.

5 In *Deutschland* ist das *Verfahren der Rechtsbeschwerde* in §§ 17–19 AVAG in Anlehnung an das Verfahren der Revision im Erkenntnisverfahren geregelt. Nach § 17 AVAG ist die Rechtsbeschwerde zulässig, wenn gegen die Entscheidung, wäre sie durch Endurteil ergangen, die Revision gegeben wäre. Maßgebend ist also, ob der Revisionsstreitwert erreicht ist oder ob das OLG die Rechtsbeschwerde zugelassen hat (vgl. § 546 I ZPO)[10]. Gemäß § 38 AVAG ist die Rechtsbeschwerde außerdem stets zulässig, wenn das OLG von einer Entscheidung des EuGH abgewichen ist. Die Rechtsbeschwerde ist damit auch dann zulässig, wenn das OLG sich einer Abweichung nicht bewußt gewesen ist und daher irrtümlich von einer Zulassung der Rechtsbeschwerde abgesehen hat[11]. – Auch gegen Entscheidungen, mit denen ausländische *Arrestbefehle* zur Vollstreckung in der Bundesrepublik Deutschland zugelassen werden, ist eine Rechtsbeschwerde möglich. Denn wäre über die Zulassung zur Vollstreckung durch Endurteil entschieden (§ 722 ZPO), wäre die Revision unter den Voraussetzungen des § 546 ZPO gegeben; § 545 II ZPO ist nicht einschlägig, da nicht unmittelbar über die Anordnung eines Arrestes entschieden wird, sondern über die Vollstreckbarkeit einer ausländischen Entscheidung[12]. – Die *Annahme der Rechtsbeschwerde* kann entsprechend § 554b ZPO abgelehnt werden, wenn die Rechtssache keine grundsätzliche Bedeutung und die Rechtsbeschwerde keine Aussicht auf Erfolg hat (§ 19 III AVAG). – Die *Rechtsanwaltsgebühren* für das Rechtsbeschwerdeverfahren bestimmen sich nach § 11 I BRAGO (arg. § 2 BRAGO)[13].

6 Für das *Vereinigte Königreich* ließ sich die für die Rechtsbeschwerde des deutschen Rechts und die Kassationsbeschwerde der Rechtsordnungen der übrigen Gründungsstaaten der Gemeinschaft typische Begrenzung der Anfechtungsgründe auf Rechtsverletzungen am besten mit dem Begriff „appeal on a point of law" wiedergeben[14]. Das für diesen auf Rechtsfragen beschränkten Rechtsbehelf zuständige Gericht legt Abs. 2 nicht selbst fest, sondern überläßt dies der Ausführungsgesetzgebung des Vereinigten Königreichs. Gemäß sec. 6(1) des Civil Jurisdiction and Judgments Act 1982 ist in England, Wales und Nordirland der Court of Appeal oder das House of Lords berufen, in Schottland das Inner House of the Court of Session. Speziell für Unterhaltsentscheidungen liegt die Zustän-

8 *EuGH* 27. 11. 1984 – 258/83, Brennero/Wendel.

9 *EuGH*, 4. 10. 1991 – 183/90, van Dalfsen/van Loon; Vorlage *H. R.* 1. 6. 1990, N. J. 1992 Nr. 583; Abschlußentscheidung *H. R.* 15. 5. 1992, N. J. 1992 Nr. 585 Anm. *Schultsz.*

10 Siehe *BGH* 27. 9. 1990, WM 1990, 2059 = IPRspr. 1990 Nr. 202.

11 *BGH* 21. 3. 1990, NJW 1990, 2201 = RIW 1990, 575 = IPRax 1992, 33, 5 Anm. *Geimer* = IPRspr. 1990 Nr. 207.

12 *BGH* 16. 5. 1979, BGHZ 74, 278 = NJW 1980, 528 = RIW 1979, 570 = IPRspr. 1979 Nr. 200; 12. 6. 1986, RIW 1986, 813, 997 Anm. *Linke* = NJW 1986, 3026 = IPRspr. 1986 Nr. 189.

13 *BGH* 26. 1. 1983, NJW 1983, 1270 = RIW 1983, 378 = IPRspr. 1983 Nr. 192.

14 Bericht *Schlosser* Nr. 217.

digkeit gemäß sec. 6 (3) in England und Wales beim High Court, in Schottland wiederum beim Inner House of the Court of Session und in Nordirland beim Court of Appeal.

7 In *Dänemark* entspricht es der Tradition, daß der höchste Gerichtshof in dritter Instanz nur mit Genehmigung des Justizministers angerufen werden kann. Da das EuGVÜ nicht für alle Fälle eine dritte Instanz garantiert, sondern den Staaten die Freiheit läßt, zur Entlastung ihrer höchsten Gerichte für das in Art. 37 und Art. 41 genannte Rechtsbehelfsverfahren besondere Zulässigkeitsschranken zu errichten, konnte die herkömmliche dänische Regelung übernommen werden. Im Falle von Dänemark konnte auch darauf verzichtet werden, im Text des EuGVÜ eine Begrenzung der dem obersten Gerichtshof aufgetragenen Kontrolle auf Rechtsfragen zu verlangen. Das Justizministerium will in seiner Genehmigungspraxis auf die Klärungsbedürftigkeit einschlägiger Rechtsfragen abstellen. Dänemark hat zugesichert, die Genehmigung immer erteilen zu wollen, wenn die zweite Instanz von ihrem Ermessen, den EuGH anzurufen, keinen Gebrauch gemacht hat oder wenn das Exequatur zu einer ausländischen Entscheidung aus Rechtsgründen versagt wurde[15].

Artikel 38

Das mit dem Rechtsbehelf befaßte Gericht kann auf Antrag der Partei, die ihn eingelegt hat, seine Entscheidung aussetzen, wenn gegen die Entscheidung im Urteilsstaat ein ordentlicher Rechtsbehelf eingelegt oder die Frist für einen solchen Rechtsbehelf noch nicht verstrichen ist; in letzterem Falle kann das Gericht eine Frist bestimmen, innerhalb deren der Rechtsbehelf einzulegen ist.

Ist eine gerichtliche Entscheidung in Irland oder im Vereinigten Königreich erlassen worden, so gilt jeder in dem Urteilsstaat statthafte Rechtsbehelf als ordentlicher Rechtsbehelf im Sinne von Absatz 1.

Das Gericht kann auch die Zwangsvollstreckung von der Leistung einer Sicherheit, die es bestimmt, abhängig machen.

1 Die Vorschrift, die in Deutschland durch § 37 AVAG ergänzt wird, bildet die Parallelnorm zu Art. 30 im Abschnitt Anerkennung. Sie soll den Schuldner vor möglichen Nachteilen bei einer Vollstreckung vorläufig vollstreckbarer Entscheidungen schützen und widersprüchliche Entscheidungen in den Vertragsstaaten vermeiden helfen. Das Gericht hat drei Möglichkeiten: Es kann seine Entscheidung aussetzen, die Zwangsvollstreckung zulassen oder sie von einer Sicherheitsleistung abhängig machen. Die Aussetzung kann nur auf Antrag des Schuldners angeordnet werden, weil der Schuldner an dem ersten Abschnitt des Verfahrens nicht beteiligt ist und nicht aufgefordert werden kann, seine Einwendungen geltend zu machen[1]. Das Gericht darf bei seiner Entscheidung über die Aussetzung aber allein solche Gründe berücksichtigen, die der Schuldner vor

---

15 Bericht *Schlosser* Nr. 217.

1 Bericht *Jenard* zu Art. 38. Näher zur Aussetzung Art. 30 Rz. 5.

dem Gericht des Urteilsstaates noch nicht geltend machen konnte; dagegen können Gründe, die im Urteilsstaat bereits unterbreitet wurden, schon wegen des Verbots der révision au fond (Art. 34 III) nicht mehr berücksichtigt werden, und auch mit solchen Gründen, die im Urteilsstaat nicht vorgebracht wurden, aber hätten vorgebracht werden können, ist der Schuldner ausgeschlossen, weil sonst der durch das EuGVÜ erstrebte freie Urteilsverkehr innerhalb der EG zu stark eingeschränkt würde[2]. Die Anordnung einer Sicherheitsleistung gemäß Abs. 3 kommt nur in Betracht, wenn die Vollstreckung nicht schon nach dem Inhalt des Titels von einer ausreichenden Sicherheitsleistung abhängt. Man wird nicht fordern dürfen, daß die Sicherheit immer im Vollstreckungsstaat bestehen muß[3]. Bei seiner Ermessensentscheidung wird das Gericht insbesondere die Erfolgsaussichten der Rechtsbehelfe im Urteils- und im Vollstreckungsstaat berücksichtigen. Entscheidet sich das Gericht für eine Aussetzung, so hat dies gemäß Art. 39 zur Folge, daß nur eine Sicherungsvollstreckung zulässig ist. Im Regelfall wird sich indes nicht das weitreichende Mittel einer Aussetzung, sondern die Anordnung einer Sicherheitsleistung empfehlen, da die Interessen des Urteilsschuldners dadurch bereits hinreichend gewahrt werden[4].

2 Die Aussetzung der Entscheidung nach Abs. 1 und die als Alternative gedachte Anordnung einer Sicherheitsleistung nach Abs. 3 setzen voraus, daß im Erststaat ein *ordentlicher Rechtsbehelf* eingelegt wurde oder die Frist für einen solchen Rechtsbehelf noch nicht verstrichen ist. Der ordentliche Rechtsbehelf muß freilich im konkreten Fall zulässig sein. Der Begriff des ordentlichen Rechtsbehelfs ist in Art. 30 Rz. 3 und 4 erläutert. Er ist weit auszulegen. Dem Rechtsgedanken des Art. 38 entspricht es insbesondere, dem Richter auch bei einer im Erststaat erhobenen *Vollstreckungsgegenklage* oder einem vergleichbaren Rechtsbehelf des ausländischen Rechts die Möglichkeit zu geben, das inländische Rechtsbehelfsverfahren auszusetzen oder die Vollstreckung von der Leistung einer Sicherheit abhängig zu machen[5].

3 Für Entscheidungen, die in *Irland* oder im *Vereinigten Königreich* erlassen wurden, gilt laut Abs. 2 jeder in dem Urteilsstaat mögliche Rechtsbehelf als ordentlicher Rechtsbehelf. Die Sonderregelung war notwendig, weil diese Staaten die Unterscheidung zwischen ordentlichen und außerordentlichen Rechtsbehelfen nicht kennen (siehe Art. 30 Rz. 6). Um das Gleichgewicht in der Anwendung des Art. 38 im Verhältnis zwischen den Vertragsstaaten dennoch möglichst zu wahren, sollte der kontinentale Richter von den Möglichkeiten des Art. 38 dann nur zurückhaltend Gebrauch machen, wenn es sich um einen Rechtsbehelf handelt,

---

2 *EuGH* 4. 10. 1991 – 183/90, van Dalfsen/van Loon.

3 Vgl. aber *OLG Celle* 12. 10. 1977, IPRspr. 1977 Nr. 146b; *Wolff* in Hdb. IZVR III/2 Kap. IV Rz. 325.

4 *OLG Düsseldorf* 19. 9. 1984, MDR 1985, 151 = RIW 1985, 492 = IPRspr. 1984 Nr. 190.

5 *Stein/Jonas/Münzberg* Anh. § 723 A III 1 N. 20 und 41; *Wolff* in Hdb. IZVR III/2 Kap. IV Rz. 326; *MüKoZPO-Gottwald* Art. 38 Rz. 3. Anders *Baur/Stürner*, Zwangsvollstreckungs-, Konkurs- und Vergleichsrecht[11] (1983) Rz. 52 N. 25.

der in Irland oder im Vereinigten Königreich nur zur Rüge spezieller Mängel der Entscheidung vorgesehen ist oder der nach langer Zeit noch eingelegt werden kann[6].

Die *Anordnung einer Sicherheitsleistung* gemäß Abs. 3 ist erst dann möglich, wenn das Gericht über den Rechtsbehelf im Vollstreckungsverfahren entscheidet[7]. In Deutschland kann das mit der Beschwerde des Schuldners gegen die Zulassung der Zwangsvollstreckung befaßte OLG die Anordnung also nur als Teil seiner abschließenden Entscheidung über die Beschwerde treffen, nicht aber als *vorläufige Maßnahme* während des Beschwerdeverfahrens. Solange über den Rechtsbehelf noch nicht entschieden ist, gibt Art. 39 dem Gläubiger nämlich nur das Recht, Maßregeln zur Sicherung zu betreiben, aber er darf die Zwangsvollstreckung nicht endgültig durchführen. Dadurch ist der Schuldner bereits weitgehend geschützt. Freilich können auch bloße Sicherungsmaßregeln erhebliche wirtschaftliche Nachteile für den Schuldner mit sich bringen, z. B. bei einer Sperrung seiner Bankkonten. Dennoch läßt der EuGH es in diesem Verfahrensstadium im Interesse der europäischen Freizügigkeit der Entscheidungen bei dem (unvollkommenen) Schuldnerschutz durch Art. 39 bewenden[8]. Wenn der Schuldner die Anordnung einer Sicherheitsleistung erreichen will, muß er sich an die Gerichte des Urteilsstaates wenden. Erst wenn das Gericht im Vollstreckungsstaat über den Rechtsbehelf entscheidet, wandelt sich die Rechtslage. Denn dann entfallen die in Art. 39 zum Schutze des Schuldners vorgesehenen Beschränkungen[9]. Vollstreckungsmaßnahmen gegen den Schuldner sind nun möglich, obwohl die erlassene Entscheidung gemäß Art. 37 II noch Gegenstand einer Rechtsbeschwerde sein kann und sogar die im Urteilsstaat erlassene Entscheidung noch anfechtbar ist. In diesem Zeitpunkt kann der Schutz der Interessen des Schuldners es zweifellos erfordern, daß das Gericht im Vollstreckungsstaat die Zwangsvollstreckung von der Leistung einer Sicherheit abhängig macht. Dem trägt Abs. 3 Rechnung. 4

Die Anordnung gemäß Abs. 3 kann auch so gestaltet werden, daß Sicherheitsleistung durch den Gläubiger für den Fall verlangt wird, daß die Vollstreckung über Maßregeln zur Sicherung hinausgeht[10]. 5

---

6 Bericht *Schlosser* Nr. 204 mit dem Hinweis, daß ein ausländisches Urteil im Inland ohnehin nicht mehr vollstreckbar ist, wenn es im Heimatstaat angefochten worden ist und das Rechtsbehelfsgericht die Vollstreckung ausgesetzt oder einstweilen eingestellt hat; vgl. Art. 31 Rz. 8ff.

7 *EuGH* 27. 11. 1984 – 258/83, Brennero/Wendel. Vorlage *BGH* 12. 10. 1983, WM 1983, 1424 = NJW 1984, 1320 (L) = IPRspr. 1983 Nr. 181. Vgl. auch die weitere Entscheidung in dieser Sache durch *OLG Hamm* 19. 7. 1985, RIW 1985, 973 Anm. *Linke* = IPRspr. 1985 Nr. 187; bestätigt durch *BGH* 12. 6. 1986, RIW 1986, 813, 997 Anm. *Linke* = NJW 1986, 3026 = IPRspr. 1986 Nr. 189.

8 Kritisch dazu *Linke*, RIW 1985, 237 ff. In Deutschland ermöglicht es § 22 AVAG dem Schuldner, Sicherungsmaßregeln gegen sich durch Stellung einer eigenen Sicherheit abzuwenden; siehe *Linke*, RIW 1985, 977 N. 12.

9 *BGH* 16. 5. 1983, BGHZ 87, 259 = NJW 1983, 1979 = RIW 1983, 535 = IPRax 1985, 156, 137 Anm. *Prütting* = IPRspr. 1983 Nr. 174b.

10 *OLG Düsseldorf* (oben N. 4).

Artikel 39

Solange die in Artikel 36 vorgesehene Frist für den Rechtsbehelf läuft und solange über den Rechtsbehelf nicht entschieden ist, darf die Zwangsvollstreckung in das Vermögen des Schuldners nicht über Maßregeln zur Sicherung hinausgehen.

Die Entscheidung, durch welche die Zwangsvollstreckung zugelassen wird, gibt die Befugnis, solche Maßregeln zu betreiben.

1 Die Bestimmung hat den *Zweck,* das Gleichgewicht zwischen den Belangen der Parteien im Vollstreckungsverfahren zu wahren[1]. Der Gläubiger darf während der Rechtsbehelfsfrist zwar noch keine endgültigen Maßnahmen der Zwangsvollstreckung durchführen, er erhält aber ein Instrument in die Hand, mit dem er verhindern kann, daß der Schuldner zwischenzeitlich über sein Vermögen verfügt und damit die spätere Zwangsvollstreckung nutzlos oder sogar unmöglich macht. Die Vorschrift ist unabhängig davon anwendbar, ob die Entscheidung im Urteilsstaat bereits rechtskräftig ist oder ob gegen sie im Urteilsstaat ein ordentlicher Rechtsbehelf eingelegt ist oder noch eingelegt werden kann[2]. Im einzelnen führt der Bericht *Jenard* folgendes aus:

„Einerseits muß der Antragsteller, der sich aufgrund des ausländischen Urteils im Besitz eines vollstreckbaren Titels befindet, in der Lage sein, unverzüglich alle Maßregeln zu betreiben, durch die vermieden wird, daß der Schuldner pfändbare Gegenstände der Zwangsvollstreckung entziehen kann ... Andererseits läßt es die Ausgestaltung des Verfahrens auf Zulassung der Zwangsvollstreckung als eines einseitigen Verfahrens nicht zu, daß gegen den Schuldner Maßnahmen getroffen werden, die nicht rückgängig gemacht werden können. Dieser kann möglicherweise vortragen, daß ein Grund zur Versagung der Vollstreckung gegeben, daß beispielsweise die Frage des ordre public nicht erschöpfend geprüft worden sei. Es erschien somit zum Schutz dieser Partei geboten, die vollständige Durchführung der Zwangsvollstreckung, die sich gewöhnlich sowohl auf das bewegliche als auch auf das unbewegliche Vermögen des Beklagten auswirkt, bis zum Ablauf der Frist zur Einlegung des Rechtsbehelfs (vgl. Art. 36) oder bis zur Entscheidung über den Rechtsbehelf, falls ein solcher eingelegt worden ist, aufzuschieben. Mit anderen Worten – es handelt sich dabei um ein Gegenstück zur Einseitigkeit des Antragsverfahrens – die Wirkung einer nach Art. 31 ergangenen Entscheidung, durch welche die Zwangsvollstreckung zugelassen wird, ist insoweit beschränkt, als vor Ablauf der Frist zur Einlegung des Rechtsbehelfs oder vor Erlaß der Entscheidung über den Rechtsbehelf eine Versteigerung von Vermögensgegenständen des Schuldners ausgeschlossen ist."

2 Die Befugnis zur Sicherungsvollstreckung folgt *ipso iure* aus der Klauselerteilung. Das ergibt sich aus Abs. 2 und dem Bericht *Jenard* zu dieser Bestimmung. Dort heißt es: „Diese Befugnis tritt automatisch ein. Der Antragsteller braucht nicht nachzuweisen, daß Dringlichkeit geboten oder Gefahr im Verzug ist, selbst wenn das innerstaatliche Recht eines Vertragsstaats dies vorschreibt. Auch hängt

1 Bericht *Jenard* zu Art. 39; vgl. zur Interessenlage auch Art. 38 Rz. 4.

2 Generalanwalt *Slynn* zu *EuGH* 27. 11. 1984 – 258/83, Brennero/Wendel, Slg. 1984, 3987.

die Befugnis zum Betreiben von Sicherungsmaßregeln nicht von einer Genehmigung des Vollstreckungrichters ab." Der EuGH hat dies bestätigt[3]: Da gemäß Abs. 2 die Entscheidung, durch welche die Zwangsvollstreckung zugelassen wird, unmittelbar die Befugnis „gibt", Sicherungsmaßnahmen vorzunehmen, muß der Gläubiger für diese Befugnis nicht noch eigens ein Sicherungsbedürfnis dartun oder eine gerichtliche Ermächtigung erwirken. Eine besondere gerichtliche Entscheidung über die Zulassung der Sicherungsmaßnahmen ist wegen der vorrangigen vertragsautonomen Regelung in Art. 39 auch dann entbehrlich, wenn das innerstaatliche Verfahrensrecht des Vollstreckungsstaats eine solche vorschreibt[4].

In *Deutschland* sieht § 8 I AVAG folgenden ausdrücklichen Hinweis in der Voll- 3
streckungsklausel vor: „Die Zwangsvollstreckung darf über Maßregeln zur Sicherung nicht hinausgehen, bis der Gläubiger ein Zeugnis vorlegt, daß die Zwangsvollstreckung unbeschränkt stattfinden darf." Eine derartige Regelung besteht aber nicht in allen Vertragsstaaten.

Das *Verhältnis* des Art. 39 *zum autonomen Recht* des Vollstreckungsstaats hat 4
der EuGH in folgender Weise geklärt[5]: Art. 39 beschränkt sich darauf, den Grundsatz aufzustellen, daß die Partei, welche die Vollstreckung beantragt hat, innerhalb des in diesem Artikel angegebenen Zeitraums Sicherungsmaßregeln vornehmen darf. Dagegen überläßt das EuGVÜ dem Verfahrensrecht des Vollstreckungsstaats die Regelung aller Fragen, die nicht Gegenstand spezieller Bestimmungen des Übereinkommens sind. Die Anwendung der Vorschriften des innerstaatlichen Verfahrensrechts darf aber nicht dazu führen, daß die vom Übereinkommen selbst, und zwar insbesondere in Art. 39 ausdrücklich oder stillschweigend aufgestellten Grundsätze in Frage gestellt werden. Die Frage, ob diese oder jene Vorschrift des innerstaatlichen Verfahrensrechts des Vollstreckungsstaats auf Sicherungsmaßnahmen anwendbar ist, die aufgrund von Art. 39 getroffen wurden, hängt daher vom Inhalt der einzelnen nationalen Vorschriften und ihrer Vereinbarkeit mit den in Art. 39 aufgestellten Grundsätzen ab.

Unvereinbar mit den in Art. 39 enthaltenen Grundsätzen ist nach dem Urteil des EuGH nicht nur das italienische Erfordernis, eine besondere Entscheidung über die Zulassung der Sicherungsmaßnahmen einzuholen (siehe oben Rz. 2), sondern auch die im italienischen Recht vorgesehene Ausschlußfrist für die Durchführung von Sicherungsmaßnahmen; denn Abs. 1 läßt Sicherungsmaßnahmen zu, „solange die in Art. 36 vorgesehene

---

3 *EuGH* 3. 10. 1985 – 119/84, Capelloni/Pelkmans; Abschlußentscheidung *Cass.* 16. 11. 1987, n. 8380, Riv. dir. int. priv. proc. 1989, 129.

4 Vgl. für eine entsprechende italienische Praxis bereits *App. Torino* 18. 4. 1980, Riv. dir. int. priv. proc. 1981, 164; dazu *Luther*, IPRax 1982, 120; vgl. ferner *App. Milano* 27. 3. 1981, Riv. dir. int. priv. proc. 1981, 951; *App. Torino* 22. 4. 1988, Riv. dir. int. priv. proc. 1989, 399. Richtungweisend *Pocar*, Riv. dir. int. priv. proc. 1979, 499. Ebenso für Irland *Elwyn (Cottons) Ltd.* v. *Pearle Designs Ltd.*, [1989] I.L.R.M. 162 (H.C.) = Bericht *Coester-Waltjen*, IPRax 1990, 65; dazu auch *Hogan*, Europ. L. Rev. 1989, 200ff.

5 *EuGH* (vorletzte Note).

Frist für den Rechtsbehelf läuft und solange über den Rechtsbehelf nicht entschieden ist", und es ist deshalb nicht angängig, das Recht zur Vornahme derartiger Maßnahmen durch Anwendung nationaler Vorschriften, die eine kürzere Frist vorsehen, zeitlich zu beschränken. – Ferner hat der EuGH klargestellt, daß die Partei, die Sicherungsmaßnahmen im Sinne von Art. 39 betrieben hat, hierfür nicht eine bestätigende Gerichtsentscheidung erwirken muß, wie sie im nationalen Recht Italiens und einiger anderer Vertragsstaaten vorgesehen ist. Denn die Zulässigkeit der Sicherungsmaßnahmen ergibt sich bereits aus dem EuGVÜ und nicht – wie im innerstaatlichen Recht jener Vertragsstaaten – aus einem summarischen Zulassungsverfahren, das der Bestätigung bedarf. Das einzige nach dem EuGVÜ vorgesehene Mittel, um die Entscheidung über die Zulassung der Zwangsvollstreckung anzufechten, ist der Rechtsbehelf nach Art. 36. Folglich bleibt jedes andere, nach dem nationalen Recht des Vollstreckungsstaats vorgesehene Mittel ausgeschlossen, selbst wenn es lediglich auf den Teil der Entscheidung beschränkt wäre, durch den die Sicherungsmaßnahmen stillschweigend zugelassen werden. Das bedeutet freilich nicht, daß sich der Betroffene gegen etwaige Unregelmäßigkeiten oder Mißbräuche bei der Durchführung der Sicherungsmaßnahmen nicht wehren könnte. Vielmehr läßt es Art. 39 der von der Vollstreckung dieser Maßnahmen betroffenen Partei unbenommen, die Gerichte anzurufen, um mit Hilfe der im nationalen Recht des Vollstreckungsstaats vorgesehenen geeigneten Verfahren einen angemessenen Schutz ihrer durch die fraglichen Maßnahmen angeblich verletzten Rechte zu erreichen.

5 Welche Maßregeln im einzelnen zur Sicherung zulässig sind und ob sie mit oder ohne Einschaltung eines Gerichts durchgeführt werden können, bestimmt das *Recht des Vollstreckungsstaats*[6]. Das EuGVÜ garantiert dem Gläubiger also nicht bestimmte Vollstreckungsmaßnahmen. Auch die Frage, unter welchen Voraussetzungen eine Vollstreckungsmaßnahme gegenüber einer anderen als der verurteilten Person möglich ist, beantwortet sich allein nach dem nationalen Recht, wobei freilich die Einschränkungen von Art. 39 zu beachten sind. Die Worte „in das Vermögen des Schuldners" haben also nicht die Bedeutung, die Zulässigkeit von Vollstreckungsmaßnahmen gegen dritte Personen vorauszusetzen[7].

6 In *Deutschland* gilt für die Durchführung der Sicherungsvollstreckung die ZPO, ergänzt um die Normierung des AVAG. Die ZPO verlangt für jede Vollstreckungsmaßnahme die Zustellung des Titels (§ 750 I 1 ZPO), und das AVAG geht davon auch für die Sicherungsmaßregeln nach Art. 39 EuGVÜ aus[8]. Diese Entscheidung des deutschen Gesetzgebers, die im Interesse des Schuldnerschutzes liegt (wobei insbesondere die dem Schuldner in § 22 AVAG eröffnete Abwendungsbefugnis zeitlich nicht verkürzt werden soll), haben die Gerichte zu beachten[9]. Die §§ 20–26 AVAG enthalten eingehende Ausführungsregeln über die Beschränkung der Zwangsvollstreckung auf Sicherungsmaßregeln und die Fortsetzung der Zwangsvollstreckung. Insbesondere ist die Dauer der Einschränkung der Zwangsvollstreckung detailliert geregelt (§§ 20, 24 AVAG). Das AVAG sagt dagegen

6 Bericht *Jenard* zu Art. 39; Bericht *Schlosser* Nr. 221.

7 Bericht *Schlosser* Nr. 221.

8 Vgl. die Begründung des Regierungsentwurfs zu § 9 AGGVÜ (jetzt § 9 AVAG), BT-Drucks. VI/3426, 16.

9 Anders aber *LG Stuttgart* 28. 3. 1988, RIW 1988, 563 zust. Anm. *Laborde* = IPRax 1989, 41, 18 krit. Anm. *Pirrung* = IPRspr. 1988 Nr. 207.

nicht, welche „Maßregeln zur Sicherung" in Betracht kommen. Jede Vollstreckungsmaßnahme ist unmittelbar anhand von Art. 39 EuGVÜ darauf zu überprüfen, ob sie über Maßregeln der Sicherung hinausgeht. Nach allgemeiner Meinung ergeben sich für Geldforderungen Anhaltspunkte über die Zulässigkeit aus den Vorschriften über die Vollziehung eines Arrestes (§§ 928, 930–932 ZPO)[10]. Es ist also die Pfändung oder die Eintragung einer Sicherungshypothek zulässig, nicht jedoch die Versteigerung oder sonstige Verwertung. Gepfändetes Geld ist entsprechend § 930 II ZPO und in Abweichung von § 815 I ZPO zu hinterlegen; die Erfüllungsvermutung des § 815 III ZPO greift nicht ein[11]. Die in § 23 AVAG vorgesehene Versteigerung verderblicher oder kostspielig aufzubewahrender Sachen dürfte der Überprüfung anhand von Art. 39 EuGVÜ nur dann standhalten, wenn kein anderes pfändbares Vermögen vorliegt oder eine Vollstreckungsvereitelung droht[12]. Für die Sicherung anderer Ansprüche als Geldforderungen kommen die nach §§ 938, 940 ZPO zulässigen Maßnahmen in Betracht[13]. Einwendungen, daß bei der Zwangsvollstreckung die Beschränkung des Art. 39 EuGVÜ nicht eingehalten werde, hat der Schuldner grundsätzlich im Wege der Erinnerung nach § 766 ZPO geltend zu machen (§ 21 AVAG). Bei Schuldtiteln, die auf Leistung von Geld lauten, ist der Schuldner befugt, die Zwangsvollstreckung durch Leistung einer entsprechenden Sicherheit abzuwenden (§ 22 AVAG). Dagegen ist die Einstellung der Zwangsvollstreckung ohne Sicherheitsleistung des Schuldners, wie sie nach deutschem Zivilprozeßrecht unter bestimmten Voraussetzungen zulässig ist, mit Art. 39 EuGVÜ nicht vereinbar und deshalb nicht möglich[14]. Ebensowenig ist ohne Sicherheitsleistung des Schuldners die Aufhebung von Zwangsvollstreckungsmaßnahmen zulässig (§ 22 II AVAG), die bereits ordnungsgemäß getroffen waren und die über die Sicherung des Anspruchs nicht hinausgingen; eine solche Befugnis ergibt sich weder aus Art. 38 III, der nur in der Zukunft vorzunehmende Vollstreckungsmaßnahmen betrifft, noch aus der Ermächtigung des Beschwerdegerichts zu Vollstreckungsschutzmaßnahmen in § 24 II AVAG[15]. Die unbeschränkte, über Sicherungsmaßnahmen hinausgehende Zwangsvollstreckung darf erst stattfinden, wenn ein entsprechendes Zeugnis vorliegt (§§ 25, 26 AVAG).

Artikel 40

Wird der Antrag abgelehnt, so kann der Antragsteller einen Rechtsbehelf einlegen:

- **in Belgien bei der ‚cour d'appel' oder dem ‚hof van beroep';**
- **in Dänemark bei dem ‚landsret';**
- **in der Bundesrepublik Deutschland bei dem Oberlandesgericht;**
- **in Griechenland bei dem ‚ἐφετεῖο';**
- **in Frankreich bei der ‚cour d'appel';**

---

10 Ausdrücklich in diesem Sinne § 6 II des Ausführungsgesetzes vom 8. 3. 1960 zum deutsch-österreichischen Anerkennungs- und Vollstreckungsvertrag (BGBl. 1960 I 169).

11 *Wolf*, NJW 1973, 401 N. 48.

12 *Pirrung*, DGVZ 1973, 183.

13 *Stein/Jonas/Münzberg* Anh. § 723 A III 1 N. 22.

14 *OLG Hamm* 6. 12. 1977, MDR 1978, 324 = IPRspr. 1977 Nr. 168; *OLG Düsseldorf* 19. 9. 1984, MDR 1985, 151 = RIW 1985, 492 = IPRspr. 1984 Nr. 190.

15 *BGH* 25. 2. 1983, NJW 1983, 1980 = RIW 1983, 290 = IPRspr. 1983 Nr. 174a.

– in Irland bei dem ‚High Court';
– in Italien bei der ‚corte d'appello';
– in Luxemburg bei der ‚Cour supérieure de Justice' als Berufungsinstanz für Zivilsachen;
– in den Niederlanden bei dem ‚gerechtshof';
– im Vereinigten Königreich:

1. in England und Wales bei dem ‚High Court of Justice' oder im Falle von Entscheidungen in Unterhaltssachen bei dem ‚Magistrates' Court';

2. in Schottland bei dem ‚Court of Session' oder im Falle von Entscheidungen in Unterhaltssachen bei dem ‚Sheriff Court';

3. in Nordirland bei dem ‚High Court of Justice' oder im Falle von Entscheidungen in Unterhaltssachen bei dem ‚Magistrates' Court'.

Das mit dem Rechtsbehelf befaßte Gericht hat den Schuldner zu hören. Läßt dieser sich auf das Verfahren nicht ein, so ist Artikel 20 Absätze 2 und 3 auch dann anzuwenden, wenn der Schuldner seinen Wohnsitz nicht in dem Hoheitsgebiet eines Vertragsstaats hat.

1. Rechtsbehelf des Antragstellers (Abs. 1)

1 Die Art. 40 und 41 beziehen sich auf den Fall, daß der Antrag auf Klauselerteilung abgelehnt wird. Sie bilden damit das Gegenstück zu den Art. 36 – 39 über den Rechtsbehelf des Schuldners bei Erteilung der Vollstreckungsklausel.

2 In Abs. 1 werden die zuständigen Gerichte genau bezeichnet. Die Zuständigkeit ist in den meisten Vertragsstaaten ebenso geregelt wie in Art. 37 I für den Rechtsbehelf des Schuldners; siehe Art. 37 Rz. 1.

3 Im Unterschied zu Art. 36 I über den Rechtsbehelf des Schuldners legt Art. 40 für den Rechtsbehelf des Antragstellers keine *Frist* fest. Der Antragsteller, dessen Antrag abgelehnt ist, kann den Rechtsbehelf in der Frist einlegen, die ihm zweckdienlich erscheint und die er beispielsweise zur Beschaffung der erforderlichen Unterlagen benötigt[1]. Von der im Bericht *Jenard* erwähnten Möglichkeit, daß das innerstaatliche Recht der Vertragsstaaten eine Frist festlegt, hat der deutsche Gesetzgeber keinen Gebrauch gemacht. Der Antragsgegner, der von dem einseitigen Verfahren erfahren hat, kann sich von der Ungewißheit durch eine nach Maßgabe des nationalen Rechts zulässige negative Feststellungsklage befreien[2].

---

1 Bericht *Jenard* zu Art. 40 und 41.
2 *Droz* Nr. 581; *Bülow*, RabelsZ 1974, 274.

2. Rechtliches Gehör des Schuldners (Abs. 2)

4 Durch die in Abs. 2 festgelegte *Verpflichtung des Gerichts, den Schuldner zu hören*, wird das vorher einseitige Antragsverfahren kontradiktorisch. Das wird im Bericht *Jenard* folgendermaßen erläutert[3]: „Der kontradiktorische Charakter des Verfahrens war geboten, um eine Häufung von Rechtsbehelfen zu vermeiden. Wäre das Verfahren über den Rechtsbehelf einseitig geblieben, hätte man nicht umhinkönnen, eine zusätzliche Instanz vorzusehen, um dem Schuldner die Möglichkeit zu geben, seine Gegenvorstellungen geltend zu machen, wenn das Gericht, das mit dem Rechtsbehelf befaßt ist, die erstrichterliche Entscheidung aufheben und die Zwangsvollstreckung zulassen würde."

5 *Ausnahmen von der Anhörungspflicht* sieht Abs. 2 nicht vor. Dem EuGH wurde die Frage vorgelegt, ob eine Ausnahme angezeigt sei, wenn a) der Antrag auf Erteilung der Vollstreckungsklausel lediglich wegen nicht rechtzeitig vorgelegter Urkunden zurückgewiesen worden ist und b) die Vollstreckbarkeitserklärung für einen Staat begehrt wird, der nicht Aufenthaltsstaat des Schuldners ist, so daß der Schuldner in der Regel wird erkennen können, in welchen seiner Vermögensgegenstände in diesem Drittstaat vollstreckt werden soll, und damit in die Lage versetzt wird, vor einer Pfändung über diesen Vermögensgegenstand zu verfügen. Der EuGH hat die Frage mit Recht verneint[4]. Das Übereinkommen schreibt vor, daß das Beschwerdeverfahren kontradiktorisch abläuft, ohne daß nach der Tragweite der erstinstanzlichen Entscheidung unterschieden würde. Die Regelung des EuGVÜ, den Antragsgegner in der ersten Instanz nicht zu hören, das Beschwerdeverfahren aber kontradiktorisch ablaufen zu lassen, entspricht dem Bestreben, den für derartige Verfahren notwendigen Überraschungseffekt mit der Gewährleistung des rechtlichen Gehörs zu vereinbaren. Eine Abweichung von der Regelung des Abs. 2 Satz 1 ist – so der EuGH – „nicht statthaft in einem Fall, in dem das erstinstanzliche Gericht aus Gründen, die die Antragstellerin zu vertreten hat, einen Antrag auf Erteilung der Vollstreckungsklausel aus rein formalen Erwägungen zurückgewiesen hat. Es besteht keine Veranlassung, diesen Sachverhalt unterschiedlich zu beurteilen je nachdem, ob der Antragsgegner seinen gewöhnlichen Aufenthalt oder seinen Sitz im Vollstreckungsstaat oder in einem anderen Staat hat." Die Nachteile des Abs. 2 Satz 1 für den auf eine Überraschung des Schuldners bedachten Gläubiger lassen sich vermeiden, wenn die erste Instanz ihm vor einer ablehnenden Entscheidung eine angemessene Frist zur Beibringung fehlender Unterlagen einräumt (siehe Art. 34 Rz. 7). Geschieht dies nicht, so bleibt dem Gläubiger zur Abwendung einer Vollstreckungsvereitelung die Möglichkeit, vorläufige Sicherungsmaßnahmen, die ohne vorherige Anhörung des Schuldners erlassen werden können, zu beantragen, wie in Deutschland einen dinglichen Arrest nach §§ 916ff. ZPO[5].

---

3 Bericht *Jenard* zu Art. 40 und 41.

4 *EuGH* 12. 7. 1984 – 178/83, Firma P./Firma K.

5 Zur Problematik eines Arrestverfahrens in dieser Situation *Stürner*, IPRax 1985, 255 f.

6 Die *Form der Ladung* richtet sich nach dem innerstaatlichen Recht des Vollstreckungsstaates, bei einer Auslandszustellung ggf. nach der einschlägigen staatsvertraglichen Vereinbarung.

7 Läßt der Schuldner sich auf das Rechtsbehelfsverfahren nicht ein, so erklärt Abs. 2 Satz 2 zum Zwecke der *Wahrung des rechtlichen Gehörs* den Art. 20 II und III für anwendbar, und zwar selbst dann, wenn der Schuldner seinen Wohnsitz bzw. Sitz (Art. 53) nicht in einem Vertragsstaat hat. Das Rechtsbehelfsverfahren muß also so lange ausgesetzt werden, bis festgestellt ist, daß die Rechte der Verteidigung gewahrt wurden. Diese Sicherstellung des rechtlichen Gehörs ist um so mehr geboten, als der Schuldner für den Fall, daß er nicht rechtzeitig genug geladen war, um sich verteidigen zu können, über keinen weiteren Rechtsbehelf als die auf Rechtsverletzungen beschränkte Kassations- bzw. Rechtsbeschwerde gemäß Art. 41 verfügt.

3. Durchführung des Verfahrens

8 Das Gericht prüft – ebenso wie bei einem Rechtsbehelf des Schuldners nach Art. 36 –, ob die Voraussetzungen der Vollstreckbarerklärung vorliegen (näher Art. 36 Rz. 14). Der Schuldner kann gegen den Anspruch Einwendungen vorbringen, die nach dem Erlaß der ausländischen Entscheidungen entstanden sind (Art. 36 Rz. 15). In Deutschland ist er sogar gehalten, diese Einwendungen vorzubringen, weil er mit ihnen bei einer späteren Vollstreckungsgegenklage nicht mehr gehört wird (§ 15 I Nr. 2 AVAG).

9 Die *Einzelheiten des Verfahrens* bestimmen sich nach dem autonomen Recht des Vollstreckungsstaates. In Deutschland findet die Beschwerde statt. Für sie gelten gemäß § 16 I AVAG die §§ 12 und 14 AVAG über die Beschwerde des Schuldners entsprechend (siehe dazu Art. 37 Rz. 2). Die Beschwerde ist auch statthaft, wenn der Vorsitzende der Zivilkammer des LG seine Entscheidung als Anordnung und nicht – wie in § 10 AVAG vorgesehen – als Beschluß erlassen hat[6].

Artikel 41

Gegen die Entscheidung, die über den in Artikel 40 vorgesehenen Rechtsbehelf ergangen ist, finden nur statt:
- **in Belgien, Griechenland, Frankreich, Italien, Luxemburg und in den Niederlanden: die Kassationsbeschwerde;**
- **in Dänemark: ein Verfahren vor dem ‚højesteret' mit Zustimmung des Justizministers;**
- **in der Bundesrepublik Deutschland: die Rechtsbeschwerde;**

6 *OLG München* 17. 7. 1980, IPRspr. 1980 Nr. 170.

– in Irland: ein auf Rechtsfragen beschränkter Rechtsbehelf bei dem ‚Supreme Court';
– im Vereinigten Königreich: ein einziger auf Rechtsfragen beschränkter Rechtsbehelf.

Die Vorschrift übernimmt die Regelung des Art. 37 II. Auf die dortigen Erläuterungen sei verwiesen. 1

Artikel 42

Ist durch die ausländische Entscheidung über mehrere mit der Klage geltend gemachte Ansprüche erkannt und kann die Entscheidung nicht im vollen Umfang zur Zwangsvollstreckung zugelassen werden, so läßt das Gericht sie für einen oder mehrere dieser Ansprüche zu.

Der Antragsteller kann beantragen, daß die Zwangsvollstreckung nur für einen Teil des Gegenstands der Verurteilung zugelassen wird.

Nach *Abs. 1* wird die „Teil-Vollstreckungsklausel" (so die deutsche Terminologie 1
in § 8 II AVAG) *von Amts wegen* erteilt. Voraussetzung ist zum einen, daß durch die ausländische „Entscheidung" (vgl. Art. 25) über mehrere selbständige Ansprüche erkannt wurde, daß also eine Klagehäufung vorlag. Zum anderen muß die Vollstreckbarerklärung nur für einen oder mehrere der geltend gemachten Ansprüche zulässig sein. Das ist z. B. der Fall, wenn die Entscheidung hinsichtlich eines Teils der Ansprüche dem ordre public des Vollstreckungsstaats widerspricht oder wenn einzelne Ansprüche nicht dem sachlichen Anwendungsbereich des Übereinkommens unterliegen. Wurde in der ausländischen Entscheidung nicht über mehrere Klageansprüche entschieden, so kommt eine Teilvollstreckbarerklärung nur auf Antrag des Gläubigers gemäß Abs. 2 in Betracht.

Nach *Abs. 2* ist eine Teilvollstreckungsklausel *auf Antrag* zu erteilen. Von diesem 2
Recht kann der Antragsteller unabhängig davon Gebrauch machen, ob es sich um einen oder mehrere Klageansprüche handelt[1]. Der Anspruch muß teilbar sein, wie z.B. eine Geldforderung. Eine entsprechende Beschränkung des Antrags kann sich schon aus Kostengründen empfehlen, insbesondere wenn der titulierte Anspruch teilweise erloschen ist, z. B. durch Teilzahlungen des Schuldners, oder durch eine teilweise erfolgreiche Zwangsvollstreckung im Ausland. Ist der Gläubiger unsicher, ob ein einzelner Anspruch in vollem Umfang zur Zwangsvollstreckung zugelassen werden kann, so sollte er hilfsweise ein Teilexequatur beantragen, da dieses außerhalb der von Abs. 1 erfaßten Fälle nicht von Amts wegen erteilt wird.

1 Bericht *Jenard* zu Art. 42.

Artikel 43

Ausländische Entscheidungen, die auf Zahlung eines Zwangsgelds lauten, sind in dem Vollstreckungsstaat nur vollstreckbar, wenn die Höhe des Zwangsgelds durch die Gerichte des Urteilsstaats endgültig festgesetzt ist.

1 Ausländische „Entscheidungen" (vgl. Art. 25), die auf Zahlung eines Zwangsgelds lauten, sind Urteile, in denen der Schuldner zur Vornahme einer individuellen Handlung und zugleich zur Zahlung eines Geldbetrags an den Kläger für den Fall verurteilt wird, daß er die Handlung nicht vornimmt. Derartige Entscheidungen sind in den anderen Vertragsstaaten hinsichtlich des Zwangsgeldes nur vollstreckbar, wenn die Gerichte des Urteilsstaates den zu zahlenden Betrag endgültig festgesetzt haben, d. h. wenn sich die Gesamthöhe des Zwangsgeldes aus der ausländischen Entscheidung definitiv ergibt[1]. Es genügt also beispielsweise nicht, daß sich eine Summe aus der Entscheidung anhand der vom Gläubiger angegebenen Zahl der Zuwiderhandlungen errechnen läßt, zumal in manchen Staaten – wie in Frankreich – der Zuwiderhandlung eine gesonderte Verurteilung nachfolgen muß, die häufig weniger streng ist als die ursprünglich angedrohte[2]. Die Frage, ob die Vollstreckungsregeln des EuGVÜ in Hinblick auf Art. 1 auch dann anwendbar sind, wenn das Zwangsgeld nicht dem Gläubiger, sondern dem Staat zufließt (wie in §§ 888, 890 ZPO), wurde von den Verfassern des Übereinkommens offen gelassen[3], dürfte bei einer funktionalen Betrachtung aber zu bejahen sein[4].

2 Der Berichterstatter gibt folgendes *Beispiel* für die Wirkung des Art. 43 im Verhältnis zwischen der Bundesrepublik Deutschland und dem Vereinigten Königreich oder Irland[5]: Die Rechtsordnungen des Vereinigten Königreichs und Irlands lassen vollstreckbare Urteile auf Vornahme individueller Handlungen nicht allgemein, sondern nur in gesetzlich geregelten Fällen zu. Diese betreffen Urteile auf Lieferung von beweglichen Sachen, auf Übertragung von Eigentum oder Besitz an Grundstücken, sowie sogenannte „injunctions", welche nach Ermessen des Gerichts eine Person zur Vornahme oder Unterlassung einer Handlung anweisen. Eine Vollstreckung ist entweder über den Sheriff durch Anwendung unmittelbaren Zwangs oder mittelbar über Geld- und Haftstrafen für „contempt of court" möglich. In Schottland gibt es neben den auf die Übertragung von Besitz oder Eigentum an Grundstücken und auf Unterlassung zielenden Urteilen noch die soge-

---

1 Bericht *Jenard* zu Art. 43.

2 Bericht *Schlosser* Nr. 213; *Mezger*, Gedächtnisschrift Constantinesco (1983) 506 f. Vgl. auch die rechtsvergleichenden Hinweise insbesondere auf das niederländische Recht bei *Droz* Nr. 587 und *Bülow/Böckstiegel/Schlafen* Art. 43 Anm. 2.

3 Bericht *Schlosser* Nr. 213.

4 Bejahend etwa *Bülow/Böckstiegel/Schlafen* Art. 43 Anm. 1; *MüKoZPO-Gottwald* Art. 43 Rz. 4; *Gärtner*, Probleme der Auslandsvollstreckung von Nichtgeldleistungsentscheidungen im Bereich der Europäischen Gemeinschaft (1991) 217 ff.; *Remien*, Rechtsverwirklichung durch Zwangsgeld (1992) 317 ff. Verneinend *Geimer/Schütze* §§ 19 X 3, 152 I; *Kaye* 1575 N. 266. Bei einer Verneinung entstehen für den Gläubiger erhebliche Schwierigkeiten; siehe *Mezger* (vorletzte Note) 507 f.

5 Bericht *Schlosser* Nr. 211, 212.

nannten „decrees ad factum prestandum“, mittels deren der Beklagte zur Vornahme von Handlungen, vor allem zur Herausgabe beweglicher Sachen, verurteilt werden kann. Wenn nun in der Bundesrepublik Deutschland die Vollstreckung einer solchen gerichtlichen Entscheidung aus dem Vereinigten Königreich oder aus Irland beantragt wird, hat das Gericht dieselben Zwangsmittel anzuwenden, die bei einem entsprechenden deutschen Urteil zulässig wären, nämlich Zwangsgeld und Zwangshaft. Im umgekehrten Falle hätte das Gericht des Vereinigten Königreichs oder Irlands Strafen wegen „contempt of court“ wie bei Mißachtung seiner eigenen Urteile zu verhängen.

Artikel 44

Ist dem Antragsteller in dem Staat, in dem die Entscheidung ergangen ist, ganz oder teilweise das Armenrecht oder Kosten- und Gebührenbefreiung gewährt worden, so genießt er in dem Verfahren nach den Artikeln 32 bis 35 hinsichtlich des Armenrechts oder der Kosten- und Gebührenbefreiung die günstigste Behandlung, die das Recht des Vollstreckungsstaats vorsieht.

Der Antragsteller, welcher die Vollstreckung einer Entscheidung einer Verwaltungsbehörde begehrt, die in Dänemark in Unterhaltssachen ergangen ist, kann im Vollstreckungsstaat Anspruch auf die in Absatz 1 genannten Vorteile erheben, wenn er eine Erklärung des dänischen Justizministeriums darüber vorlegt, daß er die wirtschaftlichen Voraussetzungen für die vollständige oder teilweise Bewilligung des Armenrechts oder für die Kosten- und Gebührenbefreiung erfüllt.

Die Vorschrift beruht auf *sozialen Erwägungen*. Sie kommt vor allem Unter- 1
haltsgläubigern zugute. Ein bedürftiger Antragsteller soll nicht gezwungen sein, seinem Antrag auf Zulassung der Zwangsvollstreckung ein Verfahren auf Anerkennung der Entscheidung vorangehen zu lassen, durch die ihm im Urteilsstaat das Armenrecht bewilligt wurde. Er ginge sonst des Vorteils eines schnellen Vorgehens und des Überraschungseffekts verlustig, den der Titel III jeder Partei sichern will[1]. Die Bestimmung ist ihrem Zweck entsprechend großzügig auszulegen.

Nur die *Gewährung* des Armenrechts oder der Kosten- und Gebührenbefreiung 2
erstreckt sich vom Entscheidungsstaat auf den Vollstreckungsstaat. Umfang und Ausgestaltung im einzelnen bestimmen sich demgegenüber grundsätzlich nach dem Recht des Vollstreckungsstaates, z. B. hinsichtlich der Beiordnung eines Rechtsanwalts (vgl. § 121 ZPO) oder der Gebührensätze[2]. Staaten, die bisher ein Armenrecht in Zivilsachen nicht kennen, sind nicht etwa verpflichtet, es einzuführen[3].

---

1 Bericht *Jenard* zu Art. 44.
2 *Bülow/Böckstiegel/Schlafen* Art. 44 Anm. 1; *Geimer/Schütze* § 158 III 2.
3 Bericht *Schlosser* Nr. 223.

3 Wurde dem Antragsteller im Urteilsstaat nur *teilweise* das Armenrecht bewilligt, so stellt die Neufassung des Art. 44 aus dem Jahre 1978 klar, daß das Armenrecht im Vollstreckungsverfahren voll gewährt werden soll. Das hat folgende vier Vorteile: (1) Harmonisierung mit Art. 15 des Haager Unterhaltsvollstreckungsübereinkommens von 1973; (2) Vereinfachung des Antrags; (3) materiell einheitliche Rechtsanwendung in den Vertragsstaaten; (4) Vermeidung von Verzögerungen durch schwierige Kostenberechnungen[4]. Ob das in der Neufassung vorgeschriebene Ergebnis durch eine großzügige Interpretation der Vorschrift bereits jetzt erreicht werden kann, erscheint zweifelhaft.

4 Die durch Art. 44 geschaffene Bevorzugung, nämlich die Gewährung der günstigsten Behandlung, die das Recht des Vollstreckungsstaats vorsieht, kommt dem Antragsteller *ipso iure* zugute. Ein Bewilligungsverfahren im Vollstreckungsstaat findet nicht statt. Das nach Art. 32 mit dem Antrag befaßte Gericht darf nicht prüfen, ob das Armenrecht im Urteilsstaat zu Recht gewährt wurde und ob die Gründe für die Bewilligung weiter bestehen[5]. Der Antragsteller hat lediglich nach Art. 47 Nr. 2 eine Urkunde vorzulegen, durch die nachgewiesen wird, daß er das Armenrecht im Urteilsstaat genießt. Unter den Voraussetzungen des Art. 48 kann das Gericht von diesem Nachweis absehen.

5 Die ipso iure erfolgende Erstreckung des Armenrechts auf den Vollstreckungsstaat bezieht sich nach dem klaren Wortlaut des Art. 44 nur auf das *Antragsverfahren* nach Art. 32–35. Sie gilt weder für die Vollstreckungsmaßnahmen selbst noch für die Verfahren, die durch die Einlegung von Rechtsbehelfen (Art. 36, 40) in Gang gesetzt werden[6]. Nachdem das Antragsverfahren in Gang gekommen ist, hilft meist Art. 20 des Haager Zivilprozeßübereinkommens von 1954, der den Angehörigen eines jeden Vertragsstaats die Inländerbehandlung in Fragen des Armenrechts garantiert.

6 Eine Armenrechtsgewährung nach dem *autonomen Recht des Vollstreckungsstaats* schließt Art. 44 nicht aus. Denn die Vorschrift will die Lage des bedürftigen Antragstellers verbessern und nicht verschlechtern. Beispielsweise kann der Antragsteller das Armenrecht nach dem autonomen Recht des Zweitstaates dann beantragen, wenn er seit dem Erstprozeß verarmt ist oder wenn das Armenrecht im Zweitstaat großzügiger gewährt wird. Für den von Art. 44 nicht erfaßten Bereich, also für das Verfahren ab Einlegung eines Rechtsbehelfs und für die Zwangsvollstreckung, bleiben ebenfalls die Vergünstigungen, die das autonome Recht des Zweitstaates vorsieht. Auch der Antragsgegner, für den Art. 44 nicht gilt, kann nach dem Recht des Vollstreckungsstaates das Armenrecht beantragen.

7 Die Regelung des *Abs. 2* wurde durch den Beitritt *Dänemarks* erforderlich. Die Tätigkeit der in Unterhaltssachen zuständigen dänischen Verwaltungsbehörden

---

4 Bericht *Schlosser* Nr. 223.

5 *Droz* Nr. 588; *Bülow/Böckstiegel/Schlafen* Art. 44 Anm. 2.

6 Bericht *Jenard* zu Art. 44; kritisch zu dieser Einschränkung *Mezger*, Gedächtnisschrift Constantinesco (1983) 510; *Wolff* in Hdb. IZVR III/2 Kap. IV Rz. 303.

(siehe Art. Va des Protokolls zum EuGVÜ) ist nämlich kostenfrei. Der Abs. 2 soll verhindern, daß die Vollstreckung der dänischen Unterhaltsentscheidungen wegen ihrer Kostenfreiheit im Vergleich zu Unterhaltsurteilen aus anderen EG-Staaten benachteiligt wird[7]. Dieses Ziel erreicht Abs. 2, indem er der Erklärung des dänischen Justizministeriums, daß der Antragsteller die wirtschaftlichen Voraussetzungen für die Bewilligung des Armenrechts oder für die Kosten- und Gebührenbefreiung erfüllt, die gleiche Wirkung beimißt wie Abs. 1 der tatsächlichen Gewährung des Armenrechts oder der Kosten- und Gebührenbefreiung.

Artikel 45

Der Partei, die in einem Vertragsstaat eine in einem anderen Vertragsstaat ergangene Entscheidung vollstrecken will, darf wegen ihrer Eigenschaft als Ausländer oder wegen Fehlens eines inländischen Wohnsitzes oder Aufenthalts eine Sicherheitsleistung oder Hinterlegung, unter welcher Bezeichnung es auch sei, nicht auferlegt werden.

1 Der Artikel betrifft die Sicherheitsleistung für die Kosten im *Vollstreckungsverfahren* (siehe zur Höhe der Gebühren Art. 31 Rz. 6). Die Verfasser des EuGVÜ hielten für das auf Erteilung der Vollstreckungsklausel gerichtete weniger kostenintensive Verfahren eine Sicherheitsleistung mit Recht nicht für angebracht. Die Pflicht zur Sicherheitsleistung für Prozeßkosten im erststaatlichen *Urteilsverfahren* richtet sich nach dem dort geltenden autonomen und staatsvertraglichen Recht, insbesondere nach Art. 17 des Haager Zivilprozeßübereinkommens von 1954.

2 Die Vorschrift befreit den Antragsteller *ohne Rücksicht auf seine Staatsangehörigkeit und seinen Wohnsitz* von der Sicherheitsleistung. Auch Angehörigen von Nichtvertragsstaaten kommt die Bestimmung zugute. Das bedeutet für den mit seinem Rechtsbehelf erfolgreichen Schuldner, der seine Kosten in dem Nichtvertragsstaat eintreiben muß, eine gewisse Erschwerung[1].

3 Geregelt ist die Sicherheitsleistung *wegen Ausländereigenschaft* in einem weiten Sinne, wie sie das deutsche Recht in § 110 ZPO kennt. Die Möglichkeit, eine Sicherheitsleistung aus anderen Gründen anzuordnen, z. B. gemäß Art. 38 III EuGVÜ, bleibt unberührt.

---

7 Bericht *Schlosser* Nr. 224.

1 Kritisch zu der Ausländerfreundlichkeit des Art. 45 EuGVÜ deshalb *Droz* Nr. 592; ihm folgend *Bülow/Böckstiegel/Schlafen* Art. 45 Anm. 2.

3. Abschnitt. Gemeinsame Vorschriften

Artikel 46

Die Partei, welche die Anerkennung einer Entscheidung geltend macht oder die Zwangsvollstreckung betreiben will, hat vorzulegen:

1. eine Ausfertigung der Entscheidung, welche die für ihre Beweiskraft erforderlichen Voraussetzungen erfüllt;

2. bei einer im Versäumnisverfahren ergangenen Entscheidung die Urschrift oder eine beglaubigte Abschrift der Urkunde, aus der sich ergibt, daß das den Rechtsstreit einleitende Schriftstück oder ein gleichwertiges Schriftstück der säumigen Partei zugestellt worden ist.

1 Nach *Nr. 1* ist eine *Ausfertigung* der Entscheidung vorzulegen (vgl. ergänzend § 3 IV AVAG). Im französischen Text wird eine „expédition" gefordert (eine „copie collationée" genügt mangels Beweiskraft nicht), im englischen eine „copy", im italienischen eine „spedizione", im niederländischen eine „expeditie" (oder eine „grosse", also eine vollstreckbare Ausfertigung). Eine *„Entscheidung"* (Art. 25) kann auch ein in abgekürzter Form erlassenes Urteil sein (Art. 25 Rz. 14). Die Ausfertigung muß nach dem deutschen Text *„die für ihre Beweiskraft erforderlichen Voraussetzungen"* erfüllen. Statt Beweiskraft sagen die fremdsprachigen Texte des EuGVÜ allgemeinverständlicher „authenticité" („authenticity", „autenticità") oder schlicht „echtheid" (so die niederländische Fassung). Welche Voraussetzungen eine Ausfertigung erfüllen muß, um den Richter im Anerkennungs- oder Vollstreckungsstaat von ihrer Beweiskraft (Echtheit) zu überzeugen, bestimmt das innerstaatliche Recht des Gerichts, welches die Entscheidung erlassen hat („locus regit actum")[1]. In Nr. 1 wird nicht verlangt, daß die Ausfertigung *bei den Akten verbleibt*, sondern sie kann dem Antragsteller nach Erteilung der Vollstreckungsklausel, etwa zum Zwecke der Zwangsvollstreckung, zurückgegeben werden[2].

2 Nach *deutschem Recht* ist die Ausfertigung die amtliche Abschrift (insbesondere Fotokopie) der bei den Akten verbleibenden Urschrift. Die Ausfertigung wird vom Urkundsbeamten unterschrieben und mit dem Gerichtssiegel versehen (vgl. §§ 170, 317 III ZPO).

3 Die *Nr. 2* soll die Nachprüfung der Gewährung des rechtlichen Gehörs (Art. 27 Nr. 2) ermöglichen. Diesem Zweck entsprechend ist die Vorschrift auszulegen. Der *im Versäumnisverfahren ergangenen Entscheidung* (zum Begriff der „Entscheidung" siehe Art. 25) ist daher der im Anschluß an ein Säumnisverfahren ergangene Kostenfestsetzungsbeschluß gleichzusetzen[3]. Auch bei der Voll-

---

1 Bericht *Jenard* vor Art. 48.

2 *BGH* 26. 9. 1979, BGHZ 75, 167 = NJW 1980, 527 = RIW 1979, 861 = IPRspr. 1979 Nr. 204.

3 Dagegen fällt der im Anschluß an ein streitiges Verfahren ohne nochmalige Anhörung der unterlegenen Partei erlassene Kostenfestsetzungsbeschluß nicht unter Nr. 2, weil die Partei in der Hauptsache gehört worden ist; *Rb. 's-Hertogenbosch* 11. 7. 1974, N. J. 1975 Nr. 56.

streckbarerklärung eines im deutschen *Mahnverfahren* mangels Widerspruchs erlassenen Vollstreckungsbescheids ist Nr. 2 anzuwenden, weil dieser Vollstreckungstitel – wie eine Versäumnisentscheidung – ohne Anhörung des Schuldners erlassen wurde (näher Art. 27 Rz. 23). Dagegen gilt die Vorschrift nicht für *die in einem einseitigen Verfahren erlassenen Arreste und einstweiligen Verfügungen* (Art. 27 Rz. 20). – Es muß eine besondere Zustellungsurkunde vorgelegt werden. Aus der Urkunde muß die Tatsache der *„Zustellung"* (Art. 27 Rz. 28 ff.) des *„den Rechtsstreit einleitenden Schriftstücks oder eines gleichwertigen Schriftstücks"* (Art. 27 Rz. 23 f.) hervorgehen. Die in Art. 27 Nr. 2 verlangte „Rechtzeitigkeit" der Zustellung braucht sich aus der Urkunde nicht zu ergeben[4]. – Eine *beglaubigte Abschrift* („copie certifiée"), die Nr. 2 genügen läßt, ist eine Abschrift (insbesondere Fotokopie), auf der von einer zur Beglaubigung befugten Person bezeugt wird, daß das Schriftstück mit der Urschrift übereinstimmt. – Wird die in Nr. 2 verlangte Urkunde nicht vorgelegt, so ist Art. 48 zu beachten.

Für das *Vereinigte Königreich* enthält sec. 11 des Civil Jurisdiction and Judgments Act 1982 nähere Ausführungsvorschriften. Das in diesem Staat übliche Beweismittel der eidesstattlichen Versicherung („affidavit") wird auch im Rahmen des EuGVÜ akzeptiert[5]. Die ebenfalls zur Ausführung des Übereinkommens erlassenen Rules of the Supreme Court, Order 71, Part III, sehen ein „affidavit" verschiedentlich vor. **4**

Artikel 47

Die Partei, welche die Zwangsvollstreckung betreiben will, hat ferner vorzulegen:

1. **die Urkunden, aus denen sich ergibt, daß die Entscheidung nach dem Recht des Urteilsstaats vollstreckbar ist und daß sie zugestellt worden ist;**
2. **gegebenenfalls eine Urkunde, durch die nachgewiesen wird, daß der Antragsteller das Armenrecht im Urteilsstaat genießt.**

In *Nr. 1* wird Art. 31 ergänzt, indem die Vorlage einer Urkunde verlangt wird, aus der sich ergibt, daß die „Entscheidung" (Art. 25) nach dem Recht des Urteilsstaats *vollstreckbar* ist. Welche Urkunde das ist, sagt die Nr. 1 nicht. Eine detaillierte Regelung hätte nur die Gegebenheiten im Recht der einzelnen Staaten wiedergeben können, womit man die sonstige Linie des EuGVÜ verlassen hätte[1]. Es ist also im Einzelfall anhand der einschlägigen Normen des Urteilsstaats zu prüfen, welche Urkunden zum Nachweis der Vollstreckbarkeit geeignet **1**

---

4 *Droz* Nr. 596; *Bülow*, RabelsZ 1974, 275; *Wolff* in Hdb. IZVR III/2 Kap. IV Rz. 279.

5 Bericht *Schlosser* Nr. 225.

1 So mit Recht *Bülow*, RabelsZ 1974, 275, gegen die Kritik von *Droz* Nr. 598.

sind[2]. Mitunter genügt für den Nachweis der Vollstreckbarkeit schon die nach Art. 46 Nr. 1 vorgelegte Ausfertigung der Entscheidung, beispielsweise wenn sie einen unbedingten Ausspruch über die vorläufige Vollstreckbarkeit (siehe Art. 31 Rz. 10) enthält. Die Vorlage einer besonderen Urkunde über die Vollstreckbarkeit wird also nicht in jedem Falle gefordert[3]. Hängt die Vollstreckbarkeit vom Nachweis besonderer Voraussetzungen ab, wie z. B. der Leistung einer Sicherheit durch den Gläubiger, so erleichtert in Deutschland § 6 AVAG den Nachweis dieser Voraussetzungen (Art. 34 Rz. 2).

2 In *Nr. 1* wird ferner die Vorlage einer Urkunde verlangt, aus der sich ergibt, daß die „Entscheidung" (Art. 25) *zugestellt* worden ist. Denn vor Zulassung der Zwangsvollstreckung soll der Schuldner von dem gegen ihn ergangenen Urteil Kenntnis erlangt und Gelegenheit gehabt haben, ihm freiwillig nachzukommen[4]. Die Zustellung kann dementsprechend während des Klauselerteilungsverfahrens einschließlich des Rechtsbehelfsverfahrens unter Umständen rechtswirksam nachgeholt werden, wenn der Schuldner zu erkennen gibt, daß er keinesfalls freiwillig leisten will; das gilt aber nicht bei einem Versäumnisurteil, weil dieses dem Schuldner überhaupt erst durch die Zustellung bekannt wird[5]. Die Art der Zustellung richtet sich nach dem Recht des Urteilsstaates, insbesondere nach den von diesem Staat geschlossenen Staatsverträgen (siehe Art. 20 Rz. 8f.). Der Nachweis der Zustellung kann durch die Urschrift oder beglaubigte Abschrift einer Zustellungsurkunde oder eines Zustellungszeugnisses, aber auch durch andere Urkunden geführt werden. Erfolgt die Zustellung im Rahmen des Haager Zivilprozeßübereinkommens von 1954, so dient nach dessen Art. 5 zum Nachweis der Zustellung entweder ein beglaubigtes Empfangsbekenntnis des Empfängers oder ein Zustellungszeugnis der ersuchten Behörde. Bei Fehlerhaftigkeit des Zustellungszeugnisses kann der Nachweis insbesondere durch das Empfangsbekenntnis erbracht werden[6]. – Dem Sinn der Nr. 1 entsprechend muß die Zustellung derjenigen Entscheidung nachgewiesen werden, aus der vollstreckt werden soll, und nicht zusätzlich die Zustellung einer bestätigenden Rechtsmittelentscheidung[7]. – Für die in einem einseitigen Verfahren erlassenen einstweiligen Maßnahmen gilt der gesamte Titel III des Übereinkommens nicht (Art. 25 Rz. 23). Für die auf einem kontradiktorischen Verfahren beruhenden vorläufigen Maßnahmen ist der Zustellungsnachweis erforderlich.

3 Die *Nr. 2* ergänzt den Art. 44. Der Nachweis kann nicht nur durch den Bewilligungsbeschluß oder eine beglaubigte Abschrift, sondern gemäß Art. 48 unter Umständen auch mit anderen Mitteln erbracht werden.

---

2 Einen rechtsvergleichenden Überblick über das Recht der Vertragsstaaten geben *Bülow/Böckstiegel/Schlafen* Art. 47 Anm. II 4 und *Wolff* in Hdb. IZVR III/2 Kap. IV Rz. 246ff.

3 Bericht *Jenard* vor Art. 48.

4 Bericht *Jenard* vor Art. 48.

5 *OLG Koblenz* 10. 6. 1991, RIW 1991, 667.

6 *BGH* 26. 11. 1975, BGHZ 65, 291 = NJW 1976, 478 = RIW 1976, 110 = IPRspr. 1975 Nr. 170 S. 416f.

7 *BGH* 26. 9. 1979, BGHZ 75, 167 = NJW 1980, 527 = RIW 1979, 861 = IPRspr. 1979 Nr. 204.

Artikel 48

Werden die in Artikel 46 Nr. 2 und in Artikel 47 Nr. 2 angeführten Urkunden nicht vorgelegt, so kann das Gericht eine Frist bestimmen, innerhalb deren die Urkunden vorzulegen sind, oder sich mit gleichwertigen Urkunden begnügen oder von der Vorlage der Urkunden befreien, wenn es eine weitere Klärung nicht für erforderlich hält.

Auf Verlangen des Gerichts ist eine Übersetzung der Urkunden vorzulegen; die Übersetzung ist von einer hierzu in einem der Vertragsstaaten befugten Person zu beglaubigen.

Der Artikel hat den *Zweck*, „einen übertriebenen Formalismus auszuschließen"[1]. Diesem Zweck entsprechend ist er auszulegen. Die Vorschrift bezieht sich nur auf den Zustellungsnachweis des verfahrenseinleitenden Schriftstücks (Art. 46 Nr. 2) und den Armenrechtsnachweis (Art. 47 Nr. 2). Sie ist also auf die in Art. 46 Nr. 1 und 47 Nr. 1 genannten Urkunden nicht anwendbar. Das Bedürfnis nach Beweiserleichterungen ist insoweit auch geringer, weil der Antragsteller jederzeit eine zweite Ausfertigung der Entscheidung oder einen neuen Vollstreckbarkeitsnachweis im Entscheidungsstaat einholen kann. Am ehesten können sich Schwierigkeiten beim Zustellungsnachweis der Entscheidung ergeben (vgl. dazu Art. 47 Rz. 2). Seinem Zweck entsprechend schließt Art. 48 jedenfalls nicht aus, daß ergänzend die einschlägigen Verfahrensvorschriften des autonomen Rechts herangezogen werden[2]. Im Vollstreckungsverfahren vor deutschen Gerichten ist insbesondere an §§ 139, 142 ZPO zu denken, so daß dem Antragsteller auch bei Fehlen der in Art. 46 Nr. 1 oder Art. 47 Nr. 1 genannten Unterlagen eine Frist zur Nachreichung gewährt werden kann[3]. Außerdem sind die Erleichterungen der §§ 5, 6 AVAG zu beachten (dazu Art. 34 Rz. 2). Fehlende Urkunden können auch noch in der Rechtsmittelinstanz beigebracht werden (Art. 33 Rz. 9). 1

Im einzelnen räumt *Abs. 1* dem Gericht drei Möglichkeiten ein: (1) Fristsetzung, (2) Akzeptierung gleichwertiger Urkunden oder (3) Befreiung von der Urkundenvorlage. Auch wenn die *Frist* ohne Ergebnis abgelaufen und der Antrag deshalb abgewiesen ist, kann er nach Beschaffung der erforderlichen Unterlagen jederzeit wiederholt werden (Art. 33 Rz. 9). Als *gleichwertige Urkunde* kann das Gericht auch eine Privaturkunde akzeptieren, wenn es ihr nach den Grundsätzen des autonomen Rechts die notwendige Beweiskraft beimißt[4]. Eine 2

---

1 Bericht *Jenard* zu Art. 48.

2 *Bülow/Böckstiegel/Schlafen* Art. 48 Anm. 1; *Wolff* in Hdb. IZVR III/2 Kap. IV Rz. 287; *Geimer/Schütze* § 159 III 4. Anders *Droz* Nr. 604.

3 *OLG Frankfurt* 8. 6. 1988, IPRspr. 1988 Nr. 198.

4 Vgl. *OLG Frankfurt* 29. 5. 1978, MDR 1978, 942 = RIW 1978, 620 = IPRspr. 1978 Nr. 160: Statt eines Zustellungsnachweises gemäß Art. 46 Nr. 2 akzeptierte das Gericht einen Brief des Schuldners, in dem dieser den Erhalt der Ladung bestätigte und Einwendungen zur Sache erhob. Zur „Ordnungsmäßigkeit" der Zustellung bei tatsächlicher Kenntnis des Beklagten von dem anhängigen Verfahren siehe Art. 27 Rz. 30.

Befreiung von der Urkundenvorlage ist nur gestattet, wenn das Gericht eine weitere Klärung nicht für erforderlich hält, weil andere Beweismittel als ausreichend erscheinen. Die Verfasser des Übereinkommens hatten hierbei den Fall im Auge, daß die erforderlichen Urkunden vernichtet sind[5].

3 Der *Abs. 2* bezieht sich auf alle in Art. 46 und 47 genannten Urkunden. Da nur „auf Verlangen" eine Übersetzung beizubringen ist, können die Urkunden grundsätzlich in der Ursprache vorgelegt werden. Das Gericht kann aber in jeder Lage des Verfahrens – auch noch in der Rechtsmittelinstanz – dem Antragsteller aufgeben, eine Übersetzung vorzulegen, wenn es zur Bearbeitung anhand der fremdsprachigen Urkunden nicht in der Lage ist. Die gleiche Regelung wurde in § 3 III AVAG für einen fremdsprachigen „Antrag" getroffen (siehe Art. 33 Rz. 3). „Zur Vereinfachung" läßt Abs. 2 es zu, daß die Übersetzung von einer in einem der Vertragsstaaten hierzu befugten Person beglaubigt wird[6]. Es bleibt also dem Antragsteller überlassen, in welchem Staat er sich die beglaubigte Übersetzung beschafft, und er kann sie ggf. in mehreren Staaten benutzen, z. B. eine Übersetzung ins Französische in Frankreich und Belgien. Da das Gericht die Vorlage einer Übersetzung nicht verlangen muß, kann es sich auch mit einer unbeglaubigten Übersetzung begnügen[7].

Artikel 49

Die in den Artikeln 46, 47 und in Artikel 48 Absatz 2 angeführten Urkunden sowie die Urkunde über die Prozeßvollmacht, falls eine solche erteilt wird, bedürfen weder der Legalisation noch einer ähnlichen Förmlichkeit.

1 Dieser Artikel befreit die vorzulegenden Urkunden von einer *Legalisation oder ähnlichen Förmlichkeit*, also auch von der Apostille, die in dem Haager Übereinkommen zur Befreiung ausländischer öffentlicher Urkunden von der Legalisation vom 5. Oktober 1961 vorgesehen ist. Damit werden bürokratische Hemmnisse innerhalb Europas abgebaut. Die ausländischen öffentlichen Urkunden stehen den inländischen gleich. In Deutschland ist § 437 ZPO anzuwenden.

2 Die Befreiung von Förmlichkeiten gilt auch für die *Prozeßvollmacht im Vollstreckungsverfahren.* Die Regelung bezieht sich – wie die systematische Stellung im Titel III und der Bericht *Jenard* deutlich machen – nicht auf die Prozeßvollmacht im Urteilsstaat. Für letztere ist mangels einer Regelung im EuGVÜ das autonome Recht der Vertragsstaaten anzuwenden.

---

5 Bericht *Jenard* zu Art. 48.
6 Bericht *Jenard* zu Art. 48.
7 *BGH* 26. 9. 1979, BGHZ 75, 167 = NJW 1980, 527 = RIW 1979, 861 = IPRspr. 1979 Nr. 204.

Titel IV. Öffentliche Urkunden und Prozeßvergleiche

Artikel 50

Öffentliche Urkunden, die in einem Vertragsstaat aufgenommen und vollstreckbar sind, werden in einem anderen Vertragsstaat auf Antrag in den Verfahren nach den Artikeln 31 ff. mit der Vollstreckungsklausel versehen. Der Antrag kann nur abgelehnt werden, wenn die Zwangsvollstreckung aus der Urkunde der öffentlichen Ordnung des Vollstreckungsstaats widersprechen würde.

Die vorgelegte Urkunde muß die Voraussetzungen für ihre Beweiskraft erfüllen, die in dem Staate, in dem sie aufgenommen wurde, erforderlich sind.

Die Vorschriften des 3. Abschnitts des Titels III sind sinngemäß anzuwenden.

Übersicht

1. Anwendungsbereich

Da Art. 1 für das gesamte Übereinkommen maßgebend ist, bezieht sich Art. 50 nur auf solche öffentlichen Urkunden, die Gegenstände betreffen, die in den *sachlichen Anwendungsbereich* des Übereinkommens fallen[1]. Betrifft die Urkunde also beispielsweise einen öffentlich-rechtlichen Anspruch, wie die Kostenforderung eines deutschen Notars, so ist Art. 50 EuGVÜ nicht anwendbar, und die Urkunde kann nicht aufgrund des Übereinkommens mit der Vollstreckungsklausel versehen werden (siehe Art. 1 Rz. 7). Dagegen erfaßt das EuGVÜ Unterhaltsansprüche (siehe Art. 1 Rz. 22), so daß die von einem Beamten oder Angestellten des deutschen Jugendamtes aufgenommenen vollstreckbaren Urkunden über Unterhaltsverpflichtungen (§§ 59 I Nr. 3 und 4, 60 KJHG) in den anderen Vertragsstaaten auf Antrag mit der Vollstreckungsklausel zu versehen sind[2]. 1

Die Errichtung der Urkunde muß in den *zeitlichen Anwendungsbereich* des Übereinkommens fallen, d.h. die Urkunde muß nach dem Inkrafttreten des Übereinkommens aufgenommen worden sein (Art. 54 I). 2

---

1 Bericht *Jenard* zu Art. 50.

2 Siehe z.B. *Hof 's-Gravenhage* 18. 10. 1985, N. J. 1986 Nr. 512 Anm. *Schultsz*; *Paris* 22. 2. 1990, D. S. 1990, I. R. 108 = Bericht *Huet*, Clunet 1991, 162.

2. Öffentliche Urkunden

3 Der Begriff „öffentliche Urkunden" wird im Übereinkommen nicht näher bestimmt. Der Abs. 2 verweist hinsichtlich der „Voraussetzungen für ihre Beweiskraft" (vgl. zu dieser Formulierung Art. 46 Rz. 1) auf das Recht des Errichtungsstaates. In Deutschland sind öffentliche Urkunden nach der Legaldefinition des § 415 I ZPO „Urkunden, die von einer öffentlichen Behörde innerhalb der Grenzen ihrer Amtsbefugnisse oder von einer mit öffentlichem Glauben versehenen Person innerhalb des ihr zugewiesenen Geschäftskreises in der vorgeschriebenen Form aufgenommen sind". Eine vertragsautonome Umschreibung der Voraussetzungen, die eine öffentliche Urkunde erfüllen muß, um als solche im Sinne des Art. 50 zu gelten, versucht der Bericht zum Lugano-Übereinkommen[3]. Danach muß die Beurkundung von einer Behörde vorgenommen worden sein, sie muß sich auf den Inhalt (nicht nur auf die Unterschrift) beziehen, und die Urkunde muß in dem Staat, in dem sie ausgestellt worden ist, als solche vollstreckbar sein (siehe dazu unten Rz. 5). Faktisch stehen in den sechs Gründungsstaaten der EWG die Urkunden der Notare im Vordergrund[4].

3. Errichtung in einem Vertragsstaat

4 Gemäß Abs. 1 Satz 1 muß die öffentliche Urkunde in einem Vertragsstaat aufgenommen sein (siehe Art. 60 Rz. 1 ff.). Auf den Wohnsitz oder die Staatsangehörigkeit der Parteien kommt es nicht an. Im Ausland errichtete konsularische Urkunden sind dem Entsendestaat zuzurechnen[5]. Die Vollstreckbarerklärung konsularischer Urkunden setzt voraus, daß der Konsul nach den zwischen Entsende- und Empfangsstaat bestehenden staatsvertraglichen Vereinbarungen, insbesondere nach den Regeln des Wiener Übereinkommens vom 24. April 1963 über konsularische Beziehungen[6], berechtigt ist, im Empfangsstaat vollstreckbare Urkunden aufzunehmen.

4. Vollstreckbarkeit

5 In Abs. 1 Satz 1 wird verlangt, daß die öffentliche Urkunde im Errichtungsstaat vollstreckbar ist. Die Vollstreckbarkeit ist gegeben, wenn aus der Urkunde im

3 Bericht *Jenard/Möller* Nr. 72.

4 Als weitere Urkundspersonen nennt *Bellet*, Rev. trim. dr. europ. 1975, 35: „greffiers, huissiers, courtiers maritimes, commissaires-priseurs". Zur Kostenfestsetzung für den französischen Korrespondenzanwalt durch den Vorsitzenden einer französischen Anwaltskammer siehe *OLG Koblenz* 5. 11. 1985, RIW 1986, 469 = IPRax 1987, 24, 10 Anm. *Reinmüller* = IPRspr. 1985 Nr. 183.

5 *Geimer*, DNotZ 1975, 474 N. 29; zustimmend *Bülow/Böckstiegel/Schlafen* Art. 50 Anm. 3 b; *Wolfsteiner*, Die vollstreckbare Urkunde (1978) 200 N. 5; *Nagel* Rz. 777.

6 BGBl. 1969 II 1585; Ratifikationsstand im jährlich erscheinenden Fundstellennachweis B, Beilage zum BGBl. II.

Erststaat ohne weiteres vollstreckt werden könnte. Das deutsche Recht (§ 794 I Nr. 5 ZPO) verlangt – im Unterschied zu den romanischen Rechten –, daß der Schuldner sich in der notariellen Urkunde ausdrücklich der sofortigen Zwangsvollstreckung unterworfen hat. Kommt einer notariellen Urkunde im Erststaat keine Wirkung zu, etwa weil der Notar wegen zu naher Beteiligung an dem Rechtsgeschäft ausgeschlossen war, so entfällt die Vollstreckbarkeit im Erststaat und damit auch im Zweitstaat[7]. In ihrer Regelung der Vollstreckbarkeit von Urkunden unterscheiden sich die einzelnen Rechtsordnungen vor allem hinsichtlich der Art der Ansprüche, die Gegenstand einer vollstreckbaren Urkunde sein können[8]. Maßgebend ist auch insoweit die Rechtslage im Errichtungsstaat.

Beispiel: Auch wenn das italienische Recht die Errichtung einer vollstreckbaren Urkunde nur für Geldforderungen kennt, muß eine in Deutschland gemäß § 794 I Nr. 5 ZPO ausgestellte Urkunde über die Leistung anderer vertretbarer Sachen in Italien zur Vollstreckung zugelassen werden. Umgekehrt ist eine in Italien ausgestellte Urkunde dieses Inhalts in Deutschland nicht gemäß Art. 50 EuGVÜ zur Zwangsvollstreckung zuzulassen, weil dann die Rechtslage im italienischen Errichtungsstaat und nicht die im deutschen Vollstreckungsstaat maßgebend ist.

Zweifelhaft ist, ob eine Urkunde, die nach ihrem Inhalt ersichtlich auf den Zweitstaat zugeschnitten und nach dessen Recht zulässig ist, dort gemäß Art. 50 i. V. m. Art. 31 EuGVÜ mit der Vollstreckungsklausel versehen werden kann, obwohl ihr nach dem Recht des Erststaates die Vollstreckbarkeit fehlt[9]. Eine derartige Freizügigkeit von öffentlichen Urkunden innerhalb der EG-Staaten mag der Intention des EuGVÜ entsprechen; über den Wortlaut des Art. 50 ginge sie indes hinaus[10]. 6

Beispiel: Nach § 800 I 1 ZPO kann sich der Eigentümer eines Grundstücks in einer nach § 794 I Nr. 5 ZPO aufgenommenen Urkunde in Ansehung einer Hypothek, einer Grundschuld oder einer Rentenschuld der sofortigen Zwangsvollstreckung in der Weise unterwerfen, daß die Zwangsvollstreckung aus der Urkunde *gegen den jeweiligen Eigentümer* des Grundstücks zulässig sein soll. Die Unterwerfung bedarf in diesem Falle der Eintragung in das Grundbuch (§ 800 I 2 ZPO). In der deutschen gerichtlichen Praxis wurde (in Hinblick auf Art. 32, 19 des deutsch-österreichischen Rechtshilfevertrages vom 21. Juni 1923[11]) entschieden, daß eine derartige dingliche Unterwerfung unter die Zwangsvollstreckung in ein deutsches Grundstück auch aufgrund einer von einem österreichischen Notar aufgenommenen Urkunde in das deutsche Grundbuch eingetragen werden kann, obgleich das österreichische Recht eine dem § 800 ZPO entsprechende Bestimmung nicht enthält[12]. Die Frage ist, ob sich diese Rechtsprechung angesichts des Wortlauts von 7

7 *Geimer*, DNotZ 1975, 471.

8 *Bülow/Böckstiegel/Schlafen* Art. 50 Anm. 3c mit rechtsvergleichenden Hinweisen zu den in den einzelnen Vertragsstaaten in Betracht kommenden Titeln; siehe auch *Wolff* in Hdb. IZVR III/2 Kap. IV Rz. 246ff.; *Geimer/Schütze* § 173 II 3.

9 Bejahend *Geimer*, DNotZ 1975, 471f.

10 Verneinend deshalb *Bülow/Böckstiegel/Schlafen* Art. 50 Anm. 3c; *Wolfsteiner* (oben N. 5) 200 N. 6; *Wolff* in Hdb. IZVR III/2 Kap. IV Rz. 225.

11 RGBl. 1924 II 55.

12 *KG* 19. 1. 1928, JFG 6, 300 = HRR 1928 Nr. 920 = IPRspr. 1928 Nr. 126; zustimmend *Dölle*, RabelsZ 1962–63, 239f.

Art. 50 EuGVÜ auf das EuGVÜ übertragen läßt[13]. – Ein anderes Problem wirft § 800 I 2 ZPO auf: Ist die Eintragung in das deutsche Grundbuch auch dann Vollstreckungsvoraussetzung, wenn das Recht des Errichtungsstaates die Vollstreckung gegen den jeweiligen Eigentümer schon aufgrund der bloßen Urkunde zuläßt? In Übereinstimmung mit dem Wortlaut des Art. 50 EuGVÜ halten manche eine Eintragung der Unterwerfung in das deutsche Grundbuch in diesem Falle für entbehrlich[14].

5. Vollstreckbarerklärungsverfahren

8 Nach Abs. 1 Satz 1 wird die Urkunde *auf Antrag in den Verfahren nach Art. 31ff. mit der Vollstreckungsklausel versehen.* Die Vorschrift verweist auf das einseitige Antragsverfahren nach Art. 31 ff. und die Rechtsbehelfsverfahren nach Art. 36ff. Das Verfahren kann – hier wie sonst – nur durchgeführt werden, wenn der Vertragsstaat Gerichtsbarkeit über den Schuldner besitzt. Wegen aller Einzelheiten des Verfahrens sei auf die Erläuterungen zu Art. 31 ff. EuGVÜ und – für die Rechtslage in Deutschland – auf die ergänzenden Bestimmungen des AVAG verwiesen.

9 Gemäß *Abs. 3* sind die Art. 46–49 über die vorzulegenden Urkunden sinngemäß anzuwenden. Danach wird eine Ausfertigung der vollstreckbaren Urkunde verlangt, welche die für ihre Beweiskraft nach dem Recht des Errichtungsstaates erforderlichen Voraussetzungen erfüllt (Art. 46 Nr. 1, Art. 50 II). Außerdem hat der Gläubiger die Urkunden vorzulegen, aus denen sich ergibt, daß die öffentliche Urkunde nach dem Recht des Errichtungsstaates vollstreckbar ist und daß sie zugestellt worden ist (Art. 47 Nr. 1). Die vorzulegenden Urkunden bedürfen weder einer Legalisation noch einer ähnlichen Förmlichkeit (Art. 49).

6. Prüfung der Vereinbarkeit mit dem ordre public

10 Gemäß Abs. 1 Satz 2 kann der Antrag nur abgelehnt werden, wenn die Zwangsvollstreckung aus der Urkunde dem ordre public des Vollstreckungsstaats widersprechen würde. Die im Verfahren der Vollstreckbarerklärung von „Entscheidungen" bestehenden Ablehnungsgründe (vgl. Art. 34 II) sind für öffentliche Urkunden also auf einen einzigen Ablehnungsgrund reduziert. Insbesondere ist die internationale Zuständigkeit der Urkundsperson in keinem Falle zu überprüfen.

11 Der ordre public ist – hier wie sonst im Übereinkommen – nur in Ausnahmefällen heranzuziehen (Art. 27 Rz. 5 und 7). Maßgebend ist die öffentliche Ordnung

13 Bejahend *Geimer* (oben N. 9), verneinend die in N. 10 genannten Autoren.

14 *Wolfsteiner* (oben N. 5) 200f. Rz. 82.6: „Die Eintragung wird auch nicht etwa vom deutschen ordre public gefordert; das folgt schon daraus, daß das deutsche Recht selbst die Eintragung bei Urteilen und Vergleichen für entbehrlich hält." Zustimmend *Stein/Jonas/Münzberg* § 800 Rz. 4.

des Zweitstaates (vgl. Art. 27 Rz. 4). Im einzelnen ist zwischen Verstößen gegen den verfahrensrechtlichen und gegen den materiellen ordre public zu unterscheiden (vgl. Art. 27 Rz. 8ff.). Während Verstöße des ausländischen Beurkundungsverfahrens gegen den ordre public im Bereich des Lateinischen Notariats kaum vorkommen dürften, erscheint es eher denkbar, daß die Zwangsvollstreckung in Ausnahmefällen dem materiellen ordre public widerspricht. Insbesondere kann die Verletzung der öffentlichen Ordnung aus dem Rechtsverhältnis herrühren, das dem zu vollstreckenden Anspruch zugrunde liegt, so wenn die Urkunde sich auf die Zahlungsverpflichtung aus einem Vertrag bezieht, der wesentliche devisen- oder kartellrechtliche Vorschriften des Vollstreckungsstaates mißachtet (vgl. auch Art. 27 Rz. 13)[15].

7. Einwendungen des Schuldners

Der Schuldner kann im Errichtungsstaat Vollstreckungsgegenklage oder einen dort vorgesehenen vergleichbaren Rechtsbehelf einlegen und damit die Vollstreckbarkeit des Titels beseitigen. Er kann seine Einwendungen aber auch im Verfahren der Vollstreckbarerklärung durch Einlegung eines Rechtsbehelfs nach Art. 36ff. geltend machen (vgl. Art. 36 Rz. 1). Der Schuldner kann dabei nicht nur vortragen, daß die Zwangsvollstreckung der öffentlichen Ordnung des Vollstreckungsstaates widersprechen würde, sondern beispielsweise auch, daß keine „öffentliche Urkunde“ vorliege, daß sie im Errichtungsstaat nicht vollstreckbar sei oder daß die in Art. 47 Nr. 1 geforderten Urkunden nicht vorgelegt seien. Vor allem kann er nach einhelliger Auffassung alle Einwendungen gegen den beurkundeten materiellen Anspruch unabhängig davon geltend machen, wann sie entstanden sind. Die bei der Vollstreckbarerklärung einer „Entscheidung“ bestehende Schranke, daß der Schuldner mit Einwendungen, die vor Erlaß der Entscheidung entstanden sind, ausgeschlossen ist (Art. 36 Rz. 14ff.), findet im Rahmen des Art. 50 kein Gegenstück. Denn der Anspruch ist noch nicht in einem richterlichen Verfahren festgestellt worden. 12

In *Deutschland* stellt § 13 II AVAG ausdrücklich klar, daß der Schuldner alle Einwendungen gegen den Anspruch selbst ohne die bei „Entscheidungen“ bestehende Beschränkung geltend machen kann. Aus § 15 AVAG über die Vollstreckungsgegenklage nach Zulassung der Zwangsvollstreckung folgt, daß der Schuldner gehalten ist, alle Einwendungen im Beschwerdeverfahren vorzubringen, wenn er mit ihnen nicht präkludiert werden will (vgl. Art. 36 Rz. 17)[16]. Wird der ausländische Titel aufgehoben oder abgeändert, so ist dies sowohl während des Rechtsbehelfsverfahrens als auch – gemäß § 29 AVAG – nach rechtskräftigem Abschluß des Rechtsbehelfsverfahrens beachtlich (Art. 36 Rz. 18). In § 30 AVAG wird dem Schuldner ein Schadensersatzanspruch wegen ungerechtfertigter Vollstreckung eingeräumt. 13

---

15 *Geimer*, DNotZ 1975, 477f.

16 Kritisch dazu *MüKoZPO-Gottwald* Art. 50 Rz. 15.

Artikel 51

Vergleiche, die vor einem Richter im Laufe eines Verfahrens abgeschlossen und in dem Staat, in dem sie errichtet wurden, vollstreckbar sind, werden in dem Vollstreckungsstaat unter denselben Bedingungen wie öffentliche Urkunden vollstreckt.

1 Der den meisten Vertragsstaaten bekannte *Prozeßvergleich*[1] wird unter denselben Bedingungen wie eine öffentliche Urkunde vollstreckt. Der Vergleich muß im Laufe eines richterlichen Verfahrens abgeschlossen sein. Andere Vergleiche, z. B. solche vor Einigungsstellen zur Beilegung von Wettbewerbsstreitigkeiten (§ 27 a VII UWG), können als öffentliche Urkunden gemäß Art. 50 in den anderen Vertragsstaaten vollstreckbar sein. In Art. 51 ist – wie in Art. 50 – vorausgesetzt, daß der Prozeßvergleich in einem Vertragsstaat zustande gekommen ist[2].

2 Auch auf Prozeßvergleiche ist das Übereinkommen gemäß seinem Art. 1 nur anwendbar, wenn sie in *Zivil- und Handelssachen* geschlossen wurden. Im Schrifttum findet sich freilich – trotz des entgegenstehenden Wortlauts des Übereinkommens – die Ansicht, das EuGVÜ sei auf Prozeßvergleiche über erbrechtliche Ansprüche anzuwenden, da insoweit in allen Mitgliedstaaten kein staatliches Dispositionsmonopol in Anspruch genommen werde, so daß die ratio des Art. 1 II Nr. 1 nicht erfüllt sei[3]. Dagegen gilt Art. 51 wohl unstreitig für einen Vergleich über Unterhaltszahlungen, gleichgültig ob es sich um Unterhalt für Kinder oder Erwachsene handelt[4].

3 Für weitere *Einzelheiten*, insbesondere hinsichtlich des Verfahrens der Vollstreckbarerklärung und der möglichen Einwendungen des Schuldners, sei auf die Erläuterungen zu Art. 50 verwiesen. Der Antrag auf Vollstreckbarerklärung des Prozeßvergleichs darf in entsprechender Anwendung von Art. 50 I 2 nur abgelehnt werden, wenn die Zwangsvollstreckung der öffentlichen Ordnung des Vollstreckungsstaats widersprechen würde.

---

1 Vgl. im deutschen Recht § 794 I Nr. 1 ZPO. Rechtsvergleichender Überblick bei *Bülow/Böckstiegel/Schlafen* Art. 51 Anm. 2, *Wolff* in Hdb. IZVR III/2 Kap. IV Rz. 246 ff., *Geimer/Schütze* § 173 III 3.

2 *Bülow/Böckstiegel/Schlafen* Art. 51 Anm. 1.

3 Vgl. *Grunsky*, JZ 1973, 644; *Bülow/Böckstiegel* Art. 1 Anm. 6; noch weitergehend *Geimer/Schütze* § 20 VIII und *Zöller/Geimer* Anh Art. 1 Rz. 14: „Für Prozeßvergleiche gilt Art. 1 II Nr. 1 nicht." Anders mit Recht *Basedow* in Hdb. IZVR I Kap. II Rz. 89; *MüKoZPO-Gottwald* Art. 51 Rz. 2.

4 *Rb. 's-Gravenhage* 28. 12. 1982, N. J. 1983 Nr. 452 Anm. *Schultsz*; siehe auch Art. 1 Rz. 22 und Art. 57 Rz. 4.

Titel V. Allgemeine Vorschriften

Schrifttum: *Kaye*, The Meaning of Domicile under United Kingdom Law for the Purposes of the 1968 Brussels Convention on Jurisdiction and the Enforcement of Judgments in Civil and Commercial Matters, Neth. Int. L. Rev. 1988, 181; *ders.*, Nationality and the European Convention on the Jurisdiction and Enforcement of Judgments, Int. Comp. L. Q. 1988, 268; *Mondini,* Alcune considerazioni in tema di domicilio delle persone fisiche nell'ambito della convenzione C.E.E., Riv. dir. int. priv. proc. 1969, 112 = L'efficacia delle sentenze straniere nelle convenzioni multilaterali dell'Aja e della C.E.E. (1969) 217; *Santa Maria,* Problemi in tema di applicazione alle società della convenzione della C.E.E. sulla competenza giurisdizionale e sul riconoscimento e l'esecuzione delle sentenze in materia civile e commerciale, Riv. dir. int. priv. proc. 1969, 139 = L'efficacia delle sentenze straniere nelle convenzioni multilaterali dell'Aja e della C.E.E. (1969) 245; *Struycken,* Het Europees Executieverdrag en de woonplaats van de rechtspersoon, N. V. 1978, 45.

Siehe auch das in der Einleitung angeführte übergreifende Schrifttum.

Artikel 52

Ist zu entscheiden, ob eine Partei im Hoheitsgebiet des Vertragsstaats, dessen Gerichte angerufen sind, einen Wohnsitz hat, so wendet das Gericht sein Recht an.

Hat eine Partei keinen Wohnsitz in dem Staate, dessen Gerichte angerufen sind, so wendet das Gericht, wenn es zu entscheiden hat, ob die Partei einen Wohnsitz in einem anderen Vertragsstaat hat, das Recht dieses Staates an.

Der Wohnsitz einer Partei ist jedoch nach dem Recht des Staates, dem sie angehört, zu beurteilen, wenn nach diesem Recht ihr Wohnsitz vom Wohnsitz einer anderen Person oder vom Sitz einer Behörde abhängt.

Übersicht

1. Allgemeines

Das Übereinkommen bietet in Art. 52 keine einheitliche materiellrechtliche Begriffsbestimmung des Wohnsitzes, sondern lediglich gemeinsame Kollisionsnormen über das zur Feststellung des Wohnsitzes anwendbare Recht. Verwiesen wird – wenn keine besondere prozeßrechtliche Norm über den Wohnsitz besteht – auf den zivilrechtlichen Wohnsitzbegriff. Beispielsweise wird in Belgien kraft der prozeßrechtlichen Norm des Art. 36 belg. ZPO als Wohnsitz, an dem zugestellt und geklagt werden kann, der Ort verstanden, an dem die Person laut Einwohnerregister ihren Hauptverbleib besitzt, unabhängig davon, ob sie dort tat- 1 sächlich noch wohnt[1]. Das „fiktive Wahldomizil", das die Rechtsordnungen mancher Vertragsstaaten kennen, ist kein Wohnsitz im Sinne des Übereinkommens[2].

2 Eine einheitliche materiellrechtliche Begriffsbestimmung hielten die *Verfasser des Übereinkommens* für gefährlich, weil sie eine Vielzahl verschiedener Definitionen in den einzelnen Abkommen auslösen und außerdem durch die Entwicklung des innerstaatlichen Rechts rasch überholt werden könnte. Die denkbare Ersetzung des Wohnsitzes durch den gewöhnlichen Aufenthalt wurde mit der Begründung verworfen, das Recht der (ursprünglichen) EG-Staaten bestimme die Zuständigkeit überwiegend nach dem Wohnsitz, der gewöhnliche Aufenthalt sei nicht sicher genug definierbar und ein zu flüchtiges Anknüpfungsmoment. Die gleichzeitige Anwendung beider Kriterien wurde ebenfalls abgelehnt, weil man befürchtete, damit die Zahl der Gerichtsstände und die Fälle doppelter Rechtshängigkeit zu sehr zu erhöhen[3].

3 Die kollisionsrechtliche Wohnsitzlösung des EuGVÜ ist insgesamt recht kompliziert und schwerfällig[4]. Ihr Ziel, positive und negative Kompetenzkonflikte zu vermeiden, vermag sie nicht vollständig zu erreichen. Das Vereinigte Königreich und Irland mit ihrem vom kontinentalen Recht abweichenden Wohnsitzbegriff sind genötigt, den Wohnsitz für die Zwecke des Übereinkommens gesondert zu definieren[5]. Das kollisionsrechtliche EG-Übereinkommen über Schuldverträge vom 19. 6. 1980 enthält eine einfachere Lösung, indem es (in Art. 4 I und 5 II, III) den gewöhnlichen Aufenthalt als Anknüpfungsmoment verwendet.

4 Für das *Vereinigte Königreich* bringt der Civil Jurisdiction and Judgments Act 1982 in sec. 41 ff. detaillierte Regeln über die Anwendung des EuGVÜ in den Fällen, in denen das Übereinkommen auf den Wohnsitz (oder Sitz) abstellt[6]. Geregelt werden jeweils drei Fragen: (1) Wohnsitz im Vereinigten Königreich; (2) Wohnsitz in einem bestimmten Teil des Vereinigten Königreichs, also in England und Wales, Schottland oder Nordirland; (3) Wohnsitz an einem bestimmten Ort im Vereinigten Königreich. Gemäß sec. 41 wird als Voraussetzung für ein Domizil mit leichten Variationen jeweils „residence" in und „substantial connection" mit Großbritannien verlangt[7]. Nach sec. 41 (6) wird nach dreimonatigem Aufenthalt im Vereinigten Königreich eine „substantial connection" bis zum

1 Siehe *Rb. 's-Hertogenbosch* 16. 9. 1983, N. J. 1985 Nr. 207 mit allen Nachw. zum belgischen Recht.

2 Bericht *Jenard* Kapitel IV A 3 (4) a. E.

3 Ausführlich zu allen rechtspolitischen Erwägungen der Verfasser Bericht *Jenard* Kapitel IV A 3 (1), (2) und (3). Kritisch demgegenüber *Basedow* in Hdb. IZVR I Kap. II Rz. 29 ff. Für einen materiellrechtlich einheitlichen Wohnsitzbegriff *Kaye* 314 ff.

4 *Mondini,* Riv. dir. int. priv. proc. 1969, 119 f.

5 Bericht *Schlosser* Nr. 73: „Die Arbeitsgruppe hat ... das Vereinigte Königreich und Irland gebeten, in ihre Gesetzgebung zur Übernahme des EuGVÜ jedenfalls für die Zwecke der Anwendung des Übereinkommens einen Wohnsitzbegriff festzulegen, der von ihren traditionellen Regeln abweicht und sich an dem Begriffskern dessen orientiert, was man in den Gründungsstaaten der EWG als ‚Wohnsitz' betrachtet."

6 Näher dazu *Collins* 37 ff.; *Hartley* 31 ff.; *O'Malley/Layton* 825 ff., 1048 ff.; *Kaye*, Neth. Int. L. Rev. 1988, 181.

7 *Hartley* 33 spricht von einer „residence plus"-Basis: „The residence factor is constant irrespective of the area of domicile, but the ‚plus' factor varies."

Beweis des Gegenteils vermutet. Die Hauptunterschiede der besonderen Regelung im Civil Jurisdiction and Judgments Act gegenüber dem Domizilbegriff des Common Law sind folgende[8]: das Domizil erfordert kein „permanent home"; auf die Begriffe „domicile of origin" und „domicile of dependancy" kommt es nicht an; eine Person kann für die Zwecke des EuGVÜ ein mehrfaches Domizil haben. Der Begriff des Domizils wurde also für die Zwecke des EuGVÜ dem des gewöhnlichen Aufenthalts stark angenähert, während der herkömmliche Domizilbegriff des Common Law weiterhin für das IPR maßgebend bleibt.

Ihr wichtigstes *Anwendungsfeld* hat die Bestimmung im Bereich der Zuständigkeit. Art. 52 gilt gleichermaßen für die Bestimmung des Wohnsitzes des Klägers und des Beklagten. Meistens stellt das Abkommen darauf ab, wo der Beklagte seinen Wohnsitz hat (Art. 2ff.). Hat der Beklagte keinen Wohnsitz in einem der Vertragsstaaten, bestimmt sich die Zuständigkeit gemäß Art. 4 nach dem autonomen Recht (näher Art. 4 Rz. 1). Bei einigen Normen, insbesondere bei Art. 5 Nr. 2 und Art. 8 I, ist der Wohnsitz des Klägers maßgebend. Auch im Vollstreckungsverfahren ist mitunter auf Art. 52 zurückzugreifen (so in Art. 32 II und 36 II EuGVÜ). 5

Von Art. 52 *nicht erfaßt* ist der Fall, daß der Wohnsitz *außerhalb des Gebiets der Gemeinschaft* liegt. In diesem Fall hat das angerufene Gericht die Regeln seines IPR anzuwenden[9]. Die Vorschrift spielt ferner keine Rolle, wenn der Zweitrichter *gemäß Art. 27 Nr. 2* überprüft, ob dem Beklagten im Erstverfahren das rechtliche Gehör gewährt wurde[10]. Zwar kann dann der Wohnsitz des Beklagten bei der Prüfung der Ordnungsmäßigkeit der Zustellung entscheidend sein; für diese Prüfung sind jedoch das interne Recht des Urteilsstaates bzw. die einschlägigen Abkommen maßgebend (Art. 27 Rz. 28). Die weitere Voraussetzung des Art. 27 Nr. 2, daß die Zustellung rechtzeitig erfolgt ist, setzt Wertungen tatsächlicher Art voraus, bei denen es auf den Begriff des Wohnsitzes im Sinne des Art. 52 nicht ankommt. 6

2. Wohnsitz im Gerichtsstaat (Abs. 1)

Ist zu entscheiden, ob eine Partei ihren Wohnsitz im Gerichtsstaat hat, weil davon die Anwendbarkeit des Übereinkommens oder ein bestimmter Gerichtsstand (z. B. der Wohnsitzgerichtsstand des Art. 2 I) abhängt, so wendet das Gericht gemäß Abs. 1 sein eigenes Recht an. Für die Frage, ob in Deutschland ein Wohnsitz besteht, ist also auf §§ 7ff. BGB abzustellen. Für exterritoriale Deutsche und im Ausland beschäftigte Angehörige des öffentlichen Dienstes ist die in § 15 ZPO der Sache nach enthaltene „prozeßrechtliche Fiktion eines Wohnsitzes" im deutschen Entsendestaat zu beachten[11]. Da der Wohnsitzbe- 7

8 *Collins* 38.
9 Bericht *Jenard* Kapitel IV A 3 (4).
10 *EuGH* 16. 6. 1981 – 166/80, Klomps/Michel.
11 *Geimer,* NJW 1976, 444; *Geimer/Schütze* § 66; *Bülow/Böckstiegel/Schlafen* Art. 52 Anm. 4; *Stein/Jonas/Schumann* § 15 ZPO Rz. 15f.

griff nicht in allen Vertragsstaaten identisch ist[12], sind positive Kompetenzkonflikte durch die Regelung des Art. 52 I nicht ausgeschlossen. Sie können aber durch Art. 21 befriedigend gelöst werden. Freilich behält der Kläger einen gewissen Spielraum zum „forum shopping“[13].

3. Wohnsitz in einem anderen Vertragsstaat (Abs. 2)

8 Hat eine Partei keinen Wohnsitz im Gerichtsstaat und ist zu entscheiden, ob sie einen Wohnsitz in einem anderen Vertragsstaat hat, weil hiervon die Anwendbarkeit des Übereinkommens und damit die Annahme eines seiner besonderen Gerichtsstände abhängt, so ist gemäß Abs. 2 das Recht dieses anderen Vertragsstaates (unter Ausschluß seines IPR[14]) anzuwenden[15].

9 Die Vorschrift erlangt besonders dann Bedeutung, wenn der Beklagte vor dem Gericht eines Vertragsstaats verklagt wird, in dem er keinen Wohnsitz hat. Wird in diesem Fall die Zuständigkeit bestritten, so ist die Zuständigkeit nach dem Grundgedanken des Titels II unterschiedlich zu beurteilen, je nachdem ob der Beklagte seinen Wohnsitz in einem anderen Vertragsstaat oder außerhalb der Gemeinschaft hat.

Beispiel[16]: Während ein Beklagter, der seinen Wohnsitz außerhalb der Gemeinschaft hat, in Belgien ordnungsgemäß vor dem Gericht des Ortes verklagt werden kann, an dem die Verpflichtung entstanden ist, kann eine vor dem gleichen Gericht verklagte Person, die ihren Wohnsitz in einem anderen Vertragsstaat hat, die Unzuständigkeit des belgischen Gerichts geltend machen. Denn dann ist Art. 5 Nr. 1 einschlägig, der bei Schuldverträgen nur den Gerichtsstand des Erfüllungsortes vorsieht. Will der Beklagte die Unzuständigkeit des belgischen Gerichts geltend machen, so muß er nachweisen, daß er seinen Wohnsitz in einem Vertragsstaat hat.

10 Der *negative Kompetenzkonflikt,* der entstehen kann, wenn jeder von zwei in Betracht kommenden Vertragsstaaten annimmt, daß der Wohnsitz nicht in seinem Gebiet, sondern in dem des anderen Staates liegt (z. B. bei einer Person, die in dem einen Staat werktags und in dem anderen am Wochenende lebt), ist dadurch zu lösen, daß ausnahmsweise statt auf den Wohnsitz auf den gewöhnlichen Aufenthalt abgestellt wird[17]. Zwar hat das Übereinkommen als Regelanknüpfung den Wohnsitz bewußt dem gewöhnlichen Aufenthalt vorgezogen; aber es hat doch in Ausnahmefällen neben dem Wohnsitz auf den gewöhnlichen Aufenthalt zurückgegriffen (z. B. in Art. 5 Nr. 2, Art. 15 Nr. 3). Es erscheint deshalb nicht als konventionswidrig, in den seltenen Ausnahmefällen, in denen die

---

12 Einen rechtsvergleichenden Überblick gibt *Bülow/Böckstiegel/Schlafen* Art. 52 Anm. 5.
13 Dies kritisiert *Mondini,* Riv. dir. int. priv. proc. 1969, 121.
14 Das verkennt *Mendes,* Vand. J. Transn. L. 1980, 83 f.
15 *Cass.* 4. 1. 1984, Rev. crit. 1986, 123 Anm. *Courbe.*
16 Bericht *Jenard* Kapitel IV A 3 (4).
17 *Capotorti,* Riv. dir. int. priv. proc. 1969, 337; *Bülow/Böckstiegel/Schlafen* Art. 52 Anm. 8. Dagegen für bloße Notzuständigkeit *Basedow* in Hdb. IZVR I Kap. II Rz. 29.

Anknüpfung an den Wohnsitz versagt, den gewöhnlichen Aufenthalt an seine Stelle zu setzen und damit eine internationalisierungsfähige Lösung zu erzielen.

Der Gegenvorschlag, eine Wohnsitzverweisung auf das Inland anzunehmen[18], steht in Widerspruch zu Art. 52, der eine Rückverweisung nicht zuläßt, und er schafft die Möglichkeit eines positiven Kompetenzkonflikts, wenn jeder der beiden Staaten so verfährt.

4. Abhängiger Wohnsitz (Abs. 3)

Ob ein abhängiger Wohnsitz besteht, ist entgegen den vorstehenden Regeln nicht nach dem Recht des Staates des in Betracht kommenden Wohnsitzes, sondern nach dem materiellen Heimatrecht (unter Ausschluß des IPR[19]) dieser Personen (Kinder, u. U. Ehefrauen) zu beurteilen (Abs. 3). Die Vorschrift meint nur personen- und familienrechtliche Abhängigkeiten. Hierfür wurde das Staatsangehörigkeitsprinzip zugrundegelegt. Im EuGVÜ 1989 (siehe Einl Rz. 8) und im Lugano-Übereinkommen ist der rechtspolitisch angreifbare Abs. 3 nicht mehr enthalten. 11

Auch die Gerichte im *Vereinigten Königreich* müssen nach Maßgabe des Staatsangehörigkeits- und nicht des Domizilprinzips prüfen, ob für ausländische Minderjährige oder Ehefrauen ein abhängiger Wohnsitz besteht[20]. Für britische Minderjährige und Ehefrauen, die in einem fremden Staat leben, entscheidet das Recht des Vereinigten Königreichs, wobei die maßgebende Teilrechtsordnung m. E. nach dem Kriterium der engsten Verbindung bestimmt werden sollte. 12

Die Regelung des Abs. 3 gilt unabhängig davon, ob es um die Ermittlung des gesetzlichen Wohnsitzes im Gerichtsstaat (Abs. 1) oder in einem anderen Vertragsstaat (Abs. 2) geht[21]. Sie gilt ferner nicht nur für Bürger von EG-Staaten, sondern für Bürger jeder Nationalität. 13

Im einzelnen gibt der Bericht *Jenard* folgende Erläuterungen[22]: „Nach Artikel 52 III ist das innerstaatliche Recht in zweifacher Hinsicht heranzuziehen. Das Heimatrecht eines Minderjährigen bestimmt zum Beispiel zunächst, ob der Wohnsitz ein abhängiger ist. Ist dies zu bejahen, so beurteilt sich die Frage, wo sich dieser Wohnsitz befindet (z. B. am Wohnsitz des Vormundes), ebenfalls nach dem Heimatrecht des Minderjährigen. Ist die Frage zu verneinen, d. h. hängt der Wohnsitz der abhängigen Personen nach dem Recht ihres Staates nicht von dem einer anderen Person oder von dem Sitz einer Behörde ab, so ist gegebenenfalls Absatz 1 oder Absatz 2 des Artikels 52 zur Bestimmung des Wohnsitzes der 14

18 So *von Hoffmann,* AWD 1973, 59; *Geimer/Schütze* § 68 I.
19 Vgl. auch *Pointon,* LIEI 1975/2, 16.
20 In diesem Punkt ist der Bericht *Schlosser* Nr. 74 zumindest unklar. Nach *Hartley* 29 N. 14 gibt er weder das englische Recht noch die Lösung des Übereinkommens zutreffend wieder.
21 Zweifelnd *Collins* 39.
22 Bericht *Jenard* Kapitel IV A 3 (4).

abhängigen Person anzuwenden. Beide Absätze sind auch zur Feststellung des Wohnsitzes derjenigen Person anzuwenden, von der sich der Wohnsitz der abhängigen Person ableitet."

15 Ist der Wohnsitz von *Mehrstaatern* zu beurteilen, so bestimmt das Gericht das maßgebende Heimatrecht – mangels einer konventionseigenen Regelung – nach den für Mehrstaater geltenden Regeln der lex fori[23]. In Deutschland ist gemäß Art. 5 I 1 EGBGB grundsätzlich das Recht desjenigen Staates anzuwenden, mit dem die Person am engsten verbunden ist. Wenn der Mehrstaater auch Deutscher ist, geht diese Rechtsstellung jedoch stets vor (Art. 5 I 2 EGBGB).

16 Alle *Vorfragen,* wie nach dem Bestehen des betreffenden Abhängigkeitsverhältnisses (Kindschaft, Ehe usw.) und nach dem Wohnsitz der anderen Person bzw. dem Sitz der Behörde, beantwortet ebenfalls das Heimatrecht.

17 *Rechtspolitisch* ist der abhängige Wohnsitz als Zuständigkeitskriterium von zweifelhaftem Wert. Insbesondere erscheint ein abhängiger Wohnsitz von Ehefrauen nicht mehr zeitgemäß. Er kann beispielsweise dazu führen, daß ein Prozeß der Konventionsregelung entzogen wird, obwohl die Ehefrau innerhalb der EG lebt (weil der Ehemann seinen Wohnsitz außerhalb der EG hat)[24].

Artikel 53

Der Sitz von Gesellschaften und juristischen Personen steht für die Anwendung dieses Übereinkommens dem Wohnsitz gleich. Jedoch hat das Gericht bei der Entscheidung darüber, wo der Sitz sich befindet, die Vorschriften seines internationalen Privatrechts anzuwenden.

Um zu bestimmen, ob ein *trust* seinen Sitz in dem Vertragsstaat hat, bei dessen Gerichten die Klage anhängig ist, wendet das Gericht sein internationales Privatrecht an.

1. Gesellschaften und juristische Personen (Abs. 1)

1 Das Übereinkommen enthält keine Definition der von ihm erfaßten *Gesellschaften und juristischen Personen,* und es hat auch die Vorfrage ihrer Anerkennung bewußt nicht geregelt[1]. Diese Frage ist nach dem allgemeinen innerstaatlichen Recht und den einschlägigen speziellen Übereinkommen zu beantworten. Soweit im jeweiligen Vertragsstaat eine Anerkennung wenigstens hinsichtlich der Parteifähigkeit gegeben ist, findet das Übereinkommen Anwendung. Denn Art. 53 I hat den Zweck, alle an einem Verfahren beteiligten Prozeßsubjekte zu erfassen,

23 Bericht *Jenard* Kapitel IV A 3 a. E.

24 In diesem Sinne auch *Gothot/Holleaux* Nr. 46.

1 Bericht *Jenard* zu Art. 53.

die nicht schon als natürliche Personen unter die Zuständigkeitsvorschriften des Übereinkommens fallen[2]. Die Beschränkung auf Gesellschaften und juristische Personen muß ggf. einer erweiternden Auslegung weichen, da jede Vereinigung und Vermögensmasse, die selbständig verklagt werden kann, unter das Übereinkommen fallen und einen allgemeinen Gerichtsstand haben muß.

Für die Entscheidung, *wo der Sitz sich befindet,* hat das Gericht gemäß Abs. 1 Satz 2 die Vorschriften seines Internationalen Privatrechts anzuwenden. Daß der Sitz für die Zwecke des Übereinkommens nicht einheitlich materiellrechtlich definiert wurde, ist zu bedauern. Die Verfasser des Übereinkommens hielten indes keine andere Lösung als die gewählte für möglich, auch nicht eine Verweisung auf Art. 52, da die Rechtsauffassungen in den einzelnen Mitgliedstaaten der Gemeinschaft auf diesem Gebiet zu sehr auseinandergehen[3]. Während in einigen Vertragsstaaten, wie in der Bundesrepublik Deutschland, stets an den tatsächlichen Sitz angeknüpft wird, stellen andere für bestimmte Fälle oder ausschließlich (wie die Niederlande) auf den satzungsmäßigen Sitz ab[4]. Nach Abs. 1 Satz 2 soll der Sitzbegriff maßgebend sein, den das Internationale Privatrecht des Forums verwendet[5]. Die deutschen Gerichte haben also den Sitzbegriff des deutschen Kollisionsrechts anzuwenden, wonach es nicht auf den in der Satzung genannten, sondern auf den tatsächlichen Sitz der Hauptverwaltung ankommt[6]. Die abweichende Zuständigkeitsnorm des § 17 ZPO, die primär auf den satzungsmäßigen Sitz verweist, ändert an diesem Ergebnis nichts, da Abs. 1 Satz 2 auf das Internationale Privatrecht und nicht auf das Internationale Verfahrensrecht der Vertragsstaaten abstellt[7]. Bei Gesellschaften, deren tatsächlicher und satzungsmäßiger Sitz auseinanderfallen, ist der Anwendungsbereich des Übereinkommens also nicht in allen Vertragsstaaten einheitlich, sondern er wird beispielsweise in Deutschland und in den Niederlanden unterschiedlich beurteilt[8]. Abhilfe könnte durch Angleichung der Vorschriften über die Aner- 2

---

2 *Bülow/Böckstiegel/Schlafen* Art. 53 Anm. 2.

3 Bericht *Jenard* zu Art. 53.

4 Rechtsvergleichender Überblick bei *Bülow/Böckstiegel/Schlafen* Art. 53 Anm. 3b; *Staudinger/Großfeld,* Internationales Gesellschaftsrecht (1981) Rz. 18ff., 118ff.

5 *Santa Maria,* Riv. dir. int. priv. proc. 1969, 141; *Goldman,* Rev. trim. dr. europ. 1971, 26f.; *Bülow/Böckstiegel/Schlafen* Art. 53 Anm. 3a; *Rb. Rotterdam* 25. 5. 1979 und *Hof 's-Gravenhage* 29. 2. 1980, beide N. J. 1980 Nr. 608 Anm. *Schultsz.* Anders *Basedow* in Hdb. IZVR I Kap. II Rz. 38: Sitzbegriff des Personalstatuts der juristischen Person.

6 *BGH* 30. 1. 1970, BGHZ 53, 181 = NJW 1970, 998 Anm. *Langen* = IPRspr. 1970 Nr. 7 mit Nachw.

7 *Santa Maria,* Riv. dir. int. priv. proc. 1969, 142f.; *Bülow/Böckstiegel/Schlafen* Art. 53 Anm. 3a. Wenn *ders.* Anm. 3bff. von der Frage spricht, „ob eine Gesellschaft einen Sitz ... außerhalb des Hoheitsgebietes der Vertragsstaaten (vgl. Art. 4)“ hat, so ist darauf hinzuweisen, daß das Übereinkommen diese Fragestellung nicht kennt, sondern nach Art. 4 nur auf das Fehlen eines Sitzes in einem Vertragsstaat abstellt. Auch im Rahmen des Art. 2 über den allgemeinen Gerichtsstand gilt nichts anderes.

8 *Bülow/Böckstiegel/Schlafen* Art. 53 Anm. 4 mit Beispielen. Aus niederländischer Sicht *Struycken,* N. V. 1978, 45ff. Siehe auch *Rb. Amsterdam* 13. 9. 1977, Nachschlagewerk I-8-B 1: Gemäß niederländischem IPR wurde auf den Satzungssitz abgestellt.

kennung von Gesellschaften geschaffen werden[9]. Positive Kompetenzkonflikte sind – hier wie bei mehrfachem Wohnsitz – mit den Vorschriften über Rechtshängigkeit und Konnexität (Art. 21 ff.) zu meistern[10]. Zur Frage der Anerkennungspflicht, wenn in einem der konkurrierenden Staaten bereits eine Entscheidung ergangen ist, siehe Art. 28 Rz. 12.

3 Im *Vereinigten Königreich* ist für die Bestimmung des Sitzes – wie für den Wohnsitz (siehe Art. 52 Rz. 4) – eine detaillierte gesetzgeberische Festlegung erfolgt[11]. Gemäß sec. 42 (3) des Civil Jurisdiction and Judgments Act 1982 hat eine Gesellschaft oder juristische Person ihren Sitz im Vereinigten Königreich, „if and only if (a) it was incorporated or formed under the law of a part of the United Kingdom and has its registered office or some other official address in the United Kingdom; or (b) its central management and control is exercised in the United Kingdom." Der Begriff „official address" wird in sec. 42 (8) definiert. Nach den gleichen Kriterien wie das Bestehen eines Sitzes im Vereinigten Königreich wird das Vorliegen eines Sitzes in einem anderen Staat beurteilt, sec. 42 (6). Nur darf gemäß sec. 42 (7) kein Sitz in einem fremden Staat angenommen werden, wenn nachgewiesen wird, daß die Gerichte des fremden Staates das Bestehen eines Sitzes verneinen würden.

2. Trust (Abs. 2)

4 Der trust des englischen Rechts ist keine juristische Person. Er hat keine eigene Rechtspersönlichkeit. Sein Sitz ist daher kein Anknüpfungspunkt für die Zuständigkeit nach Art. 2. Das Übereinkommen sieht vielmehr in Art. 5 Nr. 6 einen zusätzlichen besonderen Gerichtsstand für trust-rechtliche Klagen gegen den Begründer, trustee oder Begünstigten eines trust in demjenigen Staat vor, wo der trust seinen Sitz hat. Zu dieser Regelung bildet Abs. 2 die notwendige Ergänzung. Da bei der Anwendung von Art. 5 Nr. 6 nur zu entscheiden ist, ob ein trust seinen Sitz im Forumstaat hat (nicht aber, ob er ihn in einem anderen Staat hat), regelt Abs. 2 nur diese Frage[12].

5 Ob der trust seinen *Sitz* im Forumstaat hat, soll das Gericht nach Abs. 2 – wie für Gesellschaften und juristische Personen nach Abs. 1 – unter Anwendung seines Internationalen Privatrechts entscheiden. Der Bericht *Schlosser* führt dazu aus[13]: „In den kontinentalen Mitgliedstaaten der Gemeinschaft bestehen derzeit international-privatrechtliche Regeln dazu, wo ein ‚trust' sein ‚domicile' hat, nicht. Solche Regeln muß die Rechtsprechung dort entwickeln, um das EuGVÜ in seiner auf ‚trusts' bezogenen Regelung anwenden zu können. Hierbei stehen zwei Möglichkeiten offen. Man kann einmal sagen, wo ein ‚trust' sein

9 Vgl. das noch nicht in Kraft getretene EG-Übereinkommen über die gegenseitige Anerkennung von Gesellschaften und juristischen Personen vom 29. 2. 1968; näher *Santa Maria,* Riv. dir. int. priv. proc. 1969, 145 ff.; *Droz* Nr. 401 ff.

10 Bericht *Schlosser* Nr. 75 a. E.

11 Dazu näher *Collins* 40 ff.; *Hartley* 34 ff.; *O'Malley/Layton* 1054 ff.

12 Vgl. *Hartley* 31; *O'Malley/Layton* 845.

13 Bericht *Schlosser* Nr. 119.

‚domicile' habe, richte sich nach der Rechtsordnung, welcher er unterstehe. Man kann sich aber auch auf den Standpunkt stellen, hierfür sei die eigene lex fori des angerufenen Gerichts maßgebend; in deren Rahmen gelte es dann, eigene Kriterien zu entwickeln." Beide Möglichkeiten werden i. d. R. zu demselben Ergebnis führen.

Nach dem Wortlaut des Abs. 2 wendet das Gericht sein *Internationales Privatrecht* an und nicht das von seinem IPR berufene materielle Recht. Auch zu der Parallelvorschrift des Abs. 1 wird überwiegend die Meinung vertreten, daß das IPR des Forums entscheidet und nicht das materielle Gesellschaftsstatut (siehe oben Rz. 2). Im Vereinigten Königreich wählt der Gesetzgeber zur Ausfüllung des Abs. 2 ebenfalls die kollisionsrechtliche Lösung[14]. Nach alledem läßt sich allgemein sagen, daß ein trust seinen Sitz im Inland hat, wenn er nach dem IPR des Forums inländischem Recht unterliegt. **6**

Die *deutschen Kollisionsregeln* zum trust, auf die es für die deutschen Gerichte zur Ausfüllung des Abs. 2 demnach ankommt, sind freilich noch nicht ausgereift. Angesichts der vielfältigen Erscheinungsformen des trust kann es kein einheitliches festes Anknüpfungsmoment für alle trusts und dementsprechend keinen einheitlichen Sitzbegriff für Abs. 2 geben[15]. Vielmehr ist nach deutschem IPR zu differenzieren: Die allgemeinen gesellschaftsrechtlichen Kollisionsregeln finden Anwendung auf trusts zum Zwecke und in Gestalt eines Unternehmens. Entsprechendes gilt für den „charitable trust", der der Stiftung nahesteht[16]. Hier ist also der tatsächliche Sitz maßgebend (siehe oben Rz. 2). In anderen Fällen wird mangels gewichtigerer Anknüpfungsmomente auf die Belegenheit des trust-Vermögens abzustellen sein[17]. **7**

---

14 Section 45 (3) des Civil Jurisdiction and Judgments Act 1982 bestimmt, daß der trust seinen Sitz im Gebiet derjenigen Rechtsordnung hat, zu der er die engste tatsächliche Verbindung („its closest and most real connection") aufweist. Der Inhalt dieser Vorschrift entstammt dem Common Law; dazu *O'Malley/Layton* 1073 ff.

15 Vgl. *Basedow* in Hdb. IZVR I Kap. II Rz. 42. Ausführlich *Graue,* Der Trust im internationalen Privat- und Steuerrecht, in: Konflikt und Ordnung, FS Ferid (1978) 151.

16 *Staudinger/Großfeld,* Internationales Gesellschaftsrecht (1981) Rz. 151.

17 Vgl. *Graue* (vorletzte Note) 162; *Levi,* Riv. dir. europea 1980, 276 f.

Titel VI. Übergangsvorschriften

Artikel 54

Die Vorschriften dieses Übereinkommens sind nur auf solche Klagen und öffentlichen Urkunden anzuwenden, die nach dem Inkrafttreten des Übereinkommens erhoben oder aufgenommen worden sind.

Nach dem Inkrafttreten dieses Übereinkommens ergangene Entscheidungen werden, auch wenn sie aufgrund einer vor dem Inkrafttreten erhobenen Klage erlassen sind, nach Maßgabe des Titels III anerkannt und zur Zwangsvollstreckung zugelassen, vorausgesetzt, daß das Gericht aufgrund von Vorschriften zuständig war, die mit den Zuständigkeitsvorschriften des Titels II oder eines Abkommens übereinstimmen, das im Zeitpunkt der Klageerhebung zwischen dem Urteilsstaat und dem Staate, in dem die Entscheidung geltend gemacht wird, in Kraft war.

1 Die Bestimmung ist nur für den zeitlichen Anwendungsbereich des *EuGVÜ von 1968* in den ursprünglichen Mitgliedstaaten maßgebend. Für das Verhältnis dieser Staaten zu Dänemark, Irland und Großbritannien sowie für deren Verhältnis untereinander enthält das *Beitrittsübereinkommen von 1978* in Art. 34 ff. eigene Übergangsvorschriften (siehe Textanhang IV), die im folgenden mit erläutert werden. Die Regelung des Art. 34 lehnt sich eng an Art. 54 EuGVÜ an, trägt aber der Tatsache Rechnung, daß das EuGVÜ in seiner ursprünglichen Fassung zwischen den Gründungsstaaten schon seit dem 1. 2. 1973 in Kraft war und in einigen Punkten geändert wurde. Das *Beitrittsübereinkommen von 1982* mit *Griechenland* (siehe Textanhang V) enthält in Art. 12, das mit *Spanien und Portugal* (siehe Textanhang VI) in Art. 29 eine dem Art. 34 des Beitrittsübereinkommens von 1978 nachgebildete Übergangsbestimmung.

2 Nach dem *Grundsatz des Abs. 1* wirkt das Übereinkommen nicht zurück, sondern es gilt nur für solche Klagen und öffentlichen Urkunden, die nach seinem Inkrafttreten erhoben oder aufgenommen worden sind. Ein Zuständigkeitsmangel wird nicht geheilt, wenn das Übereinkommen nach Klageerhebung in Kraft tritt und eine entsprechende Zuständigkeit vorsieht [1]. Wann die Klage bei einem Gericht erhoben wurde, entscheidet dessen Recht. In Deutschland kommt es also auf die Zustellung der Klageschrift an (§ 253 I ZPO) [2]. Für bei Inkrafttreten bereits anhängige Verfahren bleibt das autonome Prozeßrecht des Forums mit seinen Zuständigkeitsvorschriften auch in der Rechtsmittelinstanz maßge-

---

1 *BGH* 14. 11. 1991, BGHZ 116, 77 = RIW 1992, 142 = IPRax 1992, 377, 358 Anm. *Heß*.
2 *BGH* 18. 2. 1976 – VIII ZR 175/74, WM 1976, 400 = RIW 1976, 296 = IPRspr. 1976 Nr. 131; 18. 2. 1976 – VIII ZR 14/75, WM 1976, 401 = RIW 1976, 295 = IPRspr. 1976 Nr. 132.

bend[3]. Nach seinem Wortlaut gilt Abs. 1 auch in dem Fall, daß eine öffentliche Urkunde vor dem Inkrafttreten des EuGVÜ aufgenommen, jedoch erst nach dem Inkrafttreten für vollstreckbar erklärt wurde[4].

Der gleiche Grundsatz gilt gemäß Art. 34 I des *Beitrittsübereinkommens von 1978* für die Fassung des EuGVÜ von 1978 sowie gemäß Art. 12 I des *Beitrittsübereinkommens von 1982* mit Griechenland (bzw. Art. 29 I des *Beitrittsübereinkommens von 1989* mit Spanien und Portugal) für die Fassung des EuGVÜ von 1982[5]. Die *Zuständigkeitsvorschriften* des EuGVÜ sind in jedem *neuen Mitgliedstaat* nur in ihrer neuen Fassung und nur auf Klagen anwendbar, die nach dem Inkrafttreten des Beitrittsübereinkommens in dem fraglichen Staat erhoben werden. Für die Zuständigkeit in Seerechtssachen in Dänemark und Irland ist die besondere Übergangsregelung in Art. 36 des Beitrittsübereinkommens von 1978 zu beachten (siehe Textanhang IV). Das EuGVÜ von 1978 gilt auch für Klagen, die in den *ursprünglichen Mitgliedstaaten* – wie Deutschland – nach dem Inkrafttreten des Beitrittsübereinkommens angestrengt werden. Die Zuständigkeit für Verfahren, die dort vorher, aber nach dem 1. 2. 1973 angelaufen sind, richtet sich weiter nach der ursprünglichen Fassung des EuGVÜ. 3

Speziell in bezug auf *Zuständigkeitsvereinbarungen* ist die Regelung des Abs. 1 nicht unproblematisch. Mit einer Zuständigkeitsvereinbarung treffen die Parteien schon vor Prozeßbeginn eine Entscheidung über die gerichtliche Zuständigkeit, deren Zulässigkeit im Interesse der Rechtssicherheit prinzipiell schon beim Vertragsschluß abschließend beurteilbar sein sollte; dieses Postulat ist bei einer Anwendung von Art. 17 auf eine vor Inkrafttreten des Übereinkommens vereinbarte Prorogation nicht gewahrt. Der EuGH[6] sieht dennoch auch für Art. 17 die Grundregel des Art. 54 I als „einzige notwendige und gleichzeitig ausreichende" zeitliche Anwendungsvoraussetzung. Eine Gerichtsstandsvereinbarung sei ihrem Wesen nach nur eine Zuständigkeitsoption, die ohne rechtliche Folgen bleibe, solange kein gerichtliches Verfahren eingeleitet ist, und die erst dann Wirkungen entfaltet, wenn eine Klage erhoben ist. Zu diesem Ergebnis war zuvor auch der BGH gekommen[7]. 4

---

3 Vgl. *Cass.* (Frankreich) 15. 10. 1975, Nachschlagewerk I-54-B 2; *Cass.* (Italien) 11. 11. 1975, n. 3790, Dir. com. scambi int. 1976, 385; anders *Cass.* (Italien) 25. 5. 1976, n. 1877, Nachschlagewerk I-54-B 4. – Wie der Text *von Hoffmann,* AWD 1973, 59; *Bülow/Böckstiegel/Schlafen* Art. 54 Anm. 3.

4 *Cass.* 8. 11. 1988, Bericht *Cadiet*, J. C. P. 1989, Jur. II no. 21276.

5 Der Art. 12 I lautet: „Das Übereinkommen von 1968 und das Protokoll von 1971 in der Fassung des Übereinkommens von 1978 und des vorliegenden Übereinkommens sind nur auf solche Klagen und öffentlichen Urkunden anzuwenden, die erhoben oder aufgenommen worden sind, nachdem das vorliegende Übereinkommen im Ursprungsstaat und, wenn die Anerkennung oder Vollstreckung einer Entscheidung oder Urkunde geltend gemacht wird, im ersuchten Staat in Kraft getreten ist."

6 *EuGH* 13. 11. 1979 – 25/79, Sanicentral/Collin.

7 *BGH* 18. 2. 1976, WM 1976, 401 = RIW 1976, 295 = IPRspr. 1976 Nr. 132. Kritisch dazu *Stein/Jonas/Leipold* § 38 Rz. 20.

5 Für *Irland* und das *Vereinigte Königreich* enthält Art. 35 des Beitrittsübereinkommens von 1978 eine besondere Übergangsvorschrift (siehe Textanhang IV): Ist zwischen Parteien eines Rechtsstreits über einen Vertrag bereits vor Inkrafttreten des EuGVÜ von 1978 schriftlich vereinbart worden, auf den Vertrag die Rechtsvorschriften Irlands oder eines Teils des Vereinigten Königreichs anzuwenden, so sind die Gerichte in Irland oder in diesem Teil des Vereinigten Königreichs weiterhin befugt, über diesen Streitfall zu entscheiden. Für Irland ist der Stichtag der 1. 6. 1988, für das Vereinigte Königreich der 1. 1. 1987.

6 Die erleichterte *Anerkennung und Vollstreckung* aufgrund des Titels III des Übereinkommens ist jedenfalls dann berechtigt, wenn die Klage nach dem Inkrafttreten des Übereinkommens im Erst- und Zweitstaat erhoben wurde. Denn dann ist für die Klage schon der enge Zuständigkeitskatalog des Titels II maßgebend, der den Beklagten schützt und damit das nötige Gegengewicht zum klägerfreundlichen Titel III bildet. Eine entsprechende, schon für das EuGVÜ von 1968 geltende Übergangsregelung ist für die Neufassung von 1978 in Art. 34 I des Beitrittsübereinkommens festgelegt (siehe Textanhang IV) und für die Neufassungen von 1982 und 1989 in Art. 12 I bzw. Art. 29 I der Beitrittsübereinkommen (siehe oben N. 5).

7 Durch die *Ausnahmeregelung des Art. 54 II* wird unter den dort genannten Voraussetzungen der zeitliche Anwendungsbereich des EuGVÜ von 1968 auf den Fall ausgedehnt, daß die Klage zwar bereits vor dem Inkrafttreten des Übereinkommens erhoben, die Entscheidung aber erst nach seinem Inkrafttreten ergangen ist. „Ergangen" bzw. „erlassen" ist die Entscheidung an dem Tag, an dem sie gemäß der lex fori des Urteilsstaates nach außen wirksam geworden ist[8]. Maßgebend ist die prozeßbeendende Entscheidung, also bei einem durch zwei oder mehrere Instanzen geführten Prozeß die letzte Entscheidung[9]. Entgegen dem grundsätzlichen Nachprüfungsverbot des Art. 28 III hat der Zweitrichter unter den in Abs. 2 genannten Umständen anhand der Vorschriften des EuGVÜ bzw. anhand der einschlägigen Normen der anderen Abkommen (etwa anhand der indirekten Zuständigkeitsnormen der in Art. 55 genannten bilateralen Abkommen) zu prüfen, ob das Erstgericht international zuständig war[10]. Dabei ist nicht lediglich von den Zuständigkeitsvorschriften auszugehen, die in der anzuerkennenden Entscheidung genannt werden, sondern es ist zu untersuchen, ob der Sachverhalt eine Abkommenszuständigkeit begründet hätte[11]. Hatte der Beklagte seinen Wohnsitz bzw. Sitz nicht in einem Vertragsstaat, so genügt

---

8 *Bülow/Böckstiegel/Schlafen* Art. 54 Anm. 5. Konventionsfreundlicher, aber mit dem Wortlaut des Art. 54 II wohl nicht vereinbar, *Geimer*, RIW 1976, 149: Tag der formellen Rechtskraft.

9 *BGH* 28. 3. 1979, RIW 1979, 710 = IPRspr. 1979 Nr. 196; *OLG Hamburg* 26. 9. 1974, AWD 1974, 403 = IPRspr. 1974 Nr.176b; *OLG Celle* 8. 12. 1977, RIW 1979, 131 = IPRspr. 1977 Nr. 155.

10 *OLG München* 28. 5. 1974, NJW 1975, 504, 1086 Anm. *Geimer* = MDR 1975, 146 = IPRspr. 1974 Nr. 177. *Geimer*, NJW 1975, 1087, weist mit Recht darauf hin, daß die örtliche Zuständigkeit nicht nachzuprüfen ist.

11 Ebenso *Basedow* in Hdb. IZVR I Kap. II Rz. 120; zu eng *OLG Hamm* 23. 6. 1976, IPRspr. 1976 Nr. 171.

gemäß Art. 4 I die Einhaltung der autonomen Zuständigkeitsvorschriften des Urteilsstaates, wobei auch die in Art. 3 II genannten exorbitanten Gerichtsstände nicht ausgeschlossen sind. Ist die internationale Zuständigkeit des Erstgerichts zu bejahen, so kommt Titel III des EuGVÜ zur Anwendung. Andernfalls bleibt eine Anerkennung und Vollstreckung nach autonomem Recht denkbar; Voraussetzung nach deutschem Recht ist wiederum die internationale Zuständigkeit des Erstgerichts (§ 328 I Nr. 1 ZPO), die dann anhand des autonomen Rechts zu prüfen ist.

Für Entscheidungen und öffentliche Urkunden, die *vor dem Inkrafttreten* des 8
EuGVÜ ergangen oder aufgenommen sind, bleiben gemäß Art. 56 II die in Art. 55 angeführten Abkommen wirksam. Der deutsche Richter hat dann insbesondere die einschlägigen bilateralen Anerkennungs- und Vollstreckungsverträge zu beachten. Für Entscheidungen und Urkunden aus Vertragsstaaten, mit denen kein Abkommen besteht, gilt das autonome deutsche Recht (§§ 328, 722, 723 II ZPO).

Eine dem Art. 54 II ähnliche Ausnahmeregelung zur Erweiterung des zeitlichen 9
Anwendungsbereichs schafft für das *EuGVÜ von 1978* der Art. 34 II und III des Beitrittsübereinkommens (siehe Textanhang IV), für das *EuGVÜ von 1982* der Art. 12 II des Beitrittsübereinkommens mit Griechenland und für das *EuGVÜ von 1989* der Art. 29 II des Beitrittsübereinkommens mit Spanien und Portugal (siehe Textanhang V und VI). Im Rahmen dieser Artikel sind die Fragen, wann eine Klage „erhoben" und eine Entscheidung „ergangen" bzw. „erlassen" worden ist, ebenso zu beantworten wie im Rahmen des Art. 54 EuGVÜ (siehe oben Rz. 2 und 7).

Gemäß *Art. 34 II des Beitrittsübereinkommens von 1978* erfolgt *zwischen den* 10
sechs ursprünglichen Mitgliedstaaten der Gemeinschaft die Anerkennung und Vollstreckung der nach dem Inkrafttreten des Beitrittsübereinkommens ergangenen Entscheidungen nach dem EuGVÜ von 1978, auch wenn die in Rede stehende Entscheidung aufgrund einer vor dem Inkrafttreten des Beitrittsübereinkommens erhobenen Klage erlassen wurde. Mittelbar ist dadurch zum Ausdruck gebracht, daß es im Verhältnis dieser Staaten zueinander für die Anerkennung und Vollstreckung von Urteilen bei Art. 54 EuGVÜ verbleibt, wenn sie vor Inkrafttreten des Beitrittsübereinkommens erlassen wurden. Die wichtigste Auswirkung von Art. 34 II besteht darin, daß im Verhältnis der ursprünglichen Mitgliedstaaten der Gemeinschaft zueinander im Anerkennungsverfahren eine Prüfung dahin gehend unterbleibt, ob das Gericht, welches die anzuerkennende Entscheidung erlassen hat, nach dem Beitrittsübereinkommen zuständig gewesen wäre[12]. Ist die Klage nach dem 1. 2. 1973, also nach dem Inkrafttreten des EuGVÜ von 1968, erhoben worden, so ist die Zuständigkeit des Gerichts, das die anzuerkennende Entscheidung gefällt hat, überhaupt nicht mehr zu überprüfen. Dies ist bemerkenswert deshalb, weil dieses Gericht im Verhältnis zu Bewohnern

12 Bericht *Schlosser* Nr. 232.

der neuen Mitgliedstaaten noch aufgrund exorbitanter Zuständigkeitsregeln Kompetenz erlangt haben konnte.

Beispiel[13]: Im Jahre 1987 erhebt ein Franzose unter Berufung auf Art. 14 Code civil vor französischen Gerichten Klage gegen eine Person mit Wohnsitz in Irland. Nach Art. 4 EuGVÜ ist dies möglich. Ein dem Kläger günstiges Urteil ergeht im Jahre 1989. Da das Beitrittsübereinkommen im Verhältnis der alten Mitgliedstaaten der Gemeinschaft zu Irland im Jahre 1988 in Kraft getreten ist, muß das Urteil in Deutschland anerkannt und vollstreckt werden, nicht aber in Irland.

11 Der *Art. 34 III des Beitrittsübereinkommens von 1978* betrifft die Anerkennung und Vollstreckung im Verhältnis der alten zu den *neuen Mitgliedstaaten* bzw. der neuen Mitgliedstaaten untereinander. Die Bestimmung bezieht sich also auf den Fall, daß in einem neuen Vertragsstaat ein Urteil aus einem alten Vertragsstaat oder aus einem anderen neuen Vertragsstaat anerkannt und vollstreckt werden soll. Im einzelnen setzt sie dreierlei voraus[14]: (1) Die Entscheidung muß gefällt worden sein, nachdem das Beitrittsübereinkommen für diese Staaten in Kraft getreten ist. (2) Weiter muß die Klage zu einem Zeitpunkt erhoben worden sein, der, wie es im Gesetzestext heißt, „vor dem Inkrafttreten des Beitrittsübereinkommens zwischen dem Urteilsstaat und dem ersuchten Staat" liegt. Gemeint ist damit: Im Zeitpunkt der Klageerhebung darf das Beitrittsübereinkommen sowohl in dem Staat in Kraft sein, dem das Gericht angehört, welches die anzuerkennende Entscheidung erlassen hat, als auch im späteren Anerkennungs- und Vollstreckungsstaat, nicht aber schon in beiden Staaten. (3) Schließlich muß die Zuständigkeit des Gerichts, das das anzuerkennende Urteil gefällt hat, gewissen Kriterien entsprechen, deren Vorliegen das Gericht im Anerkennungs- und Vollstreckungsstaat zu überprüfen hat. Diese Kriterien entsprechen denen des Art. 54 II EuGVÜ (siehe oben Rz. 7).

Greift man das oben Rz. 10 gebrachte *Beispiel* wieder auf, so ergibt sich folgendes[15]: Das französische Urteil ist zwar nach Inkrafttreten des Beitrittsübereinkommens für Irland und Frankreich ergangen. Die Klage war auch zu einem Zeitpunkt erhoben worden, als das Beitrittsübereinkommen in Frankreich (und Irland) noch nicht galt. Hätte es zu diesem Zeitpunkt für das Verhältnis Frankreichs zu Irland schon gegolten, so hätten die französischen Gerichte ihre Zuständigkeit nicht mehr auf Art. 14 Code civil stützen, also – wie ergänzend angenommen sei – auch nicht mehr bejahen können. Schließlich gibt es im Verhältnis von Frankreich zu Irland auch keinen bilateralen Vertrag, der die direkte oder indirekte Zuständigkeit der Gerichte beträfe. Das Urteil muß also in Irland nicht anerkannt werden.

12 Der Art. 12 II des *Beitrittsübereinkommens von 1982 mit Griechenland* (Textanhang V) enthält eine dem Art. 34 III des Beitrittsübereinkommens von 1978 entsprechende Regelung. Danach werden in den Beziehungen zwischen dem Ursprungsstaat und dem ersuchten Staat Entscheidungen, die nach dem Inkrafttre-

13 In Anlehnung an den Bericht *Schlosser* Nr. 232.
14 Bericht *Schlosser* Nr. 233 ff.
15 Bericht *Schlosser* Nr. 236.

ten des EuGVÜ von 1982 aufgrund einer vor diesem Inkrafttreten erhobenen Klage ergangen sind, nach Maßgabe des Titels III des EuGVÜ von 1982 anerkannt und zur Zwangsvollstreckung zugelassen, wenn das Gericht aufgrund von Vorschriften zuständig war, die mit Titel II des EuGVÜ von 1968 in seiner geänderten Fassung oder mit einem anderen Abkommen übereinstimmen, das zu dem Zeitpunkt, zu dem die Klage erhoben wurde, zwischen dem Ursprungsstaat und dem ersuchten Staat in Kraft war. Eine ähnliche Regelung sieht Art. 29 II des *Beitrittsübereinkommens von 1989 mit Spanien und Portugal* vor (siehe Textanhang VI).

Titel VII. Verhältnis zu anderen Abkommen

Schrifttum: *Basedow*, Der internationale Schadensprozeß nach Seeschiffahrtskollisionen, VersR 1978, 495, 501; *Gaja*, Sui rapporti fra la Convenzione di Bruxelles e le altre norme concernenti la giurisdizione ed il riconoscimento di sentenze straniere, Riv. dir. int. priv. proc. 1991, 253; *Majoros*, Les conventions internationales en matière de droit privé II/1 (1980) 63; *ders.*, Konflikte zwischen Staatsverträgen auf dem Gebiete des Privatrechts, RabelsZ 1982, 84, 106; *Tagaras*, L'applicabilité des conventions de La Haye dans le cadre de la Convention de Bruxelles, Rev. belge dr. int. 1991, 479; *Volken*, Konventionskonflikte im IPR (Zürich 1977) 54; *Woodward*, Reciprocal Recognition and Enforcement of Civil Judgments in the United States, the United Kingdom and the European Economic Community, N. C. J. Int. L. Com. Reg. 8 (1982–83) 299, 314.

Siehe auch das in der Einleitung angeführte übergreifende Schrifttum.

Artikel 55

Dieses Übereinkommen ersetzt unbeschadet der Vorschriften des Artikels 54 Absatz 2 und des Artikels 56 die nachstehenden zwischen zwei oder mehreren Vertragsstaaten geschlossenen Abkommen:

- **das am 8. Juli 1899 in Paris unterzeichnete belgisch-französische Abkommen über die gerichtliche Zuständigkeit, die Anerkennung und die Vollstreckung von gerichtlichen Entscheidungen, Schiedssprüchen und öffentlichen Urkunden;**
- **das am 28. März 1925 in Brüssel unterzeichnete belgisch-niederländische Abkommen über die Zuständigkeit der Gerichte, den Konkurs sowie die Anerkennung und die Vollstreckung von gerichtlichen Entscheidungen, Schiedssprüchen und öffentlichen Urkunden;**
- **das am 3. Juni 1930 in Rom unterzeichnete französisch-italienische Abkommen über die Vollstreckung von Urteilen in Zivil- und Handelssachen;**
- **das am 18. Januar 1934 in Paris unterzeichnete britisch-französische Abkommen über die gegenseitige Vollstreckung gerichtlicher Entscheidungen in Zivil- und Handelssachen mit Protokoll;**
- **das am 2. Mai 1934 in Brüssel unterzeichnete britisch-belgische Abkommen über die gegenseitige Vollstreckung gerichtlicher Entscheidungen in Zivil- und Handelssachen mit Protokoll;**
- **das am 9. März 1936 in Rom unterzeichnete deutsch-italienische Abkommen über die Anerkennung und Vollstreckung gerichtlicher Entscheidungen in Zivil- und Handelssachen;**
- **das am 30. Juni 1958 in Bonn unterzeichnete deutsch-belgische Abkommen über die gegenseitige Anerkennung und Vollstreckung von gerichtlichen Entscheidungen, Schiedssprüchen und öffentlichen Urkunden in Zivil- und Handelssachen;**
- **das am 17. April 1959 in Rom unterzeichnete niederländisch-italienische Abkommen über die Anerkennung und Vollstreckung gerichtlicher Entscheidungen in Zivil- und Handelssachen;**

– das am 14. Juli 1960 in Bonn unterzeichnete deutsch-britische Abkommen über die gegenseitige Anerkennung und Vollstreckung von gerichtlichen Entscheidungen in Zivil- und Handelssachen;
– den am 4. November 1961 in Athen unterzeichneten Vertrag zwischen der Bundesrepublik Deutschland und dem Königreich Griechenland über die gegenseitige Anerkennung und Vollstreckung von gerichtlichen Entscheidungen, Vergleichen und öffentlichen Urkunden in Zivil- und Handelssachen;
– das am 6. April 1962 in Rom unterzeichnete belgisch-italienische Abkommen über die Anerkennung und Vollstreckung von gerichtlichen Entscheidungen und anderen vollstreckbaren Titeln in Zivil- und Handelssachen;
– den am 30. August 1962 in Den Haag unterzeichneten deutsch-niederländischen Vertrag über die gegenseitige Anerkennung und Vollstreckung gerichtlicher Entscheidungen und anderer Schuldtitel in Zivil- und Handelssachen;
– das am 7. Februar 1964 in Rom unterzeichnete britisch-italienische Abkommen über die gegenseitige Anerkennung und Vollstreckung gerichtlicher Entscheidungen in Zivil- und Handelssachen und das am 14. Juli 1970 in Rom unterzeichnete Zusatzprotokoll;
– das am 17. November 1967 in Den Haag unterzeichnete britisch-niederländische Abkommen über die gegenseitige Anerkennung und Vollstreckung gerichtlicher Entscheidungen in Zivilsachen;

und, sofern er in Kraft getreten ist,

– den am 24. November 1961 in Brüssel unterzeichneten belgisch-niederländisch-luxemburgischen Vertrag über die gerichtliche Zuständigkeit, den Konkurs, die Anerkennung und die Vollstreckung von gerichtlichen Entscheidungen, Schiedssprüchen und öffentlichen Urkunden.

Die Vorschrift listet mehrere Abkommen auf, die zwischen einzelnen Vertrags- 1
staaten bestehen und die grundsätzlich durch das EuGVÜ ersetzt werden. Es handelt sich – bis auf den zuletzt genannten Benelux-Vertrag von 1961, mit dessen Inkrafttreten nicht mehr gerechnet wird – um die bilateralen Anerkennungs- und Vollstreckungsabkommen zwischen verschiedenen EG-Staaten, die durch das EuGVÜ einen erheblichen Teil ihrer Bedeutung verloren haben. Dazu zählen auch die Anerkennungs- und Vollstreckungsverträge, die Deutschland mit Belgien, Griechenland, Großbritannien, Italien und den Niederlanden geschlossen hat.

Indem Art. 55 die Vorschriften des Art. 54 II und des Art. 56 „unbeschadet“ 2
läßt, behalten die aufgelisteten Abkommen in dreifacher Hinsicht ihre Bedeutung: (1) gemäß Art. 54 II für die Nachprüfung der Zuständigkeit des Erstrichters, dessen Entscheidung über eine vor dem Inkrafttreten des EuGVÜ (Art. 62) erhobene Klage nach dem Inkrafttreten des EuGVÜ ergangen ist; (2) gemäß Art. 56 I für die Rechtsgebiete, auf die das EuGVÜ nicht anzuwenden ist; (3) gemäß Art. 56 II für die Entscheidungen und Urkunden, die vor Inkrafttreten des EuGVÜ ergangen oder aufgenommen sind.

3 Soweit das EuGVÜ eine Regelung enthält, wie für die Anerkennung und Vollstreckung der Entscheidungen aus den Vertragsstaaten, ist allein das EuGVÜ und nicht ein bilaterales Abkommen über den gleichen Gegenstand anzuwenden, selbst wenn die Regelung im EuGVÜ weniger präzise ist. So kann das ein Verfahren in Frankreich einleitende Schriftstück dem italienischen Beklagten auch dann „rechtzeitig" zugestellt worden sein (Art. 27 Nr. 2 EuGVÜ), wenn die im französisch-italienischen Vollstreckungsabkommen von 1930 vorgesehene Ladungsfrist von 98 Tagen nicht eingehalten wurde; denn dieses Abkommen ist nicht anzuwenden[1]. Vereinzelt wurde sogar, um die vereinfachte Vollstreckung nach dem EuGVÜ zu ermöglichen, in rechtswidriger Ungeduld ein strengeres bilaterales Abkommen mit einem Staat, für den das EuGVÜ noch gar nicht galt, nicht mehr angewendet[2].

Artikel 56

Die in Artikel 55 angeführten Abkommen und Verträge behalten ihre Wirksamkeit für die Rechtsgebiete, auf die dieses Übereinkommen nicht anzuwenden ist.

Sie bleiben auch weiterhin für die Entscheidungen und die Urkunden wirksam, die vor Inkrafttreten dieses Übereinkommens ergangen oder aufgenommen sind.

1 Gemäß *Abs. 1* behalten die in Art. 55 aufgeführten bilateralen Verträge ihre Wirksamkeit für die Rechtsgebiete, auf die das EuGVÜ nach seinem Art. 1 nicht anzuwenden ist. Das sind vor allem die Materien, die unter Art. 1 II fallen. So richtet sich die Anerkennung und Vollstreckung von ehegüterrechtlichen oder erbrechtlichen Entscheidungen weiterhin nach den für die Bundesrepublik Deutschland geltenden bilateralen Abkommen, hilfsweise nach dem autonomen staatlichen Recht. Einige dieser Abkommen erfassen darüber hinaus Statusentscheidungen sowie Schiedssprüche und Schiedsvergleiche; das deutsch-niederländische Abkommen erklärt in seinem Art. 16 auch Eintragungen in die Konkurstabelle sowie die in einem Insolvenzverfahren geschlossenen gerichtlichen Vergleiche für vollstreckbar[1]. Für diese Rechtsgebiete bleiben die bilateralen Abkommen also wirksam, weil das EuGVÜ die Freizügigkeit der Entscheidungen nur erleichtern, nicht aber erschweren will. Abs. 1 schließt auch nicht aus, daß ein zweiseitiges Abkommen, wie das deutsch-belgische, seine Wirksam-

1 *App. Turin* 11. 3. 1977, Riv. dir. int. priv. proc. 1979, 84 = Nachschlagewerk I-27.2-B 3. Bestätigt durch *Cass.* 23. 11. 1979, n. 6112, Riv. dir. int. priv. proc. 1980, 454. Ferner *App. Bari* 13. 4. 1979, Riv. dir. int. 1980, 545; dazu *Rottola*, Riv. dir. int. 1980, 424.

2 So zum britisch-italienischen Abkommen von 1964 *App. Genua* 28. 7. 1975, Riv. dir. int. priv. proc. 1976, 379; dazu *Majoros*, Rev. crit. 1978, 45. Richtig dagegen *Cass.* 27. 10. 1977, Riv. dir. int. priv. proc. 1978, 382 = Foro it. 1978, I, 388.

1 Einzelheiten zum Anwendungsbereich der deutschen bilateralen Abkommen bei *Bülow/Böckstiegel/Schlafen* Art. 56 Anm. 1.

keit für Entscheidungen behält, die – ohne unter Art. 1 II zu fallen – vom Anwendungsbereich des EuGVÜ nicht erfaßt sind. So kann der Ausdruck „Zivil- und Handelssachen" in einem bilateralen Abkommen wegen des unterschiedlichen Systemzusammenhanges eine weitere Bedeutung haben als im EuGVÜ, mit der Folge, daß sich Anerkennung und Vollstreckung nach dem bilateralen Abkommen richten[2]. Fällt eine gerichtliche Entscheidung nach ihrem Inhalt teilweise unter das EuGVÜ, teilweise unter ein bilaterales Abkommen, z. B. eine mit einem Statusurteil verbundene Unterhaltsentscheidung, so sind zwei getrennte Anerkennungsverfahren anzustrengen[3]. Für Entscheidungen auf Rechtsgebieten, die gemäß Art. 1 vom sachlichen Anwendungsbereich des EuGVÜ erfaßt sind und die auch in den zeitlichen Anwendungsbereich dieses Übereinkommens fallen, ist im Verhältnis zu den genannten Abkommen allein das EuGVÜ maßgebend. Selbst wenn ein bilaterales Abkommen anerkennungsfreundlicher wäre, dürfte es also nicht herangezogen werden (vgl. zur Problematik auch Art. 25 Rz. 5ff.).

In *Abs. 2* wird eine *zeitliche Grenze* für die Ersetzung der in Art. 55 angeführten 2
bilateralen Abkommen durch das EuGVÜ gezogen. Da das EuGVÜ gemäß Art. 54 nicht auf Entscheidungen und öffentliche Urkunden anzuwenden ist, die vor seinem Inkrafttreten (Art. 62) ergangen oder aufgenommen sind, ist es konsequent, daß Abs. 2 die Wirksamkeit der bilateralen Abkommen insoweit ausdrücklich unangetastet läßt.

Beispiel[4]: Ein Urteil, das in Frankreich vor dem Inkrafttreten des EuGVÜ ergangen ist und deshalb gemäß Art. 54 nicht unter das EuGVÜ fällt, kann in Italien aufgrund des französisch-italienischen Abkommens von 1930 anerkannt und vollstreckt werden. Ohne die Regelung des Abs. 2 hätte sich aus Art. 55 die Folgerung ergeben, daß vor dem Inkrafttreten des EuGVÜ ergangene Urteile nur nach dem allgemeinen innerstaatlichen Recht, also in einzelnen Vertragsstaaten nur nach einer sachlichen Nachprüfung anerkannt und vollstreckt werden können. Das hätte zweifellos einen Rückschritt bedeutet.

Artikel 57

Dieses Übereinkommen läßt Übereinkommen unberührt, denen die Vertragsstaaten angehören oder angehören werden und die für besondere Rechtsgebiete die gerichtliche Zuständigkeit, die Anerkennung oder Vollstreckung von Entscheidungen regeln.

Es berührt nicht die Anwendung der Bestimmungen, die für besondere Rechtsgebiete die gerichtliche Zuständigkeit, die Anerkennung oder Vollstreckung von

2 *EuGH* 14. 7. 1977 – 9 u. 10/77, Bavaria Fluggesellschaft und Germanair/Eurocontrol. Vorlage *BGH* 22. 12. 1976, WM 1977, 88 = IPRspr. 1976 Nr. 177. Abschlußentscheidung *BGH* 10. 10. 1977, NJW 1978, 1113 = RIW 1978, 56 = IPRspr. 1977 Nr. 153.

3 *Droz* Nr. 637; *Bülow/Böckstiegel/Schlafen* Art. 56 Anm. 2.

4 Bericht *Jenard* zu Art. 55 und 56.

Entscheidungen regeln und in Rechtsakten der Organe der Europäischen Gemeinschaften oder in dem in Ausführung dieser Akte harmonisierten einzelstaatlichen Recht enthalten sind.

Übersicht

I. Übereinkommen für besondere Rechtsgebiete

1 Die Vorschrift befaßt sich mit dem Verhältnis des EuGVÜ zu solchen (meist multilateralen) Übereinkommen, welche die Vertragsstaaten auf besonderen Rechtsgebieten, wie dem Transportrecht, dem gewerblichen Rechtsschutz[1] oder dem Unterhaltsrecht, geschlossen haben oder künftig schließen werden und in denen eine Regelung der internationalen Zuständigkeit, der Anerkennung oder der Vollstreckung von Entscheidungen enthalten ist. Ob diese Konventionen zusätzlich einheitliches Sachrecht oder einheitliches Kollisionsrecht schaffen, ist für Art. 57 unerheblich. Die besonderen Übereinkommen lassen sich in drei Gruppen einteilen[2]: (1) Manche enthalten nur Vorschriften über die direkte Zuständigkeit, so das Warschauer Übereinkommen zur Vereinheitlichung von Regeln über die Beförderung im internationalen Luftverkehr von 1929 oder das in Seerechtsfällen wichtige Übereinkommen über den Arrest von Seeschiffen aus dem Jahre 1952; siehe Art. 5 Rz. 71. (2) Andere Übereinkommen regeln auf ihren Spezialgebieten nur die Anerkennung und Vollstreckung gerichtlicher Entscheidungen und sprechen die Zuständigkeit lediglich als Anerkennungsvoraussetzung an, so die beiden Haager Unterhaltsvollstreckungsübereinkommen von 1958 und 1973. (3) Schließlich gibt es Übereinkommen, die sowohl die direkte Zuständigkeit als auch die Anerkennung und Vollstreckung regeln, so etwa das Übereinkommen über den Beförderungsvertrag im internationalen Straßengüterverkehr (CMR) von 1956 oder das Übereinkommen über den internationalen Eisenbahnverkehr (COTIF) von 1980.

1 Siehe dazu *Stauder*, GRUR Int. 1976, 515–519.
2 Bericht *Schlosser* Nr. 238.

Der Bericht *Schlosser* enthält folgende, nicht abschließende Liste multilateraler Übereinkommen für besondere Rechtsgebiete, darunter einige Haager Abkommen, die sich nur auf die Durchführung des Verfahrens beziehen[3]: 2

Revidierte Rheinschiffahrtsakte vom 17. 10. 1868 nebst Revisionsübereinkommen und Zusatzprotokollen;

Warschauer Abkommen zur Vereinheitlichung von Regeln über die Beförderung im internationalen Luftverkehr vom 12. 10. 1929 nebst Protokollen und Zusatzübereinkommen;

Internationales Übereinkommen zur Vereinheitlichung von Regeln über die zivilgerichtliche Zuständigkeit bei Schiffszusammenstößen vom 10. 5. 1952;

Internationales Übereinkommen zur Vereinheitlichung von Regeln über den Arrest in Seeschiffe vom 10. 5. 1952;

Abkommen über Schäden, welche Dritten auf der Erde durch ausländische Luftfahrzeuge zugefügt werden, vom 7. 10. 1952[4];

Londoner Abkommen über deutsche Auslandsschulden vom 27. 2. 1953;

Haager Übereinkommen über den Zivilprozeß vom 1. 3. 1954;

Übereinkommen über den Beförderungsvertrag im internationalen Straßengüterverkehr (CMR) vom 19. 5. 1956 nebst Protokoll;

Vertrag über die Schiffbarmachung der Mosel vom 27. 10. 1956 nebst Änderungsprotokoll;

Europäisches Übereinkommen über die internationale Beförderung gefährlicher Güter auf der Straße (ADR) vom 30. 9. 1957 nebst Protokoll;

Haager Übereinkommen über die Anerkennung und Vollstreckung von Entscheidungen auf dem Gebiet der Unterhaltspflicht gegenüber Kindern vom 15. 4. 1958;

Haager Übereinkommen über die Zuständigkeit des vertraglich vereinbarten Gerichts beim internationalen Kauf beweglicher Sachen vom 15. 4. 1958 (von keinem Staat ratifiziert);

Übereinkommen über die Haftung gegenüber Dritten auf dem Gebiet der Kernenergie vom 29. 7. 1960 nebst Zusatzprotokoll sowie Zusatzübereinkommen vom 31. 1. 1963 nebst Zusatzprotokoll;

Übereinkommen über die Haftung der Inhaber von Reaktorschiffen vom 25. 5. 1962 nebst Zusatzprotokoll (für die Bundesrepublik Deutschland noch nicht in Kraft);

Haager Übereinkommen über die Zustellung gerichtlicher und außergerichtlicher Schriftstücke im Ausland in Zivil- und Handelssachen vom 15. 11. 1965[5];

---

3 Bericht *Schlosser* Fußnote 59. Die Übereinkommen sind nach dem Datum ihrer Unterzeichnung chronologisch geordnet. Soweit sie für die Bundesrepublik Deutschland noch nicht in Kraft getreten sind, wurde dies besonders vermerkt. Fundstellen und jeweiliger Ratifikationsstand finden sich im jährlich erscheinenden Fundstellennachweis B, Beilage zum BGBl. II.

4 Für die Bundesrepublik nicht in Kraft. Text bei *Zweigert/Kropholler,* Quellen des Internationalen Einheitsrechts II (1972) 767.

5 Siehe zu diesem Übereinkommen näher Art. 20 Rz. 5 ff.

Internationales Übereinkommen zur Vereinheitlichung von Regeln über die Beförderung von Reisegepäck im Seeverkehr vom 27. 5. 1967 (für die Bundesrepublik Deutschland noch nicht in Kraft);

Internationales Übereinkommen zur Vereinheitlichung von Regeln über Schiffsgläubigerrechte und Schiffshypotheken vom 27. 5. 1967 (für die Bundesrepublik Deutschland noch nicht in Kraft);

Internationales Übereinkommen über die zivilrechtliche Haftung für Ölverschmutzungsschäden vom 29. 11. 1969 nebst Protokoll sowie Internationales Übereinkommen über dieErrichtung eines Internationalen Fonds zur Entschädigung für Ölverschmutzungsschäden vom 18. 12. 1971;

Internationale Übereinkommen über den Eisenbahnfrachtverkehr (CIM) und über den Eisenbahn-Personen- und -Gepäckverkehr (CIV) vom 7. 2. 1970 nebst Protokollen sowie Zusatzübereinkommen über die Haftung der Eisenbahn für Tötung und Verletzung von Reisenden vom 26. 2. 1966 nebst Protokoll[6];

Haager Übereinkommen über die Beweisaufnahme im Ausland in Zivil- oder Handelssachen vom 18. 3. 1970;

Übereinkommen über den Vertrag über den internationalen Landtransport von Reisenden und Gepäck vom 1. 3. 1973 (für die Bundesrepublik Deutschland noch nicht in Kraft);

Übereinkommen über den Transport von Passagieren und Gepäck zur See vom 13. 12. 1974 (für die Bundesrepublik Deutschland noch nicht in Kraft);

Haager Übereinkommen über die Anerkennung und Vollstreckung von Unterhaltsentscheidungen vom 2. 10. 1973.

II. Sonderübereinkommen bleiben unberührt

3 Da Sonderkonventionen „unberührt" bleiben, haben sie grundsätzlich Vorrang vor dem EuGVÜ[7]. Dies rechtfertigt sich daraus, daß sie den sachlichen Besonderheiten der von ihnen behandelten Gebiete besser Rechnung tragen können. Für die vor dem EuGVÜ abgeschlossenen Konventionen kommt hinzu, daß die Vertragsstaaten dieser Übereinkommen ihre eingegangenen völkerrechtlichen Verpflichtungen nicht verletzen dürfen.

4 Eindeutig ist, daß die direkten Zuständigkeitsvorschriften einer besonderen Konvention denen des EuGVÜ dann vorgehen, wenn alle beteiligten Staaten beiden Übereinkommen angehören. Auch in der umgekehrten Situation ist die Rechtslage klar: Wenn das besondere Übereinkommen keine Regelung der direkten Zuständigkeit trifft, sind die Zuständigkeitsvorschriften des EuGVÜ weiter-

6 Diese Übereinkommen sind ersetzt durch das Übereinkommen über den Internationalen Eisenbahnverkehr (COTIF) vom 9. 5. 1980.

7 Bericht *Jenard* zu Art. 57. Ausführlich zur Problemlage *Basedow* in Hdb. IZVR I Kap. II Rz. 137–142.

hin anwendbar[8]. Auch wenn in den besonderen Übereinkommen nur einzelne Aspekte einer Zuständigkeitsvereinbarung geregelt sind, bleibt das EuGVÜ für den Restbereich maßgebend. So läßt Art. 31 I CMR Gerichtsstandsvereinbarungen ausdrücklich zu. Jedoch darf die vereinbarte internationale Zuständigkeit keine ausschließliche sein. Über die Form der Zuständigkeitsvereinbarung ist in der CMR nichts gesagt. Wenn also eine Zuständigkeitsvereinbarung in den Anwendungsbereich der CMR und des EuGVÜ fällt, ist Art. 17 EuGVÜ für die Formwirksamkeit zu beachten[9]. Dagegen regelt die CMR die Frage der Ausschließlichkeitswirkung und geht insoweit dem EuGVÜ vor[10]. Schließlich bleibt das EuGVÜ maßgebend, wenn das besondere Übereinkommen keine ausschließliche Anwendung beansprucht, wie beispielsweise die Haager Unterhaltsvollstreckungsabkommen von 1958 und 1973; diese Abkommen lassen dem Gläubiger die Wahl, nach welcher Konvention er vorgehen will, woran Art. 57 EuGVÜ nichts ändert[11]. Am vorteilhaftesten ist es, die günstigeren Anerkennungs*voraussetzungen* der Haager Übereinkommen mit der Durchführung eines Klauselerteilungsverfahrens gemäß Art. 31 ff. EuGVÜ zu verbinden – eine Kombination, die Art. 25 II lit. b S. 3 des Beitrittsübereinkommens von 1978 (unten Rz. 7) ausdrücklich zuläßt. Das deutsche AVAG gilt gemäß seinem § 35 I Nr. 2 auch für die Ausführung des Haager Unterhaltsvollstreckungsübereinkommens von 1973.

Schwer überwindbare Auslegungsschwierigkeiten entstehen dadurch, daß die besonderen Übereinkommen meist nur Teilbereiche dessen betreffen, was im EuGVÜ geregelt ist, und daß häufig nicht alle beteiligten Staaten dem besonderen Übereinkommen angehören. So sah sich die Arbeitsgruppe, die das EuGVÜ für den Beitritt Dänemarks, Irlands und Großbritanniens zu überarbeiten hatte, insbesondere vor folgende Fragen gestellt[12]: „Sind beide interessierten Staaten 5

---

8 Beispielsweise wurde entschieden, daß Art. 7 des durch das Haager Übereinkommen vom 1. 7. 1964 eingeführten Einheitlichen Gesetzes über den Abschluß von internationalen Kaufverträgen über bewegliche Sachen die materiellrechtlichen Aspekte des Kaufvertrages betreffe und daß für die Form von Zuständigkeitsvereinbarungen Art. 17 EuGVÜ maßgebend bleibe; *Cass.* 13. 1. 1978, n. 152, Foro it. 1978, I, 2240 = Nachschlagewerk I-57-B 5.

9 *Torino* 4. 6. 1984, Riv. dir. int. priv. proc. 1984, 586. Anders wäre es nur, wenn aus dem Schweigen des Art. 31 I CMR zur Formfrage der Schluß gezogen werden müßte, Gerichtsstandsvereinbarungen sollten im Rahmen der CMR stets formlos gültig sein; so *LG Aachen* 16. 1. 1976, RIW 1976, 588 = IPRspr. 1976 Nr. 128; der Entscheidung zustimmend *Bülow/Böckstiegel/Schlafen* Art. 57 Anm. 2b; *Majoros,* RabelsZ 1982, 108.

10 Siehe *Kh. Antwerpen* 25. 6. 1976, Europ. Transp. L. 1976, 691.

11 Vgl. statt vieler *Droz* Nr. 643 ff.; *Wolf,* DAVorm. 1973, 334 f.; *Grunsky,* RIW 1977, 2 f.; *Linke,* FamRZ 1978, 925; *Baumann,* Die Anerkennung und Vollstreckung ausländischer Entscheidungen in Unterhaltssachen (1989) 171. Aus der deutschen Rechtsprechung *OLG Köln* 29. 2. 1980, MDR 1980, 1030 = IPRspr. 1980 Nr. 164; *OLG Frankfurt* 4. 10. 1988, DAVorm. 1989, 102 = IPRspr. 1988 Nr. 200; unzutreffend *OLG Frankfurt* 14. 7. 1981, IPRax 1981, 213, 199 krit.Anm. *Rauch* = IPRspr. 1981 Nr. 185. Siehe auch die im Nachschlagewerk unter I-57-B 6 wiedergegebenen belgischen Entscheidungen, die sich teils auf das EuGVÜ, teils auf das Haager Übereinkommen von 1958 stützen.

12 Bericht *Schlosser* Nr. 239.

Vertragspartner eines Spezialübereinkommens, das nur die direkte Zuständigkeit regelt, gelten dann die Vorschriften des EuGVÜ über Berücksichtigung von Amts wegen (Art. 20), Rechtshängigkeit (Art. 21) und Vollstreckung? Können die Vorschriften des EuGVÜ über das Anerkennungs- und Vollstreckungs*verfahren* angewandt werden, wenn ein Spezialübereinkommen über die Anerkennung und Vollstreckung gerichtlicher Entscheidungen das Verfahren nicht regelt? Kann eine Person, welche in einem Vertragsstaat wohnt, der nicht Partner des Spezialübereinkommens ist, vor den Gerichten eines anderen Vertragsstaats aufgrund von Zuständigkeitsvorschriften aus Spezialübereinkommen verklagt werden oder kann sich der dem Spezialübereinkommen nicht angehörende Wohnsitzstaat darauf berufen, die Vorschriften des EuGVÜ über Zuständigkeiten müßten eingehalten werden? Muß ein Urteil, das in einem Gerichtsstand ergangen ist, der nur durch ein Spezialübereinkommen gedeckt ist, auch in einem Vertragsstaat anerkannt und vollstreckt werden, der diesem Spezialübereinkommen nicht angehört? Was gilt schließlich, wenn das Spezialübereinkommen keinen Ausschließlichkeitsanspruch erhebt?"

1. Die authentische Interpretation in Art. 25 II des Beitrittsübereinkommens von 1978

6 Die Einarbeitung präziser Lösungen für alle offenen Fragen war der mit der Revision des EuGVÜ befaßten Arbeitsgruppe nicht möglich, zumal sich die Gestalt künftiger Übereinkommen nicht voraussehen läßt. Immerhin konnte in Art. 25 II des Beitrittsübereinkommens vom 9. 10. 1978 eine authentische Interpretation zu einigen besonders wichtigen Fragen gegeben werden.

7 Der Art. 25 II des Beitrittsübereinkommens lautet:

„Um eine einheitliche Auslegung des Artikels 57 Absatz 1 zu sichern, wird dieser Absatz in folgender Weise angewandt:

a) Das geänderte Übereinkommen von 1968 schließt nicht aus, daß ein Gericht eines Vertragsstaats, der Partei eines Vertrages über ein besonderes Rechtsgebiet ist, seine Zuständigkeit auf diesen Vertrag stützt, und zwar auch dann, wenn der Beklagte seinen Wohnsitz in dem Hoheitsgebiet eines Vertragsstaats hat, der nicht Partei des erwähnten Vertrages ist. In jedem Fall wendet dieses Gericht Artikel 20 des geänderten Übereinkommens von 1968 an.

b) Entscheidungen, die in einem Vertragsstaat von einem Gericht erlassen worden sind, das seine Zuständigkeit auf einen Vertrag über ein besonderes Rechtsgebiet gestützt hat, werden in den anderen Vertragsstaaten gemäß dem geänderten Übereinkommen von 1968 anerkannt und vollstreckt.

Sind der Urteilsstaat und der Staat, in dem die Entscheidung geltend gemacht wird, Parteien eines Vertrages über ein besonderes Rechtsgebiet, der die Voraussetzungen für die Anerkennung und Vollstreckung von Entscheidungen regelt, so sind diese Voraussetzungen anzuwenden. In jedem Fall können die Bestimmungen des geänderten Übereinkommens von 1968 über das Anerkennungs- und Vollstreckungsverfahren der Entscheidungen angewandt werden."

Der Bericht *Schlosser* führt zur Erläuterung dieser Bestimmung folgendes aus[13]: „Die gefundene Lösung beruht auf folgenden Grundsätzen: Das EuGVÜ stellt die in allen Mitgliedstaaten gemeinsam geltende Regelung dar; Bestimmungen in Spezialübereinkommen sind Sonderregelungen, die jeder Staat durch seinen Beitritt zu ihm mit Vorrang vor dem EuGVÜ anwendbar machen kann. Soweit in den Spezialübereinkommen Regelungen fehlen, ist wieder das EuGVÜ maßgebend. Dies gilt auch, wenn das Spezialübereinkommen Zuständigkeitsregeln enthält, die eigentlich nicht in den inneren Zusammenhang zwischen den verschiedenen Teilen des EuGVÜ, insbesondere also dem zwischen Zuständigkeitsbestimmungen und Anerkennungspflicht, passen. Das Interesse an Einfachheit und Überschaubarkeit der Rechtslage erhielt Vorrang. – Die wichtigste Konsequenz davon ist, daß die von Spezialübereinkommen begründeten Zuständigkeitsbestimmungen – und mag auch nur ein Mitgliedstaat Partner eines solchen Spezialübereinkommens sein – grundsätzlich wie Zuständigkeitsregelungen des Übereinkommens selbst zu betrachten sind. Auch Mitgliedstaaten, welche nicht Partner des Spezialübereinkommens sind, müssen daher Entscheidungen anerkennen und vollstrecken, die Gerichte gefällt haben, welche nur nach dem Spezialübereinkommen zuständig waren. Ferner kann sich auch im Verhältnis zweier Staaten, die Mitglied eines Spezialübereinkommens sind, eine Person, die die Anerkennung oder Vollstreckung eines Urteils begehrt, auf die prozessualen Bestimmungen des EuGVÜ über Anerkennung und Vollstreckung berufen. – Allerdings wollte die Expertengruppe die Frage nicht präjudizieren, ob das erwähnte Prinzip wirklich in allen Verästelungen konsequent durchgeführt werden kann. So mußte etwa offenbleiben, ob, um einen besonders kritischen Fall zu nennen, eine in einem Spezialübereinkommen begründete ausschließliche direkte Zuständigkeit überall zu beachten ist. Das gleiche gilt für die Frage, ob die aufgrund eines Spezialübereinkommens begründete Rechtshängigkeit dem Art. 21 EuGVÜ unterfällt. Die Expertengruppe hat es daher vorgezogen, die Anwendbarkeit von Art. 20 ausdrücklich sicherzustellen und die Lösung der offengebliebenen Fragen Rechtsprechung und Lehre zu überlassen." **8**

Im Bericht zum Lugano-Übereinkommen, das für die Anerkennung und Vollstreckung in seinem Art. 57 IV eine restriktivere Lösung vorsieht (siehe Art. 28 Rz. 18), wurde die Frage der anderweitigen Rechtshängigkeit erneut angeschnitten[14]. Es heißt dort: „Obwohl diese Frage in Art. 57 nicht ausdrücklich geregelt wird, finden nach Ansicht der Berichterstatter die Bestimmungen über Rechtshängigkeit und im Zusammenhang stehende Verfahren der Art. 21 und 22 Anwendung, wenn das Gericht eines Vertragsstaates, das aufgrund eines Übereinkommens für ein besonderes Rechtsgebiet zuständig ist, zuerst angerufen

13 Bericht *Schlosser* Nr. 240.
14 Bericht *Jenard/Möller* Nr. 83.

wird. So müßten z. B. bei Rechtshängigkeit die Gerichte eines anderen Vertragsstaates – selbst wenn dieser Staat nicht Partei des Übereinkommens für das besondere Rechtsgebiet ist – von Amts wegen das Verfahren aussetzen, wenn sie später angerufen werden. Die Zuständigkeit des zuerst angerufenen Gerichts ist im Lugano-Übereinkommen durch Art. 21 in Verbindung mit Art. 57 begründet; der letztgenannte Artikel erkennt die Zuständigkeit des Gerichts an, das aufgrund eines Übereinkommens für ein besonderes Rechtsgebiet als erstes angerufen worden ist."

2. Beispiele

9 Verschiedene der in Art. 25 II des Beitrittsübereinkommens angesprochenen schwierigen Konstellationen werden im Bericht *Schlosser* anhand des folgenden Beispiels illustriert [15]:

„Ein in den Niederlanden wohnender Flußschiffer hat einen auf dem Oberrhein entstandenen Unfallschaden zu verantworten. Nicht mehr feststellbar ist aber, ob der Schaden auf deutschem oder französischem Territorium eingetreten oder von wo die Schädigung ausgegangen ist. Nach Art. 5 Nr. 3 oder nach sonstigen Bestimmungen des EuGVÜ kann eine gerichtliche Zuständigkeit dann weder für die deutschen noch für die französischen Gerichte angenommen werden [16]. Nach Artikel 34 Abs. 2 Buchstabe c), Art. 35a der Revidierten Rheinschiffahrtsakte vom 17. Oktober 1868 in der Fassung des Protokolls vom 25. Oktober 1972 ist in solchen Fällen jedoch das Gericht in dem Staat zuständig, das allein oder zuerst mit der Sache befaßt wurde. Dieses Gericht muß aber Art. 20 EuGVÜ beachten, obwohl er in der Rheinschiffahrtsakte kein Gegenstück hat. Es muß also beispielsweise im Falle der Säumnis des Beklagten von Amts wegen prüfen, ob alle Möglichkeiten ausgeschöpft worden sind, festzustellen, wo genau sich der Unfall zugetragen hat. Denn nur wenn dies nicht feststellbar ist, ist das Gericht nach den genannten Bestimmungen der Revidierten Rheinschiffahrtsakte zuständig. – Ist das zuerst angegangene Gericht ein französisches, so ist das von ihm erlassene Urteil in Deutschland anerkennungspflichtig. Die Rheinschiffahrtsakte verbietet – noch strikter als das EuGVÜ – jedwede Kontrolle der Entscheidung im Anerkennungs- und Vollstreckungsstaat. Der Urteilsgläubiger hat nach jetzt gegebener authentischer Interpretation von Art. 57 EuGVÜ ein Wahlrecht zwischen dem nach der Rheinschiffahrtsakte und dem nach dem EuGVÜ vorgesehenen Vollstreckbarerklärungsverfahren. Der nach dem EuGVÜ verfahrende Richter darf aber die Anerkennung nicht aus einem in Art. 27 oder 28 EuGVÜ genannten Grund verweigern. Anders als das Vollstreckungsverfahren richten sich die Anerkennungs- und Vollstreckungsvoraussetzungen ausschließlich nach den Spezialübereinkommen, also im Beispielsfall nach der Revidierten Rheinschiffahrtsakte."

Hatte im Beispiel „der Schiffsführer seinen Wohnsitz in Luxemburg, das der Rheinschiffahrtsakte nicht beigetreten ist, dann gilt folgendes: Die in Frankreich oder Deutschland gepflogene Ausübung von Gerichtsbarkeit auf der Grundlage der Rheinschiffahrtsakte

15 Bericht *Schlosser* Nr. 241–243.

16 Vgl. auch *Berufungskammer der Zentralkommission für Rheinschiffahrt (Straßburg)* 2. 3. 1977, N. J. 1978 Nr. 62 = Nachschlagewerk I-57-B 4.

kann Luxemburg jedenfalls fürderhin nicht mehr als einen Verstoß gegen das EuGVÜ betrachten. Das Urteil des deutschen oder französischen Rheinschiffahrtsgerichts muß in Luxemburg unter den Voraussetzungen und nach dem Verfahren des EuGVÜ anerkannt und vollstreckt werden. Wird umgekehrt zulässigerweise am luxemburgischen Wohnsitz des Schiffsführers geklagt, müssen Deutschland und Frankreich dies nach dem EuGVÜ akzeptieren, auch wenn sie der Rheinschiffahrtsakte angehören, welche eine Wohnsitzgerichtsbarkeit nicht anerkennt"[17].

Zu Art. 25 II lit. b des Beitrittsübereinkommens bringt der Bericht *Schlosser* noch folgende Beispiele[18]: **10**

Ist ein Urteil nach Art. 28 I des luftrechtlichen Warschauer Abkommens von 1929 im Gerichtsstand des Bestimmungsorts ergangen, so ist auf die Anerkennung und Vollstreckung insgesamt das EuGVÜ anzuwenden. Denn das Warschauer Übereinkommen enthält hierzu keinerlei Regelungen. Das gleiche gilt, wenn in Seerechtssachen die Zuständigkeit des entscheidenden Gerichts auf die Arrestzuständigkeit gegründet war, die in den beiden Brüsseler Übereinkommen von 1952 über den Arrest von Seeschiffen bzw. über Schiffszusammenstöße vorgesehen ist[19].

3. Staatsvertragliche Verpflichtungen zur Nichtanerkennung von Entscheidungen

Die Frage, ob und inwieweit Art. 57 auch Staatsverträge betrifft, in denen sich ein Vertragsstaat verpflichtet, Entscheidungen aus einem anderen Mitgliedstaat *nicht* anzuerkennen, ist noch offen. Eine derartige Verpflichtung kann bestehen, weil ein besonderes Übereinkommen die ausschließliche Zuständigkeit der vertragschließenden Parteien vorsieht. Eine solche Verpflichtung kann sich nach dem Bericht *Schlosser* „aber auch mittelbar daraus ergeben, daß die Inanspruchnahme einer Zuständigkeit nach dem Spezialübereinkommen mit der Anwendung eines bestimmten Haftungssystems verbunden ist"[20]. **11**

Hierzu wird im Bericht *Schlosser* folgendes ausgeführt[21]: „Die Anerkennung und Vollstreckung eines Urteils aus einem Staat, der nicht Vertragspartei eines solchen Spezialübereinkommens ist, und das auf einer ganz anderen als der skizzierten Rechtsbasis gefällt wurde, könnte das Regelungsprogramm des Spezialübereinkommens empfindlich stören. Das EuGVÜ ist auf jeden Fall im Ergebnis so zu interpretieren, daß keine staats-

---

17 Bericht *Schlosser* Nr. 245.

18 Bericht *Schlosser* Nr. 244.

19 Vgl. zu dem zuletzt genannten Konventionenkonflikt *Basedow,* VersR 1978, 501 f., mit einer beachtlichen rechtspolitischen Kritik am Arrestgerichtsstand. Zu Unrecht nahm eine Arrestzuständigkeit aus dem Brüsseler Übereinkommen über Schiffszusammenstöße in Anspruch *Trib. gr. inst. Marseille* 28. 6. 1977, Rev. crit. 1979, 97 krit. Anm. *Lagarde,* da in casu nicht alle beteiligten Schiffe die Staatsangehörigkeit einer vertragschließenden Partei besaßen (vgl. Art. 8 des Brüsseler Übereinkommens).

20 Bericht *Schlosser* Nr. 246. Dort wird als Beispiel das Pariser Übereinkommen von 1960 über die Haftung gegenüber Dritten auf dem Gebiet der Kernenergie genannt.

21 Bericht *Schlosser* Nr. 246.

vertraglichen Bestimmungen aus Haftungsbegrenzungsübereinkommen verletzt werden müssen. Offen bleibt, ob dieses Ergebnis über eine Anwendung der Ordre-public-Regel des Artikels 27 Nr. 1, in Analogie zur neuen Nr. 5 von Artikel 27, oder durch eine extensive Interpretation von Artikel 57 zu erreichen ist."

Es liegt nahe, einen solchen Konflikt über Art. 27 Nr. 1 EuGVÜ zu lösen und die Anerkennung und Vollstreckung also nur dann abzulehnen, wenn die Abweichung von den Grundregeln des besonderen Übereinkommens, das auch ein anderes als ein Haftungsbegrenzungsabkommen sein kann, so störend ist, daß ein Verstoß gegen die öffentliche Ordnung des Anerkennungsstaates bejaht werden muß[22].

III. Vorrang des sekundären Gemeinschaftsrechts (Abs. 2)

12 Die Neufassung des EuGVÜ aus dem Jahre 1978 stellt in Abs. 2 klar, daß „Bestimmungen, die für besondere Rechtsgebiete die gerichtliche Zuständigkeit, die Anerkennung oder Vollstreckung von Entscheidungen regeln und in Rechtsakten der Organe der Europäischen Gemeinschaften oder in dem in Ausführung dieser Akte harmonisierten einzelstaatlichen Recht enthalten sind", der Vorrang vor dem EuGVÜ zukommt. Der Vorrang rechtfertigt sich aus dem Gedanken der Spezialität. Das EG-Schuldvertragsübereinkommen vom 19. 6. 1980 enthält in seinem Art. 20 eine Parallelvorschrift. Im Bericht zu diesem Artikel[23] finden sich folgende Erläuterungen: Rechtsakte der Organe der Europäischen Gemeinschaften sind Verordnungen, Richtlinien und Übereinkommen, die von den Gemeinschaften geschlossen worden sind. Das in Ausführung dieser Akte harmonisierte innerstaatliche Recht, also etwa ein zur Umsetzung einer Gemeinschaftsrichtlinie ergangenes Gesetz, hat gewissermaßen Gemeinschaftscharakter, so daß der Vorrang vor dem EuGVÜ hier ebenfalls angemessen erscheint. Das besondere Gemeinschaftsrecht genießt auch dann Vorrang, wenn es nach dem Inkrafttreten des EuGVÜ erlassen worden ist.

Artikel 58

Dieses Übereinkommen berührt die Rechte nicht, die schweizerischen Staatsangehörigen aufgrund des Abkommens von 15. Juni 1869 zwischen Frankreich und der Schweizerischen Eidgenossenschaft über die gerichtliche Zuständigkeit und die Vollstreckung von Urteilen in Zivilsachen zustehen.

22 So im Ergebnis wohl auch *Basedow* in Hdb. IZVR I Kap. II Rz. 145.
23 Bericht *Lagarde*, BT-Drucks. 10/503, 71.

Das französisch-schweizerische Abkommen vom 1869[1] wird als einziges bilaterales Abkommen mit einem Drittstaat im EuGVÜ besonders erwähnt, weil es bedeutsame direkte Zuständigkeitsnormen für Streitigkeiten zwischen Schweizern und Franzosen enthält, die von denen des EuGVÜ abweichen. Um Konflikte mit diesem bilateralen Abkommen zu Lasten Schweizer Staatsangehöriger auszuschließen, ließ Art. 58 ihre aus dem Abkommen mit Frankreich folgenden Rechte unberührt[2]. Die Bestimmung ist mit dem Inkrafttreten des Lugano-Übereinkommens für Frankreich und die Schweiz am 1. Januar 1992 gegenstandslos geworden[3]; das bilaterale Abkommen wurde überdies auf diesen Tag einverständlich aufgehoben[4]. 1

Artikel 59

Dieses Übereinkommen hindert einen Vertragsstaat nicht, sich gegenüber einem dritten Staat im Rahmen eines Abkommens über die Anerkennung und Vollstreckung von Urteilen zu verpflichten, Entscheidungen der Gerichte eines anderen Vertragsstaats gegen Beklagte, die ihren Wohnsitz oder gewöhnlichen Aufenthalt in dem Hoheitsgebiet des dritten Staates haben, nicht anzuerkennen, wenn die Entscheidungen in den Fällen des Artikels 4 nur in einem der in Artikel 3 Absatz 2 angeführten Gerichtsstände ergehen können.

Kein Vertragsstaat kann sich jedoch gegenüber einem dritten Staat verpflichten, eine Entscheidung nicht anzuerkennen, die in einem anderen Vertragsstaat durch ein Gericht gefällt wurde, dessen Zuständigkeit auf das Vorhandensein von Vermögenswerten des Beklagten in diesem Staat oder die Beschlagnahme von dort vorhandenem Vermögen durch den Kläger gegründet ist,

1. **wenn die Klage erhoben wird, um Eigentums- oder Inhaberrechte hinsichtlich dieses Vermögens festzustellen oder anzumelden oder um Verfügungsgewalt darüber zu erhalten, oder wenn die Klage sich aus einer anderen Streitsache im Zusammenhang mit diesem Vermögen ergibt, oder**
2. **wenn das Vermögen die Sicherheit für einen Anspruch darstellt, der Gegenstand des Verfahrens ist.**

Die Vorschrift bezieht sich lediglich auf die Anerkennung gerichtlicher Entscheidungen, die gegen Personen ergangen sind, welche ihren Wohnsitz oder gewöhnlichen Aufenthalt außerhalb der Gemeinschaft haben. Diese Personen können aufgrund von Zuständigkeitsnormen des autonomen staatlichen Rechts verklagt werden, die gegenüber Personen mit Wohnsitz in der Gemeinschaft nicht in Anspruch genommen werden dürfen, ja die in Art. 3 II als exorbitant ausgeschlossen sind; eine solche Entscheidung ist nach den Vorschriften des EuGVÜ 1

1 Schweizerisches Bundesblatt 1869 II 506.
2 Siehe im einzelnen die Vorauflage.
3 Siehe Art. 58 in der Fassung des Beitrittsübereinkommens von 1989 (Art. 20 Textanhang VI).
4 J. O. 1992, 2982.

in allen Vertragsstaaten anzuerkennen und zu vollstrecken[1]. Durch Art. 59 wird den Vertragsstaaten die Freiheit belassen, mit Drittstaaten Verträge abzuschließen, in denen die Anerkennung und Vollstreckung solcher gerichtlicher Entscheidungen, die aufgrund exorbitanter Zuständigkeitsregeln ergangen sind, ausgeschlossen wird (siehe auch Art. 28 I und 34 II).

2 Im einzelnen ist die Anerkennung der Entscheidung eines anderen Vertragsstaates gemäß Art. 59 nur unter den beiden Voraussetzungen ausgeschlossen, daß (1) die Zuständigkeit des Gerichts des Urteilsstaats nur auf eine der in Art. 3 II erwähnten exorbitanten Zuständigkeitsregeln hat gestützt werden können und daß (2) zwischen dem Anerkennungs- oder Vollstreckungsstaat und dem Drittstaat, in dessen Hoheitsgebiet der Beklagte seinen Wohnsitz (bzw. Sitz, Art. 53) oder gewöhnlichen Aufenthalt hat, ein entsprechender Staatsvertrag geschlossen wurde. Ein Versagungsgrund liegt nicht vor, wenn das Gericht des Urteilsstaats sich zwar aufgrund einer der in Art. 3 II genannten Normen für zuständig erklärt hat, wenn es jedoch außerdem aufgrund anderer innerstaatlicher Bestimmungen zuständig war[2]. So kann zum Beispiel ein in Frankreich aufgrund des Art. 14 Code civil ergangenes Urteil anerkannt und vollstreckt werden, wenn der Rechtsstreit sich auf einen in Frankreich zu erfüllenden Vertrag bezog.

3 In *Abs. 2* wird die Freiheit besonderer Vereinbarungen mit Drittstaaten für Sonderfälle der Vermögens- und Arrestzuständigkeit eingeschränkt. Während eine schrankenlose Vermögens- oder Arrestzuständigkeit als exorbitant gelten muß, weil sie keine Beziehung zwischen Klaganspruch und zuständigkeitsbegründendem Gegenstand voraussetzt, läßt sich dies für die in Abs. 2 Nr. 1 und 2 erwähnten Zuständigkeiten nicht sagen. Es besteht deshalb in diesen Fällen kein Anlaß zuzulassen, daß die Wirkungen des EuGVÜ durch Sondervereinbarungen mit Drittstaaten eingeschränkt werden.

Beispiel[3]: Hat ein Gläubiger eine in Frankreich zu erfüllende Forderung gegen einen dort wohnhaften Schuldner, dann sind die dänischen Gerichte zur Entscheidung über den Anspruch in keinem Fall zuständig, auch wenn der Schuldner in Dänemark Vermögen hat und selbst wenn für die Forderung eine dingliche Sicherheit an einem dänischen Grundstück besteht. Denn das EuGVÜ sieht eine derartige Zuständigkeit nicht vor. Wohnt der Schuldner in Japan und ist die Zuständigkeitsordnung des EuGVÜ also nicht anwendbar, so können dänische Gerichte, wenn es ihr dänisches nationales Recht gestattet, sehr wohl Zuständigkeit in Anspruch nehmen, etwa aufgrund von Vermögen, das der Schuldner in Dänemark besitzt. Normalerweise muß das ergehende Urteil auch im Vereinigten Königreich vollstreckt werden. Dieses kann sich aber gegenüber Japan staatsvertraglich verpflichten, die Anerkennung und Vollstreckung eines solchen Urteils abzulehnen. Den Fall, daß die Zuständigkeit der dänischen Gerichte auf die dingliche Sicherheit gegründet ist, die der Gläubiger am dänischen Grundstück hat, darf aber eine solche

1 Zur rechtspolitischen Kritik dieser Regelung siehe Art. 3 Rz. 3ff.; zu einer einschränkenden Interpretation siehe Art. 28 Rz. 3.
2 Bericht *Jenard* zu Art. 59.
3 Nach dem Bericht *Schlosser* Nr. 250.

staatsvertragliche Regelung nicht erfassen. Das Urteil muß unter diesen Voraussetzungen auch im Vereinigten Königreich vollstreckt werden.

Eine Abkommensregelung der in Art. 59 bezeichneten Art enthält Art. 23 des *deutsch-norwegischen Anerkennungs- und Vollstreckungsvertrages* vom 17. 6. 1977[4]. In Art. 23 dieses Abkommens verpflichten sich beide Staaten, Entscheidungen der Gerichte eines dritten Staates, die gegen eine Person mit Wohnsitz oder gewöhnlichem Aufenthalt (bzw. Sitz oder Hauptniederlassung) in dem anderen Staat ergangen sind, nicht anzuerkennen oder zu vollstrecken, wenn die Zuständigkeit der Gerichte des dritten Staates allein aufgrund einer der in Art. 23 aufgezählten exorbitanten Zuständigkeitsregeln gegeben war, z. B. aufgrund einer Anknüpfung an die Staatsangehörigkeit des Klägers. Somit darf u. a. ein französisches Urteil, das im Gerichtsstand des Klägers (Art. 14 und 15 Code civil) gegen eine Person mit Wohnsitz oder Sitz in Norwegen ergangen ist, in der Bundesrepublik Deutschland nicht anerkannt und vollstreckt werden[5]. **4**

Der viel diskutierte Versuch des *Vereinigten Königreichs,* mit den *Vereinigten Staaten* ein entsprechendes bilaterales Anerkennungs- und Vollstreckungsabkommen zu schließen, ist im Entwurfsstadium gescheitert[6]. Ein derartiges Abkommen des Vereinigten Königreichs mit *Kanada* ist am 24. April 1984 in Ottawa unterzeichnet worden und zum 1. Januar 1987 in Kraft getreten. In Art. IX dieses Übereinkommens verpflichtet sich das Vereinigte Königreich, unter den in Art. 59 genannten Voraussetzungen keine Entscheidung der Gerichte eines Vertragsstaates des EuGVÜ anzuerkennen oder zu vollstrecken, die gegen eine Person mit Domizil oder gewöhnlichem Aufenthalt in Kanada gerichtet ist[7]. **5**

---

4 BGBl. 1981 II 341. In Kraft seit 3. 10. 1981, BGBl. 1981 II 901.

5 Ebenso ausdrücklich der Gemeinsame Bericht der Unterhändler zu Art. 23 des deutsch-norwegischen Vertrages; BR-Drucks. 64/80, 19; vgl. auch das ähnliche Beispiel im Bericht *Jenard* zu Art. 59 EuGVÜ.

6 Siehe etwa *von Mehren,* Rec. des Cours 167 (1980-II) 111 N. 191 mit zahlreichen Nachw.; *Woodward,* N.C.J. Int. L. Com. Reg. 1983, 299 ff.

7 Dazu *Kaye* 1524 f.; *O'Malley/Layton* 874 f.

Titel VIII. Schlußvorschriften

Artikel 60

Dieses Übereinkommen gilt für das europäische Hoheitsgebiet der Vertragsstaaten einschließlich Grönland, für die französischen überseeischen Departements und Gebiete sowie für Mayotte.

Das Königreich der Niederlande kann bei der Unterzeichnung oder der Ratifizierung dieses Übereinkommens oder zu jedem späteren Zeitpunkt durch Notifikation an den Generalsekretär des Rates der Europäischen Gemeinschaften erklären, daß dieses Übereinkommen für die Niederländischen Antillen gilt. Wird eine solche Erklärung nicht abgegeben, so gelten Verfahren, die in dem europäischen Hoheitsgebiet des Königreichs aufgrund einer Kassationsbeschwerde gegen Entscheidungen von Gerichten der Niederländischen Antillen anhängig sind, als vor diesen Gerichten anhängig.

Abweichend von Absatz 1 gilt dieses Übereinkommen nicht:

1. für die Färöer, sofern nicht das Königreich Dänemark eine gegenteilige Erklärung abgibt,
2. für die europäischen Gebiete außerhalb des Vereinigten Königreichs, deren internationale Beziehungen dieses wahrnimmt, sofern nicht das Vereinigte Königreich eine gegenteilige Erklärung in bezug auf ein solches Gebiet abgibt.

Diese Erklärungen können jederzeit gegenüber dem Generalsekretär des Rates der Europäischen Gemeinschaften abgegeben werden.

Rechtsmittelverfahren, die im Vereinigten Königreich gegen Entscheidungen von Gerichten in den in Absatz 3 Nummer 2 genannten Gebieten angestrengt werden, gelten als Verfahren vor diesen Gerichten.

Rechtssachen, die im Königreich Dänemark nach der Zivilprozeßordnung für die Färöer (Lov for Faerøerne om rettens pleje) ausgetragen werden, gelten als Rechtssachen, die vor den Gerichten der Färöer verhandelt werden.

1 Das *europäische Hoheitsgebiet der Vertragsstaaten* bestand urprünglich aus Belgien, der Bundesrepublik Deutschland einschließlich West-Berlin [1], Frankreich, Italien, Luxemburg und den Niederlanden. Seit der Wiedervereinigung am 3. 10. 1990 gehören die vormalige DDR und ganz Berlin zur Bundesrepublik Deutschland, so daß das EuGVÜ auch dort gilt. Hinzugekommen sind Dänemark, Irland und das Vereinigte Königreich durch das Beitrittsübereinkommen von 1978 und Griechenland durch das Beitrittsübereinkommen von 1982.

1 Dazu näher die 2. Aufl. sowie *Kohler*, IPRax 1989, 75 ff.

Das Übereinkommen gilt nicht in dem souveränen Staat *Vatikanstadt* und auch nicht in *Andorra, Monaco* und *San Marino*, die zwar in manchen Beziehungen mit Frankreich und Italien verbunden sind, aber nicht zu deren Hoheitsgebiet gehören[2]. 2

Auch für die weit entfernten *französischen überseeischen Departements und Gebiete* gilt das Übereinkommen gemäß Abs. 1[3]. Klagen gegen Bewohner dieser Territorien sind also gemäß Art. 2 grundsätzlich dort zu erheben, und die dort erlassenen Entscheidungen nehmen an der erleichterten Anerkennung und Vollstreckung nach Art. 25ff. teil. 3

Erlangt ein Territorium die *Unabhängigkeit vom Mutterland*, so ist es nicht mehr Mitglied der Europäischen Gemeinschaft und gehört folglich auch dem EuGVÜ nicht mehr an[4]. Speziell für *Mayotte* soll das Übereinkommen nach dem Willen der Vertragsstaaten weiter gelten, wie Abs. 1 zeigt. 4

Für die *Niederländischen Antillen* gilt das Übereinkommen gemäß *Abs. 2* nur bei einer entsprechenden Erklärung der Niederlande. Für *Aruba* wurde eine solche Erklärung abgegeben (BGBl. 1986 II 919). Für *Surinam*, das am 25. 11. 1975 unabhängig wurde, gilt das EuGVÜ seither nicht mehr. 5

Zum europäischen Hoheitsgebiet *Dänemarks* zählt gemäß Abs. 1 noch *Grönland*. Nachdem durch Vertrag vom 13. 3. 1984 zur Änderung der Gründungsverträge jedoch vereinbart worden ist, diese Verträge auf Grönland nicht mehr anzuwenden[5], ist einer Erstreckung des EuGVÜ auf Grönland die Grundlage entzogen, und das dänische Zustimmungsgesetz zum EuGVÜ stellt demgemäß in seinem § 17 ausdrücklich klar, daß es für Grönland nicht gilt[6]. Eine entsprechende Erklärung wurde von Dänemark auch bei der Ratifikation des Beitrittsübereinkommens zum EuGVÜ abgegeben. Ferner gilt das EuGVÜ gemäß *Abs. 3 Nr. 1* nicht für die *Färöer-Inseln*, es sei denn, Dänemark gibt eine gegenteilige Erklärung ab. Das ist nicht geschehen. Zu den Gerichtsverfahren, die den Färöer-Inseln zugerechnet werden, zählen gemäß *Abs. 6* die erst- und höherinstanzlichen Verfahren, welche die Färöer betreffen und die in Dänemark nach der eigens für diese Inselgruppe geschaffenen Zivilprozeßordnung durchgeführt werden. 6

Der Begriff *„Vereinigtes Königreich"* umfaßt gemäß *Abs. 3 Nr. 2* grundsätzlich nicht die Kanalinseln, die Insel Man, Gibraltar und die Hoheitszonen auf Zypern. Das Vereinigte Königreich ist jedoch befugt, den Geltungsbereich des 7

---

2 Näher *Droz* Nr. 23 N. 1 und *Basedow* in Hdb. IZVR I Kap. II Rz. 59; für Andorra auch *Gothot/Holleaux* Nr. 231; *Maus*, RIW 1981, 151ff.; *Rau*, RabelsZ 1989, 217.

3 Für Einzelheiten siehe *Basedow* (vorige Note) Rz. 60; ferner Bericht *Almeida Cruz/Desantes Real/Jenard*, ABl. 28. 7. 1990 Nr. C 189, 49 Nr. 33. Zutreffend attestiert *Droz* Nr. 23 den französischen EG-Partnern hier einen „esprit de coopération particulièrement poussé".

4 Bericht *Schlosser* Nr. 254: „Dies in einer förmlichen Bestimmung festzuhalten, war entbehrlich."

5 BGBl. 1985 II 73, 589.

6 Lov om EF-domskonventionen m.v. vom 4. 6. 1986, Lovtidende A 1986 Nr. 325.

EuGVÜ auf diese Territorien zu erstrecken, deren auswärtige Interessen es wahrnimmt[7]. Diesbezügliche Erklärungen können gemäß *Abs. 4* jederzeit gegenüber dem Generalsekretär des Rates der EG abgegeben werden. Der *Abs. 5* bezieht sich darauf, daß gerichtliche Urteile in den genannten Gebieten letztinstanzlich vor dem „Judicial Committee of the Privy Council" angefochten werden können. Es wäre unlogisch, Entscheidungen des Privy Council dem Geltungsbereich des EuGVÜ zu unterwerfen, wenn sie sich auf Rechtsstreitigkeiten aus Territorien beziehen, für die es nicht gilt[8].

Artikel 61

Dieses Übereinkommen bedarf der Ratifizierung durch die Unterzeichnerstaaten. Die Ratifikationsurkunden werden beim Generalsekretär des Rates der Europäischen Gemeinschaften hinterlegt.

1 Für das *EuGVÜ von 1968* hinterlegten die Unterzeichnerstaaten, also die sechs ursprünglichen Mitgliedstaaten der EG, ihre Ratifikationsurkunden in der folgenden zeitlichen Reihenfolge: Frankreich 13. 4. 1970, Belgien 16. 2. 1971, Niederlande 26. 6. 1972, Italien 10. 8. 1972, Bundesrepublik Deutschland 30. 10. 1972 und Luxemburg 22. 11. 1972.

2 Das *EuGVÜ in der Fassung von 1978* wurde durch das Beitrittsübereinkommen von 1978 in Kraft gesetzt, das gemäß seinem Art. 38 der Ratifizierung durch die Unterzeichnerstaaten bedurfte (siehe Textanhang IV). Auch das *EuGVÜ in der Fassung von 1982* konnte nur durch eine Ratifikation des Beitrittsübereinkommens von 1982 (Textanhang V) in Kraft gesetzt werden (siehe Art. 14, 15 des Beitrittsübereinkommens).

Artikel 62

Dieses Übereinkommen tritt am ersten Tage des dritten Monats in Kraft, der auf die Hinterlegung der Ratifikationsurkunde durch denjenigen Unterzeichnerstaat folgt, der diese Förmlichkeit als letzter vornimmt.

1 Das *EuGVÜ von 1968* ist am 1. 2. 1973 für Belgien, die Bundesrepublik Deutschland, Frankreich, Italien, Luxemburg und die Niederlande in Kraft getreten (BGBl. 1973 II 60).

2 Das *EuGVÜ in der Fassung von 1978* ist gemäß Art. 39 I des Beitrittsübereinkommens von 1978 (siehe Textanhang IV) am 1. 11. 1986 für Belgien, die Bundesrepublik Deutschland, Dänemark, Frankreich, Italien, Luxemburg und die

7 Vgl. dazu auch sec. 39 und 52 (2) Civil Jurisdiction and Judgments Act 1982.
8 Bericht *Schlosser* Nr. 252.

Niederlande in Kraft getreten (BGBl. 1986 II 1020); für das Vereinigte Königreich am 1. 1. 1987 (BGBl. 1986 II 1146) und für *Irland* am 1. 6. 1988 (BGBl. 1988 II 610).

Das *EuGVÜ in der Fassung von 1982* ist gemäß Art. 15 des Beitrittsübereinkommens von 1982 (siehe Textanhang V) am 1. 4. 1989 in Kraft getreten für Belgien, die Bundesrepublik Deutschland, Dänemark, Frankreich, Griechenland, Irland, Italien, Luxemburg und die Niederlande (BGBl. 1989 II 214); für das Vereinigte Königreich am 1. 10. 1989 (BGBl. 1989 II 752). 3

Artikel 63

Die Vertragsstaaten bekräftigen, daß jeder Staat, der Mitglied der Europäischen Wirtschaftsgemeinschaft wird, verpflichtet ist, sein Einverständnis damit zu erklären, daß dieses Übereinkommen den Verhandlungen zwischen den Vertragsstaaten und diesem Staate zugrunde gelegt wird, die erforderlich werden, um die Ausführung des Artikels 220 letzter Absatz des Vertrages zur Gründung der Europäischen Wirtschaftsgemeinschaft sicherzustellen.

Die erforderlichen Anpassungen können Gegenstand eines besonderen Übereinkommens zwischen den Vertragsstaaten einerseits und diesem Staat andererseits sein.

In Ausführung dieses Artikels wurde am 9. 10. 1978 das Übereinkommen über den Beitritt *Dänemarks, Irlands* und des *Vereinigten Königreichs Großbritannien und Nordirland* unterzeichnet (siehe auch Textanhang IV). 1

Ein entsprechendes Beitrittsübereinkommen mit *Griechenland* wurde am 25. 10. 1982 unterzeichnet (Textanhang V). 2

Ein Beitrittsübereinkommen mit *Spanien* und *Portugal* wurde am 26. 5. 1989 in Donostia-San Sebastian unterzeichnet (Textanhang VI). Es ist am 1. 2. 1991 für Spanien, Frankreich und die Niederlande in Kraft getreten[1], später auch für das Vereinigte Königreich (1. 12. 1991)[2], Luxemburg (1. 2. 1992)[3], Italien (1. 5. 1992)[4], Griechenland und Portugal (beide 1. 7. 1992)[5]. 3
Die Bundesrepublik Deutschland hat das Beitrittsübereinkommen noch nicht ratifiziert, doch wird dies in der laufenden Legislaturperiode erwartet.

1 ABl. 1991 Nr. C 17, 2.
2 ABl. 1991 Nr. C 308, 1.
3 ABl. 1992 Nr. C 16, 1.
4 ABl. 1992 Nr. C 64, 1.
5 ABl. 1992 Nr. C 144, 1.

Artikel 64

Der Generalsekretär des Rates der Europäischen Gemeinschaften notifiziert den Unterzeichnerstaaten:

a) die Hinterlegung jeder Ratifikationsurkunde;
b) den Tag, an dem dieses Übereinkommen in Kraft tritt;
c) die gemäß Artikel 60 eingegangenen Erklärungen;
d) die gemäß Artikel IV des Protokolls eingegangenen Erklärungen;
e) die Mitteilungen gemäß Artikel VI des Protokolls.

Artikel 65

Das diesem Übereinkommen im gegenseitigen Einvernehmen der Vertragsstaaten beigefügte Protokoll ist Bestandteil des Übereinkommens.

1 Das Protokoll, das einigen nationalen Besonderheiten einzelner Vertragsstaaten Rechnung trägt, ist im Textanhang abgedruckt. Seine Bestimmungen sind, soweit erforderlich, im Zusammenhang mit den einschlägigen Artikeln des EuGVÜ erläutert.

Artikel 66

Dieses Übereinkommen gilt auf unbegrenzte Zeit.

Artikel 67

Jeder Vertragsstaat kann eine Revision dieses Übereinkommens beantragen. In diesem Fall beruft der Präsident des Rates der Europäischen Gemeinschaften eine Revisionskonferenz ein.

Artikel 68

Dieses Übereinkommen ist in einer Urschrift in deutscher, französischer, italienischer und niederländischer Sprache abgefaßt, wobei jeder Wortlaut gleichermaßen verbindlich ist; es wird im Archiv des Sekretariats des Rates der Europäischen Gemeinschaften hinterlegt; der Generalsekretär übermittelt der Regierung jedes Unterzeichnerstaats eine beglaubigte Abschrift.

1 Art. 37 II des Beitrittsübereinkommens von 1978 (siehe Textanhang IV) schreibt vor, daß der dänische, der englische und der irische Wortlaut gleichermaßen verbindlich sind wie der ursprüngliche Wortlaut des Übereinkommens. Nach Art. 13 II des Beitrittsübereinkommens von 1982 (siehe Textanhang V) ist auch der griechische Wortlaut verbindlich.

Textanhang

I. Übereinkommen über die gerichtliche Zuständigkeit und die Vollstreckung gerichtlicher Entscheidungen in Zivil- und Handelssachen

Vom 27. September 1968
i. d. F. vom 25. Oktober 1982[1]

Präambel

Die Hohen Vertragsparteien des Vertrags zur Gründung der Europäischen Wirtschaftsgemeinschaft –

In dem Wunsche, Artikel 220 des genannten Vertrages auszuführen, in dem sie sich verpflichtet haben, die Vereinfachung der Förmlichkeiten für die gegenseitige Anerkennung und Vollstreckung gerichtlicher Entscheidungen sicherzustellen,

In dem Bestreben, innerhalb der Gemeinschaft den Rechtsschutz der dort ansässigen Personen zu verstärken,

In der Erwägung, daß es zu diesem Zweck geboten ist, die internationale Zuständigkeit ihrer Gerichte festzulegen, die Anerkennung von Entscheidungen zu erleichtern und ein beschleunigtes Verfahren einzuführen, um die Vollstreckung von Entscheidungen sowie von öffentlichen Urkunden und gerichtlichen Vergleichen sicherzustellen –

Haben beschlossen, dieses Übereinkommen zu schließen, und haben zu diesem Zweck zu ihren Bevollmächtigten ernannt ...

Diese im Rat vereinigten Bevollmächtigten sind nach Austausch ihrer in guter und gehöriger Form befundenen Vollmachten wie folgt übereingekommen:

Titel I. Anwendungsbereich

Artikel 1

Dieses Übereinkommen ist in Zivil- und Handelssachen anzuwenden, ohne daß es auf die Art der Gerichtsbarkeit ankommt. Es erfaßt insbesondere nicht Steuer- und Zollsachen sowie verwaltungsrechtliche Angelegenheiten[2].

---

1 ABl. 1978 Nr. L 304, 77; BGBl. 1972 II 773, 1983 II 802.
2 Satz 2 angefügt gemäß Art. 3 des Beitrittsübereinkommens von 1978.

Es ist nicht anzuwenden auf:

1. den Personenstand, die Rechts- und Handlungsfähigkeit sowie die gesetzliche Vertretung von natürlichen Personen, die ehelichen Güterstände, das Gebiet des Erbrechts einschließlich des Testamentsrechts;
2. Konkurse, Vergleiche und ähnliche Verfahren;
3. die soziale Sicherheit;
4. die Schiedsgerichtsbarkeit.

Titel II. Zuständigkeit

1. Abschnitt. Allgemeine Vorschriften

Artikel 2

Vorbehaltlich der Vorschriften dieses Übereinkommens sind Personen, die ihren Wohnsitz in dem Hoheitsgebiet eines Vertragsstaats haben, ohne Rücksicht auf ihre Staatsangehörigkeit vor den Gerichten dieses Staates zu verklagen.

Auf Personen, die nicht dem Staate, in dem sie ihren Wohnsitz haben, angehören, sind die für Inländer maßgebenden Zuständigkeitsvorschriften anzuwenden.

Artikel 3

Personen, die ihren Wohnsitz in dem Hoheitsgebiet eines Vertragsstaats haben, können vor den Gerichten eines anderen Vertragsstaats nur gemäß den Vorschriften des 2. bis 6. Abschnitts verklagt werden.

Insbesondere können gegen diese Personen nicht geltend gemacht werden:

- in Belgien: Artikel 15 des Zivilgesetzbuches (Code civil – Burgerlijk Wetboek) sowie Artikel 638 der Zivilprozeßordnung (Code judiciaire – Gerechtelijk Wetboek);
- in Dänemark: Artikel 248 Absatz 2 der Zivilprozeßordnung (Lov om rettens pleje) und Kapitel 3 Artikel 3 der Zivilprozeßordnung für Grönland (Lov for Grønland om rettens pleje);
- in der Bundesrepublik Deutschland: § 23 der Zivilprozeßordnung;
- in Griechenland: Artikel 40 der Zivilprozeßordnung (Κώδικας Πολιτικῆς Δικονομίας);
- in Frankreich: Artikel 14 und 15 des Zivilgesetzbuches (Code civil);
- in Irland: Vorschriften, nach denen die Zuständigkeit durch Zustellung eines das Verfahren einleitenden Schriftstücks an den Beklagten während dessen vorübergehender Anwesenheit in Irland begründet wird;
- in Italien: Artikel 2, Artikel 4 Nummern 1 und 2 der Zivilprozeßordnung (Codice di procedura civile);
- in Luxemburg: Artikel 14 und 15 des Zivilgesetzbuches (Code civil);
- in den Niederlanden: Artikel 126 Absatz 3 und Artikel 127 der Zivilprozeßordnung (Wetboek van Burgerlijke Rechtsvordering);

– im Vereinigten Königreich: Vorschriften, nach denen die Zuständigkeit begründet wird durch
  a) die Zustellung eines das Verfahren einleitenden Schriftstücks an den Beklagten während dessen vorübergehender Anwesenheit im Vereinigten Königreich;
  b) das Vorhandensein von Vermögenswerten des Beklagten im Vereinigten Königreich oder
  c) die Beschlagnahme von Vermögen im Vereinigten Königreich durch den Kläger[3].

Artikel 4

Hat der Beklagte keinen Wohnsitz in dem Hoheitsgebiet eines Vertragsstaats, so bestimmt sich, vorbehaltlich des Artikels 16, die Zuständigkeit der Gerichte eines jeden Vertragsstaats nach seinen eigenen Gesetzen.

Gegenüber einem Beklagten, der keinen Wohnsitz in dem Hoheitsgebiet eines Vertragsstaats hat, kann sich jede Person, die ihren Wohnsitz in dem Hoheitsgebiet eines Vertragsstaats hat, in diesem Staat auf die dort geltenden Zuständigkeitsvorschriften, insbesondere auf die in Artikel 3 Absatz 2 angeführten Vorschriften, wie ein Inländer berufen, ohne daß es auf ihre Staatsangehörigkeit ankommt.

2. Abschnitt. Besondere Zuständigkeiten

Artikel 5

Eine Person, die ihren Wohnsitz in dem Hoheitsgebiet eines Vertragsstaats hat, kann in einem anderen Vertragsstaat verklagt werden:

1. wenn ein Vertrag oder Ansprüche aus einem Vertrag den Gegenstand des Verfahrens bilden, vor dem Gericht des Ortes, an dem die Verpflichtung erfüllt worden ist oder zu erfüllen wäre;
2. wenn es sich um eine Unterhaltssache handelt, vor dem Gericht des Ortes, an dem der Unterhaltsberechtigte seinen Wohnsitz oder seinen gewöhnlichen Aufenthalt hat, oder im Falle einer Unterhaltssache, über die im Zusammenhang mit einem Verfahren in bezug auf den Personenstand zu entscheiden ist, vor dem nach seinem Recht für dieses Verfahren zuständigen Gericht, es sei denn, diese Zuständigkeit beruht lediglich auf der Staatsangehörigkeit einer der Parteien[4];

---

3 Absatz 2 geändert gemäß Art. 4 des Beitrittsübereinkommens von 1978 und Art. 3 des Beitrittsübereinkommens von 1982.

4 Nr. 2 geändert gemäß Art. 5 III des Beitrittsübereinkommens von 1978.

3. wenn eine unerlaubte Handlung oder eine Handlung, die einer unerlaubten Handlung gleichgestellt ist, oder wenn Ansprüche aus einer solchen Handlung den Gegenstand des Verfahrens bilden, vor dem Gericht des Ortes, an dem das schädigende Ereignis eingetreten ist;
4. wenn es sich um eine Klage auf Schadensersatz oder auf Wiederherstellung des früheren Zustandes handelt, die auf eine mit Strafe bedrohte Handlung gestützt wird, vor dem Strafgericht, bei dem die öffentliche Klage erhoben ist, soweit dieses Gericht nach seinem Recht über zivilrechtliche Ansprüche erkennen kann;
5. wenn es sich um Streitigkeiten aus dem Betrieb einer Zweigniederlassung, einer Agentur oder einer sonstigen Niederlassung handelt, vor dem Gericht des Ortes, an dem sich diese befindet;
6. wenn sie in ihrer Eigenschaft als Begründer, *trustee* oder Begünstigter eines *trust* in Anspruch genommen wird, der aufgrund eines Gesetzes oder durch schriftlich vorgenommenes oder schriftlich bestätigtes Rechtsgeschäft errichtet worden ist, vor den Gerichten des Vertragsstaats, auf dessen Hoheitsgebiet der *trust* seinen Sitz hat[5];
7. wenn es sich um eine Streitigkeit wegen der Zahlung von Berge- und Hilfslohn handelt, der für Bergungs- oder Hilfeleistungsarbeiten gefordert wird, die zugunsten einer Ladung oder einer Frachtforderung erbracht worden sind, vor dem Gericht, in dessen Zuständigkeitsbereich diese Ladung oder die entsprechende Frachtforderung
   a) mit Arrest belegt worden ist, um die Zahlung zu gewährleisten, oder
   b) mit Arrest hätte belegt werden können, jedoch dafür eine Bürgschaft oder eine andere Sicherheit geleistet worden ist;

   diese Vorschrift ist nur anzuwenden, wenn behauptet wird, daß der Beklagte Rechte an der Ladung oder an der Frachtforderung hat oder zur Zeit der Bergungs- oder Hilfeleistungsarbeiten hatte[6].

Artikel 6

Eine Person, die ihren Wohnsitz in dem Hoheitsgebiet eines Vertragsstaats hat, kann auch verklagt werden:

1. wenn mehrere Personen zusammen verklagt werden, vor dem Gericht, in dessen Bezirk einer der Beklagten seinen Wohnsitz hat;
2. wenn es sich um eine Klage auf Gewährleistung oder um eine Interventionsklage handelt, vor dem Gericht des Hauptprozesses, es sei denn, daß diese Klage nur erhoben worden ist, um diese Person dem für sie zuständigen Gericht zu entziehen;

---

5 Nr. 6 eingefügt gemäß Art. 5 IV des Beitrittsübereinkommens von 1978.

6 Nr. 7 eingefügt gemäß Art. 5 IV des Beitrittsübereinkommens von 1978.

3. wenn es sich um eine Widerklage handelt, die auf denselben Vertrag oder Sachverhalt wie die Klage selbst gestützt wird, vor dem Gericht, bei dem die Klage selbst anhängig ist.

Artikel 6a[7]

Ist ein Gericht eines Vertragsstaats nach diesem Übereinkommen zur Entscheidung in Verfahren wegen einer Haftpflicht aufgrund der Verwendung oder des Betriebs eines Schiffes zuständig, so entscheidet dieses oder ein anderes, an seiner Stelle durch das Recht dieses Staates bestimmtes Gericht auch über Klagen auf Beschränkung dieser Haftung.

3. Abschnitt. Zuständigkeit für Versicherungssachen

Artikel 7

Für Klagen in Versicherungssachen bestimmt sich die Zuständigkeit vorbehaltlich des Artikels 4 und des Artikels 5 Nr. 5 nach diesem Abschnitt.

Artikel 8[8]

Der Versicherer, der seinen Wohnsitz in dem Hoheitsgebiet eines Vertragsstaats hat, kann verklagt werden:

1. vor den Gerichten des Staates, in dem er seinen Wohnsitz hat,
2. in einem anderen Vertragsstaat vor dem Gericht des Bezirks, in dem der Versicherungsnehmer seinen Wohnsitz hat, oder
3. falls es sich um einen Mitversicherer handelt, vor dem Gericht eines Vertragsstaats, bei dem der federführende Versicherer verklagt wird.

Hat ein Versicherer in dem Hoheitsgebiet eines Vertragsstaats keinen Wohnsitz, besitzt er aber in einem Vertragsstaat eine Zweigniederlassung, Agentur oder sonstige Niederlassung, so wird er für Streitigkeiten aus ihrem Betrieb so behandelt, wie wenn er seinen Wohnsitz in dem Hoheitsgebiet dieses Staates hätte.

Artikel 9

Bei der Haftpflichtversicherung oder bei der Versicherung von unbeweglichen Sachen kann der Versicherer außerdem vor dem Gericht des Ortes, an dem das

7 Artikel eingefügt gemäß Art. 6 des Beitrittsübereinkommens von 1978.
8 Wortlaut geändert gemäß Art. 7 des Beitrittsübereinkommens von 1978.

schädigende Ereignis eingetreten ist, verklagt werden. Das gleiche gilt, wenn sowohl bewegliche als auch unbewegliche Sachen in ein und demselben Versicherungsvertrag versichert und von demselben Schadensfall betroffen sind.

Artikel 10

Bei der Haftpflichtversicherung kann der Versicherer auch vor das Gericht, bei dem die Klage des Geschädigten gegen den Versicherten anhängig ist, geladen werden, sofern dies nach dem Recht des angerufenen Gerichts zulässig ist.

Auf eine Klage, die der Verletzte unmittelbar gegen den Versicherer erhebt, sind die Artikel 7 bis 9 anzuwenden, sofern eine solche unmittelbare Klage zulässig ist.

Sieht das für die unmittelbare Klage maßgebliche Recht die Streitverkündung gegen den Versicherungsnehmer oder den Versicherten vor, so ist dasselbe Gericht auch für diese Personen zuständig.

Artikel 11

Vorbehaltlich der Bestimmungen des Artikels 10 Absatz 3 kann der Versicherer nur vor den Gerichten des Vertragsstaats klagen, in dessen Hoheitsgebiet der Beklagte seinen Wohnsitz hat, ohne Rücksicht darauf, ob dieser Versicherungsnehmer, Versicherter oder Begünstigter ist.

Die Vorschriften dieses Abschnitts lassen das Recht unberührt, eine Widerklage vor dem Gericht zu erheben, bei dem die Klage selbst gemäß den Bestimmungen dieses Abschnitts anhängig ist.

Artikel 12[9]

Von den Vorschriften dieses Abschnitts kann im Wege der Vereinbarung nur abgewichen werden:

1. wenn die Vereinbarung nach der Entstehung der Streitigkeit getroffen wird oder
2. wenn sie dem Versicherungsnehmer, Versicherten oder Begünstigten die Befugnis einräumt, andere als die in diesem Abschnitt angeführten Gerichte anzurufen, oder
3. wenn sie zwischen einem Versicherungsnehmer und einem Versicherer, die zum Zeitpunkt des Vertragsabschlusses ihren Wohnsitz oder gewöhnlichen

---

9 Wortlaut geändert gemäß Art. 8 des Beitrittsübereinkommens von 1978.

Aufenthalt in demselben Vertragsstaat haben, getroffen ist, um die Zuständigkeit der Gerichte dieses Staates auch für den Fall zu begründen, daß das schädigende Ereignis im Ausland eingetreten ist, es sei denn, daß eine solche Vereinbarung nach dem Recht dieses Staates nicht zulässig ist, oder

4. wenn sie von einem Versicherungsnehmer abgeschlossen ist, der seinen Wohnsitz nicht in einem Vertragsstaat hat, ausgenommen soweit sie eine Versicherung, zu deren Abschluß eine gesetzliche Verpflichtung besteht, oder die Versicherung von unbeweglichen Sachen in einem Vertragsstaat betrifft, oder
5. wenn sie einen Versicherungsvertrag betrifft, soweit dieser eines oder mehrere der in Artikel 12a aufgeführten Risiken deckt.

Artikel 12a [10]

Die in Artikel 12 Nummer 5 erwähnten Risiken sind die folgenden:

1. sämtliche Schäden
   a) an Seeschiffen, Anlagen vor der Küste und auf hoher See oder Luftfahrzeugen aus Gefahren, die mit ihrer Verwendung zu gewerblichen Zwecken verbunden sind,
   b) an Transportgütern, ausgenommen Reisegepäck der Passagiere, wenn diese Güter ausschließlich oder zum Teil mit diesen Schiffen oder Luftfahrzeugen befördert werden;
2. Haftpflicht aller Art, mit Ausnahme der Haftung für Personenschäden an Passagieren oder Schäden an deren Reisegepäck,
   a) aus der Verwendung oder dem Betrieb vom Seeschiffen, Anlagen oder Luftfahrzeugen gemäß Nummer 1 Buchstabe a, es sei denn, daß nach den Rechtsvorschriften des Vertragsstaats, in dem das Luftfahrzeug eingetragen ist, Gerichtsstandsvereinbarungen für die Versicherung solcher Risiken untersagt sind,
   b) für Schäden, die durch Transportgüter während einer Beförderung im Sinne der Nummer 1 Buchstabe b verursacht werden;
3. finanzielle Verluste im Zusammenhang mit der Verwendung oder dem Betrieb von Seeschiffen, Anlagen oder Luftfahrzeugen gemäß Nummer 1 Buchstabe a, insbesondere Fracht- oder Charterverlust;
4. irgendein zusätzliches Risiko, das mit einem der unter Nummern 1 bis 3 genannten Risiken in Zusammenhang steht.

---

10 Artikel eingefügt gemäß Art. 9 des Beitrittsübereinkommens von 1978.

4. Abschnitt. Zuständigkeit für Verbrauchersachen [11]

Artikel 13

Für Klagen aus einem Vertrag, den eine Person zu einem Zweck abgeschlossen hat, der nicht der beruflichen oder gewerblichen Tätigkeit dieser Person (Verbraucher) zugerechnet werden kann, bestimmt sich die Zuständigkeit, unbeschadet des Artikels 4 und des Artikels 5 Nummer 5, nach diesem Abschnitt,

1. wenn es sich um den Kauf beweglicher Sachen auf Teilzahlung handelt,
2. wenn es sich um ein in Raten zurückzuzahlendes Darlehen oder um ein anderes Kreditgeschäft handelt, die zur Finanzierung des Kaufs derartiger Sachen bestimmt sind, oder
3. für andere Verträge, wenn sie die Erbringung einer Dienstleistung oder die Lieferung beweglicher Sachen zum Gegenstand haben, sofern
   a) dem Vertragsabschluß in dem Staat des Wohnsitzes des Verbrauchers ein ausdrückliches Angebot oder eine Werbung vorausgegangen ist und
   b) der Verbraucher in diesem Staat die zum Abschluß des Vertrages erforderlichen Rechtshandlungen vorgenommen hat.

Hat der Vertragspartner des Verbrauchers in dem Hoheitsgebiet eines Vertragsstaats keinen Wohnsitz, besitzt er aber in einem Vertragsstaat eine Zweigniederlassung, Agentur oder sonstige Niederlassung, so wird er für Streitigkeiten aus ihrem Betrieb so behandelt, wie wenn er seinen Wohnsitz in dem Hoheitsgebiet dieses Staates hätte.

Dieser Abschnitt ist nicht auf Beförderungsverträge anzuwenden.

Artikel 14

Die Klage eines Verbrauchers gegen die andere Vertragspartei kann entweder vor den Gerichten des Vertragsstaats erhoben werden, in dessen Hoheitsgebiet diese Vertragspartei ihren Wohnsitz hat, oder vor den Gerichten des Vertragsstaats, in dessen Hoheitsgebiet der Verbraucher seinen Wohnsitz hat.

Die Klage der anderen Vertragspartei gegen den Verbraucher kann nur vor den Gerichten des Vertragsstaats erhoben werden, in dessen Hoheitsgebiet der Verbraucher seinen Wohnsitz hat.

Diese Vorschriften lassen das Recht unberührt, eine Widerklage vor dem Gericht zu erheben, bei dem die Klage selbst gemäß den Bestimmungen dieses Abschnitts anhängig ist.

11 Wortlaut geändert gemäß Art. 10 des Beitrittsübereinkommens von 1978.

Artikel 15

Von den Vorschriften dieses Abschnitts kann im Wege der Vereinbarung nur abgewichen werden:

1. wenn die Vereinbarung nach der Entstehung der Streitigkeit getroffen wird oder
2. wenn sie dem Verbraucher die Befugnis einräumt, andere als die in diesem Abschnitt angeführten Gerichte anzurufen, oder
3. wenn sie zwischen einem Verbraucher und seinem Vertragspartner getroffen ist, die zum Zeitpunkt des Vertragsabschlusses ihren Wohnsitz oder gewöhnlichen Aufenthalt in demselben Vertragsstaat haben, und die Zuständigkeit der Gerichte dieses Staates begründet, es sei denn, daß eine solche Vereinbarung nach dem Recht dieses Staates nicht zulässig ist.

5. Abschnitt. Ausschließliche Zuständigkeiten

Artikel 16

Ohne Rücksicht auf den Wohnsitz sind ausschließlich zuständig:

1. für Klagen, die dingliche Rechte an unbeweglichen Sachen sowie die Miete oder Pacht von unbeweglichen Sachen zum Gegenstand haben, die Gerichte des Vertragsstaats, in dem die unbewegliche Sache belegen ist;
2. für Klagen, welche die Gültigkeit, Nichtigkeit oder die Auflösung einer Gesellschaft oder juristischen Person oder der Beschlüsse ihrer Organe zum Gegenstand haben, die Gerichte des Vertragsstaats, in dessen Hoheitsgebiet die Gesellschaft oder juristische Person ihren Sitz hat;
3. für Klagen, welche die Gültigkeit von Eintragungen in öffentliche Register zum Gegenstand haben, die Gerichte des Vertragsstaats, in dessen Hoheitsgebiet die Register geführt werden;
4. für Klagen, welche die Eintragung oder die Gültigkeit von Patenten, Warenzeichen, Mustern und Modellen sowie ähnlicher Rechte, die einer Hinterlegung oder Registrierung bedürfen, zum Gegenstand haben, die Gerichte des Vertragsstaats, in dessen Hoheitsgebiet die Hinterlegung oder Registrierung beantragt oder vorgenommen worden ist oder aufgrund eines zwischenstaatlichen Übereinkommens als vorgenommen gilt;
5. für Verfahren, welche die Zwangsvollstreckung aus Entscheidungen zum Gegenstand haben, die Gerichte des Vertragsstaats, in dessen Hoheitsgebiet die Zwangsvollstreckung durchgeführt werden soll oder durchgeführt worden ist.

6. Abschnitt. Vereinbarung über die Zuständigkeit

Artikel 17[12]

Haben die Parteien, von denen mindestens eine ihren Wohnsitz in dem Hoheitsgebiet eines Vertragsstaats hat, vereinbart, daß ein Gericht oder die Gerichte eines Vertragsstaats über eine bereits entstandene Rechtsstreitigkeit oder über eine künftige aus einem bestimmten Rechtsverhältnis entspringende Rechtsstreitigkeit entscheiden sollen, so sind dieses Gericht oder die Gerichte dieses Staates ausschließlich zuständig. Eine solche Gerichtsstandsvereinbarung muß schriftlich oder mündlich mit schriftlicher Bestätigung oder im internationalen Handelsverkehr in einer Form geschlossen werden, die den internationalen Handelsbräuchen entspricht, die den Parteien bekannt sind oder die als ihnen bekannt angesehen werden müssen. Wenn eine solche Vereinbarung von Parteien geschlossen wurde, die beide ihren Wohnsitz nicht im Hoheitsgebiet eines Vertragsstaats haben, so können die Gerichte der anderen Vertragsstaaten nicht entscheiden, es sei denn, das vereinbarte Gericht oder die vereinbarten Gerichte haben sich rechtskräftig für unzuständig erklärt.

Ist in schriftlich niedergelegten *trust*-Bedingungen bestimmt, daß für Klagen gegen einen Begründer, *trustee* oder Begünstigten eines *trust* ein Gericht oder die Gerichte eines Vertragsstaats entscheiden sollen, so ist dieses Gericht oder sind diese Gerichte ausschließlich zuständig, wenn es sich um Beziehungen zwischen diesen Personen oder ihre Rechte oder Pflichten im Rahmen des *trust* handelt.

Gerichtsstandsvereinbarungen und entsprechende Bestimmungen in *trust*-Bedingungen haben keine rechtliche Wirkung, wenn sie den Vorschriften der Artikel 12 oder 15 zuwiderlaufen oder wenn die Gerichte, deren Zuständigkeit abbedungen wird, aufgrund des Artikels 16 ausschließlich zuständig sind.

Ist eine Gerichtsstandsvereinbarung nur zugunsten einer der Parteien getroffen worden, so behält diese das Recht, jedes andere Gericht anzurufen, das aufgrund dieses Übereinkommens zuständig ist.

Artikel 18

Sofern das Gericht eines Vertragsstaats nicht bereits nach anderen Vorschriften dieses Übereinkommens zuständig ist, wird es zuständig, wenn sich der Beklagte vor ihm auf das Verfahren einläßt. Dies gilt nicht, wenn der Beklagte sich nur einläßt, um den Mangel der Zuständigkeit geltend zu machen, oder wenn ein anderes Gericht aufgrund des Artikels 16 ausschließlich zuständig ist.

---

12 Wortlaut geändert gemäß Art. 11 des Beitrittsübereinkommens von 1978.

7. Abschnitt. Prüfung der Zuständigkeit und der Zulässigkeit des Verfahrens

Artikel 19

Das Gericht eines Vertragsstaats hat sich von Amts wegen für unzuständig zu erklären, wenn es wegen einer Streitigkeit angerufen wird, für die das Gericht eines anderen Vertragsstaats aufgrund des Artikels 16 ausschließlich zuständig ist.

Artikel 20

Läßt sich der Beklagte, der seinen Wohnsitz in dem Hoheitsgebiet eines Vertragsstaats hat und der vor den Gerichten eines anderen Vertragsstaats verklagt wird, auf das Verfahren nicht ein, so hat sich das Gericht von Amts wegen für unzuständig zu erklären, wenn seine Zuständigkeit nicht aufgrund der Bestimmungen dieses Übereinkommens begründet ist.

Das Gericht hat die Entscheidung so lange auszusetzen, bis festgestellt ist, daß es dem Beklagten möglich war, das den Rechtsstreit einleitende Schriftstück oder ein gleichwertiges Schriftstück so rechtzeitig zu empfangen, daß er sich verteidigen konnte, oder daß alle hierzu erforderlichen Maßnahmen getroffen worden sind [13].

An die Stelle des vorstehenden Absatzes tritt Artikel 15 des Haager Übereinkommens vom 15. November 1965 über die Zustellung gerichtlicher und außergerichtlicher Schriftstücke im Ausland für Zivil- und Handelssachen, wenn das den Rechtsstreit einleitende Schriftstück gemäß dem erwähnten Übereinkommen zu übermitteln war.

8. Abschnitt. Rechtshängigkeit und im Zusammenhang stehende Verfahren

Artikel 21

Werden bei Gerichten verschiedener Vertragsstaaten Klagen wegen desselben Anspruchs zwischen denselben Parteien anhängig gemacht, so hat sich das später angerufene Gericht von Amts wegen zugunsten des zuerst angerufenen Gerichts für unzuständig zu erklären.

Das Gericht, das sich für unzuständig zu erklären hätte, kann die Entscheidung aussetzen, wenn der Mangel der Zuständigkeit des anderen Gerichts geltend gemacht wird.

---

13 Absatz 2 geändert gemäß Art. 12 des Beitrittsübereinkommens von 1978.

Artikel 22

Werden bei Gerichten verschiedener Vertragsstaaten Klagen, die im Zusammenhang stehen, erhoben, so kann das später angerufene Gericht die Entscheidung aussetzen, solange beide Klagen im ersten Rechtszug anhängig sind.

Das später angerufene Gericht kann sich auf Antrag einer Partei auch für unzuständig erklären, wenn die Verbindung im Zusammenhang stehender Verfahren nach seinem Recht zulässig ist und das zuerst angerufene Gericht für beide Klagen zuständig ist.

Klagen stehen im Sinne dieses Artikels im Zusammenhang, wenn zwischen ihnen eine so enge Beziehung gegeben ist, daß eine gemeinsame Verhandlung und Entscheidung geboten erscheint, um zu vermeiden, daß in getrennten Verfahren widersprechende Entscheidungen ergehen könnten.

Artikel 23

Ist für die Klagen die ausschließliche Zuständigkeit mehrerer Gerichte gegeben, so hat sich das zuletzt angerufene Gericht zugunsten des zuerst angerufenen Gerichts für unzuständig zu erklären.

9. Abschnitt. Einstweilige Maßnahmen einschließlich solcher, die auf eine Sicherung gerichtet sind

Artikel 24

Die in dem Recht eines Vertragsstaats vorgesehenen einstweiligen Maßnahmen einschließlich solcher, die auf eine Sicherung gerichtet sind, können bei den Gerichten dieses Staates auch dann beantragt werden, wenn für die Entscheidung in der Hauptsache das Gericht eines anderen Vertragsstaats aufgrund dieses Übereinkommens zuständig ist.

Titel III. Anerkennung und Vollstreckung

Artikel 25

Unter „Entscheidung“ im Sinne dieses Übereinkommens ist jede von einem Gericht eines Vertragsstaats erlassene Entscheidung zu verstehen, ohne Rücksicht auf ihre Bezeichnung wie Urteil, Beschluß oder Vollstreckungsbefehl, einschließlich des Kostenfestsetzungsbeschlusses eines Urkundsbeamten.

1. Abschnitt. Anerkennung

Artikel 26

Die in einem Vertragsstaat ergangenen Entscheidungen werden in den anderen Vertragsstaaten anerkannt, ohne daß es hierfür eines besonderen Verfahrens bedarf.

Bildet die Frage, ob eine Entscheidung anzuerkennen ist, als solche den Gegenstand eines Streites, so kann jede Partei, welche die Anerkennung geltend macht, in dem Verfahren nach dem 2. und 3. Abschnitt dieses Titels die Feststellung beantragen, daß die Entscheidung anzuerkennen ist.

Wird die Anerkennung in einem Rechtsstreit vor dem Gericht eines Vertragsstaats, dessen Entscheidung von der Anerkennung abhängt, verlangt, so kann dieses Gericht über die Anerkennung entscheiden.

Artikel 27

Eine Entscheidung wird nicht anerkannt:

1. wenn die Anerkennung der öffentlichen Ordnung des Staates, in dem sie geltend gemacht wird, widersprechen würde;
2. wenn dem Beklagten, der sich auf das Verfahren nicht eingelassen hat, das dieses Verfahren einleitende Schriftstück oder ein gleichwertiges Schriftstück nicht ordnungsgemäß und nicht so rechtzeitig zugestellt worden ist, daß er sich verteidigen konnte[14];
3. wenn die Entscheidung mit einer Entscheidung unvereinbar ist, die zwischen denselben Parteien in dem Staat, in dem die Anerkennung geltend gemacht wird, ergangen ist;
4. wenn das Gericht des Urteilsstaats bei seiner Entscheidung hinsichtlich einer Vorfrage, die den Personenstand, die Rechts- und Handlungsfähigkeit sowie die gesetzliche Vertretung einer natürlichen Person, die ehelichen Güterstände, das Gebiet des Erbrechts einschließlich des Testamentsrechts betrifft, sich in Widerspruch zu einer Vorschrift des internationalen Privatrechts des Staates, in dem die Anerkennung geltend gemacht wird, gesetzt hat, es sei denn, daß die Entscheidung nicht zu einem anderen Ergebnis geführt hätte, wenn die Vorschriften des internationalen Privatrechts dieses Staates angewandt worden wären;
5. wenn die Entscheidung mit einer früheren Entscheidung unvereinbar ist, die in einem Nichtvertragsstaat zwischen denselben Parteien in einem Rechtsstreit wegen desselben Anspruchs ergangen ist, sofern diese Entscheidung die notwendigen Voraussetzungen für ihre Anerkennung in dem Staat erfüllt, in dem die Anerkennung geltend gemacht wird[15].

---

14 Nr. 2 geändert gemäß Art. 13 I des Beitrittsübereinkommens von 1978.

15 Nr. 5 eingefügt gemäß Art. 13 Absatz 2 des Beitrittsübereinkommens von 1978.

Artikel 28

Eine Entscheidung wird ferner nicht anerkannt, wenn die Vorschriften des 3., 4. und 5. Abschnitts des Titels II verletzt worden sind oder wenn ein Fall des Artikels 59 vorliegt.

Das Gericht oder die Behörde des Staates, in dem die Anerkennung geltend gemacht wird, ist bei der Prüfung, ob eine der im vorstehenden Absatz angeführten Zuständigkeiten gegeben ist, an die tatsächlichen Feststellungen gebunden, aufgrund deren das Gericht des Urteilsstaats seine Zuständigkeit angenommen hat.

Die Zuständigkeit der Gerichte des Urteilsstaats darf, unbeschadet der Bestimmungen des ersten Absatzes, nicht nachgeprüft werden; die Vorschriften über die Zuständigkeit gehören nicht zur öffentlichen Ordnung im Sinne des Artikels 27 Nr. 1.

Artikel 29

Die ausländische Entscheidung darf keinesfalls auf ihre Gesetzmäßigkeit nachgeprüft werden.

Artikel 30

Das Gericht eines Vertragsstaats, in dem die Anerkennung einer in einem anderen Vertragsstaat ergangenen Entscheidung geltend gemacht wird, kann das Verfahren aussetzen, wenn gegen die Entscheidung ein ordentlicher Rechtsbehelf eingelegt worden ist.

Das Gericht eines Vertragsstaats, vor dem die Anerkennung einer in Irland oder im Vereinigten Königreich ergangenen Entscheidung geltend gemacht wird, kann das Verfahren aussetzen, wenn die Vollstreckung der Entscheidung im Urteilsstaat wegen der Einlegung eines Rechtsbehelfs einstweilen eingestellt ist[16].

2. Abschnitt. Vollstreckung

Artikel 31

Die in einem Vertragsstaat ergangenen Entscheidungen, die in diesem Staat vollstreckbar sind, werden in einem anderen Vertragsstaat vollstreckt, wenn sie dort auf Antrag eines Berechtigten mit der Vollstreckungsklausel versehen worden sind.

---

16 Absatz 2 eingefügt gemäß Art. 14 des Beitrittsübereinkommens von 1978.

Im Vereinigten Königreich wird eine derartige Entscheidung jedoch in England und Wales, in Schottland oder in Nordirland vollstreckt, wenn sie auf Antrag eines Berechtigten zur Vollstreckung in dem betreffenden Teil des Vereinigten Königreichs registriert worden ist[17].

Artikel 32

Der Antrag ist zu richten an:

- in Belgien an das ‚tribunal de première instance' oder an die ‚rechtbank van eerste aanleg';
- in Dänemark an das ‚underret';
- in der Bundesrepublik Deutschland an den Vorsitzenden einer Kammer des Landgerichts;
- in Griechenland an das ‚μονομελές πρωτοδικείο';
- in Frankreich an den Präsidenten des ‚tribunal de grande instance';
- in Irland an den ‚High Court';
- in Italien an die ‚corte d'appello';
- in Luxemburg an den Präsidenten des ‚tribunal d'arrondissement';
- in den Niederlanden an den Präsidenten der ‚arrondissementsrechtbank';
- im Vereinigten Königreich:
  1. in England und Wales an den ‚High Court of Justice' oder im Falle von Entscheidungen in Unterhaltssachen an den ‚Magistrates' Court' über den ‚Secretary of State';
  2. in Schottland an den ‚Court of Session' oder im Falle von Entscheidungen in Unterhaltssachen an den ‚Sheriff Court' über den ‚Secretary of State';
  3. in Nordirland an den ‚High Court of Justice' oder im Falle von Entscheidungen in Unterhaltssachen an den ‚Magistrates' Court' über den ‚Secretary of State'[18].

Die örtliche Zuständigkeit wird durch den Wohnsitz des Schuldners bestimmt. Hat dieser keinen Wohnsitz im Hoheitsgebiet des Vollstreckungsstaats, so ist das Gericht zuständig, in dessen Bezirk die Zwangsvollstreckung durchgeführt werden soll.

Artikel 33

Für die Stellung des Antrags ist das Recht des Vollstreckungsstaats maßgebend.

Der Antragsteller hat im Bezirk des angerufenen Gerichts ein Wahldomizil zu begründen. Ist das Wahldomizil im Recht des Vollstreckungsstaats nicht vorgesehen, so hat der Antragsteller einen Zustellungsbevollmächtigten zu benennen.

---

17 Absatz 2 eingefügt gemäß Art. 15 des Beitrittsübereinkommens von 1978.

18 Absatz 1 geändert gemäß Art. 16 des Beitrittsübereinkommens von 1978 und Art. 4 des Beitrittsübereinkommens von 1982.

Dem Antrag sind die in den Artikeln 46 und 47 angeführten Urkunden beizufügen.

Artikel 34

Das mit dem Antrag befaßte Gericht erläßt seine Entscheidung unverzüglich, ohne daß der Schuldner in diesem Abschnitt des Verfahrens Gelegenheit erhält, eine Erklärung abzugeben.

Der Antrag kann nur aus einem der in Artikel 27 und 28 angeführten Gründe abgelehnt werden.

Die ausländische Entscheidung darf keinesfalls auf ihre Gesetzmäßigkeit nachgeprüft werden.

Artikel 35

Die Entscheidung, die über den Antrag ergangen ist, teilt der Urkundsbeamte der Geschäftsstelle dem Antragsteller unverzüglich in der Form mit, die das Recht des Vollstreckungsstaats vorsieht.

Artikel 36

Wird die Zwangsvollstreckung zugelassen, so kann der Schuldner gegen die Entscheidung innerhalb eines Monats nach ihrer Zustellung einen Rechtsbehelf einlegen.

Hat der Schuldner seinen Wohnsitz in einem anderen Vertragsstaat als dem, in dem die Entscheidung über die Zulassung der Zwangsvollstreckung ergangen ist, so beträgt die Frist für den Rechtsbehelf zwei Monate und beginnt von dem Tage an zu laufen, an dem die Entscheidung dem Schuldner entweder in Person oder in seiner Wohnung zugestellt worden ist. Eine Verlängerung dieser Frist wegen weiter Entfernung ist ausgeschlossen.

Artikel 37[19]

Der Rechtsbehelf wird nach den Vorschriften, die für das streitige Verfahren maßgebend sind, eingelegt:

– in Belgien bei dem ‚tribunal de première instance‘ oder der ‚rechtbank van eerste aanleg‘;
– in Dänemark bei dem ‚landsret‘;

19 Wortlaut geändert gemäß Art. 17 des Beitrittsübereinkommens von 1978 und Art. 5 des Beitrittsübereinkommens von 1982.

– in der Bundesrepublik Deutschland bei dem Oberlandesgericht;
– in Griechenland bei dem ‚ἐφετεῖο‘;
– in Frankreich bei der ‚cour d'appel‘;
– in Irland bei dem ‚High Court‘;
– in Italien bei der ‚corte d'appello‘;
– in Luxemburg bei der ‚Cour supérieure de Justice‘ als Berufungsinstanz für Zivilsachen;
– in den Niederlanden bei der ‚arrondissementsrechtbank‘;
– im Vereinigten Königreich:
  1. in England und Wales bei dem ‚High Court of Justice‘ oder im Falle von Entscheidungen in Unterhaltssachen bei dem ‚Magistrates' Court‘;
  2. in Schottland bei dem ‚Court of Session‘ oder im Falle von Entscheidungen in Unterhaltssachen bei dem ‚Sheriff Court‘;
  3. in Nordirland bei dem ‚High Court of Justice‘ oder im Falle von Entscheidungen in Unterhaltssachen bei dem ‚Magistrates' Court‘.

Gegen die Entscheidung, die über den Rechtsbehelf ergangen ist, finden nur statt:

– in Belgien, Griechenland, Frankreich, Italien, Luxemburg und den Niederlanden: die Kassationsbeschwerde;
– in Dänemark: ein Verfahren vor dem ‚højesteret‘ mit Zustimmung des Justizministers;
– in der Bundesrepublik Deutschland: die Rechtsbeschwerde;
– in Irland: ein auf Rechtsfragen beschränkter Rechtsbehelf bei dem ‚Supreme Court‘;
– im Vereinigten Königreich: ein einziger auf Rechtsfragen beschränkter Rechtsbehelf.

Artikel 38

Das mit dem Rechtsbehelf befaßte Gericht kann auf Antrag der Partei, die ihn eingelegt hat, seine Entscheidung aussetzen, wenn gegen die Entscheidung im Urteilsstaat ein ordentlicher Rechtsbehelf eingelegt oder die Frist für einen solchen Rechtsbehelf noch nicht verstrichen ist; in letzterem Falle kann das Gericht eine Frist bestimmen, innerhalb deren der Rechtsbehelf einzulegen ist.

Ist eine gerichtliche Entscheidung in Irland oder im Vereinigten Königreich erlassen worden, so gilt jeder in dem Urteilsstaat statthafte Rechtsbehelf als ordentlicher Rechtsbehelf im Sinne von Absatz 1[20].

Das Gericht kann auch die Zwangsvollstreckung von der Leistung einer Sicherheit, die es bestimmt, abhängig machen.

---

20 Absatz 2 eingefügt gemäß Art. 18 des Beitrittsübereinkommens von 1978.

Artikel 39

Solange die in Artikel 36 vorgesehene Frist für den Rechtsbehelf läuft und solange über den Rechtsbehelf nicht entschieden ist, darf die Zwangsvollstreckung in das Vermögen des Schuldners nicht über Maßregeln zur Sicherung hinausgehen.

Die Entscheidung, durch welche die Zwangsvollstreckung zugelassen wird, gibt die Befugnis, solche Maßregeln zu betreiben.

Artikel 40

Wird der Antrag abgelehnt, so kann der Antragsteller einen Rechtsbehelf einlegen:

- in Belgien bei der ‚cour d'appel' oder dem ‚hof van beroep';
- in Dänemark bei dem ‚landsret';
- in der Bundesrepublik Deutschland bei dem Oberlandesgericht;
- in Griechenland bei dem ‚ἐφετεῖο';
- in Frankreich bei der ‚cour d'appel';
- in Irland bei dem ‚High Court';
- in Italien bei der ‚corte d'appello';
- in Luxemburg bei der ‚Cour supérieure de Justice' als Berufungsinstanz für Zivilsachen;
- in den Niederlanden bei dem ‚gerechtshof';
- im Vereinigten Königreich:
  1. in England und Wales bei dem ‚High Court of Justice' oder im Falle von Entscheidungen in Unterhaltssachen bei dem ‚Magistrates' Court';
  2. in Schottland bei dem ‚Court of Session' oder im Falle von Entscheidungen in Unterhaltssachen bei dem ‚Sheriff Court';
  3. in Nordirland bei dem ‚High Court of Justice' oder im Falle von Entscheidungen in Unterhaltssachen bei dem ‚Magistrates' Court'[21].

Das mit dem Rechtsbehelf befaßte Gericht hat den Schuldner zu hören. Läßt dieser sich auf das Verfahren nicht ein, so ist Artikel 20 Absätze 2 und 3 auch dann anzuwenden, wenn der Schuldner seinen Wohnsitz nicht in dem Hoheitsgebiet eines Vertragsstaats hat.

Artikel 41[22]

Gegen die Entscheidung, die über den in Artikel 40 vorgesehenen Rechtsbehelf ergangen ist, finden nur statt:

---

21 Absatz 1 geändert gemäß Art. 19 des Beitrittsübereinkommens von 1978 und Art. 6 des Beitrittsübereinkommens von 1982.

22 Wortlaut geändert gemäß Art. 20 des Beitrittsübereinkommens von 1978 und Art. 7 des Beitrittsübereinkommens von 1982.

- in Belgien, Griechenland, Frankreich, Italien, Luxemburg und in den Niederlanden: die Kassationsbeschwerde;
- in Dänemark: ein Verfahren vor dem ‚højesteret' mit Zustimmung des Justizministers;
- in der Bundesrepublik Deutschland: die Rechtsbeschwerde;
- in Irland: ein auf Rechtsfragen beschränkter Rechtsbehelf bei dem ‚Supreme Court';
- im Vereinigten Königreich: ein einziger auf Rechtsfragen beschränkter Rechtsbehelf.

Artikel 42

Ist durch die ausländische Entscheidung über mehrere mit der Klage geltend gemachte Ansprüche erkannt und kann die Entscheidung nicht im vollen Umfang zur Zwangsvollstreckung zugelassen werden, so läßt das Gericht sie für einen oder mehrere dieser Ansprüche zu.

Der Antragsteller kann beantragen, daß die Zwangsvollstreckung nur für einen Teil des Gegenstands der Verurteilung zugelassen wird.

Artikel 43

Ausländische Entscheidungen, die auf Zahlung eines Zwangsgelds lauten, sind in dem Vollstreckungsstaat nur vollstreckbar, wenn die Höhe des Zwangsgelds durch die Gerichte des Urteilsstaats endgültig festgesetzt ist.

Artikel 44[23]

Ist dem Antragsteller in dem Staat, in dem die Entscheidung ergangen ist, ganz oder teilweise das Armenrecht oder Kosten- und Gebührenbefreiung gewährt worden, so genießt er in dem Verfahren nach den Artikeln 32 bis 35 hinsichtlich des Armenrechts oder der Kosten- und Gebührenbefreiung die günstigste Behandlung, die das Recht des Vollstreckungsstaats vorsieht.

Der Antragsteller, welcher die Vollstreckung einer Entscheidung einer Verwaltungsbehörde begehrt, die in Dänemark in Unterhaltssachen ergangen ist, kann im Vollstreckungsstaat Anspruch auf die in Absatz 1 genannten Vorteile erheben, wenn er eine Erklärung des dänischen Justizministeriums darüber vorlegt, daß er die wirtschaftlichen Voraussetzungen für die vollständige oder teilweise Bewilligung des Armenrechts oder für die Kosten- und Gebührenbefreiung erfüllt.

---

23 Wortlaut geändert gemäß Art. 21 des Beitrittsübereinkommens von 1978.

Artikel 45

Der Partei, die in einem Vertragsstaat eine in einem anderen Vertragsstaat ergangene Entscheidung vollstrecken will, darf wegen ihrer Eigenschaft als Ausländer oder wegen Fehlens eines inländischen Wohnsitzes oder Aufenthalts eine Sicherheitsleistung oder Hinterlegung, unter welcher Bezeichnung es auch sei, nicht auferlegt werden.

3. Abschnitt. Gemeinsame Vorschriften

Artikel 46

Die Partei, welche die Anerkennung einer Entscheidung geltend macht oder die Zwangsvollstreckung betreiben will, hat vorzulegen:

1. eine Ausfertigung der Entscheidung, welche die für ihre Beweiskraft erforderlichen Voraussetzungen erfüllt;
2. bei einer im Versäumnisverfahren ergangenen Entscheidung die Urschrift oder eine beglaubigte Abschrift der Urkunde, aus der sich ergibt, daß das den Rechtsstreit einleitende Schriftstück oder ein gleichwertiges Schriftstück der säumigen Partei zugestellt worden ist[24].

Artikel 47

Die Partei, welche die Zwangsvollstreckung betreiben will, hat ferner vorzulegen:

1. die Urkunden, aus denen sich ergibt, daß die Entscheidung nach dem Recht des Urteilsstaats vollstreckbar ist und daß sie zugestellt worden ist;
2. gegebenenfalls eine Urkunde, durch die nachgewiesen wird, daß der Antragsteller das Armenrecht im Urteilsstaat genießt.

Artikel 48

Werden die in Artikel 46 Nr. 2 und in Artikel 47 Nr. 2 angeführten Urkunden nicht vorgelegt, so kann das Gericht eine Frist bestimmen, innerhalb deren die Urkunden vorzulegen sind, oder sich mit gleichwertigen Urkunden begnügen oder von der Vorlage der Urkunden befreien, wenn es eine weitere Klärung nicht für erforderlich hält.

Auf Verlangen des Gerichts ist eine Übersetzung der Urkunden vorzulegen; die Übersetzung ist von einer hierzu in einem der Vertragsstaaten befugten Person zu beglaubigen.

---

24 Nr. 2 geändert gemäß Art. 22 des Beitrittsübereinkommens von 1978.

Artikel 49

Die in den Artikeln 46, 47 und in Artikel 48 Absatz 2 angeführten Urkunden sowie die Urkunde über die Prozeßvollmacht, falls eine solche erteilt wird, bedürfen weder der Legalisation noch einer ähnlichen Förmlichkeit.

Titel IV. Öffentliche Urkunden und Prozeßvergleiche

Artikel 50

Öffentliche Urkunden, die in einem Vertragsstaat aufgenommen und vollstreckbar sind, werden in einem anderen Vertragsstaat auf Antrag in den Verfahren nach den Artikeln 31 ff. mit der Vollstreckungsklausel versehen. Der Antrag kann nur abgelehnt werden, wenn die Zwangsvollstreckung aus der Urkunde der öffentlichen Ordnung des Vollstreckungsstaats widersprechen würde.

Die vorgelegte Urkunde muß die Voraussetzungen für ihre Beweiskraft erfüllen, die in dem Staate, in dem sie aufgenommen wurde, erforderlich sind.

Die Vorschriften des 3. Abschnitts des Titels III sind sinngemäß anzuwenden.

Artikel 51

Vergleiche, die vor einem Richter im Laufe eines Verfahrens abgeschlossen und in dem Staat, in dem sie errichtet wurden, vollstreckbar sind, werden in dem Vollstreckungsstaat unter denselben Bedingungen wie öffentliche Urkunden vollstreckt.

Titel V. Allgemeine Vorschriften

Artikel 52

Ist zu entscheiden, ob eine Partei im Hoheitsgebiet des Vertragsstaats, dessen Gerichte angerufen sind, einen Wohnsitz hat, so wendet das Gericht sein Recht an.

Hat eine Partei keinen Wohnsitz in dem Staate, dessen Gerichte angerufen sind, so wendet das Gericht, wenn es zu entscheiden hat, ob die Partei einen Wohnsitz in einem anderen Vertragsstaat hat, das Recht dieses Staates an.

Der Wohnsitz einer Partei ist jedoch nach dem Recht des Staates, dem sie angehört, zu beurteilen, wenn nach diesem Recht ihr Wohnsitz vom Wohnsitz einer anderen Person oder vom Sitz einer Behörde abhängt.

Artikel 53

Der Sitz von Gesellschaften und juristischen Personen steht für die Anwendung dieses Übereinkommens dem Wohnsitz gleich. Jedoch hat das Gericht bei der Entscheidung darüber, wo der Sitz sich befindet, die Vorschriften seines internationalen Privatrechts anzuwenden.

Um zu bestimmen, ob ein *trust* seinen Sitz in dem Vertragsstaat hat, bei dessen Gerichten die Klage anhängig ist, wendet das Gericht sein internationales Privatrecht an[25].

Titel VI. Übergangsvorschriften[26]

Artikel 54

Die Vorschriften dieses Übereinkommens sind nur auf solche Klagen und öffentlichen Urkunden anzuwenden, die nach dem Inkrafttreten des Übereinkommens erhoben oder aufgenommen worden sind.

Nach dem Inkrafttreten dieses Übereinkommens ergangene Entscheidungen werden, auch wenn sie aufgrund einer vor dem Inkrafttreten erhobenen Klage erlassen sind, nach Maßgabe des Titels III anerkannt und zur Zwangsvollstreckung zugelassen, vorausgesetzt, daß das Gericht aufgrund von Vorschriften zuständig war, die mit den Zuständigkeitsvorschriften des Titels II oder eines Abkommens übereinstimmen, das im Zeitpunkt der Klageerhebung zwischen dem Urteilsstaat und dem Staate, in dem die Entscheidung geltend gemacht wird, in Kraft war.

Titel VII. Verhältnis zu anderen Abkommen

Artikel 55[27]

Dieses Übereinkommen ersetzt unbeschadet der Vorschriften des Artikels 54 Absatz 2 und des Artikels 56 die nachstehenden zwischen zwei oder mehreren Vertragsstaaten geschlossenen Abkommen:

– das am 8. Juli 1899 in Paris unterzeichnete belgisch-französische Abkommen über die gerichtliche Zuständigkeit, die Anerkennung und die Vollstreckung

---

25 Absatz 2 eingefügt gemäß Art. 23 des Beitrittsübereinkommens von 1978.

26 Übergangsbestimmungen für die Beitrittsübereinkommen von 1978 und 1982 sind in deren Titel V enthalten (siehe Textanhang IV und V).

27 Einfügungen gemäß Art. 24 des Beitrittsübereinkommens von 1978 und Art. 8 des Beitrittsübereinkommens von 1982.

von gerichtlichen Entscheidungen, Schiedssprüchen und öffentlichen Urkunden;

- das am 28. März 1925 in Brüssel unterzeichnete belgisch-niederländische Abkommen über die Zuständigkeit der Gerichte, den Konkurs sowie die Anerkennung und die Vollstreckung von gerichtlichen Entscheidungen, Schiedssprüchen und öffentlichen Urkunden;
- das am 3. Juni 1930 in Rom unterzeichnete französisch-italienische Abkommen über die Vollstreckung von Urteilen in Zivil- und Handelssachen;
- das am 18. Januar 1934 in Paris unterzeichnete britisch-französische Abkommen über die gegenseitige Vollstreckung gerichtlicher Entscheidungen in Zivil- und Handelssachen mit Protokoll;
- das am 2. Mai 1934 in Brüssel unterzeichnete britisch-belgische Abkommen über die gegenseitige Vollstreckung gerichtlicher Entscheidungen in Zivil- und Handelssachen mit Protokoll;
- das am 9. März 1936 in Rom unterzeichnete deutsch-italienische Abkommen über die Anerkennung und Vollstreckung gerichtlicher Entscheidungen in Zivil- und Handelssachen;
- das am 30. Juni 1958 in Bonn unterzeichnete deutsch-belgische Abkommen über die gegenseitige Anerkennung und Vollstreckung von gerichtlichen Entscheidungen, Schiedssprüchen und öffentlichen Urkunden in Zivil- und Handelssachen;
- das am 17. April 1959 in Rom unterzeichnete niederländisch-italienische Abkommen über die Anerkennung und Vollstreckung gerichtlicher Entscheidungen in Zivil- und Handelssachen;
- das am 14. Juli 1960 in Bonn unterzeichnete deutsch-britische Abkommen über die gegenseitige Anerkennung und Vollstreckung von gerichtlichen Entscheidungen in Zivil- und Handelssachen;
- den am 4. November 1961 in Athen unterzeichneten Vertrag zwischen der Bundesrepublik Deutschland und dem Königreich Griechenland über die gegenseitige Anerkennung und Vollstreckung von gerichtlichen Entscheidungen, Vergleichen und öffentlichen Urkunden in Zivil- und Handelssachen;
- das am 6. April 1962 in Rom unterzeichnete belgisch-italienische Abkommen über die Anerkennung und Vollstreckung von gerichtlichen Entscheidungen und anderen vollstreckbaren Titeln in Zivil- und Handelssachen;
- den am 30. August 1962 in Den Haag unterzeichneten deutsch-niederländischen Vertrag über die gegenseitige Anerkennung und Vollstreckung gerichtlicher Entscheidungen und anderer Schuldtitel in Zivil- und Handelssachen;
- das am 7. Februar 1964 in Rom unterzeichnete britisch-italienische Abkommen über die gegenseitige Anerkennung und Vollstreckung gerichtlicher Entscheidungen in Zivil- und Handelssachen und das am 14. Juli 1970 in Rom unterzeichnete Zusatzprotokoll;
- das am 17. November 1967 in Den Haag unterzeichnete britisch-niederländische Abkommen über die gegenseitige Anerkennung und Vollstreckung gerichtlicher Entscheidungen in Zivilsachen;

und, sofern er in Kraft getreten ist,

– den am 24. November 1961 in Brüssel unterzeichneten belgisch-niederländisch-luxemburgischen Vertrag über die gerichtliche Zuständigkeit, den Konkurs, die Anerkennung und die Vollstreckung von gerichtlichen Entscheidungen, Schiedssprüchen und öffentlichen Urkunden.

Artikel 56

Die in Artikel 55 angeführten Abkommen und Verträge behalten ihre Wirksamkeit für die Rechtsgebiete, auf die dieses Übereinkommen nicht anzuwenden ist.

Sie bleiben auch weiterhin für die Entscheidungen und die Urkunden wirksam, die vor Inkrafttreten dieses Übereinkommens ergangen oder aufgenommen sind.

Artikel 57[28]

Dieses Übereinkommen läßt Übereinkommen unberührt, denen die Vertragsstaaten angehören oder angehören werden und die für besondere Rechtsgebiete die gerichtliche Zuständigkeit, die Anerkennung oder Vollstreckung von Entscheidungen regeln.

Es berührt nicht die Anwendung der Bestimmungen, die für besondere Rechtsgebiete die gerichtliche Zuständigkeit, die Anerkennung oder Vollstreckung von Entscheidungen regeln und in Rechtsakten der Organe der Europäischen Gemeinschaften oder in dem in Ausführung dieser Akte harmonisierten einzelstaatlichen Recht enthalten sind.

Artikel 58

Dieses Übereinkommen berührt die Rechte nicht, die schweizerischen Staatsangehörigen aufgrund des Abkommens vom 15. Juni 1869 zwischen Frankreich und der Schweizerischen Eidgenossenschaft über die gerichtliche Zuständigkeit und die Vollstreckung von Urteilen in Zivilsachen zustehen.

Artikel 59

Dieses Übereinkommen hindert einen Vertragsstaat nicht, sich gegenüber einem dritten Staat im Rahmen eines Abkommens über die Anerkennung und Vollstreckung von Urteilen zu verpflichten, Entscheidungen der Gerichte eines ande-

---

28 Wortlaut geändert gemäß Art. 25 I des Beitrittsübereinkommens von 1978. Anwendungsbestimmungen zu Art. 57 I EuGVÜ sind in Artikel 25 II des Beitrittsübereinkommens festgelegt (siehe Art. 57 Rz. 7).

ren Vertragsstaats gegen Beklagte, die ihren Wohnsitz oder gewöhnlichen Aufenthalt in dem Hoheitsgebiet des dritten Staates haben, nicht anzuerkennen, wenn die Entscheidungen in den Fällen des Artikels 4 nur in einem der in Artikel 3 Absatz 2 angeführten Gerichtsstände ergehen können.

Kein Vertragsstaat kann sich jedoch gegenüber einem anderen Staat verpflichten, eine Entscheidung nicht anzuerkennen, die in einem anderen Vertragsstaat durch ein Gericht gefällt wurde, dessen Zuständigkeit auf das Vorhandensein von Vermögenswerten des Beklagten in diesem Staat oder die Beschlagnahme von dort vorhandenem Vermögen durch den Kläger gegründet ist,

1. wenn die Klage erhoben wird, um Eigentums- oder Inhaberrechte hinsichtlich dieses Vermögens festzustellen oder anzumelden oder um Verfügungsgewalt darüber zu erhalten, oder wenn die Klage sich aus einer anderen Streitsache im Zusammenhang mit diesem Vermögen ergibt, oder
2. wenn das Vermögen die Sicherheit für einen Anspruch darstellt, der Gegenstand des Verfahrens ist[29].

Titel VIII. Schlußvorschriften[30]

Artikel 60[31]

Dieses Übereinkommen gilt für das europäische Hoheitsgebiet der Vertragsstaaten einschließlich Grönland, für die französischen überseeischen Departements und Gebiete sowie für Mayotte.

Das Königreich der Niederlande kann bei der Unterzeichnung oder der Ratifizierung dieses Übereinkommens oder zu jedem späteren Zeitpunkt durch Notifikation an den Generalsekretär des Rates der Europäischen Gemeinschaften erklären, daß dieses Übereinkommen für die Niederländischen Antillen gilt. Wird eine solche Erklärung nicht abgegeben, so gelten Verfahren, die in dem europäischen Hoheitsgebiet des Königreichs aufgrund einer Kassationsbeschwerde gegen Entscheidungen von Gerichten der Niederländischen Antillen anhängig sind, als vor diesen Gerichten anhängig.

Abweichend von Absatz 1 gilt dieses Übereinkommen nicht:

1. für die Färöer, sofern nicht das Königreich Dänemark eine gegenteilige Erklärung abgibt,
2. für die europäischen Gebiete außerhalb des Vereinigten Königreichs, deren internationale Beziehungen dieses wahrnimmt, sofern nicht das Vereinigte

29 Absatz 2 eingefügt gemäß Art. 26 des Beitrittsübereinkommens von 1978.

30 Schlußbestimmungen für die Beitrittsübereinkommen von 1978 und 1982 sind in deren Titel VI enthalten (siehe Textanhang IV und V).

31 Wortlaut geändert gemäß Art. 27 des Beitrittsübereinkommens von 1978.

Königreich eine gegenteilige Erklärung in bezug auf ein solches Gebiet abgibt.

Diese Erklärungen können jederzeit gegenüber dem Generalsekretär des Rates der Europäischen Gemeinschaften abgegeben werden.

Rechtsmittelverfahren, die im Vereinigten Königreich gegen Entscheidungen von Gerichten in den in Absatz 3 Nummer 2 genannten Gebieten angestrengt werden, gelten als Verfahren vor diesen Gerichten.

Rechtssachen, die im Königreich Dänemark nach der Zivilprozeßordnung für die Färöer (Lov for Færøerne om rettens pleje) ausgetragen werden, gelten als Rechtssachen, die vor den Gerichten der Färöer verhandelt werden.

Artikel 61

Dieses Übereinkommen bedarf der Ratifizierung durch die Unterzeichnerstaaten. Die Ratifikationsurkunden werden beim Generalsekretär des Rates der Europäischen Gemeinschaften hinterlegt.

Artikel 62[32]

Dieses Übereinkommen tritt am ersten Tage des dritten Monats in Kraft, der auf die Hinterlegung der Ratifikationsurkunde durch denjenigen Unterzeichnerstaat folgt, der diese Förmlichkeit als letzter vornimmt.

Artikel 63

Die Vertragsstaaten bekräftigen, daß jeder Staat, der Mitglied der Europäischen Wirtschaftsgemeinschaft wird, verpflichtet ist, sein Einverständnis damit zu erklären, daß dieses Übereinkommen den Verhandlungen zwischen den Vertragsstaaten und diesem Staate zugrunde gelegt wird, die erforderlich werden, um die Ausführung des Artikels 220 letzter Absatz des Vertrages zur Gründung der Europäischen Wirtschaftsgemeinschaft sicherzustellen.

Die erforderlichen Anpassungen können Gegenstand eines besonderen Übereinkommens zwischen den Vertragsstaaten einerseits und diesem Staat andererseits sein.

Artikel 64

Der Generalsekretär des Rates der Europäischen Gemeinschaften notifiziert den Unterzeichnerstaaten:

---

32 Für das Inkrafttreten der Beitrittsübereinkommen von 1978 und 1982 vgl. deren Art. 39 bzw. Art. 15 (siehe Textanhang IV und V).

a) die Hinterlegung jeder Ratifikationsurkunde;
b) den Tag, an dem dieses Übereinkommen in Kraft tritt;
c) die gemäß Artikel 60 eingegangenen Erklärungen[33];
d) die gemäß Artikel IV des Protokolls eingegangenen Erklärungen;
e) die Mitteilungen gemäß Artikel VI des Protokolls.

Artikel 65

Das diesem Übereinkommen im gegenseitigen Einvernehmen der Vertragsstaaten beigefügte Protokoll ist Bestandteil dieses Übereinkommens.

Artikel 66

Dieses Übereinkommen gilt auf unbegrenzte Zeit.

Artikel 67

Jeder Vertragsstaat kann eine Revision dieses Übereinkommens beantragen. In diesem Fall beruft der Präsident des Rates der Europäischen Gemeinschaften eine Revisionskonferenz ein.

Artikel 68[34]

Dieses Übereinkommen ist in einer Urschrift in deutscher, französischer, italienischer und niederländischer Sprache abgefaßt, wobei jeder Wortlaut gleichermaßen verbindlich ist; es wird im Archiv des Sekretariats des Rates der Europäischen Gemeinschaften hinterlegt; der Generalsekretär übermittelt der Regierung jedes Unterzeichnerstaates eine beglaubigte Abschrift.

Zu Urkund dessen haben die unterzeichneten Bevollmächtigten ihre Unterschrift unter dieses Übereinkommen gesetzt.

Geschehen zu Brüssel am siebenundzwanzigsten September neunzehnhundertachtundsechzig.

---

33 Buchstabe c) geändert gemäß Art. 28 des Beitrittsübereinkommens von 1978.

34 Vgl. auch Art. 37 II des Beitrittsübereinkommens von 1978, der vorschreibt, daß der dänische, der englische und der irische Wortlaut gleichermaßen verbindlich sind (siehe Textanhang IV); nach Art. 13 II des Beitrittsübereinkommens von 1982 ist auch der griechische Wortlaut verbindlich (siehe Textanhang V).

II. Protokoll

Vom 27. September 1968
i. d. F. vom 25. Oktober 1982[1]

Die Hohen Vertragsparteien haben nachstehende Bestimmungen vereinbart, die dem Übereinkommen beigefügt werden:

Artikel I

Jede Person, die ihren Wohnsitz in Luxemburg hat und vor dem Gericht eines anderen Vertragsstaats aufgrund des Artikels 5 Nr. 1 verklagt wird, kann die Unzuständigkeit dieses Gerichts geltend machen. Läßt sich der Beklagte auf das Verfahren nicht ein, so erklärt sich das Gericht von Amts wegen für unzuständig.

Jede Gerichtsstandsvereinbarung im Sinne des Artikels 17 ist für eine Person, die ihren Wohnsitz in Luxemburg hat, nur dann wirksam, wenn diese sie ausdrücklich und besonders angenommen hat.

Artikel II

Unbeschadet günstigerer innerstaatlicher Vorschriften können Personen, die ihren Wohnsitz in einem Vertragsstaat haben und die vor den Strafgerichten eines anderen Vertragsstaats, dessen Staatsangehörigkeit sie nicht besitzen, wegen einer fahrlässig begangenen Straftat verfolgt werden, sich von hierzu befugten Personen verteidigen lassen, selbst wenn sie persönlich nicht erscheinen.

Das Gericht kann jedoch das persönliche Erscheinen anordnen; wird diese Anordnung nicht befolgt, so braucht die Entscheidung, die über den Anspruch aus einem Rechtsverhältnis des Zivilrechts ergangen ist, ohne daß sich der Angeklagte verteidigen konnte, in den anderen Vertragsstaaten weder anerkannt noch vollstreckt zu werden.

Artikel III

In dem Vollstreckungsstaat dürfen in dem Verfahren auf Erteilung der Vollstreckungsklausel keine nach dem Streitwert abgestuften Stempelabgaben oder Gebühren erhoben werden.

1 ABl. 1978 Nr. L 304, 93; BGBl. 1972 II 808, 1983 II 818.

Artikel IV

Gerichtliche und außergerichtliche Schriftstücke, die in einem Vertragsstaat ausgefertigt sind und einer in dem Hoheitsgebiet eines anderen Vertragsstaats befindlichen Person zugestellt werden sollen, werden nach den zwischen den Vertragsstaaten geltenden Übereinkommen oder Vereinbarungen übermittelt.

Sofern der Staat, in dessen Hoheitsgebiet die Zustellung bewirkt werden soll, nicht durch eine Erklärung, die an den Generalsekretär des Rates der Europäischen Gemeinschaften zu richten ist, widersprochen hat, können diese Schriftstücke auch von den gerichtlichen Amtspersonen des Staates, in dem sie angefertigt worden sind, unmittelbar den gerichtlichen Amtspersonen des Staates übersandt werden, in dessen Hoheitsgebiet sich die Person befindet, für welche das Schriftstück bestimmt ist. In diesem Fall übersendet die gerichtliche Amtsperson des Ursprungsstaats eine Abschrift des Schriftstücks der gerichtlichen Amtsperson des Bestimmungslands, die für die Übermittlung an den Empfänger zuständig ist. Diese Übermittlung wird in den Formen vorgenommen, die das Recht des Bestimmungslands vorsieht. Sie wird durch ein Zeugnis festgestellt, das der gerichtlichen Amtsperson des Ursprungsstaates unmittelbar zugesandt wird.

Artikel V

Die in Artikel 6 Nr. 2 und Artikel 10 für eine Gewährleistungs- oder Interventionsklage vorgesehene Zuständigkeit kann in der Bundesrepublik Deutschland nicht geltend gemacht werden. In der Bundesrepublik Deutschland kann jede Person, die ihren Wohnsitz in einem anderen Vertragsstaat hat, nach den §§ 68, 72 bis 74 der Zivilprozeßordnung, die für die Streitverkündung gelten, vor Gericht geladen werden.

Entscheidungen, die in den anderen Vertragsstaaten auf Grund des Artikels 6 Nr. 2 und des Artikels 10 ergangen sind, werden in der Bundesrepublik Deutschland nach Titel III anerkannt und vollstreckt. Die Wirkungen, welche die in der Bundesrepublik Deutschland ergangenen Entscheidungen nach den §§ 68, 72 bis 74 der Zivilprozeßordnung gegenüber Dritten haben, werden auch in den anderen Vertragsstaaten anerkannt.

Artikel V a[2]

In Unterhaltssachen umfaßt der Begriff ‚Gericht' auch dänische Verwaltungsbehörden.

2 Gemäß Art. 29 des Beitrittsübereinkommens von 1978 eingefügter Artikel.

Artikel V b[2]

Bei Streitigkeiten zwischen dem Kapitän und einem Mitglied der Mannschaft eines in Dänemark, in Griechenland[3] oder in Irland eingetragenen Seeschiffes über die Heuer oder sonstige Bedingungen des Dienstverhältnisses haben die Gerichte eines Vertragsstaats zu überprüfen, ob der für das Schiff zuständige diplomatische oder konsularische Vertreter von der Streitigkeit unterrichtet worden ist. Sie haben die Entscheidung auszusetzen, solange dieser Vertreter nicht unterrichtet worden ist. Sie haben sich von Amts wegen für unzuständig zu erklären, wenn dieser Vertreter, nachdem er ordnungsgemäß unterrichtet worden ist, die Befugnisse ausgeübt hat, die ihm insoweit aufgrund eines Konsularabkommens zustehen, oder, falls ein derartiges Abkommen nicht besteht, innerhalb der festgesetzten Frist Einwände gegen die Zuständigkeit geltend gemacht hat.

Artikel V c[2]

Wenn die Artikel 52 und 53 dieses Übereinkommens im Sinne des Artikels 69 Absatz 5 des am 15. Dezember 1975 in Luxemburg unterzeichneten Übereinkommens über das europäische Patent für den Gemeinsamen Markt auf die Bestimmungen angewandt werden, die sich auf ‚residence' im englischen Wortlaut des letztgenannten Übereinkommens beziehen, so wird der in diesem Wortlaut verwandte Begriff ‚residence' in dem gleichen Sinn verstanden wie der in den vorstehend genannten Artikeln 52 und 53 verwandte Begriff ‚domicile'.

Artikel V d[2]

Unbeschadet der Zuständigkeit des Europäischen Patentamtes nach dem am 5. Oktober 1973 in München unterzeichneten Übereinkommen über die Erteilung europäischer Patente sind die Gerichte eines jeden Vertragsstaats ohne Rücksicht auf den Wohnsitz der Parteien für alle Verfahren ausschließlich zuständig, welche die Erteilung oder die Gültigkeit eines europäischen Patents zum Gegenstand haben, das für diesen Staat erteilt wurde und kein Gemeinschaftspatent nach Artikel 86 des am 15. Dezember 1975 in Luxemburg unterzeichneten Übereinkommens über das europäische Patent für den Gemeinsamen Markt ist.

Artikel VI

Die Vertragsstaaten teilen dem Generalsekretär des Rates der Europäischen Gemeinschaften den Wortlaut ihrer gesetzlichen Vorschriften mit, durch welche

3 Eingefügt gemäß Art. 9 des Beitrittsübereinkommens von 1982.

die in diesem Übereinkommen angeführten Vorschriften ihrer Gesetzgebung oder die in Titel III Abschnitt 2 dieses Übereinkommens angeführten Gerichtsstände geändert werden.

Zu Urkund dessen haben die unterzeichneten Bevollmächtigten ihre Unterschrift unter dieses Protokoll gesetzt.

Geschehen zu Brüssel am siebenundzwanzigsten September neunzehnhundertachtundsechzig.

III. Protokoll betreffend die Auslegung des Übereinkommens durch den Gerichtshof

Vom 3. Juni 1971
i. d. F. vom 25. Oktober 1982[1]

Artikel 1

Der Gerichtshof der Europäischen Gemeinschaften entscheidet über die Auslegung des am 27. September 1968 in Brüssel unterzeichneten Übereinkommens über die gerichtliche Zuständigkeit und die Vollstreckung gerichtlicher Entscheidungen in Zivil- und Handelssachen, des dem Übereinkommen beigefügten, am selben Tag und am selben Ort unterzeichneten Protokolls und über die Auslegung des vorliegenden Protokolls.

Der Gerichtshof der Europäischen Gemeinschaften entscheidet ebenfalls über die Auslegung des Übereinkommens über den Beitritt des Königreichs Dänemark, Irlands und des Vereinigten Königreichs Großbritannien und Nordirland zum Übereinkommen vom 27. September 1968 und zum vorliegenden Protokoll[2].

Der Gerichtshof der Europäischen Gemeinschaften entscheidet ebenfalls über die Auslegung des Übereinkommens über den Beitritt der Republik Griechenland zum Übereinkommen vom 27. September 1968 und zum vorliegenden Protokoll in der Fassung des Übereinkommens von 1978[3].

Artikel 2

Folgende Gerichte können dem Gerichtshof eine Auslegungsfrage zur Vorabentscheidung vorlegen:

1. – in Belgien: die ‚Cour de Cassation' – ‚Hof van Cassatie' und der ‚Conseil d'Etat' – ‚Raad von State',
   – in Dänemark: ‚højesteret',
   – in der Bundesrepublik Deutschland: die obersten Gerichtshöfe des Bundes,
   – in Griechenland: ‚τά ἀνώτατα δικαστήρια',
   – in Frankreich: die ‚Cour de Cassation' und der ‚Conseil d'Etat',
   – in Irland: der ‚Supreme Court',
   – in Italien: die ‚Corte Suprema di Cassazione',
   – in Luxemburg: die ‚Cour supérieure de Justice siégeant comme Cour de Cassation',

---

1 ABl. 1978 Nr. L 304, 97; BGBl. 1972 II 846, 1983 II 819. Siehe zum Auslegungsprotokoll die Erläuterungen Einl Rz. 16ff.

2 Absatz 2 eingefügt gemäß Art. 30 des Beitrittsübereinkommens von 1978.

3 Absatz 3 eingefügt gemäß Art. 10 des Beitrittsübereinkommens von 1982.

   – in den Niederlanden: der ‚Hoge Raad',
   – im Vereinigten Königreich: das ‚House of Lords' und die nach Artikel 37 Absatz 2 oder Artikel 41 des Übereinkommens befaßten Gerichte[4];
2. die Gerichte der Vertragsstaaten, sofern sie als Rechtsmittelinstanz entscheiden;
3. in den in Artikel 37 des Übereinkommens vorgesehenen Fällen die in dem genannten Artikel angeführten Gerichte.

Artikel 3[5]

(1) Wird eine Frage zur Auslegung des Übereinkommens oder einer anderen in Artikel 1 genannten Übereinkunft in einem schwebenden Verfahren bei einem der in Artikel 2 Nr. 1 angeführten Gerichte gestellt und hält dieses Gericht eine Entscheidung darüber zum Erlaß seines Urteils für erforderlich, so ist es verpflichtet, diese Frage dem Gerichtshof zur Entscheidung vorzulegen.

(2) Wird eine derartige Frage einem der in Artikel 2 Nrn. 2 und 3 angeführten Gerichte gestellt, so kann dieses Gericht unter den in Absatz 1 festgelegten Voraussetzungen diese Frage dem Gerichtshof zur Entscheidung vorlegen.

Artikel 4

(1) Die zuständige Stelle eines Vertragsstaats[6] kann bei dem Gerichtshof beantragen, daß er zu einer Auslegungsfrage, die das Übereinkommen oder eine andere in Artikel 1 genannte Übereinkunft betrifft, Stellung nimmt, wenn Entscheidungen von Gerichten dieses Staates der Auslegung widersprechen, die vom Gerichtshof oder in einer Entscheidung eines der in Artikel 2 Nrn. 1 und 2 angeführten Gerichte eines anderen Vertragsstaats gegeben wurde. Dieser Absatz gilt nur für rechtskräftige Entscheidungen.

(2) Die vom Gerichtshof auf einen derartigen Antrag gegebene Auslegung hat keine Wirkung auf die Entscheidungen, die den Anlaß für den Antrag auf Auslegung bildeten.

---

4 Nr. 1 geändert gemäß Art. 31 des Beitrittsübereinkommens von 1978 und gemäß Art. 11 des Beitrittsübereinkommens von 1982.

5 Siehe ergänzend Art. 2 des deutschen Zustimmungsgesetzes vom 7. 8. 1972 (BGBl. 1972 II 845): „In dem Beschluß, mit dem die Auslegungsfrage dem Gerichtshof zur Vorabentscheidung vorgelegt wird, ist die auszulegende Vorschrift zu bezeichnen sowie die zu klärende Auslegungsfrage darzulegen. Ferner ist der Sach- und Streitstand, soweit dies zur Beurteilung der Auslegungsfrage erforderlich ist, in gedrängter Form darzustellen."

6 Siehe Art. 3 des deutschen Zustimmungsgesetzes vom 7. 8. 1972 (BGBl. 1972 II 845): „Die Aufgaben der zuständigen Stelle im Sinne des Artikels 4 des Protokolls nimmt der Generalbundesanwalt beim Bundesgerichtshof wahr."

(3) Den Gerichtshof können um eine Auslegung nach Absatz 1 die Generalstaatsanwälte bei den Kassationsgerichtshöfen der Vertragsstaaten oder jede andere von einem Vertragsstaat benannte Stelle ersuchen.

(4) Der Kanzler des Gerichtshofs stellt den Antrag den Vertragsstaaten, der Kommission und dem Rat der Europäischen Gemeinschaften zu, die binnen zwei Monaten nach dieser Zustellung beim Gerichtshof Schriftsätze einreichen oder schriftliche Erklärungen abgeben können.

(5) In dem in diesem Artikel vorgesehenen Verfahren werden Kosten weder erhoben noch erstattet.

Artikel 5

(1) Soweit dieses Protokoll nichts anderes bestimmt, gelten die Vorschriften des Vertrags zur Gründung der Europäischen Wirtschaftsgemeinschaft und des dem Vertrag beigefügten Protokolls über die Satzung des Gerichtshofs, die anzuwenden sind, wenn der Gerichtshof im Wege der Vorabentscheidung zu entscheiden hat, auch für das Verfahren zur Auslegung des Übereinkommens und der anderen in Artikel 1 genannten Übereinkünfte.

(2) Die Verfahrensordnung des Gerichtshofs wird, soweit erforderlich, gemäß Artikel 188 des Vertrags zur Gründung der Europäischen Wirtschaftsgemeinschaft angepaßt und ergänzt.

Artikel 6

(1) Dieses Protokoll gilt für das europäische Hoheitsgebiet der Vertragsstaaten einschließlich Grönland, für die französischen überseeischen Departements und Gebiete sowie für Mayotte.

(2) Das Königreich der Niederlande kann bei der Unterzeichnung oder der Ratifizierung dieses Protokolls oder zu jedem späteren Zeitpunkt durch Notifikation an den Generalsekretär des Rates der Europäischen Gemeinschaften erklären, daß dieses Protokoll für die Niederländischen Antillen gilt.

(3) Abweichend von Absatz 1 gilt dieses Protokoll nicht:

1. für die Färöer, sofern nicht das Königreich Dänemark eine gegenteilige Erklärung abgibt;
2. für die europäischen Gebiete außerhalb des Vereinigten Königreichs, deren internationale Beziehungen dieses wahrnimmt, sofern nicht das Vereinigte Königreich eine gegenteilige Erklärung in bezug auf ein solches Gebiet abgibt.

(4) Diese Erklärungen können jederzeit gegenüber dem Generalsekretär des Rates der Europäischen Gemeinschaften abgegeben werden[7].

---

7 Wortlaut geändert gemäß Art. 32 des Beitrittsübereinkommens von 1978.

Artikel 7

Dieses Protokoll bedarf der Ratifizierung durch die Unterzeichnerstaaten. Die Ratifikationsurkunden werden beim Generalsekretär des Rates der Europäischen Gemeinschaften hinterlegt.

Artikel 8

Dieses Protokoll tritt am ersten Tage des dritten Monats in Kraft, der auf die Hinterlegung der Ratifikationsurkunde durch denjenigen Unterzeichnerstaat folgt, der diese Förmlichkeit als letzter vornimmt. Es tritt jedoch frühestens gleichzeitig mit dem Übereinkommen vom 27. September 1968 über die gerichtliche Zuständigkeit und die Vollstreckung gerichtlicher Entscheidungen in Zivil- und Handelssachen in Kraft.

Artikel 9

Die Vertragsstaaten bekräftigen, daß jeder Staat, der Mitglied der Europäischen Wirtschaftsgemeinschaft wird und auf den Artikel 63 des Übereinkommens über die gerichtliche Zuständigkeit und die Vollstreckung gerichtlicher Entscheidungen in Zivil- und Handelssachen Anwendung findet, die Bestimmungen dieses Protokolls vorbehaltlich der erforderlichen Anpassungen annehmen muß.

Artikel 10

Der Generalsekretär der Europäischen Gemeinschaften notifiziert den Unterzeichnerstaaten:

a) die Hinterlegung jeder Ratifikationsurkunde;
b) den Tag, an dem dieses Protokoll in Kraft tritt;
c) die gemäß Artikel 4 Abs. 3 eingegangenen Erklärungen;
d) die gemäß Artikel 6 eingegangenen Erklärungen[8].

Artikel 11

Die Vertragsstaaten teilen dem Generalsekretär des Rates der Europäischen Gemeinschaften den Wortlaut ihrer gesetzlichen Vorschriften mit, die zu einer Änderung der Liste der in Artikel 2 Nr. 1 bezeichneten Gerichte führen.

Artikel 12

Dieses Protokoll gilt auf unbegrenzte Zeit.

---

8 Buchstabe d) geändert gemäß Art. 33 des Beitrittsübereinkommens von 1978.

Artikel 13

Jeder Vertragsstaat kann eine Revision dieses Protokolls beantragen. In diesem Fall beruft der Präsident des Rates der Europäischen Gemeinschaften eine Revisionskonferenz ein.

Artikel 14[9]

Dieses Protokoll ist in einer Urschrift in deutscher, französischer, italienischer und niederländischer Sprache abgefaßt, wobei jeder Wortlaut gleichermaßen verbindlich ist; es wird im Archiv des Sekretariats des Rates der Europäischen Gemeinschaften hinterlegt. Der Generalsekretär übermittelt der Regierung jedes Unterzeichnerstaats eine beglaubigte Abschrift.

Zu Urkund dessen haben die unterzeichneten Bevollmächtigten ihre Unterschrift unter dieses Protokoll gesetzt.

Geschehen zu Luxemburg am dritten Juni neunzehnhunderteinundsiebzig.

9 Vgl. auch Art. 37 II des Beitrittsübereinkommens von 1978, der vorschreibt, daß der dänische, der englische und der irische Wortlaut gleichermaßen verbindlich sind (siehe Textanhang IV).

IV. Übereinkommen über den Beitritt des Königreichs Dänemark, Irlands und des Vereinigten Königreichs Großbritannien und Nordirland (Auszug)

Vom 9. Oktober 1978 [1]

Präambel

Die Hohen Vertragsparteien des Vertrages zur Gründung der Europäischen Wirtschaftsgemeinschaft –

in der Erwägung, daß das Königreich Dänemark, Irland und das Vereinigte Königreich Großbritannien und Nordirland mit ihrem Beitritt zur Gemeinschaft die Verpflichtung eingegangen sind, dem Übereinkommen über die gerichtliche Zuständigkeit und die Vollstreckung gerichtlicher Entscheidungen in Zivil- und Handelssachen sowie dem Protokoll betreffend die Auslegung dieses Übereinkommens durch den Gerichtshof beizutreten und zu diesem Zweck mit den ursprünglichen Mitgliedstaaten der Gemeinschaft Verhandlungen im Hinblick auf die erforderlichen Anpassungen aufzunehmen –

haben beschlossen, dieses Übereinkommen zu schließen, und haben zu diesem Zweck zu ihren Bevollmächtigten ernannt . . .;

diese im Rat vereinigten Bevollmächtigten sind nach Austausch ihrer in guter und gehöriger Form befundenen Vollmachten

wie folgt übereingekommen:

Titel I. Allgemeine Vorschriften

Artikel 1

Das Königreich Dänemark, Irland und das Vereinigte Königreich Großbritannien und Nordirland treten dem am 27. September 1968 in Brüssel unterzeichneten Übereinkommen über die gerichtliche Zuständigkeit und die Vollstreckung gerichtlicher Entscheidungen in Zivil- und Handelssachen – nachstehend „Übereinkommen von 1968“ genannt – sowie dem am 3. Juni 1971 in Luxemburg unterzeichneten Protokoll betreffend die Auslegung dieses Übereinkommens durch den Gerichtshof – nachstehend „Protokoll von 1971“ genannt – bei.

1 ABl. 1978 Nr. L 304, 1; BGBl. 1983 II 802.

Artikel 2

Die Anpassungen des Übereinkommens von 1968 und des Protokolls von 1971 sind in den Titeln II bis IV dieses Übereinkommens festgelegt.

Titel II. Anpassungen des Übereinkommens von 1968[2]

...

Titel III. Anpassungen des dem Übereinkommen von 1968 beigefügten Protokolls[3]

...

Titel IV. Anpassungen des Protokolls von 1971[4]

...

Titel V. Übergangsbestimmungen

Artikel 34

(1) Die Vorschriften des Übereinkommens von 1968 und des Protokolls von 1971 in der Fassung dieses Übereinkommens sind nur auf solche Klagen und öffentlichen Urkunden anzuwenden, die erhoben oder aufgenommen worden sind, nachdem dieses Übereinkommen im Ursprungsstaat und, wenn die Anerkennung oder Vollstreckung einer Entscheidung oder Urkunde geltend gemacht wird, im ersuchten Staat in Kraft getreten ist.

(2) Nach dem Inkrafttreten dieses Übereinkommens ergangene Entscheidungen werden in den Beziehungen zwischen den sechs Vertragsstaaten des Übereinkommens von 1968, auch wenn sie aufgrund einer vor dem Inkrafttreten erhobenen Klage erlassen sind, nach Maßgabe des Titels III des geänderten Übereinkommens von 1968 anerkannt und zur Zwangsvollstreckung zugelassen.

---

2 Vom Abdruck der unter diesem Titel stehenden Art. 3–28 wird abgesehen. Die Anpassungen des Übereinkommens von 1968 durch das Beitrittsübereinkommen sind in den im Anhang I abgedruckten Text eingearbeitet.

3 Vom Abdruck des unter diesem Titel stehenden Art. 29 wird abgesehen. Die Anpassungen des Protokolls durch das Beitrittsübereinkommen sind in den im Anhang II abgedruckten Text eingearbeitet.

4 Vom Abdruck der unter diesem Titel stehenden Art. 30–33 wird abgesehen. Die Anpassungen des Auslegungsprotokolls von 1971 durch das Beitrittsübereinkommen sind in den im Anhang III abgedruckten Text eingearbeitet.

(3) Im übrigen werden in den Beziehungen der sechs Vertragsstaaten des Übereinkommens von 1968 zu den drei in Artikel 1 des vorliegenden Übereinkommens genannten Vertragsstaaten sowie in den Beziehungen der zuletzt genannten Vertragsstaaten zueinander Entscheidungen, die nach Inkrafttreten dieses Übereinkommens zwischen dem Urteilsstaat und dem ersuchten Staat aufgrund einer vor diesem Inkrafttreten erhobenen Klage ergangen sind, nach Maßgabe des Titels III des geänderten Übereinkommens von 1968 anerkannt und zur Zwangsvollstreckung zugelassen, wenn das Gericht aufgrund von Vorschriften zuständig war, die mit seinem geänderten Titel II oder mit den Vorschriften eines Abkommens übereinstimmen, das im Zeitpunkt der Klageerhebung zwischen dem Urteilsstaat und dem ersuchten Staat in Kraft war.

Artikel 35

Ist zwischen den Parteien eines Rechtsstreits über einen Vertrag bereits vor Inkrafttreten dieses Übereinkommens eine schriftliche Vereinbarung getroffen worden, auf diesen Vertrag die Rechtsvorschriften Irlands oder eines Teils des Vereinigten Königreichs anzuwenden, so sind die Gerichte in Irland oder in diesem Teil des Vereinigten Königreichs weiterhin befugt, über diesen Streitfall zu entscheiden.

Artikel 36

Während einer Zeit von drei Jahren nach Inkrafttreten des Übereinkommens von 1968 bestimmt sich für das Königreich Dänemark und Irland die Zuständigkeit in Seerechtssachen in jedem dieser Staaten neben den Vorschriften des genannten Übereinkommens auch nach den in den folgenden Nummern 1 bis 6 aufgeführten Vorschriften. Diese Vorschriften werden von dem Zeitpunkt an in einem dieser Staaten nicht mehr angewandt, zu dem für diesen Staat das in Brüssel am 10. Mai 1952 unterzeichnete Internationale Übereinkommen zur Vereinheitlichung von Regeln über den Arrest in Seeschiffe in Kraft tritt.

1. Eine Person, die ihren Wohnsitz im Hoheitsgebiet eines Vertragsstaats hat, kann vor den Gerichten eines der oben genannten Staaten wegen einer Seeforderung verklagt werden, wenn das Schiff, auf welches sich die Seeforderung bezieht, oder ein anderes Schiff im Eigentum dieser Person in einem gerichtsförmlichen Verfahren innerhalb des Hoheitsgebiets des letzteren Staates zur Sicherung der Forderung mit Arrest belegt worden ist oder dort mit Arrest hätte belegt werden können, jedoch dafür eine Bürgschaft oder eine andere Sicherheit geleistet worden ist:
   a) wenn der Gläubiger seinen Wohnsitz in dem Hoheitsgebiet dieses Staates hat;
   b) wenn die Seeforderung in diesem Staat entstanden ist;

c) wenn die Seeforderung im Verlauf der Reise entstanden ist, während derer der Arrest vollzogen worden ist oder hätte vollzogen werden können;
d) wenn die Seeforderung auf einem Zusammenstoß oder auf einem Schaden beruht, den ein Schiff einem anderen Schiff oder Gütern oder Personen an Bord eines der Schiffe entweder durch die Ausführung oder Nichtausführung eines Manövers oder durch die Nichtbeachtung von Vorschriften zugefügt hat;
e) wenn die Seeforderung auf Hilfeleistung oder Bergung beruht;
f) wenn die Seeforderung durch eine Schiffshypothek oder ein sonstiges vertragliches Pfandrecht an dem Schiff gesichert ist, das mit Arrest belegt wurde.

2. Ein Gläubiger kann sowohl das Schiff, auf das sich die Seeforderung bezieht, als auch jedes andere Schiff, das demjenigen gehört, der im Zeitpunkt des Entstehens der Seeforderung Eigentümer jenes Schiffes war, mit Arrest belegen lassen. Jedoch kann nur das Schiff, auf das sich die Seeforderung bezieht, wegen einer der in Nummer 5 Buchstaben o, p oder q aufgeführten Ansprüche und Rechte mit Arrest belegt werden.
3. Schiffe gelten als demselben Eigentümer gehörend, wenn alle Eigentumsanteile derselben Person oder denselben Personen zustehen.
4. Ist bei der Überlassung des Gebrauchs eines Schiffes die Schiffsführung dem Ausrüster unterstellt und schuldet dieser allein eine dieses Schiff betreffende Seeforderung, so kann der Gläubiger dieses Schiff oder jedes andere dem Ausrüster gehörende Schiff mit Arrest belegen lassen; jedoch kann kein anderes Schiff des Schiffseigners aufgrund derselben Seeforderung mit Arrest belegt werden. Entsprechendes gilt in allen Fällen, in denen eine andere Person als der Schiffseigner Schuldner einer Seeforderung ist.
5. „Seeforderung“ bezeichnet ein Recht oder einen Anspruch, die aus einem oder mehreren der folgenden Entstehungsgründe geltend gemacht werden:
   a) Schäden, die durch ein Schiff durch Zusammenstoß oder in anderer Weise verursacht sind;
   b) Tod oder Gesundheitsschäden, die durch ein Schiff verursacht sind oder die auf den Betrieb eines Schiffes zurückgehen;
   c) Bergung und Hilfeleistung;
   d) nach Maßgabe einer Chartepartie oder auf andere Weise abgeschlossener Nutzungs- oder Mietverträge über ein Schiff;
   e) nach Maßgabe einer Chartepartie oder eines Konnossements oder auf andere Weise abgeschlossener Verträge über die Beförderung von Gütern mit einem Schiff;
   f) Verlust oder Beschädigung von zu Schiff beförderten Gütern einschließlich des Gepäcks;
   g) große Haverei;
   h) Bodmerei;
   i) Schleppdienste;
   j) Lotsendienste;

k) Lieferung von Gütern oder Ausrüstungsgegenständen an ein Schiff, gleichviel an welchem Ort, im Hinblick auf seinen Einsatz oder seine Instandhaltung;
l) Bau, Reparatur oder Ausrüstung eines Schiffes sowie Hafenabgaben;
m) Gehalt oder Heuer der Kapitäne, Schiffsoffiziere und Besatzungsmitglieder;
n) Auslagen des Kapitäns und der Ablader, Befrachter und Beauftragten für Rechnung des Schiffes oder seines Eigentümers;
o) Streitigkeiten über das Eigentum an einem Schiff;
p) Streitigkeiten zwischen Miteigentümern eines Schiffes über das Eigentum, den Besitz, den Einsatz oder die Erträgnisse dieses Schiffes;
q) Schiffshypotheken und sonstige vertragliche Pfandrechte an einem Schiff.

6. In Dänemark ist als „Arrest" für die in Nummer 5 Buchstaben o und p genannten Seeforderungen der „forbud" anzusehen, soweit hinsichtlich einer solchen Seeforderung nur ein „forbud" nach §§ 646 bis 653 der Zivilprozeßordnung (Lov om rettens pleje) zulässig ist.

Titel VI. Schlußbestimmungen

Artikel 37

Der Generalsekretär des Rates der Europäischen Gemeinschaften übermittelt den Regierungen des Königreichs Dänemark, Irlands und des Vereinigten Königreichs Großbritannien und Nordirland je eine beglaubigte Abschrift des Übereinkommens von 1968 und des Protokolls von 1971 in deutscher, französischer, italienischer und niederländischer Sprache.

Der Wortlaut des Übereinkommens von 1968 und des Protokolls von 1971 in dänischer, englischer und irischer Sprache ist diesem Übereinkommen beigefügt. Der Wortlaut in dänischer, englischer und irischer Sprache ist gleichermaßen verbindlich wie der ursprüngliche Wortlaut des Übereinkommens von 1968 und des Protokolls von 1971.

Artikel 38

Dieses Übereinkommen bedarf der Ratifizierung durch die Unterzeichnerstaaten. Die Ratifikationsurkunden werden beim Generalsekretär des Rates der Europäischen Gemeinschaften hinterlegt.

Artikel 39

Dieses Übereinkommen tritt für die Beziehungen unter den Staaten, die es ratifiziert haben, am ersten Tag des dritten Monats in Kraft, der auf die Hinterlegung der letzten Ratifikationsurkunde durch die ursprünglichen Mitgliedstaaten der Gemeinschaft und eines neuen Mitgliedstaats folgt.

Für jeden weiteren neuen Mitgliedstaat, der das Übereinkommen später ratifiziert, tritt es am ersten Tag des dritten Monats in Kraft, welcher der Hinterlegung seiner Ratifikationsurkunde folgt.

Artikel 40

Der Generalsekretär des Rates der Europäischen Gemeinschaften notifiziert den Unterzeichnerstaaten:

a) die Hinterlegung jeder Ratifikationsurkunde;
b) die Tage, an denen dieses Übereinkommen für die Vertragsstaaten in Kraft tritt.

Artikel 41

Dieses Übereinkommen ist in einer Urschrift in dänischer, deutscher, englischer, französischer, irischer, italienischer und niederländischer Sprache abgefaßt, wobei jeder Wortlaut gleichermaßen verbindlich ist; es wird im Archiv des Sekretariats des Rates der Europäischen Gemeinschaften hinterlegt. Der Generalsekretär übermittelt der Regierung jedes Unterzeichnerstaats eine beglaubigte Abschrift.

Zu Urkund dessen haben die unterzeichneten Bevollmächtigten ihre Unterschriften unter dieses Übereinkommen gesetzt.

Geschehen zu Luxemburg am neunten Oktober neunzehnhundertachtundsiebzig.

V. Übereinkommen über den Beitritt der Republik Griechenland (Auszug)

Vom 25. Oktober 1982[1]

Titel I. Allgemeine Vorschriften

Artikel 1

(1) Die Republik Griechenland tritt dem am 27. September 1968 in Brüssel unterzeichneten Übereinkommen über die gerichtliche Zuständigkeit und die Vollstreckung gerichtlicher Entscheidungen in Zivil- und Handelssachen – nachstehend „Übereinkommen von 1968" genannt – sowie dem am 3. Juni 1971 in Luxemburg unterzeichneten Protokoll betreffend die Auslegung dieses Übereinkommens durch den Gerichtshof – nachstehend „Protokoll von 1971" genannt – in der Fassung des am 9. Oktober 1978 in Luxemburg unterzeichneten Übereinkommens über den Beitritt des Königreichs Dänemark, Irlands und des Vereinigten Königreichs Großbritannien und Nordirland zum Übereinkommen über die gerichtliche Zuständigkeit und die Vollstreckung gerichtlicher Entscheidungen in Zivil- und Handelssachen sowie zum Protokoll betreffend die Auslegung dieses Übereinkommens durch den Gerichtshof – nachstehend „Übereinkommen von 1978" genannt – bei.

(2) Der Beitritt der Republik Griechenland erstreckt sich insbesondere auf Artikel 25 Absatz 2 und auf die Artikel 35 und 36 des Übereinkommens von 1978.

Artikel 2

Die durch das vorliegende Übereinkommen vorgenommenen Anpassungen des Übereinkommens von 1968 und des Protokolls von 1971 in der Fassung des Übereinkommens von 1978 sind in den Titeln II bis IV festgelegt[2].

...

Titel V. Übergangsbestimmungen

Artikel 12

(1) Das Übereinkommen von 1968 und das Protokoll von 1971 in der Fassung des Übereinkommens von 1978 und des vorliegenden Übereinkommens sind nur auf solche Klagen und öffentlichen Urkunden anzuwenden, die erhoben oder

---

1 ABl. 1982 Nr. L 388, 1; BGBl. 1988 II 453.

2 Vom Abdruck der unter diesen Titeln stehenden Art. 3–11 wird abgesehen. Die Anpassungen sind in die im Anhang I–III abgedruckten Texte eingearbeitet.

aufgenommen worden sind, nachdem das vorliegende Übereinkommen im Ursprungsstaat und, wenn die Anerkennung oder Vollstreckung einer Entscheidung oder Urkunde geltend gemacht wird, im ersuchten Staat in Kraft getreten ist.

(2) Jedoch werden in den Beziehungen zwischen dem Ursprungsstaat und dem ersuchten Staat Entscheidungen, die nach Inkrafttreten des vorliegenden Übereinkommens aufgrund einer vor diesem Inkrafttreten erhobenen Klage ergangen sind, nach Maßgabe des Titels III des Übereinkommens von 1968 in der Fassung des Übereinkommens von 1978 und des vorliegenden Übereinkommens anerkannt und zur Zwangsvollstreckung zugelassen, wenn das Gericht aufgrund von Vorschriften zuständig war, die mit Titel II des Übereinkommens von 1968 in seiner geänderten Fassung oder mit einem Abkommen, das zu dem Zeitpunkt, zu dem die Klage erhoben wurde, zwischen dem Ursprungsstaat und dem ersuchten Staat in Kraft war, übereinstimmen.

Titel VI. Schlußbestimmungen

Artikel 13

Der Generalsekretär des Rates der Europäischen Gemeinschaften übermittelt der Regierung der Republik Griechenland je eine beglaubigte Abschrift des Übereinkommens von 1968, des Protokolls von 1971 und des Übereinkommens von 1978 in dänischer, deutscher, englischer, französischer, irischer, italienischer und niederländischer Sprache.

Der Wortlaut des Übereinkommens von 1968, des Protokolls von 1971 und des Übereinkommens von 1978 in griechischer Sprache ist dem vorliegenden Übereinkommen beigefügt. Der Wortlaut in griechischer Sprache ist gleichermaßen verbindlich wie die anderen Texte des Übereinkommens von 1968, des Protokolls von 1971 und des Übereinkommens von 1978.

Artikel 14

Dieses Übereinkommen bedarf der Ratifizierung durch die Unterzeichnerstaaten. Die Ratifikationsurkunden werden beim Generalsekretär des Rates der Europäischen Gemeinschaften hinterlegt.

Artikel 15

Dieses Übereinkommen tritt für die Beziehungen zwischen den Staaten, die es ratifiziert haben, am ersten Tag des dritten Monats in Kraft, der auf die Hinterlegung der letzten Ratifikationsurkunde durch die Republik Griechenland und die Staaten, die das Übereinkommen von 1978 gemäß Artikel 39 des genannten Übereinkommens in Kraft gesetzt haben, folgt.

Für jeden Mitgliedstaat, der das Übereinkommen später ratifiziert, tritt es am ersten Tag des dritten Monats in Kraft, welcher der Hinterlegung seiner Ratifikationsurkunde folgt.

Artikel 16

Der Generalsekretär des Rates der Europäischen Gemeinschaften notifiziert den Unterzeichnerstaaten

a) die Hinterlegung jeder Ratifikationsurkunde;
b) die Tage, an denen dieses Übereinkommen für die Vertragsstaaten in Kraft tritt.

Artikel 17

Dieses Übereinkommen ist in einer Urschrift in dänischer, deutscher, englischer, französischer, griechischer, irischer, italienischer und niederländischer Sprache abgefaßt, wobei jeder Wortlaut gleichermaßen verbindlich ist; es wird im Archiv des Generalsekretariats des Rates der Europäischen Gemeinschaften hinterlegt. Der Generalsekretär übermittelt der Regierung jedes Unterzeichnerstaats eine beglaubigte Abschrift.

Geschehen zu Luxemburg am fünfundzwangzigsten Oktober neunzehnhundertzweiundachtzig.

VI. Übereinkommen über den Beitritt des Königreichs Spanien und der Portugiesischen Republik

Vom 26. Mai 1989[1]

Präambel

Die Hohen Vertragsparteien des Vertrages zur Gründung der Europäischen Wirtschaftsgemeinschaft –

In der Erwägung, daß das Königreich Spanien und die Portugiesische Republik mit ihrem Beitritt zur Gemeinschaft die Verpflichtung eingegangen sind, dem Übereinkommen über die gerichtliche Zuständigkeit und die Vollstreckung gerichtlicher Entscheidungen in Zivil- und Handelssachen sowie dem Protokoll betreffend die Auslegung dieses Übereinkommens durch den Gerichtshof in der Fassung des Übereinkommens über den Beitritt des Königreichs Dänemark, Irlands und des Vereinigten Königreichs Großbritannien und Nordirland und des Übereinkommens über den Beitritt der Republik Griechenland beizutreten und zu diesem Zweck mit den Mitgliedstaaten der Gemeinschaft Verhandlungen im Hinblick auf die erforderlichen Anpassungen aufzunehmen,

In dem Bewußtsein, daß die Mitgliedstaaten der Gemeinschaft und die Mitgliedstaaten der Europäischen Freihandelsassoziation am 16. September 1988 in Lugano das Übereinkommen über die gerichtliche Zuständigkeit und die Vollstreckung gerichtlicher Entscheidungen in Zivil- und Handelssachen geschlossen haben, mit dem die Grundsätze des Brüsseler Übereinkommens auf die Staaten ausgedehnt werden, die Vertragsparteien des genannten Übereinkommens werden –

Haben beschlossen, dieses Übereinkommen zu schließen, und haben zu diesem Zweck zu ihren Bevollmächtigten ernannt: ...

Diese im Rat vereinigten Bevollmächtigten sind nach Austausch ihrer in guter und gehöriger Form befundenen Vollmachten wie folgt übereingekommen:

Titel I. Allgemeine Vorschriften

Artikel 1

Das Königreich Spanien und die Portugiesische Republik treten dem am 27. September 1968 in Brüssel unterzeichneten Übereinkommens über die gerichtliche Zuständigkeit und die Vollstreckung gerichtlicher Entscheidungen in Zivil- und

1 ABl. 1989 Nr. L 285, 1.

Handelssachen – im folgenden als „Übereinkommen von 1968“ bezeichnet – sowie dem am 3. Juni 1971 in Luxemburg unterzeichneten Protokoll betreffend die Auslegung dieses Übereinkommens durch den Gerichtshof – im folgenden als „Protokoll von 1971“ bezeichnet – in der Fassung folgender Übereinkommen bei:

- des am 9. Oktober 1978 in Luxemburg unterzeichneten Übereinkommens über den Beitritt des Königreichs Dänemark, Irlands und des Vereinigten Königreichs Großbritannien und Nordirland zum Übereinkommen über die gerichtliche Zuständigkeit und die Vollstreckung gerichtlicher Entscheidungen in Zivil- und Handelssachen sowie zum Protokoll betreffend die Auslegung dieses Übereinkommens durch den Gerichtshof – im folgenden als „Übereinkommen von 1978“ bezeichnet;
- des am 25. Oktober 1982 in Luxemburg unterzeichneten Übereinkommens über den Beitritt der Republik Griechenland zum Übereinkommen über die gerichtliche Zuständigkeit und die Vollstreckung gerichtlicher Entscheidungen in Zivil- und Handelssachen sowie zum Protokoll betreffend die Auslegung dieses Übereinkommens durch den Gerichtshof in der Fassung des Übereinkommens über den Beitritt des Königreichs Dänemark, Irlands und des Vereinigten Königreichs Großbritannien und Nordirland – im folgenden als „Übereinkommen von 1982“ bezeichnet.

Artikel 2

Die durch das vorliegende Übereinkommen vorgenommenen inhaltlichen Anpassungen des Übereinkommens von 1968 und des Protokolls von 1971 in der Fassung des Übereinkommens von 1978 und des Übereinkommens von 1982 sind in den Titeln II bis V enthalten. Die redaktionellen Anpassungen des Übereinkommens von 1968 in der Fassung des Übereinkommens von 1978 und des Übereinkommens von 1982 sind für die jeweilige verbindliche Fassung gesondert in Anhang I enthalten, der Bestandteil des vorliegenden Übereinkommens ist.

Titel II. Anpassungen des Übereinkommens von 1968

Artikel 3

In Artikel 3 Absatz 2 des Übereinkommens von 1968 in der Fassung des Artikels 4 des Übereinkommens von 1978 und des Artikels 3 des Übereinkommens von 1982 wird zwischen dem neunten und dem zehnten Gedankenstrich folgender Gedankenstrich eingefügt:

„– in Portugal: Artikel 65 Absatz 1 Buchstabe c), Artikel 65 Absatz 2 und Artikel 65 a Buchstabe c) der Zivilprozeßordnung (Código de Processo Civil) und Artikel 11 der Arbeitsprozeßordnung (Código de Processo do Trabalho);“.

Artikel 4

Artikel 5 Nummer 1 des Übereinkommens von 1968 in der Fassung des Artikels 5 des Übereinkommens von 1978 erhält folgende Fassung:

„1. wenn ein Vertrag oder Ansprüche aus einem Vertrag den Gegenstand des Verfahrens bilden, vor dem Gericht des Ortes, an dem die Verpflichtung erfüllt worden ist oder zu erfüllen wäre; wenn ein individueller Arbeitsvertrag oder Ansprüche aus einem individuellen Arbeitsvertrag den Gegenstand des Verfahrens bilden, vor dem Gericht des Ortes, an dem der Arbeitnehmer gewöhnlich seine Arbeit verrichtet; verrichtet der Arbeitnehmer seine Arbeit gewöhnlich nicht in ein und demselben Staat, so kann der Arbeitgeber auch vor dem Gericht des Ortes verklagt werden, in dem sich die Niederlassung, die den Arbeitnehmer eingestellt hat, befindet bzw. befand;“.

Artikel 5

Artikel 6 des Übereinkommens von 1968 wird durch folgende Nummer 4 ergänzt:

„4. wenn ein Vertrag oder Ansprüche aus einem Vertrag den Gegenstand des Verfahrens bilden und die Klage mit einer Klage wegen dinglicher Rechte an unbeweglichen Sachen gegen denselben Beklagten verbunden werden kann, vor dem Gericht des Vertragsstaats, in dem die unbewegliche Sache belegen ist.“.

Artikel 6

Artikel 16 Nummer 1 des Übereinkommens von 1968 erhält folgende Fassung:

„1. a) für Klagen, welche dingliche Rechte an unbeweglichen Sachen sowie die Miete oder Pacht von unbeweglichen Sachen zum Gegenstand haben, die Gerichte des Vertragsstaats, in dem die unbewegliche Sache belegen ist;

b) für Klagen betreffend die Miete oder Pacht unbeweglicher Sachen zum vorübergehenden privaten Gebrauch für höchstens sechs aufeinanderfolgende Monate sind jedoch auch die Gerichte des Vertragsstaats zuständig, in dem der Beklagte seinen Wohnsitz hat, sofern der Eigentümer und der Mieter oder Pächter natürliche Personen sind und ihren Wohnsitz in demselben Vertragsstaat haben;“.

Artikel 7

In Artikel 17 des Übereinkommens von 1968 in der Fassung des Artikels 11 des Übereinkommens von 1978

– erhält Absatz 1 folgende Fassung:

„Haben die Parteien, von denen mindestens eine ihren Wohnsitz in dem Hoheitsgebiet eines Vertragsstaats hat, vereinbart, daß ein Gericht oder die Gerichte eines Vertragsstaats über eine bereits entstandene Rechtsstreitigkeit oder über eine künftige aus einem bestimmten Rechtsverhältnis entspringende Rechtsstreitigkeit entscheiden sollen, so sind dieses Gericht oder die Gerichte dieses Staates ausschließlich zuständig. Eine solche Gerichtsstandsvereinbarung muß geschlossen werden

a) schriftlich oder mündlich mit schriftlicher Bestätigung,
b) in einer Form, welche den Gepflogenheiten entspricht, die zwischen den Parteien entstanden sind, oder
c) im internationalen Handel in einer Form, die einem Handelsbrauch entspricht, den die Parteien kannten oder kennen mußten und den Parteien von Verträgen dieser Art in dem betreffenden Geschäftszweig allgemein kennen und regelmäßig beachten.

Wenn eine solche Vereinbarung von Parteien geschlossen wurde, die beide ihren Wohnsitz nicht im Hoheitsgebiet eines Vertragsstaats haben, so können die Gerichte der anderen Vertragsstaaten nicht entscheiden, es sei denn, das vereinbarte Gericht oder die vereinbarten Gerichte haben sich rechtskräftig für unzuständig erklärt.“;

– wird als letzter Absatz folgendes hinzugefügt:

„Bei individuellen Arbeitsverträgen haben Gerichtsstandsvereinbarungen nur dann rechtliche Wirkung, wenn sie nach der Entstehung der Streitigkeit getroffen werden oder wenn der Arbeitnehmer sie geltend macht, um ein anderes Gericht als das am Wohnsitz des Beklagten oder das in Artikel 5 Nummer 1 bezeichnete anzurufen.“.

Artikel 8

Artikel 21 des Übereinkommens von 1968 erhält folgende Fassung:

„Artikel 21

Werden bei Gerichten verschiedener Vertragsstaaten Klagen wegen desselben Anspruchs zwischen denselben Parteien anhängig gemacht, so setzt das später angerufene Gericht das Verfahren von Amts wegen aus, bis die Zuständigkeit des zuerst angerufenen Gerichts feststeht.

Sobald die Zuständigkeit des zuerst angerufenen Gerichts feststeht, erklärt sich das später angerufene Gericht zugunsten dieses Gerichts für unzuständig.“.

Artikel 9

Artikel 31 Absatz 1 des Übereinkommens von 1968 erhält folgende Fassung:

„Die in einem Vertragsstaat ergangenen Entscheidungen, die in diesem Staat vollstreckbar sind, werden in einem anderen Vertragsstaat vollstreckt, wenn sie dort auf Antrag eines Berechtigten für vollstreckbar erklärt worden sind.".

Artikel 10

In Artikel 32 Absatz 1 des Übereinkommens von 1968 in der Fassung des Artikels 16 des Übereinkommens von 1978 und des Artikels 4 des Übereinkommens von 1982 wird zwischen dem vierten und dem fünften Gedankenstrich folgender Gedankenstrich eingefügt:

„– in Spanien an das ‚Juzgado de Primera Instancia';"

und zwischen dem neunten und dem zehnten Gedankenstrich wird folgender Gedankenstrich eingefügt:

„– in Portugal an das ‚Tribunal Judicial de Círculo';".

Artikel 11

(1) In Artikel 37 Absatz 1 des Übereinkommens von 1968 in der Fassung des Artikels 17 des Übereinkommens von 1978 und des Artikels 5 des Übereinkommens von 1982 wird zwischen dem vierten und dem fünften Gedankenstrich folgender Gedankenstrich eingefügt:

„– in Spanien bei der ‚Audiencia Provincial';"

und zwischen dem neunten und dem zehnten Gedankenstrich wird folgender Gedankenstrich eingefügt:

„– in Portugal bei dem ‚Tribunal da Relação';".

(2) In Artikel 37 Absatz 2 des Übereinkommens von 1968 in der Fassung des Artikels 17 des Übereinkommens von 1978 und des Artikels 5 des Übereinkommens von 1982 erhält der erste Gedankenstrich folgende Fassung:

„– in Belgien, Griechenland, Spanien, Frankreich, Italien, Luxemburg und den Niederlanden: die Kassationsbeschwerde;"

und zwischen dem vierten und dem fünften Gedankenstrich wird folgender Gedankenstrich eingefügt:

„– in Portugal: ein auf Rechtsfragen beschränkter Rechtsbehelf;".

Artikel 12

In Artikel 40 Absatz 1 des Übereinkommens von 1968 in der Fassung des Artikels 19 des Übereinkommens von 1978 und des Artikels 6 des Übereinkommens von 1982 wird zwischen dem vierten und fünften Gedankenstrich folgender Gedankenstrich eingefügt:

„– in Spanien bei der ‚Audiencia Provincial‘;“

und zwischen dem neunten und dem zehnten Gedankenstrich wird folgender Gedankenstrich eingefügt:

„– in Portugal bei dem ‚Tribunal da Relação‘;“.

Artikel 13

In Artikel 41 des Übereinkommens von 1968 in der Fassung des Artikels 20 des Übereinkommens von 1978 und des Artikels 7 des Übereinkommens von 1982 erhält der erste Gedankenstrich folgende Fassung:

„– in Belgien, Griechenland, Spanien, Frankreich, Italien, Luxemburg und den Niederlanden: die Kassationsbeschwerde;“

und zwischen dem vierten und dem fünften Gedankenstrich wird folgender Gedankenstrich eingefügt:

„– in Portugal: ein auf Rechtsfragen beschränkter Rechtsbehelf;“.

Artikel 14

Artikel 50 Absatz 1 des Übereinkommens von 1968 erhält folgende Fassung:

„Öffentliche Urkunden, die in einem Vertragsstaat aufgenommen und vollstreckbar sind, werden in einem anderen Vertragsstaat auf Antrag in den Verfahren nach den Artikeln 31 ff. für vollstreckbar erklärt. Der Antrag kann nur abgelehnt werden, wenn die Zwangsvollstreckung aus der Urkunde der öffentlichen Ordnung des Vollstreckungsstaats widersprechen würde.“.

Artikel 15

In Artikel 52 des Übereinkommens von 1968 wird Absatz 3 gestrichen.

Artikel 16

Artikel 54 des Übereinkommens von 1968 erhält folgende Fassung:

„*Artikel 54*

Die Vorschriften dieses Übereinkommens sind nur auf solche Klagen und öffentlichen Urkunden anzuwenden, die erhoben oder aufgenommen worden sind, nachdem dieses Übereinkommen im Ursprungsstaat und, wenn die Anerkennung oder Vollstreckung einer Entscheidung oder Urkunde geltend gemacht wird, im ersuchten Staat in Kraft getreten ist.

Entscheidungen, die nach dem Inkrafttreten dieses Übereinkommens zwischen dem Ursprungsstaat und dem ersuchten Staat aufgrund einer vor diesem Inkrafttreten erhobenen Klage ergangen sind, werden nach Maßgabe des Titels III anerkannt und zur Zwangsvollstreckung zugelassen, vorausgesetzt, daß das Gericht aufgrund von Vorschriften zuständig war, die mit den Zuständigkeitsvorschriften des Titels II oder eines Abkommens übereinstimmen, das im Zeitpunkt der Klageerhebung zwischen dem Ursprungsstaat und dem Staat, in dem die Entscheidung geltend gemacht wird, in Kraft war.

Ist zwischen den Parteien eines Rechtsstreits über einen Vertrag bereits vor dem 1. Juni 1988 im Fall Irlands und vor dem 1. Januar 1987 im Fall des Vereinigten Königreichs eine schriftliche Vereinbarung getroffen worden, auf diesen Vertrag die Rechtsvorschriften Irlands oder eines Teils des Vereinigten Königreichs anzuwenden, so sind die Gerichte in Irland oder in diesem Teil des Vereinigten Königreichs weiterhin befugt, über diesen Streitfall zu entscheiden.“.

Artikel 17

Titel VI des Übereinkommens von 1968 wird durch folgenden Artikel ergänzt:

„*Artikel 54a*

Während einer Zeit von drei Jahren vom 1. November 1986 an für Dänemark und vom 1. Juni 1988 an für Irland bestimmt sich die Zuständigkeit in Seerechtssachen in jedem dieser Staaten neben den Vorschriften des Titels II auch nach den in den folgenden Nummern 1 bis 6 aufgeführten Vorschriften. Diese Vorschriften werden von dem Zeitpunkt an in diesen Staaten nicht mehr angewandt, zu dem für diese Staaten das in Brüssel am 10. Mai 1952 unterzeichnete Internationale Übereinkommen zur Vereinheitlichung von Regeln über den Arrest von Seeschiffen in Kraft tritt.

1. Eine Person, die ihren Wohnsitz im Hoheitsgebiet eines Vertragsstaats hat, kann vor den Gerichten eines der obengenannten Staaten wegen einer Seeforderung verklagt werden, wenn das Schiff, auf welches sich die Seeforde-

rung bezieht, oder ein anderes Schiff im Eigentum dieser Person in einem gerichtsförmlichen Verfahren innerhalb des Hoheitsgebiets des letzteren Staates zur Sicherung der Forderung mit Arrest belegt worden ist oder dort mit Arrest hätte belegt werden können, jedoch dafür eine Bürgschaft oder eine andere Sicherheit geleistet worden ist,

a) wenn der Gläubiger seinen Wohnsitz in dem Hoheitsgebiet dieses Staates hat;
b) wenn die Seeforderung in diesem Staat entstanden ist;
c) wenn die Seeforderung im Verlauf der Reise entstanden ist, während deren der Arrest vollzogen worden ist oder hätte vollzogen werden können;
d) wenn die Seeforderung auf einem Zusammenstoß oder auf einem Schaden beruht, den ein Schiff einem anderen Schiff oder Gütern oder Personen an Bord eines der Schiffe entweder durch die Ausführung oder Nichtausführung eines Manövers oder durch die Nichtbeachtung von Vorschriften zugefügt hat;
e) wenn die Seeforderung auf Hilfeleistung oder Bergung beruht oder
f) wenn die Seeforderung durch eine Schiffshypothek oder ein sonstiges vertragliches Pfandrecht an dem Schiff gesichert ist, das mit Arrest belegt wurde.

2. Ein Gläubiger kann sowohl das Schiff, auf das sich die Seeforderung bezieht, als auch jedes andere Schiff, das demjenigen gehört, der im Zeitpunkt des Entstehens der Seeforderung Eigentümer jenes Schiffes war, mit Arrest belegen lassen. Jedoch kann nur das Schiff, auf das sich die Seeforderung bezieht, wegen einer der in Nummer 5 Buchstaben o), p) oder q) aufgeführten Ansprüche und Rechte mit Arrest belegt werden.

3. Schiffe gelten als demselben Eigentümer gehörend, wenn alle Eigentumsanteile derselben Person oder denselben Personen zustehen.

4. Ist bei der Überlassung des Gebrauchs eines Schiffes die Schiffsführung dem Ausrüster unterstellt und schuldet dieser allein eine dieses Schiff betreffende Seeforderung, so kann der Gläubiger dieses Schiff oder jedes andere dem Ausrüster gehörende Schiff mit Arrest belegen lassen; jedoch kann kein anderes Schiff des Schiffseigners aufgrund derselben Seeforderung mit Arrest belegt werden. Entsprechendes gilt in allen Fällen, in denen eine andere Person als der Schiffseigner Schuldner einer Seeforderung ist.

5. ‚Seeforderung' bezeichnet ein Recht oder einen Anspruch, die aus einem oder mehreren der folgenden Entstehungsgründe geltend gemacht werden:

a) Schäden, die durch ein Schiff durch Zusammenstoß oder in anderer Weise verursacht sind;

b) Tod oder Gesundheitsschäden, die durch ein Schiff verursacht sind oder die auf den Betrieb eines Schiffes zurückgehen;
c) Bergung und Hilfeleistung;
d) nach Maßgabe einer Chartepartie oder auf andere Weise abgeschlossene Nutzungs- oder Mietverträge über ein Schiff;
e) nach Maßgabe einer Chartepartie oder eines Konnossements oder auf andere Weise abgeschlossene Verträge über die Beförderung von Gütern mit einem Schiff;
f) Verlust oder Beschädigung von zu Schiff beförderten Gütern einschließlich des Gepäcks;
g) große Haverei;
h) Bodmerei;
i) Schleppdienste;
j) Lotsendienste;
k) Lieferung von Gütern oder Ausrüstungsgegenständen an ein Schiff, gleichviel an welchem Ort, im Hinblick auf seinen Einsatz oder seine Instandhaltung;
l) Bau, Reparatur oder Ausrüstung eines Schiffes sowie Hafenabgaben;
m) Gehalt oder Heuer der Kapitäne, Schiffsoffiziere und Besatzungsmitglieder;
n) Auslagen des Kapitäns und der Ablader, Befrachter und Beauftragten für Rechnung des Schiffes oder seines Eigentümers;
o) Streitigkeiten über das Eigentum an einem Schiff;
p) Streitigkeiten zwischen Miteigentümern eines Schiffes über das Eigentum, den Besitz, den Einsatz oder über die Erträgnisse dieses Schiffes;
q) Schiffshypotheken und sonstige vertragliche Pfandrechte an einem Schiff.

6. In Dänemark ist als ‚Arrest' für die in Nummer 5 Buchstaben o) und p) genannten Seeforderungen der ‚forbud' anzusehen, soweit hinsichtlich einer solchen Seeforderung nur ein ‚forbud' nach den §§ 646 bis 653 der Zivilprozeßordnung (lov om rettens pleje) zulässig ist.".

Artikel 18

In Artikel 55 des Übereinkommens von 1968 in der Fassung des Artikels 24 des Übereinkommens von 1978 und des Artikels 8 des Übereinkommens von 1982 werden in der Aufzählung der Übereinkünfte an der chronologisch entsprechenden Stelle folgende Gedankenstriche eingefügt:

„– das am 28. Mai 1969 in Paris unterzeichnete französisch-spanische Abkommen über die Anerkennung und Vollstreckung von gerichtlichen Entscheidungen und Schiedssprüchen in Zivil- und Handelssachen;

– das am 22. Mai 1973 in Madrid unterzeichnete italienisch-spanische Abkommen über die Rechtshilfe und die Anerkennung und Vollstreckung gerichtlicher Entscheidungen in Zivil- und Handelssachen;
– den am 14. November 1983 in Bonn unterzeichneten deutsch-spanischen Vertrag über die Anerkennung und Vollstreckung von gerichtlichen Entscheidungen und Vergleichen sowie vollstreckbaren öffentlichen Urkunden in Zivil- und Handelssachen;".

Artikel 19

Artikel 57 des Übereinkommens von 1968 in der Fassung des Artikels 25 des Übereinkommens von 1978 erhält folgende Fassung:

„*Artikel 57*

(1) Dieses Übereinkommen läßt Übereinkommen unberührt, denen die Vertragsstaaten angehören oder angehören werden und die für besondere Rechtsgebiete die gerichtliche Zuständigkeit, die Anerkennung oder die Vollstreckung von Entscheidungen regeln.

(2) Um eine einheitliche Auslegung des Absatzes 1 zu sichern, wird dieser Absatz in folgender Weise angewandt:

a) Dieses Übereinkommen schließt nicht aus, daß ein Gericht eines Vertragsstaats, der Vertragspartei eines Übereinkommens über ein besonderes Rechtsgebiet ist, seine Zuständigkeit auf ein solches Übereinkommen stützt, und zwar auch dann, wenn der Beklagte seinen Wohnsitz in dem Hoheitsgebiet eines Vertragsstaats hat, der nicht Vertragspartei eines solchen Übereinkommens ist. In jedem Fall wendet dieses Gericht Artikel 20 des vorliegenden Übereinkommens an;
b) Entscheidungen, die in einem Vertragsstaat von einem Gericht erlassen worden sind, das seine Zuständigkeit auf ein Übereinkommen über ein besonderes Rechtsgebiet gestützt hat, werden in den anderen Vertragsstaaten nach dem vorliegenden Übereinkommen anerkannt und vollstreckt.

   Sind der Ursprungsstaat und der ersuchte Staat Vertragsparteien eines Übereinkommens über ein besonderes Rechtsgebiet, welches die Voraussetzungen für die Anerkennung und Vollstreckung von Entscheidungen regelt, so gelten diese Voraussetzungen. In jedem Fall können die Bestimmungen des vorliegenden Übereinkommens über das Verfahren zur Anerkennung und Vollstreckung von Entscheidungen angewandt werden.

(3) Dieses Übereinkommen berührt nicht die Anwendung der Bestimmungen, die für besondere Rechtsgebiete die gerichtliche Zuständigkeit oder die Anerkennung oder Vollstreckung von Entscheidungen regeln und in Rechtsakten der Organe der Europäischen Gemeinschaften oder in dem in Ausführung dieser Akte harmonisierten einzelstaatlichen Recht enthalten sind.".

Artikel 20

Artikel 58 des Übereinkommens von 1968 erhält folgende Fassung:

„*Artikel 58*

Bis zum Inkrafttreten des am 16. September 1988 in Lugano unterzeichneten Übereinkommens über die gerichtliche Zuständigkeit und die Vollstreckung gerichtlicher Entscheidungen in Zivil- und Handelssachen für Frankreich und die Schweizerische Eidgenossenschaft berührt das vorliegende Übereinkommen nicht die Rechte, die schweizerischen Staatsangehörigen aufgrund des am 15. Juni 1869 in Paris unterzeichneten Abkommens zwischen Frankreich und der Schweizerischen Eidgenossenschaft über die gerichtliche Zuständigkeit und die Vollstreckung von Urteilen in Zivilsachen zustehen.".

Artikel 21

Artikel 60 des Übereinkommens von 1968 in der Fassung des Artikels 27 des Übereinkommens von 1978 wird gestrichen.

Artikel 22

In Artikel 64 des Übereinkommens von 1968 wird Buchstabe c) gestrichen.

Titel III. Anpassungen des dem Übereinkommen von 1968 beigefügten Protokolls

Artikel 23

Artikel V b, der nach Artikel 29 des Übereinkommens von 1978 das dem Übereinkommen von 1968 beigefügte Protokoll ergänzt und durch Artikel 9 des Übereinkommens von 1982 geändert wurde, erhält folgende Fassung:

„*Artikel V b*

Bei Streitigkeiten zwischen dem Kapitän und einem Mitglied der Mannschaft eines in Dänemark, in Griechenland, in Irland oder in Portugal eingetragenen Seeschiffes über die Heuer oder sonstige Bedingungen des Dienstverhältnisses haben die Gerichte eines Vertragsstaats zu überprüfen, ob der für das Schiff zuständige diplomatische oder konsularische Vertreter von der Streitigkeit unterrichtet worden ist. Sie haben das Verfahren auszusetzen, solange dieser Vertreter nicht unterrichtet ist. Sie haben sich von Amts wegen für unzuständig zu erklären, wenn dieser Vertreter, nachdem er ordnungsgemäß unterrichtet worden ist, die Befugnisse ausgeübt hat, die ihm insoweit aufgrund eines Konsularabkommens zustehen, oder, falls ein derartiges Abkommen nicht besteht, innerhalb der festgesetzten Frist Einwände gegen die Zuständigkeit geltend gemacht hat.".

Titel IV. Anpassungen des Protokolls von 1971

Artikel 24

Artikel 1 des Protokolls von 1971 in der Fassung des Artikels 30 des Übereinkommens von 1978 und des Artikels 10 des Übereinkommens von 1982 wird durch folgenden Absatz ergänzt:

„Der Gerichtshof der Europäischen Gemeinschaften entscheidet ebenfalls über die Auslegung des Übereinkommens über den Beitritt des Königreichs Spanien und der Portugiesischen Republik zum Übereinkommen vom 27. September 1968 und zum vorliegenden Protokoll in der Fassung der Übereinkommen von 1978 und 1982.".

Artikel 25

In Artikel 2 Nummer 1 des Protokolls von 1971 in der Fassung des Artikels 31 des Übereinkommens von 1978 und des Artikels 11 des Übereinkommens von 1982 wird zwischen dem vierten und dem fünften Gedankenstrich folgender Gedankenstrich eingefügt:

„– in Spanien: ‚el Tribunal Supremo';"

und zwischen dem neunten und dem zehnten Gedankenstrich wird folgender Gedankenstrich eingefügt:

„– in Portugal: ‚o Supremo Tribunal de Justiça' und ‚o Supremo Tribunal Administrativo';".

Artikel 26

Artikel 6 des Protokolls von 1971 in der Fassung des Artikels 32 des Übereinkommens von 1978 wird gestrichen.

Artikel 27

In Artikel 10 des Protokolls von 1971 in der Fassung des Artikels 33 des Übereinkommens von 1978 wird Buchstabe d) gestrichen.

Titel V. Anpassungen des Übereinkommens von 1978 und des Übereinkommens von 1982

Artikel 28

(1) Artikel 25 Absatz 2 sowie die Artikel 35 und 36 des Übereinkommens von 1978 werden gestrichen.

(2) Artikel 1 Absatz 2 des Übereinkommens von 1982 wird gestrichen.

Titel VI. Übergangsbestimmungen

Artikel 29

(1) Das Übereinkommen von 1968 und das Protokoll von 1971 in der Fassung des Übereinkommens von 1978, des Übereinkommens von 1982 und des vorliegenden Übereinkommens sind nur auf solche Klagen und öffentlichen Urkunden anzuwenden, die erhoben oder aufgenommen worden sind, nachdem das vorliegende Übereinkommen im Ursprungsstaat und, wenn die Anerkennung oder Vollstreckung einer Entscheidung oder Urkunde geltend gemacht wird, im ersuchten Staat in Kraft getreten ist.

(2) Entscheidungen, die nach dem Inkrafttreten dieses Übereinkommens zwischen dem Ursprungsstaat und dem ersuchten Staat aufgrund einer vor diesem Inkrafttreten erhobenen Klage ergangen sind, werden nach Maßgabe des Titels III des Übereinkommens von 1968 in der Fassung des Übereinkommens von 1978, des Übereinkommens von 1982 und des vorliegenden Übereinkommens anerkannt und zur Zwangsvollstreckung zugelassen, vorausgesetzt, daß das Gericht aufgrund von Vorschriften zuständig war, die mit den Zuständigkeitsvorschriften des Titels II des Übereinkommens von 1968 in seiner geänderten Fassung oder eines Abkommens übereinstimmen, das im Zeitpunkt der Klageerhebung zwischen dem Ursprungsstaat und dem Staat, in dem die Entscheidung geltend gemacht wird, in Kraft war.

Titel VII. Schlußbestimmungen

Artikel 30

(1) Der Generalsekretär des Rates der Europäischen Gemeinschaften übermittelt der Regierung des Königreichs Spanien und der Regierung der Portugiesischen Republik je eine beglaubigte Abschrift des Übereinkommens von 1968, des Protokolls von 1971, des Übereinkommens von 1978 und des Übereinkommens von

1982 in dänischer, deutscher, englischer, französischer, griechischer, irischer, italienischer und niederländischer Sprache.

(2) Der Wortlaut des Übereinkommens von 1968, des Protokolls von 1971, des Übereinkommens von 1978 und des Übereinkommens von 1982 in spanischer und portugiesischer Sprache ist in den Anhängen II, III, IV und V des vorliegenden Übereinkommens enthalten. Der Wortlaut in spanischer und portugiesischer Sprache ist gleichermaßen verbindlich wie die anderen Wortlaute des Übereinkommens von 1968, des Protokolls von 1971, des Übereinkommens von 1978 und des Übereinkommens von 1982.

Artikel 31

Dieses Übereinkommen bedarf der Ratifikation durch die Unterzeichnerstaaten. Die Ratifikationsurkunden werden beim Generalsekretär des Rates der Europäischen Gemeinschaften hinterlegt.

Artikel 32

(1) Dieses Übereinkommen tritt am ersten Tag des dritten Monats in Kraft, der auf den Tag folgt, an dem zwei Unterzeichnerstaaten, von denen einer das Königreich Spanien oder die Portugiesische Republik ist, ihre Ratifikationsurkunden hinterlegt haben.

(2) Für jeden anderen Unterzeichnerstaat tritt das Übereinkommen am ersten Tag des dritten Monats in Kraft, der auf die Hinterlegung seiner Ratifikationsurkunde folgt.

Artikel 33

Der Generalsekretär des Rates der Europäischen Gemeinschaften notifiziert den Unterzeichnerstaaten

a) die Hinterlegung jeder Ratifikationsurkunde;
b) die Tage, an denen dieses Übereinkommen für die Vertragsstaaten in Kraft tritt.

Artikel 34

Dieses Übereinkommen ist in einer Urschrift in dänischer, deutscher, englischer, französischer, griechischer, irischer, italienischer, niederländischer, portugiesischer und spanischer Sprache abgefaßt, wobei jeder Wortlaut gleichermaßen verbindlich ist; es wird im Archiv des Generalsekretariats des Rates der Europäischen Gemeinschaften hinterlegt. Der Generalsekretär übermittelt der Regierung jedes Unterzeichnerstaats eine beglaubigte Abschrift.

Anhang I. Redaktionelle Anpassungen nach Artikel 2

1. *Artikel 3:* Der zweite Gedankenstrich muß wie folgt lauten: „– in Dänemark: Artikel 246 Absätze 2 und 3 der Zivilprozeßordnung (Lov om rettens pleje);“
2. *Artikel 12:* Am Ende der Nummern 1, 2, und 3 wird das Wort „oder“ gestrichen und durch ein Komma ersetzt.
3. *Artikel 13:* Unter Nummer 2 muß es statt „oder um ein anderes Kreditgeschäft handelt, die zur Finanzierung eines Kaufs derartiger Sachen bestimmt sind“ heißen: „oder ein anderes Kreditgeschäft handelt, das zur Finanzierung eines Kaufs derartiger Sachen bestimmt ist“.
4. *Artikel 14:* In Absatz 1 muß es statt „gegen die andere Vertragspartei . . ., in dessen Hoheitsgebiet diese Vertragspartei ihren Wohnsitz hat“ heißen: „gegen den anderen Vertragspartner . . ., in dessen Hoheitsgebiet dieser Vertragspartner seinen Wohnsitz hat“.
5. *Artikel 14:* In Absatz 2 muß es statt „der anderen Vertragspartei“ heißen: „des anderen Vertragspartners“.
6. *Artikel 15:* Am Ende von Nummer 1 wird das Wort „oder“ gestrichen und durch ein Komma ersetzt.
7. *Artikel 16:* Unter Nummer 2 muß es statt „die Gültigkeit, Nichtigkeit“ heißen: „die Gültigkeit, die Nichtigkeit“.
8. *Artikel 20:* In Absatz 3 muß es statt „für Zivil- und Handelssachen“ heißen: „in Zivil- oder Handelssachen“.
9. *Artikel 22:* In Absatz 1 muß es statt „die Entscheidung aussetzen“ heißen: „das Verfahren aussetzen“.
10. *Artikel 27:* Unter Nummer 2 muß es statt „ordnungsmäßig“ heißen: „ordnungsgemäß“.
11. *Artikel 27:* Unter Nummer 4 muß es statt „wenn das Gericht des Urteilsstaats . . . die ehelichen Güterstände, das Gebiet des Erbrechts“ heißen: „wenn das Gericht des Ursprungsstaats . . . die ehelichen Güterstände oder das Gebiet des Erbrechts . . .“.
12. *Artikel 28:* In den Absätzen 2 und 3 muß es statt „des Urteilsstaats“ jeweils heißen: „des Ursprungsstaats“.
13. *Artikel 29:* Statt „auf ihre Gesetzmäßigkeit“ muß es heißen: „in der Sache selbst“.
14. *Artikel 30:* In Absatz 2 muß es statt „im Urteilsstaat“ heißen: „im Ursprungsstaat“.
15. *Artikel 32:* In Absatz 1 muß der zweite Gedankenstrich wie folgt lauten: „– in Dänemark an das „byret“;“
16. *Artikel 32:* In Absatz 1 muß es unter den Nummern 1, 2 und 3 des das Vereinigte Königreich betreffenden Gedankenstrichs statt „im Falle von Entscheidungen“ jeweils heißen: „für Entscheidungen“.
17. *Artikel 34:* In Absatz 2 muß es statt „in Artikel 27 und 28“ heißen: „in den Artikeln 27 und 28“.

18. *Artikel 34:* In Absatz 3 muß es statt „auf ihre Gesetzmäßigkeit" heißen: „in der Sache selbst".
19. *Artikel 37:* In Absatz 1 muß es unter den Nummern 1, 2 und 3 des das Vereinigte Königreich betreffenden Gedankenstrichs statt „im Falle von Entscheidungen" jeweils heißen: „für Entscheidungen".
20. *Artikel 38:* In Absatz 1 muß es statt „seine Entscheidung aussetzen, wenn gegen die Entscheidung im Urteilsstaat" heißen: „das Verfahren aussetzen, wenn gegen die Entscheidung im Ursprungsstaat".
21. *Artikel 38:* In Absatz 2 muß es statt „im Urteilsstaat" heißen: „im Ursprungsstaat".
22. *Artikel 39:* In Absatz 1 muß es statt „Maßregeln zur Sicherung" heißen: „Maßnahmen zur Sicherung".
23. *Artikel 39:* In Absatz 2 muß es statt „Maßregeln zu betreiben" heißen: „Maßnahmen zu veranlassen".
24. *Artikel 40:* In Absatz 1 muß es unter den Nummern 1, 2 und 3 des das Vereinigte Königreich betreffenden Gedankenstrichs statt „im Falle von Entscheidungen" jeweils heißen: „für Entscheidungen".
25. *Artikel 43:* Statt „des Urteilsstaats" muß es heißen: „des Ursprungsstaats".
26. *Artikel 44:* In Absatz 1 muß es statt „ist dem Antragsteller in dem Staat, in dem die Entscheidung ergangen ist, ganz oder teilweise das Armenrecht ... nach den Artikeln 32 bis 35 hinsichtlich des Armenrechts" heißen: „ist dem Antragsteller im Ursprungsstaat ganz oder teilweise Prozeßkostenhilfe ... nach den Artikeln 32 bis 35 hinsichtlich der Prozeßkostenhilfe".
27. *Artikel 44:* In Absatz 2 muß es statt „Bewilligung des Armenrechts" heißen: „Bewilligung der Prozeßkostenhilfe".
28. *Artikel 47:* Unter Nummer 1 muß es statt „nach dem Recht des Urteilsstaats" heißen: „nach dem Recht des Ursprungsstaats".
29. *Artikel 47:* Unter Nummer 2 muß es statt „das Armenrecht im Urteilsstaat genießt" heißen: „Prozeßkostenhilfe im Ursprungsstaat erhält".
30. *Artikel 56:* In Absatz 2 muß es statt „die Urkunden" heißen: „die öffentlichen Urkunden".
31. *Artikel Vb des dem Übereinkommen beigefügten Protokolls:*
    In Satz 2 muß es statt „Sie haben die Entscheidung auszusetzen" heißen: „Sie haben das Verfahren auszusetzen".

Zu Urkund dessen haben die hierzu gehörig befugten Unterzeichneten dieses Übereinkommen unterschrieben.

Geschehen zu Donostia-San Sebastián am sechundzwanzigsten Mai neunzehnhundertneunundachtzig.

VII. Lugano-Übereinkommen über die gerichtliche Zuständigkeit und die Vollstreckung gerichtlicher Entscheidungen in Zivil- und Handelssachen

Vom 16. September 1988 [1]

Präambel

Die hohen Vertragsparteien dieses Übereinkommens –

In dem Bestreben, in ihren Hoheitsgebieten den Rechtsschutz der dort ansässigen Personen zu verstärken,

In der Erwägung, daß es zu diesem Zweck geboten ist, die internationale Zuständigkeit ihrer Gerichte festzulegen, die Anerkennung von Entscheidungen zu erleichtern und ein beschleunigtes Verfahren einzuführen, um die Vollstreckung von Entscheidungen, öffentlichen Urkunden und gerichtlichen Vergleichen sicherzustellen,

Im Bewußtsein der zwischen ihnen bestehenden Bindungen, die im wirtschaftlichen Bereich durch die Freihandelsabkommen zwischen der Europäischen Wirtschaftsgemeinschaft und den Mitgliedstaaten der Europäischen Freihandelsassoziation bestätigt worden sind,

Unter Berücksichtigung des Brüsseler Übereinkommens vom 27. September 1968 über die gerichtliche Zuständigkeit und die Vollstreckung gerichtlicher Entscheidungen in Zivil- und Handelssachen in der Fassung der infolge der verschiedenen Erweiterungen der Europäsichen Gemeinschaften geschlossenen Beitrittsübereinkommen,

In der Überzeugung, daß die Ausdehnung der Grundsätze des genannten Übereinkommens auf die Vertragsstaaten des vorliegenden Übereinkommens die rechtliche und wirtschaftliche Zusammenarbeit in Europa verstärken wird,

In dem Wunsch, eine möglichst einheitliche Auslegung des Übereinkommens sicherzustellen –

Haben in diesem Sinne beschlossen, dieses Übereinkommen zu schließen, und sind wie folgt übereingekommen:

Titel I. Anwendungsbereich

Artikel 1

Dieses Übereinkommen ist in Zivil- und Handelssachen anzuwenden, ohne daß es auf die Art der Gerichtsbarkeit ankommt. Es erfaßt inbesondere nicht Steuer- und Zollsachen sowie verwaltungsrechtliche Angelegenheiten.

---

1 ABl. 1988 Nr. L 319, 9. Näher zu diesem Übereinkommen Einl Rz. 44ff.

Es ist nicht anzuwenden auf

1. den Personenstand, die Rechts- und Handlungsfähigkeit sowie die gesetzliche Vertretung von natürlichen Personen, die ehelichen Güterstände, das Gebiet des Erbrechts einschließlich des Testamentsrechts;
2. Konkurse, Vergleiche und ähnliche Verfahren;
3. die soziale Sicherheit;
4. die Schiedsgerichtsbarkeit.

Titel II. Zuständigkeit

1. Abschnitt. Allgemeine Vorschriften

Artikel 2

Vorbehaltlich der Vorschriften dieses Übereinkommens sind Personen, die ihren Wohnsitz in dem Hoheitsgebiet eines Vertragsstaats haben, ohne Rücksicht auf ihre Staatsangehörigkeit vor den Gerichten dieses Staates zu verklagen.

Auf Personen, die nicht dem Staat, in dem sie ihren Wohnsitz haben, angehören, sind die für Inländer maßgebenden Zuständigkeitsvorschriften anzuwenden.

Artikel 3

Personen, die ihren Wohnsitz in dem Hoheitsgebiet eines Vertragsstaats haben, können vor den Gerichten eines anderen Vertragsstaats nur gemäß den Vorschriften des 2. bis 6. Abschnitts verklagt werden.

Insbesondere können gegen diese Personen nicht geltend gemacht werden

- in Belgien: Artikel 15 des Zivilgesetzbuchs (Code civil – Burgerlijk Wetboek) sowie Artikel 638 der Zivilprozeßordnung (Code judiciaire – Gerechtelijk Wetboek);
- in Dänemark: Artikel 246 Absätze 2 und 3 der Zivilprozeßordnung (Lov om rettens pleje);
- in der Bundesrepublik Deutschland: § 23 der Zivilprozeßordnung;
- in Griechenland: Artikel 40 der Zivilprozeßordnung (Κώδικας Πολιτικῆς Δικονομίας);
- in Frankreich: Artikel 14 und 15 des Zivilgesetzbuchs (Code civil);
- in Irland: Vorschriften, nach denen die Zuständigkeit durch Zustellung eines das Verfahren einleitenden Schriftstücks an den Beklagten während dessen vorübergehender Anwesenheit in Irland begründet wird;
- in Island: Artikel 77 der Zivilprozeßordnung (lög um meδferδ einkamála í héraδi);
- in Italien: Artikel 2 und Artikel 4 Nummern 1 und 2 der Zivilprozeßordnung (Codice di procedura civile);
- in Luxemburg: Artikel 14 und 15 des Zivilgesetzbuchs (Code civil);

- in den Niederlanden: Artikel 126 Abs. 3 und Artikel 127 der Zivilprozeßordnung (Wetboek van Burgerlijke Rechtsvordering);
- in Norwegen: § 32 der Zivilprozeßordnung (tvistemålsloven);
- in Österreich: § 99 der Jurisdiktionsnorm;
- in Portugal: Artikel 65 Absatz 1 Buchstabe c), Artikel 65 Absatz 2 und Artikel 65 a Buchstabe c) Zivilprozeßordnung (Código de Processo Civil) und Artikel 11 der Arbeitsprozeßordnung (Código de Processo do Trabalho);
- in der Schweiz: der Gerichtsstand des Arrestortes/for du lieu du séquestre/foro del luogo del sequestro gemäß Artikel 4 des Bundesgesetzes über das internationale Privatrecht/loi fédérale sur le droit international privé/legge federale sul diritto internazionale privato;
- in Finnland: Kapitel 10 § 1 Sätze 2, 3 und 4 der Prozeßordnung (oikeudenkäymiskaari/rättegångsbalken);
- in Schweden: Kapitel 10 Artikel 3 Satz 1 der Prozeßordnung (Rättegångsbalken);
- im Vereinigten Königreich: Vorschriften, nach denen die Zuständigkeit begründet wird durch
  a) die Zustellung eines das Verfahren einleitenden Schriftstücks an den Beklagten während dessen vorübergehender Anwesenheit im Vereinigten Königreich;
  b) das Vorhandensein von Vermögenswerten des Beklagten im Vereinigten Königreich oder
  c) die Beschlagnahme von Vermögen im Vereinigten Königreich durch den Kläger.

Artikel 4

Hat der Beklagte keinen Wohnsitz in dem Hoheitsgebiet eines Vertragsstaats, so bestimmt sich, vorbehaltlich des Artikels 16, die Zuständigkeit der Gerichte eines jeden Vertragsstaats nach seinen eigenen Gesetzen.

Gegenüber einem Beklagten, der keinen Wohnsitz in dem Hoheitsgebiet eines Vertragsstaats hat, kann sich jede Person, die ihren Wohnsitz in dem Hoheitsgebiet eines Vertragsstaats hat, in diesem Staat auf die dort geltenden Zuständigkeitsvorschriften, insbesondere auf die in Artikel 3 Absatz 2 angeführten Vorschriften, wie ein Inländer berufen, ohne daß es auf ihre Staatsangehörigkeit ankommt.

2. Abschnitt. Besondere Zuständigkeiten

Artikel 5

Eine Person, die ihren Wohnsitz in dem Hoheitsgebiet eines Vertragsstaats hat, kann in einem anderen Vertragsstaat verklagt werden,

1. wenn ein Vertrag oder Ansprüche aus einem Vertrag den Gegenstand des Verfahrens bilden, vor dem Gericht des Ortes, an dem die Verpflichtung erfüllt worden ist oder zu erfüllen wäre; wenn ein individueller Arbeitsvertrag oder Ansprüche aus einem individuellen Arbeitsvertrag den Gegenstand des Verfahrens bilden, vor dem Gericht des Ortes, an dem der Arbeitnehmer gewöhnlich seine Arbeit verrichtet; verrichtet der Arbeitnehmer seine Arbeit gewöhnlich nicht in ein und demselben Staat, vor dem Gericht des Ortes, an dem sich die Niederlassung befindet, die den Arbeitnehmer eingestellt hat;
2. wenn es sich um eine Unterhaltssache handelt, vor dem Gericht des Ortes, an dem der Unterhaltsberechtigte seinen Wohnsitz oder seinen gewöhnlichen Aufenthalt hat, oder im Falle einer Unterhaltssache, über die im Zusammenhang mit einem Verfahren in bezug auf den Personenstand zu entscheiden ist, vor dem nach seinem Recht für dieses Verfahren zuständigen Gericht, es sei denn, diese Zuständigkeit beruht lediglich auf der Staatsangehörigkeit einer der Parteien;
3. wenn eine unerlaubte Handlung oder eine Handlung, die einer unerlaubten Handlung gleichgestellt ist, oder wenn Ansprüche aus einer solchen Handlung den Gegenstand des Verfahrens bilden, vor dem Gericht des Ortes, an dem das schädigende Ereignis eingetreten ist;
4. wenn es sich um eine Klage auf Schadensersatz oder auf Wiederherstellung des früheren Zustands handelt, die auf eine mit Strafe bedrohte Handlung gestützt wird, vor dem Strafgericht, bei dem die öffentliche Klage erhoben ist, soweit dieses Gericht nach seinem Recht über zivilrechtliche Ansprüche erkennen kann;
5. wenn es sich um Streitigkeiten aus dem Betrieb einer Zweigniederlassung, einer Agentur oder einer sonstigen Niederlassung handelt, vor dem Gericht des Ortes, an dem sich diese befindet;
6. wenn sie in ihrer Eigenschaft als Begründer, „trustee" oder Begünstigter eines „trust" in Anspruch genommen wird, der aufgrund eines Gesetzes oder durch schriftlich vorgenommenes oder schriftlich bestätigtes Rechtsgeschäft errichtet worden ist, vor den Gerichten des Vertragsstaats, in dessen Hoheitsgebiet der „trust" seinen Sitz hat;
7. wenn es sich um eine Streitigkeit wegen der Zahlung von Berge- und Hilfslohn handelt, der für Bergungs- oder Hilfeleistungsarbeiten gefordert wird, die zugunsten einer Ladung oder einer Frachtforderung erbracht worden sind, vor dem Gericht, in dessen Zuständigkeitsbereich diese Ladung oder die entsprechende Frachtforderung
   a) mit Arrest belegt worden ist, um die Zahlung zu gewährleisten, oder
   b) mit Arrest hätte belegt werden können, jedoch dafür eine Bürgschaft oder eine andere Sicherheit geleistet worden ist;

   diese Vorschrift ist nur anzuwenden, wenn behauptet wird, daß der Beklagte Rechte an der Ladung oder an der Frachtforderung hat oder zur Zeit der Bergungs- oder Hilfeleistungsarbeiten hatte.

Artikel 6

Eine Person, die ihren Wohnsitz in dem Hoheitsgebiet eines Vertragsstaats hat, kann auch verklagt werden,

1. wenn mehrere Personen zusammen verklagt werden, vor dem Gericht, in dessen Bezirk einer der Beklagten seinen Wohnsitz hat;
2. wenn es sich um eine Klage auf Gewährleistung oder um eine Interventionsklage handelt, vor dem Gericht des Hauptprozesses, es sei denn, daß diese Klage nur erhoben worden ist, um diese Person dem für sie zuständigen Gericht zu entziehen;
3. wenn es sich um eine Widerklage handelt, die auf denselben Vertrag oder Sachverhalt wie die Klage selbst gestützt wird, vor dem Gericht, bei dem die Klage selbst anhängig ist;
4. wenn ein Vertrag oder Ansprüche aus einem Vertrag den Gegenstand des Verfahrens bilden und die Klage mit einer Klage wegen dinglicher Rechte an unbeweglichen Sachen gegen denselben Beklagten verbunden werden kann, vor dem Gericht des Vertragsstaats, in dem die unbewegliche Sache belegen ist.

Artikel 6a

Ist ein Gericht eines Vertragsstaats nach diesem Übereinkommen zur Entscheidung in Verfahren wegen einer Haftpflicht aufgrund der Verwendung oder des Betriebs eines Schiffes zuständig, so entscheidet dieses oder ein anderes, an seiner Stelle durch das Recht dieses Staates bestimmtes Gericht auch über Klagen auf Beschränkung dieser Haftung.

3. Abschnitt. Zuständigkeit für Versicherungssachen

Artikel 7

Für Klagen in Versicherungssachen bestimmt sich die Zuständigkeit vorbehaltlich des Artikels 4 und des Artikels 5 Nummer 5 nach diesem Abschnitt.

Artikel 8

Der Versicherer, der seinen Wohnsitz in dem Hoheitsgebiet eines Vertragsstaats hat, kann verklagt werden

1. vor den Gerichten des Staates, in dem er seinen Wohnsitz hat,
2. in einem anderen Vertragsstaat vor dem Gericht des Bezirks, in dem der Versicherungsnehmer seinen Wohnsitz hat, oder
3. falls es sich um einen Mitversicherer handelt, vor dem Gericht eines Vertragsstaates, bei dem der federführende Versicherer verklagt wird.

Hat ein Versicherer in dem Hoheitsgebiet eines Vertragsstaats keinen Wohnsitz, besitzt er aber in einem Vertragsstaat eine Zweigniederlassung, Agentur oder sonstige Niederlassung, so wird er für Streitigkeiten aus ihrem Betrieb so behandelt, wie wenn er seinen Wohnsitz in dem Hoheitsgebiet dieses Staates hätte.

Artikel 9

Bei der Haftpflichtversicherung oder bei der Versicherung von unbeweglichen Sachen kann der Versicherer außerdem vor dem Gericht des Ortes, an dem das schädigende Ereignis eingetreten ist, verklagt werden. Das gleiche gilt, wenn sowohl bewegliche als auch unbewegliche Sachen in ein und demselben Versicherungsvertrag versichert und von demselben Schadensfall betroffen sind.

Artikel 10

Bei der Haftpflichtversicherung kann der Versicherer auch vor das Gericht, bei dem die Klage des Geschädigten gegen den Versicherten anhängig ist, geladen werden, sofern dies nach dem Recht des angerufenen Gerichts zulässig ist.

Auf eine Klage, die der Verletzte unmittelbar gegen den Versicherer erhebt, sind die Artikel 7 bis 9 anzuwenden, sofern eine solche unmittelbare Klage zulässig ist.

Sieht das für die unmittelbare Klage maßgebliche Recht die Streitverkündung gegen den Versicherungsnehmer oder den Versicherten vor, so ist dasselbe Gericht auch für diese Personen zuständig.

Artikel 11

Vorbehaltlich der Bestimmungen des Artikels 10 Absatz 3 kann der Versicherer nur vor den Gerichten des Vertragsstaats klagen, in dessen Hoheitsgebiet der Beklagte seinen Wohnsitz hat, ohne Rücksicht darauf, ob dieser Versicherungsnehmer, Versicherter oder Begünstigter ist.

Die Vorschriften dieses Abschnitts lassen das Recht unberührt, eine Widerklage vor dem Gericht zu erheben, bei dem die Klage selbst gemäß den Bestimmungen dieses Abschnitts anhängig ist.

Artikel 12

Von den Vorschriften dieses Abschnitts kann im Wege der Vereinbarung nur abgewichen werden,

1. wenn die Vereinbarung nach der Entstehung der Streitigkeit getroffen wird,
2. wenn sie dem Versicherungsnehmer, Versicherten oder Begünstigten die Befugnis einräumt, andere als die in diesem Abschnitt angeführten Gerichte anzurufen,
3. wenn sie zwischen einem Versicherungsnehmer und einem Versicherer, die zum Zeitpunkt des Vertragsabschlusses ihren Wohnsitz oder gewöhnlichen

Aufenthalt in demselben Vertragsstaat haben, getroffen ist, um die Zuständigkeit der Gerichte dieses Staates auch für den Fall zu begründen, daß das schädigende Ereignis im Ausland eingetreten ist, es sei denn, daß eine solche Vereinbarung nach dem Recht dieses Staates nicht zulässig ist,

4. wenn sie von einem Versicherungsnehmer abgeschlossen ist, der seinen Wohnsitz nicht in einem Vertragsstaat hat, ausgenommen soweit sie eine Versicherung, zu deren Abschluß eine gesetzliche Verpflichtung besteht, oder die Versicherung von unbeweglichen Sachen in einem Vertragsstaat betrifft, oder
5. wenn sie einen Versicherungsvertrag betrifft, soweit dieser eines oder mehrere der in Artikel 12a aufgeführten Risiken deckt.

Artikel 12a

Die in Artikel 12 Nummer 5 erwähnten Risiken sind die folgenden:

1. sämtliche Schäden
   a) an Seeschiffen, Anlagen vor der Küste und auf hoher See oder Luftfahrzeugen aus Gefahren, die mit ihrer Verwendung zu gewerblichen Zwecken verbunden sind,
   b) an Transportgütern, ausgenommen Reisegepäck der Passagiere, wenn diese Güter ausschließlich oder zum Teil mit diesen Schiffen oder Luftfahrzeugen befördert werden;
2. Haftpflicht aller Art, mit Ausnahme der Haftung für Personenschäden an Passagieren oder Schäden an deren Reisegepäck,
   a) aus der Verwendung oder dem Betrieb von Seeschiffen, Anlagen oder Luftfahrzeugen gemäß Nummer 1 Buchstabe a), es sei denn, daß nach den Rechtsvorschriften des Vertragsstaats, in dem das Luftfahrzeug eingetragen ist, Gerichtsstandsvereinbarungen für die Versicherung solcher Risiken untersagt sind,
   b) für Schäden, die durch Transportgüter während einer Beförderung im Sinne der Nummer 1 Buchstabe b) verursacht werden;
3. finanzielle Verluste im Zusammenhang mit der Verwendung oder dem Betrieb von Seeschiffen, Anlagen oder Luftfahrzeugen gemäß Nummer 1 Buchstabe a), insbesondere Fracht- oder Charterverlust;
4. irgendein zusätzliches Risiko, das mit einem der unter den Nummern 1 bis 3 genannten Risiken in Zusammenhang steht.

4. Abschnitt. Zuständigkeit für Verbrauchersachen

Artikel 13

Für Klagen aus einem Vertrag, den eine Person zu einem Zweck abgeschlossen hat, der nicht der beruflichen oder gewerblichen Tätigkeit dieser Person (Verbraucher) zugerechnet werden kann, bestimmt sich die Zuständigkeit unbeschadet des Artikels 4 und des Artikels 5 Nummer 5 nach diesem Abschnitt,

1. wenn es sich um den Kauf beweglicher Sachen auf Teilzahlung handelt,
2. wenn es sich um ein in Raten zurückzuzahlendes Darlehen oder ein anderes Kreditgeschäft handelt, das zur Finanzierung eines Kaufs derartiger Sachen bestimmt ist, oder
3. für andere Verträge, wenn sie die Erbringung einer Dienstleistung oder die Lieferung beweglicher Sachen zum Gegenstand haben, sofern
   a) dem Vertragsabschluß in dem Staat des Wohnsitzes des Verbrauchers ein ausdrückliches Angebot oder eine Werbung vorausgegangen ist und
   b) der Verbraucher in diesem Staat die zum Abschluß des Vertrages erforderlichen Rechtshandlungen vorgenommen hat.

Hat der Vertragspartner des Verbrauchers in dem Hoheitsgebiet eines Vertragsstaats keinen Wohnsitz, besitzt er aber in einem Vertragsstaat eine Zweigniederlassung, Agentur oder sonstige Niederlassung, so wird er für Streitigkeiten aus ihrem Betrieb so behandelt, wie wenn er seinen Wohnsitz in dem Hoheitsgebiet dieses Staates hätte.

Dieser Abschnitt ist nicht auf Beförderungsverträge anzuwenden.

Artikel 14

Die Klage eines Verbrauchers gegen den anderen Vertragspartner kann entweder vor den Gerichten des Vertragsstaats erhoben werden, in dessen Hoheitsgebiet dieser Vertragspartner seinen Wohnsitz hat, oder vor den Gerichten des Vertragsstaats, in dessen Hoheitsgebiet der Verbraucher seinen Wohnsitz hat.

Die Klage des anderen Vertragspartners gegen den Verbraucher kann nur vor den Gerichten des Vertragsstaats erhoben werden, in dessen Hoheitsgebiet der Verbraucher seinen Wohnsitz hat.

Diese Vorschriften lassen das Recht unberührt, eine Widerklage vor dem Gericht zu erheben, bei dem die Klage selbst gemäß den Bestimmungen dieses Abschnitts anhängig ist.

Artikel 15

Von den Vorschriften dieses Abschnitts kann im Wege der Vereinbarung nur abgewichen werden,

1. wenn die Vereinbarung nach der Entstehung der Streitigkeit getroffen wird,
2. wenn sie dem Verbraucher die Befugnis einräumt, andere als die in diesem Abschnitt angeführten Gerichte anzurufen, oder
3. wenn sie zwischen einem Verbraucher und seinem Vertragspartner getroffen ist, die zum Zeitpunkt des Vertragsabschlusses ihren Wohnsitz oder gewöhnlichen Aufenthalt in demselben Vertragsstaat haben, und die Zuständigkeit der Gerichte dieses Staates begründet, es sei denn, daß eine solche Vereinbarung nach dem Recht dieses Staates nicht zulässig ist.

5. Abschnitt. Ausschließliche Zuständigkeiten

Artikel 16

Ohne Rücksicht auf den Wohnsitz sind ausschließlich zuständig

1. a) für Klagen, welche dingliche Rechte an beweglichen Sachen sowie die Miete oder Pacht von unbeweglichen Sachen zum Gegenstand haben, die Gerichte des Vertragsstaats, in dem die unbewegliche Sache belegen ist;
   b) für Klagen betreffend die Miete oder Pacht unbeweglicher Sachen zum vorübergehenden privaten Gebrauch für höchstens sechs aufeinanderfolgende Monate sind jedoch auch die Gerichte des Vertragsstaats zuständig, in dem der Beklagte seinen Wohnsitz hat, sofern es sich bei dem Mieter oder Pächter um eine natürliche Person handelt und weder die eine noch die andere Partei ihren Wohnsitz in dem Vertragsstaat hat, in dem die unbewegliche Sache belegen ist;
2. für Klagen, welche die Gültigkeit, die Nichtigkeit oder die Auflösung einer Gesellschaft oder juristischen Person oder der Beschlüsse ihrer Organe zum Gegenstand haben, die Gerichte des Vertragsstaats, in dessen Hoheitsgebiet die Gesellschaft oder juristische Person ihren Sitz hat;
3. für Klagen, welche die Gültigkeit von Eintragungen in öffentliche Register zum Gegenstand haben, die Gerichte des Vertragsstaats, in dessen Hoheitsgebiet die Register geführt werden;
4. für Klagen, welche die Eintragung oder die Gültigkeit von Patenten, Warenzeichen, Mustern und Modellen sowie ähnlicher Rechte, die einer Hinterlegung oder Registrierung bedürfen, zum Gegenstand haben, die Gerichte des Vertragsstaats, in dessen Hoheitsgebiet die Hinterlegung oder Registrierung beantragt oder vorgenommen worden ist oder aufgrund eines zwischenstaatlichen Übereinkommens als vorgenommen gilt;
5. für Verfahren, welche die Zwangsvollstreckung aus Entscheidungen zum Gegenstand haben, die Gerichte des Vertragsstaats, in dessen Hoheitsgebiet die Zwangsvollstreckung durchgeführt werden soll oder durchgeführt worden ist.

6. Abschnitt. Vereinbarung über die Zuständigkeit

Artikel 17

(1) Haben die Parteien, von denen mindestens eine ihren Wohnsitz in dem Hoheitsgebiet eines Vertragsstaats hat, vereinbart, daß ein Gericht oder die Gerichte eines Vertragsstaats über eine bereits entstandene Rechtsstreitigkeit oder über eine künftige aus einem bestimmten Rechtsverhältnis entspringende Rechtsstreitigkeit entscheiden sollen, so sind dieses Gericht oder die Gerichte dieses Staates ausschließlich zuständig. Eine solche Gerichtsstandsvereinbarung muß geschlossen werden

a) schriftlich oder mündlich mit schriftlicher Bestätigung,
b) in einer Form, welche den Gepflogenheiten entspricht, die zwischen den Parteien entstanden sind, oder
c) im internationalen Handel in einer Form, die einem Handelsbrauch entspricht, den die Parteien kannten oder kennen mußten und den Parteien von Verträgen dieser Art in dem betreffenden Geschäftszweig allgemein kennen und regelmäßig beachten.

Wenn eine solche Vereinbarung von Parteien geschlossen wurde, die beide ihren Wohnsitz nicht im Hoheitsgebiet eines Vertragsstaats haben, so können die Gerichte der anderen Vertragsstaaten nicht entscheiden, es sei denn, das vereinbarte Gericht oder die vereinbarten Gerichte haben sich rechtskräftig für unzuständig erklärt.

(2) Ist in schriftlich niedergelegten „trust"-Bedingungen bestimmt, daß über Klagen gegen einen Begründer, „trustee" oder Begünstigten eines „trust" ein Gericht oder die Gerichte eines Vertragsstaats entscheiden sollen, so ist dieses Gericht oder sind diese Gerichte ausschließlich zuständig, wenn es sich um Beziehungen zwischen diesen Personen oder ihre Rechte oder Pflichten im Rahmen des „trust" handelt.

(3) Gerichtsstandsvereinbarungen und entsprechende Bestimmungen in „trust"-Bedingungen haben keine rechtliche Wirkung, wenn sie den Vorschriften der Artikel 12 oder 15 zuwiderlaufen oder wenn die Gerichte, deren Zuständigkeit abbedungen wird, aufgrund des Artikels 16 ausschließlich zuständig sind.

(4) Ist eine Gerichtsstandsvereinbarung nur zugunsten einer der Parteien getroffen worden, so behält diese das Recht, jedes andere Gericht anzurufen, das aufgrund dieses Übereinkommens zuständig ist.

(5) Bei individuellen Arbeitsverträgen haben Gerichtsstandsvereinbarungen nur dann rechtliche Wirkung, wenn sie nach der Entstehung der Streitigkeit getroffen werden.

Artikel 18

Sofern das Gericht eines Vertragsstaats nicht bereits nach anderen Vorschriften dieses Übereinkommens zuständig ist, wird es zuständig, wenn sich der Beklagte vor ihm auf das Verfahren einläßt. Dies gilt nicht, wenn der Beklagte sich nur einläßt, um den Mangel der Zuständigkeit geltend zu machen, oder wenn ein anderes Gericht aufgrund des Artikels 16 ausschließlich zuständig ist.

7. Abschnitt. Prüfung der Zuständigkeit und der Zulässigkeit des Verfahrens

Artikel 19

Das Gericht eines Vertragsstaats hat sich von Amts wegen für unzuständig zu erklären, wenn es wegen einer Streitigkeit angerufen wird, für die das Gericht eines anderen Vertragsstaats aufgrund des Artikels 16 ausschließlich zuständig ist.

Artikel 20

Läßt sich der Beklagte, der seinen Wohnsitz in dem Hoheitsgebiet eines Vertragsstaats hat und der vor den Gerichten eines anderen Vertragsstaats verklagt wird, auf das Verfahren nicht ein, so hat sich das Gericht von Amts wegen für unzuständig zu erklären, wenn seine Zuständigkeit nicht aufgrund der Bestimmungen dieses Übereinkommens begründet ist.

Das Gericht hat die Entscheidung so lange auszusetzen, bis festgestellt ist, daß es dem Beklagten möglich war, das den Rechtsstreit einleitende Schriftstück oder ein gleichwertiges Schriftstück so rechtzeitig zu empfangen, daß er sich verteidigen konnte, oder daß alle hierzu erforderlichen Maßnahmen getroffen worden sind.

An die Stelle des vorstehenden Absatzes tritt Artikel 15 des Haager Übereinkommens vom 15. November 1965 über die Zustellung gerichtlicher und außergerichtlicher Schriftstücke im Ausland in Zivil- oder Handelssachen, wenn das den Rechtsstreit einleitende Schriftstück gemäß dem erwähnten Übereinkommen zu übermitteln war.

8. Abschnitt. Rechtshängigkeit und im Zusammenhang stehende Verfahren

Artikel 21

Werden bei Gerichten verschiedener Vertragsstaaten Klagen wegen desselben Anspruchs zwischen denselben Parteien anhängig gemacht, so setzt das später angerufene Gericht das Verfahren von Amts wegen aus, bis die Zuständigkeit des zuerst angerufenen Gerichts feststeht.

Sobald die Zuständigkeit des zuerst angerufenen Gerichts feststeht, erklärt sich das später angerufene Gericht zugunsten dieses Gerichts für unzuständig.

Artikel 22

Werden bei Gerichten verschiedener Vertragsstaaten Klagen, die im Zusammenhang stehen, erhoben, so kann das später angerufene Gericht das Verfahren aussetzen, solange beide Klagen im ersten Rechtszug anhängig sind.

Das später angerufene Gericht kann sich auf Antrag einer Partei auch für unzuständig erklären, wenn die Verbindung im Zusammenhang stehender Verfahren nach seinem Recht zulässig ist und das zuerst angerufene Gericht für beide Klagen zuständig ist.

Klagen stehen im Sinne dieses Artikels im Zusammenhang, wenn zwischen ihnen eine so enge Beziehung gegeben ist, daß eine gemeinsame Verhandlung und Entscheidung geboten erscheint, um zu vermeiden, daß in getrennten Verfahren widersprechende Entscheidungen ergehen könnten.

Artikel 23

Ist für die Klage die ausschließliche Zuständigkeit mehrerer Gerichte gegeben, so hat sich das zuletzt angerufene Gericht zugunsten des zuerst angerufenen Gerichts für unzuständig zu erklären.

9. Abschnitt. Einstweilige Maßnahmen einschließlich solcher, die auf eine Sicherung gerichtet sind

Artikel 24

Die in dem Recht eines Vertragsstaats vorgesehenen einstweiligen Maßnahmen einschließlich solcher, die auf eine Sicherung gerichtet sind, können bei den Gerichten dieses Staates auch dann beantragt werden, wenn für die Entscheidung in der Hauptsache das Gericht eines anderen Vertragsstaats aufgrund dieses Übereinkommens zuständig ist.

Titel III. Anerkennung und Vollstreckung

Artikel 25

Unter „Entscheidung" im Sinne dieses Übereinkommens ist jede von einem Gericht eines Vertragsstaats erlassene Entscheidung zu verstehen ohne Rücksicht auf ihre Bezeichnung wie Urteil, Beschluß oder Vollstreckungsbefehl einschließlich des Kostenfestsetzungsbeschlusses eines Urkundsbeamten.

1. Abschnitt. Anerkennung

Artikel 26

Die in einem Vertragsstaat ergangenen Entscheidungen werden in den anderen Vertragsstaaten anerkannt, ohne daß es hierfür eines besonderen Verfahrens bedarf.

Bildet die Frage, ob eine Entscheidung anzuerkennen ist, als solche den Gegenstand eines Streites, so kann jede Partei, welche die Anerkennung geltend macht, in dem Verfahren nach dem 2. und 3. Abschnitt dieses Titels die Feststellung beantragen, daß die Entscheidung anzuerkennen ist.

Wird die Anerkennung in einem Rechtsstreit vor dem Gericht eines Vertragsstaats, dessen Entscheidung von der Anerkennung abhängt, verlangt, so kann dieses Gericht über die Anerkennung entscheiden.

Artikel 27

Eine Entscheidung wird nicht anerkannt,

1. wenn die Anerkennung der öffentlichen Ordnung des Staates, in dem sie geltend gemacht wird, widersprechen würde;
2. wenn dem Beklagten, der sich auf das Verfahren nicht eingelassen hat, das dieses Verfahren einleitende Schriftstück oder ein gleichwertiges Schriftstück nicht ordnungsgemäß und nicht so rechtzeitig zugestellt worden ist, daß er sich verteidigen konnte;
3. wenn die Entscheidung mit einer Entscheidung unvereinbar ist, die zwischen denselben Parteien in dem Staat, in dem die Anerkennung geltend gemacht wird, ergangen ist;
4. wenn das Gericht des Ursprungsstaats bei seiner Entscheidung hinsichtlich einer Vorfrage, die den Personenstand, die Rechts- und Handlungsfähigkeit sowie die gesetzliche Vertretung einer natürlichen Person, die ehelichen Güterstände oder das Gebiet des Erbrechts einschließlich des Testamentsrechts betrifft, sich in Widerspruch zu einer Vorschrift des internationalen Privatrechts des Staates, in dem die Anerkennung geltend gemacht wird, gesetzt hat, es sei denn, daß die Entscheidung nicht zu einem anderen Ergebnis geführt hätte, wenn die Vorschriften des internationalen Privatrechts dieses Staates angewandt worden wären;
5. wenn die Entscheidung mit einer früheren Entscheidung unvereinbar ist, die in einem Nichtvertragsstaat zwischen denselben Parteien in einem Rechtsstreit wegen desselben Anspruchs ergangen ist, sofern diese Entscheidung die notwendigen Voraussetzungen für ihre Anerkennung in dem Staat erfüllt, in dem die Anerkennung geltend gemacht wird.

Artikel 28

Eine Entscheidung wird ferner nicht anerkannt, wenn die Vorschriften des 3., 4. und 5. Abschnitts des Titels II verletzt worden sind oder wenn ein Fall des Artikels 59 vorliegt.

Des weiteren kann die Anerkennung einer Entscheidung versagt werden, wenn ein Fall des Artikels 54b Absatz 3 bzw. des Artikels 57 Absatz 4 vorliegt.

Das Gericht oder die Behörde des Staates, in dem die Anerkennung geltend gemacht wird, ist bei der Prüfung, ob eine der in den vorstehenden Absätzen angeführten Zuständigkeiten gegeben ist, an die tatsächlichen Feststellungen gebunden, aufgrund deren das Gericht des Ursprungsstaats seine Zuständigkeit angenommen hat.

Die Zuständigkeit der Gerichte des Ursprungsstaats darf, unbeschadet der Bestimmungen der Absätze 1 und 2, nicht nachgeprüft werden; die Vorschriften über die Zuständigkeit gehören nicht zur öffentlichen Ordnung im Sinne des Artikels 27 Nummer 1.

Artikel 29

Die ausländische Entscheidung darf keinesfalls in der Sache selbst nachgeprüft werden.

Artikel 30

Das Gericht eines Vertragsstaats, in dem die Anerkennung einer in einem anderen Vertragsstaat ergangenen Entscheidung geltend gemacht wird, kann das Verfahren aussetzen, wenn gegen die Entscheidung ein ordentlicher Rechtsbehelf eingelegt worden ist.

Das Gericht eines Vertragsstaats, vor dem die Anerkennung einer in Irland oder im Vereinigten Königreich ergangenen Entscheidung geltend gemacht wird, kann das Verfahren aussetzen, wenn die Vollstreckung der Entscheidung im Ursprungsstaat wegen der Einlegung eines Rechtsbehelfs einstweilen eingestellt ist.

2. Abschnitt. Vollstreckung

Artikel 31

Die in einem Vertragsstaat ergangenen Entscheidungen, die in diesem Staat vollstreckbar sind, werden in einem anderen Vertragsstaat vollstreckt, wenn sie dort auf Antrag eines Berechtigten für vollstreckbar erklärt worden sind.

Im Vereinigten Königreich wird eine derartige Entscheidung jedoch in England und Wales, in Schottland oder in Nordirland vollstreckt, wenn sie auf Antrag eines Berechtigten zur Vollstreckung in dem betreffenden Teil des Vereinigten Königreichs registriert worden ist.

Artikel 32

(1) Der Antrag ist zu richten

- in Belgien an das „tribunal de première instance“ oder an die „rechtbank van eerste aanleg“;
- in Dänemark an das „byret“;
- in der Bundesrepublik Deutschland an den Vorsitzenden einer Kammer des Landgerichts;
- in Griechenland an das „μονομελές πρωτοδικείο“;
- in Spanien an das „Juzgado de Primera Instancia“;
- in Frankreich an den Präsidenten des „tribunal de grande instance“;
- in Irland an den „High Court“;
- in Island an das „héraδsdómari“;
- in Italien an die „corte d’appello“;
- in Luxemburg an den Präsidenten des „tribunal d’arrondissement“;
- in den Niederlanden an den Präsidenten der „arrondissementsrechtbank“;
- in Norwegen an das „herredsrett“ oder das „byrett“ als „namsrett“;

– in Österreich an das Landesgericht bzw. das Kreisgericht;
– in Portugal an das „Tribunal Judicial de Círculo";
– in der Schweiz:
  a) für Entscheidungen, die zu einer Geldleistung verpflichten, an den Rechtsöffnungsrichter/juge de la mainlevée/giudice competente a pronunciare sul rigetto dell'opposizione im Rahmen des Rechtsöffnungsverfahrens nach den Artikeln 80 und 81 des Bundesgesetzes über Schuldbetreibung und Konkurs/loi fédérale sur la poursuite pour dettes et la faillite/legge federale sulla esecuzione e sul fallimento;
  b) für Entscheidungen, die nicht auf Zahlung eines Geldbetrages lauten, an den zuständigen kantonalen Vollstreckungsrichter/juge cantonal d'exequatur compétent/giudice cantonale competente a pronunciare l'exequatur;
– in Finnland an das „ulosotonhaltija/överexekutor";
– in Schweden an das „Svea hovrätt";
– im Vereinigten Königreich:
  a) in England und Wales an den „High Court of Justice" oder für Entscheidungen in Unterhaltssachen an den „Magistrates' Court" über den „Secretary of State";
  b) in Schottland an den „Court of Session" oder für Entscheidungen in Unterhaltssachen an den „Sheriff Court" über den „Secretary of State";
  c) in Nordirland an den „High Court of Justice" oder für Entscheidungen in Unterhaltssachen an den „Magistrates' Court" über den „Secretary of State".

(2) Die örtliche Zuständigkeit wird durch den Wohnsitz des Schuldners bestimmt. Hat dieser keinen Wohnsitz im Hoheitsgebiet des Vollstreckungsstaats, so ist das Gericht zuständig, in dessen Bezirk die Zwangsvollstreckung durchgeführt werden soll.

Artikel 33

Für die Stellung des Antrags ist das Recht des Vollstreckungsstaats maßgebend.

Der Antragsteller hat im Bezirk des angerufenen Gerichts ein Wahldomizil zu begründen. Ist das Wahldomizil im Recht des Vollstreckungsstaats nicht vorgesehen, so hat der Antragsteller einen Zustellungsbevollmächtigten zu benennen.

Dem Antrag sind die in den Artikeln 46 und 47 angeführten Urkunden beizufügen.

Artikel 34

Das mit dem Antrag befaßte Gericht erläßt seine Entscheidung unverzüglich, ohne daß der Schuldner in diesem Abschnitt des Verfahrens Gelegenheit erhält, eine Erklärung abzugeben.

Der Antrag kann nur aus einem der in den Artikeln 27 und 28 angeführten Gründe abgelehnt werden.

Die ausländische Entscheidung darf keinesfalls in der Sache selbst nachgeprüft werden.

Artikel 35

Die Entscheidung, die über den Antrag ergangen ist, teilt der Urkundsbeamte der Geschäftsstelle dem Antragsteller unverzüglich in der Form mit, die das Recht des Vollstreckungsstaats vorsieht.

Artikel 36

Wird die Zwangsvollstreckung zugelassen, so kann der Schuldner gegen die Entscheidung innerhalb eines Monats nach ihrer Zustellung einen Rechtsbehelf einlegen.

Hat der Schuldner seinen Wohnsitz in einem anderen Vertragsstaat als dem, in dem die Entscheidung über die Zulassung der Zwangsvollstreckung ergangen ist, so beträgt die Frist für den Rechtsbehelf zwei Monate und beginnt von dem Tage an zu laufen, an dem die Entscheidung dem Schuldner entweder in Person oder in seiner Wohnung zugestellt worden ist. Eine Verlängerung dieser Frist wegen weiter Entfernung ist ausgeschlossen.

Artikel 37

(1) Der Rechtsbehelf wird nach den Vorschriften, die für das streitige Verfahren maßgebend sind, eingelegt

- in Belgien bei dem „tribunal de première instance“ oder der „rechtbank van eerste aanleg“;
- in Dänemark bei dem „landsret“;
- in der Bundesrepublik Deutschland bei dem Oberlandesgericht;
- in Griechenland bei dem „εφετείο“;
- in Spanien bei der „Audiencia Provincial“;
- in Frankreich bei der „cour d'appel“;
- in Irland bei dem „High Court“;
- in Island bei dem „héraδsdómari“;
- in Italien bei der „corte d'appello“;
- in Luxemburg bei der „Cour supérieure de Justice“ als Berufungsinstanz für Zivilsachen;
- in den Niederlanden bei der „arrondissementsrechtbank“;
- in Norwegen bei dem „lagmansrett“;
- in Österreich bei dem Landesgericht bzw. dem Kreisgericht;
- in Portugal bei dem „Tribunal da Relação“;

- in der Schweiz bei dem Kantonsgericht/tribunal cantonal/tribunale cantonale;
- in Finnland bei dem „hovioikeus/hovrätt“;
- in Schweden bei dem „Svea hovrätt“;
- im Vereinigten Königreich:
  a) in England und Wales bei dem „High Court of Justice“ oder für Entscheidungen in Unterhaltssachen bei dem „Magistrates' Court“;
  b) in Schottland bei dem „Court of Session“ oder für Entscheidungen in Unterhaltssachen bei dem „Sheriff Court“;
  c) in Nordirland bei dem „High Court of Justice“ oder für Entscheidungen in Unterhaltssachen bei dem „Magistrates' Court“.

(2) Gegen die Entscheidung, die über den Rechtsbehelf ergangen ist, finden nur statt

- in Belgien, Griechenland, Spanien, Frankreich, Italien, Luxemburg und den Niederlanden: die Kassationsbeschwerde;
- in Dänemark: ein Verfahren vor dem „højesteret“ mit Zustimmung des Justizministers;
- in der Bundesrepublik Deutschland: die Rechtsbeschwerde;
- in Irland: ein auf Rechtsfragen beschränkter Rechtsbehelf bei dem „Supreme Court“;
- in Island: ein Rechtsbehelf bei dem „Hæstiréttur“;
- in Norwegen: ein Rechtsbehelf (Kjaeremal oder anke) bei dem „Hoyesteretts Kjaeremalsutvalg“ oder dem „Hoyesterett“;
- in Österreich im Fall eines Rekursverfahrens der Revisionsrekurs und im Fall eines Widerspruchsverfahrens die Berufung mit der allfälligen Möglichkeit einer Revision;
- in Portugal: ein auf Rechtsfragen beschränkter Rechtsbehelf;
- in der Schweiz: die staatsrechtliche Beschwerde beim Bundesgericht/recours de droit public devant le tribunal fédéral/ricorso di diritto pubblico davanti al tribunale federale;
- in Finnland: ein Rechtsbehelf beim „korkein oikeus/högsta domstolen“;
- in Schweden: ein Rechtsbehelf beim „högsta domstolen“;
- im Vereinigten Königreich: ein einziger auf Rechtsfragen beschränkter Rechtsbehelf.

Artikel 38

Das mit dem Rechtsbehelf befaßte Gericht kann auf Antrag der Partei, die ihn eingelegt hat, das Verfahren aussetzen, wenn gegen die Entscheidung im Ursprungsstaat ein ordentlicher Rechtsbehelf eingelegt oder die Frist für einen solchen Rechtsbehelf noch nicht verstrichen ist; in letzterem Fall kann das Gericht eine Frist bestimmen, innerhalb deren der Rechtsbehelf einzulegen ist.

Ist eine gerichtliche Entscheidung in Irland oder im Vereinigten Königreich erlassen worden, so gilt jeder in dem Ursprungsstaat statthafte Rechtsbehelf als ordentlicher Rechtsbehelf im Sinne von Absatz 1.

Das Gericht kann auch die Zwangsvollstreckung von der Leistung einer Sicherheit, die es bestimmt, abhängig machen.

Artikel 39

Solange die in Artikel 36 vorgesehene Frist für den Rechtsbehelf läuft und solange über den Rechtsbehelf nicht entschieden ist, darf die Zwangsvollstreckung in das Vermögen des Schuldners nicht über Maßnahmen zur Sicherung hinausgehen.

Die Entscheidung, durch welche die Zwangsvollstreckung zugelassen wird, gibt die Befugnis, solche Maßnahmen zu veranlassen.

Artikel 40

(1) Wird der Antrag abgelehnt, so kann der Antragsteller einen Rechtsbehelf einlegen

- in Belgien bei der „cour d'appel“ oder dem „hof van beroep“;
- in Dänemark bei dem „landsret“;
- in der Bundesrepublik Deutschland bei dem Oberlandesgericht;
- in Griechenland bei dem „εφετείο“;
- in Spanien bei der „Audiencia Provincial“;
- in Frankreich bei der „cour d'appel“;
- in Irland bei dem „High Court“;
- in Island bei dem „héraδsdómari“;
- in Italien bei der „corte d'appello“;
- in Luxemburg bei der „Cour supérieure de Justice“ als Berufungsinstanz für Zivilsachen;
- in den Niederlanden bei dem „gerechtshof“;
- in Norwegen bei dem „lagmansrett“;
- in Österreich bei dem Landesgericht bzw. dem Kreisgericht;
- in Portugal bei dem „Tribunal da Relação“;
- in der Schweiz bei dem Kantonsgericht/tribunal cantonal/tribunale cantonale;
- in Finnland bei dem „hovioikeus/hovrätt“;
- in Schweden bei dem „Svea hovrätt“;
- im Vereinigten Königreich:
  a) in England und Wales bei dem „High Court of Justice“ oder für Entscheidungen in Unterhaltssachen bei dem „Magistrates' Court“;
  b) in Schottland bei dem „Court of Session“ oder für Entscheidungen in Unterhaltssachen bei dem „Sheriff Court“;
  c) in Nordirland bei dem „High Court of Justice“ oder für Entscheidungen in Unterhaltssachen bei dem „Magistrates' Court“.

(2) Das mit dem Rechtsbehelf befaßte Gericht hat den Schuldner zu hören. Läßt dieser sich auf das Verfahren nicht ein, so ist Artikel 20 Absätze 2 und 3 auch dann anzuwenden, wenn der Schuldner seinen Wohnsitz nicht in dem Hoheitsgebiet eines Vertragsstaats hat.

Artikel 41

Gegen die Entscheidung, die über den in Artikel 40 vorgesehenen Rechtsbehelf ergangen ist, finden nur statt

- in Belgien, Griechenland, Spanien, Frankreich, Italien, Luxemburg und den Niederlanden: die Kassationsbeschwerde;
- in Dänemark: ein Verfahren vor dem „højesteret" mit Zustimmung des Justizministers;
- in der Bundesrepublik Deutschland: die Rechtsbeschwerde;
- in Irland: ein auf Rechtsfragen beschränkter Rechtsbehelf bei dem „Supreme Court";
- in Island: ein Rechtsbehelf bei dem „Hæstiréttur";
- in Norwegen: ein Rechtsbehelf (kjaeremal oder anke) bei dem „Hoyesteretts kjaeremalsutvalg" oder dem „Hoyesterett";
- in Österreich: der Revisionsrekurs;
- in Portugal: ein auf Rechtsfragen beschränkter Rechtsbehelf;
- in der Schweiz: die staatsrechtliche Beschwerde beim Bundesgericht/recours de droit public devant le tribunal fédéral/ricorso di diritto pubblico davanti al tribunale federale;
- in Finnland: ein Rechtsbehelf beim „korkein oikeus/högsta domstolen";
- in Schweden: ein Rechtsbehelf beim „högsta domstolen";
- im Vereinigten Königreich: ein einziger auf Rechtsfragen beschränkter Rechtsbehelf.

Artikel 42

Ist durch die ausländische Entscheidung über mehrere mit der Klage geltend gemachte Ansprüche erkannt und kann die Entscheidung nicht im vollen Umfang zur Zwangsvollstreckung zugelassen werden, so läßt das Gericht sie für einen oder mehrere dieser Ansprüche zu.

Der Antragsteller kann beantragen, daß die Zwangsvollstreckung nur für einen Teil des Gegenstands der Verurteilung zugelassen wird.

Artikel 43

Ausländische Entscheidungen, die auf Zahlung eines Zwangsgelds lauten, sind in dem Vollstreckungsstaat nur vollstreckbar, wenn die Höhe des Zwangsgelds durch die Gerichte des Ursprungsstaats endgültig festgesetzt ist.

Artikel 44

Ist dem Antragsteller im Ursprungsstaat ganz oder teilweise Prozeßkostenhilfe oder Kosten- und Gebührenbefreiung gewährt worden, so genießt er in dem Verfahren nach den Artikeln 32 bis 35 hinsichtlich der Prozeßkostenhilfe und der Kosten- und Gebührenbefreiung die günstigste Behandlung, die das Recht des Vollstreckungsstaats vorsieht.

Der Antragsteller, welcher die Vollstreckung einer Entscheidung einer Verwaltungsbehörde begehrt, die in Dänemark oder in Island in Unterhaltssachen ergangen ist, kann im Vollstreckungsstaat Anspruch auf die in Absatz 1 genannten Vorteile erheben, wenn er eine Erklärung des dänischen oder des isländischen Justizministeriums darüber vorlegt, daß er die wirtschaftlichen Voraussetzungen für die vollständige oder teilweise Bewilligung der Prozeßkostenhilfe oder für die Kosten der Gebührenbefreiung erfüllt.

Artikel 45

Der Partei, die in einem Vertragsstaat eine in einem anderen Vertragsstaat ergangene Entscheidung vollstrecken will, darf wegen ihrer Eigenschaft als Ausländer oder wegen Fehlens eines inländischen Wohnsitzes oder Aufenthalts eine Sicherheitsleistung oder Hinterlegung, unter welcher Bezeichnung es auch sei, nicht auferlegt werden.

3. Abschnitt. Gemeinsame Vorschriften

Artikel 46

Die Partei, welche die Anerkennung einer Entscheidung geltend macht oder die Zwangsvollstreckung betreiben will, hat vorzulegen

1. eine Ausfertigung der Entscheidung, welche die für ihre Beweiskraft erforderlichen Voraussetzungen erfüllt;
2. bei einer im Versäumnisverfahren ergangenen Entscheidung die Urschrift oder eine beglaubigte Abschrift der Urkunde, aus der sich ergibt, daß das den Rechtsstreit einleitende Schriftstück oder ein gleichwertiges Schriftstück der säumigen Partei zugestellt worden ist.

Artikel 47

Die Partei, welche die Zwangsvollstreckung betreiben will, hat ferner vorzulegen

1. die Urkunden, aus denen sich ergibt, daß die Entscheidung nach dem Recht des Ursprungsstaats vollstreckbar ist und daß sie zugestellt worden ist;
2. gegebenenfalls eine Urkunde, durch die nachgewiesen wird, daß der Antragsteller Prozeßkostenhilfe im Ursprungsstaat erhält.

Artikel 48

Werden die in Artikel 46 Nummer 2 und in Artikel 47 Nummer 2 angeführten Urkunden nicht vorgelegt, so kann das Gericht eine Frist bestimmen, innerhalb deren die Urkunden vorzulegen sind, oder sich mit gleichwertigen Urkunden begnügen oder von der Vorlage der Urkunden befreien, wenn es eine weitere Klärung nicht für erforderlich hält.

Auf Verlangen des Gerichts ist eine Übersetzung der Urkunden vorzulegen; die Übersetzung ist von einer hierzu in einem der Vertragsstaaten befugten Person zu beglaubigen.

Artikel 49

Die in den Artikeln 46, 47 und in Artikel 48 Absatz 2 angeführten Urkunden sowie die Urkunde über die Prozeßvollmacht, falls eine solche erteilt wird, bedürfen weder der Legalisation noch einer ähnlichen Förmlichkeit.

Titel IV. Öffentliche Urkunden und Prozeßvergleiche

Artikel 50

Öffentliche Urkunden, die in einem Vertragsstaat aufgenommen und vollstreckbar sind, werden in einem anderen Vertragsstaat auf Antrag in den Verfahren nach den Artikeln 31 ff. für vollstreckbar erklärt. Der Antrag kann nur abgelehnt werden, wenn die Zwangsvollstreckung aus der Urkunde der öffentlichen Ordnung des Vollstreckungsstaats widersprechen würde.

Die vorgelegte Urkunde muß die Voraussetzungen für ihre Beweiskraft erfüllen, die in dem Staat, in dem sie aufgenommen wurde, erforderlich sind.

Die Vorschriften des 3. Abschnitts des Titels III sind sinngemäß anzuwenden.

Artikel 51

Vergleiche, die vor einem Richter im Laufe eines Verfahrens abgeschlossen und in dem Staat, in dem sie errichtet wurden, vollstreckbar sind, werden in dem Vollstreckungsstaat unter denselben Bedingungen wie öffentliche Urkunden vollstreckt.

Titel V. Allgemeine Vorschriften

Artikel 52

Ist zu entscheiden, ob eine Partei im Hoheitsgebiet des Vertragsstaats, dessen Gerichte angerufen sind, einen Wohnsitz hat, so wendet das Gericht sein Recht an.

Hat eine Partei keinen Wohnsitz in dem Staat, dessen Gerichte angerufen sind, so wendet das Gericht, wenn es zu entscheiden hat, ob die Partei einen Wohnsitz in einem anderen Vertragsstaat hat, das Recht dieses Staates an.

Artikel 53

Der Sitz von Gesellschaften und juristischen Personen steht für die Anwendung dieses Übereinkommens dem Wohnsitz gleich. Jedoch hat das Gericht bei der Entscheidung darüber, wo der Sitz sich befindet, die Vorschriften seines internationalen Privatrechts anzuwenden.

Um zu bestimmen, ob eine „trust" seinen Sitz in dem Vertragsstaat hat, bei dessen Gerichten die Klage anhängig ist, wendet das Gericht sein internationales Privatrecht an.

Titel VI. Übergangsvorschriften

Artikel 54

Die Vorschriften dieses Übereinkommens sind nur auf solche Klagen und öffentlichen Urkunden anzuwenden, die erhoben oder aufgenommen worden sind, nachdem dieses Übereinkommen im Ursprungsstaat und, wenn die Anerkennung oder Vollstreckung einer Entscheidung oder Urkunde geltend gemacht wird, im ersuchten Staat in Kraft getreten ist.

Entscheidungen, die nach dem Inkrafttreten dieses Übereinkommens zwischen dem Ursprungsstaat und dem ersuchten Staat aufgrund einer vor diesem Inkrafttreten erhobenen Klage ergangen sind, werden nach Maßgabe des Titels III anerkannt und zur Zwangsvollstreckung zugelassen, vorausgesetzt, daß das Gericht aufgrund von Vorschriften zuständig war, die mit den Zuständigkeitsvorschriften des Titels II oder eines Abkommens übereinstimmen, das im Zeitpunkt der Klageerhebung zwischen dem Ursprungsstaat und dem Staat, in dem die Entscheidung geltend gemacht wird, in Kraft war.

Ist zwischen den Parteien eines Rechtsstreits über einen Vertrag bereits vor Inkrafttreten dieses Übereinkommens eine schriftliche Vereinbarung getroffen worden, auf diesen Vertrag die Rechtsvorschriften Irlands oder eines Teils des Vereinigten Königreichs anzuwenden, so sind die Gerichte in Irland oder in diesem Teil des Vereinigten Königreichs weiterhin befugt, über diesen Streitfall zu entscheiden.

Artikel 54a

Während einer Zeit von drei Jahren nach Inkrafttreten dieses Übereinkommens bestimmt sich für Dänemark, Griechenland, Irland, Island, Norwegen, Finnland und Schweden die Zuständigkeit in Seerechtssachen in jedem dieser Staaten neben den Vorschriften des Titels II auch nach den in den folgenden Nummern

1 bis 7 aufgeführten Vorschriften. Diese Vorschriften werden von dem Zeitpunkt an in diesen Staaten nicht mehr angewandt, zu dem für diese Staaten das in Brüssel am 10. Mai 1952 unterzeichnete Internationale Übereinkommen zur Vereinheitlichung von Regeln über den Arrest in Seeschiffe in Kraft tritt.

1. Eine Person, die ihren Wohnsitz im Hoheitsgebiet eines Vertragsstaats hat, kann vor den Gerichten eines der obengenannten Staaten wegen einer Seeforderung verklagt werden, wenn das Schiff, auf welches sich die Seeforderung bezieht, oder ein anderes Schiff im Eigentum dieser Person in einem gerichtsförmlichen Verfahren innerhalb des Hoheitsgebietes des letzteren Staates zur Sicherung der Forderung mit Arrest belegt worden ist oder dort mit Arrest hätte belegt werden können, jedoch dafür eine Bürgschaft oder eine andere Sicherheit geleistet worden ist:
   a) wenn der Gläubiger seinen Wohnsitz in dem Hoheitsgebiet dieses Staates hat;
   b) wenn die Seeforderung in diesem Staat entstanden ist;
   c) wenn die Seeforderung im Verlauf der Reise entstanden ist, während deren der Arrest vollzogen worden ist oder hätte vollzogen werden können;
   d) wenn die Seeforderung auf einem Zusammenstoß oder auf einem Schaden beruht, den ein Schiff einem anderen Schiff oder Gütern oder Personen an Bord eines der Schiffe entweder durch die Ausführung oder Nichtausführung eines Manövers oder durch die Nichtbeachtung von Vorschriften zugefügt hat;
   e) wenn die Seeforderung auf Hilfeleistung oder Bergung beruht oder
   f) wenn die Seeforderung durch eine Schiffshypothek oder ein sonstiges vertragliches Pfandrecht an dem Schiff gesichert ist, das mit Arrest belegt wurde.
2. Ein Gläubiger kann sowohl das Schiff, auf das sich die Seeforderung bezieht, als auch jedes andere Schiff, das demjenigen gehört, der im Zeitpunkt des Entstehens der Seeforderung Eigentümer jenes Schiffes war, mit Arrest belegen lassen. Jedoch kann nur das Schiff, auf das sich die Seeforderung bezieht, wegen einer der in Nummer 5 Buchstaben o), p) oder q) aufgeführten Ansprüche und Rechte mit Arrest belegt werden.
3. Schiffe gelten als demselben Eigentümer gehörend, wenn alle Eigentumsanteile derselben Person oder denselben Personen zustehen.
4. Ist bei der Überlassung des Gebrauchs eines Schiffes die Schiffsführung dem Ausrüster unterstellt und schuldet dieser allein eine dieses Schiff betreffende Seeforderung, so kann der Gläubiger dieses Schiff oder jedes andere dem Ausrüster gehörende Schiff mit Arrest belegen lassen; jedoch kann kein anderes Schiff des Schiffseigners aufgrund derselben Seeforderung mit Arrest belegt werden. Entsprechendes gilt in allen Fällen, in denen eine andere Person als der Schiffseigner Schuldner einer Seeforderung ist.

5. „Seeforderung“ bezeichnet ein Recht oder einen Anspruch, die aus einem oder mehreren der folgenden Entstehungsgründe geltend gemacht werden:
   a) Schäden, die durch ein Schiff durch Zusammenstoß oder in anderer Weise verursacht sind;
   b) Tod oder Gesundheitsschäden, die durch ein Schiff verursacht sind oder die auf den Betrieb eines Schiffes zurückgehen;
   c) Bergung und Hilfeleistung;
   d) nach Maßgabe einer Chartepartie oder auf andere Weise abgeschlossene Nutzungs- oder Mietverträge über ein Schiff;
   e) nach Maßgabe einer Chartepartie oder eines Konnossements oder auf andere Weise abgeschlossene Verträge über die Beförderung von Gütern mit einem Schiff;
   f) Verlust oder Beschädigung von zu Schiff beförderten Gütern einschließlich des Gepäcks;
   g) große Haverei;
   h) Bodmerei;
   i) Schleppdienste;
   j) Lotsendienste;
   k) Lieferung von Gütern oder Ausrüstungsgegenständen an ein Schiff, gleichviel an welchem Ort, im Hinblick auf seinen Einsatz oder seine Instandhaltung;
   l) Bau, Reparatur oder Ausrüstung eines Schiffes sowie Hafenabgaben;
   m) Gehalt oder Heuer der Kapitäne, Schiffsoffiziere und Besatzungsmitglieder;
   n) Auslagen des Kapitäns und der Ablader, Befrachter und Beauftragten für Rechnung des Schiffes oder seines Eigentümers;
   o) Streitigkeiten über das Eigentum an einem Schiff;
   p) Streitigkeiten zwischen Miteigentümern eines Schiffes über das Eigentum, den Besitz, den Einsatz oder die Erträgnisse dieses Schiffes;
   q) Schiffshypotheken und sonstige vertragliche Pfandrechte an einem Schiff.
6. In Dänemark ist als „Arrest“ für die in Nummer 5 Buchstaben o) und p) genannten Seeforderungen der „forbud“ anzusehen, soweit hinsichtlich einer solchen Seeforderung nur ein „forbud“ nach den §§ 646 bis 653 der Zivilprozeßordnung (lov om rettens pleje) zulässig ist.
7. In Island ist als „Arrest“ für die in Nummer 5 Buchstaben o) und p) genannten Seeforderungen der „lögbann“ anzusehen, soweit hinsichtlich einer solchen Seeforderung nur ein „lögbann“ nach Kapitel III des Gesetzes über Arrest und gerichtliche Verfügungen (lög um kyrrsetningu og lögbann) zulässig ist.

Titel VII. Verhältnis zum Brüsseler Übereinkommen und zu anderen Abkommen

Artikel 54b

(1) Dieses Übereinkommen läßt die Anwendung des am 27. September 1968 in Brüssel unterzeichneten Übereinkommens über die gerichtliche Zuständigkeit und die Vollstreckung gerichtlicher Entscheidungen in Zivil- und Handelssachen und des am 3. Juni 1971 in Luxemburg unterzeichneten Protokolls über die Auslegung des genannten Übereinkommens durch den Gerichtshof in der Fassung der Übereinkommen, mit denen die neuen Mitgliedstaaten der Europäischen Gemeinschaften jenem Übereinkommen und dessen Protokoll beigetreten sind, durch die Mitgliedstaaten der Europäischen Gemeinschaften unberührt. Das genannte Übereinkommen und dessen Protokoll zusammen werden nachstehend als „Brüsseler Übereinkommen" bezeichnet.

(2) Dieses Übereinkommen wird jedoch in jedem Fall angewandt

a) in Fragen der gerichtlichen Zuständigkeit, wenn der Beklagte seinen Wohnsitz in dem Hoheitsgebiet eines Vertragsstaats hat, der nicht Mitglied der Europäischen Gemeinschaften ist, oder wenn die Gerichte eines solchen Vertragsstaats nach den Artikeln 16 oder 17 zuständig sind;
b) bei Rechtshängigkeit oder im Zusammenhang stehenden Verfahren im Sinne der Artikel 21 und 22, wenn Verfahren in einem den Europäischen Gemeinschaften nicht angehörenden und in einem den Europäischen Gemeinschaften angehörenden Vertragsstaat anhängig gemacht werden;
c) in Fragen der Anerkennung und Vollstreckung, wenn entweder der Ursprungsstaat oder der ersuchte Staat nicht Mitglied der Europäischen Gemeinschaften ist.

(3) Außer aus den in Titel III vorgesehenen Gründen kann die Anerkennung oder Vollstreckung versagt werden, wenn sich der der Entscheidung zugrunde liegende Zuständigkeitsgrund von demjenigen unterscheidet, der sich aus diesem Übereinkommen ergibt, und wenn die Anerkennung oder Vollstreckung gegen eine Partei geltend gemacht wird, die ihren Wohnsitz in einem nicht den Europäischen Gemeinschaften angehörenden Vertragsstaat hat, es sei denn, daß die Entscheidung anderweitig nach dem Recht des ersuchten Staates anerkannt oder vollstreckt werden kann.

Artikel 55

Dieses Übereinkommen ersetzt unbeschadet der Vorschriften des Artikels 54 Absatz 2 und des Artikels 56 die nachstehenden zwischen zwei oder mehr Vertragsstaaten geschlossenen Abkommen:

– das am 15. Juni 1869 in Paris unterzeichnete französisch-schweizerische Abkommen über die gerichtliche Zuständigkeit und die Vollstreckung gerichtlicher Urteile in Zivilsachen;

- den am 19. November 1896 in Madrid unterzeichneten spanisch-schweizerischen Vertrag über die gegenseitige Vollstreckung gerichtlicher Urteile und Entscheidungen in Zivil- und Handelssachen;
- das am 2. November 1929 in Bern unterzeichnete deutsch-schweizerische Abkommen über die gegenseitige Anerkennung und Vollstreckung von gerichtlichen Entscheidungen und Schiedssprüchen;
- das am 16. März 1932 in Kopenhagen unterzeichnete Übereinkommen zwischen Dänemark, Finnland, Island, Norwegen und Schweden über die Anerkennung und Vollstreckung gerichtlicher Entscheidungen;
- das am 3. Januar 1933 in Rom unterzeichnete italienisch-schweizerische Abkommen über die Anerkennung und Vollstreckung gerichtlicher Entscheidungen;
- das am 15. Januar 1936 in Stockholm unterzeichnete schwedisch-schweizerische Abkommen über die Anerkennung und Vollstreckung von gerichtlichen Entscheidungen und Schiedssprüchen;
- das am 25. Oktober 1957 in Wien unterzeichnete belgisch-österreichische Abkommen über die gegenseitige Anerkennung und Vollstreckung von gerichtlichen Entscheidungen und öffentlichen Urkunden betreffend Unterhaltsverpflichtungen;
- das am 29. April 1959 in Bern unterzeichnete belgisch-schweizerische Abkommen über die Anerkennung und Vollstreckung von gerichtlichen Entscheidungen und Schiedssprüchen;
- den am 6. Juni 1959 in Wien unterzeichneten deutsch-österreichischen Vertrag über die gegenseitige Anerkennung und Vollstreckung von gerichtlichen Entscheidungen, Vergleichen und öffentlichen Urkunden in Zivil- und Handelssachen;
- das am 16. Juni 1959 in Wien unterzeichnete belgisch-österreichische Abkommen über die gegenseitige Anerkennung und Vollstreckung von gerichtlichen Entscheidungen, Schiedssprüchen und öffentlichen Urkunden auf dem Gebiet des Zivil- und Handelsrechts;
- den am 16. Dezember 1960 in Bern unterzeichneten österreichisch-schweizerischen Vertrag über die Anerkennung und Vollstreckung gerichtlicher Entscheidungen;
- das am 12. Juni 1961 in London unterzeichnete britisch-norwegische Abkommen über die gegenseitige Anerkennung und Vollstreckung gerichtlicher Entscheidungen in Zivilsachen;
- den am 14. Juli 1961 in Wien unterzeichneten britisch-österreichischen Vertrag über die gegenseitige Anerkennung und Vollstreckung gerichtlicher Entscheidungen in Zivil- und Handelssachen und das am 6. März 1970 in London unterzeichnete Protokoll zur Abänderung dieses Vertrages;
- das am 6. Februar 1963 in Den Haag unterzeichnete niederländisch-österreichische Abkommen über die gegenseitige Anerkennung und Vollstreckung von gerichtlichen Entscheidungen und öffentlichen Urkunden auf dem Gebiet des Zivil- und Handelsrechts;

- das am 15. Juli 1966 in Wien unterzeichnete französisch-österreichische Abkommen über die Anerkennung und die Vollstreckung von gerichtlichen Entscheidungen und öffentlichen Urkunden auf dem Gebiet des Zivil- und Handelsrechts;
- das am 29. Juli 1971 in Luxemburg unterzeichnete luxemburgisch-österreichische Abkommen über die Anerkennung und die Vollstreckung von gerichtlichen Entscheidungen und öffentlichen Urkunden auf dem Gebiet des Zivil- und Handelsrechts;
- das am 16. November 1971 in Rom unterzeichnete italienisch-österreichische Abkommen über die Anerkennung und Vollstreckung von gerichtlichen Entscheidungen in Zivil- und Handelssachen, von gerichtlichen Vergleichen und von Notariatsakten;
- den am 17. Juni 1977 in Oslo unterzeichneten deutsch-norwegischen Vertrag über die gegenseitige Anerkennung und Vollstreckung gerichtlicher Entscheidungen und anderer Schuldtitel in Zivil- und Handelssachen;
- das am 11. Oktober 1977 in Kopenhagen unterzeichnete Übereinkommen zwischen Dänemark, Finnland, Island, Norwegen und Schweden über die Anerkennung und Vollstreckung gerichtlicher Entscheidungen in Zivilsachen;
- das am 16. September 1982 in Stockholm unterzeichnete österreichisch-schwedische Abkommen über die Anerkennung und die Vollstreckung von Entscheidungen in Zivilsachen;
- das am 17. Februar 1984 in Wien unterzeichnete österreichisch-spanische Abkommen über die Anerkennung und die Vollstreckung von gerichtlichen Entscheidungen, Vergleichen und vollstreckbaren öffentlichen Urkunden in Zivil- und Handelssachen;
- das am 21. Mai 1984 in Wien unterzeichnete norwegisch-österreichische Abkommen über die Anerkennung und die Vollstreckung von Entscheidungen in Zivilsachen; und
- das am 17. November 1986 in Wien unterzeichnete finnisch-österreichische Abkommen über die Anerkennung und die Vollstreckung von Entscheidungen in Zivilsachen.

Artikel 56

Die in Artikel 55 angeführten Abkommen und Verträge behalten ihre Wirksamkeit für die Rechtsgebiete, auf die dieses Übereinkommen nicht anzuwenden ist.

Sie bleiben auch weiterhin für die Entscheidungen und die öffentlichen Urkunden wirksam, die vor Inkrafttreten dieses Übereinkommens ergangen oder aufgenommen sind.

Artikel 57

(1) Dieses Übereinkommen läßt Übereinkommen unberührt, denen die Vertragsstaaten angehören oder angehören werden und die für besondere Rechtsgebiete

die gerichtliche Zuständigkeit, die Anerkennung oder die Vollstreckung von Entscheidungen regeln.

(2) Dieses Übereinkommen schließt nicht aus, daß ein Gericht eines Vertragsstaats, der Vertragspartei eines Übereinkommens nach Absatz 1 ist, seine Zuständigkeit auf ein solches Übereinkommen stützt, und zwar auch dann, wenn der Beklagte seinen Wohnsitz in dem Hoheitsgebiet eines Vertragsstaats hat, der nicht Vertragspartei eines solchen Übereinkommens ist. In jedem Fall wendet dieses Gericht Artikel 20 an.

(3) Entscheidungen, die in einem Vertragsstaat von einem Gericht erlassen worden sind, das seine Zuständigkeit auf ein in Absatz 1 bezeichnetes Übereinkommen gestützt hat, werden in den anderen Vertragsstaaten nach Titel III anerkannt und vollstreckt.

(4) Außer aus den in Titel III vorgesehenen Gründen kann die Anerkennung oder Vollstreckung versagt werden, wenn der ersuchte Staat nicht Vertragspartei eines in Absatz 1 bezeichneten Übereinkommens ist und wenn die Person, gegen die die Anerkennung oder Vollstreckung geltend gemacht wird, ihren Wohnsitz in diesem Staat hat, es sei denn, daß die Entscheidung nach einer anderen Rechtsvorschrift des ersuchten Staates anerkannt oder vollstreckt werden kann.

(5) Sind der Ursprungsstaat und der ersuchte Staat Vertragsparteien eines in Absatz 1 bezeichneten Übereinkommens, welches die Voraussetzungen für die Anerkennung und Vollstreckung von Entscheidungen regelt, so gelten diese Voraussetzungen. In jedem Fall können die Bestimmungen des vorliegenden Übereinkommens über das Verfahren zur Anerkennung und Vollstreckung von Entscheidungen angewandt werden.

Artikel 58

– gegenstandslos –

Artikel 59

Dieses Übereinkommen hindert einen Vertragsstaat nicht, sich gegenüber einem dritten Staat im Rahmen eines Abkommens über die Anerkennung und Vollstreckung von Urteilen zu verpflichten, Entscheidungen der Gerichte eines anderen Vertragsstaats gegen Beklagte, die ihren Wohnsitz oder gewöhnlichen Aufenthalt in dem Hoheitsgebiet des dritten Staates haben, nicht anzuerkennen, wenn die Entscheidungen in den Fällen des Artikels 4 nur in einem der in Artikel 3 Absatz 2 angeführten Gerichtsstände ergehen können.

Kein Vertragsstaat kann sich jedoch gegenüber einem dritten Staat verpflichten, eine Entscheidung nicht anzuerkennen, die in einem anderen Vertragsstaat durch ein Gericht gefällt wurde, dessen Zuständigkeit auf das Vorhandensein von Vermögenswerten des Beklagten in diesem Staat oder die Beschlagnahme von dort vorhandenem Vermögen durch den Kläger gegründet ist,

1. wenn die Klage erhoben wird, um Eigentums- oder Inhaberrechte hinsichtlich dieses Vermögens festzustellen oder anzumelden oder um Verfügungsgewalt darüber zu erhalten, oder wenn die Klage sich aus einer anderen Streitsache im Zusammenhang mit diesem Vermögen ergibt,
   oder
2. wenn das Vermögen die Sicherheit für einen Anspruch darstellt, der Gegenstand des Verfahrens ist.

Titel VIII. Schlußbestimmungen

Artikel 60

Vertragsparteien dieses Übereinkommens können sein

a) die Staaten, die in dem Zeitpunkt, zu dem das Übereinkommen zur Unterzeichnung aufgelegt wird, Mitglieder der Europäischen Gemeinschaften oder der Europäischen Freihandelsassoziation sind;
b) die Staaten, die nach diesem Zeitpunkt Mitglieder der Europäischen Gemeinschaften oder der Europäischen Freihandelsassoziation werden;
c) die Staaten, die nach Artikel 62 Absatz 1 Buchstabe b) zum Beitritt eingeladen werden.

Artikel 61

(1) Dieses Übereinkommen liegt für die Staaten, die Mitglieder der Europäischen Gemeinschaften oder der Europäischen Freihandelsassoziation sind, zur Unterzeichnung auf.

(2) Das Übereinkommen bedarf der Ratifikation durch die Unterzeichnerstaaten. Die Ratifikationsurkunden werden beim Schweizerischen Bundesrat hinterlegt.

(3) Das Übereinkommen tritt am ersten Tag des dritten Monats in Kraft, der auf den Tag folgt, an dem zwei Staaten, von denen einer Mitglied der Europäischen Gemeinschaften und der andere Mitglied der Europäischen Freihandelsassoziation ist, ihre Ratifikationsurkunden hinterlegt haben.

(4) Für jeden anderen Unterzeichnerstaat tritt das Übereinkommen am ersten Tag des dritten Monats in Kraft, der auf die Hinterlegung seiner Ratifikationsurkunde folgt.

Artikel 62

(1) Dem Übereinkommen können nach seinem Inkrafttreten beitreten

a) die in Artikel 60 Buchstabe b) bezeichneten Staaten,
b) andere Staaten, die auf ein an den Depositarstaat gerichtetes Ersuchen eines Vertragsstaats hin zum Beitritt eingeladen worden sind. Der Depositarstaat lädt den betreffenden Staat zum Beitritt nur ein, wenn ihm nach Übermitt-

lung des Inhalts der Mitteilungen, die der betreffende Staat nach Artikel 63 zu machen beabsichtigt, die Zustimmung aller Unterzeichnerstaaten sowie aller in Artikel 60 Buchstaben a) und b) bezeichneten Vertragsstaaten vorliegt.

(2) Wünscht ein beitretender Staat Erklärungen im Sinne des Protokolls Nr. 1 abzugeben, so werden zu diesem Zweck Verhandlungen aufgenommen. Eine Verhandlungskonferenz wird durch den Schweizerischen Bundesrat einberufen.

(3) Für jeden beitretenden Staat tritt das Übereinkommen am ersten Tag des dritten Monats in Kraft, der auf die Hinterlegung seiner Beitrittsurkunde folgt.

(4) Für einen in Absatz 1 Buchstaben a) oder b) bezeichneten Staat tritt das Übereinkommen jedoch nur im Verhältnis zu den Vertragsstaaten in Kraft, die vor dem ersten Tag des dritten Monats, der auf die Hinterlegung der Beitrittsurkunde folgt, keine Einwände gegen den Beitritt erhoben haben.

Artikel 63

Jeder beitretende Staat hat bei der Hinterlegung seiner Beitrittsurkunde die für die Anwendung der Artikel 3, 32, 37, 40, 41 und 55 dieses Übereinkommens erforderlichen Mitteilungen zu machen und gegebenenfalls die bei den Verhandlungen über das Protokoll Nr. 1 festgelegten Erklärungen abzugeben.

Artikel 64

(1) Dieses Übereinkommen wird zunächst für die Dauer von fünf Jahren geschlossen, gerechnet von seinem Inkrafttreten nach Artikel 61 Absatz 3; dies gilt auch für die Staaten, die das Übereinkommen später ratifizieren oder ihm später beitreten.

(2) Nach Ablauf des anfänglichen Zeitraums von fünf Jahren verlängert sich das Übereinkommen stillschweigend um jeweils ein Jahr.

(3) Nach Ablauf des anfänglichen Zeitraums von fünf Jahren kann jeder Vertragsstaat das Übereinkommen jederzeit durch eine an den Schweizerischen Bundesrat gerichtete Notifikation kündigen.

(4) Die Kündigung wird am Ende des Kalenderjahres wirksam, das auf einen Zeitraum von sechs Monaten folgt, gerechnet vom Eingang ihrer Notifikation beim Schweizerischen Bundesrat.

Artikel 65

Diesem Übereinkommen sind beigefügt:

- ein Protokoll Nr. 1 über bestimmte Zuständigkeits-, Verfahrens- und Vollstreckungsfragen;
- ein Protokoll Nr. 2 über die einheitliche Auslegung des Übereinkommens;
- ein Protokoll Nr. 3 über die Anwendung von Artikel 57.

Diese Protokolle sind Bestandteil des Übereinkommens.

Artikel 66

Jeder Vertragsstaat kann eine Revision dieses Übereinkommens beantragen. Zu diesem Zweck beruft der Schweizerische Bundesrat innerhalb von sechs Monaten nach Beantragung der Revision eine Revisionskonferenz ein.

Artikel 67

Der Schweizerische Bundesrat notifiziert den Staaten, die auf der diplomatischen Konferenz von Lugano vertreten waren, und den Staaten, die dem Übereinkommen später beigetreten sind,

a) die Hinterlegung jeder Ratifikations- oder Beitrittsurkunde;
b) den Tag, an dem dieses Übereinkommen für die Vertragsstaaten in Kraft tritt;
c) die nach Artikel 64 eingegangenen Kündigungen;
d) die nach Artikel I a des Protokolls Nr. 1 eingegangenen Erklärungen;
e) die nach Artikel I b des Protokolls Nr. 1 eingegangenen Erklärungen;
f) die nach Artikel IV des Protokolls Nr. 1 eingegangenen Erklärungen;
g) die Mitteilungen nach Artikel VI des Protokolls Nr. 1.

Artikel 68

Dieses Übereinkommen ist in einer Urschrift in dänischer, deutscher, englischer, finnischer, französischer, griechischer, irischer, isländischer, italienischer, niederländischer, norwegischer, portugiesischer, schwedischer und spanischer Sprache abgefaßt, wobei jeder Wortlaut gleichermaßen verbindlich ist; es wird im Archiv des Schweizerischen Bundesrates hinterlegt, der den Regierungen der Staaten, die auf der diplomatischen Konferenz von Lugano vertreten waren, und jedem beitretenden Staat eine beglaubigte Abschrift übermittelt.

Zu Urkund dessen haben die unterzeichneten Bevollmächtigten ihre Unterschrift unter dieses Übereinkommen gesetzt.

Geschehen zu Lugano am sechzehnten September neunzehnhundertachtundachtzig.

VIII. Protokolle und Erklärungen zum Lugano-Übereinkommen

Vom 16. September 1988[1]

Protokoll Nr. 1 über bestimmte Zuständigkeits-, Verfahrens- und Vollstreckungsfragen

Die hohen Vertragsparteien haben nachstehende Bestimmungen vereinbart, die dem Übereinkommen beigefügt werden:

Artikel I

Jede Person, die ihren Wohnsitz in Luxemburg hat und vor dem Gericht eines anderen Vertragsstaats aufgrund des Artikels 5 Nummer 1 verklagt wird, kann die Unzuständigkeit dieses Gerichts geltend machen. Läßt sich der Beklagte auf das Verfahren nicht ein, so erklärt sich das Gericht von Amts wegen für unzuständig.

Jede Gerichtsstandsvereinbarung im Sinne des Artikels 17 ist für eine Person, die ihren Wohnsitz in Luxemburg hat, nur dann wirksam, wenn diese sie ausdrücklich und besonders angenommen hat.

Artikel I a

(1) Die Schweizerische Eidgenossenschaft behält sich das Recht vor, bei der Hinterlegung der Ratifikationsurkunde zu erklären, daß eine in einem anderen Vertragsstaat ergangene Entscheidung in der Schweiz nicht anerkannt oder vollstreckt wird, wenn

a) die Zuständigkeit des Gerichts, das die Entscheidung erlassen hat, sich nur auf Artikel 5 Nummer 1 des Übereinkommens stützt;
b) der Beklagte zum Zeitpunkt der Einleitung des Verfahrens seinen Wohnsitz in der Schweiz hatte; im Sinne dieses Artikels hat eine Gesellschaft oder juristische Person ihren Sitz in der Schweiz, wenn ihr statutarischer Sitz und der tatsächliche Mittelpunkt ihrer Tätigkeit in der Schweiz liegen; und
c) der Beklagte gegen die Anerkennung oder die Vollstreckung der Entscheidung in der Schweiz Einspruch erhebt, sofern er nicht auf den Schutz der in diesem Absatz vorgesehenen Erklärung verzichtet hat.

(2) Dieser Vorbehalt ist nicht anzuwenden, soweit in dem Zeitpunkt, zu dem die Anerkennung oder Vollstreckung beantragt wird, eine Änderung von Artikel 59 der Schweizerischen Bundesverfassung stattgefunden hat. Der Schweizerische Bundesrat teilt solche Änderungen den Unterzeichnerstaaten und den beitretenden Staaten mit.

---

1 ABl. 1988 Nr. L 319, 29.

(3) Dieser Vorbehalt wird am 31. Dezember 1999 unwirksam. Er kann jederzeit zurückgezogen werden.

Artikel Ib

Jeder Vertragsstaat kann sich durch eine bei der Hinterlegung seiner Ratifikations- oder Beitrittsurkunde abgegebene Erklärung unbeschadet der Bestimmungen des Artikels 28 das Recht vorbehalten, in anderen Vertragsstaaten ergangene Entscheidungen nicht anzuerkennen und zu vollstrecken, wenn die Zuständigkeit des Gerichts des Ursprungsstaats nach Artikel 16 Nummer 1 Buchstabe b) ausschließlich dadurch begründet ist, daß der Beklagte seinen Wohnsitz in dem Ursprungsstaat hat und die unbewegliche Sache in dem Hoheitsgebiet des Staates belegen ist, der den Vorbehalt angebracht hat.

Artikel II

Unbeschadet günstigerer innerstaatlicher Vorschriften können Personen, die ihren Wohnsitz in einem Vertragsstaat haben und die vor den Strafgerichten eines anderen Vertragsstaats, dessen Staatsangehörigkeit sie nicht besitzen, wegen einer fahrlässig begangenen Straftat verfolgt werden, sich von hierzu befugten Personen verteidigen lassen, selbst wenn sie persönlich nicht erscheinen.

Das Gericht kann jedoch das persönliche Erscheinen anordnen; wird diese Anordnung nicht befolgt, so braucht die Entscheidung, die über den Anspruch aus einem Rechtsverhältnis des Zivilrechts ergangen ist, ohne daß sich der Angeklagte verteidigen konnte, in den anderen Vertragsstaaten weder anerkannt noch vollstreckt zu werden.

Artikel III

In dem Vollstreckungsstaat dürfen in dem Verfahren auf Erteilung der Vollstreckungsklausel keine nach dem Streitwert abgestuften Stempelabgaben oder Gebühren erhoben werden.

Artikel IV

Gerichtliche und außergerichtliche Schriftstücke, die in einem Vertragsstaat ausgefertigt sind und einer in dem Hoheitsgebiet eines anderen Vertragsstaats befindlichen Person zugestellt werden sollen, werden nach den zwischen den Vertragsstaaten geltenden Übereinkommen oder Vereinbarungen übermittelt.

Sofern der Staat, in dessen Hoheitsgebiet die Zustellung bewirkt werden soll, nicht durch eine Erklärung, die an den Schweizerischen Bundesrat zu richten ist, widersprochen hat, können diese Schriftstücke auch von den gerichtlichen Amtspersonen des Staates, in dem sie angefertigt worden sind, unmittelbar den gerichtlichen Amtspersonen des Staates übersandt werden, in dessen Hoheitsgebiet sich die Person befindet, für welche das Schriftstück bestimmt ist. In diesem

Fall übersendet die gerichtliche Amtsperson des Ursprungsstaats eine Abschrift des Schriftstücks der gerichtlichen Amtsperson des ersuchten Staates, die für die Übermittlung an den Empfänger zuständig ist. Diese Übermittlung wird in den Formen vorgenommen, die das Recht des ersuchten Staates vorsieht. Sie wird durch ein Zeugnis festgestellt, das der gerichtlichen Amtsperson des Ursprungsstaats unmittelbar zugesandt wird.

Artikel V

Die in Artikel 6 Nummer 2 und Artikel 10 für eine Gewährleistungs- oder Interventionsklage vorgesehene Zuständigkeit kann in der Bundesrepublik Deutschland, in Spanien, in Österreich und in der Schweiz nicht geltend gemacht werden. Jede Person, die ihren Wohnsitz in einem anderen Vertragsstaat hat, kann vor Gericht geladen werden

- in der Bundesrepublik Deutschland nach den §§ 68 und 72 bis 74 der Zivilprozeßordnung, die für die Streitverkündung gelten,
- in Spanien nach Artikel 1482 des Zivilgesetzbuches,
- in Österreich nach § 21 der Zivilprozeßordnung, der für die Streitverkündigung gilt,
- in der Schweiz nach den einschlägigen Vorschriften der kantonalen Zivilprozeßordnung über die Streitverkündung (litis denuntiatio).

Entscheidungen, die in den anderen Vertragsstaaten aufgrund des Artikels 6 Nummer 2 und des Artikels 10 ergangen sind, werden in der Bundesrepublik Deutschland, in Spanien, in Österreich und in der Schweiz nach Titel III anerkannt und vollstreckt. Die Wirkungen, welche die in diesen Staaten ergangenen Entscheidungen nach Absatz 1 gegenüber Dritten haben, werden auch in den anderen Vertragsstaaten anerkannt.

Artikel V a

In Unterhaltssachen umfaßt der Begriff „Gericht“ auch dänische, isländische und norwegische Verwaltungsbehörden.

In Zivil- und Handelssachen umfaßt der Begriff „Gericht“ auch das finnische „ulosotonhaltija/överexekutor“.

Artikel V b

Bei Streitigkeiten zwischen dem Kapitän und einem Mitglied der Mannschaft eines in Dänemark, in Griechenland, in Irland, in Island, in Norwegen, in Portugal oder in Schweden eingetragenen Seeschiffes über die Heuer oder sonstige Bedingungen des Dienstverhältnisses haben die Gerichte eines Vertragsstaats zu überprüfen, ob der für das Schiff zuständige diplomatische oder konsularische Vertreter von der Streitigkeit unterrichtet worden ist. Sie haben das Verfahren auszusetzen, solange dieser Vertreter nicht unterrichtet worden ist. Sie haben sich von Amts wegen für unzuständig zu erklären, wenn dieser Vertreter, nachdem er ordnungsgemäß unterrichtet worden ist, die Befugnisse ausgeübt hat, die ihm insoweit aufgrund eines Konsularabkommens zustehen, oder, falls ein derartiges Abkommen nicht besteht, innerhalb der festgesetzten Frist Einwände gegen die Zuständigkeit geltend gemacht hat.

Artikel V c

– gegenstandslos –

Artikel V d

Unbeschadet der Zuständigkeit des Europäischen Patentamts nach dem am 5. Oktober 1973 in München unterzeichneten Übereinkommen über die Erteilung europäischer Patente sind die Gerichte eines jeden Vertragsstaats ohne Rücksicht auf den Wohnsitz der Parteien für alle Verfahren ausschließlich zuständig, welche die Erteilung oder die Gültigkeit eines europäischen Patents zum Gegenstand haben, das für diesen Staat erteilt wurde und kein Gemeinschaftspatent nach Artikel 86 des am 15. Dezember 1975 in Luxemburg unterzeichneten Übereinkommens über das europäische Patent für den Gemeinsamen Markt ist.

Artikel VI

Die Vertragsstaaten teilen dem Schweizerischen Bundesrat den Wortlaut ihrer gesetzlichen Vorschriften mit, durch welche ihre in diesem Übereinkommen angeführten Vorschriften oder die in Titel III 2. Abschnitt angeführten Gerichtsstände geändert werden.

Protokoll Nr. 2
über die einheitliche Auslegung des Übereinkommens

Präambel

Die hohen Vertragsparteien –

Gestützt auf Artikel 65 dieses Übereinkommens,

In Anbetracht der sachlichen Verknüpfung zwischen diesem Übereinkommen und dem Brüsseler Übereinkommen,

In der Erwägung, daß dem Gerichtshof der Europäischen Gemeinschaften durch das Protokoll vom 3. Juni 1971 die Zuständigkeit zur Entscheidung über die Auslegung der Bestimmungen des Brüsseler Übereinkommens übertragen wurde,

In voller Kenntnis der bis zur Unterzeichnung des vorliegenden Übereinkommens ergangenen Entscheidungen des Gerichtshofs der Europäischen Gemeinschaften über die Auslegung des Brüsseler Übereinkommens,

In der Erwägung, daß bei den Verhandlungen, die zum Abschluß dieses Übereinkommens geführt haben, vom Brüsseler Übereinkommen unter Berücksichtigung der vorgenannten Entscheidungen ausgegangen worden ist,

In dem Bestreben, bei voller Wahrung der Unabhängigkeit der Gerichte voneinander abweichende Auslegungen zu vermeiden und zu einer möglichst einheitlichen Auslegung der Bestimmungen des vorliegenden Übereinkommens einerseits sowie dieser Bestimmungen und derjenigen Bestimmungen des Brüsseler Übereinkommens, die in ihrem wesentlichen Gehalt in das vorliegende Übereinkommen übernommen worden sind, andererseits, zu gelangen –

Sind wie folgt übereingekommen:

Artikel 1

Die Gerichte jedes Vertragsstaats tragen bei der Anwendung und Auslegung der Bestimmungen dieses Übereinkommens den Grundsätzen gebührend Rechnung, die in maßgeblichen Entscheidungen von Gerichten der anderen Vertragsstaaten zu den Bestimmungen des genannten Übereinkommens entwickelt worden sind.

Artikel 2

(1) Die Vertragsparteien kommen überein, ein System für den Austausch von Informationen über die in Anwendung dieses Übereinkommens ergangenen Entscheidungen sowie über die in Anwendung des Brüsseler Übereinkommens ergangenen maßgeblichen Entscheidungen einzurichten. Dieses System umfaßt

- die von den zuständigen Behörden vorzunehmende Übermittlung der Entscheidungen letztinstanzlicher Gerichte und des Gerichtshofs der Europäischen Gemeinschaften sowie anderer besonders wichtiger, rechtskräftig gewordener Entscheidungen, die in Anwendung dieses Übereinkommens oder des Brüsseler Übereinkommens ergangen sind, an eine Zentralstelle;
- die Klassifizierung dieser Entscheidungen durch die Zentralstelle, erforderlichenfalls einschließlich der Erstellung und Veröffentlichung von Übersetzungen und Zusammenfassungen;
- die von der Zentralstelle vorzunehmende Übermittlung der einschlägigen Dokumente an die zuständigen nationalen Behörden aller Unterzeichnerstaaten dieses Übereinkommens und aller beitretenden Staaten sowie an die Kommission der Europäischen Gemeinschaften.

(2) Zentralstelle ist der Kanzler des Gerichtshofs der Europäischen Gemeinschaften.

Artikel 3

(1) Es wird ein Ständiger Ausschuß für die Zwecke dieses Protokolls eingesetzt.

(2) Der Ausschuß besteht aus Vertretern, die von jedem Unterzeichnerstaat und jedem beitretenden Staat bestellt werden.

(3) Die Europäischen Gemeinschaften (Kommission, Gerichtshof und Generalsekretariat des Rates) und die Europäische Freihandelsassoziation können an den Sitzungen als Beobachter teilnehmen.

Artikel 4

(1) Auf Antrag einer Vertragspartei beruft der Depositarstaat dieses Übereinkommens Sitzungen des Ausschusses zu einem Meinungsaustausch über die Wirkungsweise des Übereinkommens ein, und zwar insbesondere über

- die Entwicklung der aufgrund von Artikel 2 Absatz 1 mitgeteilten Rechtsprechung und
- die Anwendung von Artikel 57 dieses Übereinkommens.

(2) Der Ausschuß kann im Lichte dieses Meinungsaustausches auch prüfen, ob eine Revision dieses Übereinkommens in Einzelpunkten angebracht ist, und entsprechende Empfehlungen abgeben.

Protokoll Nr. 3 über die Anwendung von Artikel 57

Die hohen Vertragsparteien sind wie folgt übereingekommen:

1. Für die Zwecke dieses Übereinkommens werden die Bestimmungen, die für besondere Rechtsgebiete die gerichtliche Zuständigkeit, die Anerkennung oder die Vollstreckung von Entscheidungen regeln und in Rechtsakten der Organe der Europäischen Gemeinschaften enthalten sind oder künftig darin enthalten sein werden, ebenso behandelt wie die in Artikel 57 Absatz 1 bezeichneten Übereinkommen.
2. Ist ein Vertragsstaat der Auffassung, daß eine Bestimmung eines Rechtsaktes der Organe der Europäischen Gemeinschaften mit dem Übereinkommen nicht vereinbar ist, so fassen die Vertragsstaaten unbeschadet der Anwendung des in Protokoll Nr. 2 vorgesehenen Verfahrens unverzüglich eine Änderung entsprechend Artikel 66 ins Auge.

**Erklärung
der Vertreter der Regierungen der Unterzeichnerstaaten des Luganer Übereinkommens, die Mitglieder der Europäischen Gemeinschaften sind, zum Protokoll Nr. 3 über die Anwendung von Artikel 57 des Übereinkommens**

Bei der Unterzeichnung des am 16. September 1988 in Lugano geschlossenen Übereinkommens über die gerichtliche Zuständigkeit und die Vollstreckung gerichtlicher Entscheidungen in Zivil- und Handelssachen

erklären die Vertreter der Regierungen der Mitgliedstaaten der Europäischen Gemeinschaften

in Anbetracht der gegenüber den Mitgliedstaaten der Europäischen Freihandelsassoziation eingegangenen Verpflichtungen,

in dem Bestreben, die Einheit des mit dem Übereinkommen geschaffenen Rechtssystems nicht zu beeinträchtigen,

daß sie alles in ihrer Macht Stehende tun werden, um sicherzustellen, daß bei der Ausarbeitung gemeinschaftlicher Rechtsakte im Sinne der Nummer 1 des Protokolls Nr. 3 über die Anwendung von Artikel 57 die in dem Übereinkommen niedergelegten Vorschriften über die gerichtliche Zuständigkeit sowie die Anerkennung und Vollstreckung von Entscheidungen beachtet werden.

**Erklärung
der Vertreter der Regierungen der Unterzeichnerstaaten des Luganer Übereinkommens, die Mitglieder der Europäischen Gemeinschaften sind**

Bei der Unterzeichnung des am 16. September 1988 in Lugano geschlossenen Übereinkommens über die gerichtliche Zuständigkeit und die Vollstreckung gerichtlicher Entscheidungen in Zivil- und Handelssachen

erklären die Vertreter der Regierungen der Mitgliedstaaten der Europäischen Gemeinschaften,

daß sie es für angezeigt halten, daß der Gerichtshof der Europäischen Gemeinschaften bei der Auslegung des Brüsseler Übereinkommens den Grundsätzen gebührend Rechnung trägt, die sich aus der Rechtsprechung zum Luganer Übereinkommen ergeben.

Erklärung der Vertreter der Regierungen der Unterzeichnerstaaten des Luganer Übereinkommens, die Mitglieder der Europäischen Freihandelsassoziation sind

Bei der Unterzeichnung des am 16. September 1988 in Lugano geschlossenen Übereinkommens über die gerichtliche Zuständigkeit und die Vollstreckung gerichtlicher Entscheidungen in Zivil- und Handelssachen

erklären die Vertreter der Regierungen der Mitgliedstaaten der Europäischen Freihandelsassoziation,

daß sie es für angezeigt halten, daß ihre Gerichte bei der Auslegung des Luganer Übereinkommens den Grundsätzen gebührend Rechnung tragen, die sich aus der Rechtsprechung des Gerichtshofes der Europäischen Gemeinschaften und der Gerichte der Mitgliedstaaten der Europäischen Gemeinschaften zu denjenigen Bestimmungen des Brüsseler Übereinkommens ergeben, die in ihrem wesentlichen Gehalt in das Luganer Übereinkommen übernommen worden sind.

IX. Gesetz zur Ausführung zwischenstaatlicher Anerkennungs- und Vollstreckungsverträge in Zivil- und Handelssachen (Anerkennungs- und Vollstreckungsausführungsgesetz – AVAG)

Vom 30. Mai 1988[1]

Erster Teil. Anwendungsbereich

§ 1

(1) Die Ausführung der in § 35 genannten zwischenstaatlichen Verträge zwischen der Bundesrepublik Deutschland und anderen Staaten über die gegenseitige Anerkennung und Vollstreckung von Schuldtiteln in Zivil- und Handelssachen unterliegt diesem Gesetz.

(2) Die Regelungen der zwischenstaatlichen Verträge werden durch die Vorschriften dieses Gesetzes nicht berührt. Dies gilt insbesondere für die Regelungen über

1. den sachlichen Anwendungsbereich,
2. die Art der Entscheidungen und sonstigen Schuldtitel, die im Geltungsbereich dieses Gesetzes anerkannt oder zur Zwangsvollstreckung zugelassen werden können,
3. das Erfordernis der Rechtskraft der Entscheidungen,
4. die Art der Urkunden, die im Verfahren vorzulegen sind, und
5. die Gründe, die zur Versagung der Anerkennung oder Zulassung der Zwangsvollstreckung führen.

Zweiter Teil. Zulassung der Zwangsvollstreckung aus Entscheidungen, Prozeßvergleichen und öffentlichen Urkunden

Erster Abschnitt. Zuständigkeit, Feriensache

§ 2

(1) Für die Vollstreckbarerklärung von Entscheidungen, Prozeßvergleichen und öffentlichen Urkunden aus einem anderen Staat ist das Landgericht ausschließlich zuständig.

(2) Örtlich zuständig ist ausschließlich das Gericht, in dessen Bezirk der Schuldner seinen Wohnsitz hat, oder, wenn er im Geltungsbereich dieses Gesetzes kei-

---

1 BGBl. 1988 I 662.

nen Wohnsitz hat, das Gericht, in dessen Bezirk die Zwangsvollstreckung durchgeführt werden soll. Der Sitz von Gesellschaften und juristischen Personen steht dem Wohnsitz gleich.

(3) Die Verfahren im Sinne des Absatzes 1 sind Feriensachen.

Zweiter Abschnitt. Erteilung der Vollstreckungsklausel

§ 3

(1) Der in einem anderen Staat vollstreckbare Schuldtitel wird dadurch zur Zwangsvollstreckung zugelassen, daß er auf Antrag mit der Vollstreckungsklausel versehen wird.

(2) Der Antrag auf Erteilung der Vollstreckungsklausel kann bei dem Landgericht schriftlich eingereicht oder mündlich zu Protokoll der Geschäftsstelle erklärt werden.

(3) Ist der Antrag entgegen § 184 des Gerichtsverfassungsgesetzes nicht in deutscher Sprache abgefaßt, so kann das Gericht dem Antragsteller aufgeben, eine Übersetzung des Antrags beizubringen, deren Richtigkeit von einer im Geltungsbereich dieses Gesetzes oder in einem anderen Vertragsstaat hierzu befugten Person bestätigt worden ist.

(4) Der Ausfertigung des Schuldtitels, der mit der Vollstreckungsklausel versehen werden soll, und seiner Übersetzung, falls eine solche vorgelegt wird, sollen zwei Abschriften beigefügt werden.

§ 4

(1) Der Antragsteller hat in dem Antrag einen Zustellungsbevollmächtigten zu benennen. Anderenfalls können alle Zustellungen an den Antragsteller bis zur nachträglichen Benennung eines Zustellungsbevollmächtigten durch Aufgabe zur Post (§§ 175, 192, 213 der Zivilprozeßordnung) bewirkt werden.

(2) Zum Zustellungsbevollmächtigten ist eine Person zu bestellen, die im Bezirk des angerufenen Gerichts wohnt. Der Vorsitzende kann die Bestellung einer Person mit einem Wohnsitz im übrigen Geltungsbereich dieses Gesetzes zulassen.

(3) Der Benennung eines Zustellungsbevollmächtigten bedarf es nicht, wenn der Antragsteller einen bei einem deutschen Gericht zugelassenen Rechtsanwalt oder eine andere Person zu seinem Bevollmächtigten für das Verfahren bestellt hat. Der Bevollmächtigte, der nicht bei einem deutschen Gericht zugelassener Rechtsanwalt ist, muß im Bezirk des angerufenen Gerichts wohnen; der Vorsitzende kann von diesem Erfordernis absehen, wenn der Bevollmächtigte einen anderen Wohnsitz im Geltungsbereich dieses Gesetzes hat.

(4) § 5 des Gesetzes vom 16. August 1980 zur Durchführung der Richtlinie des Rates der Europäischen Gemeinschaften vom 22. März 1977 zur Erleichterung

der tatsächlichen Ausübung des freien Dienstleistungsverkehrs der Rechtsanwälte (BGBl. 1980 I S. 1453) bleibt unberührt.

§ 5

(1) Über den Antrag entscheidet der Vorsitzende einer Zivilkammer ohne Anhörung des Schuldners und ohne mündliche Verhandlung. Jedoch kann eine mündliche Erörterung mit dem Antragsteller oder seinem Bevollmächtigten stattfinden, wenn der Antragsteller oder der Bevollmächtigte hiermit einverstanden ist und die Erörterung der Beschleunigung dient.

(2) In dem Verfahren vor dem Vorsitzenden ist die Vertretung durch einen Rechtsanwalt nicht erforderlich.

§ 6

(1) Hängt die Zwangsvollstreckung nach dem Inhalt des Schuldtitels von einer dem Gläubiger obliegenden Sicherheitsleistung, dem Ablauf einer Frist oder dem Eintritt einer anderen Tatsache ab oder wird die Vollstreckungsklausel zugunsten eines anderen als des in dem Schuldtitel bezeichneten Gläubigers oder gegen einen anderen als den darin bezeichneten Schuldner beantragt, so ist die Frage, inwieweit die Zulassung der Zwangsvollstreckung von dem Nachweis besonderer Voraussetzungen abhängig oder ob der Schuldtitel für oder gegen den anderen vollstreckbar ist, nach dem Recht des Staates zu entscheiden, in dem der Schuldtitel errichtet ist. Der Nachweis ist durch Urkunden zu führen, es sei denn, daß die Tatsachen bei dem Gericht offenkundig sind.

(2) Kann der Nachweis durch Urkunden nicht geführt werden, so ist auf Antrag des Gläubigers der Schuldner zu hören. In diesem Fall sind alle Beweismittel zulässig. Der Vorsitzende kann auch die mündliche Verhandlung anordnen.

§ 7

Ist die Zwangsvollstreckung aus dem Schuldtitel zuzulassen, so ordnet der Vorsitzende an, daß der Schuldtitel mit der Vollstreckungsklausel zu versehen ist. In der Anordnung ist die zu vollstreckende Verurteilung oder Verpflichtung in deutscher Sprache wiederzugeben.

§ 8

(1) Aufgrund der Anordnung des Vorsitzenden (§ 7) erteilt der Urkundsbeamte der Geschäftsstelle die Vollstreckungsklausel in folgender Form:

„Vollstreckungsklausel nach § 3 des Anerkennungs- und Vollstreckungsausführungsgesetzes vom 30. Mai 1988 (BGBl. I S. 662). Gemäß der Anordnung des .... (Bezeichnung des Vorsitzenden, des Gerichts und der Anordnung) ist die Zwangsvollstreckung aus .... (Bezeichnung des Schuldtitels) zugunsten des .... (Bezeichnung des Gläubigers) gegen den .... (Bezeichnung des Schuldners) zulässig.

Die zu vollstreckende Verurteilung/Verpflichtung lautet: .... (Angabe der Urteilsformel oder des Ausspruchs des Gerichts oder der dem Schuldner aus dem Prozeßvergleich oder der öffentlichen Urkunde obliegenden Verpflichtung in deutscher Sprache; aus der Anordnung des Vorsitzenden zu übernehmen).

Die Zwangsvollstreckung darf über Maßregeln zur Sicherung nicht hinausgehen, bis der Gläubiger eine gerichtliche Anordnung oder ein Zeugnis vorlegt, daß die Zwangsvollstreckung unbeschränkt stattfinden darf."

Lautet der Schuldtitel auf Leistung von Geld, so ist der Vollstreckungsklausel folgender Zusatz anzufügen:

„Solange die Zwangsvollstreckung über Maßregeln zur Sicherung nicht hinausgehen darf, kann der Schuldner die Zwangsvollstreckung durch Leistung einer Sicherheit in Höhe von .... (Angabe des Betrages, wegen dessen der Gläubiger vollstrecken darf) abwenden."

(2) Wird die Zwangsvollstreckung nur für einen oder mehrere der durch die ausländische Entscheidung zuerkannten oder in einem anderen Schuldtitel niedergelegten Ansprüche oder nur für einen Teil des Gegenstands der Verurteilung oder der Verpflichtung zugelassen, so ist die Vollstreckungsklausel als „Teil-Vollstreckungsklausel nach § 3 des Anerkennungs- und Vollstreckungsausführungsgesetzes vom 30. Mai 1988 (BGBl. I S. 662)" zu bezeichnen.

(3) Die Vollstreckungsklausel ist von dem Urkundsbeamten der Geschäftsstelle zu unterschreiben und mit dem Gerichtssiegel zu versehen. Sie ist entweder auf die Ausfertigung des Schuldtitels oder auf ein damit zu verbindendes Blatt zu setzen. Falls eine Übersetzung des Schuldtitels vorliegt, ist sie mit der Ausfertigung zu verbinden.

(4) Auf die Kosten des Verfahrens vor dem Vorsitzenden ist § 788 der Zivilprozeßordnung entsprechend anzuwenden.

§ 9

(1) Eine beglaubigte Abschrift des mit der Vollstreckungsklausel versehenen Schuldtitels und gegebenenfalls seiner Übersetzung ist dem Schuldner von Amts wegen zuzustellen.

(2) Muß die Zustellung an den Schuldner außerhalb des Geltungsbereichs dieses Gesetzes oder durch öffentliche Bekanntmachung erfolgen und hält der Vorsitzende die Frist zur Einlegung der Beschwerde von einem Monat (§ 11 Abs. 2) nicht für ausreichend, so bestimmt er eine längere Beschwerdefrist. Die Frist ist in der Anordnung, daß der Schuldtitel mit der Vollstreckungsklausel zu versehen ist (§ 7), oder nachträglich durch besonderen Beschluß, der ohne mündliche Verhandlung erlassen wird, zu bestimmen. Die Frist beginnt, auch im Fall der nach-

träglichen Festsetzung, mit der Zustellung des mit der Vollstreckungsklausel versehenen Schuldtitels.

(3) Dem Antragsteller sind die mit der Vollstreckungsklausel versehene Ausfertigung des Schuldtitels und eine Bescheinigung über die bewirkte Zustellung zu übersenden. In den Fällen des Absatzes 2 ist die festgesetzte Frist für die Einlegung der Beschwerde auf der Bescheinigung über die bewirkte Zustellung zu vermerken.

§ 10

Ist der Antrag nicht zulässig oder nicht begründet, lehnt ihn der Vorsitzende durch Beschluß ab. Der Beschluß ist zu begründen. Die Kosten sind dem Antragsteller aufzuerlegen.

Dritter Abschnitt. Beschwerde, Vollstreckungsgegenklage

§ 11

(1) Der Schuldner kann gegen die Zulassung der Zwangsvollstreckung Beschwerde einlegen.

(2) Die Beschwerde ist, soweit nicht nach § 9 Abs. 2 eine längere Frist bestimmt wird, innerhalb eines Monats einzulegen.

(3) Die Beschwerdefrist ist eine Notfrist und beginnt mit der Zustellung des mit der Vollstreckungsklausel versehenen Schuldtitels.

§ 12

(1) Die Beschwerde des Schuldners gegen die Zulassung der Zwangsvollstreckung wird bei dem Oberlandesgericht durch Einreichen einer Beschwerdeschrift oder durch Erklärung zu Protokoll der Geschäftsstelle eingelegt. Der Beschwerdeschrift soll die für ihre Zustellung erforderliche Zahl von Abschriften beigefügt werden.

(2) Die Zulässigkeit der Beschwerde wird nicht dadurch berührt, daß sie statt bei dem Oberlandesgericht bei dem Landgericht eingelegt wird, das die Zwangsvollstreckung zugelassen hat (§ 5); die Beschwerde ist unverzüglich von Amts wegen an das Oberlandesgericht abzugeben.

(3) Die Beschwerde ist dem Gläubiger von Amts wegen zuzustellen.

§ 13

(1) Der Schuldner kann mit der Beschwerde, die sich gegen die Zulassung der Zwangsvollstreckung aus einer Entscheidung richtet, auch Einwendungen gegen den Anspruch selbst insoweit geltend machen, als die Gründe, auf denen sie beruhen, erst nach dem Erlaß der Entscheidung entstanden sind.

(2) Mit der Beschwerde, die sich gegen die Zulassung der Zwangsvollstreckung aus einem Prozeßvergleich oder einer öffentlichen Urkunde richtet, kann der Schuldner die Einwendungen gegen den Anspruch selbst ungeachtet der in Absatz 1 enthaltenen Beschränkung geltend machen.

§ 14

(1) Über die Beschwerde entscheidet das Oberlandesgericht durch Beschluß, der mit Gründen zu versehen ist. Der Beschluß kann ohne mündliche Verhandlung ergehen. Der Beschwerdegegner ist vor der Entscheidung zu hören.

(2) Solange eine mündliche Verhandlung nicht angeordnet ist, können zu Protokoll der Geschäftsstelle Anträge gestellt und Erklärungen abgegeben werden. Wird die mündliche Verhandlung angeordnet, so gilt für die Ladung § 215 der Zivilprozeßordnung.

(3) Eine vollständige Ausfertigung des Beschlusses ist dem Gläubiger und dem Schuldner auch dann von Amts wegen zuzustellen, wenn der Beschluß verkündet worden ist.

§ 15

(1) Ist die Zwangsvollstreckung aus einem Schuldtitel zugelassen, so kann der Schuldner Einwendungen gegen den Anspruch selbst in einem Verfahren nach § 767 der Zivilprozeßordnung nur geltend machen, wenn die Gründe, auf denen seine Einwendungen beruhen, erst

1. nach Ablauf der Frist, innerhalb derer er die Beschwerde hätte einlegen können, oder
2. falls die Beschwerde eingelegt worden ist, nach Beendigung dieses Verfahrens

entstanden sind.

(2) Die Klage nach § 767 der Zivilprozeßordnung ist bei dem Landgericht zu erheben, das über den Antrag auf Erteilung der Vollstreckungsklausel entschieden hat.

§ 16

(1) Gegen den ablehnenden Beschluß des Vorsitzenden (§ 10) kann der Antragsteller Beschwerde einlegen; die §§ 12 und 14 sind entsprechend anzuwenden.

(2) Aufgrund des Beschlusses, durch den die Zwangsvollstreckung aus dem Schuldtitel zugelassen wird, erteilt der Urkundsbeamte der Geschäftsstelle des Oberlandesgerichts die Vollstreckungsklausel. § 7 Satz 2 und § 8 Abs. 1 bis 3 sind entsprechend anzuwenden. Ein Zusatz, daß die Zwangsvollstreckung über Maßregeln zur Sicherung nicht hinausgehen darf, ist nur aufzunehmen, wenn das Oberlandesgericht eine entsprechende Anordnung nach diesem Gesetz (§ 24

Abs. 2, § 45 Abs. 1 Nr. 1 oder § 52 Abs. 1 Nr. 1) erlassen hat. Der Inhalt des Zusatzes bestimmt sich nach dem Inhalt der Anordnung.

Vierter Abschnitt. Rechtsbeschwerde

§ 17

(1) Gegen den Beschluß des Oberlandesgerichts findet die Rechtsbeschwerde statt, wenn gegen diese Entscheidung, wäre sie durch Endurteil ergangen, die Revision gegeben wäre.

(2) Die Rechtsbeschwerde ist innerhalb eines Monats einzulegen.

(3) Die Rechtsbeschwerdefrist ist eine Notfrist und beginnt mit der Zustellung des Beschlusses (§ 14 Abs. 3, § 16 Abs. 1).

§ 18

(1) Die Rechtsbeschwerde wird durch Einreichen der Beschwerdeschrift bei dem Bundesgerichtshof eingelegt.

(2) Die Rechtsbeschwerde ist zu begründen. § 554 der Zivilprozeßordnung ist entsprechend anzuwenden.

(3) Mit der Beschwerdeschrift soll eine Ausfertigung oder beglaubigte Abschrift des Beschlusses, gegen den die Rechtsbeschwerde sich richtet, vorgelegt werden.

(4) Die Beschwerdeschrift ist dem Beschwerdegegner von Amts wegen zuzustellen. Der Beschwerdeschrift und ihrer Begründung soll die für ihre Zustellung erforderliche Zahl von Abschriften beigefügt werden.

§ 19

(1) Der Bundesgerichtshof kann nur überprüfen, ob der Beschluß auf einer Verletzung eines Anerkennungs- und Vollstreckungsvertrages oder eines anderen Gesetzes beruht. Die §§ 550 und 551 der Zivilprozeßordnung sind entsprechend anzuwenden. Der Bundesgerichtshof darf nicht prüfen, ob das Gericht seine örtliche Zuständigkeit zu Unrecht angenommen hat.

(2) Der Bundesgerichtshof ist an die in dem angefochtenen Beschluß getroffenen tatsächlichen Feststellungen gebunden, es sei denn, daß in bezug auf diese Feststellungen zulässige und begründete Einwände vorgebracht worden sind.

(3) Auf das Verfahren über die Rechtsbeschwerde sind die §§ 554b, 556, 558, 559, 563, 573 Abs. 1 und die §§ 574 und 575 der Zivilprozeßordnung entsprechend anzuwenden.

(4) Wird die Zwangsvollstreckung aus dem Schuldtitel erstmals durch den Bundesgerichtshof zugelassen, so erteilt der Urkundsbeamte der Geschäftsstelle dieses Gerichts die Vollstreckungsklausel. § 7 Satz 2 und § 8 Abs. 1 bis 3 gelten entsprechend. Ein Zusatz über die Beschränkung der Zwangsvollstreckung entfällt.

Fünfter Abschnitt. Beschränkung der Zwangsvollstreckung auf Sicherungsmaßregeln und Fortsetzung der Zwangsvollstreckung

§ 20

Die Zwangsvollstreckung ist auf Sicherungsmaßregeln beschränkt, solange die Frist zur Einlegung der Beschwerde noch läuft und solange über die Beschwerde noch nicht entschieden ist.

§ 21

Einwendungen des Schuldners, daß bei der Zwangsvollstreckung die Beschränkung auf Sicherungsmaßregeln nach dem zwischenstaatlichen Vertrag, nach diesem Gesetz oder aufgrund einer auf diesem Gesetz beruhenden Anordnung (§§ 20, 24 Abs. 2, §§ 45, 52) nicht eingehalten werde, oder Einwendungen des Gläubigers, daß eine bestimmte Maßnahme der Zwangsvollstreckung mit dieser Beschränkung vereinbar sei, sind im Wege der Erinnerung nach § 766 der Zivilprozeßordnung bei dem Vollstreckungsgericht (§ 764 der Zivilprozeßordnung) geltend zu machen.

§ 22

(1) Solange die Zwangsvollstreckung aus einem Schuldtitel, der auf Leistung von Geld lautet, nicht über Maßregeln der Sicherung hinausgehen darf, ist der Schuldner befugt, die Zwangsvollstreckung durch Leistung einer Sicherheit in Höhe des Betrags abzuwenden, wegen dessen der Gläubiger vollstrecken darf.

(2) Die Zwangsvollstreckung ist einzustellen und bereits getroffene Vollstreckungsmaßregeln sind aufzuheben, wenn der Schuldner durch eine öffentliche Urkunde die zur Abwendung der Zwangsvollstreckung erforderliche Sicherheitsleistung nachweist.

§ 23

Ist eine bewegliche Sache gepfändet und darf die Zwangsvollstreckung nicht über Maßregeln zur Sicherung hinausgehen, kann das Vollstreckungsgericht auf Antrag anordnen, daß die Sache versteigert und der Erlös hinterlegt werde, wenn sie der Gefahr einer beträchtlichen Wertminderung ausgesetzt ist oder wenn ihre Aufbewahrung unverhältnismäßige Kosten verursachen würde.

§ 24

(1) Weist das Oberlandesgericht die Beschwerde des Schuldners gegen die Zulassung der Zwangsvollstreckung (§ 11) zurück oder läßt es auf die Beschwerde des Gläubigers (§ 16 Abs. 1) die Zwangsvollstreckung aus dem Schuldtitel zu, so kann die Zwangsvollstreckung über Maßregeln zur Sicherung hinaus fortgesetzt werden.

(2) Auf Antrag des Schuldners kann das Oberlandesgericht anordnen, daß bis zum Ablauf der Frist zur Einlegung der Rechtsbeschwerde (§ 17) oder bis zur Entscheidung über diese Beschwerde die Zwangsvollstreckung nicht oder nur gegen Sicherheitsleistung über Maßregeln zur Sicherung hinausgehen darf. Die Anordnung darf nur erlassen werden, wenn glaubhaft gemacht wird, daß die weitergehende Vollstreckung dem Schuldner einen nicht zu ersetzenden Nachteil bringen würde. § 713 der Zivilprozeßordnung ist entsprechend anzuwenden.

(3) Wird die Rechtsbeschwerde gegen den Beschluß des Oberlandesgerichts eingelegt, kann der Bundesgerichtshof auf Antrag des Schuldners eine Anordnung nach Absatz 2 erlassen. Der Bundesgerichtshof kann auf Antrag des Gläubigers eine nach Absatz 2 erlassene Anordnung des Oberlandesgerichts abändern oder aufheben.

§ 25

(1) Die Zwangsvollstreckung aus dem Schuldtitel, den der Urkundsbeamte der Geschäftsstelle des Landgerichts mit der Vollstreckungsklausel versehen hat, ist auf Antrag des Gläubigers über Maßregeln zur Sicherung hinaus fortzusetzen, wenn das Zeugnis des Urkundsbeamten der Geschäftsstelle dieses Gerichts vorgelegt wird, daß die Zwangsvollstreckung unbeschränkt stattfinden darf.

(2) Das Zeugnis ist dem Gläubiger auf seinen Antrag zu erteilen,

1. wenn der Schuldner bis zum Ablauf der Beschwerdefrist keine Beschwerdeschrift eingereicht hat;
2. wenn das Oberlandesgericht die Beschwerde des Schuldners zurückgewiesen und keine Anordnung nach § 24 Abs. 2 erlassen hat;
3. wenn der Bundesgerichtshof die Anordnung des Oberlandesgerichts nach § 24 Abs. 2 aufgehoben hat (§ 24 Abs. 3 Satz 2) oder
4. wenn der Bundesgerichtshof den Schuldtitel zur Zwangsvollstreckung zugelassen hat.

(3) Aus dem Schuldtitel darf die Zwangsvollstreckung, selbst wenn sie auf Maßregeln der Sicherung beschränkt ist, nicht mehr stattfinden, sobald ein Beschluß des Oberlandesgerichts, daß der Schuldtitel zur Zwangsvollstreckung nicht zugelassen werde, verkündet oder zugestellt ist.

§ 26

(1) Die Zwangsvollstreckung aus dem Schuldtitel, zu dem der Urkundsbeamte der Geschäftsstelle des Oberlandesgerichts die Vollstreckungsklausel mit dem Zusatz erteilt hat, daß die Zwangsvollstreckung aufgrund der Anordnung des Gerichts nicht über Maßregeln zur Sicherung hinausgehen darf (§ 16 Abs. 2 Satz 3), ist auf Antrag des Gläubigers fortzusetzen, wenn das Zeugnis des Urkundsbeamten der Geschäftsstelle dieses Gerichts vorgelegt wird, daß die Zwangsvollstreckung unbeschränkt stattfinden darf.

(2) Das Zeugnis ist dem Gläubiger auf seinen Antrag zu erteilen,

1. wenn der Schuldner bis zum Ablauf der Frist zur Einlegung der Rechtsbeschwerde (§ 17 Abs. 2) keine Beschwerdeschrift eingereicht hat;
2. wenn der Bundesgerichtshof die Anordnung des Oberlandesgerichts nach § 24 Abs. 2 aufgehoben hat (§ 24 Abs. 3 Satz 2) oder
3. wenn der Bundesgerichtshof die Rechtsbeschwerde des Schuldners zurückgewiesen hat.

Dritter Teil. Feststellung der Anerkennung einer Entscheidung

§ 27

Auf das Verfahren, das die Feststellung zum Gegenstand hat, ob die Entscheidung anzuerkennen ist, sind die §§ 2 bis 6, 9 bis 14 und 16 bis 19 entsprechend anzuwenden.

§ 28

Ist der Antrag auf Feststellung begründet, so beschließt der Vorsitzende, daß die Entscheidung anzuerkennen ist; die Kosten sind dem Antragsgegner aufzuerlegen. Dieser kann die Beschwerde (§ 11) auf die Entscheidung über den Kostenpunkt beschränken. In diesem Falle sind die Kosten dem Antragsteller aufzuerlegen, wenn der Antragsgegner nicht durch sein Verhalten zu dem Antrag auf Feststellung Veranlassung gegeben hat.

Vierter Teil. Aufhebung oder Änderung der Beschlüsse über die Zulassung der Zwangsvollstreckung oder die Anerkennung

§ 29

(1) Wird der Schuldtitel in dem Staat, in dem er errichtet worden ist, aufgehoben oder geändert und kann der Schuldner diese Tatsache in dem Verfahren der Zulassung der Zwangsvollstreckung nicht mehr geltend machen, so kann er die Aufhebung oder Änderung der Zulassung in einem besonderen Verfahren beantragen.

(2) Für die Entscheidung über den Antrag ist das Landgericht ausschließlich zuständig, das über den Antrag auf Erteilung der Vollstreckungsklausel entschieden hat.

(3) Der Antrag kann bei dem Gericht schriftlich oder durch Erklärung zu Protokoll der Geschäftsstelle gestellt werden. Über den Antrag kann ohne mündliche Verhandlung entschieden werden. Vor der Entscheidung ist der Gläubiger zu

hören. § 14 Abs. 2 ist entsprechend anzuwenden. Die Entscheidung ergeht durch Beschluß, der dem Gläubiger und dem Schuldner auch dann von Amts wegen zuzustellen ist, wenn er verkündet wurde.

(4) Der Beschluß unterliegt der sofortigen Beschwerde. Die Frist, innerhalb derer die sofortige Beschwerde einzulegen ist, beträgt einen Monat; sie ist eine Notfrist und beginnt mit der Zustellung des Beschlusses.

(5) Für die Einstellung der Zwangsvollstreckung und die Aufhebung bereits getroffener Vollstreckungsmaßregeln sind die §§ 769 und 770 der Zivilprozeßordnung entsprechend anzuwenden. Die Aufhebung einer Vollstreckungsmaßregel ist auch ohne Sicherheitsleistung zulässig.

§ 30

(1) Wird die Zulassung der Zwangsvollstreckung auf die Beschwerde (§ 11) oder die Rechtsbeschwerde (§ 17) aufgehoben oder abgeändert, so ist der Gläubiger zum Ersatz des Schadens verpflichtet, der dem Schuldner durch die Vollstreckung des Schuldtitels oder durch eine Leistung zur Abwendung der Vollstreckung entstanden ist. Das gleiche gilt, wenn die Zulassung der Zwangsvollstreckung aus einer Entscheidung, die zum Zeitpunkt der Zulassung nach dem Recht des Urteilsstaats noch mit einem ordentlichen Rechtsmittel angefochten werden konnte, nach § 29 aufgehoben oder abgeändert wird.

(2) Für die Geltendmachung des Anspruchs ist das Landgericht ausschließlich zuständig, das über den Antrag, den Schuldtitel mit der Vollstreckungsklausel zu versehen, entschieden hat.

§ 31

Wird die Entscheidung in dem Staat, in dem sie ergangen ist, aufgehoben oder abgeändert und kann die davon begünstigte Partei diese Tatsache nicht mehr in dem Verfahren über den Antrag auf Feststellung der Anerkennung geltend machen, so ist § 29 entsprechend anzuwenden.

Fünfter Teil. Besondere Vorschriften für Entscheidungen deutscher Gerichte

§ 32

(1) Will eine Partei ein Versäumnis- oder Anerkenntnisurteil, das nach § 313 b der Zivilprozeßordnung in verkürzter Form abgefaßt worden ist, in einem anderen Vertragsstaat geltend machen, so ist das Urteil auf ihren Antrag zu vervollständigen. Der Antrag kann bei dem Gericht schriftlich oder durch Erklärung zu Protokoll der Geschäftsstelle gestellt werden. Über den Antrag wird ohne mündliche Verhandlung entschieden.

(2) Zur Vervollständigung des Urteils sind der Tatbestand und die Entscheidungsgründe nachträglich abzufassen, von den Richtern besonders zu unterschreiben und der Geschäftsstelle zu übergeben; der Tatbestand und die Entscheidungsgründe können auch von Richtern unterschrieben werden, die bei dem Urteil nicht mitgewirkt haben.

(3) Für die Berichtigung des nachträglich abgefaßten Tatbestands gilt § 320 der Zivilprozeßordnung entsprechend. Jedoch können bei der Entscheidung über einen Antrag auf Berichtigung auch solche Richter mitwirken, die bei dem Urteil oder der nachträglichen Anfertigung des Tatbestands nicht mitgewirkt haben.

(4) Die vorstehenden Absätze gelten entsprechend für die Vervollständigung von Arrestbefehlen, einstweiligen Anordnungen und einstweiligen Verfügungen, die in einem anderen Vertragsstaat geltend gemacht werden sollen und nicht mit einer Begründung versehen sind.

§ 33

Vollstreckungsbescheide, Arrestbefehle und einstweilige Verfügungen, die nach dem zwischenstaatlichen Vertrag außerhalb des Geltungsbereichs dieses Gesetzes anerkannt und zur Zwangsvollstreckung zugelassen werden können, sind, sofern die Anerkennung und Zwangsvollstreckung betrieben werden soll, auch dann mit der Vollstreckungsklausel zu versehen, wenn dies für eine Zwangsvollstreckung im Geltungsbereich dieses Gesetzes nach § 796 Abs. 1, § 929 Abs. 1 und § 936 der Zivilprozeßordnung nicht erforderlich wäre.

Sechster Teil. Mahnverfahren

§ 34

(1) Das Mahnverfahren findet auch statt, wenn die Zustellung des Mahnbescheids in einem anderen Vertragsstaat erfolgen muß. In diesem Fall kann der Anspruch auch die Zahlung einer bestimmten Geldsumme in ausländischer Währung zum Gegenstand haben.

(2) Macht der Antragsteller geltend, daß das Gericht aufgrund einer Vereinbarung zuständig sei, hat er dem Mahnantrag die nach dem jeweiligen Vertrag erforderlichen Schriftstücke über die Vereinbarung beizufügen.

(3) Die Widerspruchsfrist (§ 692 Abs. 1 Nr. 3 der Zivilprozeßordnung) beträgt einen Monat. In dem Mahnbescheid ist der Antragsgegner darauf hinzuweisen, daß er einen Zustellungsbevollmächtigten zu benennen hat (§ 174 der Zivilprozeßordnung und § 4 Abs. 2 und 3 dieses Gesetzes). § 175 der Zivilprozeßordnung gilt entsprechend mit der Maßgabe, daß der Zustellungsbevollmächtigte innerhalb der Widerspruchsfrist zu benennen ist.

Siebenter Teil. Auszuführende zwischenstaatliche Verträge

§ 35

(1) Dieses Gesetz ist bei der Ausführung folgender Verträge anzuwenden:

1. Übereinkommen vom 27. September 1968 über die gerichtliche Zuständigkeit und die Vollstreckung gerichtlicher Entscheidungen in Zivil- und Handelssachen (BGBl. 1972 II S. 773);
2. Haager Übereinkommen vom 2. Oktober 1973 über die Anerkennung und Vollstreckung von Unterhaltsentscheidungen (BGBl. 1986 II S. 825);
3. Vertrag vom 17. Juni 1977 zwischen der Bundesrepublik Deutschland und dem Königreich Norwegen über die gegenseitige Anerkennung und Vollstreckung gerichtlicher Entscheidungen und anderer Schuldtitel in Zivil- und Handelssachen (BGBl. 1981 II S. 341);
4. Vertrag vom 20. Juli 1977 zwischen der Bundesrepublik Deutschland und dem Staat Israel über die gegenseitige Anerkennung und Vollstreckung gerichtlicher Entscheidungen in Zivil- und Handelssachen (BGBl. 1980 II S. 925);
5. Vertrag vom 14. November 1983 zwischen der Bundesrepublik Deutschland und Spanien über die Anerkennung und Vollstreckung von gerichtlichen Entscheidungen und Vergleichen sowie vollstreckbaren öffentlichen Urkunden in Zivil- und Handelssachen (BGBl. 1987 II S. 34).

(2) Die Ausführung der Übereinkommen unterliegt ergänzend den Vorschriften des Achten Teils, die den allgemeinen Regelungen vorgehen.

Achter Teil. Besondere Vorschriften für die einzelnen zwischenstaatlichen Verträge

Erster Abschnitt. Übereinkommen vom 27. September 1968 über die gerichtliche Zuständigkeit und die Vollstreckung gerichtlicher Entscheidungen in Zivil- und Handelssachen (BGBl. 1972 II 773)[2]

§ 36

(1) Die Frist für die Beschwerde (§ 11) beträgt zwei Monate, wenn der Schuldner seinen Wohnsitz in einem anderen Vertragsstaat als dem hat, in welchem die Entscheidung über die Zulassung der Zwangsvollstreckung ergangen ist (Artikel 36 Abs. 2 des Übereinkommens).

2 Die weiteren Abschnitte dieses Teils betreffen nicht das EuGVÜ und sind daher nicht abgedruckt. Vom Abdruck der Schlußvorschriften wurde ebenfalls abgesehen.

(2) § 9 Abs. 2 Satz 1 ist bei der Zustellung außerhalb des Geltungsbereichs dieses Gesetzes dann nicht anzuwenden, wenn ein Schriftstück in einem Vertragsstaat des Übereinkommens zugestellt werden muß.

(3) Im übrigen bleiben § 9 Abs. 2 und § 11 Abs. 2 unberührt.

§ 37

(1) Das Oberlandesgericht kann auf Antrag des Schuldners seine Entscheidung über die Beschwerde gegen die Zulassung der Zwangsvollstreckung aussetzen, wenn gegen die Entscheidung im Ursprungsstaat ein ordentliches Rechtsmittel eingelegt oder die Frist hierfür noch nicht verstrichen ist; im letzteren Fall kann das Oberlandesgericht eine Frist bestimmen, innerhalb derer das Rechtsmittel einzulegen ist. Das Gericht kann die Zwangsvollstreckung auch von einer Sicherheitsleistung abhängig machen.

(2) Absatz 1 ist im Verfahren auf Feststellung der Anerkennung einer Entscheidung (§§ 27 und 28) entsprechend anzuwenden.

§ 38

Die Rechtsbeschwerde (§§ 17 bis 19) ist stets zulässig, wenn das Oberlandesgericht von einer Entscheidung des Gerichtshofs der Europäischen Gemeinschaften abgewichen ist.

Register der Urteile des EuGH mit Fundstellen

6. 10. 1976 – 12/76 Tessili/Dunlop (Einl Rz. 25, 43; Art. 5 Rz. 12f.)	Slg. 1976, 1473; NJW 1977, 491 Anm. *Geimer;* RIW 1977, 40 Anm. *Linke;* Rev. crit. 1977, 751 Anm. *Gothot/Holleaux;* Bericht *Huet*, Clunet 1977, 714; D. S. 1977, Jur. 616 Anm. *Droz;* Riv. dir. int. priv. proc. 1977, 171; Riv. dir. int. 1977, 608; N. J. 1977 Nr. 169 Anm. *Schultsz;* C. M. L. R. 1977, 1, 26.
6. 10. 1976 – 14/76 De Bloos/Bouyer (Einl Rz. 32, 35, 43; Art. 5 Rz. 6ff., 52, 56)	Slg. 1976, 1497; NJW 1977, 490 Anm. *Geimer;* RIW 1977, 42 Anm. *Linke;* Rev. crit. 1977, 751 Anm. *Gothot/Holleaux;* Bericht *Bischoff*, Clunet 1977, 719; D. S. 1977, Jur. 616 Anm. *Droz;* Riv. dir. int. priv. proc. 1977, 176; Riv. dir. int. 1977, 612; N. J. 1977 Nr. 170 Anm. *Schultsz;* C. M. L. R. 1977, 1, 60.
14. 10. 1976 – 29/76 LTU/Eurocontrol (Einl Rz. 21, 100; Art. 1 Rz. 3, 6f.; Art. 25 Rz. 3)	Slg. 1976, 1541; NJW 1977, 489 Anm. *Geimer;* RIW 1977, 40 Anm. *Linke;* Rev. crit. 1977, 772 Anm. *Droz;* Bericht *Huet*, Clunet 1977, 707; Riv. dir. int. priv. proc. 1977, 183; Riv. dir. int. 1977, 617; N. J. 1982 Nr. 95 Anm. *Schultsz;* C. M. L. R. 1977, 1, 88.
30. 11. 1976 – 21/76 Bier/Mines de Potasse d'Alsace (Einl Rz. 40; Art. 5 Rz. 42)	Slg. 1976, 1735; NJW 1977, 493; RIW 1977, 356 Anm. *Linke;* Rev. crit. 1977, 563 Anm. *Bourel;* Bericht *Huet*, Clunet 1977, 728; D. S. 1977, Jur. 613 Anm. *Droz;* Riv. dir. int. priv. proc. 1977, 187; Riv. dir. int. 1977, 620; N. J. 1977 Nr. 494 Anm. *Schultsz;* C. M. L. R. 1977, 1, 284.
30. 11. 1976 – 42/76 De Wolf/Cox (Einl Rz. 35; vor Art. 2 Rz. 19; Art. 25 Rz. 7; vor Art. 26 Rz. 12)	Slg. 1976, 1759; NJW 1977, 495 (L), 2023 Anm. *Geimer;* Rev. crit. 1978, 774 (L); Bericht *Huet*, Clunet 1977, 253; Riv. dir. int. priv. proc. 1977, 430; N. J. 1977 Nr. 484 Anm. *Schultsz;* C. M. L. R. 1977, 2, 43.
14. 12. 1976 – 24/76 Colzani/Rüwa (Art. 17 Rz. 20, 22, 25ff.)	Slg. 1976, 1831; NJW 1977, 494; RIW 1977, 104, 163 Anm. *Gerd Müller;* Rev. crit. 1977, 576 Anm. *Mezger;* Bericht *Bischoff*, Clunet 1977, 734; Riv. dir. int. priv. proc. 1977, 434; Riv. dir. int. 1977, 627; N. J. 1977 Nr. 446 Anm. *Schultsz;* C. M. L. R. 1977, 1, 345.
14. 12. 1976 – 25/76 Segoura/Bonakdarian (Art. 17 Rz. 25, 32f., 40)	Slg. 1976, 1851; NJW 1977, 495; RIW 1977, 105, 163 Anm. *Gerd Müller;* Rev. crit. 1977, 581 Anm. *Mezger;* Bericht *Bischoff*, Clunet 1977, 734; Riv. dir. int. priv. proc. 1977, 439; Riv. dir. int. 1977, 623; N. J. 1977 Nr. 447 Anm. *Schultsz;* C. M. L. R. 1977, 1, 361.

14. 7. 1977 – 9 u. 10/77 Bavaria Fluggesellschaft und Germanair/Eurocontrol (Einl Rz. 21; Art. 1 Rz. 1; Art. 56 Rz. 1)	Slg. 1977, 1517; NJW 1978, 483 Anm. *Geimer;* RIW 1977, 708; Rev. crit. 1979, 860 (L); Bericht *Huet,* Clunet 1978, 393; Gaz. Pal. 1978, Jur. 196 Anm. *Krsjak;* Riv. dir. int. priv. proc. 1977, 917; Riv. dir. int. 1978, 322; N. J. 1977 Nr. 611; C. M. L. R. 1980, 1, 566.
22. 11. 1977 – 43/77 Industrial Diamond Supplies/Riva (Art. 30 Rz. 3)	Slg. 1977, 2175; NJW 1978, 1107 (L); RIW 1978, 186; Rev. crit. 1979, 426 Anm. *Gaudemet-Tallon;* Bericht *Huet,* Clunet 1978, 398; Riv. dir. int. priv. proc. 1978, 183; Riv. dir. int. 1978, 325; N. J. 1978 Nr. 338 Anm. *Schultsz;* C. M. L. R. 1978, 1, 349.
14. 12. 1977 – 73/77 Sanders/van der Putte (Art. 16 Rz. 10, 21 f.)	Slg. 1977, 2383; NJW 1978, 1107 (L); RIW 1978, 336; Rev. crit. 1979, 859 (L); Bericht *Bischoff,* Clunet 1978, 388; Riv. dir. int. priv. proc. 1978, 417; N. J. 1978 Nr. 654 (L); C. M. L. R. 1978, 1, 331.
21. 6. 1978 – 150/77 Bertrand/Ott (Einl Rz. 40; Art. 13 Rz. 3, 5 f.)	Slg. 1978, 1431; RIW 1978, 685; Rev. crit. 1979, 119 Anm. *Mezger;* J. C. P. 1979, II, 19051 Anm. *Jeantet;* Riv. dir. int. priv. proc. 1978, 889; Dir. com. scambi int. 1978, 721 Anm. *Mari;* N. J. 1979 Nr. 115 Anm. *Schultsz;* C. M. L. R. 1978, 3, 499.
9. 11. 1978 – 23/78 Meeth/Glacetal (Art. 17 Rz. 55, 57, 94; Art. 18 Rz. 19)	Slg. 1978, 2133; NJW 1979, 1110 (L); RIW 1978, 814; Rev. crit. 1981, 127 Anm. *Gaudemet-Tallon;* Bericht *Huet,* Clunet 1979, 663; Riv. dir. int. priv. proc. 1979, 138; Riv. dir. int. 1981, 129; N. J. 1979 Nr. 538 Anm. *Schultsz;* C. M. L. R. 1979, 1, 520.
22. 11. 1978 – 33/78 Somafer/Saar-Ferngas (Art. 5 Rz. 54 f., 60 f.)	Slg. 1978, 2183; RIW 1979, 56; Bericht *Huet,* Clunet 1979, 672; Bericht *Audit,* D. S. 1979 I. R. 458; Riv. dir. int. priv. proc. 1979, 142; Riv. dir. int. 1981, 132; N. J. 1979 Nr. 595; C. M. L. R. 1979, 1, 490.
22. 2. 1979 – 133/78 Gourdain/Nadler (Einl Rz. 33 f., 40; Art. 1 Rz. 3, 15, 29, 32)	Slg. 1979, 733; NJW 1979, 1772 (L); RIW 1979, 273; KTS 1979, 268; Rev. crit. 1979, 657 Anm. *Lemontey;* Riv. dir. int. priv. proc. 1979, 572; Riv. dir. int. 1981, 137; N. J. 1979 Nr. 564 Anm. *Schultsz;* C. M. L. R. 1979, 3, 180.
27. 3. 1979 – 143/78 De Cavel/De Cavel (Art. 1 Rz. 11, 24; Art. 24 Rz. 4)	Slg. 1979, 1055; NJW 1979, 1100 (L); Rev. crit. 1980, 614 Anm. *Droz;* Bericht *Huet,* Clunet 1979, 681; Riv. dir. int. priv. proc. 1979, 577; Riv. dir. int. 1981, 141; N. J. 1979 Nr. 610; C. M. L. R. 1979, 2, 547.
13. 11. 1979 – 25/79 Sanicentral/Collin (Einl Rz. 11; Art. 1 Rz. 14; Art. 17 Rz. 10, 18, 73, 75; Art. 54 Rz. 4)	Slg. 1979, 3423; NJW 1980, 1218 (L); RIW 1980, 285; Bericht *Huet,* Clunet 1980, 429; D. S. 1980, Jur. 543; Anm. *Mestre;* Riv. dir. int. priv. proc. 1980, 90; Riv. dir. int. 1981, 144; N. J. 1980 Nr. 510 Anm. *Schultsz;* C. M. L. R. 1980, 2, 164.

17. 1. 1980 – 56/79 Zelger/Salinitri (Einl Rz. 33; Art. 5 Rz. 17; Art. 17 Rz. 68, 75, 85)	Slg. 1980, 89; NJW 1980, 1218 (L); RIW 1980, 726; WM 1980, 720 Anm. *Schütze;* IPRax 1981, 89, 75 Anm. *Spellenberg;* Rev. crit. 1980, 385 Anm. *Mezger;* Bericht *Huet*, Clunet 1980, 435; Riv. dir. int. priv. proc. 1980, 290; Riv. dir. int. 1981, 147; N. J. 1980 Nr. 511 Anm. *Schultsz;* C. M. L. R. 1980, 2, 635.
6. 3. 1980 – 120/79 De Cavel/De Cavel (Art. 1 Rz. 11, 17, 22; Art. 5 Rz. 20; Art. 24 Rz. 4f.; Art. 25 Rz. 23)	Slg. 1980, 731; NJW 1980, 1218 (L); IPRax 1981, 19, 5 Anm. *Hausmann;* Rev. crit. 1980, 618 Anm. *Droz;* Bericht *Huet*, Clunet 1980, 442; Riv. dir. int. priv. proc. 1980, 475; N. J. 1981 Nr. 183 Anm. *Schultsz;* C. M. L. R. 1980, 3, 1.
6. 5. 1980 – 784/79 Porta-Leasing/Prestige International (Art. 17 Rz. 50)	Slg. 1980, 1517; RIW 1981, 58; Rev. crit. 1981, 339 Anm. *Lagarde;* Bericht *Huet*, Clunet 1980, 934; Riv. dir. int. priv. proc. 1981, 183; N. J. 1980 Nr. 607 (L) Anm. *Schultsz;* C. M. L. R. 1981, 1, 135.
21. 5. 1980 – 125/79 Denilauler/Couchet Frères (Art. 25 Rz. 23; Art. 27 Rz. 20)	Slg. 1980, 1553; NJW 1980, 2016 (L); RIW 1980, 510; IPRax 1981, 95, 79 Anm. *Hausmann;* Rev. crit. 1980, 787 Anm. *Mezger;* Bericht *Huet*, Clunet 1980, 939; Bericht *Audit*, D. S. 1981, I. R. 158; Riv. dir. int. priv. proc. 1981, 188; N. J. 1981 Nr. 184 Anm. *Schultsz;* C. M. L. R. 1981, 1, 62.
16. 12. 1980 – 814/79 Niederlande/Rüffer (Einl Rz. 40; Art. 1 Rz. 3, 6f., 10)	Slg. 1980, 3807; RIW 1981, 711; IPRax 1981, 169, 154 Anm. *Schlosser;* Bericht *Bischoff*, Clunet 1982, 463; Riv. dir. int. priv. proc. 1981, 1040; N. J. 1982 Nr. 97 Anm. *Schultsz;* C. M. L. R. 1981, 3, 293.
18. 3. 1981 – 139/80 Blanckaert & Willems/Trost (Art. 5 Rz. 52, 57)	Slg. 1981, 819; NJW 1982, 507 (L); RIW 1981, 341; IPRax 1982, 64, 46 Anm. *Linke;* Bericht *Bischoff*, Clunet 1982, 479; Riv. dir. int. priv. proc. 1982, 124; N. J. 1981 Nr. 579 Anm. *Schultsz;* C. M. L. R. 1982, 2, 1.
26. 5. 1981 – 157/80 Strafverfahren Rinkau (Einl Rz. 34, 40; Art. 5 Rz. 50)	Slg. 1981, 1391; RIW 1981, 715; IPRax 1982, 185, 173 Anm. *Habscheid;* Bericht *Huet*, Clunet 1981, 888; Riv. dir. int. priv. proc. 1982, 133; C. M. L. R. 1981, 1, 205.
16. 6. 1981 – 166/80 Klomps/Michel (Art. 27 Rz. 18, 23f., 31, 34, 36, 39; Art. 52 Rz. 6)	Slg. 1981, 1593; RIW 1981, 781; IPRax 1982, 14, 5 Anm. *Nagel;* Rev. crit. 1981, 726 Anm. *Mezger;* Bericht *Huet*, Clunet 1981, 893; Riv. dir. int. priv. proc. 1982, 141; N. J. 1983 Nr. 305 Anm. *Schultsz;* C. M. L. R. 1982, 2, 773.
24. 6. 1981 – 150/80 Elefanten Schuh/Jacqmain (Art. 6 Rz. 1; Art. 17 Rz. 18; Art. 18 Rz. 11f., 16, 18; Art. 22 Rz. 1)	Slg. 1981, 1671; NJW 1982, 507 (L); RIW 1981, 709; IPRax 1982, 234, 222 Anm. *Leipold;* Rev. crit. 1982, 143 Anm. *Gaudemet-Tallon;* Bericht *Huet*, Clunet 1981, 903; Riv. dir. int. priv. proc. 1982, 153; N. J. 1981 Nr. 546 Anm. *Schultsz;* C. M. L. R. 1982, 3, 1.

22. 10. 1981 – 27/81 Rohr/Ossberger (Art. 18 Rz. 12)	Slg. 1981, 2431; RIW 1982, 48; IPRax 1982, 238, 222 Anm. *Leipold;* Rev. crit. 1982, 143 Anm. *Gaudemet-Tallon;* Bericht *Huet*, Clunet 1982, 482; Riv. dir. int. priv. proc. 1982, 636; N. J. 1982 Nr. 144 (L); C. M. L. R. 1982, 3, 29.
4. 3. 1982 – 38/81 Effer/Kantner (Einl Rz. 35; Art. 5 Rz. 6)	Slg. 1982, 825; RIW 1982, 280; IPRax 1983, 31, 13 Anm. *Gottwald;* Rev. crit. 1982, 570 Anm. *Gaudemet-Tallon;* Bericht *Huet*, Clunet 1982, 473; N. J. 1983 Nr. 508 Anm. *Schultsz;* C. M. L. R. 1984, 2, 667.
31. 3. 1982 – 25/81 W./H. (Art. 1 Rz. 24; Art. 18 Rz. 12; Art. 24 Rz. 4)	Slg. 1982, 1189; RIW 1982, 755; IPRax 1983, 77, 65 Anm. *Sauveplanne;* Rev. crit. 1984, 350 Anm. *Droz;* Bericht *Huet*, Clunet 1982, 942; Riv. dir. int. 1983, 890; N. J. 1982 Nr. 281 Anm. *Schultsz;* C. M. L. R. 1983, 2, 125.
26. 5. 1982 – 133/81 Ivenel/Schwab (Art. 5 Rz. 8)	Slg. 1982, 1981; RIW 1982, 908; IPRax 1983, 173, 153 Anm. *Mezger;* Rev. crit. 1983, 116 Anm. *Gaudemet-Tallon;* Bericht *Bischoff/Huet*, Clunet 1982, 948; Riv. dir. int. 1983, 900; N. J. 1983 Nr. 560 Anm. *Schultsz;* C. M. L. R. 1983, 1, 538.
15. 7. 1982 – 228/81 Pendy Plastic/Pluspunkt (Art. 27 Rz. 36 f.)	Slg. 1982, 2723; NJW 1982, 1937 (L); RIW 1982, 908 (L); IPRax 1985, 25, 6 Anm. *Geimer;* Rev. crit. 1983, 521 Anm. *Droz;* Bericht *Huet*, Clunet 1982, 960; Riv. dir. int. priv. proc. 1982, 884; Riv. dir. int. 1983, 905; N. J. 1983 Nr. 782 Anm. *Heemskerk;* C. M. L. R. 1983, 1, 665.
22. 3. 1983 – 34/82 Peters/Zuid Nederlandse Aannemers Vereniging (Art. 5 Rz. 4)	Slg. 1983, 987; RIW 1983, 871; IPRax 1984, 85, 65 Anm. *Schlosser;* Rev. crit. 1983, 663 Anm. *Gaudemet-Tallon;* Bericht *Huet*, Clunet 1983, 834; Riv. dir. int. priv. proc. 1983, 896; N. J. 1983 Nr. 664 Anm. *Schultsz;* C. M. L. R. 1984, 2, 605.
14. 7. 1983 – 210/82 Gerling/Amministrazione del tesoro dello Stato (Art. 17 Rz. 20, 45, 62; Art. 18 Rz. 12)	Slg. 1983; 2503; RIW 1984, 62; IPRax 1984, 259, 237 Anm. *Hübner;* Rev. crit. 1984, 141 Anm. *Gaudemet-Tallon;* Bericht *Huet*, Clunet 1983, 843; Riv. dir. int. priv. proc. 1984, 176; Riv. dir. int. 1984, 901; N. J. 1984 Nr. 716 Anm. *Schultsz;* C. M. L. R. 1984, 3, 638.
9. 11. 1983 – 80/83 Habourdin/Italocremona (Einl Rz. 19)	Slg. 1983, 3639.
15. 11. 1983 – 228/82 Duijnstee/Goderbauer (Einl Rz. 11, 43; Art. 16 Rz. 35 ff., 40; Art. 19 Rz. 1)	Slg. 1983, 3663; RIW 1984, 483; IPRax 1985, 92, 76 Anm. *Stauder;* Rev. crit. 1984, 361 Anm. *Bonet;* Riv. dir. int. priv. proc. 1985, 175; Riv. dir. int. 1984, 910; N. J. 1984 Nr. 695 Anm. *Wichers, Hoeth* und *Schultsz;* C. M. L. R. 1985, 1, 220.

28. 3. 1984 – 56/84 von Gallera/Maître (Einl Rz. 19)	Slg. 1984, 1769; Bericht *Huet*, Clunet 1985, 183.
7. 6. 1984 – 129/83 Zelger/Salinitri (Art. 21 Rz. 10)	Slg. 1984, 2397; NJW 1984, 2759; RIW 1984, 737 Anm. *Linke;* IPRax 1985, 336, 317 Anm. *Rauscher;* Rev. crit. 1985, 374 Anm. *Holleaux;* Bericht *Huet,* Clunet 1985, 165; Riv. dir. int. priv. proc. 1985, 393; N. J. 1985 Nr. 331; C. M. L. R. 1985, 3, 366.
19. 6. 1984 – 71/83 Russ/Nova (Art. 17 Rz. 20, 38, 46, 80 f.)	Slg. 1984, 2417; RIW 1984, 909 Anm. *Schlosser;* IPRax 1985, 152, 133 Anm. *Basedow;* Rev. crit. 1985, 385 Anm. *Gaudemet-Tallon;* Bericht *Bischoff*, Clunet 1985, 159; Dr. mar. fr. 1985, 83 Anm. *Bonassies;* Riv. dir. int. priv. proc. 1985, 650; N. J. 1984 Nr. 735 Anm. *Schultsz;* C. M. L. R. 1984, 3, 499.
12. 7. 1984 – 178/83 Firma P./Firma K. (Art. 40 Rz. 5)	Slg. 1984, 3033; RIW 1984, 814; IPRax 1985, 274, 254 Anm. *Stürner;* Rev. crit. 1985, 566 Anm. *Lagarde*; Bericht *Huet*, Clunet 1985, 178; Riv. dir. int. priv. proc. 1985, 665; N. J. 1985 Nr. 603; C. M. L. R. 1985, 2, 271.
27. 11. 1984 – 258/83 Brennero/Wendel (Art. 25 Rz. 23; Art. 37 Rz. 4; Art. 38 Rz. 4; Art. 39 Rz. 1)	Slg. 1984, 3971; RIW 1985, 235 Anm. *Linke;* IPRax 1985, 339, 321 Anm. *Schlosser;* Bericht *Huet*, Clunet 1985, 173; Riv. dir. int. priv. proc. 1985, 878; N. J. 1985 Nr. 622; C. M. L. R. 1986, 2, 59.
15. 1. 1985 – 241/83 Rösler/Rottwinkel (Einl Rz. 34 f.; Art. 16 Rz. 20, 22, 25)	Slg. 1985, 99; NJW 1985, 905; RIW 1985, 238; IPRax 1986, 97, 75 Anm. *Kreuzer;* Rev. crit. 1986, 128 Anm. *Droz;* Bericht *Huet*, Clunet 1986, 439; Riv. dir. int. priv. proc. 1986, 171; Riv. dir. int. 1986, 114; N. J. 1986 Nr. 208 Anm. *Schultsz;* C. M. L. R. 1985, 1, 806.
7. 3. 1985 – 48/84 Spitzley/Sommer (Art. 17 Rz. 94 f.; Art. 18 Rz. 18 f.)	Slg. 1985, 787; NJW 1985, 2893; RIW 1985, 313, 887 Anm. *Rauscher;* IPRax 1986, 27, 10 Anm. *Gottwald;* Rev. crit. 1985, 682 Anm. *Gaudemet-Tallon;* Bericht *Huet*, Clunet 1986, 458; Riv. dir. int. priv. proc. 1986, 177; Riv. dir. int. 1986, 129; N. J. 1986 Nr. 336; C. M. L. R. 1985, 2, 507.
11. 6. 1985 – 49/84 Debaecker/Bouwman (Art. 27 Rz. 19, 33, 35)	Slg. 1985, 1779; NJW 1986, 1425 (L); RIW 1985, 967; Bericht *Bischoff*, Clunet 1986, 461; N. J. 1986 Nr. 290 Anm. *Schultsz;* Riv. dir. int. priv. proc. 1986, 418; C. M. L. R. 1986, 2, 400.
2. 7. 1985 – 148/84 Deutsche Genossenschaftsbank/Brasserie du Pêcheur (Art. 36 Rz. 3)	Slg. 1985, 1981; NJW 1986, 657 (L); Rev. crit. 1986, 341 Anm. *Gaudemet-Tallon;* Bericht *Huet*, Clunet 1986, 469; Riv. dir. int. priv. proc. 1986, 425; N. J. 1986 Nr. 508; C. M. L. R. 1986, 2, 496.

4. 7. 1985 – 220/84 AS Autoteile/Malhé (Art. 16 Rz. 3, 52)	Slg. 1985, 2267; NJW 1985, 2892; RIW 1985, 734; IPRax 1986, 232, 208 Anm. *Geimer;* Rev. crit. 1986, 142 Anm. *Mezger;* Bericht *Huet*, Clunet 1986, 449; Riv. dir. int. priv. proc. 1986, 714; N. J. 1986 Nr. 509 Anm. *Schultsz;* C. M. L. R. 1986, 3, 321.
11. 7. 1985 – 221/84 Berghoefer/ASA (Art. 17 Rz. 38)	Slg. 1985, 2699; NJW 1985, 2893 (L); RIW 1985, 736; Rev. crit. 1986, 335 Anm. *Gaudemet-Tallon*; Bericht *Bischoff*, Clunet 1986, 453; Riv. dir. int. priv. proc. 1986, 429; N. J. 1986 Nr. 602; C. M. L. R. 1986, 1, 13.
3. 10. 1985 – 119/84 Capelloni/Pelkmans (Art. 39 Rz. 2, 4)	Slg. 1985, 3147; RIW 1986, 300; Rev. crit. 1987, 123 Anm. *Gaudemet-Tallon;* Bericht *Huet*, Clunet 1986, 471; Riv. dir. int. priv. proc. 1986, 432; Rev. dir. int. 1987, 842; N. J. 1987 Nr. 118 Anm. *Schultsz;* C. M. L. R. 1986, 1, 388.
24. 6. 1986 – 22/85 Anterist/Crédit Lyonnais (Art. 17 Rz. 91 f.)	Slg. 1986, 1951; RIW 1986, 636; IPRax 1987, 105, 81 Anm. *Gottwald;* Rev. crit. 1987, 136 Anm. *Gaudemet-Tallon;* Bericht *Huet*, Clunet 1987, 474; Riv. dir. int. priv. proc. 1987, 577; Riv. dir. int. 1988, 658; N. J. 1987 Nr. 656 Anm. *Schultsz;* C. M. L. R. 1987, 1, 333.
10. 7. 1986 – 198/85 Carron/Bundesrepublik Deutschland (Art. 33 Rz. 5 ff.)	Slg. 1986, 2437; RIW 1986, 994; IPRax 1987, 229, 209 Anm. *Jayme/Abend;* Rev. crit. 1987, 144 Anm. *Gaudemet-Tallon;* Bericht *Huet*, Clunet 1987, 475; Riv. dir. int. priv. proc. 1988, 362; N. J. 1987 Nr. 478 Anm. *Schultsz;* C. M. L. R. 1987, 1, 838.
11. 11. 1986 – 313/85 Iveco Fiat/Van Hool (Art. 17 Rz. 34, 38 f.)	Slg. 1986, 3337; NJW 1987, 2155; RIW 1987, 311; IPRax 1989, 383, 361 Anm. *Jayme;* Rev. crit. 1987, 420 Anm. *Gaudemet-Tallon;* Bericht *Bischoff*, Clunet 1987, 472; Riv. dir. int. priv. proc. 1988, 365; N. J. 1987 Nr. 479; C. M. L. R. 1988, 1, 57.
15. 1. 1987 – 266/85 Shenavai/Kreischer (Art. 5 Rz. 8 f.)	Slg. 1987, 239; NJW 1987, 1131 Anm. *Geimer;* RIW 1987, 213; IPRax 1987, 366, 346 Anm. *Mezger;* Rev. crit. 1987, 797 Anm. *Droz;* Bericht *Bischoff/Huet*, Clunet 1987, 465; Riv. dir. int. priv. proc. 1988, 562; N. J. 1988 Nr. 413 Anm. *Schultsz;* C. M. L. R. 1987, 3, 782.
8. 12. 1987 – 144/86 Gubisch/Palumbo (Einl Rz. 33, 35, 43; Art. 21 Rz. 5)	Slg. 1987, 4861; NJW 1989, 665; RIW 1988, 818 Anm. *Linke;* IPRax 1989, 157, 139 Anm. *Schack;* Rev. crit. 1988, 370 Anm. *Gaudemet-Tallon;* Bericht *Huet*, Clunet 1988, 537; Riv. dir. int. priv. proc. 1988, 566; N. J. 1989 Nr. 420 Anm. *Schultsz;* E. C. C. 1989, 420.

9. 12. 1987 – 218/86 Schotte/Parfums Rothschild (Art. 5 Rz. 58)	Slg. 1987, 4905; NJW 1988, 625; RIW 1988, 136, 220 (L) Anm. *Geimer;* IPRax 1989, 96, 81 Anm. *Kronke;* Rev. crit. 1988, 733 Anm. *Droz;* Bericht *Bischoff,* Clunet 1988, 544; Riv. dir. int. priv. proc. 1989, 164; N. J. 1989 Nr. 750 Anm. *Schultsz;* E. C. C. 1989, 431.
4. 2. 1988 – 145/86 Hoffmann/Krieg (Einl Rz. 34; vor Art. 26 Rz. 9f.; Art. 27 Rz. 5, 8, 41f.; Art. 36 Rz. 2)	Slg. 1988, 645; NJW 1989, 663; RIW 1988, 820 Anm. *Linke;* IPRax 1989, 159, 139 Anm. *Schack;* Rev. crit. 1988, 598 Anm. *Gaudemet-Tallon;* Bericht *Huet,* Clunet 1989, 449; Riv. dir. int. priv. proc. 1989, 432, 331 Aufsatz *Di Blase;* N. J. 1990 Nr. 209 Anm. *Schultsz.*
8. 3. 1988 – 9/87 Arcado/Haviland (Einl Rz. 33f., 43; Art. 5 Rz. 4f.)	Slg. 1988, 1539; NJW 1989, 1424; RIW 1988, 987 (L) Anm. *Schlosser,* 1989, 139; IPRax 1989, 227, 207 Anm. *Mezger;* Rev. crit. 1988, 610 Anm. *Gaudemet-Tallon;* Bericht *Huet,* Clunet 1989, 453; Riv. dir. int. priv. proc. 1989, 167; N. J. 1990 Nr. 424 Anm. *Schultsz;* E. C. C. 1989, 1.
6. 7. 1988 – 158/87 Scherrens/Maenhout (Art. 16 Rz. 24)	Slg. 1988, 3791; RIW 1989, 644; IPRax 1991, 44, 25 Anm. *Kreuzer;* Rev. crit. 1989, 545 Anm. *Gaudemet-Tallon;* Bericht *Huet,* Clunet 1989, 454; Riv. dir. int. priv. proc. 1989, 717; N. J. 1989 Nr. 360 Anm. *Schultsz.*
27. 9. 1988 – 189/87 Kalfelis/Schröder u. a. (Einl Rz. 33f., 43; vor Art. 5 Rz. 2; Art. 5 Rz. 35, 39; Art. 6 Rz. 5f.)	Slg. 1988, 5565; NJW 1988, 3088 Anm. *Geimer;* RIW 1988, 901, 987 (L) Anm. *Schlosser;* IPRax 1989, 288, 272 Anm. *Gottwald;* Rev. crit. 1989, 112 Anm. *Gaudemet-Tallon;* Bericht *Huet,* Clunet 1989, 457; Riv. dir. int. priv. proc. 1989, 927; N. J. 1990 Nr. 425 Anm. *Schultsz;* E. C. C. 1989, 407.
15. 2. 1989 – 32/88 Société Six Constructions/Humbert (Art. 5 Rz. 8)	Slg. 1989, 341; RIW 1990, 139; IPRax 1990, 173, 152 Anm. *Rauscher;* Rev. crit. 1989, 555 Anm. *Rodière;* Bericht *Huet,* Clunet 1989, 461; Riv. dir. int. priv. proc. 1990, 185; N. J. 1990 Nr. 698 Anm. *Schultsz.*
10. 1. 1990 – 115/88 Reichert/Dresdner Bank (Einl Rz. 34; Art. 16 Rz. 10, 12, 14ff.)	Slg. 1990 I 27; RIW 1991, 331; IPRax 1991, 45, 29 Anm. *Schlosser;* Rev. crit. 1991, 151 Anm. *Ancel;* Bericht *Bischoff,* Clunet 1990, 503; Riv. dir. int. priv. proc. 1991, 501.
11. 1. 1990 – 220/88 Dumez France/Hessische Landesbank (Art. 5 Rz. 46)	Slg. 1990 I 49; NJW 1991, 631; Rev. crit. 1990, 363 Anm. *Gaudemet-Tallon;* Bericht *Huet,* Clunet 1990, 497.
15. 5. 1990 – 365/88 Kongreß Agentur Hagen/Zeehaghe (Einl Rz. 11; vor Art. 2 Rz. 18; Art. 6 Rz. 11, 16)	Slg. 1990 I 1845; NJW 1991, 2621; IPRax 1992, 310, 290 Anm. *Coester-Waltjen;* Rev. crit. 1990, 564 Anm. *Gaudemet-Tallon;* Bericht *Huet,* Clunet 1991, 498; Riv. dir. int. priv. proc. 1991, 1076; N. J. 1991 Nr. 557 Anm. *Schultsz.*

3. 7. 1990 – 305/88 Lancray/Peters (Art. 27 Rz. 27, 30)	Slg. 1990 I 2725; RIW 1990, 927; EuZW 1990, 352 Anm. *Geimer*; IPRax 1991, 177, 155 Anm. *Rauscher*; Rev. crit. 1991, 161 Anm. *Droz*; Bericht *Huet*, Clunet 1991, 503; Riv. dir. int. priv. proc. 1992, 146; N. J. 1993 Nr. 75 Anm. *Schultsz*.
27. 6. 1991 – 351/89 Overseas Union/New Hampshire Insurance (vor Art. 7 Rz. 6; vor Art. 21 Rz. 2; Art. 21 Rz. 16)	Slg. 1991 I 3317; NJW 1992, 3221; IPRax 1993, 34, 21 Anm. *Rauscher/Gutknecht*; EuZW 1992, 734; Rev. crit. 1991, 764 Anm. *Gaudemet-Tallon*; Bericht *Huet*, Clunet 1992, 493; Riv. dir. int. priv. proc. 1992, 620.
25. 7. 1991 – 190/89 Marc Rich/Società Italiana Impianti (Art. 1 Rz. 16, 38)	Slg. 1991 I 3855; NJW 1993, 189; IPRax 1992, 312, 292 Anm. *Haas*; Bericht *Huet*, Clunet 1992, 488; Riv. dir. int. priv. proc. 1992, 625.
4. 10. 1991 – 183/90 Van Dalfsen/Van Loon (Art. 37 Rz. 4; Art. 38 Rz. 1)	Rev. crit. 1992, 117 Anm. *Gaudemet-Tallon*; Bericht *Huet*, Clunet 1992, 499; N. J. 1992 Nr. 584.
26. 2. 1992 – 280/90 Hacker/Euro-Relais (Art. 16 Rz. 26)	NJW 1992, 1029; RIW 1992, 581; IPRax 1993, 31, 18 Anm. *Jayme*; EuZW 1992, 221 Anm. *Huff*; Bericht *Huet*, Clunet 1992, 505.
10. 3. 1992 – 214/89 Powell Duffryn/Petereit (Art. 17 Rz. 20, 31, 52)	RIW 1992, 492; IPRax 1993, 32, 19 Anm. *Koch*; EuZW 1992, 252; Rev. crit. 1992, 528 Anm. *Gaudemet-Tallon*.
26. 3. 1992 – 261/90 Reichert/Dresdner Bank (Art. 5 Rz. 36; Art. 16 Rz. 16, 52; Art. 24 Rz. 3)	IPRax 1993, 26, 17 Anm. *Schlosser*; EuZW 1992, 447; Rev. crit. 1992, 714 Anm. *Ancel*.
17. 6. 1992 – 26/91 Handte/TMCS (Art. 5 Rz. 5)	Rev. crit. 1992, 726 Anm. *Gaudemet-Tallon*.
12. 11. 1992 – 123/91 Minalmet/Brandeis (Art. 27 Rz. 38)	RIW 1993, 65; EuZW 1993, 39.
19. 1. 1993 – 89/91 Shearson/TVB Treuhandgesellschaft (Art. 13 Rz. 3 f.)	

Sachregister

Die fetten Zahlen bezeichnen die Artikel, die mageren Zahlen die Randzahlen

B

C

D

G

H

I

J

K

L

M

S